战争审判研究丛书

远东国际军事法庭判决书

叶兴国 译

梅小侃 校

上海交通大学出版社
SHANGHAI JIAO TONG UNIVERSITY PRESS

内容提要

　　本书为第二次世界大战后同盟国设立的远东国际军事法庭对日本战犯的判决书,包含法庭的设立过程和审理程序,法庭管辖权及对俘虏的战争罪责任,起诉书,日本的战争准备、对华侵略、对苏政策、太平洋战争、其间的战争暴行,以及对日本战犯做出的最终判决。

图书在版编目(CIP)数据

远东国际军事法庭判决书/ 叶兴国译;梅小侃校
. —上海:上海交通大学出版社,2023,10
(战争审判研究丛书)
ISBN 978 - 7 - 313 - 29621 - 4

Ⅰ. ①远… Ⅱ. ①叶… ②梅… Ⅲ. ①远东国际军事法庭-判决-史料 Ⅳ. ①D995

中国国家版本馆 CIP 数据核字(2023)第 186934 号

远东国际军事法庭判决书
YUANDONG GUOJI JUNSHI FATING PANJUESHU

译　　者:叶兴国		校　　者:梅小侃	
出版发行:上海交通大学出版社		地　　址:上海市番禺路 951 号	
邮政编码:200030		电　　话:0512 - 68180638	
印　　制:苏州市越洋印刷有限公司		经　　销:全国新华书店	
开　　本:710 mm×1000 mm　1/16		印　　张:41.75	
字　　数:559 千字			
版　　次:2023 年 10 月第 1 版		印　　次:2023 年 10 月第 1 次印刷	
书　　号:ISBN 978 - 7 - 313 - 29621 - 4			
定　　价:128.00 元			

序　言

一

　　《远东国际军事法庭判决书》（下简为《判决书》）是代表同盟国的东京国际军事法庭对日本近代侵略亚洲的盖棺论定。就像《大宪章》对于英国宪政史、《拿破仑法典》对于资本主义社会民法的发展具有的里程碑意义一样，东京审判《判决书》对于日本侵略的定性，也具有不可动摇的意义。我们在《判决书》补译本出版不算太久之际，再次推出新译本，正是考虑到这一特殊的重要意义。

　　在古往今来的人为灾难中，战争造成的损害无疑是最大的。进入二十世纪，随着科技的迅猛发展，热兵器的杀伤力成百倍的增强，二次世界大战，特别是第一次世界大战后旋踵而至的第二次世界大战，对生命财产的摧毁更达到了前所未有的程度，使人类文明第一次真正面临了毁灭的危险。面对这样的巨大劫难，同盟国先贤选择了审判的方式，除了对侵略国主要战犯惩罚，最重要的目的就是警示未来握有大权的国家领袖：发动战争必然要受到追究和惩罚。希望以此防止战争的再起，保卫世界和平。

　　战后近八十年，虽然局部战争从未间断，大国以各种名目入侵小国的例子也并不罕见，但没有发生大国间的战争，更没有爆发不可控的世界大战。这在一定程度上是包括东京审判、组建联合国等战后一系列防止战争的举措的所结之果。当然，较长时间没有发生大国间的战争，也有核武器恐怖平衡等多方面原因。纵观以往的战争史，战争的爆发并没有一定之规。有些是按周密计划发动，如第二次世界大战德国侵略波兰，有些只是"意外"引起，如第一次世界大战奥匈帝国皇储被刺杀。但战争之所以"一触即发"，之所以能打到一发不可收拾，除了政治、经济、领土等矛盾的基础性因素，敌意升高也是非常重要的原因。近年世界局势，特别是东亚地区的局势，出现了"冷战"结束以来从未有过的紧张。"兵凶战危"几个字，很难想象地成了国际媒体报道今日东亚局势的常见标题。在这样的情况下，居安思危，重温七十五年前东京审判的判决，有着特别的意义。

二

在东京审判的相关论述中，常常会说到几个"最"，如人类有史以来规模最大、参与国家最多、开庭时间最长、留下的档案文献最为丰富，等等。其中"最为丰富"的档案文献，既是指与审判直接有关的数量庞大的国际检察局的调查记录（"询问记录"）和各类证据，辩方提交的证据，检、辩双方被驳回和未提交的各类证据以及最重要的庭审记录；也是指数量更为庞大的同盟国在审判准备阶段（各国和同盟国战罪委员会等）的各类文件，日本政府在幕后协助辩方、应对审判的文件，以及法官、检察官、辩护律师、被告、证人、记者等的各类记述和报道。至于审判所涉及的历史背景的各类文献，更是多到难以计数。

在浩瀚的东京审判文献中，居于核心地位的是近五万页（英文版）的庭审记录，而其中最重要的精华，称得上核心中的核心，便是庭审的总结《判决书》。最早的《判决书》中译本出版于1953年，这也是法庭文献之外全球首个《判决书》的译本。虽然随着国内外局势的急剧变化，当时东京审判已淡出了人们的视野，因此《判决书》中译本的出版也许只是偶然，但它正可作为《判决书》重要性的象征。《判决书》的这一初译本，在以后相当长的时间成为国人了解东京审判的主要依据。

近年我们为什么要出版补译本？今天又为什么要推出全新的重译

本？补译者和重译者在译者前言中已有详细说明：不仅就翻译的精益求精做了说明——经典文献的重译，本来在各国都是常态——而且就东京审判的多重重要意义做了说明。相关问题在此不再重复。这里只就东京审判被西方"遗忘"和被日本矮化前的情况，稍作回顾，以见同盟国先贤的初心和当年日本高度接受东京审判的盛况。

三

二十世纪五十年代后的相当长的时期，东京审判在西方已被遗忘。阿诺德·C.布拉克曼（Arnold C. Brackman，1923—1983）的《另一个纽伦堡》，副标题就是"东京审判未曾述说的故事"[1]；无独有偶，艾迪安·若代尔（Etienne Jaudel，1932—2011）的著作，题目就叫《东京审判：被忘却的纽伦堡》[2]。他们写作的主要动机，都是感叹在西方世界纽伦堡审判无人不知，而东京审判却无人知晓。一般读物之外，西方学术界重新关注东京审判，也是晚近的事。2008年墨尔本大学举办了西方世界迄今最重要的东京审判研讨会，主办者在后来出版的讨论会论集的编辑说明中说，他们之所以讨论东京审判，也是因为与澳大利亚几乎无关的纽伦堡审判大家耳熟能详，而与澳大利亚关系密切的东京审判却几乎不为人所知。[3]

回到东京审判的时代。

同盟国确定以审判的形式追究发动侵略战争的元凶，是经过反复考虑的慎重决定。审判的目的当然是处罚罪有应得的战争罪犯，同时，东京

1　[美]阿诺德·C.布拉克曼著，梅小侃、余燕明译《另一个纽伦堡：东京审判未曾述说的故事》，上海交通大学出版社，2017。Brackman, Arnold C., *The Other Nuremberg: The Untold Story of the Tokyo War Crimes Trials* (New York: William Morrow and Company. INC, 1987).

2　[法]艾迪安·若代尔著，杨亚萍译《东京审判：被忘却的纽伦堡》，上海交通大学出版社，2013。Jaudel, Etienne, *Le procès de Tokyo, un Nuremberg oublié* (Paris: O. Jacob, 2010).

3　[日]田中利幸、[澳]蒂姆·麦科马克、[英]格里·辛普森编，梅小侃译《超越胜者之正义：东京战罪审判再检讨》，上海交通大学出版社，2014。Tanaka, Yuki, Tim McCormack and Gerry Simpson, eds., *Beyond Victor's Justice? The Tokyo War Crimes Trial Revisited* (Leiden: Martinus Nijhoff Publishers, 2011).

审判将防止战争、保卫世界和平，也作为重要，甚至更为主要的使命。东京审判首席检察官季南（Joseph Berry Keenan）代表检方在"开庭陈述"中这样说：

> 这将成为历史上的重要审判之一。包含地球上大半人口的国家组成的十一国政府很重要，它对其他国家、对各国的后代也很重要。无论如何，这一裁判都会对世界和平和安全产生深远的影响。
>
> 在本诉讼开始之际，有必要明确这一追诉的目的。我们根本的目的是维护正义，我们具体的任务是防止一切战争的损害。
>
> 庭长阁下，这不是一场普通的审判，为什么呢？因为我们断乎进行的是拯救全世界免遭文明毁灭的斗争。这个毁灭的危险并不来自自然力，而是来自将世界导向毁灭的无谋的野心。这是一次强烈的控诉，我们无法用温和的语言来进行。[1]

"这不是一场普通的审判"，而是"拯救全世界免遭文明毁灭的斗争"，今天的读者也许很难想象，东京审判的重大性、必要性、紧迫性曾被提到如此的高度。

在这点上，纽伦堡审判的美国首席检察官罗伯特·H. 杰克逊（Robert Houghwout Jackson）在纽伦堡审判开庭陈述中，也同样特别强调了审判对于防止"文明世界"遭到"覆灭"的重大意义：

> 对破坏世界和平的罪行进行有史以来的第一次审判，这是一种特权，也将赋予我们重大责任。我们所要谴责和惩罚的这些罪行是如此蓄意谋划，如此恶毒，如此具有破坏性，以至于文明世界承受不起对这些罪行置之不理的后果，因为如果这些罪行再次发生文明世

1　新田满夫编集『極東國際軍事裁判速記録』第一卷、東京、雄松堂書店、1968、第 43 页。

界将难逃覆灭之厄运。[1]

两大审判检察官在开庭陈述中的异口同声，不是个人"英雄所见略同"，而是文明世界爱好和平的人们的共同心声。

四

日本是唯一东京审判热度不退的国家。虽然学界一直还是有理性的讨论，日本政府受制于战后条约[2]迄今也没有正式否定东京审判，但经长时期否定议论的销蚀，东京审判的正义性，甚至正面价值，已被逐渐风化。2013 年 3 月 12 日，安倍晋三以总理身份在众院预算委员会上明确表示东京审判是"胜者的审判"，除了《赤旗报》那样的小众报刊，主流媒体不仅没有批评的声浪，连小小的涟漪都没有，足见日本社会对东京审判的负面评价，甚至全盘否定，已完全麻木不仁。

而在东京审判时期，日本主流社会与同盟国一样，也曾对东京审判抱以极高的期待，认为东京审判是告别军国日本、融入文明社会必须迈过的门槛。

《朝日新闻》法庭记者团所著八卷本《东京审判》，是迄今对东京审判过程最为详尽的记录，并和审判同步陆续出版。该书第一卷前言中表明的基本立场，很能够代表当时日本对东京审判的普遍看法。这篇写于开庭不久的前言这样说：

> 东京审判是对我们过去罪过的鞭笞。审判必然会带来痛苦，这个痛苦不堪正视，但不正视过去，如何才能再生？不看到军国日本的

1　*Proceedings 14 November 1945 – 30 November 1945*, *Trial of the Major War Criminals Before the International Military Tribunal*, Volume Ⅱ, Nuremberg, 1947, p. 98.
2　日本重返国际社会最重要国际条约、46 国签署并批准的《旧金山和约》，第四章第十一款明确规定"日本接受远东国际军事法庭及在日本领土内外之盟国战争罪刑法庭的判决，并承诺将执行拘禁于日本之日本国民的判决。"

终焉，新日本国就不可能出发。不越过这个关隘，不清算这个现实，未来的光明就决不可能照耀出正确的道路。[1]

作为日本影响力最大的媒体，《朝日新闻》的这一见解是当时日本主流看法的写照。

收有起诉书和部分庭审记录的《远东国际军事审判公判记录》，在宣判之前的 1948 年 9 月出版，笹森顺造在序言中这样说：

> 远东国际军事审判公判记录是人类历史全面创新的伟大文献。由野蛮向着文明、虚伪向着真实、不义向着正义、偏颇向着公正、隶从向着自由、报复向着祝福、侮辱向着爱敬、斗争向着和平、分裂向着协同，可以期待它是与把人类社会导向更高的幸福的文化生活相称的一个大宪章。[2]

与中道偏左的《朝日新闻》不同，笹森顺造后为自民党众参两院会长，在日本的政治谱系中不是左派，更可见东京审判不仅得到了高度评价，而且得到了广泛的高度评价。[3]

东京审判的学术研究在日本起步也很早，早在审判当年的 11 月，早稻田大学法学部即成立了"审判研究会"。研究会编辑的《远东国际军事审判研究》，1947 年的 4 月就出版了第一辑。当时庭审还处在辩方反证的前期阶段，这也是日本学界有关东京审判的第一部论集。这部论集的发刊词说：

1　朝日新聞法廷記者團、『東京裁判』第一辑、東京、ニュース社、1948 年重印本、第 1—2 页。
2　極東国際軍事裁判公判記録刊行会、『極東国際軍事裁判公判記録』Ⅰ、東京、富山房、1948、第 1 页。
3　赤泽史郎认为：即使这一时期，"在日本从右到左中，因各种各样的政治理由，完全肯定东京审判的舆论也几乎是不存在的。"赤澤史郎、「戦後日本の戦争責任論の動向」、『立命館法學』2000 年 6 号（総 274 号）。他是从对东京审判的完整评价着眼，与某些方面保留而高度肯定不矛盾。

根据一般的审判手续来进行审理，理论的世界姑且不论，实际上是人类历史上第一次。这一尝试作为建设持久和平基础的世界新秩序的契机，具有重大的意义，我们决不能忽视。[1]

今天回过头来看，日本法学家在第一时间的立场，最能体现战后痛定思痛的反思态度。他们并没有像法庭之内的辩方，以及与辩方一脉相承的以后的右翼，总是以所谓"事后法"来否定东京审判的合法性，而是与同盟国同样，从实现永续和平的更高站位来看待东京审判。在谈到审判对于日本国民的意义时，发刊词继续说：

（认识这一审判不仅是专家的事）国民的每一人都应从国际正义的立场见证审判的进行，正视起诉提出的每一个犯罪证据，倾听每一句检察官的主张和辩护人的辩论，充分反省、改变认识、下新的决心，惟其如此，我们日本国民才能作为新的国际人重生，才会被新构想的国际社会接受，从这个意义上说，说国际军事审判的记录应作为国民必读书绝非夸大。[2]

这篇序言的作者大滨信泉是日本著名法学家，时任早稻田大学大法学部部长，后为早稻田大学校长，也曾任全日本私立大学联盟会长。作为代表性的日本法学家，他希望"国民的每一个人"都应"充分反省、改变认识、下新的决心"，东京审判的记录"应作为国民必读书"。这样的主张，在东京审判久已被贴上负面标签的今天日本，是完全无法想象的。

1　大濱信泉、「發刊のことば」、極東國際軍事裁判研究會編『極東國際軍事裁判研究』第一卷、東京、平和書房、1947、第1—2页。
2　大濱信泉、「發刊のことば」、極東國際軍事裁判研究會編『極東國際軍事裁判研究』第一卷、東京、平和書房、1947、第4—5页。

五

　　《判决书》新版译者叶兴国先生曾任上海外文学会会长，是一位经验丰富的翻译家。他在读了《判决书》后说：《判决书》是一部非常好的爱国主义教材，值得每一位大学生阅读。与七十余年前推荐审判记录为"国民必读书"的日本法学家不约而同。虽然一是从历史中汲取教训，一是从历史中获得爱国主义的源头活水。新版审校者梅小侃先生，是起草《判决书》中国部分的东京审判中国法官梅汝璈之女，也是新中国第一位国际法博士，又曾留学美国，专业、语言都十分精湛。她近年翻译的东京审判著作，无论是学术性很强的《东京国际军事法庭法律新论》[1]还是前述的大众读物《另一个纽伦堡》，文字精准而流畅，都广受读者好评。兴国先生和小侃先生担任翻译、审校，堪称珠联璧合。他们此次合作，不仅为中文世界提供了《判决书》这一重要法律、历史文献的最好的中文本；而且在比勘略有异同的英、日两个法庭官方文本的基础上，还成就了一个超越"翻译"意义的校本。

　　最后，我想借新近发现的梅汝璈法官致东京法庭庭长韦伯的信中的一句话，作为这篇散漫的序言的结语。梅法官说：

　　　　以我之见，东京审判像纽伦堡审判一样，应该被视为"产生于这次世界大战中的最伟大事件"。[2]

程兆奇

1　[新西兰]尼尔·博伊斯特、[英]罗伯特·克莱尔著，梅小侃、龚志伟译《东京国际军事法庭法律新论》，上海交通大学出版社，2021。Boister, Neil, and Robert Cryer, *The Tokyo International Military Tribunal: A Reappraisal* (Oxford: Oxford University Press).
2　梅小侃译《梅汝璈致韦伯庭长（1946 年 12 月 8 日）》，载《战争审判研究》第 2 辑，上海交通大学出版社，2023，第 9 页。

译者前言

公元一九四八年十一月十二日下午四点十二分（东京时间），远东国际军事法庭（以下简称"法庭"）庭长宣布闭庭。法庭对日本战犯做出了庄严宣判，把日本战犯和日本军国主义牢牢地钉在了历史的耻辱柱上。东京审判的正义性彪炳史册，不容抹杀。但是，日本右翼推翻东京审判的企图从开庭之日直至今日从未间断，不断提出否认东京审判的主张。中国作为遭受日本侵略和暴行时间最长、受害程度最深的国家，理应担当起维护东京审判历史意义的使命。

东京审判是有史以来规模最大、开庭时间最长的一次国际审判。法庭参加者有中国、美国、英国、苏联、澳大利亚、加拿大、法国、荷兰、新西兰、印度、菲律宾十一国。在长达两年半的审讯过程中，共开庭800多次，形成记录约5万页，出庭证人有419名，书面作证的有779人，受理证据4 300余件。法官、检察官、被告、律师和证人来自十多个国家，说不同的语言，所以自法庭开庭之日起，翻译就成了影响庭审质量和效率的重要环节。

《远东国际军事法庭宪章》规定，法庭的工作语言为英语和被告语言（日语）。但并不是所有法官、检察官、被告、律师和证人都能讲或愿意讲英语或日语。中国证人秦德纯出庭时第三国语言成为问题，法国检察官罗伯特·奥内托（Robert Oneto）因使用法语也曾引起争执，最后确定《宪章》"不排除"英语和日语以外的第三种语言。实际上,部分法官不会说英语,法官和检察官几乎都不会说日语,绝大多数战犯也不会说英语。在实际庭审过程中,除了英语和日语外,还使用了汉语、法语、荷兰语、德语、俄语和蒙古语等语言。

翻译分为口译和笔译。传统的口译方式是说一段译一段,为了提高效率,法庭安装了一套 IBM 公司的同传系统。这套系统在纽伦堡审判中非常有效,但由于英语和日语之间存在巨大的文化和语法差异,东京审判最终还是采用了交传模式,仅在宣读提前译好的证词等文件时才会使用同传。法庭上英日语对的口译全部由法庭语言部负责。但庭前的笔译工作量也相当大。检辩双方提供的所有文件都必须翻译成英语或日语。证据文件卷帙浩繁,仅木户幸一的日记就有 5 400 多页,而法庭受理的证据有 4 300 余件之多。梅汝璈法官在其著作中有如下叙述:"语言上的困难也是很大的。日本政府的公文档案都是用日文写的,而检察处的工作人员大都是不懂日文的。因此,他们就非借助于雇用的日本人不可。可是这些日本人的翻译质量和忠实性如何却不是没有问题的。这样,就更增加了这项工作的复杂性和困难性。"法庭雇用了大量翻译人员,仅检察官可调用的译员就有 200 多名。向哲濬检察官领导的团队中有五位译员(周锡卿、张培基、高文彬、郑鲁达、刘继盛)。译员的工作是把从中国调查获取的大量书面证据翻译成英文,然后才能在法庭上呈示。

法庭上的每一句话,都需要在英日语对之间互译。和西方语言之间的互译不同,在很多情况下,英日语对之间的互译很难达到精准贴切的程度。法庭的口译员常常会遇到不知道该如何翻译的困难。精通英语和日语的专家也常常会有不同意见。为了解决翻译上的争议,法庭在口译员和语言监督官的基础上,又设立了由三人组成的语言仲裁委员会(Language Arbitration Board),其中盟军最高司令官、检方和日本政府各提名一位。在三级翻译体系中,最基层的口译员主要由日本人担任,他们来自国际检察局、盟军机构以及日本外务省等;负责检查翻译质量的语言监督官主要由日裔美国人担任，他们大多是二战期间曾为美军提供情报翻译服务的第二代日本移民；语言仲裁官（Language Arbiter）则负责裁决翻译争议。总体而言，颇具特色的三级翻译体系在一定程度上提高了翻译质量，减少了翻译误差。

　　法庭闭庭后 75 年来，我国出版了两种中文版判决书。一种是 1953 年北京五十年代出版社出版的，由张效林节译（以下简称"节译本"）；另一种是 2015 年上海交通大学出版社出版的，由向隆万和徐小冰对张效林节译本作了补译（以下简称"补译本"）。节译本约 40.5 万字，补译本约 44.9 万字，这增加的 4 万余字大部分是补译部分。关于张效林的生平，译学界了解甚少。我们在梅汝璈法官 1951 年 7 月 8 日的记事中读到以下记载："张廷铮索取远东法庭判决书材料，将从事翻译。"在 1953 年 8 月 9 日梅法官记载："张廷铮送来迻译之'远东国际法庭判决书'一册，序文中对余表示感谢。（五十年代出版，张效林译。）"这两个日期之间还有两次二人见面的简单记录。根据梅法官的记事，张效林就是张廷铮。东京审判时期，张廷铮担任国民政府外交部亚东司东一科科长，主管琉球事务。《梅汝璈函电》中，张廷铮始终被列为收件人之一。张廷铮精通日文，他在翻译判决书时手头有梅汝璈法官借给他的两种判决书文本，即法庭语言部的日文本和庭长宣读时用的英文本。向隆万和徐小冰精通英文，他们是在节译本的基础上根据英文影印本补译的。

　　英文版判决书有相当一部分内容是从日语或汉语等外国语迻译而来，从英文翻译成中文后，得经受史实、英文版和日文版的比对检验，翻译的难度会更高些。译学界普遍认为，"翻译无止境""翻译是一门遗憾的艺术"，再加上受到时代的局限，以及相关资料和工具的欠缺，节译本和补译本难免存在一些瑕疵和可商榷之处。本译本是根据判决书英文原件的影印本重新翻译的（以下简称"重译本"），翻译时参考了节译本、补译本和日文版。

三个译本的译者在理解和表达方面具有明显差异。例如,副词"曾"在节译本和补译本分别用了 800 多次和 700 多次,重译本只用了 170 多次;助词"所"在节译本和补译本分别用了约 2 500 多次和 2 100 多次,重译本只用了约 1 500 次。为了提高翻译质量,重译本译者制定并遵循了一些规则,现举判决书英日语对翻译中 10 个例子并简要说明如下:

(1) 在翻译国家、殖民地和海外领地名称时,一律根据英文原文翻译成中文,不用战后的名称取代二战期间的名称。例如,二战期间,French Indo-China(法属印度支那)是法国的殖民地,范围大致相当于今越南、老挝、柬埔寨三国面积之和。战后,1945 年 9 月 2 日法属印度支那宣布独立,成立越南民主共和国。1954 年 7 月,日内瓦会议发表《越南、老挝、柬埔寨三国交战双方停止敌对行动协定》,法国承认印度支那三国独立。南越和北越开始分治。节译本和补译本分别把 French Indo-China 翻译成"法属印度支那"(100 多处)和"越南"(10 多处),重译本统一翻译成"法属印度支那"。二战期间,the Netherlands East Indies(荷属东印度)在荷兰的统治之下,是荷兰的海外领地之一,1949 年作为印度尼西亚独立。节译本和补译本中都出现了"荷属东印度"和"印尼"两种译名,重译本则全部翻译成了"荷属东印度"。节译本和补译本有个别处把 Malaya 翻译成"马来西亚",重译本则全部翻译成"马来亚"。

(2) 在翻译日本机构名称、职务名称和人名时,应持谨慎态度,不能望文生义。考虑到日本有重要机构、职务名称和人名用汉字表示的传统,当年在法庭上,译员把这些日本机构和职务名称从日语翻译成英语,现在我们又把它们从英文翻译成中文,实际上这类似于回译或还原。例如,补译本把 the Headquarters of the Japanese Supreme Command(日本统帅部)译为"参谋本部",把 the Imperial Conference(御前会议)译为"帝国会议",把 the Cabinet Planning Board(内阁企划院)译为"内阁规划委员会",把 the Welfare Ministry(厚生省)译为"福利部",把 the Lord Keeper of the Privy Seal(内大臣)译为"内务大臣",把 the War Minister(陆军大臣)译为"战争大臣",把 the Japanese Minister at the Hague(日本驻海牙公使)译为"在海牙的日本部长",把 the Chief Secretary of the Cabinet(内阁书记官长)译为"内阁秘书长"。除了上述机构和职务名称,补译本还有若干处日本人名的误译,例如 Hiranuma(平沼)被译为"贺屋",Ueda(植田)被译为"上田",Hata(畑)被译为"羽田",Togo(东乡)被译为"东条"等。

（3）在翻译机构名称时,要考虑年份和史实。例如,有一个伪满政府的机构叫 the Office of Internal Affairs。日文版、节译本和补译本中和 the Office of Internal Affairs 对应的都是"宫务局"。重译本把该机构译为"内务处"主要基于以下考量:一是伪满政府没有被称为"宫务局"的机构;二是上下文是在介绍 1932 年 3 月 9 日公布的伪满组织法,那时候溥仪的头衔是"执政",1934 年 3 月 1 日伪满转行帝制,溥仪改称"皇帝",伪满政府各部总长改称"大臣",那一年才设立"宫内府";三是在"执政"时代确实有一个被称为"内务处"的机构,处长就是那个曾代行执政府"府中令"的爱新觉罗·宝熙。另外,节译本和补译本把相邻两个自然段出现的三处 the Legislative Bureau 分别翻译为"立法局""立法院"和"法制局",重译本则全都译为"法制局"。

（4）在翻译国际协定名称时,一般采用被普遍接受的译法,不标新立异。完整的国际协定名称用书名号,缩略的国际协定名称不用书名号。例如,the Anti-Comintern Pact(《反共产国际协定》)出现了约 60 次。节译本和补译本把该协定翻译成《防共协定》,个别处翻译成《反共协定》,重译本把 the Anti-Comintern Pact 全部译为《反共产国际协定》。另外,节译本和补译本把 the Hunchun Protocol 都翻译成"珲春议定书",重译本则参照《中外旧约章汇编》,把 the Hunchun Protocol 译为《珲春东界约》。

（5）在翻译国际组织名称时,注意上下文关系,避免把国际组织名称和国名混为一谈。例如,诉因 31 指控日本对 the British Commonwealth of Nations(英联邦)实行了侵略战争。判决书指出,在日本的宣战诏书和诸多计划中,在措辞方面往往不加区别地使用 the British Empire(不列颠帝国)、Britain(不列颠)和 Great Britain(大不列颠)等。根据上下文,这些名词表示同样意义,指向的实体是 the British Commonwealth of Nations。但节译本和补译本有多处把 the British Commonwealth of Nations 和 United Kingdom of Great Britian and Northern Ireland(大不列颠及北爱尔兰联合王国)搞混淆了,把前者译成了"联合王国"。

(6) 在翻译地名和与地名有关的事件名称时,一律根据原文翻译成中文,不用战后的名称取代二战期间的名称,还要前后一致。例如,Mukden(奉天)是沈阳市旧称。1657 年,清廷在今沈阳市设奉天府,奉天之名一直沿用至民国的北洋政府时期。1928 年底,张学良宣布东北易帜,服从于南京国民政府,并改奉天省为辽宁省,改奉天市为沈阳市。1931 年"九一八事变"爆发。1932 年 3 月,在日本的扶植下伪满洲国成立,沈阳再次被更名为奉天。1945 年抗战全面胜利,重新使用沈阳作为市名,一直沿用至今。在英文版判决书中,Mukden 共出现 120 余次。"九一八事变"被称为 Mukden Incident(奉天事变),共出现 30 余次。节译本把地名 Mukden 译为"沈阳",有若干处把 Mukden Incident 译为"沈阳事变",大部分都翻译成了"九一八事变"。补译本基本上把 Mukden 都翻译成了"沈阳",但是有两处翻译成了"奉天"。Mukden Incident 基本上都译为"沈阳事变",有两处被译为"九一八事变"。重译本把地名 Mukden 全部译为"奉天",把 Mukden Incident 全部译为"奉天事变"。

(7) 在翻译历史事件名称时,要关注英文原文的细微差别,理解英文原文选词时的考量。例如,判决书谈到日本侵华时常常用 war with China(对华战争),与之前提及 1894—1895 年的 Sino-Japanese War(中日战争)用词有别。节译本和补译本把它们都译为"中日战争",重译本把 Sino-Japanese War 译为"中日战争",把 war with China 译为"对华战争"。另一个例子是,节译本和补译本没有区分日本在早期计划并准备 a war in the Pacific(在太平洋作战)与 1941 年 12 月 7 日发动的 the

Pacific War(太平洋战争），都译为"太平洋战争"。由于在英文语境中后者是首字母大写且有明确定义的专名词，我们在翻译的时候也尽量认识到并表达出两者之间的区别。

（8）在翻译地理名词时，应遵循精准固定的原则。例如，China proper 共出现 10 次，节译本和补译本的译名游移不定，节译本有三个词与 China proper 对应（"中国本部""中国本土""关内"）；补译本有六个词与 China proper 对应（"中国本部""中国本土""中国内地""中国""中国政府""关内"）。考虑到 China proper 的上下文都与"关东军""满洲"或"长城"相关，重译本把 China proper 固定译为"关内"。

（9）在翻译多义词时，应根据上下文关系，逐个确定中文对应词。例如，military faction 总共出现了约 80 次，在不同的上下文中，military faction 被分别翻译成"军部派""军部""军阀"等。根据日本学者井上清对"军部"所下的定义，日本"军部"包括陆军省、海军省、参谋本部、海军军令部、关东军和其他军事机关。"军部"作为一个政治概念，最初出现在 1913 年。针对社会上将陆海军政治势力称为"军阀"，日本军国主义者自称为"军部"，用"军部"取代带有贬义的"军阀"。在节译本中对应 military faction 的分别是"军部派"（39 处）、"军部"（32 处）、"军阀"（5 处）、"陆军"（1 处）和"军事"（1 处）。在重译本中对应 military faction 的是"军部派"（43 处）、"军阀"（32 处）、"军部"（3 处）。

（10）在翻译法律用语时，应尽量使用法言法语。例如，mandate（委任统治）一词有 40 多次与 island 或 territories 搭配。补译本除 3 处翻译成"委任统治""委任"或"委托"外，40 多处翻译成了"托管"。根据相关国际法，"委任统治"和"托管"并不是同义词。Mandate 是《国际联盟盟约》的用语，是第一次世界大战的产物，其中文对应词是"委任统治"；trusteeship 是《联合国宪章》的用语，是第二次世界大战的产物，其中文对应词是"托管"。《联合国宪章》专门用两章共 17 条规范国际托管制度（International Trusteeship System）和托管理事会（The Trusteeship

Council)的重要事项。第七十七条明确规定,托管制度适用于"现在委任统治下之领土"(territories now held under mandate)。也就是说,东京审判各诉因所涉时期(1928—1945)不存在托管领土,只有委任统治领土。鉴此,重译本把 mandate 译为"委任统治"。

Conspiracy(包括 conspire、conspiring、conspirator)是一个比较重要的法律术语,共出现了 146 次,plot 出现了 19 次,scheme 和 intrigue 也出现了若干次。节译本把这些词视作同义词,基本上全部被翻译成"阴谋",仅 12 处 conspiracy(包括 conspire、conspiring、conspirator)被分别翻译成了"同谋者""共谋""共谋者""首谋者""串谋"等。重译本把 conspiracy(包括 conspire、conspiring、conspirator)译为"共谋""共谋罪""共谋者"或"主谋者",把 plot、scheme 和 intrigue 译为"阴谋"。

The majority judgment(多数判决)系指多数法官做出的判决。补译本把 the majority judgment 误译成"大部分判决",重译本则译为"多数判决"。

补译本把 on the Counts of the Indictment on which you have been convicted 译为"根据起诉书确定你的罪状",为了避免关键信息的缺失,重译本改译为"根据你已被定罪的起诉书诉因"。

以上十条规则仅涉及词或词组层面的翻译。在句子层面,三个译本之间的差异更多。重译本译者力求精准理解英文的时间表达方式,避免把将要发生的理解成已经发生的,把正在发生的理解成已经完成的,把已经完成的理解成将要发生的。此外,重译本在语态、虚拟语气、同位语、插入语、时间前后顺序、时间状语的修饰范围以及长句结构理解等方面也有许多不同于节译本和补译本的理解和表达。

需要说明的是,对于英文原文中存在的一些误记、漏记等错误,重译本采取了照译加注的方法。重译本共有 21 个译者注,在此举五例说明。例一:"广田出任日本外务大臣和最高军事参议官"(原文:Hirota became Foreign Minister of Japan, and a Supreme War Councillor)一句的译者注是"似有误，广田于 1933 年 9 月 14 日出任斋藤内阁的外务大臣，但他未担任过军事参议官"。例二："《日苏互不侵犯条约》的缔结引起了大众对德国的愤懑"（原文：Public resentment against Germany had been aroused by the conclusion of the Soviet-Japanese Non-Aggression Pact）一句的译者注是"条约名称有误，实为《德苏互不侵犯条约》"。例三："要求中国第二十七师在 24 小时以内撤离北平"（...demanding the withdrawal of the Chinese 27th Division from the Peiping Area within twenty-four hours）一句的译者注是"番号有误，实为'第三十七师'"。例四："英国政府回复了松冈 1941 年 2 月 24 日的调停建议"（原文：The British Government replied to Matsuoka's offer of mediation of 24 February 1941）一句的译者注是"根据相关的庭审记录，1941 年 2 月 24 日为英国回复松冈的日期，而不是松冈提出建议的日期（后者为 2 月 17 日），of 24 February 似为 on 24 February 之误。此句应该是'1941 年 2 月 24 日，英国政府回复了松冈的调停建议'"。例五："内大臣木户在 1942 年 3 月 19 日的日记中写道……"（Lord Keeper of the Privy Seal Kido recorded in his diary on 19 March 1942 that...）一句的译者注是"1942 年 3 月 19 日木户日记无此记载，日期有误，应为 1942 年 3 月 13 日的日记"。

重译工作历时两年。在重译的过程中，译者得到了上海交通大学国家社科基金抗战工程项目首席科学家程兆奇、出版社社长陈华栋、人文学院党委书记齐红、东京审判研究中心名誉主任向隆万、资深专家石鼎、青年学者崔霞和龚志伟等同志的支持和帮助，译者还得到了浙江越秀外国语学院的资助。在重译本付梓之际，谨向所有帮助和支持判决书重译和出版的同志表示衷心感谢！特别要感谢上海交通大学战争审判与世界和平研究院特聘研究员梅小侃女士。她是新中国第一位国际法博士，从北京大学取得博士学位后，曾在美国律师事务所工作，后来又在跨国公司担任法律顾问多年。她精通中英文和国际法，对东京审判有极为深刻和独特的研究。梅小侃为重译本质量的提升做出了重要贡献。我从她的审校意见中受益良多。但是，受限于译者的学识，有些疑难问题，虽反复斟酌推敲，仍难免会有疏漏和误译，还望专家和读者赐教、指正。

习近平总书记在纪念中国人民抗日战争暨世界反法西斯战争胜利75周年座谈会上指出："日本军国主义惨无人道的侵略行径、令人发指的屠杀罪行、野蛮疯狂的掠夺破坏，给中国人民和广大亚洲国家人民带来了惨绝人寰的灾难。事实不容抹杀，也是抹杀不了的。任何否认侵略历史甚至美化侵略战争和殖民统治的言论，都不能不引起中国人民和亚洲国家人民的极大愤慨、严厉谴责、高度警惕。"在远东国际军事法庭对日本甲级战犯做出正义判决七十五周年之际，希望重译的判决书能帮助广大读者，特别是年轻一代更好地了解日本侵略中国和亚洲各国的历史真相，也希望它能帮助我们的研究者在引述和使用这一极其重要的历史文献时更加便捷。前事不忘，后事之师！我们要以史为鉴、面向未来，愿世界各国人民永享和平安宁。

叶兴国

目 录

休庭后，9：30 庭审人员到场。

出庭人员：

法官席，所有成员就座。

检方人员，同前。

辩方人员，同前。

（英日、日英口译由远东国际军事法庭语言部负责。）

法庭执行官：远东国际军事法庭现在开庭。

庭长：除平沼、白鸟和梅津外，所有被告均出庭。巢鸭监狱军医出具了以上三名被告今天因病不能出席审判的证明。这些证明将记录在案并归档。

法庭书记官：美利坚合众国、中华民国、大不列颠及北爱尔兰联合王国、苏维埃社会主义共和国联盟、澳大利亚联邦、加拿大、法兰西共和国、荷兰王国、新西兰、印度和菲律宾联邦。

诉

荒木贞夫、土肥原贤二、桥本欣五郎、畑俊六、平沼骐一郎、广田弘毅、星野直树、板垣征四郎、贺屋兴宣、木户幸一、木村兵太郎、小矶国昭、松井石根、松冈洋右、南次郎、武藤章、永野修身、冈敬纯、大川周明、大岛浩、佐藤贤了、重光葵、岛田繁太郎、白鸟敏夫、铃木贞一、东乡茂德、东条英机、梅津美治郎。

远东国际军事法庭的判决。

庭长：现在我宣读远东国际军事法庭判决书。若干标题和形式部分将略去。

A 篇

第一章　本法庭的设立和审理

本法庭之设立,是依据 1943 年 12 月 1 日的《开罗宣言》、1945 年 7 月 26 日的《波茨坦公告》、1945 年 9 月 2 日的《日本投降书》以及 1945 年 12 月 26 日的莫斯科会议,并将其付诸实施。

《开罗宣言》由美利坚合众国总统、中华民国国民政府主席和大不列颠首相宣布,其内容如下:

> 三国军事方面人员,关于今后对日作战计划,已获得一致意见。我三大盟国决心以不松弛之压力,从海陆空各方面,加诸残暴之敌人。此项压力已经在增长之中。
>
> 我三大盟国此次进行战争之目的,在于制止及惩罚日本之侵略。三国决不为自己图利,亦无拓展领土之意。三国之宗旨在剥夺日本自从 1914 年第一次世界大战开始后在太平洋上所夺得或占领之一切岛屿。在使日本所窃取于中国之领土,例如满洲、台湾、澎湖群岛等,归还中华民国。日本亦将被逐出于其以武力或贪欲所攫取之所有土地。我三大盟国轸念朝鲜人民所受之奴隶待遇,决定在相当期间,使朝鲜自由与独立。
>
> 我三大盟国抱定上述之各项目标并与其他对日作战之联合国家目标一致,将坚持进行为获得日本无条件投降所必要之重大的长期作战。

《波茨坦公告》(附件 A-1)系由美利坚合众国总统、中华民国国民政府主席和大不列颠首相所宣布,后获苏维埃社会主义共和国联盟的附议。其中与本案有关的主要条款如下:

对日本应予以一机会,以结束此次战事。

欺骗及错误领导日本人民使其妄欲征服世界之威权及势力,必须永久剔除。盖吾人坚持非将负责之穷兵黩武主义驱出世界,则和平安全及正义之新秩序势不可能[1]。

开罗宣言之条件必将实施,而日本之主权必将限于本州、北海道、九州、四国及吾人所决定其他小岛之内。

吾人无意奴役日本民族或消灭其国家,但对于战争人犯,包括虐待吾人俘虏者在内,将处以法律之严厉制裁[2]。

投降书(附件 A-2)已由日本天皇及日本政府的代表和九个同盟国的代表签字。其中除其他事项外,包含以下宣布、担承和命令:

余等兹宣布:日本帝国大本营与所有之日本国军队以及日本国支配下的任何地带之一切军队,对同盟国无条件投降。

余等为天皇、日本国政府及其后继者承允忠实履行波茨坦公告之条款,发布为实施该公告之联合国最高司令官或其他同盟国指令代表所要求之一切命令及一切措置。

余等兹对所有官厅、陆军及海军之职员,命令其服从及施行同盟

1　译者对"盖吾人坚持非将负责之穷兵黩武主义驱出世界,则和平安全及正义之新秩序势不可能"(《国际条约集》)一句有一修改意见。原文 irresponsible 的含义是"不负责任的",而不是"负责任的"或"应对此负责的",因而译文应修改为"盖吾人坚持非将滥不负责之穷兵黩武主义驱出世界,则和平安全及正义之新秩序不可能"。——译者注

2　译者对"但对于战争人犯,包括虐待吾人俘虏者在内,将处以法律之严厉制裁"(《国际条约集》)一句有一修改意见。原文中有一 all 字没有译出,因而译文应修改为"但对于所有战争人犯,包括虐待吾人俘虏者在内,将处以法律之严厉制裁"。——译者注

国最高司令官为实施投降条款认为适当而由其自己发布或根据其权力委任发布之一切布告、命令及指示。

天皇及日本国政府统治国家之权力,应置于为实施投降条款而采取其所认为适当步骤之同盟国最高司令官之下。

在莫斯科会议(附件 A - 3)中,美利坚合众国、大不列颠和苏维埃社会主义共和国联盟政府就下列事项达成协议,并获得中国的同意:

关于实施投降条款、占领及控制日本之命令及其他补充指令,均应由最高司令官颁发。

依据上项权力,1946 年 1 月 19 日,盟军最高司令官麦克阿瑟(MacArthur)将军发布特别通告设立本法庭,以"审判被控以个人身份或团体成员身份,或兼有此双重身份而犯有包括反和平罪在内之各种罪行的人"(附件 A - 4)。法庭的组织、管辖权和任务,均按同日由最高司令官批准的《宪章》之规定。在开庭之前,对《宪章》做了若干修订(修订后的《宪章》见附件 A - 5)。

1946 年 2 月 15 日,最高司令官发布命令,任命由各同盟国提名的九位法官。该命令也指明,"法庭成员的责任、权力和任务在《宪章》中作了规定……"。

根据对《宪章》的一项修正,法官人数的上限由 9 名扩充为 11 名,遂增加了印度和菲律宾联邦提名的 2 名法官。因最初任命的美国法官和法国法官辞职,于是又任命了现在的美国法官和法国法官继任,同时任命了印度和菲律宾的法官。

依据《宪章》第 9 条(c)款的规定,在开庭之前,每一名被告可按本人意愿,指定辩护律师为其代表;每一名被告都有美国籍和日本籍的辩护律师为其代表。

1946 年 4 月 29 日，起诉书送达法庭。依照本法庭所采用的程序规则，预先向被告送达了起诉书。

起诉书（附件 A‑6）很长，包括 55 项诉因，指控 28 名被告在 1928 年 1 月 1 日至 1945 年 9 月 2 日期间犯下的反和平罪、普通战争罪和反人道罪。

这些诉因可以概括如下：

诉因 1 指控全体被告，在 1928 年 1 月 1 日至 1945 年 9 月 2 日期间，作为领导者、组织者、教唆者或同犯者，为使日本取得对东亚、太平洋、印度洋及其接壤各国和邻近岛屿在陆海军、政治及经济上的支配地位，共谋由日本单独或与其他国家一起，对任何一个或多个可能反对此目的的国家实行侵略战争。

诉因 2 指控全体被告，在同一时期共谋实行日本对华侵略活动，以取得对中国辽宁、吉林、黑龙江（满洲）和热河等省份的完全控制。

诉因 3 指控全体被告，在同一期间共谋实行日本对华侵略战争，以取得对中国的完全控制。

诉因 4 指控全体被告，在同一期间共谋由日本单独或与其他国家一起，实行对美国、英联邦、法国、荷兰、中国、葡萄牙、泰国、菲律宾和苏联的侵略战争，以取得日本对东亚、太平洋、印度洋及其接壤各国和邻近岛屿的完全控制。

诉因 5 指控全体被告，与德国和意大利共谋，为了取得日德意三国对全世界的完全控制，三国在对任何可能反对它们的国家实行侵略战争时互相帮助，各自在其势力范围内拥有特殊控制权，日本的势力范围包括东亚、太平洋和印度洋。

诉因 6 至诉因 17 指控除白鸟外的全体被告，对起诉各国策划和准备侵略战争。

诉因 18 至诉因 26 指控全体被告，对起诉各国发动侵略战争。

诉因 27 至诉因 36 指控全体被告，对起诉各国实行侵略战争。

诉因 37 指控某些被告，违反 1907 年 10 月 18 日的《海牙第三公约》，对美国、菲律宾、英联邦、荷兰和泰国发动非法战争，共谋谋杀那些国家的军人和平民。

诉因 38 指控同上被告，违反 1908 年 11 月 30 日的美日协定、1921 年 12 月 13 日的英法日美条约、1928 年 8 月 27 日的《巴黎非战公约》和 1940 年 6 月 12 日的泰日友好条约，发动战争，共谋谋杀军人和平民。

诉因 39 至诉因 43 指控同上被告，于 1941 年 12 月 7 日和 8 日在珍珠港（诉因 39）、哥打巴鲁（诉因 40）、香港（诉因 41）、上海的英舰"海燕"号（诉因 42）以及在达沃（诉因 43）犯下的谋杀罪行。

诉因 44 指控全体被告，共谋大规模谋杀在日本权力控制下的战俘和平民。

诉因 45 至诉因 50 指控部分被告，在南京（诉因 45）、广州（诉因 46）、汉口（诉因 47）、长沙（诉因 48）、衡阳（诉因 49）、桂林和柳州（诉因 50）谋杀已解除武装的军人和平民。

诉因 51 指控部分被告，于 1939 年在哈尔金河地区谋杀蒙古及苏联的军人。

诉因 52 指控部分被告，于 1938 年 7 月和 8 月间在哈桑湖地区谋杀苏联军人。

诉因 53 和诉因 54 指控除大川和白鸟外的全体被告，共谋命令、授权或准许各战地日军司令官、陆军省官员、各地集中营和劳务班职员，对起诉国的军队、战俘和被拘禁平民，频繁且惯常地实施违反战争法规和惯例的行为，并使日本政府不采取适当步骤以确保遵守及防止违反战争法规与惯例。

诉因 55 指控同上被告，漠视与其官职相应的法律职责，未采取适当步骤以确保遵守及防止违反战争法规和惯例。

起诉书共有五个附录：

附录 A 概述上述诉因所依据的主要事项和事件。

附录 B 是条约条款一览表。

附录 C 列举日本被指控违反的保证。

附录 D 包含日本被指控违反的战争法规及惯例。

附录 E 是与被告个人责任有关的事实的部分陈述。

以上附录包括在附件 A-6 中。

庭审期间，两名被告死亡，他们是松冈与永野，被告大川被宣布不适于受审和丧失为自己辩护的能力。因此，从起诉书中删除了松冈和永野，并中止了依起诉书对大川的进一步诉讼程序。

5月3日和4日，在公开法庭上向全体被告宣读了起诉书。然后法庭休庭至6日，以便接受被告认罪与否的声辩。6日那天，当时在法庭受审的所有被告都声辩"无罪"。

于是，法庭决定自6月3日起由检方提出证据。

在这期间，辩方曾提出挑战法庭审理和判决起诉书所含指控的管辖权的动议。1946年5月17日，经过辩论，法庭决定对上述动议"依据以后所述理由"全部予以驳回。这些理由将在判决书本篇第二章论及本案适用法律时给出。

检方自1946年6月3日起陈述案情，于1947年1月24日陈述完毕。

辩方则自1947年2月24日起开始提出证据，于1948年1月12日举证完毕。在此期间，为了让辩护律师有时间协调他们的工作，以便提供关乎所有被告的共同证据，自1947年6月19日到8月4日特许休庭。

法庭既准许检方提出反驳证据，也准许辩方提出回答证据，受理证据到1948年2月10日截止。受理的证据总计共有4 335件，419名证人出庭作证，779名证人用陈述书和宣誓陈述书作证，庭审记录长达48 412页。

检方和辩方律师的最终辩论和总结从1948年2月11日开始，到同年4月16日结束。

由于《宪章》第12条要求"迅速审理争议问题"和采取"严格措施以防止会引起任何不合理延宕之行为",所以有必要对审判所花费的时间稍加解释与说明。

采用说一段译一段的常规翻译方法会引起不必要的延宕,为了避免此事,对那些在提出之前可预做准备的证据、陈述和其他内容,安装了一套灵巧的公共发言系统。利用这套系统,有可能同时翻译成英语或日语,必要时还可同时与汉语、俄语和法语互译。如无此项便利,审判很可能要耗费更多时日。但是对于交叉询问或临时提出的异议及其他偶发性诉讼程序,只能在进行过程中采用常规方法翻译。

《宪章》第13条(a)款规定:"本法庭不受技术性采证规则之拘束。本法庭将⋯⋯接受本法庭认为有作证价值之任何证据⋯⋯"对提出的大量书面证据和口头证言适用这项规则必然要花费许多时间。而且,起诉书中的指控直接涉及对日本自1928年至1945年这17年间的历史进行调查,甚至还涉及对更早时期的日本历史进行大致研究,因为不这样做我们就不能够理解和评价日本及其领导人随后的行动。

指控所涵盖的时期,正是日本在内政和外交上非常活跃的时期。

在国内,明治维新时代所颁布的宪法是军人和运用该宪法的文官之间重大斗争的主题。最终军人获得优势,这使他们不仅主导和平与战争问题,而且主导外交和内政事务。在政府内部文官与军人的斗争中,议会,即选举产生的国民代表,早就无关紧要。文官与军人之间的斗争,在文官方面,由职业文官来争战,他们几乎占据了内阁中的所有文职大臣职位和天皇左右的辅弼职位。军人和文官之间的斗争由来已久。许多事件标志了这一斗争的此消彼长。对于任何一个事件,检辩双方很少能取得一致意见。每一事件的事实和意义都成为争论的起因,并成为提出大量证据的题目。

在国内,在起诉书所涵盖的时期,日本完成了向现代工业化国家的转变,为了给迅速增加的人口寻找出路,为了给日本的制造业获取原料来源,也为了让日本制造的货物有一个市场,日本对其他国家的领土要求越来越强烈。在对外关系上,这一时期日本为满足上述要求竭尽全力。在这方面辩方对诸事件的发生和意义提出异议,甚至对看起来无可争辩的事也常常提出异议。

25名被告在这些事件中所起的作用都必须加以调查,每一步都走得并不轻松。

法庭面对的问题牵涉的时间长、地点多,而且对每一个事件,不管重要的或不重要的,都会进行争辩,致使审判不能达到《宪章》所要求的"迅速"。加之,在法庭上所说的每一句话,都需要从英语翻译成日语,或从日语翻译成英语,这至少使审理的时间增加了一倍。日语和英语间的翻译不可能像西方语言之间翻译时那样迅速和确切。从日语到英语,或者从英语到日语的逐字翻译,常常是不可能的。在很多情况下,只能达到释义的程度。而对于释义是否正确,精通英语和日语的专家也常常意见分歧。结果,法庭的口译员常常遇到不知道该如何翻译的困难。为了解决翻译上的争执问题,法庭不得不设立语言仲裁部。

除了这些延宕以外,律师和证人也往往言辞冗长和文不对题。一开始要抑制这种倾向遇到困难,因为在许多情况下,过于详尽和无关主题的提问或回答是用日语说的,等法庭听了英语翻译可以提出异议的时候,弊病已经发生,时间已被浪费。为了避免浪费时间,终于有了实施特殊规则之必要。

为达到此目的所制定的主要规则是要求计划中的证人先提交书面的宣誓证词,以及交叉询问限于主证据范围内的事项。

这些规则和法庭制定的所有其他规则都没有得到严格执行。为了公正对待被告和获得全部相关事实和资料之最高需要,法庭常常给予宽容和迁就。

提出的证据,特别是由辩方提出的证据,许多都没被接受,主要因为这些证据没有多少或完全没有作证价值,或者因为这些证据没有帮助,不是完全无关就是关系很少，或者因为与已接受的证据相似度高，而无重复之必要。

关于证据是否可接受的争论，的确花费了很多时间，尽管如此，如果法庭把准备提出的证据全部接受，审判时间就要大大地延长。如果没有这些限制措施，审判时间定会拖得更久，因为不加限制的话，双方就会准备提出更多不切题、不重要的证据。

许多证据是口头的证言，或者至少是证人在法庭上宣誓并认可的证词，该证词经裁定被接受后，由检察官或辩护律师宣读。证人被交叉询问（常常由代表不同利益方的多名律师交叉询问），然后被再询问。

如果不希望对证人进行交叉询问，在大部分情况下证人只需提交宣誓证词，在证人不出庭的情况下，其宣誓证词由他人宣读。

法庭对提供的很大一部分证据感到失望。关于诸事件的说明令人难以置信，除非证人愿意直面困难，并使法庭相信这一次他们必须摒弃当这些事件无可争辩地发生时通常会产生的那些推断。就本法庭的经验而言，大部分辩方证人并无直面困难的打算。他们的遁词冗长而又模棱两可，只会引起不信任。辩方律师的最终意见大部分是基于这种假定，即法庭会把为辩护提出的证据当作可信而接受。就辩方而言，也许只能如此，因为不能预料谁会被法庭作为可以信任的证人接受，谁会被法庭拒绝。这些意见许多都未被接受。因为其论点是基于那些因缺乏真诚而不被法庭信任和接受的证人所提供的证据。

除了证人的证词，许多文件也向法庭提供并被当作证据接受。这些文件性质各异、来源不一，其中有来自德国外交部的。对法庭不利的情况是，日本陆军、海军、外务省、内阁及日本政府其他政策制定机关的许多重要正式档案，其原本多已不存。有时收到声称为副本的文件，考虑到这些副本可能拥有的价值，也被接受下来了。官方档案的缺失归因于对日空袭中的大火以及投降后战斗部队的故意销毁。当轰炸开始或即将开始的时候，像外务省、内阁官房和其他重要政府部门，竟然没有把如此重要的文件转移到安全的地方，那是匪夷所思的事情。如果证明这些文件并未以上述方式被毁，而是故意扣压不向法庭提供，那就是对国际正义事业的严重损害。

我们只好依赖我们能够获得的材料，把这些材料与我们所接受的其他证据关联起来对照分析。虽然官方文件的缺失对我们探求事实很不利，但是我们从其他来源获得了大量有关的情报。在非官方的或至少只是半官方性质的此类证据中，有被告木户的日记和《西园寺-原田回忆录》。

卷帙浩繁的《木户日记》记录了1930年至1945年他任职内大臣秘书官长、内务大臣，以及后来任职内大臣期间，以天皇机要顾问的身份与一些重要人物交往的情况。根据这些情况，我们认为《木户日记》是一份重要文件。

另一份重要文件，或一系列重要文件，就是《西园寺-原田回忆录》。它成为辩方严厉批评的目标不足为奇，因为在这些文件中，包含着一些使辩方感到难堪的言辞。我们认为这种批评没有充分的根据，我们对于这些记录的重视程度超过了辩方的期望。西园寺公爵以最后的元老的特殊地位，通过他的秘书原田，自能充分了解真相。原田长期为这位元老服务，负有从政府、陆军和海军最高层官员获取情报的特殊任务，由此可见他的可靠与谨慎。如果像辩方所说的，他是一个既不可靠又不负责的人，鉴于西园寺公爵本人常与供给原田情报的重要人物直接接触，西园寺公爵很快就会发现他的不可靠，也就不可能继续用他。关于提供给法庭的《西园寺-原田回忆录》的真实性，法庭相信此文件是由原田口述，并经西园寺校订的回忆录原本。在此文件中凡与本案有关者，法庭认为它所记载的内容都是有用而可靠的当时证据。

第二章　法

第一节　本法庭的管辖权

我们认为,《宪章》对本法庭而言是决定性的和必须遵守的法。本法庭是最高司令官根据同盟国所赋予他的权力而设立的特别法庭。它的管辖权来自《宪章》。在本审判中,除《宪章》所规定者外,法庭成员并无任何其他的管辖权。最高司令官在任命法庭成员的命令中表明:"法庭成员的责任、权力和义务在《宪章》中作了规定……"。因此,宣布设立本法庭并任命他们为法庭成员的上述文件赋予他们审判被告的权力,他们如果没有这些文件赋权则完全没有审判这些被告的权力,但是他们又要始终承担起把《宪章》规定的法适用于本审判的责任和义务。

以上表述并非用于支持以下观点(假如有人持这种观点的话),即同盟国或任何战胜国在国际法框架下审判和惩罚战犯时,有权制定或颁布与公认的国际法及其规则或原则相矛盾的法律,或赋予自己的法庭与公认的国际法及其规则或原则相矛盾的权力。实际上,交战国为审判和惩罚战犯而行使设立法庭的权利并赋予此类法庭以权力时,只能在国际法的范围内行事。

辩方对本法庭审理和判决起诉书指控的管辖权提出了挑战,其主要理由如下:

（1）通过最高司令官采取行动的同盟国没有权力将"反和平罪"（第5条（a）款）包括在《宪章》内并指定它可由法庭审理。

（2）侵略战争本身并不是非法的，废弃以战争为国家政策工具的1928年《巴黎非战公约》并没有扩大战争犯罪的意义，也没有把战争当作犯罪。

（3）战争是一种国家行为，在国际法上为战争并无个人责任。

（4）《宪章》的规定是"事后"立法，所以是不合法的。

（5）规定必须履行《波茨坦公告》的《日本投降书》中设有以下条件，即在公告颁布之日（1945年7月26日）国际法承认的普通战争罪应是被起诉的唯一罪行。

（6）交战中的杀人行为，除非违反了作战规则或者战争法规和惯例，否则只是战争中的普通事故，并不是谋杀。

（7）有数名被告是战俘，根据1929年日内瓦公约的规定，他们应该接受军事法庭而不是本法庭的审判。

因为《宪章》的法对本法庭是决定性的和必须遵守的，本法庭有义务正式拒绝辩方提出的以上七项争议中的前四项，但是鉴于与此有关的法律问题异常重要，本法庭将把关于这些问题的意见记录在案。

本法庭于1946年5月驳回了辩方的动议，确认了《宪章》的合法性及其赋予的法庭管辖权，当时宣称这一决定的理由将在以后给出。其后，设立在纽伦堡的国际军事法庭于1946年10月1日宣布了判决。该法庭特别表达了以下意见：

> 《宪章》并非战胜国方面武断地行使权力，而是《宪章》颁布时现行国际法的具体表现。
>
> 问题在于这个公约（1928年8月27日签署的《巴黎非战公约》）具有什么样的法律效力。签署或加入该公约的国家无条件地谴责将来以战争作为政策工具的行为，并明确地废弃了战争。该公约签署

之后，任何国家诉诸战争作为国家政策的工具，就是违反该公约。本法庭认为，庄严地宣布废弃战争作为国家政策的工具，必然包含以下主张：这种战争在国际法上是非法的，策划和实行这种会产生不可避免的可怕后果之战争的那些人，这样做就是在犯罪。

在某种情形下保护国家代表者的国际法原则不可能适用于那些被国际法判定为犯罪的行为。实施这些行为的人不能以公职为庇护来逃避经适当审判的惩处。

"法无规定者不为罪"的格言，并不是对主权加以限制，而是一般的正义原则。认为对蔑视条约和保证、不经警告就进攻邻国的那些人进行惩罚有失公道的观点显然是错误的，因为在这种情况下，进攻者必然知道他正在做坏事，因此非但对他加以惩罚完全没有什么不公道，要是让他做了坏事却逍遥法外，反而才是真正的不公道。

《宪章》明确规定……"被告执行本国政府或上级命令的事实并不能使被告免除责任，但在量刑上可以酌情减轻。"这个规定和所有国家的法律都是一致的。……我们发现，虽然程度有所不同，但大多数国家的刑法里真正的标准不是有没有接到命令，而是事实上是否存在道德选择之可能。

本法庭完全同意纽伦堡法庭的上述意见和得出这种意见的推理。这些意见很好地回应了辩方强调的第一至第四条理由。鉴于本《宪章》与《纽伦堡宪章》在所有重要方面完全相同，本法庭宁愿对纽伦堡法庭的相关意见表示无条件的拥护，而不愿用大同小异的语言来重新撰写，以免对两个版本的意见产生互相冲突的解释而引起争论。

辩方挑战法庭管辖权的第五条理由是，依据投降书和《波茨坦公告》，他们认为只有《波茨坦公告》发布之日国际法承认的战争犯罪才应受审，而这种犯罪只限于《宪章》第5条(b)款所说的普通战争罪。

早在《波茨坦公告》发布之前很久，根据国际法侵略战争就是犯罪，所以辩方想对《宪章》做限制性的解释完全没有根据。

有人提出了一个奇特的论点,当日本政府同意接受投降书的条款时,实际上并不理解据称对这场战争负有责任的日本人将会被起诉。

这种论点是毫无事实根据的。本法庭确信有证据表明,在投降书签署之前,日本政府已经考虑了这个问题,当时主张接受投降书诸条款的内阁成员已经预见到据称对这场战争负有责任的人将被付诸审判。早在1945 年 8 月 10 日,即签署投降书的三个星期前,天皇对被告木户说:"念及战争责任者将受到惩罚……实有所难忍者……但认为今日乃不能不忍人所难忍之际。"

辩方提出的与指控犯下谋杀罪有关的第六条争辩主张,我们将在后面讨论。

辩方的第七个论点是为以战俘身份投降的四名被告提出的,他们是板垣、木村、武藤和佐藤。代表他们提出的意见是,他们原为日本军人,又是战俘,根据与战俘有关的 1929 年《日内瓦公约》的条款,特别是依据该公约第 60 条和第 63 条,战俘应接受军事法庭审判,而不应受未依此公约成立的法庭审判。这一点美利坚合众国最高法院在山下案中做出了裁决。已故最高法院院长斯通(Stone)代表法庭多数宣布判决时说:"我们认为从援引的这些规定的上下文来看,这是很清楚的,第 3 节及其包含的第 63 条,只适用于在被俘期间犯罪时施之于战俘的审判程序。第五篇没有显示这部分规定可以处理除第 3 章第 1 节和第 2 节所述以外的犯罪。"这一结论和导致这一结论的推理,本法庭谨表同意。

因此,对于本法庭管辖权的挑战,完全以失败告终。

第二节　对俘虏的战争罪责任

战俘和被拘禁平民系处于拘押他们的政府权力控制之下。情况并非一直如此。然而在最近两个世纪这种地位得到了承认。这一习惯法在1907年的《海牙第四公约》中被明文规定，并在1929年《日内瓦战俘公约》中被再次重申。因此，照管战俘和被拘禁平民（以下我们把他们都称为"俘虏"）的责任就归于拘留俘虏的政府了。这种责任并非只限于维持俘虏生活的义务，还包含着防止俘虏遭到虐待。特别是对俘虏施行为国际习惯法以及公约所禁止的非人道行为，对俘虏负有责任的政府应当予以防止。

政府必须通过具体的人来履行对俘虏的这类义务。在此意义上，负有责任的政府实际上就是指导和控制各项政府职能的那些人。无论对于这里或前面所述的问题，我们关注的就是日本内阁成员。因为对俘虏的责任，并非施加于抽象政治概念之上没有实质内容的义务。这一特定的责任，首先必须由组成政府的人来履行。现代政府承担众多职责和任务，必然有一个精心设计的职责细分与委托授权的机制。就战时政府对俘虏所负责任而言，即使组成政府的人已经把维持俘虏生活和保护他们的责任分派给了别人，他们对俘虏仍负有主要而持续的责任。

日本对俘虏应负责任的人包括：

（1）内阁成员。

（2）拘有俘虏的陆军或海军部队指挥官。

（3）与俘虏福利有关机关的官员。

（4）直接管控俘虏的官员，不论是文官，还是陆军或海军军官。

建立能给予俘虏以适当的待遇和防止他们遭到虐待的系统，并确保其持续而有效地运行，是上述所有应负责任者的义务。如果发生以下情况，这些人就应负怠忽职守和虐待俘虏的责任：

（1）他们没有建立这样的系统。

（2）虽然建立了这样的系统，但他们未能确保其持续有效运行。

这些人都有责任了解该系统的运行情况，如果不去了解，就要承担责任。仅仅建立了适当的系统,但建立之后对它的实际运行情况不闻不问,不能算尽责。例如,一名陆军指挥官或陆军大臣,必须以同等的努力确保他在这方面下达的命令与他对最重要事项所下达的其他命令一样得到切实遵行。

反之,如果已设立适当的系统并且该系统持续有效地运行,那么当发生普通战争犯罪时,他们不承担责任,除非出现下列情形:

(1)他们知道正在发生这类犯罪,并且虽然知道却不曾在其权限内采取措施防止未来再发生此类犯罪。

(2)他们因自己的过失而未能了解发生了这类犯罪。

如果这类人知道,或者应当知道却因懈怠或疏忽而未能知道此类情况,如果他所担任的职务要求或允许其采取措施来防止此类罪行,那么他的不作为就难辞其咎。另一方面,一个本应承担责任的人,即使表明他听信了更加直接负责管控俘虏的人对他做出的保证,如果考虑到那些人的职位、此类犯罪报告的频繁程度,或者使他本应就这种保证是否属实进行调查的任何其他情况,那他如此表明也并不足以证明他无罪。在判断是否知情时,要考虑罪行是否恶名昭著,数量是否巨大,以及从时间和地点来看涉及面是否广泛等因素。

内阁作为政府的主要机关之一,负有照管俘虏的集体责任,对内阁成员而言,如果他知道发生了上述情节的犯罪,却未曾或未能采取措施以防止这类犯罪再度发生,并决定继续担任内阁成员,那么他不能被免除责任。即使他所主管的部门与照管俘虏并无直接关系,他仍然不能免责。内阁成员是可以辞职的。如果他知道发生了虐俘,又无力防止虐俘再度发生,却决定继续留在内阁,即继续参与着内阁保护俘虏的集体责任,那么他就是自愿承担了之后任何虐俘行为的责任。

陆军或海军指挥官能够命令下属给予俘虏以正当待遇和防止虐待俘虏。陆军大臣和海军大臣也可以这样做。如果对他们所管控的俘虏发生了犯罪行为,不管他们对类似情况事先已知或应知未知,他们都应对这类犯罪负责。例如，如果在其指挥的部队中发生了他已知或应知未知的普通战争犯罪，未采取充分措施以防止这类犯罪再度发生的指挥官要对之后所发生的这类犯罪承担责任。

知道有虐俘行为的职能部门官员不必因为他们未辞职而承担责任；但是，如果其职责包括对俘虏保护系统进行管理，如果其已知或应知未知有犯罪行为，却未在其权限范围内采取任何有效措施以防止同样犯罪再度发生，那么他们必须对之后所发生的这类犯罪承担责任。

第三节 起 诉 书

在"反和平罪"的标题下，《宪章》列出五项分立的犯罪行为。这些罪行是策划、准备、发动及实行侵略战争或违反国际法、条约、协定或保证之战争；除上述四项外，又增加了一项为达到上述目的而参与共同计划或共谋的罪行。起诉书以《宪章》为根据指控了以上五项罪行，还根据《宪章》的其他规定指控了其他罪行。

实行侵略战争或非法战争的共谋发生于二人或二人以上就犯下这一罪行达成共识之时。其后，为推进此项共谋从事这一战争的策划和准备。此阶段的参加者可以分为最初的共谋者和后来的加入者。如果后者赞成共谋的目的，并为实现该共谋进行策划和准备，那么他们就成为共谋者。据此，鉴于所有被告均受到共谋罪指控，我们认为对于或将判为犯共谋罪的被告，不必再判以策划和准备侵略战争罪。换言之，虽然我们并不质疑各项指控的合理性，但是我们认为，对于或将被判为犯共谋罪的被告，不必再考虑按诉因 6 至诉因 17 定罪。

在发动和实行侵略战争的诉因方面也有类似情形。虽然发动侵略战争在有些情况下可以具有其他含义，但在本案的起诉书中，它就是开始敌对行动的意思。在这个意义上，它涉及实际实行侵略战争。这种战争由某些罪犯发动或开始之后，其他人可以参与进来，其情势可能构成实行战争的罪行。但是，这个因素并不能成为必须对发动侵略战争如同实行侵略战争一样加以定罪的理由。因此，我们提议不考虑诉因18至诉因26。

诉因37和诉因38指控共谋实施谋杀。《宪章》第5条（b）款和（c）款关乎普通战争罪和反人道罪。第5条（c）款有以下表述："参与制订或执行共同计划或共谋犯下上述任何罪行的领导者、组织者、教唆者及同犯者，对任何人在执行该计划中做出的所有行为承担责任。"在《纽伦堡宪章》中也有一条相似的规定，不过那是独立的一条，而不像本法庭《宪章》那样，把它纳入（c）款。从这一规定的上下文关系看，显然仅仅与（a）款即反和平罪有关，因为只有在这个类别中，"共同计划或共谋"才被称为犯罪。它不适用于普通战争罪和反人道罪，因为《宪章》并未把这两类犯罪的共谋视为犯罪。检方没有对这种见解提出挑战，但声称根据《宪章》第5条（a）款，这些诉因是站得住脚的。他们的主张是，实行侵略战争是非法的，它涉及非法的杀人行为，即谋杀。由此进一步提出，共谋非法地实行战争也就是共谋实施谋杀。然而本法庭所能审判的罪行只限于《宪章》所述罪行。第5条（a）款表明，为犯章程规定的罪行进行共谋，其本身就是一种罪行。除了共谋罪，第5条（a）款列明的罪行就是"策划、准备、发动或实行"侵略战争，并没有关于通过实行侵略战争或其他方式谋杀而犯下共谋罪的明确规定。因此，我们认为，我们不具备审理诉因37和诉因38所指控共谋实施谋杀罪的管辖权，并拒绝审理这些指控。

在起诉书中，25名被告总共遭到55项诉因指控。许多诉因是指控全体被告的，其他诉因则指控10名或10名以上被告。仅反和平罪一类，应加以考虑的分立指控就不少于756件。

这种情形来自检方采取了只要可以提出有罪证据就加以指控的普遍做法，尽管有些指控是累积的或可替代的。

以上关于指控内容的考虑表明，可以在既承担起本法庭责任又不对被告造成不公的情况下，减少需要做出裁决的反和平罪诉因数量。

诉因 44 和诉因 53 指控共谋违反战争法规罪。基于上述理由，我们认为，除反和平罪外，《宪章》并未给予本法庭审判为犯其他罪行实施共谋罪的管辖权，也没有明确指出为犯普通战争罪的共谋罪。这种见解为检方所接受，他们也不再寻求对这些诉因做出判决。因此，这些诉因将不予以考虑。

以上关于诉因 37、诉因 38、诉因 44 和诉因 53 的见解，可能看起来与本法庭 1946 年 5 月 17 日做出的驳回有关管辖权动议的裁决不一致。对此只要说一句话就够了，即当审理该动议时这个问题并没有被提出来。很久以后，即在纽伦堡判决宣布以后，这个问题才由一名被告的辩护律师所提出。对此问题本法庭同意纽伦堡法庭的观点。因此，关于那些诉因，本法庭接受检方表达的有利于被告的认可意见。

从诉因 39 至诉因 52（已经讨论过的诉因 44 除外），均包含谋杀的指控。在所有这些诉因中，实际上就是指控在某地某日非法实行战争导致了谋杀行为。在有些诉因中，日期是在某地开始敌对行为的日期，而在其他诉因中，日期是非法战争已经在进行的过程中该地遭到攻击的日期。在所有情况下，杀人都被说成是由非法实行战争而引起的，其所以非法是因为在杀人之前并没有宣战（诉因 39 至诉因 43、诉因 51 和诉因 52），或者是因为在其进程中发生了杀人的这些战争是在违反某特定条约条款的情况下开始的（诉因 45 至诉因 50）。假如，在任何情况下，法庭裁定该战争不是非法的，那么谋杀的指控和实行非法战争的指控就都不能成立。反之，假如在任何特定情况下，这场战争被裁定为非法的，那么随之而发生的杀人行为，不仅是在诉因中所指出的日期和地点，而且是在全部战区和整个战争期间的杀人行为，就都是非法的。我们认为，既然非法实行这些战争的所有罪行都已被纳入指控实行这类战争的诸诉因之中，再通过指控谋杀的诉因来处理这部分犯罪不会有好的效果。

上述看法与刚才列举的诉因，即诉因 39 至诉因 52（不包括诉因 44）

相关联。诉因 45 至诉因 50 的陈述比较模糊。它们指控在不同地方和日期进行谋杀，其方法是非法命令、驱使和准许日本军队攻击那些地方并屠杀居民，从而非法杀害平民和已解除武装的士兵。这些诉因语焉不详，没说清楚究竟是想要把非法杀人建立在攻击的非法性基础上，还是建立在随后违反战争法规的基础上，还是两者兼而有之。如果意指前者，那么这个立场与本组中前面那些诉因的立场相同。如果要以违反战争法规为根据，那么就与诉因 54 和诉因 55 中的指控重复。仅凭这些理由，而且我们发现，在这种情况下没有必要对谋杀罪指控的有效性发表意见，因此我们决定，没有必要对诉因 39 至诉因 43 和诉因 45 至诉因 52 做出判定。

第三章　日本的义务和权利

概述

判决书的 A 篇第三章将不做宣读。它包含一份 1930 年之前日本在中国获取的各种权利的说明，以及与起诉书相关的日本对其他列强的契约义务的说明。主要契约描述如下，每项描述都有其下面列明的文件为证。

1. 维护中国领土和行政独立的契约：

1901 年美国宣言

1908 年同文照会

1922 年《九国公约》

1920 年《国际联盟盟约》

2. 维护世界各国在中国各地平等公正贸易的原则，即所谓的"门户开放"政策的契约：

1900 年至 1901 年美国宣言

1908 年同文照会

1922 年《九国公约》

3. 禁止生产、贩卖和使用鸦片及类似毒品的契约：

1912 年鸦片公约

1925 年国际联盟

1931 年鸦片公约

4. 尊重太平洋地区各国领土利益的契约：

1921 年四国协约

1926 年致荷兰和葡萄牙的照会

1920 年《国际联盟盟约》

5. 保持中立国领土不受侵犯的契约：

1907 年《海牙第五公约》

6. 通过外交手段、调停或仲裁解决国与国争端的契约：

1908 年同文照会

1921 年四国协约

1922 年《九国公约》

1907 年海牙公约

1928 年《巴黎非战公约》

7. 旨在保证和平解决国际争端的契约：

1899 年海牙公约

1907 年海牙公约

1928 年《巴黎非战公约》

8. 开战前给予预警的契约：

1907 年《海牙第三公约》

9. 战争状态下有关人道行为的契约：

1907 年《海牙第四公约》

1929 年《日内瓦红十字公约》

1929 年《日内瓦战俘公约》

这些契约义务中有很多较为笼统。它们并未涉及任何单一的政治或地理单位。另一方面，日本通过本章所提到的文件获取的权利大部分和中国有关。日本对华战争初期在中国的立足点，将在判决书关于中国的章节开头部分详加叙述。

（A 篇第三章的以下内容在庭审记录中复制如下。）

1928 年 1 月 1 日以前的事件

在起诉书所涵盖的时间段之前，即在 1928 年 1 月 1 日之前，某些事件已经发生，日本已经获得了某些权利，并承担了某些义务。为了理解和判断被告采取的各种行动，有必要对这些事情做一梳理。

1894 年至 1895 年的中日战争

1894 年至 1895 年的中日战争以《马关条约》的签订而告终，据此中国把辽东半岛的全部主权割让给了日本。但是由于俄、德、法三国对日本施以外交压力，迫使日本归还了辽东半岛。1896 年，俄国与中国缔结协定，允许俄国延长西伯利亚大铁路纵贯满洲，并将铁路沿线地带的某些行政权让与俄国，其经营期限为 80 年。1898 年，俄国与中国又签订了另一协定，扩大了这项授权，俄国被允许将中东铁路从哈尔滨连接到旅顺，并获得了为期 25 年的辽东半岛南部租借权和在租借地征收关税的权利。

第一次海牙和平会议

1899 年，世界各主要国家齐集海牙召开了第一次和平会议。这一会议产生了三个条约和一项宣言。

第一次和平会议的贡献，与其说是对当时既存的国际法体系增添了新的规则，不如说是把已确定的并被公认的习惯法规则与惯例以更明确的形式重新加以表述。而这种看法同样适用于 1907 年的第二次海牙和平会议，以及 1906 年 7 月 6 日和 1929 年 7 月 27 日在日内瓦所通过的公约。

海牙第一公约即《和平解决国际争端公约》(附件 B－1)于 1899 年 7 月 29 日签署，并由日本和提出起诉书的各国或其代表，以及其他 20 个国家批准，后来又有 17 个国家加入，所以共有 44 个主要国家参加此公约。因此，从 1904 年 2 月 10 日日俄战争开始之前起，并在起诉书提及的所有相关时期，该公约对日本有约束力，除了后来于 1907 年 10 月 18 日在海牙通过的第一公约可能取代的部分以外。

通过批准 1899 年 7 月 29 日在海牙订立的第一公约，日本同意做最大努力以保证国际争端之和平解决，在诉诸武力前，尽力在环境许可范围内请友邦一国或数国从中斡旋或调停。

1899 年至 1901 年的义和团之乱

1899 年至 1901 年间发生在中国的义和团之乱，以 1901 年 9 月 7 日《最后议定书》（附件 B－2）在北京签署而得以平息。该议定书由日本和提出起诉书的各国或其代表，以及德国、奥匈、比利时和意大利签署。在该议定书中，中国同意把北京各国使团占用的区域保留给外国使团专用，并允许各国配备卫兵以保护该区域的使团。中国还允许各国有权在协定指定的某些地点驻兵，以维持北京和海洋之间的自由交通。

由于这个议定书的签署，日本和其他签署国都同意，除协定指定的驻兵地点的驻军外，在同年 9 月 22 日之前，把全部军队从直隶省撤出。

日俄战争

随着 1902 年 1 月 30 日《英日同盟条约》的缔结，1903 年 7 月日本就开始和俄国交涉关于在中国维持"门户开放"政策问题。这些交涉并未如日本政府所期望的那样顺利进行。于是，日本不顾于 1899 年 7 月 29 日在海牙签字的《和平解决国际争端公约》的各项规定，于 1904 年 2 月进攻俄国。在满洲的激烈战斗中，日本损失了 10 万士兵的生命和 20 亿日元。这场战争以 1905 年 9 月 5 日签署的《朴茨茅斯条约》而告终。

《朴茨茅斯条约》

1905 年 9 月 5 日签署的《朴茨茅斯条约》（附件 B－3）结束了日俄战争，并在起诉书提及的所有相关时期对日本具有约束力。由于批准了这个条约，日俄两国同意在俄国与朝鲜的边境上，不得采取任何足以威胁俄国或朝鲜领土安全的军事措施。但是,俄国承认日本在朝鲜有最优先的利益。以中国同意为条件,俄国将旅顺、大连及辽东半岛毗邻地区的租借权,与租借权相关联并构成其组成部分的所有权利、特权及特许权,租借权效力所及地区的所有公共建筑和财产,全部让与日本。这一转让的实施是根据如下明确约定:日俄两国应全部撤离,并将满洲全部交还给中国治理,租借权效力所及地区除外;日本应充分尊重俄国国民在租借地的财产权。同时,以中国同意为条件,俄国将长春至旅顺的铁路,及该铁路附属的所有支线和所有权利、特权及产权让与日本。这一转让是基于如下约定,即日俄两国对于各自的铁路都只能专为商业目的而使用,决不能为战略目的而使用。日俄两国同意,这些转让应获得中国的同意,并同意不阻挠中国采取其他国家通常采取的措施开发满洲的工商业。

俄国将萨哈林岛(库页岛)在北纬 50 度以南的部分及该纬度以南的邻近岛屿割让给日本。这一割让是根据如下约定,即日俄两国在萨哈林岛及其附近岛屿上都不得建筑要塞或此类军事工程,并须维持宗谷海峡和鞑靼海峡的自由航行。

《朴茨茅斯条约》附属议定书中,俄日两国保留了双方在满洲铁路沿线设警备兵的权利,每公里不超过 15 名。

《北京条约》

根据 1905 年的《北京条约》,中国同意俄国把在满洲的权利与产权让与日本,但不同意设置铁路警备队。依据日本和中国在 1905 年 12 月 22 日订立的附属协定,即《北京条约》的附件,鉴于中国政府表示了"最恳切的希望",日本同意尽快,或当俄国同意撤离铁路警备队时,或至少当满洲治安恢复时,撤离铁路警备队。

南满洲铁道株式会社

日本在 1906 年 8 月设立了南满洲铁道株式会社,这是一家只限于日本政府和日本国民持股的公司。设立该株式会社是为了接替长春到旅顺铁路纵贯区域的原中东铁路公司。该株式会社不仅有权管理从俄国取得的铁路及其附属企业，并且有权管理日本在满洲新设的所有铁路及企业。此外，该株式会社还被赋予在租借地和铁路区域行使某些政府行政职能的权力。总之，它是为了管理日本政府在满洲的权益，作为日本政府的一个机构而设立的。

南满洲铁道株式会社违反《朴茨茅斯条约》的规定，在章程中竟规定租借地的日本陆军司令官有权对公司发布与军务有关的命令和指令，并且在军事上有必要时有权就公司的业务下达命令。

中国的"门户开放"政策

中国的"门户开放"政策，最初是由美利坚合众国政府在 1899 年至 1901 年间所谓的义和团之乱时宣布的，内容如下：

> 美国政府的政策，在于寻求中国之永久安全与和平，维持中国领土及行政之完整，保护条约和国际法赋予诸友邦之所有权利，且捍卫世界各国在中华帝国全部领土上平等公正贸易之原则。

包括日本在内的有关各国，都同意美国宣布的上述政策，于是这个政策就成了所谓的中国"门户开放"政策的基础。在此后 20 多年的时间里，以这种方式制定出来的"门户开放"政策凭借各国的非正式承诺存在着；到 1922 年在华盛顿缔结《九国公约》时，它最终具体化为条约的形式。

1908 年日美同文照会

1908 年 11 月 30 日，当日本政府与美利坚合众国政府就中国和太平洋地区的"门户开放"政策交换同文照会（附件 B-4）时，日本承认了这一政策。在起诉书提及的所有相关时期，日美两国均受这些照会规定的正

式约束。通过交换这些照会,两国就以下内容达成一致:

(1)两国政府鼓励在太平洋开展自由和平贸易的政策不受任何侵略倾向的影响,其目的是维持太平洋区域的现状及捍卫在中国的工商业机会均等原则。

(2)两国政府相互尊重对方在该区域的属地。

(3)两国政府决心,采取一切和平手段支持中国之独立与领土完整及所有国家在中国的工商业机会均等之原则,以此保持列强在中国的共同利益。

(4)万一发生足以威胁现状的事件,两国政府应就其可能采取的措施相互联系。

并吞朝鲜

1910年日本并吞了朝鲜,从而间接扩大了日本在中国的权利,因为在满洲的朝鲜移民成了日本帝国的国民。1928年1月1日在满洲的朝鲜人人数约有80万之众。

中日两国相互冲突的主张

未出所料,日本在经营南满铁路和享有辽东半岛的租借权方面行使治外法权,这不断引起中日之间的摩擦。日本主张,日本已经继承了中国在1896年条约中让与俄国并由1898年条约扩充的一切权利与特权,权利之一是在铁路地带内绝对的和独享的行政管理权,在那一地带日本具有管理警务、税务、教育、公用事业等广泛的行政权力。中国拒绝对这些条约做这样的解释。日本又主张在铁路地带有设置警备队的权利,而中国则拒绝承认这种权利。日本铁路警备队引起的纠纷,不仅限于警备队在铁路地带的驻扎和活动问题。他们是日本的正规军,经常到铁路地带以外进行军事演习。中国的官员和平民百姓对这些行为特别憎恨,认为这些行动在法律上是不正当的,并且会引发不幸事件。此外,日本又主张在满洲设置领事馆警察的权利。此类警察附属于所有日本领事辖区的日本领事馆和领事分馆，例如在哈尔滨、齐齐哈尔、满洲里等城市，以及在很多朝鲜人聚居的所谓间岛地区。日本声称这种权利是治外法权的一个当然结果。

"二十一条要求"和 1915 年的《中日条约》

1915 年，日本向中国提出了臭名昭著的"二十一条要求"。由此产生的 1915 年《中日条约》规定日本国民可以在南满自由居住、旅行和经营任何种类的工商业。这是一项重要而不寻常的权利，在条约涉及港口以外，其他国家的国民在中国都不享有此项权利，而且按照日本后来的解释，"南满洲"一词包括满洲的大部分。条约进一步规定，在南满的日本国民可以商租土地，以满足建筑商业、制造业和农业企业适用房屋的需要。

在缔结此条约时，两国政府在互换的照会中对"商租"一词下了定义。据中国方面的说法，该定义的意思是不超过 30 年的长期租赁，并附带有条件延长的权利；但是据日本方面的说法，它的意思是不超过 30 年的长期租赁，并附带无条件延长的权利。

除了上述内容，此条约规定日本占有关东租借地（辽东半岛）的期限延长到 99 年，日本占有"南满铁路"和"安奉铁路"的期限均延长到 99 年。

中国坚持主张此条约不具有"基本效力"。在 1919 年的巴黎和会上，中国要求废除此条约，因为它是"在日本以战争相威胁的最后通牒强迫下"所缔结的。在 1921 年至 1922 年的华盛顿会议上，中国代表团提出了"关于此条约的公平合理性及其基本效力"的问题。在 1923 年 3 月关东租借地最初 25 年租借期限将要满期的时候，中国再次向日本提出废除此条约的要求，并表明"1915 年的条约和照会在中国一直遭到舆论谴责"。因为中国主张 1915 年的条约缺乏"基本的有效性"，他们拒绝履行与满洲有关的各项规定，除非情况使部分履行成为权宜之计。因此日本方面表示非常不满,他们声称中国侵犯了日本认为属于条约权利的东西。

1917 年至 1920 年协约国对俄干涉

第一次世界大战又给予日本在亚洲大陆增强地位的机会。1917 年俄国爆发了革命。1918 年日本参加了协约国之间的一种安排,据此每个国家应派遣不超过 7 000 人规模的军队,到西伯利亚去保护沙俄军队将来可能需要的军需品,帮助俄国人组织其本身的防卫,并援助在西伯利亚的捷克斯洛伐克军队撤退。

1925 年《苏日北京条约》

1925 年 1 月 20 日在北京签署的《苏日关于规定两国关系基本法则条约》最终使日苏之间的关系得以暂时稳定。在起诉书提及的所有相关时期,日本都受此条约的约束(附件 B - 5)。通过缔结此条约,缔约双方郑重申明:

(1)缔约双方都有意愿维持相互间的和平与友好关系,充分尊重对方具有无可置疑的权利在其管辖区域内以其自己的方式安排自己的生活,制止所有政府任职人员,以及所有获政府财政资助之团体,在另一方领土的任何地方进行任何可能会危害秩序与安全的公开或秘密活动。

(2)缔约双方都不允许在其管辖领土内存在(a)冒充另一方领土任何部分的政府的组织或团体;或(b)事实上为上述组织或团体从事政治活动的外国臣民或公民。

(3)任一缔约国之臣民或公民享有进入另一缔约国领土内旅行、居住之自由,并享有其人身与财产始终受到完全保护的权利,以及在这些领土内从事商业、航运、工业和其他和平事务的权利与自由。

1919 年和约

第一次世界大战随着 1919 年 6 月 28 日以协约及参战国为一方,以德国为另一方在凡尔赛签署和约而告终（附件 B - 6）。1920 年 1 月 10 日德国提交批准书后，条约生效。协约及参战国由主要协约及参战国和其他 22 个国家组成，包括中国、葡萄牙和泰国。所谓主要协约及参战国，指的是美国、英国、法国、意大利和日本。此条约由日本和提出起诉书的各国或其代表批准，美国、苏联和荷兰除外。

《凡尔赛条约》除其他事项外，包含以下内容：

（1）《国际联盟盟约》，即条约第一部分，由第 1 条至第 26 条组成。

（2）德国对主要协约及参战国放弃其海外属地全部权利和所有权的声明，这是第 119 条。

（3）对德国所放弃的原属地实施委任统治的规定，这是第 22 条。

（4）关于禁止使用窒息性、毒性及其他气体的宣言，这是第 171 条。

（5）批准 1912 年 1 月 23 日在海牙签署的《鸦片公约》，以及由国联对于鸦片和其他危险药品贸易的协定施行全面监督的规定，这分别是第 295 条和第 23 条。

在起诉书提及的所有相关时期，日本均须受《凡尔赛条约》所有规定的约束，但是日本政府在 1933 年 3 月 27 日曾依据《国际联盟盟约》第 1 条的规定通告了退出国联的意向，所以日本由于此通告而可以被免除的《凡尔赛条约》下的义务除外。这一退出要到 1935 年 3 月 27 日始能生效，而且这并不影响此条约其余部分的规定。

《国际联盟盟约》

由于日本批准了《凡尔赛条约》，自然就批准了《国际联盟盟约》，从而成为国联的成员国之一。其他 28 国也因批准了《凡尔赛条约》而成了国联成员，其中包括除美国、苏联和荷兰以外提出起诉书的所有国家。但是，没有在条约上签字的荷兰和其他 12 国，从一开始就加入了《国际联盟盟约》，而苏维埃社会主义共和国联盟后来也成了国联成员国。在不同时期加入盟约之后，曾有 63 个国家成为国联成员国。

根据《国际联盟盟约》的条款,除其他事项外,日本同意:

(1) 维持和平要求把军备裁减至维护国家安全所需的最低限度,日本在裁减军备的过程中应通过互换完整和真实的军备情报予以合作。

(2) 日本应尊重并保持所有国联成员国的领土完整和现存的政治独立。

(3) 与国联其他成员国发生争议时,日本应将此事提交国联理事会或诉诸仲裁,在仲裁人做出裁决或理事会发布报告后三个月内,不得诉诸战争。

(4) 日本如果违反盟约诉诸战争,将根据该事实被视为对国联所有成员国实施战争行为。

(5) 国联成员国所订立的所有国际协定,未送国联秘书处登记之前无效。

由于战争的结果,脱离各战败国主权的殖民地和领地,在当时尚不能自立者,日本同意:

(1) 将当地居民之福利及发展作为神圣责任。

(2) 这些殖民地和领地应置于代表国联实施委任统治之责的先进国家监护之下。

(3) 在委任统治地禁止建筑要塞或设立陆军及海军基地。

(4) 应确保国联其他成员国与委任统治地之间的商贸机会均等。

太平洋诸岛的委任统治

德国对《凡尔赛条约》中所称的主要协约及参战国,即美国、英国、法国、意大利和日本,放弃其海外属地的一切权利和所有权。虽然美利坚合众国没有批准这个条约,但是其与原德国属地有关的所有权利,都在1921年8月25日签署的《美德条约》中被确定。1920年12月17日,上述四国,即英国、法国、意大利和日本,同意根据《国际联盟盟约》的条款,将太平洋中位于赤道以北原属德国诸岛的委任统治权,按照若干补充规定授予日本。补充规定包含下列各点：

（1）日本在委任统治诸岛内，禁止贩卖奴隶，并且不准强迫劳动。

（2）在这些岛上，禁止建筑陆军或海军基地和要塞。

日本接受了此项委任，占有了上述岛屿并开始实施委任统治。日本因此须受《国际联盟盟约》和 1920 年 12 月 17 日协定中所包含的委任统治条款的约束，并且在起诉书提及的所有相关时期一直受这些规定的约束。

1922 年《日美委任统治条约》

因美国并未同意日本对原属德国诸岛的委任统治，但与这些岛屿有利害关系，1922 年日本和美国在华盛顿开始交涉此项问题。1922 年 2 月 11 日两国就条约达成一致意见并签署（附件 B-7），1922 年 7 月 13 日交换了批准书。因此，在起诉书提及的整个时期，日本和美国均须受这个条约的约束。在列举上述主要协约及参战国授予的委任统治条款后，除其他事项外，条约规定：

（1）美利坚合众国虽非国联成员国，但享有上述委任统治协定第 3 条、第 4 条和第 5 条规定的利益。

（2）这些岛屿上的美国财产权利须得到尊重。

（3）日美间现有诸条约均适用于这些岛屿。

（4）日本向国联理事会提交委任统治年度报告时，须给美国提供报告副本。

交换条约批准书当日，日本政府在向美国政府递交的照会内向美国保证，将给予访问那些岛屿的港口及水域的美国国民和船舶通常的礼遇。

华盛顿会议

1921 年冬和 1922 年春的华盛顿会议缔结了许多条约和协定。这次会议本质上是一个裁减军备会议，其目的在于倡导世界和平之责任，不仅通过停止海军军备的竞争,还要凭借解决威胁和平的各种其他难题,特别在远东地区。这些问题都是互相关联的。

1921 年《四国协约》

美国、英国、法国和日本关于太平洋岛屿属地和岛屿领地问题所缔结的《四国协约》是华盛顿会议所缔结的条约之一(附件 B‑8)。该协约于 1921 年 12 月 13 日签署并经日本和其他签署国正式批准。因此,在起诉书提及的整个时期,日本须受其约束。在此协约中,除其他条款外,日本同意:

(1)日本尊重其他缔约国在太平洋区域岛屿属地和岛屿领地的权利。

(2)如产生涉及上述权利的太平洋问题争端,该争端又未能以外交方式获得解决,且可能影响缔约国间存在的融洽关系时,日本应邀请其他缔约国共同举行会议,并将整个问题提交会议讨论及调整。

协约签署当天,缔约国曾发表一份共同声明,宣称根据它们的意向与理解,此协约适用于太平洋上的委任统治诸岛(附件 B‑8‑a)。

华盛顿会议期间,协约的缔结国在 1922 年 2 月 6 日又达成了一个补充协定(附件 B‑8‑b),规定如下:

> 上述协约(《四国协约》)中所使用的"岛屿属地和岛屿领地"一词,在适用于日本的时候,仅包含萨哈林岛南部、台湾及澎湖列岛,以及在日本委任统治下的诸岛屿。

对荷兰和葡萄牙的四国保证

1921 年 12 月 13 日达成《四国协约》后,包括日本在内的协约签署国,为避免发生任何与该协约精神相反的意见,各自都向荷兰政府(附件 B‑8‑c)和葡萄牙政府(附件 B‑8‑d)送交了同文照会,向荷兰和葡萄牙政府保证将尊重荷兰和葡萄牙在太平洋区域岛屿属地的权利。

华盛顿《限制海军军备条约》

在华盛顿会议期间签署的另一个条约是《限制海军军备条约》（附件B-9）。这个条约于1922年2月6日由美国、英国、法国、意大利和日本签署，后经以上各国批准。日本在1934年12月29日通告退出此条约，但在1936年12月31日之前起诉书提及的所有相关时期仍须受此条约约束。条约在前言中指出："期望对维护和平有所贡献并减轻军备竞赛的负担"，缔约国缔结了这个条约。然而，为了促使这个条约的签订，先就若干附带事项达成一致，并将那些一致意见写入了条约。美国、英国和日本同意，本条约签署时关于要塞和海军基地之现状，应在其各自的下列领地和属地予以维持：

（1）美国在太平洋上现有或将来可能取得的岛屿属地，但不包括（a）美国沿岸附近的岛屿属地、阿拉斯加和巴拿马运河区，除阿留申群岛外，以及（b）夏威夷群岛。

（2）香港，及英国在太平洋上东经110度以东现有或将来可能获取的岛屿属地，但不包括（a）加拿大海岸附近岛屿，（b）澳大利亚联邦及其领地，和（c）新西兰。

（3）日本在太平洋的下列岛屿属地，即千岛群岛、小笠原群岛、奄美大岛、琉球群岛、台湾及澎湖列岛，以及日本将来可能获取的太平洋上的岛屿属地。

此条约表明，维持现状意味着在上列领地和属地不得再建设新的要塞或海军基地，不得采取任何措施因修缮或维修海军军力而增加现有的海军设施，也不得在上列领地和属地增加海岸防御工事。

各缔约国同意仅保有条约所列举的主力舰。美国放弃在战舰建造上的领先地位，而且美国和英国都同意报废条约中所列举的若干战舰。条约对每一个缔约国主力舰排水总吨位规定了最高限额，各国都同意不超过该最高限额。对于航空母舰,也做了同样的限制。主力舰装备的大炮口径不得超过 16 英寸,航空母舰装备的大炮口径不得超过 8 英寸,以后各缔约国所建造的任何军舰,除主力舰以外,不得装备口径在 8 英寸以上的大炮。

《九国公约》

华盛顿会议上还签订了一个公约,忽视这个公约势必会扰乱这次会议期间达成的一系列协定在整体上希望取得并实现的共识与均衡。为了采取一项政策以稳定远东局势,保障中国的权益,并促进中国和其他国家在机会均等的基础上交往,九个国家在华盛顿会议期间缔结了一个公约,它和会议期间达成的其他条约一起,目的就是为了实现上述目标。公约于 1922 年 2 月 6 日签署,后经下列诸国批准:美国、英国、比利时、中国、法国、意大利、日本、荷兰、葡萄牙(附件 B - 10)。在起诉书提及的所有相关时期,日本均须受公约的约束。

通过缔结此公约,日本和其他缔约国除其他事项外,达成下列共识:

(1)尊重中国之主权与独立,以及领土与行政之完整。

(2)给予中国最充分和最体面的机会,以使其建成并维持一个有效和稳定的政府。

(3)各国施加影响,以期有效确立和维护所有国家在中国全境之工商业机会均等的原则。

(4)不得利用中国的状况以获取可能会减损友邦国民或公民各项权利的专有权利或特权,并不得支持有害友邦安全的行动。

(5)不得与任何一国或数国订立会侵犯或妨害上述原则的条约、协定、安排或谅解。

(6)不得谋取或支持其国民谋取可能会在中国特定区域内确立有利于其自身利益之商业或经济发展总体优势的任何安排,以及可能剥夺他国公民在中国从事合法工商业之权利或与中国政府或地方当局一起参与公共企业之权利,或旨在阻扰机会均等原则之实行的任何垄断权或优先权。

(7) 不得支持其国民之间达成在中国特定区域内建立势力范围或规定排他性机会的任何协定。

(8) 尊重中国之中立。

(9) 一旦发生任一缔约国认为涉及适用本公约条款的情况,应与其他缔约国进行充分和坦诚的交流。

因此,各国在庄严正式的公约里一致同意在中国实行"门户开放"政策。日本不仅同意、签署并批准了这个公约,出席华盛顿会议的日本全权代表还声明,日本满怀热情地赞同公约所规定的各项原则。他用了以下措辞:"没有人否认中国自我治理的神圣权利。没有人阻碍中国去实现其伟大国运。"

1912 年鸦片公约

日本参加的另一重要条约,不但与本案相关,而且特别适用于日中关系,这就是 1912 年 1 月 23 日在海牙国际鸦片会议签署的《关于取缔滥用鸦片和其他药物的公约及最终议定书》(附件 B‐11)。这个公约由日本和提出起诉书的各国或其代表签署并批准(苏联除外),在起诉书提及的所有相关时期,对日本有约束力。其他 46 个国家也签署并批准了公约,此后还有 6 个国家加入。各国决心逐渐取缔滥用鸦片、吗啡、可卡因以及由这些物质制成或提取的,产生或可能产生类似滥用的毒品,从而缔结了此公约。和其他缔约国一起,日本同意:

(1) 日本应采取措施,逐渐并有效取缔制造、贩卖及使用这些毒品。

(2) 日本应禁止把这些毒品出口至禁止此类毒品进口的国家,并限制和控制把此类毒品出口至限制此类毒品进入其领土的国家。

(3) 日本应采取措施,防止把此类毒品偷运至中国或在中国的日本租借地、居留地和租界。

（4）日本应采取措施，与中国政府同步，在中国的日本租借地、居留地和租界内取缔贩卖和滥用这些毒品。

（5）日本应协助执行中国政府颁布的取缔贩卖此类毒品的法令，使这些法令适用于居住在中国的日本国民。

国联第二次鸦片会议

国联第二次鸦片会议，通过在 1925 年 2 月 19 日签署公约（附件 B-12），进一步贯彻和强化了 1912 年的鸦片公约，新公约表现了缔约各国为禁止非法贩卖及滥用鸦片、可卡因、吗啡及其他毒品所做的全面努力。公约得到日本和提出起诉书的各国或其代表签署并批准（美国、菲律宾和中国除外），并有其他 46 个国家明确加入。协约及参战国在《凡尔赛条约》第 295 条规定，批准《凡尔赛条约》就被视为批准了 1912 年 1 月 23 日的鸦片公约。《凡尔赛条约》第一部分的《国际联盟盟约》第 23 条规定，国联成员国今后将委托国联全面监督与贩卖鸦片和其他毒品相关的各种条约的执行。第二次鸦片会议就是对这些义务的回应，并且 1925 年 2 月 19 日的鸦片公约规定了"取缔滥用鸦片及其他毒品的国联常设中央委员会"的组织机构和职能。此外，除其他条款外，日本及其他签署国同意了下列事项：

（1）日本应制定法令，保证有效管控鸦片的生产、分配和出口，把鸦片和公约中指定的其他毒品的制造、进口、销售、分配、出口及使用仅限于医药和科学之目的。

（2）日本应每年向国联常设中央委员会送交尽可能完整、准确的上一年度统计书，内容包含公约所指定之毒品的生产、制造、库存、消耗、没收、进口、出口、政府消耗等项。

1938 年 11 月 2 日，日本枢密院决定停止与国联常设中央委员会继续合作。不再合作的原因是国联授权各成员国依据《国际联盟盟约》对日本实施制裁，以结束这场国联谴责为侵略中国的战争。日本这项决定的书面通知于同日送交国联秘书长。

1931 年鸦片公约

第三个鸦片公约,即《限制制造和控制分配麻醉药品公约》(附件 B-13)于 1931 年 7 月 13 日在日内瓦签署。此公约由日本和提出起诉书的各国或其代表,以及其他 59 个国家签署批准或加入。此公约是对上述 1912 年和 1925 年鸦片公约的补充,并使其更加有效。日本和其他缔约国一致同意:

(1)日本应就公约涵盖的每一种毒品,每年向国联常设中央委员会送交一份估算报告,详细说明在公约适用的每一个辖区,公约授权的医药和科学用途所需数量及必要的出口数量。

(2)日本每年在上述辖区制造的毒品,不得超过上述估算报告载明的数量。

(3)除非遵照公约的规定,不得将任何毒品进口到任何缔约国辖区,或从任何缔约国辖区出口。

交战法规

关于国家进入交战状态和在交战状态中国家行动的法规,在起诉书所涉时期之前的 20 年间,以及在 1928 年和 1929 年,已被反复重申。1907 年第二次海牙和平会议产生了十三个公约和一项宣言,都是在 1907 年 10 月 18 日签署的。谴责侵略战争的《凯洛格-白里安公约》《巴黎非战公约》)是 1928 年 8 月 27 日在巴黎签署的。然后,1929 年 7 月 27 日,在日内瓦签订了两个重要公约,即《关于战俘待遇的日内瓦公约》和《关于改善战地武装部队伤者病者境遇的日内瓦公约》。这些公约不仅使缔约国负有直接条约义务,也使习惯法的轮廓更加清晰。1907 年 10 月 18 日在海牙签订的某些公约,由于加入了所谓的"普遍参加条款",使其作为直接条约义务的效力大大减低。该"普遍参加条款"规定,只有当所有交战国均为缔约国时,公约才具有约束力。在严格的法律意义上,此条款的效果在于,无论在战争之初还是在战争中途,一旦有任一非缔约国加入为交战国,不管其地位多么无关紧要,公约就不再具有作为直接条约义务的约束力。虽然,通过"普遍参加条款"的运作可以消除遵守公约规定的义务,但是这个公约仍不失为国际习惯法的良好证据,本法庭在确定任何特定情势下应予适用的习惯法时,会把它与其他一切可能获得的证据一并加以考虑。

海牙第一公约

1907 年海牙会议达成的第一公约是《和平解决国际争端公约》(附件 B-14)。此公约由日本和提出起诉书的各国或其代表签署并批准(英国、澳大利亚、加拿大、印度和新西兰除外)。其他 21 个国家也签署并批准了这个公约,后来又有 5 个国家加入。没有批准此公约的起诉国,在其与日本之间的关系范围内,仍然受到 1899 年 7 月 29 日在海牙签署的《和平解决国际争端公约》约束,因为日本和上述各国或其代表签署并批准了 1899 年的公约。本小标题下提及的两个公约都不包含"普遍参加条款",所以在起诉书提及的所有相关时期,这两个公约作为直接条约义务对日本具有约束力。日本及其他缔约国除其他事项外,一致同意:

(1)为了尽量避免在与别国关系上诉诸武力,日本应竭尽全力以保证国际争端的和平解决。

(2)万一发生重大分歧或争端,在诉诸武力之前日本应请求友邦一国或数国出面斡旋或调停。

《凯洛格-白里安公约》

1928 年 8 月 27 日在巴黎签署的《凯洛格-白里安公约》(或称《巴黎非战公约》)谴责了侵略战争,并重申了 1907 年 10 月 18 日签署的关于和平解决国际争端的海牙第一公约所表明的法律依据(附件 B-15)。日本和提出起诉书的各国或其代表签署并批准了此公约（苏联、中国和荷兰除外）。日本于 1929 年 7 月 24 日批准公约。中国于 1929 年 5 月 8 日加入，荷兰于 1929 年 7 月 12 日加入，苏维埃社会主义共和国联盟于 1928 年 9 月 27 日加入。所以，日本和提出起诉书的每个国家到 1929 年 7 月 24 日为止都明确参加了此公约；此外，8 个其他国家签署并批准了公约，还有 45 个国家也在不同时间加入。在起诉书提及的所有相关时期，日本须受此公约的约束。

包括日本在内的各缔约国宣布，谴责诉诸战争解决国际争端，废弃在国际关系中把战争作为国家政策的工具。

各缔约国一致同意，各国间如果发生争端或冲突，不论是何性质、是何起因，必须用和平方法来解决。

在批准公约前，签署国中的某些国家曾声明保留进行自卫战争的权利，包括自行判断是否有必要采取这类行动的权利。任何禁止诉诸武力的法律，无论是国际法或国内法，必须在自卫权问题上有所限制。自卫权包含着一个即将遭受攻击的国家在第一时间自行判断诉诸武力是否正当的权利。但即使对《凯洛格-白里安公约》做最宽泛的解释，自卫权也并没有给诉诸武力的国家最终决定其行动是否正当的权利。除此以外的任何其他解释都会使此公约变为无效；本法庭不相信各国在缔结公约时仅仅是为了做一个空洞的姿态。

海牙第三公约

各国在 1907 年海牙会议期间缔结的第三公约是《关于战争开始的公约》（附件 B-16）。这个公约由日本和提出起诉书的各国或其代表签署并批准（中国除外）；但中国在 1910 年加入了此公约。总共有 25 个国家签署并批准公约，包括葡萄牙和泰国，后来又有 6 个国家加入。此公约不包含"普遍参加条款"。公约规定，在两个或两个以上缔约国之间发生战争时公约就应生效，在起诉书提及的所有相关时期，日本都须受公约的约束。由于批准了公约，日本除其他条款外，同意如下事项：

日本与任何其他缔约国之间的敌对行为，未经事先明显警告，不得开始，警告的形式可以是一份列明理由的宣战书，也可以是一份附有宣战条件的最后通牒。

海牙第五公约

1907年的海牙第五公约是《关于陆战时中立国及其人员权利和义务的公约》（附件 B－17）。此公约由日本和提出起诉书的各国或其代表签署并批准（大不列颠、澳大利亚、加拿大、新西兰、印度及中国除外）。不过，中国于1910年加入了此公约。包括泰国和葡萄牙在内共有25个国家签署并批准公约，后来又有3个国家加入。英国和其他16个国家签署了公约，但并未批准。

此公约是包含"普遍参加条款"的海牙公约之一；由于1941年12月8日英国参战，公约在最近这次战争中不再作为直接条约义务适用于日本，但它仍然不失为国际习惯法的良好证据，当公约所述原则可以适用于某一特定情势，在确定该情势下应予适用的习惯法时，此公约可与其他一切可能获得的证据一并加以考虑。

在公约中，除其他事项外，日本同意：

（1）中立国的领土不可侵犯。

（2）禁止交战国的军队、军火或军需品的运送队通过中立国的领土。

（3）不得要求中立国代表交战国的一方或另一方阻止输出或运送武器、军火或其他可供军队或舰队使用的物品。

海牙第四公约

1907年的海牙第四公约是《陆战法规和惯例公约》（附件 B－18）。《陆战法规和惯例章程》（附件 B－19）作为附件成为此公约的一个组成部分。公约由日本和提出起诉书的各国或其代表签署并批准（中国除外）。

包括泰国和葡萄牙在内的其他 19 个国家也签署并批准了公约。后来又有其他两个国家加入。

此公约是包含有"普遍参加条款"的海牙公约之一。我们对这一条款所述及的意见，在这里也同样适用。

公约在前言中表明，各缔约国迫切希望，即使在最极端的情况下，也要减轻战祸以服务人类利益和满足文明要求，因而制定这一旨在成为交战各方一般行为准则的公约及其附属的章程。认识到当时不可能商定足以涵盖实际中可能发生之一切情况的章程，各缔约国宣称，他们不希望任由军事指挥官对无法预料的情况做出随心所欲的判断；他们宣称，在更加完备的法典问世之前，当发生章程未述及的情况时，居民和战斗人员仍然处于国际法原则的保护之下，因为国际法原则来源于文明民族的习俗、人道法则及公众良知的要求。

通过这个公约，除其他事项外，日本同意：

（1）战俘系处于敌国政府的权力之下，而非处于俘获他们的个人或部队的权力之下；他们必须得到人道待遇；他们的一切个人物品，除武器、马匹及军事公文外，仍然为他们的财物。

（2）交战国军队的任何人员，不论是战斗员还是非战斗员，被俘时都应受到战俘的待遇。

（3）虽然可以使用战俘（军官除外）的劳务，但工作任务不应过于繁重，也不应与作战行动有任何关系；应对战俘所做的一切工作支付酬金。

（4）在交战国之间没有特别协定的情况下，关于食物、宿舍和被服，应给予战俘与俘获他们的军队相同的待遇。

（5）在日本控制下的战俘须服从管辖日本军队的法规，并享有这些法规赋予的权益。

（6）敌对行动开始时即应设立战俘查询处，其职能是答复与战俘有关的询问，并且要为每一位战俘及时更新一份个人记录，记载所有必要的生命统计资料和其他与该战俘有关的有用信息。

（7）给予战俘救济团体一切便利，使其人道工作得以顺利进行，并应准许其代表进出战俘营以实施救济等工作。

（8）禁止以下事项：（a）使用毒药和有毒的武器；（b）用欺骗的方法杀死或杀伤属于敌国或敌军的人员；（c）杀死或杀伤已经放下武器或失去防御手段并已经自行投降的敌人；（d）宣布不安排住处；（e）滥用白旗、敌方的国旗或军用标志及制服，或日内瓦公约的特殊符号；（f）并非出于军事上的迫切需要，毁坏或夺取敌人的财产。

（9）在围攻和轰炸时，应采取一切必要措施保全宗教、艺术、科学与慈善用途的建筑物，历史纪念碑，以及医院和收治伤病者的地方。

（10）禁止抢掠城镇或其他地方，即使是攻陷后也不允许。

（11）在战争中，家族荣誉与权利、人员生命和私有财产，以及宗教信仰和仪式，应得到尊重。

日内瓦战俘公约

《关于战俘待遇的日内瓦公约》是 1929 年 7 月 27 日在日内瓦签署的（附件 B‑20）。47 个国家签署了此公约，有 34 个国家批准或加入公约。公约由提出起诉书的各国或其代表签署并批准（澳大利亚、中国和苏联除外）。

日本派了全权代表参加此会议，并在此公约上签署；但在 1941 年 12 月 7 日开战之前，日本没有正式批准公约。然而在 1942 年初，美国、英国及其他各国曾通知日本，他们打算遵守此公约，要求日本对公约表态并给予保证。于是日本由其外务大臣即被告东乡，对有关各国声明并保证，虽然日本不受此公约的正式约束，但是将"在细节上做必要修改后"对美国、英国、加拿大、澳大利亚和新西兰的战俘适用公约。根据这一保证，日本有义务遵守此公约，除了由于做出保证时各方都知道其存在的特殊情况，公约的规定不能照字面遵守者以外，但即使在这种情况下，日本仍有义务适用最接近于按条文遵守的类似规定。本判决书后面将对这一保证的效果做更加深入的考虑。

此公约是 1907 年 10 月 18 日在海牙缔结《陆战法规和惯例公约》时各签署国所预期的"战争法规和惯例更完备的法典";此公约规定,它应被视为上述海牙公约所附章程的第二章。此公约不包含"普遍参加条款",却包含着这样一个规定:即使交战国之一并非公约缔约国,公约仍对参加公约的各交战国具有约束力。

除其他事项外,此公约规定:

(1)战俘是在敌方国家的权力下,而不是在俘获战俘的个人或队伍的权力下;他们必须得到人道待遇和受到保护,特别是不遭受暴行、侮辱和公众好奇心的烦扰;他们享有人身和名誉得到尊重的权利;对女性战俘的待遇应充分顾及她们的性别;并且所有战俘都必须由拘留国负责维持生活。

(2)战俘应尽快撤退到远离战斗地带的收容所;如果是步行撤退,每天的行程不得超过 20 公里,除非为获得饮水和食物需要步行更长距离。

(3)可以把战俘拘留在营地内,但除治安或卫生必须采取的措施外,不得将他们禁闭或监禁;如果战俘在不卫生地区或气候中被俘,他们应被移送到较为适宜的地方;应采取一切卫生措施以保证战俘营的清洁卫生;为了保证战俘的身体健康,每个月至少安排一次医学检查;禁止以克扣食物为集体惩罚办法;战俘的食物配给在数量和质量上应与军营部队相同;应向战俘提供设备和充足的饮用水,使他们可以自行烹调额外的食物;应向战俘供给被服、内衣和鞋袜,对从事劳动者应提供工作服;各战俘营应设有医务室,使战俘能接受所需的各种治疗。

(4)虽然战俘须向拘留国的一切军官敬礼,但是,军官战俘仅须向拘留国的高级军官或同级军官敬礼。

(5)交战国可以使用身体健全的战俘从事劳动,但军官除外,而士官只能担任监督管理工作;战俘不得使用于其体力难以胜任的工作;战俘每天的劳动时间应该适度，并且每一战俘每周应有连续 24 小时的休息时间；不能使用战俘从事有害健康或危险的工作，并且劳动队的待遇必须与战俘营相类似，特别是关于卫生条件、伙食和医疗等方面；对参加劳动的战俘，必须支付酬金；战俘的劳动应与作战行动没有任何直接关系，特别是不应包括制造和搬运军火或运送物资给作战部队。

（6）必须允许战俘接收装有食物和衣物的邮政包裹；拘留国应向战俘救济团体提供一切便利，以使其人道工作得以顺利进行。

（7）战俘有对羁押条件提出要求或投诉的权利；任何地方的战俘都有指定代理人代表他们直接与拘留国军事当局交涉的权利；如将该代理人转调他处，必须给他向后继者交代有关事务的必要时间。

（8）虽然战俘应该遵守拘留国军队的现行法律、法规和军令，但对于同样的行为，不得施以与拘留国军队的军人不同的处罚；所有体罚、暗室禁闭以及任何形式的残酷处罚，一概禁止，也不得因为个人行为或怠忽进行集体处罚。

（9）逃跑的战俘被再次抓捕时，只应受到纪律处罚；对于协助他逃跑的同伴也只能给予纪律处罚。

（10）对战俘开始审判程序的时候，拘留国至少在开始审判之前应通知保护国的代表；在判罪以前，必须给予战俘为自己辩护的机会，不得胁迫他们自认有罪；保护国的代表有权出席审讯；战俘的判罪应依照审判拘留国本国军人的办法，由同样的法庭，经同样的程序办理，所宣告的判决应立即通知保护国；如果是死刑判决，则必须在上项通知三个月之后方可执行。

（11）对于重病或重伤的战俘，使他们恢复到可以移送的状态时，无论军阶高低或人数多寡，交战国负有把他们送还其本国的义务。

（12）交战国应该把在羁押状态中死亡的战俘体面地埋葬，其坟墓应标明所有应该标明的信息，并予以尊重及妥为维护。

（13）战争开始时，各交战国应设立战俘情报局，该情报局应为每个战俘准备和保存一份个人记录，记载指定的重要信息，并尽早将此信息提供给当事国。

日本还对各交战国保证，日本将对被拘禁平民适用此公约，并且在适用此公约的过程中，在互惠条件下，供给衣物和食品等必需品时将考虑战俘和被拘禁平民的民族和种族风俗习惯。

日内瓦红十字公约

《关于改善战地武装部队伤者病者境遇的公约》（日内瓦红十字公约）也是在 1929 年 7 月 27 日签署的（附件 B‐21）。此公约由日本和提出起诉书的各国或其代表，以及其他 32 个国家签署并批准。在起诉书提及的所有相关时期，日本及其国民均须把此公约作为直接条约义务而受其约束。公约包含一条规定，意思是在任何情况下各缔约国都必须尊重此公约；如果在战争中交战国之一并非公约缔约国，公约的规定在参加公约的交战国之间仍然有效。

由于签署并批准了此公约，除其他事项外，日本和其他缔约国同意：

（1）受伤或患病的军官、士兵和正式随军的其他人员，在任何情形下都应受到尊重和保护；控制他们的交战国应不分国籍给予他们人道的待遇和照顾。

（2）每次战役后，战场的占领者应搜寻伤者和死者，并保护他们免遭抢掠和虐待；落入敌方控制的伤病者即成为战俘，关于战俘的国际法一般规则应适用于他们。

（3）专门从事收集、运送和医疗伤者、病者及从事管理医疗队和医疗所的职员、随军牧师，都应受到尊重和保护；如他们落在敌方之手，不得予以战俘待遇，不得拘禁他们，而是应尽快把这些人员连同他们所携带的武器和器械送回他们的部队。

（4）流动医疗队和固定医疗所应受到尊重和保护；如他们落在敌方

之手，他们用于治疗伤病者所需要的建筑物、运输工具和其他设备，不得加以没收。

（5）只有根据此公约有权受到尊重和保护的人员、医疗队和医疗所才可以显示日内瓦公约的特殊标志。

（6）交战国军队的司令官有义务依据此公约的一般原则，就公约的规定和未尽事宜制定实施细则。

海牙第十公约

在海牙会议期间达成协议并于 1907 年 10 月 18 日签署的第十公约是《关于 1906 年 7 月 6 日日内瓦公约原则适用于海战的公约》（附件 B - 22）。此公约由日本和提出起诉书的各国或其代表签署并批准（英国、澳大利亚、加拿大、印度和新西兰除外）。27 个国家签署并批准了公约，后来又有 5 个国家加入。未批准此公约的起诉国和参加此公约的日本都是 1899 年 7 月 29 日海牙公约的缔约国，因此，这些国家彼此之间都必须受 1899 年公约的约束，而 1899 年公约包含了 1907 年公约中的大部分规定。

此公约也是包含"普遍参加条款"的海牙公约之一，因此，当一个非缔约国加入交战国行列时，公约对日本就不再作为直接条约义务而适用。我们此前对"普遍参加条款"陈述过的意见，在这里同样适用。

除其他事项外，公约规定如下：

（1）每次战役后，交战国双方应设法搜寻溺者、伤者和病者，并保护他们及死者免遭抢劫和虐待；落入敌方控制之下者即成为战俘；拘留国应将被其俘获者的详情尽快送交战俘的国家，并应治疗伤者和病者，埋葬死者。

（2）医院船应受到尊重，不得加以俘获；但这些医院船不得用于军事目的，并应使用显示日内瓦公约符号的标志和旗帜，以便识别；医院船的醒目标志不得用于不在此公约保护之列的船只。

日本是国际社会的一员

在 1930 年之前的许多年里，日本一直宣称要在世界文明社会中占有一席之地，并自愿承担了旨在促进和平事业、禁止侵略战争和减轻战争惨状的上述义务。因此，被告的各种行为必须在这些权利和义务的背景下加以审视和判断。

B 篇

第四章　军部主导和战争准备

绪论

要论述本案起诉书主要涉及的日本历史上的这一时期，首先必须研究同时期日本国内的历史。自 1928 年以来，日本军队不断地侵略许多邻国的领土。本法庭必须论述这些侵略行为的历史，以及日本在它所占领的地区掠夺资源的问题，但是本法庭最重要的任务是在这些侵略行为为非法行为的情况下评定个人应该承担的责任。要衡量这一责任，仅仅研究日本在国外的活动是不够的。实际上，只有揭示当代日本国内政治的历史真相，我们才能找到"为什么会发生这些事情"和"谁应该对发生这些事情负责"这类问题的答案。

而且，如果我们首先从研究日本在国外的活动着手，就会发现不可能彻底理解这些活动，因为这些活动的发生时间、发展方式和范围不仅仅受到国外局势的支配，也常常受到国内局势的支配。由于这些理由，我们现在首先要考虑的是主导和解释其海外行动的国内政治演变。

这个时期的显著特征是军部及其支持者逐步崛起，他们在日本政府中占据了主导地位，政府的任何其他机构，无论是选举产生的国民代表，还是内阁的文职大臣，或是枢密院或扈从天皇的文职顾问，在后期都不能对军部的野心进行任何有效的遏制。在日本的民事行政和外交事务中也像在纯军事问题上一样，军部及其支持者的影响力如日中天，这种影响力并非是在一朝一夕间获得的，也不是未曾发生过妨碍其实现的事件，但最终军部还是如愿以偿。在军部问鼎权力顶峰的政治斗争中,其领导人变化无常的命运,对许多在国外发生的事件提供了解释。日本的军事冒险和战争准备随着日本国内政治斗争中变化无常的命运而起落浮沉。

皇道和八纮一宇的"原则"

相传日本帝国建立于公元前660年。据日本的历史学家说,相传当时第一代神武天皇颁发了一道"诏敕"。在这份文件中,出现了两个古雅的词语,后来逐渐给它加上了许多神秘的思想和解释。第一个词是"八纮一宇",意思是把世界各地都聚集到一个屋宇之下,或者是把全世界合并成为一个家庭。这就是所谓的帝国立国之本。但就其传统的语境而言,它并未超越一个人类普世原则,这个原则最终注定会遍布全世界的意思。第二个行为原则是"皇道"原则,就其字面意思而言,是"皇道一体"这句古代成语的简化。实现"八纮一宇"的途径是经由天皇的仁政;因此,"天皇之道",即"皇道"或"王道",是一个美德概念和行为准则。"八纮一宇"是道德目标,而对天皇的忠诚则是达到目标的路径。

明治维新之后,这两个观念又与皇朝结合起来了。明治天皇在1871年发布的敕语中宣示了这些观念。当时这些观念代表了符合宪法的号召力,以及对日本国民爱国主义的呼唤。

大川鼓吹这些"原则"

在1930年之前的十年间,主张领土扩张的那些日本人,都是在这两个观念的名义下推行其主张的。此后许多年间,在"八纮一宇"和"皇道"的名义下,不断提倡采用军事侵略方法,于是,这两个观念最终成了用武力统治世界的象征。

原属被告之一,后来在庭审过程中精神失常的大川博士在1924年出版了一本书。他宣称日本是天下第一个创立起来的国家,因此,统治世界是日本的天命。他主张日本占领西伯利亚和南洋诸岛。1925年及之后,他预言东西方之间将发生战争,在这场战争中日本将是东方斗士。1926年,他声称为了完成这个崇高使命,日本必须发挥强烈的国家主义精神。他组织了一个鼓吹有色人种解放和世界道德统一的爱国者团体。他常常应陆军参谋本部的邀请,向他们宣讲这些主张。

田中内阁时期的陆军崛起

1927 年 4 月,当田中就任总理大臣后,对外扩张主义者获得了初步胜利。新内阁决定对被称为满洲的那部分中国领土实行和平渗透政策。田中主张通过与分离主义头目交涉来建立日本在满洲的霸权,但是关东军内部一伙人却不能忍耐这种政策。关东军是根据《朴茨茅斯条约》为保护包含南满铁路在内的日本利益而驻守满洲的日本部队。1928 年 6 月,部分关东军成员谋杀了田中的谈判对手——满洲中国军队总司令张作霖将军。

田中本想处罚对谋杀案负有责任的陆军军官,但参谋本部在陆军大臣的支持下成功地进行了抵制。陆军蔑视政府,同时中国人的反抗也被大大激发起来了。日本政府因为陆军支持者的离心离德而大为削弱。

1929 年 4 月,大川掀起了一场群众运动,企图从政府手中抢夺满洲问题的话语权。参谋本部受大川成功的鼓舞,不久就和他合作。有煽动力的宣传家被派往日本各地公开谈论满洲问题。

面对这种反对和满洲的继续混乱,田中内阁于 1929 年 7 月 1 日辞职。

滨口内阁时期的对外扩张宣传

当滨口继田中任总理大臣的时候,币原男爵重新担任外务大臣一职。在田中内阁之前的数任内阁中,币原曾是国际友好的自由主义政策最主要的提倡者。因此,他重新出任外务大臣就成了对陆军武力扩张计划的一种威胁。面临这一挑战,大川在参谋本部人员的协助下,继续从事他的宣传运动。他主张满洲必须脱离中国并由日本统治。因为这样一来，就可以结束白种人对亚洲的统治，而代之以基于"皇道"原则创造的国家；日本将掌握亚洲各民族的领导权并将白种人驱逐出亚洲。于是，早在1930年"皇道"就已经意味着日本统治亚洲，以及可能与西方爆发一场战争。

陆军当局立即响应大川，军官们掀起了强大的宣传运动，传播下列主张：满洲是日本的生命线，日本必须扩展到满洲，在满洲发展经济和产业，并防范苏联觊觎满洲。1930年6月，时任关东军参谋的板垣大佐，赞成用武力在满洲建立一个新国家。他重复大川所说的话：这样的发展符合"皇道"，并且将会导致亚洲各民族的"解放"。

桥本和1931年的"三月事件"

整个1930年，滨口内阁采取了紧缩政策，这一政策加剧了军阀的反感。陆军和海军的预算被削减，常备陆军的规模被缩减。在强烈的反对下，批准了《限制和裁减海军军备的国际条约》。于是，在少壮海军军官和各爱国团体中，很多人愤慨不满。1930年11月，滨口总理大臣遭暗杀身负重伤，但内阁仍在币原男爵自由主义派的领导下继续维持着。

这样，自由主义派就成了陆军愤恨的主要对象，陆军在1931年1月策划了一个推翻它的阴谋。这就是所谓的"三月事件"，大川和桥本中佐是共谋者，其目的是制造一场暴乱，然后以平暴的名义宣布戒严，最终成立军部内阁。这个计划得到了陆军参谋本部的支持。军务局长小矶中将是这些共谋者的教唆人。但因预定的新总理大臣宇垣拒绝合作，这一阴谋计划以失败告终。

1930年1月，桥本从土耳其回到日本，他深切了解并狂热沉醉于欧洲的独裁制度。1930年9月，他在陆军参谋本部高级军官同僚中组织了一个团体，其最终目的在于策划国家改组，必要时将凭借武力完成。流产的1931年"三月事件"正是这项工作的结果。

桥本的工作补充了大川的活动。在桥本的努力下，"皇道"成为陆军的独裁之道。他曾对大川坦承,引起陆军愤慨的议会应该打倒。大川本人也曾告诉宇垣,平庸的政党必须彻底清除,皇室的尊严必须用军事统治来彰显。这就是"昭和维新"的工作,而"昭和"是现在的天皇年号。

根据日本宪法,陆军大臣和海军大臣享有与总理大臣同等的地位,可以直接觐见天皇;陆军参谋总长和海军军令部长也都直接对天皇负责。所以"皇道"即军道的主张是有历史根据的。

虽然1931年的"三月事件"失败了,但为以后的演变开了先例。陆军引发了对裁减军备和自由主义主张者的极大公愤。这类不满分子中的一人,竟暗杀了自由派总理大臣滨口。在有些地方,海军和陆军的裁减计划被视为内阁对军队事务的不当干预。这些军国主义者在一定程度上成功地把忠于天皇的爱国热情转用于他们自己的目的。

我们现在休庭15分钟。

(10:45休庭,11:00重新开庭如下。)

法庭执行官: 远东国际军事法庭现在继续开庭。

庭长:

若槻内阁和奉天事变

1931年4月14日,若槻继滨口任总理大臣,在若槻的领导下,内阁和陆军采取了相反的政策。留任外务大臣的币原,竭力进行和平解决满洲问题的交涉,但陆军却积极制造纠纷,终于,在1931年9月18日进攻奉天。这就是被称为奉天事变的开始,并且最终建立了分离主义的"满洲国"政府。这个问题将在后面阐述。

在4月到9月这五个月中,对内阁裁减军备和节约预算政策的反抗增强了。桥本和他所率领的一群陆军军官,依然提倡用武力占领满洲。这一集团被称为"樱会",其目的是进行国家重组。标榜国家主义和反苏政策的黑龙会开始召集群众大会。大川则继续开展争取群众支持的运动。他说,陆军已完全不受控制;内阁服从陆军的意愿,只是时间问题。

和大川一样,松冈洋右当时也是南满洲铁道株式会社的职员,他出版了一本书支持那个众所周知的论调,即满洲无论在战略上还是在经济上都是日本的生命线。

大川与桥本以及由桥本率领的樱会一起挑起了奉天事变。陆军参谋本部批准了土肥原大佐推荐给他们的这个计划。土肥原和板垣大佐都是关东军参谋部成员,他们在这个攻击的计划和实施上都发挥了重要作用。

陆军中将南次郎是田中内阁的参谋次长,在若槻内阁中当上了陆军大臣。他与他的前任宇垣不同,他站在陆军的立场反对他自己曾经任职的自由主义内阁。1931年8月4日,他对部下的高级军官们谈论了日本、满洲和蒙古之间的密切关系,批评了主张裁减军备政策的人物,并敦促军官们认真训练,以便能为天皇的事业尽职。

陆军中将小矶任军务局长时,尽管暗中参与了1931年的"三月事件"计划,却仍然留任该职。而陆军大臣南次郎虽然站在陆军的立场赞成占领满洲的陆军计划,但对于内阁和天皇的意见还是比较尊重。若槻内阁对于陆军和海军的预算继续采取削减政策。到1931年9月4日,关于军事预算,陆军大臣南和大藏大臣井上就一些实质性问题取得了一致意见。因为南同意了这项措施,他立即遭到小矶的激烈责难。结果,南和井上之间达成的协议归于无效。

1931年9月14日,东京方面得知了陆军对蒙古和满洲的计划。当天,天皇警告南必须制止这些计划。于是南就在东京陆军首脑及其他人物出席的会议上传达了天皇的口谕,并随即决定放弃这个阴谋。南又写了一封信给关东军司令官,命令他放弃这个阴谋。这封信直到奉天事变发生之后才被送达。派往奉天送达这封重要书信的信使是建川少将;正如我们在后面论及奉天事变时将要详述的那样,建川似乎故意把这封书信的送达延迟到事变爆发之后。

1931年9月19日,即奉天事变发生后的第二天,南向内阁报告了这一事件,他把这一事件定性为正当的自卫行为。

若槻内阁期间陆军权力的巩固

若槻立即发出训令,不得扩大事态;并对陆军没有不折不扣地执行政府的政策表示忧虑。五天之后,即1931年9月24日,内阁正式决议,否认日本在满洲有任何领土野心。

陆军对于天皇被劝诱支持内阁的满洲政策表示愤慨。南几乎每天报告陆军的进展,这些进展都是违反他本人对总理大臣的保证而取得的。1931年9月22日,他提出一个派遣朝鲜驻军到满洲的计划,但总理大臣不赞成采取这种行动。1931年9月30日,南又要求派遣增援部队,又遭到总理大臣的拒绝。内阁决议通过一周之后,陆军参谋总长警告若槻,关东军也许被迫还要开进到长江流域;关东军恐不能容忍外部对其特权的干涉。

1931年10月,桥本和他的"樱会"共同策划了一个新的阴谋。他坦白了他在奉天事变中所起的作用。他说,奉天事变的目的,不仅是为了在满洲建立一个基于"皇道"的新国家,也是为了解决日本国内的政治形势问题。

十月阴谋就是为了达到后一个目的。他们计划用一场军事政变来摧毁政党体制,并组建一个支持陆军政策的内阁。

阴谋暴露了,这个计划在南的命令下被放弃了。但是在1931年10月和11月,与内阁政策背道而驰的军事行动仍在满洲继续实行。他们还散布谣言,如果内阁继续拒绝合作,关东军将宣布独立。面对这样的威胁,自由主义者中温和人士的抵制就被瓦解了。

1931年12月9日,陆军大臣向枢密院报告了满洲局势。这时候对陆军行动的反对就只局限于它对日本与西方各国关系可能发生的有害影响了。南也认为陆军行动与日本的正式保证相冲突是不幸的事情;但是,他发出了一个严厉警告,决不容许局外人干涉陆军的军纪问题。

三天以后,1931年12月12日,若槻承认其内阁无能力控制陆军而宣布辞职。他说,关于"满洲事变",尽管内阁有加以阻止的决定,它仍然在继续扩大并蔓延。在放弃组织一个可以控制陆军的联合内阁的希望之后,他勉强决定放弃币原的政策。因为外务大臣不肯让步,若槻只得提出内阁辞呈。

陆军达到了在满洲进行征服战争的目的,并显示出它比日本内阁更有权势。

犬养内阁期间对满洲的征服

现在轮到曾为反对党的政友会企图控制陆军。当犬养奉天皇敕令组阁的时候,他得到的指示是,天皇并不希望日本的政治完全被陆军控制。犬养的政友会中有一个由森领导的极端亲军派,森这时成为新政府的内阁书记官长。但是,犬养立即采取了限制关东军活动和与蒋介石总司令就逐步从满洲撤军进行谈判的政策。

阿部中将被提名为新政府的陆军大臣,但许多陆军青年军官反对任命阿部,理由是他不理解或不同情他们的感情。由于他们的坚持,犬养任命了荒木中将担任陆军大臣,并相信他可以控制陆军。

关东军已经计划着在满洲建立一个受日本控制的新国家,司令官本庄中将派遣板垣大佐作为他的密使赴东京活动,并获得了陆军大臣荒木的支持。

犬养与蒋介石总司令开始秘密会谈的消息终于被森和军阀获悉。于是森警告犬养的儿子,说陆军对此深感愤慨。尽管会谈进展顺利,但总理大臣还是不得不终止了谈判。1931 年 12 月下旬,即内阁就职两周以后,召开了御前会议;会后立即由荒木、陆军省和参谋本部开始策划对满洲的新攻势。犬养没有得到批准从满洲撤军的敕令。板垣大佐又暗示关东军的打算是安排一个傀儡统治者上台,同时掌握这个新国家的行政管理权。新总理大臣控制陆军的计划,数周内即遭到挫败。

按照陆军所策划的,在满洲开始了一场新攻势。另一方面,在东京,军事参议官南次郎向天皇进言,说满洲是日本的生命线,必须在那里建立一个新国家。1932 年 2 月 18 日,"满洲国"宣布独立;1932 年 3 月 9 日,颁布了第一部组织法;三天以后,这个新国家要求国际社会予以承认。一个月后,1932 年 4 月 11 日,此时已接受既成事实的犬养内阁开始讨论日本对"满洲国"的指导计划。

攻击政党统治和暗杀犬养

1932 年春,桥本和大川分别在为国家重组或改革做准备,这种重组或改革将使日本摆脱民主政治。1932 年 1 月 17 日,桥本在报上发表文章,主张改革日本的议会制度。他的观点是民主政治与日本帝国的立国之本互不相容。他说,有必要把现有的政党当作赎罪的羔羊,为了建设振奋人心的新日本,必须把这些政党消灭。

大川组建了一个以神武为名的新团体。相传神武天皇是日本帝国的创始者,又是"皇道"和"八纮一宇"的提倡者。这个新团体的目的是弘扬天皇精神,发展国家主义,激励日本人做东亚的领导者;粉碎现有政党,建立起一个遵循国家主义政治路线的政府;策划对日本产业发展的控制,以鼓励国力向海外扩张。

虽然犬养内阁在满洲问题上做了让步,但是内阁中的自由主义分子仍然抵制大川和桥本所主张的国内改革。犬养赞同裁减陆军预算,反对日本承认"满洲国"。森多次通过犬养的儿子警告犬养,他对军阀的反对正在危及他的生命。军国主义者与仍然相信内阁统治的人们之间的分裂对内阁和陆军本身都产生了影响。亲军派由陆军大臣荒木领导,被称为"皇道派",即"皇道"这个"原则"的支持者。

1932 年 5 月,犬养发表演讲,他在演讲中赞扬了民主政体,谴责了法西斯主义。一周之后,他在官邸被暗杀。暗杀是由海军军官实行的,桥本是暗杀阴谋的参与者。

近卫公爵、原田男爵和其他人讨论了由此引起的事态。内大臣秘书官长木户、陆军次官小矶中将、军务局铃木中佐出席了会议。与会者同意，犬养被暗杀直接起因于他拥护政党统治。铃木认为，如果仍由政党领袖来组织新内阁，恐将发生同样的暴力事件，因此，他支持成立联合政府。

斋藤内阁时期的战争准备

1932 年 5 月 26 日斋藤内阁成立，这届内阁企图调和内阁与陆军之间的矛盾。内阁想要控制陆军，实行全面节约，包括裁减陆军的预算。另一方面，斋藤内阁接受了陆军的"满洲国"政策，并决定在日本的支配下促进"满洲国"的经济和产业开发。荒木中将留任陆军大臣。1932 年 2 月升任陆军次官的小矶中将也留任该职。

新内阁关于"满洲国"的政策，使日本无法避免与西方各国关系恶化。但是，陆军不顾内阁中的反对意见，同时还在准备对苏战争和对中国中央政府的进一步斗争。

早在 1931 年 12 月，日本已计划将中国的热河省包括在"新国家"之内；1932 年 8 月发表了热河是"满洲国"一部分的声明。同月，小矶因为出任关东军参谋长而辞去了在东京的职务。

一个月前，即 1932 年 7 月，日本驻莫斯科武官报告说，因为对苏战争不可避免，必须把对苏战争的准备作为重中之重。他认为国联的掣肘、中国的抵抗和美国的态度，是日本在亚洲实现伟大事业的进一步障碍。他相信，对华战争和对苏战争是一个预料中的必然结果，与美国的战争也有可能，日本必须对此做好准备。

日本对"满洲国"的承认延迟了六个月；但是 1932 年 9 月枢密院做出决定，不必忌惮此举将会引起的国际反响。经枢密院批准，日本与关东军扶持起来的傀儡政权签署了一份议定书，认为这是一个能确保日本在亚洲大陆的利益得到扩张的恰当措施。议定书规定，新国家保证日本的所有权利和利益，并同意向关东军提供所需的任何设施。日本则同意，负责"满洲国"的防卫和维持治安，费用由"满洲国"承担。中央和地方政府的要职都保留给日本人；所有任命必须得到关东军司令官的批准。

按照这个议定书，小矶以关东军参谋长的身份，拟定了一个日本和"满洲国"经济"共存共荣"的计划。两国应组成一个经济集团，在最适当的地方进行产业开发。日本陆军应管控各种意识形态运动，同时禁止政党存在。必要时应断然使用武力。

斋藤内阁就职不久，陆军大臣荒木就发表声明，由于"满洲国"的建立，国际联盟的决议和日本以前所做的声明，不再对日本具有约束力。1931年，国联曾委派李顿（Lytton）调查团调查日本干涉满洲的情况。收到李顿调查团的报告后，国联强烈谴责了日本在满洲的活动和在中国其他地方制造的新事件。鉴于国联对日本计划的反对，斋藤内阁于1933年3月17日决定发出日本准备退出国联的通知，十天之后日本付诸行动；同时采取了拒绝外国人进入太平洋诸岛日本委任统治地的措施。于是，日本通过违反条约义务和逃避外国监视，得以准备在太平洋作战。

与此同时，在亚洲大陆上的军事准备是直接针对苏联的。1933年4月，军务局的铃木中佐宣称，苏联是绝对的敌人，因为苏联企图破坏日本的国体。

战争舆论准备：荒木透露陆军计划

政治评论家认为，在这一时期所发生的事件是日本"新秩序"的基础。桥本把征服满洲和退出国联这两件事看作有他的一份功劳。他说，在一定程度上，这是他1930年1月从欧洲回国时所设计的方案带来的结果。

大川说，《日满议定书》确定了两国共存共荣的法律基础。他声称，日本人民内心深处的爱国主义精神已经被急剧唤醒，民主主义和共产主义已被彻底清除，国家主义思潮已经在日本空前高涨。

大川也赞成日本退出国际联盟，他认为国联代表了盎格鲁-撒克逊至上的旧秩序。他说，日本一举克服了对英美的依赖，成功彰显了日本外交的新精神。

1933 年 6 月，陆军大臣荒木做了一次非常重要的演讲。在形式上，这次演讲是在情感上诉诸日本国民的爱国心，激励他们当危机来临时要支持陆军。但是，演讲中明白显示了要用武力征服东亚的既定意图，荒木把用武力征服东亚等同于"八纮一宇"的传统目标。

为了煽动战争情绪，荒木大量利用大川和桥本广为宣传的政治理念。他说，日本是永存的，并且注定要进行扩张。日本民族的真正精神就是从混沌中发现秩序，实现一个理想世界、一片东亚乐土。

这里包含着新秩序和旧秩序的区别。荒木说，在国际联盟领导下，整个世界都反对日本实现自己的神圣使命。因此，对日本来说这是一个关键时期。从最近所发生的事件看来，有必要准备国家总动员。

基于对国际情势的这种解释，荒木呼吁国民支持。他告诉听众，建立"满洲国"是上天的启示，上天已经重新唤醒了日本国民的民族精神。如果奉天事变所激发的热情得以保持，"新秩序"就能够实现。民族精神的复兴可以解决困扰日本的国际困难，战争的胜负最终取决于国民的精神力量。

荒木说，国民应该遵循的道路就是"天皇之道"，而日本的陆军就是皇军。因此，在陆军履行传布"皇道"使命的进程中，谁反对陆军，陆军就要和谁作战。

荒木还阐述了"国防"这一名词，后来这个词成为日本战争准备的基本原则。他说，"国防"不仅限于防卫日本本身，还包含着防卫"国家之道"，即皇道。因此，他明确表示，"国防"系指用军队的武力征服其他国家。在他同时期所写的文章中，荒木透露了陆军对蒙古的意图，并再次确认日本决心摧毁任何反对"皇道"的国家。

斋藤内阁时期的战争准备和"天羽声明"

随后数月中，荒木的政策得到了民众的支持和内阁的确认。到 1933 年 9 月，由于军队领导人的努力，逐渐形成了对限制军备条约的强烈反感。人们普遍要求将当时的海军比率做对日本有利的修改；任何一个抵制这种普遍要求的内阁，都将不得不面对暴怒的公众。于是日本发出了准备废除华盛顿《限制海军军备条约》的通知。

与此同时，斋藤内阁把荒木的"国防"原则当作其"满洲国"政策中最优先考虑的问题。到1933年12月，这项政策确定了。两国的经济应一体化，军费由两国分担。"满洲国"的外交政策将以日本外交政策为楷模。要增强两国的"国防力量"以应对不久之后日本可能遭遇的国际危机。关于《九国公约》中"门户开放"的规定，应该只在与"国防"要求没有抵触的情况下才加以遵守。

1933年12月，关东军为对苏联开战进行了作战训练和其他军事准备。在这两年间，外务大臣币原的"友好"政策已被完全抛弃了。

1934年4月，"天羽声明"清晰表达了新的东亚政策。由外务省发言人向报界发表的这一非正式声明，引起了国际上的震惊，斋藤内阁很快加以否认。然而，它和内阁1933年的各项决定是完全一致的，并且和十个月前陆军大臣荒木阐述的政策也大致相同，只不过语言比较缓和而已。

声明中说，由于日本在中国的特殊地位，它的意见可能与其他国家的意见不能在所有问题上一致。由于这种意见上的分歧，致使日本必须退出国联。尽管日本希望与各国保持友好关系，但在维持东亚的和平与秩序方面日本将按其自身肩负的责任行动。这是日本不能逃避的责任；除中国之外，日本也不能与其他国家分担这个责任。因此，中国为抵抗日本而求外援的任何企图，都为日本所反对。

斋藤内阁和冈田内阁时期广田的外交政策

1933年9月14日，在国际局势日趋紧张的气氛中，广田就任了日本的外务大臣。当内阁和陆军正在为"新秩序"制订计划和做准备的时候，他企图缓和西方各国的疑虑并极力减轻日本国策的侵略性质。1934年2月，他向美国保证说：他确信日美之间不存在根本不能和平解决的问题。

1934 年 4 月 25 日,"天羽声明"发表一周之后,广田企图降低它的重要性。他通知美国国务卿赫尔(Hull)说,这项声明并未经他批准,并且已造成错误的印象。他绝对保证,日本完全无意破坏《九国公约》的规定而在中国寻求特殊权益。不过实际上,他的政府此前已经决定使该公约的"门户开放"规定服从于日本在"满洲国"的备战需求。

1934 年 4 月和 5 月,日本驻华盛顿大使给予类似的保证。然而这位大使的确承认了日本政府对维持中国的和平与秩序拥有特殊利益;但是,在回答赫尔的直接质问时,他否认这句话意味着在东方拥有霸主地位,甚至不承认有尽快取得特惠通商权的意向。

到了 1934 年 7 月,任何保证都不能隐瞒日本在"满洲国"建立石油垄断的事实了。于是赫尔向日本提出抗议,日本违反条约义务排斥美国公司。1934 年 8 月,冈田继斋藤担任总理大臣后,外务大臣广田通知赫尔说,"满洲国"是一个独立的国家,所以日本在这个问题上没有任何责任。尽管"满洲国"是在关东军控制之下,尽管石油垄断是斋藤内阁"国防"政策引起的直接结果,但美国接下来发出的联络信息都未能使日本承认它的责任。

1934 年 12 月,广田的表白与日本行动之间的不一致更加明显了。就在那个月,对满事务局成立,这是一个日本政府协调其"满洲国"政策的机关。

1935 年在亚洲大陆的陆军扩张和政府的经济准备

当广田否认日本具有侵略意向的时候,陆军却加快了它的战争准备。1935 年,陆军率先开始为在亚洲大陆的军事扩张做准备。同时,1934 年 7 月 8 日上台的冈田内阁对陆军在"满洲国"的经济计划也给以支持。

1934 年 12 月对满事务局成立的同时,南大将被任命为关东军司令官和驻"满洲国"大使,板垣少将则是他的参谋副长。

在板垣的协助下,南制订了推动在内蒙古和华北五省成立自治政府的计划。这将使中国国民政府遭受重大损失,同时在"满洲国"与中国、苏联之间设立"缓冲国"。

1935 年 5 月,梅津中将指挥的华北驻屯军制造口实,对当地中国军队发出了事实上的最后通牒;同时南出动了关东军,为梅津的要求做后盾。某些日本部队进入了华北的非军事区,1935 年 6 月中国方面屈服了,把他们的军队和行政机关撤离了天津地区。正如木户在东京所说的,这种对华步骤是根据板垣等人的计划,即和中国打交道时,必须是军部起主导作用,而不是外交官起主导作用,就像他们在"满洲国"所做的那样。

就在同一时期,关东军在张北制造了一个事件,由土肥原少将和预定的傀儡统治者一起实施这一阴谋,其目的是组成新的自治政府。虽然外务省没有参与这些事件,但是驻华大使馆给广田递送了关于事件进展的详细情报。1935 年 10 月 2 日广田获悉,为了把华北纳入日满经济集团和增强国防,陆军有意建立一个事实上的自治国家。广田还得知陆军的内蒙古计划正在稳步进行中,土肥原显然在推动这个计划。

据辩方证人河边说,1935 年 6 月 27 日,张北事件通过签订《秦土协定》获得解决。此时陆军控制了内蒙古一半地区和华北五省很大一部分地区的地方政权。

同时,1935 年 7 月 3 日,枢密院开会研究与"满洲国"建立更紧密的经济合作问题,广田列席了这次会议。枢密院审查委员会报告说,虽然军事外交措施在"满洲国"顺利推进,但协调经济领域各种措施的制度仍有待制定。因此,该委员会建议缔结一个设立经济共同委员会的协定,该协定应该对必要的机制做出规定。由于广田保证在经济共同委员会中日本始终可以保持优势的投票权,枢密院批准了这项措施。新协定在 1935 年 7 月 15 日签订了。

广田外交政策和陆军计划的协调一致

冈田内阁垮台前最后三个月,陆军的政策和广田的外交政策完全协调一致。1935 年 12 月,南大将派军队协助内蒙古的地方政府,夺取了该地区原来仍由中国控制的部分。1935 年 8 月 1 日,继梅津任华北驻屯军司令官的多田少将制订了一个将华北铁路置于他控制之下的计划,因为这样一来,他就可以利用铁路来实现他的军事目的。

也就在 8 月,关东军将其宣传计划送达陆军省,关东军将实施此计划以配合其在华北的军事行动。根据此计划,一旦进入关内,就应立即发动宣传攻势,要使全世界相信日本立场的合法性。同时还应努力通过反国民党和反共产党的煽动,使华北的居民疏远中央政府。"反共"的口号最初是由土肥原和板垣等人在 1935 年开始"自治运动"时提出的。

1936 年 1 月 21 日,广田将陆军制订的处理华北问题的计划纲要通知了日本驻华大使。大使得到指令,日本的意图是逐步在华北五省建立起自治政府。外务省决心对新的政治组织给予支持和指导,并借此扩大和加强其机能,但不会采取任何可能使世界各国认为日本有意在华北建立一个类似"满洲国"独立政府的措施。将通知陆军各军事机关,在实行此计划时应与外务省和海军保持密切联系。将建立一个专门处理自治政府相关问题的临时机构,隶属于华北驻屯军司令官指挥。

随着外务省和陆军之间取得一致意见,第一阶段的军事准备完成了。"满洲国"的资源正在开发中。陆军常备兵力从 1930 年初的 25 万人增至 1936 年初的 40 万人。在第二阶段,军事计划将是在全国进行战争总动员。

冈田内阁时期陆军权力增大

1934 年 7 月 8 日至 1936 年 3 月 8 日担任日本总理大臣的冈田启介作证说,在他和前任斋藤的任期中,陆军的权力与日俱增。冈田说,陆军对这两届内阁都怨恨不已,因为陆军认为这两届内阁中有一股势力,这股势力反对陆军以武力扩张日本在亚洲地位的政策。

陆军内部"过激派"的权势和残暴,通过 1935 年 7 月陆军教育总监被迫辞职一事得到了充分的显露。军务局长永田中将因抗议这项处置,竟在自己的办公室被一陆军校级军官暗杀。虽然作为总理大臣的冈田对此事件深感震惊,他竟无权对这项犯罪进行调查。陆军自行调查了一番,不允许总理大臣或内阁干预调查。

这一事件发生后,因害怕军国主义分子再找他麻烦,林大将辞去陆军大臣一职,该职位由全体将官同意竭力保护的川岛大将继任。内阁阁员们都觉得川岛是冒着相当的危险来接受这项任命的。

1936 年"二二六事件"和冈田内阁的垮台

后来所发生的事件证明,上述恐惧并非没有根据。1936 年 2 月 26 日,陆军对冈田内阁的怨恨达到顶点,一群陆军青年军官企图暗杀冈田本人。22 名军官和 1 400 余名士兵发生反政府的兵变,占据了主要的政府机构,使东京处在恐怖状态中达三天半之久。在此时期,总理大臣被围困在官邸内,政府事务由内务大臣代行。大藏大臣高桥和内大臣斋藤都被恐怖分子暗杀了。十天以后,冈田因不能控制陆军而提出内阁辞呈。

冈田政策及其垮台证实了陆军要求的极端性

冈田在担任总理大臣期间,采取了许多措施将日本民族置于备战状态。作为外务大臣的广田,以及曾任伦敦海军会议日本代表的永野,在导致日本 1934 年 12 月宣布准备废除华盛顿《限制海军军备条约》以及第二年 12 月退出伦敦海军会议的政策中,都发挥了主要作用。同一时期,日本在其委任统治诸岛到处修建航空基地和贮藏设施,并采取严密警戒措施禁止外国旅行者进入。

1935 年,在内务省直接监督下,实施了严格的新闻审查制度,于是报纸沦为传播政府核准宣传资料的工具。警察对发表公众意见的所有媒体都采取了广泛的审查和管控措施。1935 年 8 月,陆军省颁布了一项条例,旨在调查各学校和大学的军训情况,协助各校改进军训工作,并确保毕业生的潜在军事价值得到评估。尽管美国不断抗议,日本人仍在满洲建立了石油垄断,并提供了开采"满洲国"自然资源所需的机械设备。

最晚从 1935 年 10 月起,陆军就在日本外交政策方面发挥了积极而独立的作用;因为在那一个月,时任驻柏林武官的被告大岛开始了"日德条约"的谈判,并对里宾特洛甫(von Ribbentrop)表示日本陆军参谋本部希望两国间缔结一个一般性条约。

尽管有这一切发展,尽管关东军在满洲和华北的目的似乎正在稳步实现,但极端分子并不满足。陆军将冈田内阁视为一个由试图抑制军国主义分子的海军组成的内阁。陆军认为自己的华北政策没有得到应有的支持。陆军内部的极端分子靠暗杀和兵变扫清了他们的道路,先是清除了陆军省内部比较温和的势力,然后再清洗内阁。内阁虽然没有针对来自军国主义者的压力做出实质性抵抗,但仍然代表着不太狂热的政策。1936 年 2 月 27 日,在陆军东京兵变的第二天,日本驻中国厦门领事馆表示,这次兵变的目的是为了用一个陆军内阁替换一个意见分歧的内阁。他们说,青年军官集团想一举占领全中国,并准备马上发动对苏战争,那样日本就可以成为亚洲唯一的强国。

这就是陆军的企图。1936 年 3 月 9 日,广田内阁正是在这种形势下上台的。正如白鸟在 1935 年 11 月对某友人所说的,如果外交官或各政党都不能抑制军国主义者,那就不如去支持他们的政策,并努力去付诸实现。

广田及其内阁

1936 年 3 月 9 日新内阁成立之时,冈田内阁的所有阁员,除广田本人是唯一特殊例外,其余的人都更换了。广田于 1933 年 9 月 14 日出任斋藤内阁的外务大臣,30 个月一直没有离开那个职位。随着日本继续入侵亚洲大陆,他必须处理权益受到影响的各国日益增多的抗议,尤其是美国的抗议。尽管日本在亚洲大陆篡夺主权以及在各处违反《九国公约》"门户开放"规定的行为没有得到纠正,但广田设法使西方各国在一定程度上保持信任。现在,在陆军占据支配地位的时刻,当其他阁员弃职而去的时候,广田却成了日本的总理大臣。1935 年 12 月退出伦敦海军会议的日本首席代表永野担任了他的海军大臣。1935 年 8 月 1 日以前指挥华北派遣军的梅津中将担任了陆军次官。海军中将岛田留任军令部次长。有田接替广田担任了外务大臣。1926 年 10 月起担任枢密院副议长的平沼男爵升职为枢密院议长。

在这个内阁领导之下,陆军建立东亚新秩序的计划成了日本政府的既定政策。

规定陆军大臣和海军大臣由现役将官中选任的法令

新内阁成立两个月以后采取的一项措施巩固了陆军对以后各届政府的权势。1936 年 5 月 18 日,新政府颁布一项法令,恢复了海军大臣和陆军大臣必须从现役中将或中将以上军官选任的旧例。不久以后的种种事件证明了,这使军事当局掌握了一个可以使内阁上台或垮台的武器,而不必再用促成冈田内阁辞职的威吓手段。

1936 年 8 月 11 日确定的日本基本国策纲要

1936 年 8 月 11 日,总理大臣广田、外务大臣有田、陆军大臣寺内、海军大臣永野及大藏大臣马场在五大臣会议上确定了日本的基本国策纲要。在这个决议中,极其清楚地规定了日本对各国的关系以及完成国内备战的指导原则。我们可以先审视决议本身的内容,然后再看采用它的经过。

既定原则

国策的基本原则是从国内和国外两方面来增强日本的力量,使日本帝国"发展成名义上和实际上的东亚安定势力,确保东方和平,并对全人类的和平和福祉做出贡献"。但在下一句话中就把所图谋的发展性质完全暴露出来了。国策的确立在于"外交国防相辅为用,确保(日本)帝国在东亚大陆获取稳固的地位,并向南洋发展"。

这个决定的第二部分是检讨这一政策将会引起的态势,以及为了应对这些态势将要采取的步骤。

首先,要认识到,这个政策与在东方拥有权益的各国间必然引起纠纷。因此,日本必须"排除列强的霸道政策"并遵循日本自己的"共存共荣"原则。一年以后,在"重要产业五年计划"中,这一政策有了更具体的定义。计划中说,国防上必需的产业应"根据适地适业的原则",尽可能多地推向亚洲大陆发展,同时日本"应选出最重要的资源,巧妙地在华北的经济开发中掌握主动权,努力获取其自然资源"。这样的政策公然违反了1922年《九国公约》的规定。

1936 年 8 月所决定的第二项原则隐含在第一项原则中。"为了保证我帝国之安泰并保障其发展,以在名义上和实际上获得东亚真正安定势力的地位,我们必须完成国防军备。"这番话也在 1937 年的陆军计划中给出了具体定义。

第三项原则廓清了前两项原则和实际政策之间的关系。日本"为了实现满洲的健全发展和巩固日满的国防,必须努力去除北方的苏俄威胁"。日本"还必须防范英国和美国,同时通过日本、中国和满洲的紧密合作,努力实现经济发展"。但是,在实现上述目标时,日本"必须始终留意与各国保持最友善关系"。

相同的告诫口气在第四项,即最后一项原则中也有所反映。"为推进日本帝国向南洋,尤其在外南洋岛屿区域取得社会和经济发展的计划,我们应采取渐进而平和的手段,要始终避免刺激别的国家,并尽力增强与实现满洲建设目标相关联的我国国力。"

1936 年决策所要求的备战措施

在 1936 年国策决定的最后部分,确定了军事和外交职能如何均衡。国防军备必须完成。衡量军事力量的标准是必须能够"对抗苏俄在远东地区所能部署和使用的兵力";特别要注意充实在朝鲜和满洲的兵力,以使日本可以"在开战之初就给予苏俄迎头痛击"。海军军备要加强到足以在西太平洋对付美国海军而取得制海权的程度。

日本的外交政策将是"争取以平顺友善的方式执行基本国策",军事当局有责任支持外交机关的各项活动,使其能够充分和有力地开展活动。

最后,国内政策是按照基本国策来决定的。所以要采取措施引导和统一国内舆论,并强化国民意志以度过这一非常时局。要采取措施保证国民的生活,增强国民体力和"培养健康的心灵和思想"。日本的外交要注入新的活力,日本的海外情报和宣传系统要予以完善。空运和海运要有飞跃式发展。要设立行政和经济机构,以振兴和促进国策所必需的贸易与产业。要加速制定一个重要资源和原材料自给自足的方案。

1936 年国策决定所示目标的意义

1936 年 8 月 11 日五大臣会议通过的基本国策纲要,表明了日本的决心,即不仅要统治东亚,还要向南方扩张其势力。如果可能的话,就以和平方式实现南进,但必须进行武力威胁以保证外交上的胜利。日本认识到它的亚洲大陆计划势必会与苏联起冲突,同时不可避免地会与在东方拥有权益的各国发生纠纷。这些国家一定包括 1922 年《九国公约》的所有缔约国,其中最值得注意的是英国和美国。显然,日本决心用它的"共存共荣"原则来代替"现存的列强霸道政策",这无非意味着日本统治者决意违反日本作为《九国公约》缔约国的义务,掠夺满洲和中国其他地区的经济和产业。

会议坦白承认,这个国策只有依靠战争动员的宏大计划为后盾才能获得成功。会议就以下各点取得了共识：海军的扩充目标是战力足以对付美国海军而取得日本对西太平洋的制海权；陆军的扩充目标则必定是创建一个作战机器，战力强大到足以把苏联可能在东部边境部署的最强兵力一举歼灭。会议认识到，这些目标反过来要求制订一个建立产业发展和自给自足的综合计划；日本国民在每个人生阶段都必须得到指导和管控，以使他们最大限度地做好准备，在预期中的国家紧急状态中发挥应有作用。

国策决定的起源

此基本国策纲要被证明是日本战备体系的基石，它并非源于作为一个整体的广田内阁，而是源于陆军省和海军省。1936年6月30日陆军大臣寺内和海军大臣永野开会时同意过一项草案，该草案的全部要点都与1936年8月11日五大臣会议最后通过的基本国策相一致。这两份文件在语气强弱上有些不同，其中两位军界大臣更为露骨的措辞更明白地表现了政策制定者的意向。尽管在国策的最终草案中，关于获取在亚洲的地位和开发南洋叙述得比较含糊，但是两位军界大臣此前却已直截了当地表示，日本的指导原则必须是通过坚持不懈地遵循海外扩张政策来实现"皇道"精神。

同日，即1936年6月30日，寺内和永野向五大臣会议中的同僚广田、有田和马场亮出了他们的计划。大藏大臣马场同意要把列强的霸道政策逐出亚洲，但是认为应当表明，日本本身不会实行军国主义的专制统治。外务大臣有田强调在当时的国际形势下，需要维持与英国和美国的友善；但除此之外他并不反对草案，而是发现草案所表达的态度与他自己的日本外交政策观念是一致的。总理大臣广田则说，他在提案中找不出丝毫差错。于是休会，由陆军或海军起草具体方案。

1936年8月7日五大臣再次开会，通过了计划的最终定稿。四天以后，即1936年8月11日，这些决定被写进了一份由五大臣签字的官方声明。

《反共产国际协定》

这里应指出，在 1936 年 6 月和 8 月召开的五大臣会议之前数月，广田政府就已经采用了陆军的另一个重大计划。1935 年 10 月，驻柏林大使馆陆军武官大岛经参谋本部同意，开始了日德同盟的非正式会谈。1936 年春，广田就任总理大臣后，武者小路大使回到柏林，此后就由他自己和德国人谈判。里宾特洛甫与武者小路经过旷日持久的会谈后，于 1936 年 10 月 23 日草签了《反共产国际协定》。1936 年 11 月 25 日，日本枢密院批准了这一协定。

广田内阁在经济和产业方面的战争准备

重新确定基本国策前后，广田内阁的举措与基本国策纲要所述的原则完全吻合。日本在巩固对满洲和华北的控制方面取得了重大进展。当关东军在满洲实施统治时，日本的文官当局也在致力于建立一个名义上独立、其国家政策由日本规定、其自然资源由日本自由开采的附庸国。1936 年 6 月 10 日签署的《日满协定》标志着日本实际上已经达到了这一目的。

两天以后，美国国务卿科德尔·赫尔对日本外务省的代表指出，日本已经造成了这样的印象，即日本企图首先在东亚，然后在它认为合适的其他地区实现绝对的经济统治。赫尔说，这最终也就意味着政治和军事统治。

1936 年 8 月 11 日，在决定日本基本国策的会议上，同时通过了"第二次华北处理纲要"。其主要目的是建立一个反共、亲日、亲满的地区，在该地区日本可取得备战计划所需的资源，并改善交通设施以备对苏作战。

当在大陆的陆军正在获得新的物资来源和新的产业扩张途径时，日本国内则正在采取措施发展新的备战经济。1936 年 2 月大藏大臣高桥在陆军兵变中被暗杀，以及随后的广田组阁，标志着日本政府在财政政策上的转折点。日本正着手采取一系列出于政治目的对国民经济加强国家管控的财政措施。这种新政策是为了适应产业扩充的总计划而制定的。从这时候起，为了给巨大的预算开支提供资金，政府不断提高国债发行额，几乎毫不考虑稳健财政的原则。1937 年 1 月，外汇交易必须经政府核准，使国外资产的支出实际上仅限于购买战备产业所需的物资。

1936 年 5 月 29 日，通过了一项法律，其目的很明确，就是要建立汽车制造业"以调适国防和本国工业"。此前，汽车工业实际上并不存在，在经济上也是得不偿失的事情。尽管如此，现在它却凭借国家补贴和全面免税的扶持，在政府的严格管控下发展起来。

日本的商船队在政府补贴下也迅速壮大。广田任期中开始了第三期"报废和建造"计划。与上年度的计划合计，新造船舶达 10 万总吨位，于是在 1936 年底，就总吨位中的比例而言，日本已拥有一支世界上最现代的商船队。

我们现在休庭到 13:30。

（12:00 休庭。）

下午庭审

休庭后，13:30 庭审人员到场。

法庭执行官： 远东国际军事法庭现在继续开庭。

庭长：（继续）

战时舆论管控计划

1936 年 5 月 20 日，陆军省制订了关于战争开始前及战争初期的情报与宣传活动计划，这是总动员计划中的一部分。此计划规定，如果战争迫近，应成立情报局来执行政府的公告和宣传政策。计划对情报局的活动范围和实施办法做出了详细规定。其任务是指导和管控面向大众的所有传播形式,并利用所有舆论媒介来支持政府批准的政策。

海军的各种准备

广田任总理大臣时,海军在促进国家战争动员方面积极性并不亚于陆军。陆军大臣和海军大臣共同准备了他们的基本国策方案,并在五大臣会议上共同支持了这一方案。在五大臣会议上倡议新国策方案的,正是海军大臣永野海军大将,而且从他的言论来判断,1936 年 8 月 11 日最后通过的具体计划似乎是海军省起草的。

由于华盛顿条约在 1936 年 12 月 31 日期满,这一年就是海军摆脱海军军备限制所有义务之年。

关于日本早期的对外扩张计划,日本海军很少有直接关联。现在才第一次被分派了一个主角的重任,即获取在西太平洋能对付美国舰队的制海权。自 1930 年以来,日本决意实施的海军扩张政策得到的支持力度日益增大。因此,在这里回顾一下日本为废弃国际协定限制海军军备体系所采取的步骤,对我们谈论的备战问题来说是适当的。

海军裁军条约下日本的权利与义务

美国、大不列颠、日本、法国和意大利是 1922 年 2 月 6 日在华盛顿签署的《限制海军军备条约》的缔约国。该条约的第四条和第七条分别规定了各缔约国所能保有的主力舰和航空母舰的总吨位,这些限制是基于各国的防御需要确定的。关于以上两种军舰,限定日本最高保有量为美国或英国的 60%。同时对以上两种军舰及其他等级舰艇所装置的大炮口径也做了限制,即主力舰为 16 英寸,航空母舰为 8 英寸。该条约到 1936年 12 月 31 日期满,从缔约国之一发出有意终止条约的通知之日起两年内,条约仍然有效。这类通知发出的一年之内,全体缔约国应召开会议。

美国、大不列颠和日本以及印度和英联邦自治领,也是 1930 年 4 月22 日在伦敦签署的《限制和裁减海军军备的国际条约》的缔约方。此条约并不是废弃华盛顿条约，而是在原条约框架内对裁减和限制做了进一步的规定。此条约规定了航空母舰和潜水艇被允许的最大排水量，以及舰上大炮的口径。除主力舰和航空母舰外，还用详细表格列出了各缔约国可保有的水上舰船总吨位，其中对日本的限额大约是美国或英国可保有的 70％左右。第三项重要规定是各缔约国必须将每一艘军舰动工和竣工的有关情报通知其他缔约国。此外，此协定还涉及报废某些主力舰的规定，这一规定显然是对日本有利的。与航空母舰有关的规定将具有与华盛顿条约同样的有效期；但是在其他方面，条约明确规定 1936 年 12 月 31 日满期。1935 年各缔约国将召开新的会议。

为了评估伦敦条约给日本带来的利益，必须重视 1930 年海军大臣财部的见解。财部说，日本海军保有 70％假想敌国军舰吨位是绝对必要的，日本在华盛顿会议中力图在主力舰保有量上维持这个比例。最后这个目标被放弃了，日本同意了 60％的比例。但日本达到了其他两个主要目标，即配置 8 英寸舰炮的巡洋舰保有量达到 70％，以及保持日本潜水艇的现有规模。在伦敦会议上，为了实现第三个主要目标，即总吨位达到 70％的比例，日本尽了全力；这一目标也终于成功了。

根据伦敦条约的规定，日本配置 8 英寸舰炮的巡洋舰保有量，确实会从美国的 70％降至 60％，但是给日本的补偿是在威力稍弱的舰船方面增加了日本的比例。财部说，最重要的是，此条约是为了与美国保持友好关系做出的努力，使日本避免了与美国军备竞争时可能陷入的困境。总理大臣滨口也表示了同样的心境，他承认这个条约在某些方面并非完全令人满意，但指出，不管怎样，日本在 1936 年之后仍然可以自由建造舰船。

虽然总理大臣滨口、海军大臣财部及滨口内阁都支持此条约，但在批准以前还是遭到了许多人的反对。1930 年 8 月 18 日至 9 月 26 日期间，枢密院审查委员会开了 13 次会议，每次会议都围绕此问题进行了激烈辩论。内阁和枢密院之间出现了公开的对立，内阁和海军军令部之间（当时永野任军令部次长）看来也产生了意见冲突。当有人指责滨口不重视海军将领的进言时，他心平气和地回答，曾经考虑过军部的意见，但是缔结条约相关事项必须由内阁决定。随着讨论的进展，两派之间的分歧越发明显，一派主张倚靠国际间的友好关系，另一派主张必须具有充足的军备，能够对抗美国或其他干涉中日事务的国家，为此日本在发生冲突的地方必须拥有优势力量。后者的意见由一名顾问官充分表述，他说军事体制是日本的特色，美国想把日本的势力逐出中国和蒙古，因此军事力量必须增补。还有两名顾问官说：日本在世界上占有重要地位全凭日本兵力所赐。

1930 年 10 月 1 日，枢密院批准了伦敦条约，滨口和财部表达了上述观点。这引起大众的极大关心、臆测和不安。平沼以枢密院副议长的身份出席了历次会议。

反对海军条约的力量日益增长的时期

1930 年反对批准伦敦条约的少数派，随着时间的推移变成了多数派；所以在斋藤和冈田两个"海军"内阁时代，反对条约限制的力量逐渐增强。

斋藤任总理大臣之时，1933 年 9 月 15 日格鲁（Grew）大使向华盛顿报告，越来越多的人对伦敦条约施加的限制感到不满。格鲁说，自从该条约获得批准以来，特别是在过去的 12 个月间，日本的海军将领坚称，在 1935 年将要召开的会议上，日本必须提出对等要求，或者至少是吨位比例必须大幅提高。他们对于和伦敦条约有关的任何事情都产生了愤激和轻蔑的感情。滨口和犬养被暗杀，其他政治家受到威胁，其部分原因就是由于他们维护这个条约。财部和其他海军高级将领的退役，其原因也可以归结到他们支持了这个条约。

格鲁强调说，现在日本的舆论强烈反对任何形式的军备限制，而且美国在条约上限内增加军舰建造的新政策只能刺激已经引起的亢奋情绪。日本海军将领现在陷入了进退两难的境地，是进入与资源不相称的海军军备竞争,还是勇敢面对他们自己煽动起来的舆论?

在这一关键时刻,斋藤内阁任职了 18 个月。在现内阁和前内阁中担任陆军大臣的荒木对这个问题很慎重,他承认华盛顿条约和伦敦条约节省了公共资金并防止了军备赛和新兵器开发。但是,他明白地说,日本认为这些条约的规定已经落后于时代,在下次会议上将提出修改比例的要求。

在格鲁写报告的前一天,广田出任日本外务大臣和最高军事参议官[1]。恰好在一年以后,1934 年 9 月 17 日,广田通知格鲁,日本已明确决定在 1934 年 12 月 31 日以前发出终止华盛顿条约的意向通知。在此期间,"天羽声明"发表了,斋藤内阁也为冈田内阁所代替。

1934 年共同最高限额政策

1930 年的伦敦条约规定各缔约国在 1935 年开会拟定新条约。1933 年 7 月或 8 月,斋藤内阁时代的海军军令部次长高桥海军中将坦率地说:"我们打算带一个对等的要求去出席 1935 年的会议。如果我们的要求遭到拒绝,我们就回国。"

1934 年 10 月,当日本代表在伦敦召开的预备会议上会见英美代表时,这就是他们所持的立场。他们说,他们相信保证安全均等的唯一办法是设立一个共同最高限额,在限额内各国可以自由造舰,但任何国家都不得超过这个限额。他们赞成协商确定一个尽可能低的限额。特别是,他们赞成全部废除或大幅度削减航空母舰、主力舰和配置 8 英寸舰炮的巡洋舰。他们认为这些舰艇特别具有攻击性。另一方面,他们认为潜水艇适航性差,续航力又低于其他舰型,所以在本质上是防御性武器。他们认为,如果伦敦条约中禁止使用潜水艇攻击商船的规定能普遍施行,那么潜

---

1 原文为 Hirota became Foreign Minister of Japan, and a Supreme War Councillor,似有误,广田于 1933 年 9 月 14 日出任斋藤内阁的外务大臣,但他从未担任过军事参议官。——译者注

水艇的攻击性质就被消除了。

此提案旨在比照美国的海军力量来增强日本的海军力量。1933年美国实施了新的海军政策,增加舰艇建造,但保有量仍在相当程度上低于华盛顿条约和伦敦条约规定的上限。如果接受把总吨位削减至相对较低的共同最高限额的提议,那么总吨位已经超出新规定限额的主要海军国就必须报废或沉没许多舰艇。因此,日本提案的实际效果是让美国方面损失掉一部分舰队及其造舰计划的全部成果,而日本方面却不用做出与之相当的牺牲。

再者,如前所述,根据伦敦条约的规定,日本以8英寸舰炮巡洋舰保有量比例上的某种代价,成功地争取到了排水量总吨位的比例提高。华盛顿条约的规定仍然有效地把日本主力舰和航空母舰的相对保有量限定在较低的水平。所以,日本想建议彻底废除的三种舰型,正是日本在比例上劣势最明显的舰型。

最后,显然日本自1930年以来关于潜水艇作用的见解已有改变。当时有一个激烈反对批准条约的枢密顾问官说,美国最忌惮的是潜水艇;只要日本保有潜水艇,美国就不足为惧。海军大臣财部曾特别指出,保有潜水艇的现有规模是日本政府的成功。这是日本海军政策的三大原则之一。

1934年10月,伦敦会谈进行期间,日本政府发表了一个引导舆论的正式声明。声明指出,日本与国联打交道的经验已经表明,公正的主张在国际会议上未必总能得到承认。由于维持日本的海军力量是东亚和平的基础,日本的未来就取决于海军的命运。因此,日本人民必须对外国的宣传保持警惕。纵使日本的主张未被接受,协定终未达成,也不一定意味着造舰竞争的开始;万一这种竞争随之发生,当局确信,依靠独立自主的方法可以维持日本的地位。

预备会谈在没有达成任何协议的情况下于1934年12月19日结束。同一天,日本枢密院一致批准废除华盛顿条约的政府决定。1934年12

月 29 日,日本将其意向通知了美国。日本为避免采取单边行动的尴尬,此前曾试图劝说英国采取共同行动,可是没有成功。

1935 年退出伦敦会议

1935 年 12 月 7 日,依据华盛顿条约和伦敦条约召开的海军会议在伦敦举行,签署华盛顿条约的五国派代表出席了此次会议。美国代表团提议,按现有比例对每种类型的舰船在数量上全面裁减 20%,并且对质量上的限制也已经准备好讨论,特别是关于舰炮口径的限制。日本代表团团长永野在回答中重申,日本舆论已经不赞成华盛顿条约,并且再度确认,日本依然坚持共同最高限额原则。美国代表指出,全面对等意味着日本在太平洋的压倒性优势,而现存条约体系为所有的缔约国提供了安全均等。所以,如果日本坚持它的要求,只会引起造舰竞争。日本代表在回答这些反对意见时不想触及问题的实质,只是说据日方看来,当美国海军力量占优势的时候,就对日本的存在本身构成威胁。

尽管美国建议华盛顿条约在新协定达成之前继续有效,尽管英国企图就质量限制取得共识,但日本坚持认为必须首先决定对等问题。于是,1936 年 1 月 15 日在大会中讨论了共同最高限额的原则。因为没有其他代表发言支持此提案,日本代表团正式退出了会议。

这样一来,在 1934 年和 1935 年,当冈田担任总理大臣,广田担任冈田内阁的外务大臣时,海军重整军备的障碍已被排除了。1936 年 8 月,五大臣会议决定建立足以对付美国舰队而确保西太平洋制海权的强大海军。这一行动印证了美国的忧虑,即放弃现存条约的制度只会导致海军的军备竞赛。

广田内阁时期的海军扩张

1936 年 12 月,即华盛顿条约期满的那个月,海军军务局长在一次秘密报告中说,日本海军的军备和物资正在与日俱增。海军中将丰田警告他的听众,新的造舰计划需要巨大的资金支持。他说,虽然不能报告详细项目,但用于此项目的拨款不能吝惜。过早让他国获悉日本海军的未来造舰政策,将对日本不利。

第二年广田内阁制订的新计划就获得了成效,1937年日本海军的造舰增长总数超过了1931年至1945年间的任何一年。

但是,为了确保西太平洋的制海权,海军不仅需要军舰,也需要基地。因此,散布在西太平洋中央全部区域属日本委任统治的南洋诸岛(马里亚纳群岛、马绍尔群岛和加罗林群岛),自1937年1月20日起全部隶属海军管辖。

委任统治岛屿的历史

按照《凡尔赛条约》的规定,日本从国际联盟接受了对散布在广大海域的这三个群岛的委任统治,并通过总部设在帕劳的南洋厅对其进行行政管理。依据《国际联盟盟约》,受委任国有义务阻止在委任统治岛屿建设要塞和陆军及海军基地;并且由于1922年2月11日在华盛顿签署的关于太平洋岛屿属地的条约,日本对美国也负有同样的义务。

日本委任统治岛屿的航线由日本邮船株式会社经营,自1933年开始,这个公司采取了不搭载外国旅客到这些岛屿的方针。当斋藤的"海军"内阁执政时,1933年3月28日该株式会社通知其火奴鲁鲁(檀香山)分社,要它们拒绝外国人订船位,对于固执的申请者须经日本有关当局许可才准上船。

1936年前委任统治岛屿的要塞化

有迹象表明,在委任统治岛屿地区建设海军设施始于1932年或1933年,开始修建海军设施与拒绝外国人上岛的新方针发生在同一时期。最迟不晚于1935年,马里亚纳群岛的塞班岛上已在建筑飞机跑道和海军航空基地。塞班岛是马里亚纳群岛中最大的岛,位于美国的关岛以北约 200 英里。

1935 年下半年，对外国人在南洋诸岛旅行采取了更严格的限制办法。1935 年 10 月 14 日，日本邮船株式会社再次通知其火奴鲁鲁分社应尽一切努力拒绝旅客乘船进入此区域。如有特殊情况，必须把欲乘船旅客的详尽情况向南洋厅报告，南洋厅做出决定之前应咨询外务省和海军省。就实际经验看，大多数申请会遭到拒绝。

1935 年 10 月和 11 月，又两次重发了这些指示，并规定关于南洋航线的所有问题都必须由日本职员处理，通讯只准用日文书写。应以设备不良或船期未定为由拒绝预订船票。如有特殊情况，批准权属于海军大臣和外务大臣广田。

广田内阁时期委任统治岛屿的保密情况

1936 年 6 月，即广田内阁成立三个月之后，美国国务卿通知格鲁，极其怀疑委任统治岛屿在建设港口和防御工事。他指出，日本船只已被允许出入阿拉斯加不对外开放的各港口，因而指示美国大使格鲁要求日本政府准许美国驱逐舰访问日本的委任统治岛屿。格鲁把它当作自己主动提出的要求向广田本人提出。总理大臣表示愿善意处理，但他对于这个问题并不了解。嗣后又告诉格鲁说，此事的决定权在于拓务省和海军省。这项要求终未获准，虽然日美两国在 1922 年曾同意，当双方船舶进出对方委任统治岛屿的港口和水域时，应相互给予通常礼仪。

1936 年 7 月 28 日，日本邮船株式会社又一次通知其火奴鲁鲁分社，不得接受南洋航线的旅客。1937 年 4 月 8 日和 1939 年 3 月 13 日的通讯中进一步指出，这种限制措施以后若干年也不会放宽。

综合这些事实来看，可知日本在 1936 年 8 月 11 日国策决定之前和之后，违反了受委任国的义务，正在南洋地区进行战争准备。外务省和海军省始终故意转移外界对这些发展的注意。广田作为外务大臣和担任总理大臣后，都竭尽全力参与了此事。

以海军军官为委任统治岛屿的行政官员

1937年1月20日仍在广田内阁时期，枢密院批准了一项举措，允许任命海军现役军官为南洋厅行政官员，而他们的军事资历不会因此中断。这次枢密院会议的出席者中有广田本人和海军大臣永野，平沼主持了会议。在这次秘密会议中，对于日本关心委任统治岛屿的真实性质做了说明。采取上述举措有两个原因：一是南洋诸岛在日本国防上占有重要地位；二是鉴于国际形势和南洋诸岛有许多与航线、港口、道路、航空及通信相关的设施，因此必须特别关注日本海军的便利和军事需要。

各被告在广田内阁中的地位

前面已经说过，1936年3月9日至1937年2月1日，广田任总理大臣时期是一个积极策划和准备战争的时期，这些策划和准备是陆军省和海军省创议的，但在长期计划的实施过程中，其他的主要政府部门也有参与。

梅津中将是那个时期担任最重要职务的人之一，他于1936年3月23日成为陆军次官。直到1938年5月30日止，他历经广田内阁、林内阁和近卫内阁，一直担任该职务。在广田内阁时期，他还兼任了许多附属官职，这可以帮助了解当时陆军关注的范围。他是对满事务局、内阁调查局和内阁情报部的官员。他还被指定为调查有关汽车工业事项委员会的委员，又是教学革新委员会的委员。在日本议会中他负责说明陆军省所管辖的事项。

木村于1936年8月1日授衔陆军少将，是动员计划局统制课课长。1936年5月20日，这个局制订了战时或紧急状态时期管控舆论的动员计划。武藤中佐在1936年6月19日之前是军务局课员。铃木大佐在1936年8月1日之前配属在军务局。

板垣于1936年4月28日授衔陆军中将，从1934年12月10日起任关东军参谋副长。1936年3月23日至1937年3月1日，他是关东军参谋长，又是日满经济共同委员会委员。因此，在广田任职期间，他与日本在满洲和华北各省的军事和经济上的准备有密切的关系。星野直树从1934年7月1日起担任"满洲国"财政部司长，于1936年6月9日成为该部次长。

岛田海军中将于1935年12月2日至1937年12月1日任军令部次长。在这个时期，海军参与了1936年8月的国策决定，获得了委任统治岛屿的支配权，制定了海军扩张的新政策。海军大佐冈在1936年12月1日之前是军令部的成员，又是海军省的视察员。

贺屋在广田内阁期间负责议会中的大藏省事务，同时担任对满事务局的参与。1937年2月2日，当林接替广田时，贺屋成为大藏次官。

桥本和大日本青年党

1936年8月，在日本的基本国策决定之后数日，桥本大佐被编入预备役。他立即着手建立一个新团体的工作，1936年下半年，他在演说和小册子中阐述了该团体的目的。

桥本把"皇道"和"八纮一宇"这两个传统准则作为他的理论基础。他说，统一世界的第一步，在于把日本国民本身直接地统一在天皇之下。为了实现革新，需要青年的鲜血和热情，而大日本青年党的目的就在于满足这个需要。青年将成为新日本的骨干，并将把大和民族道德和肉体的全部力量统一于"皇道"精神，即对天皇的效忠。

前面已经说过，在此处所论述时期，陆军的历史就是反抗文职内阁权力的历史。政治家和内阁的政策一旦与陆军的政策相矛盾，陆军就会用胁迫、暗杀和叛乱的手段把他们清除掉。到1936年广田担任总理大臣时，陆军对于当权的内阁已经确立了优势。桥本把这一过程更推进一步，准备着有朝一日只有一个党，即陆军的党，到那时候陆军的统治者就不用再受民主政府体制的掣肘。极权主义的直接目标是以"皇道"观念为象征,而统治世界的终极目标则是以"八纮一宇"观念为象征。

现在让我们来回顾一下,为了使日本国民在精神上对战争和军事统治做好准备所采取的种种步骤。

中小学和大学军事训练的历史

早在 1886 年,日本的小学、中等学校和师范学校就开始了军事训练和军事授课;1896 年中日战争之后,由正规的陆军军官实行训练。在 1914 年至 1918 年之后的数年间,很少注意这个问题,但从 1922 年开始,陆军省又派遣军官去监督军训的开展情况。

1925 年及 1925 年之后,陆军省和文部省合作以确保男学生必须接受军训。1925 年 4 月 23 日下令在学校配备现役陆军军官。陆军省和文部省商定,所有教员养成所和各种公立学校都配备陆军军官,如果私立学校提出申请也加以配备。他们应服从学校当局的监督和指令,但是他们本身仍隶属陆军省,陆军省有权检查学校军训的实际情况。一年后,1926 年 9 月,陆军省设立了查阅官制度,报告军训的实施状况。

1926 年 4 月,文部省创设了一个新的教育机构,专门招收 17 至 21 岁未受正式学校教育的青年。其课程为四年,包含普通课程和有职业价值的课程,但总学时的一半特别用于军事训练。在青年学校创办当月,陆军省制定了视察这些学校实施军训的规则。

到了 1927 年,在所有学校中都必须进行军事训练;而自 1925 年至 1930 年,军训时间不断增加。

在大学里,军事课程从 1925 年起成了必修课程,不过在初期这种必修制并没有严格执行。实际上的军事训练依然是基于自愿;但是,由于完成了军事课程和术科训练的大学生以后在三年的强制兵役期间可以减去两年,于是这就成了保证不缺席的强烈诱因。

在奉天事变发生前不久,学生得到的教育就是,满洲是日本的生命线,建立稳定的经济秩序有赖于统治满洲。满洲战事爆发之后,对军事训练课程尚存的反对声就被军事教育所鼓吹的极端国家主义新精神淹没了。1931年起，军事教官名义上隶属于中小学和大学当局，实际上其独立性与支配权却与日俱增。

满洲的军事行动结束后，军事课程的时间稍有减少，但1936年广田内阁上台后，又获得了新进展。训练包括了操练、体育和军事演习。学校中所使用的课本讲述日本军事史，目的是在学生中培养参军的热情。

审查的历史和宣传内容的扩散

新闻自由在日本一直受到限制。依据当时的法律，由隶属于内务省的警保局负责实施审查。不论以何种形式公开发表言论，都要由警察依法实施审查；对于与政府政策相矛盾的意见，审查特别严格。所有演说和公开表演的原稿，事先都必须经警察批准。凡警察认为不合意的原稿都被禁止发表；不服从警察命令的任何个人或团体，就依1925年《治安维持法》的规定加以处罚。而且，为了监视极右和极左人士的破坏，在1928年设立了一个治安警察机关。1931年起，这些"特高警察"对凡是反对现政府政策和公开发表意见的人都加以监视。在满洲战争爆发之前审查更加严格，同时由报纸来进行政府授意的宣传。从1930年起，作者、演说者、社评记者们联合起来为满洲战争做舆论准备，到1930年底，对反对这个政策的人全都采取了镇压的措施。

从1931年起，陆军实施了它们自己的非正式审查。任何作家或出版商，只要陆军对他们的作品不满意，陆军代表就会直接与他们谈话，并告知他们已引起陆军的不满。这类胁迫与警告也由各种国家主义团体发出，而这些团体的活动是与满洲战争相关联的。

满洲战争之后，为了使日本对亚洲大陆的立场合理化，也为了压制国内的批评，政府和陆军发动了一场有组织的运动。凡涉及军事问题的稿件在未经内务省警保局批准之前不能付印。1935年起，新闻业完全处于内务省的统治之下了。

由于陆军的怂恿，以及预期战争爆发，1936年广田内阁设立了情报部。情报部的任务是代表内阁各省协调对情报的管控和宣传内容的扩散。情报部为政府提供了实施1936年8月11日国策决定的便捷工具，致力于引导并统一舆论，以及加强国民度过"日本的非常时局"之决心。

1936年的桥本政策

桥本在建立大日本青年党时，在他所有的著述和演说中，都在为战争做舆论准备。他用比五大臣会议所用言辞更露骨的语句，倡导向南方扩张，特别是向荷属东印度扩张。他承认英国海军是实现自己计划的主要障碍，并警告日本必须痛下巨大决心。他颂扬大和民族的优秀素质，说大和民族的使命是终结白种人的暴政和压迫。

随后，桥本在1936年发表了体现其新党目标的宣言。他在宣言中说，为征服主义不同且企图妨碍其实现"皇道"的其他国家，日本应将自己的军备增强至这一目标所绝对需要的程度。他又说，重整军备的核心应该是打造一支无敌的空军。

1937年1月的政治危机

在这一时期，广田政府决心推进的经济和军事扩张计划遭遇到了褒贬不一的反响，军国主义者和尚存的反对者之间展开了一场斗争。广田内阁一方面受到了政友会的反对，他们指责内阁的官僚主义倾向和对军部的不当迎合；另一方面，又遭到陆军派的反对，他们现在已不能容忍发表与其不同的任何意见。

1937年1月20日，政友会在群众大会上发表了一个批判广田内阁内政和外交政策的宣言。他们表示，希望加强议会制度，对政府的所有施政措施都做慎重的审查。他们特别抨击了军国主义者，认为军国主义者具有顾盼自雄的品质和优越自大情结。他们宣称，军部想干预政府职能的方方面面，并指出如果姑息养奸，民众的意愿就会受阻，立宪政治就会徒有虚名,寡头专制就会随之产生。

陆军当局立即发表声明应对这一挑战,其措辞的狂妄程度不亚于桥本。"皇道"和"八纮一宇"这两个主题就是他们的政策基础。

该声明责难各政党不反省自己的行为,把抨击陆军当局作为他们唯一的任务。又说日本国民不会对各政党的政策感到满意,因为他们的政策把日本国民局限于日本的岛屿内。这就意味着日本不可能成为东亚的安定力量,也将会终结"庶政一新"计划。该声明建议废除现有状态的议会,回归到一种能够明晰国策、发展产业、充实国防、稳定民生,并逐步解决重要问题的宪政政体。

总之,陆军认为在广田内阁时期陆军所获得的一切,当时都处在危险之中。

广田内阁垮台和陆军不允许宇垣组阁

两天后,即 1937 年 1 月 22 日,陆军大臣寺内向广田内阁提出辞职,理由是部分阁员的观点与陆军的意见迥异。他认为在这种情况下绝对不可能实行他就任以来竭力从事的整肃军纪、充实国防和一新庶政。

陆军大臣辞呈的措辞显然是在暗示,没有任何将官会接任广田内阁的陆军大臣,也不用花时间去寻找。1937 年 1 月 24 日,天皇敕命宇垣大将组织新内阁,但他最终被迫婉拒。婉拒之前,宇垣一直试图找到一位陆军大臣,为此至少用了四天时间,但以失败告终。

依照多年的惯例,新陆军大臣的提名是由离职的陆军大臣、陆军参谋总长和陆军教育总监组成的三长官会议来决定的。1937 年 1 月 25 日,宇垣要求已辞职的陆军大臣寺内大将推荐继任者。寺内对宇垣说,陆军不敢阻止他组阁,但事关陆军的维持与控制,请求宇垣重新考虑其立场。第二天,教育总监杉山大将拜访宇垣,在概述了陆军的态度之后,又试图劝阻宇垣组阁。那天下午,三长官开会,提出了三名将官的名字,但这些将官都拒绝担任陆军大臣。因此,三长官确定其他有资格的将官也不会接受这个职位，于是由寺内把这意思通知宇垣。这些情况都由陆军次官梅津中将通知了退伍军人会，他解释说，因为宇垣大将没有得到陆军的信任，他认为没有人能够作为宇垣内阁的陆军大臣去承担控制陆军的重任。

两天之后，宇垣依然没有放弃希望。1937年1月27日，梅津发表谈话，批评组阁的僵局，并希望宇垣应平和地婉拒敕命。宇垣别无选择，只能这样做；于是天皇又敕命林大将组阁。1937年2月1日，广田内阁辞职，翌日，林就任总理大臣。

政友会1937年1月20日对于军人在日本政府各方面日益增强的控制提出抗议，这几乎是日本政党为阻止这种有害趋势所做的最后一次严肃的尝试，但毫无用处。这反而给了军部一个机会证明这个事实，即没有他们的合作意愿，现内阁既不能继续存在，新内阁也无法组建。这件事还证明，军部现在已感到自己足够强大，可以拒绝与日本政府合作，除非内阁符合它们的意愿。

林内阁和第一次近卫内阁的组建

赢得这次角力胜利之后，陆军开始稳步地推进其产业计划。林担任总理大臣的四个月乏善可陈，唯一引人注意的事情是陆军在1936年制订的计划开始逐步获得成果。广田本人辞职了，但在宇垣危机期间支持陆军立场的梅津中将却留任陆军次官。广田内阁中在议会负责大藏省所辖事务的贺屋，现在担任了大藏次官。岛田海军中将依然担任军令部次长。

自由主义派系的一部分残余分子无疑还占据着重要职位，因为1937年3月17日桥本又开始抨击政治家。他说，在帝国议会中，还有主张维持现状并忙于指责军部干涉政治的自由主义分子。他将此定性为在国民中散布反军思想和妨碍军部政治革新运动的巧妙策略。他说，从国防的观点看，干预政治是军部的义务。

总理大臣林早在1935年7月便已失去在陆军中的人望，那时他已经觉得有必要辞去陆军大臣一职。在导致他组阁的那场危机之后四个月，他就交出了职权并由近卫公爵继任总理大臣。但当时陆军计划的进展看不到停止或改变。梅津和岛田依然留任原职。广田再次就任外务大臣,这是他任总理大臣前在斋藤内阁和冈田内阁中曾经担任的职务。贺屋成为大藏大臣,因此他在经济产业计划和金融管控的繁重领域已达到最高的地位。平沼男爵在林内阁和近卫内阁期间继续担任枢密院议长。

林内阁期间新的华北经济政策

林内阁上台三周后,即 1937 年 2 月 20 日,就批准了新的华北基本政策,这是对 1936 年 8 月 11 日五大臣会议决定的重申和补充。新的基本政策宣告,日本对华北实施行政管理的主要目标是将华北建成反苏的缓冲地带,并把华北作为物资来源,尤其是军火产业所需物资的供应地。

1937 年 4 月 16 日在林内阁的任内重申了日本的华北政策。这个仅仅对原计划加以强调的新计划宣称,要鼓励中日双方私人投资来实现经济上的渗透。要以此确保对诸如铁和煤这样的关键矿物资源能够加以利用。要迅速完成通信交通设备、电力来源及其他工业设施的建设。但应密切关注不要引起其他国家不必要的疑虑。

广田内阁和林内阁时期陆军在满洲经济产业开发中的作用

1937 年 1 月,关东军制订了一个"满洲国"经济和产业开发五年计划。自满洲战争开始起,关东军逐步掌握了"满洲国"的公共事业和金融机关的统治权。从 1931 年到 1936 年的五年期间,勘探原料、设立工厂和改善通信交通系统的事业,与纯粹的军事步骤是齐头并进的。1935 年成立了日满经济共同委员会;同年 11 月,由于日元集团的确立,实现了两国货币的一体化。1936 年 6 月 10 日,签订了一个新条约,让日本国民在"满洲国"享有本地居民的所有权利。将为保护他们而通过特别的法律。他们享有不受当地司法管辖的豁免权,以及某些免税待遇。

日本移居者人数迅速增加,其中许多人是潜在的士兵,当时人数超过

39万人。为了向新来者提供优良土地,以象征性的买价剥夺了本地居民的土地。1936年12月创立了满洲兴业银行,以便根据日本内阁政策向有优先权的产业提供充裕资金。

日本陆军当局通过关东军对所有这些发展实施了管控。根据1936年6月10日条约的规定,所有对日本人有影响的法令都必须得到关东军司令官的批准,而且关东军司令官通过他的部下对"满洲国"的内政进行完全控制。

1936年3月23日至1937年3月1日,板垣中将担任关东军参谋长;由于担任这一职位,他同时又是经济共同委员会的委员。他公开发表的政策是在"满洲国"实现日本所需要的政治和经济条件,统筹两国的军事计划和各项准备,同时促进"满洲国"本身的繁荣。他以关东军司令官植田大将的名义,对"满洲国"的内政行使最高权力。

"满洲国"总务厅长这个位置也是由日本人担任的。这是决定内政政策的关键职位。所有官吏的任命都是通过他的指示做出的,当然须经参谋长板垣的批准。当时星野做了六个月的财政部次长以后,于1936年12月16日出任"国务院"总务厅长。他在日本被视为经济专家,他的任务是促进"满洲国"的经济发展。在履行这一职责的过程中,他与关东军司令官保持着经常的联系。

"满洲国"的五年计划

1936年和1937年陆军计划的直接目的是巩固和发展满洲事变的成果。这个五年计划旨在以一个具体的互相协调的计划来代替盲目的发展。星野会同"满洲国"财政部和其他部门的代表参与了这个计划的制定。板垣也参加了这项工作,而最后决定权属于关东军司令官植田大将。1937年2月17日,"满洲国"政府发表公报宣布,随着这个新计划的实施,"满洲国"进入了划时代的建设工作时期。

由于"满洲国"的计划与陆军为日本本身准备的计划很相似,这两个计划也可以被认为是一个产业和经济发展的整体计划。

1937 年 5 月 29 日的重要产业五年计划

1937 年 5 月 29 日在林内阁任内，为达到 1936 年 8 月 11 日基本国策所规定的目标，采取了第一个重要步骤。那一天陆军颁布了一份以《重要产业五年计划纲要》为题的文件。这个计划的内容是要到 1941 年有计划、有步骤地普遍促进重要产业，届时使日本、"满洲国"和华北构成一个重要资源自给自足的统一体。这样就可以确立日本在东亚的领导地位。

这个计划选定了十三种产业在这五年期间优先发展，它们是兵器、飞机、汽车、工程机械、铁、钢、液体燃料、煤、通用机械、铝、镁、电力和铁路车辆。选定这些产业是基于它们在战时的重要性。在这个总计划的框架内，陆军要制订关于飞机和兵器的分计划。对于现存的资本主义生产组织不必做重大改变，但是需要通过管控金融与物价、管制次要产业所使用的劳力和管控外汇使用来确保这个计划的进行。在五年计划期满时应对计划实施情况加以检讨。

开发亚洲大陆资源的决定

重要产业五年计划特别指出，被选定为拓展对象的产业地处日本本土和"满洲国"，为产业拓展之目的这两国被视为一体。而且，日本应"巧妙地"（原词翻译如此）在华北占据主动，并致力于开发其自然资源。

"满洲国"五年计划已经表明当地资源应该如何利用。制造兵器、飞机、汽车和铁路车辆的军需产业应坚定不移地建立；包括铁、煤、液体燃料和电力在内的基础产业应得到发展；应努力提高军事储备所需的农作物产量；应向铁路和港口提供产业发展计划所需的设施。

总计划的目的就是为了开发战时可能需要的那些满洲资源，奠定"满洲国"产业发展的坚固基础，使这种发展既可向日本供给它所缺乏的物资，又能使"满洲国"实现自给自足。

关于战争支助产业和战争物资生产的详细计划

1937 年 6 月 4 日,近卫接替林担任总理大臣时,陆军的计划没有中断。

1937 年 6 月 10 日,陆军制定了一个关于实施重要产业五年计划的试行草案。此方案忠实地遵循了到 1941 年确保重要资源自给自足的目标。在选定的十三种产业中,每一种都分别予以考虑,但有些基本原则是这些单个计划的共同原则。要采取严格措施,将各种产业置于政府的管控和持续的监督之下。为有助于实施政府管控,要设立特殊法人并采用核准制度。要利用免税、补贴以及对运营亏损进行政府担保来确保生产。

三个星期之后,即 1937 年 6 月 23 日,陆军省制订了第三个计划,题目是《军需物资生产五年计划概要》。前两个计划一般涉及战争支助产业的发展问题,而第三个计划阐述了在这一大规模拓展计划中陆军本身的作用问题。这个计划的目的是对军事扩张及控制与战争潜能所需各产业实现自给自足这两者之间进行协调。某些产业,例如兵器产业,首先就进入了这个计划的范围。其他与陆军目前需要不太直接相关的产业,例如电力供应之类,则更适合归属于主要产业计划。此外,例如汽车、飞机和机械工业之类,被均衡地纳入每一计划的范围。但是制订计划的各个阶段都不可分离地联系在一起。

1936 年决定与 1937 年计划之间的关系

在陆军于 1937 年 5 月和 6 月间制订的这三个计划中,已将 1936 年 8 月 11 日五大臣会议决定的基本国策各原则具体化了。两者的基本目标都是在亚洲大陆取得稳固的地位和用武力统治东亚。

1937 年 5 月 29 日颁布的以实现经济上自给自足为目标的重要产业计划,其宗旨是"确保领导东亚实力的飞跃发展"。陆军于 1937 年 6 月 10 日发表的更详细计划具有同样的目标。到 1941 年必须实现自给自足,以便为日本国运"划时代的发展做好准备",而日本的国运是"排除万难都要达成的"。涉及战争物资的第三个计划又重申和详述了这些目标。到1941年,不仅"军需产业将实现迅速的划时代扩充",而且日本的经济运行"将通过由军事管理机构统一处理各种事务,得到合理发展"。对于从平时体制迅速转换为战时体制,须特别予以注意。

在拟定和发表这些陆军省的计划时,梅津中将是陆军次官。梅津任此职是在1936年3月23日,即广田接任总理大臣两周之后,也是那一年重要的五大臣会议的三个月之前。在陆军拒绝支持宇垣成为广田继任人的事件中,梅津发挥了重要作用。直到1938年5月30日为止,他在林内阁和近卫内阁都留任陆军次官。

表明陆军攻苏意图的计划

1937年的陆军计划不完全是,或主要并不是以征服中国为目标。辩方证人冈田说,这些计划是为了与苏联的五年计划竞争而制订的,也就是为了确保日本的国力比苏联更强。他说,日本的立场是,它必须采取措施来应对苏联国力和武力的飞速发展。

但是据冈田说,计划的制订在本质上并不是防御性的。无论是关于主要产业的计划,还是关于战争物资生产的计划,都以提高"国防力量"为目标,而这必须与日本军备的完善相辅相成。自1933年6月陆军大臣荒木给"国防"二字下定义的时候起,"国防"就意味着用武力向亚洲大陆扩张;在1937年的各计划中,也毫不含糊地表明陆军的意图就是为了达到上述结果。

毫无疑问,陆军将苏联视为日本亚洲政策不可避免的敌人。1932年7月,日本驻莫斯科陆军武官表达了这个意思;1933年4月,参谋本部的铃木中佐也说了同样的话。关东军一直在为这类战争做准备,并且在边境交火中测试了对苏作战的力量。"反共"是日本入侵华北和内蒙古的口号。五大臣在1936年8月11日的基本国策纲要中决定,军事扩张措施必须达到足以对抗苏联在东部边境地区所能动员的全部兵力的程度。1936年10月[1]的《反共产国际协定》为这类冲突铺平了道路。

有新的证据表明，1937年6月9日，在上述三个陆军计划的最后一个制订之前，陆军企图对苏联发动战争。在1937年3月1日继板垣任关东军参谋长的东条中将认为，这一目标应该推迟，并对参谋本部提出如上建议。综合考虑了当时的中国形势和对苏作战准备情况之后，东条确信，如果日本军力容许，应首先攻击中国国民政府的军队，因为中国军队在日本人看来对关东军后方构成了威胁。一个月之后，当卢沟桥事变爆发时，陆军显然是认为它的军力已足够强大，可以采取这样一个行动了。

陆军计划也以西方各国为目标

然而，陆军的1937年计划不仅仅以苏联为目标；日本早就认识到当它征服东亚时，会招致西方各国的敌视。日本的利益也不仅限于亚洲大陆。在1924年和1925年，大川就主张占领东印度群岛，并预言东方和西方之间会有一场战争，在这场战争中日本将以东方斗士的姿态出现。1929年7月，他期望通过驱逐白种人而解放亚洲各民族。大川赞赏1933年3月日本退出国联的决定，他说这是从盎格鲁-撒克逊的霸权中获得了解放。1933年6月，荒木对日本国民说，全世界在国联领导下都反对日本国民去实现他们的国运。他谈到了即将到来的关键时期，从此以后，这就成为评论家和计划制订者谈论的主题。

到了1933年9月，日本舆论对于通过国际协定以任何形式限制军备都激烈反对。同年12月，斋藤内阁决定，不能容许日本在《九国公约》中承担的义务阻碍日本实现它的亚洲大陆目标。在1934年和1935年，外务大臣广田制造了这样的先例，一面逐步侵害西方各国在"满洲国"的既得权益，一面用种种使人安心的言辞来缓和西方各国的愤懑。

1　原文为 October 1936(1936年10月)，月份有误，实为1936年11月。——译者注

1936 年 8 月 11 日五大臣会议通过的方针正是这样。日本应排除西方列强在亚洲大陆的霸道统治；日本应采取渐进而平和的手段在南洋发展，同时努力保持与列强的友善关系。

然而，温和回答的政策充其量只能延缓与西方列强的公开决裂。五大臣会议决定了海军军备必须加强到足以对付美国而保持西太平洋制海权的程度。在同一时期，桥本公开主张向南扩张，尤其是向荷属东印度扩张。他认为英国海军是这个计划的主要障碍，要求进一步重整军备，其核心是建立一支无敌的空军。

这一目标在 1937 年 6 月 23 日的军需物资计划中为陆军所接受。这项计划决定大量增加陆军和海军的飞机数量，并将 1942 年预定为达到所需战时生产能力的第一年。

一周以后，即 1937 年 7 月 1 日，桥本发表了另一篇文章，他在文章中警告日本国民，列强都在拼命扩充空军。他再度力陈无敌空军之需要，不仅可以用于对抗苏联，而且将会成为日本军备的支柱。

1937 年 5 月和 6 月的陆军计划与 1936 年的国策决定很相似，这个计划的主旨是必须克服所有困难达到海外扩张的目标。虽然不打算在时机尚未成熟时刺激西方列强引起战争，但也明确承认这些国家构成了上述困难。万一这些困难只能诉诸战争来解决，陆军在其五年计划中及时为这一天的到来做预先准备。

在此期间，海军既不受条约的限制，也没有参与陆军大陆计划的负担，因而正全力以赴地为在太平洋作战做准备。

1937 年海军的准备及在委任统治岛屿的准备

1937 年，日本的海军力量和造舰数字等各方面都急剧增加。当时有三艘重型巡洋舰和一艘航空母舰开始服役，这是 1932 年后的第一批新巡洋舰和 1933 年后的第一艘新航空母舰。这一年，海军兵力增加了 25％以上。同时开始建造空前巨大并具有空前火力的新型主力舰。数年以来变动较少的重型巡洋舰总排水量增加了 25 000 吨。除了驱逐舰的威力也大为加强外,其他增加最显著的正是伦敦海军会议中被日本代表称为特强攻击性武器的那些舰型。

在这整个时期,岛田海军中将是海军军令部次长。他就任此职是在伦敦海军会议召开前数日,即 1935 年 12 月 2 日冈田内阁期间。此后到 1937 年 11 月 30 日为止,在广田、林、近卫三届内阁中,在三个海军大臣之下,他一直都担任此职。这个时期,日本退出了裁减海军军备的国际协定,计划建设一支足以匹敌美国太平洋舰队的海军,并开始实施一个快速的大规模造舰计划。

在这一时期,日本把它的南洋委任统治岛屿交由海军管辖,它秘密违反条约义务,开始将这些岛屿要塞化并设置为海军基地。在马里亚纳群岛的塞班岛上,海军航空基地的建设至迟在 1935 年就开始了。1937 年运入并装备了 10 英寸口径大炮,在海军的指导下,开始建筑地下燃料库设施。在 1937 年或更早以前,这些工事已经扩展到加罗林群岛,因为那年已在帕劳群岛的柏利留岛建筑飞机跑道,在 1 000 英里以东的特鲁克环礁诸岛上,正在构筑军事设施。

拒绝同意对海军舰炮口径的国际限制

1936 年 1 月 15 日日本退出伦敦海军会议后,西方各国仍抱有希望能减轻因海军重整军备竞争所引起的弊害。

1936 年 3 月 25 日,美国、大不列颠、法国和意大利缔结了一个新条约,此条约以经过修改的形式更新或保留了即将期满的两个条约中的某些规定。根据此新条约的规定,主力舰舰炮口径的限制由 16 英寸减少为 14 英寸,前提条件是须在 1937 年 4 月 1 日之前,与非缔约国就这一点达成一个一般性协议。虽然日本有能力使这项规定生效,但英国要求日本这样做的请求遭到了林内阁外务大臣的断然拒绝。

1937 年 6 月 4 日,在第一次近卫内阁成立当天,美国表达了实施这项限制的恳切愿望,并直接请求日本做出必要的承诺,还说明了当时在建的美国主力舰是安装 14 英寸还是 16 英寸舰炮将取决于日本的答复。两周之后,即 1937 年 6 月 18 日,外务大臣广田向格鲁大使传达了日本的拒绝,并重申日本坚持其代表团在伦敦所表明的意见。

这样一来,在日本陆军制订大规模军事准备计划的数月中,关于日本稳步推进主要以西方为目标的战备意图又有了新的证明。

佐藤谈 1937 年陆军计划的目的

迄今为止考虑过的证据很清楚地证明了 1937 年日本战争准备和日本陆军计划的目的。报纸上的一篇详尽报道提供了引人注目的进一步佐证,这就是时任陆军省军务局课长的佐藤少将在 1942 年 3 月 11 日陆军纪念日所做的公开演讲。虽然辩方说,这只是一种战时宣传,但对报道的准确性并无异议。

佐藤说:"1936 年陆军制订了国防计划,这是因为陆军强烈地感觉到,为了巩固和发展满洲事变的成果,必须扩充军备和提高生产力。因为欧洲列强扩充军备与重整军备将于 1941 年或 1942 年完成,所以我们预料那时国际危机将会到来。因此,考虑到有必要采取任何可能的手段在 1942 年以前扩充军备和提高生产力,我们决定以 1937 年至 1942 年的六年军备计划和 1937 年至 1941 年的五年生产力扩充计划来实施大规模扩充。"

以下还会提及这个演讲,因为佐藤在演讲中回顾了陆军如何始终不渝地坚持其终极目的,以及陆军的努力获得了多大的成功。但是,我们首先必须考虑一下在经济与产业扩张的预定时期为调整和指导日本政府政策和计划而制定的新机制。

1937 年计划对日本工业化进程的影响

陆军在其 1937 年的五年计划中,将所有事情全都从属于获得"国防力量"的目标。战争支助产业要获得迅速的扩充;在计划和指导这种扩充时,最大注意力要集中到如何使和平体制顺利地转变为战时体制。而这些目标反过来又要求将产业管控统一于军部的监督之下;但陆军也认识到,如果没有产业界人士的合作,这种体制不可能产生任何效果。

因此,在1937年6月23日的军需物资计划中,陆军的目标是将建立向政府和陆军管控负责的新产业结构与维持对企业家及其雇员双方均有利的条件这两方面结合起来。不延长劳动时间。用新机械和新技术取代落后的生产方法。对企业家在资本或运营上遭受亏损的风险,予以适当的注意。由于采取了这类预防策略,只要加强管控,就能实现军部的目标,即扩充战争支助产业和迅速将平时体制转换为战时体制。

为加强产业管控所计划的具体措施,都是为了组成更大的产业单位。产业合并和企业联合将得到指导,并将逐步设立一个对其实行一般性管控的专门机关。将相互依存的生产者群体联合起来组成有机的生产集团。从军事的角度将小生产者组织成为联盟,使其全部的生产能力能用于满足战时目的。

1937年的计划并没有构成产业政策的全新起点,因为很早以前就迈出第一步了。早在1929年就设置了商工省产业合理化特别委员会;第二年又设立了一个局,专门采取规范步骤简化生产过程和杜绝浪费现象。1931年所通过的《重要产业统制法》就是走向计划与管控经济的第一步。它的效果是增强了大型制造企业的力量,迫使中小经营者为自保不得不联合起来。对于中小经营者结成行业协会或联盟的倾向曾在1931年和1932年通过立法予以鼓励。

1936年采取了更彻底的措施。对《重要产业统制法》进行修订迫使资本密集型产业组成了同业联盟(卡特尔)。通过使生产者和制造者间所订协议合法化,鼓励形成垄断组织。与此同时,通过对行业协会增加融资工具,小生产者之间也开始了类似的发展。

尽管如此,1937年计划仍是一个里程碑。这是第一个综合性和长期性计划，也是第一个把目标与陆军需求直接联系并从属于陆军需求的计划。

内阁企划厅

内阁企划厅成立于 1937 年 5 月 14 日，那是在陆军五年计划出台之前不久，当时林担任总理大臣。企划厅取代了过去审议国策事项的内阁调查局。新成立的企划厅与其前身一样，是内阁的一个下属机构，它的首要任务是促进有关国策事项的决定。企划厅有包含技术专家在内的 150 名职员，内阁的高级官员被任命为该厅的顾问。设立企划厅的敕令规定，企划厅应在总理大臣的指导下，对重要国策及其实施提出意见和相关建议。它的日常职能是向总理大臣进言，以便调整内阁各省之间的关系，避免发生冲突。

敕令列举的企划厅其他职责，表明了其在经济和产业扩张时期应该发挥的主要作用。企划厅应审查内阁成员向内阁建议的各种政策，并就这些建议提出适当的咨询意见。对于政府各部门提交的计划，企划厅应从全局和协同的角度来评价它们的相对重要性。企划厅不公布关于这类事项的决定，而是以建议的形式呈交给总理大臣。企划厅也应提出与预算案有关的意见。

被告星野对企划厅的运作方式做了说明（星野后来在 1940 年 7 月成为企划院总裁）。企划厅与其他政府部门合作，在各部门提交的下年度各种要求的概算基础上制订计划。企划厅的主要任务是规划日本本土的经济，但这必然要了解在日本统治下亚洲大陆各地，尤其是"满洲国"的产业发展情况。因此，在与负责"满洲国"的日本官员协商后，企划厅的概算方案包含了"满洲国"的计划。企划厅的首要任务是尽可能使内阁每个省都得到它想要的东西。

1937 年 6 月 10 日，在第一次近卫内阁就任几天之后，外务大臣广田兼任了企划厅总裁一职。

我们现在休庭 15 分钟。

（14:45 休庭，15:00 重新开庭如下。）

法庭执行官： 远东国际军事法庭现在继续开庭。

庭长：

对华战争对五年计划的影响

在林内阁执政期间，早在陆军五年计划制订工作完成之前，就已经采取了重要步骤把产业扩张的新政策付诸实施。1937 年 3 月，开始了增加国内精炼钢生产的五年计划。

1937 年 4 月，日本的第四期船舶"报废和建造"升级计划开始实施。自 1932 年以来，靠着补贴制度，日本建造了约 48 艘快速货船，使日本船龄在五年以内的船舶吨位在世界上的比例是最高的。新方案规定，对于吨位和速度达到指定最低规格的客船和客货船的建造给予补贴。而补贴的比例有时候竟达到建造成本的一半。

1937 年 5 月 1 日，陆军对"满洲国"的各项计划获得了法律依据。同日，"满洲国"制定了一项法律，对于任何其产品被视为在备战上至关重要的产业，国家均有权加以完全管制。

但有关日本本身的计划还没有发展到这种程度。1937 年 7 月 7 日，卢沟桥事变爆发，这暂时延缓了关于五年计划的探讨。之后数月间，对华战争的种种当务之急占据了日本政府的全部注意力。

勾勒出重要产业安排的陆军第一个计划，此前已经提请第一次近卫内阁批准。1937 年 7 月 13 日，即战斗打响六天之后，企划厅总裁广田收到了陆军为实施此计划所拟详细安排的简短摘要。关于军需品、飞机及其他战争物资生产的第三个计划，是在战争开始前两周才制订出来的。

第三个计划因不能充分满足陆军的需要，被暂时放弃；重要产业计划则做了修改以确保生产出尽可能大的军需品供应量。在国家紧急状态的刺激下，从 1937 年 7 月至 1938 年 12 月之间，产业扩张逐项得到发展，其发展程度高于预定计划。

然而，企划厅虽然在这一时期被要求急事急办，却绝没有忘记为战争制订大规模计划的初衷。1938年初恢复了动员计划，但仅作为年度措施限于当年施行。1938年2月通过了《国家总动员法》，这使得日本政府有可能在尚未把议案提请议会通过的情况下就在备战方面采取重大步骤。1938年6月，在政府圈子里有人对日本的财政困难是否会影响五年计划的成功表示了忧虑。

1939年1月，企划院颁布了一个新的综合计划，它基于过去18个月中所得的战争经验，为未来数年设定了新的目标。这个计划得到了平沼内阁的批准，其基本内容就是陆军省在其1937年计划中提出的最初方案。

卢沟桥事变是陆军煽动的

陆军一直密谋将华北归于日本统治，卢沟桥事变正是这一阴谋的高潮。早在1935年5月，木户便注意到关东军内部一部分人的决心，即必须由军部主导解决华北问题，就像他们在"满洲国"所做的那样。同年12月，关东军将一份宣传计划送交陆军省，这是他们准备在进入关内时采用的。翌月，冈田内阁的外务大臣广田制定了外交配合军队在华北实施陆军计划的方针。这一阶段爆发的对华战争，和导致占领满洲的奉天事变一样，是在陆军的倡导下计划、煽动和实行的。

在战争爆发前不到一个月的时候，东条中将向陆军参谋本部直截了当地提出了战争还是和平的问题。作为关东军参谋长，他相信进攻中国政府军队的时机十分有利，而且这项军事行动应该发生在对苏开战之前。至于日本的兵力是否容许采取这个步骤，则是应由参谋本部决定的更大的战略问题。

这是一项重大决定，因为陆军省当时还在制订长期经济和军事计划中，完全没有考虑到立即卷入对华冲突问题。这一复杂情势的全部因素,已担任陆军次官 15 个月的梅津中将一定是知道的。从允许将最初的战斗扩大为全面进攻的做法看,参谋本部做出了支持对华作战的选择。

1937 年 7 月 7 日晚,卢沟桥的日本驻屯军举行了一次异乎寻常的演习,并称有一名日兵失踪,要求进宛平城搜寻。当日方的抗议还在谈判中的时候,战斗已经打响。1937 年 7 月 8 日下午,日方发出最后通牒,要求该城投降。在随后的战斗中,日军有大量伤亡。1937 年 7 月 10 日,根据日本司令官的提议,同意停战。

当时此事件可以被视为已经结束,但日方的意向并非如此。在第一次冲突发生后 24 小时内,关东军的大部队开始向冲突地点聚集。增援部队到达华北后,关东军提出了中国军队撤退的新要求。1937 年 7 月 13 日,参谋本部决定,如果中国军队被派往华北,将采取断然措施以应付这种事态。因为中国拒绝日方的新要求,翌日在卢沟桥又重新开始了战斗。

第一次近卫内阁采纳了陆军的对华战争方针

虽然进攻的时间和地点是陆军选择的,但对华战争是日本国策的必然结果。1936 年 2 月,当林担任内阁总理大臣时,就已经决定把华北建成为一个反苏的缓冲地区,并将华北纳入日满经济集团。所以,在卢沟桥事变爆发后几个月时间里,政府和陆军通力合作,用 1936 年 8 月 11 日五大臣会议认可的话来说,目的是"在亚洲大陆获取稳固的地位",以及"成为东亚的安定势力"。

当接获第一次战报的时候,内阁决定寻求就地解决此事的办法,但并未取消向该地区继续增兵的命令。两天以后,1936 年 7 月 11 日[1],阁员中包括广田和贺屋的内阁,对发生的事态再度进行研讨。之后内阁发表正式声明,意思是虽然日本政府渴望维持华北的和平与秩序,但仍准备采

---

[1] 原文为 11 July 1936(1936 年 7 月 11 日),年份有误,实为 1937 年 7 月 11 日。——译者注

取一切必要措施向该地区派遣军队。日本本土的动员延迟，但准许关东军继续推进。同时还采取了向华北派遣新外交官和领事官员的步骤，这些人再次都归外务大臣广田管辖。战事再起后，中国重新提议就争端进行谈判，美国表示愿意出面斡旋，但都遭到了忽视。虽然直接交涉仍在继续，但 1937 年 7 月 17 日之后，日本国内为陆军动员所做的各项准备工作从未间断，并且得到政府的明确认可。

1937 年 7 月 26 日，一份新的日本最后通牒导致了北平的战事。第二天，总理大臣近卫在议会发表了其政府建立亚洲"新秩序"的决心。他像占领满洲前政府发言人一样申明，日本并不觊觎中国的领土。他用"大东亚共荣圈"倡导者的语言说，日本只要求合作和互助，只要求中国对远东的文化和繁荣有所贡献。更重要的是，他补充说，他认为与中国仅仅解决局部存在的问题是不够的。他断言，日本必须更进一步，从根本上解决中日关系问题。

事情很清楚了，内阁已经得出了和参谋本部一样的结论。日本不可逆转地决定征服中国。

备战与征服中国之间的关系

特别值得注意的是，这一决定不仅将基本国策向前推进了一步，并且还补充了一个 1936 年决定中没有的要素。以广田为首的五大臣会议决定，日本应不惜一切代价向亚洲大陆扩张。他们认识到，这一扩张过程必然会与西方各国为敌，而对苏战争也几乎是不可避免的。他们认识到，只有通过若干年全国性的战争动员，才能使日本有能力应对其扩张计划所引起的后果。但是他们尚未决定，在这个战备进程的哪一个阶段最适合对中国领土进行新的大规模进攻。

东条以为征服中国只不过是即将到来的同苏联较量所附带的一件小事而已；但是后来发生的事件表明，日本内阁也低估了中国的抵抗力量。1937 年 9 月，外务大臣广田仍在说要给中国政府军队迅速的惩罚性打击之类的话。此外,整个华北地区都被纳入了战争支助经济和产业发展计划之中,因此,华北对国家动员本身的成功是不可或缺的。

近卫内阁所做决定的核心是,过早加剧国际敌对行为的危险,其分量没有超过以上列举的利益。在华战事爆发的背景情况表明,日本把征服中国看作一个更大斗争准备计划中的附带工作。

在华战争与"皇道"及"八纮一宇"原则的关系

在后来几年时间里,这是日本著名政论家所持的观点,他们把日本在亚洲大陆取得的进展与早先谋划的"新秩序"联系起来,与"皇道"和"八纮一宇"的原则联系起来。

白鸟在1940年12月出版的一本书中写道,"八纮一宇"这个成语已被采纳为代表这场运动的国家口号,其终极目标是在东亚建立一个"新秩序"。在满洲和中国的冲突代表着"皇道"精神与民主观点相抗衡。他补充道,可以认为德国和西方列强之间的战争在本质上源于同样的冲突。

松冈洋右1941年在外务大臣任上,对日本的发展表达了相似的观点。他和近卫及其他政客一样,否认日本渴望获取新的领土或剥削其他国家。他说满洲事变弘扬了日本的民族精神,在某种程度上,它是由美国和欧洲列强对日本和平发展的打压而引起的。

他告诉听众,日本外交必须在向全世界传播"八纮一宇"伟大精神上发挥重要作用。在执行国家政策上,日本需要记住她是神的国家,必须秉承神的旨意向前进。这是发动"中国事变"的理由,而不是因为物质上的匮乏。

桥本和白鸟一样,在1940年12月也出版了一本新书,他的言辞更为直白。他说"中国事变"可以说是为了建立"世界新秩序"的首战,该秩序的建立容不得对英国和美国做任何妥协。他将对华战争描述为"国体的宏大展示"。

他在1940年12月重申了自己1936年8月说过的观点,即全国的总力都应统一于"皇道"精神,"皇道"精神将使统治世界的目标即"八纮一宇"得以实现。他说,欧洲战争的危机将转化为一个千载难逢的机会,使日本能够引领世界进入"世界新秩序"。

卢沟桥事变后广田的外交政策

1937 年下半年,在华战争的规模和激烈程度不断提升。日本发表了若干外交政策声明,这些声明都是根据关东军的计划发表的,即在中国军事推进的同时,展开一个宣传攻势,以使全世界相信日本的行动具有合法性。

1937 年 9 月 1 日,外务次官堀内发表了一次广播讲话,他在讲话中强调,日本并不希望获得中国的领土,日本只希望实现能使两国间真正合作的条件。

四天以后,即 1937 年 9 月 5 日,外务大臣广田在议会谈外交政策时,又阐述了同样的意思。他说日本政府的基本政策是为了巩固日本、中国和"满洲国"之间的关系,以实现三国的共存共荣。因为中国无视日本的真实动机而动员大军,所以日本不得不采用武力来对抗。为了自卫和正义事业,日本决心对中国予以决定性的打击,使中国反省其错误,并使中国军队丧失斗志。

但是,一个月后,即 1937 年 10 月 6 日,国际联盟决议指出,日本对华军事行动与引发此次冲突的事件完全不成比例;现行的条约权利和行使自卫权的理由都不能使其具有正当性。

在这期间,广田继续遵循国策决定中申明的原则,它规定,日本一面试图与西方各国维持友善关系,同时又绝不容许任何事物阻碍其在亚洲大陆的扩张计划。1937 年 7 月 29 日,即在近卫阐明其内阁的对华政策两天之后,广田对预算委员会说,他认为不会有第三国来干涉日本与中国之间的争端。他让委员会放心,万一有第三国提出这类建议,日本政府将毫不犹豫地加以拒绝。

1937 年 8 月 10 日，格鲁大使向广田传达了美国新的斡旋建议，这时广田才对赫尔国务卿 1937 年 7 月 16 日的最初声明加以答复。他在 1937 年 8 月 13 日给赫尔的回复中说，虽然日本内阁对于赫尔阐述的维持世界和平的原则表示赞同，但日本内阁认为，只有对远东地区的特殊情形予以考虑后，那些原则的目标才可能在这一地区实现。

1937 年 9 月 25 日，广田用同样的措辞回复了国联咨询委员会邀请他参与工作的信函，当时国联正在调查中国的局势。广田说，日本内阁相信，对中日两国所面临的棘手问题，只有中日两国自己才能找到公正和切实的解决办法。

1937 年 10 月 6 日国联大会决议表明了日本在华行动所引起的国际愤懑的程度。大会接着决定：国联成员国不会采取任何可能削弱中国地位的行动，并且各成员国应考虑实行哪些步骤来对中国施以积极援助。

大会还同意根据 1922 年《九国公约》的规定，应召开该条约缔约国会议讨论在中国所发生的严重局势。美国对于这些认定和决议表示总体同意。

布鲁塞尔会议以及日方备战方式对条约义务的违反

1937 年 10 月，阁员中包括广田、贺屋、木户的内阁，拒绝了关于参加在布鲁塞尔举行的九国会议的邀请。内阁在传达这个决定时，声称日本在中国的行动是防御性的，并对国联大会不友好的认定和决议表示了极大愤慨。内阁认为，只有当中国认识到和日本合作的必要性时才能解决两国之间的冲突；只有理解了这种必要性，其他国家才能有效地对远东的安定做出贡献。

无论日本怎样辩解它的在华行动，它既然拒绝对事态做坦率的讨论，就是不履行作为《九国公约》缔约国的义务。然而这和日本过去的声明是完全一致的，因为长期以来日本违反和否认条约义务的做法已构成其全面备战计划的组成部分。

1933 年日本退出国联正是由这样一个对它不利的认定促成的,那一次是关于满洲事变。当日本将退出的意向通知国联时,曾指责国联未能掌握远东局势的现实情况,从而损害了东亚的安定。日本发言人说,国联的大多数成员"把不能适用的信条看得比保证和平的实际任务更重要",日本再也不能与这种组织继续合作了。

同年,斋藤内阁的海军大臣被邀请说明日本对于限制海军军备条约的态度。他在说明中强调了日本对现有比例的不满,他说如果国际形势发生变化,"为什么某一国家要永久满足于其曾经签署的一个条约,这是毫无道理的。正是为了人类的福祉,我们签署了伦敦海军条约,但我们并不是无条件签署的。至于华盛顿条约,那是 12 年前签署的,我们认为,在过去 12 年里国际形势已经彻底改变了,华盛顿条约已经不再适合保障日本帝国的安全了"。

当 1934 年在伦敦举行海军裁军会议预备会谈的时候,冈田内阁发表了一个指导国内舆论的声明。声明说:"因满洲事变退出国联的日本经历了这个事实,即正义的主张在国际会议中不一定会被认可。"又说,纵然协定不能达成,日本也无所畏惧。翌年,即 1935 年,由于日方的"正义主张"未被认可,日本放弃了通过国际条约限制军备的体系。1937 年是这两个条约期满后的第一年,那时日本海军的战争准备计划就明确成形了。

1934 年 12 月,约翰·西蒙(John Simon)爵士向参加裁军预备会议的日本代表松平指出,英国作为《九国公约》缔约国,具有与中国有关的权利和义务;并询问日本今后对于中国的独立采取什么政策。这个问题没有得到令人满意的或明确的答复。不过 1936 年的国策决定和 1937 年的陆军五年计划阐明了日本的立场。日本要在亚洲大陆获取稳固的地位,并要"巧妙地"开发华北的资源。在华战争就是这个政策的结果。

卢沟桥事变后在"满洲国"的产业计划

1937 年下半年,日本国策和计划的许多方面都表现在与"满洲国"有关的措施中。为开发"满洲国"的资源和促进重工业建设采取了一系列步骤。这些措施总体上符合陆军的五年计划，包括顺应政府的管控要求，创建更大的企业单位。

这一政策进一步损害了西方各国根据《九国公约》规定享有的权利。虽然日本完全支配了"满洲国"的产业发展，但仍然在某种程度上尊重这是两个互相完全独立国家的谎言，因为凭借这种策略，日本可以拒绝为西方各国抗议的违反条约义务承担责任。

1937年8月3日，两个政府达成了协议，设立一家两国合办的股份公司。成立该公司的目的是提倡日本人移民"满洲国"并开发"满洲国"的土地。

1937年10月22日，即在外务大臣广田不再兼任企划厅总裁前三天，内阁开会研究新的"满洲国"产业措施。当时的阁员中有大藏大臣贺屋和文部大臣木户。内阁对以下两点取得共识：日本面临的形势特别需要迅速发展重工业；为了在"满洲国"获得这种结果，有必要制定新的产业管控措施。内阁决定，两个政府应协同促进一家新的国策公司，它将在"满洲国"建设和发展重工业。对于使用代用品做原料，应特别予以关注。"满洲国"政府将提供所需资本的一半，其余则由个人投资。这个新企业应该委托给最适合的日本国民来经营，新企业的产品在日本国内将不被当作外国货看待。

1937年7月1日，在"满洲国"历任财政部次长和国务院总务厅长的星野成为国务院总务长官。作为"满洲国"的总务长官，所有产业都在他的管控之下；而且，作为日满经济共同委员会"满洲国"方面的委员，他的一票使日本可以操纵一切决议。星野运用这些大权，安排了日本人管理所有产业，而将满洲人排除于企业之外。

1937年12月1日，根据上个月缔结的一个协定，日本放弃了在"满洲国"的治外法权。这项措施在1936年6月10日的日满条约中已经有所考虑，日本人主导的"满洲国"政府以这一措施为工具推行其主张，即在满洲的所有外国公司都必须置于"满洲国"政府管辖之下。美国立即就此行为向日本提出抗议,认为该行为侵犯了《九国公约》"门户开放"规定所赋予的权利。

卢沟桥事变后战争支助产业的发展

1937年10月25日企划厅进行改组,广田被免去了总裁职务,以便他能把全部精力用于处理外交事务。但是在那天之前自从在华战争刚一爆发,就已经采取种种措施促进日本本土各种战争支助产业的发展,使日本经济从属于战时的需要。虽然在华战争无疑激发了这些措施的施行并决定了其相对的优先程度,但是这些措施具有陆军计划的长期性质。

保证原油和石油的供给是所有需要中的重中之重,因为日本本身只能供给一般民用需要量的十分之一。通过稳步增加石油和石油制品的储备量,已经为诸如对华短期战争那样的突发事件做好了充分安排;但陆军在1937年计划中已经决定,在政府补贴下发展合成燃料工业以求自给自足。要设立新的国策公司,以促进合成汽油的生产。

1937年8月,即在华战事再起后的第二个月,通过了实施这些长期计划的法律。决定用煤做原料来增进合成汽油的生产。为了发展这些产业并对其提供资金,在政府的指导和管控下,一些新的国策公司应运而生;关于许可证、免税和政府补贴制度也颁发了新规定。

日本国内铁的供给量也很贫弱,因此钢铁业比较落后。从1933年起该产业就置于政府的管控之下,在1937年之前的十年中,国内生产增加到三倍。但是,在1937年3月林内阁任内,制订了以增加产量为目标的新计划。1937年8月12日,通过了一部实行陆军钢铁产业计划的新法律,企图在五年内将国内产量翻一番。为了鼓励生产钢铁和其他战略物资,政府支付了巨额补贴;对于那些制造日益扩大的造船业所需零部件的企业家,更给予了特别的鼓励。

在1937年6月10日的详细计划中,陆军也明确要求政府全力以赴使所有铁道、港口、道路的设备更臻完备。1937 年 10 月 1 日，内阁通过了关于创立一家资本雄厚的新国策公司的法律，这家公司将发展和管控日本国内的全部运输设施。

但是，即使在对华战争的这个阶段，长期的产业准备也并不局限于采取那些影响对战争最为重要的特定产业和设施的措施。在日本国内和在"满洲国"一样，实行了陆军的计划，将重工业组成更大的单位以便更易于进行政府管控。1937 年 8 月通过的《重要产业统制法》鼓励各产业集团组成新的同业联盟即卡特尔，并给这种卡特尔很大的自治权。

管控经济的确立

陆军在其 1937 年 6 月 10 日的详细计划中已经对这些事情做了计划，并且预见到这些举措必须与计划和监管经济相结合才能实现，后者要求采取影响更深远的贸易和金融管控。该计划详细列明了为达到这一目的必须采取的各种措施，并且归结成下面几句话："本计划的成败，毫无疑问完全取决于帝国政府坚定不移的国策指导。从增强国力的立场出发，政府应千方百计地支持各种产业，特别重要的是政府应采取财政援助措施。"战争支助产业需要政府补助的估算总额，从 1937 年的余下数月中的 5 700 万日元增至 1941 年的 3.38 亿日元。于是，经济和产业上的战争准备成功与否的很大一部分责任就落到了大藏大臣贺屋的肩上。

1937 年 8 月是制定产业法规最多的一个月，这个月里通过了特别管理办法以刺激黄金生产，因为黄金是获得外汇的一种手段；政府还取得了管控国内全部黄金储备处置的权力。

在同一个月中，采取了进口许可制的最初措施；在下个月里，通过了更全面的管理办法以调节贸易差额。1937 年 9 月通过的这项法律，虽然是一个临时性的权宜之计，但从未被废止，政府依据这一法律对进口品及其选择、分配和利用拥有完全的管控。企划厅通过政府控制的各产业进出口协会来行使这些权力，每种重要产业都有一个进出口协会。

这类限制性的立法并非全新的东西,因为日本的出口额一向就不够偿付其进口,而日本的经济生活以及作为一个工业国的地位都依存于这些进口。由于日本工业化进程的上升趋势,并由于满洲事变后外国事实上已停止对日信用贷款,致使日本采取了一系列贸易与金融管控措施。关于外汇管制的多项法律是在1932年和1933年通过的。1933年3月通过的《外汇管制法》赋予了内阁管制和引导所有外汇交易的权力。

然而,这些权力直到1937年1月才完全行使,从那时起,凡每月超过3万日元的外汇交易,都必须得到政府的许可。到了1937年12月,因为情况极端恶化,免除许可的金额降低为每月100日元。

根据1937年9月10日的《临时资金调整法》,日本金融的全部管辖权都集中在日本银行,并受限于大藏大臣贺屋的最高酌处权。

卢沟桥事变后陆军的对苏准备

1937年实施的严格金融管制,虽然在一定程度上是由于当年为鼓励战争支助产业的发展支出巨额补贴所导致,但这些补贴与陆军和海军预算对国库的要求比较起来却为数有限。通常两省的预算是由一般账户和特别账户构成的,但1937年设立了第三个账户以满足在华战争的直接开支。虽然这种"战争开支账户"最初是为了应付在华紧急事态而采取的临时措施,但之后一直没有取消。仅陆军的总开支就从1936年的5亿多日元增至1937年的近27.5亿日元。

这样庞大的经费,使日本有可能大幅度提高军事力量。国联顾问委员会在1937年10月6日的报告中指出,日本不仅没有停止增强其军事行动,而且正在使用越来越强的兵力和杀伤力越来越大的武器。陆军的常备兵力由1937年1月1日的45万人增至1938年1月1日的95万人。

陆军参照东条中将的意见在华北发动了战事,但它仍然把这些战事视为即将来临的对苏战争的序幕。当在华激战之时,关东军参谋长东条制订了准备进攻苏联的其他计划,并在1937年12月把这些计划送交陆军次官梅津中将。翌月，东条向梅津建议颁发一个增强关东军兵力的条例，并获批准。1938 年 1 月 24 日，当时的关东军司令官植田大将向陆军大臣杉山进言说，华北应该为准备"紧迫的对苏战争"做出贡献。

对华战争使日本通过了陆军的全国动员方案

比 1937 年的单纯军事准备更重要的是，陆军在何等程度上实现了为战争而动员日本国民全部力量的更大方案。通过决定在华再启战端，陆军承担了新的任务，但它并未充分认识到这个任务的庞大体量。因此，这个任务阻碍了陆军顺利推进其为日本国民制订的长期计划。但是，另一方面，在战争的最初六个月中，陆军发现政府和国民欣然接受了陆军的主要方案，这在和平时期是很难实现的。

"满洲国"和日本本土都已经采取了确保建立一个有计划并严加管制的战争支助经济制度的基本措施，甚至不断扩充军备的海军也被带动起来，在陆军无所不包的目标中发挥积极作用。

1937 年 8 月，陆军进攻上海时，得到了由内阁下令派至战场的约 30 艘海军舰艇的支援。之后在同月中，海军宣布封锁中国海岸，以阻止补给物资落入中国军队之手。

1937 年 12 月，为了将中国领土纳入"共荣圈"，日本采取了一项新措施。这个月日本在北平成立了一个新的临时"中国政府"，该临时政府的目标之一就是开发其统治地区的产业。一个以支持新政权为目的的宣传机构在日军统治下的华北成立了。关东军期望这个占领区对关东军的对苏战争准备能有所贡献。

佐藤关于卢沟桥事变后国家战争准备的演说

1942 年 3 月佐藤少将担任陆军军务局课长时，有机会对上述事态的发展进行广泛研究。在我们前面已经提到过的一次演说中，他为其他证据已经证实的结论提供了进一步的佐证。

佐藤指出，促使在华战争再起的卢沟桥事变，发生在扩张生产力五年计划的第一年。他说："我们最担心的是这个事变是否会搞垮扩充军备计划和扩充生产力五年计划。所以我们认为决不可让这个中国事变最终成为一场日本方面的消耗战。因此，总体而言，我们把预算的40％用于中国事变，60％用于扩充军备。就分配给陆军的铁及其他重要材料而言，我们把20％用于中国事变，80％用于扩充军备。结果，空军和机械化部队获得了很大扩充，整个陆军的作战力量较中国事变前增加到三倍以上。我相信，在中国事务中消耗极少的海军一定在完善并扩展其作战力量。当然，军需工业的生产力大致增加了七八倍左右。"

对此问题佐藤谈话具有某种程度的权威性，因为从1937年6月24日至1938年7月29日，他在企划厅先是担任调查官，后来成为事务官。在此期间，他又是中国事务总动员业务委员会的专员和陆军省军务局的课员。1938年12月，他被免除了职务。而在1941年3月，他已经担任了在议会处理陆军省事务的委员、兴亚院联络委员会干事、对满事务局事务官之类的要职。发表这次演说，是在他仍然担任这些职务或类似职务期间。

内阁参议会、大本营和战争开支账户

在上述时期，日本曾采取一系列步骤来增加陆军对内阁的影响力以及使陆军的长期计划产生效果。1937年10月15日，作为一项临时措施，成立了内阁参议会，其职能是围绕"中国事变"所引发的问题向内阁提供专家意见。参议会的12名成员享有国务大臣的待遇，并代表国家战争动员的三个主要方面。实业家、军人和政治家一起向内阁进言，一起参加内阁的商议。松冈和荒木大将在参议会成立那天被任命为内阁参议。

当日本进一步深陷对华战争之时，近卫内阁的阁员讨论了设置帝国大本营事项。这一机构只在战时或有重大事变时才运作；而当时在华爆发的战斗既未宣战又不被承认为战争，在这种情况下，对设立大本营是否

正当有理一事，多少有些争论。1937 年 11 月 3 日，陆军大臣杉山和文部大臣木户从如何挽救时局方面讨论了这个问题。1937 年 11 月 19 日，阁员中包括广田、贺屋和木户的内阁对此进行审议，第二天就成立了帝国大本营。

大本营是由陆军省、海军省、参谋本部及军令部代表共同组成的机关。陆军部分在参谋本部，海军部分在军令部各自会商，但每周在皇宫开一两次联合会议。这些联合会议与战术和战略问题相关。行政上的政策问题属于内阁在参议会协助下决定的事项，但对军事行动的指引则由帝国大本营负责。

这是一个必须保守机密的领域，即便内阁成员也不能参与。帝国大本营只对天皇负责；它的成员以大本营成员身份行动时，不属于陆军大臣和海军大臣管辖，而直属参谋总长或军令部总长管辖。

在此后数年所发生的各种事件中，几乎找不出大本营起重要作用的证据。大本营是个协调性很差的机构，往往会分解为组成它的陆军部分和海军部分。但是，由于设立了大本营，军部就有了不经内阁批准，甚至不让内阁知道，对军事事项做出重大决定的机会。

更加重要的是，通过设立战争开支账户，陆军获得了支配日本财政的权力。从该账户支出，需要得到陆军大臣、海军大臣或大藏大臣的授权。在之后数年中，这类支出不仅曾由贺屋及其继任者授权发生，还曾经获得陆军大臣板垣、畑、东条及海军大臣岛田的授权而发生。

卢沟桥事变后的宣传管控和新闻审查

如五大臣会议在 1936 年 8 月 11 日国策决定中所承认的那样，这些计划最后有赖于国民对实现日本"天命"的决心。当时他们就决定了，国内政策必须有助于对外扩张的国策，要采取措施"引导和统一国内舆论，并强化国民意志以度过这一非常时局"。1936 年 5 月 20 日，在做这项决定之前，陆军发布了动员计划，该计划详细描述了开战时引导和管控舆论所应采取的措施。内阁各省应在日本各地设立各自的情报和宣传机关。就在这一年,为集中并协调政府各部门的宣传工作设立了情报部。

1937 年 9 月,卢沟桥事变爆发两个月之后,此情报单位改组为直属内阁的一个机构。1937 年 9 月 25 日,陆军次官梅津中将成为新的内阁情报部的一员,这个部门的任务是实施陆军动员计划中的情报和宣传。

战争爆发更为直接的一个后果是加强了当时实行的审查制度。一向监视所有批评日本政府政策者活动的特高警察,现在不准许任何人发表反对在华战争的言论。压制这类批评成为内务省的主要职能之一,内务省管辖下的正规警察负责执行这项政策。凡以批评口吻公开谈论内阁政策的人都会被拘押和审讯。反对内阁政策者一经发现,都被逮捕入狱。

对于日本一般学校及大学的舆论管控就是一个最好的例证。教授和教员被要求全心全意配合宣传内阁的政策。对于赞成和平理想或反对备战政策的言论,就进行严厉的镇压。

1937 年 10 月 22 日,木户就任文部大臣后,立即致力于执行这些管控措施。看起来对国策持批评态度的教员,不是被开除,就是被强迫辞职。他们还往往被逮捕,并根据《治安维持法》以涉嫌反对日本帝国政体被起诉。

这些镇压手段得以顺利实施,这表明日本的军人、政治家和政治评论家为战争所做的舆论准备获得了巨大成功。上述那些教员被开除或被迫辞职,当时在国内竟未发生问题,之所以如此,是因为一般民众只把他们视为个别的自由主义支持者。

卢沟桥事变后利用教育为战争做舆论准备

早在卢沟桥事变发生之前,陆军就已通过军事教官管控各学校的军事教育和训练;在中国爆发战事后,这类管控已经不受任何限制,到了军事教官可以就学校本身如何运作发号施令的程度。文部省充分了解教育必须服务于政府的目的。1937 年 5 月,文部省把《国体的本义》一书发给了教员、学生及广大民众。

同年，为了研究和考察日本的学校制度，设立了教育审议会。此审议会可不受内阁变动的影响来进行研究，并考虑如何提高日本国民素质的问题。虽然它不是专门为促进学校的军事教育和训练而设立的，但是对华战争爆发后，这却成了它的任务。

教育审议会关于学校课程和教学方法的综合改革建议1940年才付诸实行，但是审议会在1937年就将促进服务国家的事业被采纳为自己的根本目标。

1937年10月22日，木户被任命为文部大臣，随即开始了日本学校制度的改革。1937年之后，教育的目标就是为了促成国民的好战精神。在学校，不但在纯军事训练的课程时间内，就是在普通课程中，也向学生灌输"皇道"精神或极端民族主义。学生从小被灌输日本是强国，日本必须向世界显示自己的特殊性。无论是在大学或一般学校，军事训练和学校教学两方面都被用来反复灌输军国主义精神，直到将日本至上的思想贯彻到全体国民中。战争被说成是光荣的、富有成效的，是日本前途所必需的。

木户消除了1937年11月的内阁危机

1937年下半年，外务大臣广田努力谋求德国支持日本征服中国，他说对于日德两国人民而言，中日之间的冲突是一场反对共产主义的斗争。但他的努力未获成功。虽然枢密院于1937年11月6日批准了一个新的条约，允许意大利作为第三方合作者参加反共产国际联盟，但这并未消除德国对日本在华活动的不满。德国在中国具有重要的权益，并且把国民党视为其反苏政策的潜在同盟者。因此，德国决定以中日双方都未宣战为理由，忽视业已存在的敌对行为，并认为德国不受严守中立规定的约束。

1937年11月，近卫内阁为长期在华战争所引起的各种问题所苦恼。

尽管消耗了巨大的物力和人力,战争的规模却继续扩大,已经毫无速胜的希望。对国家经济的竭泽而渔引起了严重的财政困难。当时在布鲁塞尔举行的九国会议提醒世人,日本在世界上无一友国。1937年11月3日,陆军大臣杉山和文部大臣木户就挽救时局的方法交换了意见。

日本陆军和德国人一样,一心痴迷于一场即将到来的对苏战争。由于在华战争变得过于困难,参谋本部想借德国干涉来结束这场战争。于是训令驻柏林大使馆武官大岛少将利用他的影响来达到这一目的。

1937年11月15日,总理大臣近卫告诉木户他正在考虑内阁总辞职,木户立即看出了总辞职可能造成的后果。他认为内阁总辞职将对财政界及其他领域造成负面影响,并会引起汇率下跌,转而对在华战争局势造成恶劣影响。木户认为内阁总辞职可能使国内政治形势不稳,并使在华战争转为守势。无论哪一种后果,他认为外国"终于变得严重"的不友好态度将会增强。所以要不惜一切代价避免这一局面的发生。

1937年11月16日,木户向近卫力陈这些意见,要求近卫继续留任。近卫暂时表示同意。四天以后,由于帝国大本营的设立,内阁就进行对华战争展示了新的决心。

广田加强了内阁征服中国的决心

在这同一个月中,即1937年11月,假如内阁希望结束在华战争,战争是有机会终止的。日本的处境很糟糕,连参谋本部也放弃了速胜的希望。在德国表示不满的压力下,通过德国人的斡旋,外务大臣广田于1937年11月5日对中国提出了和平建议,这是三次和平建议中的第一次。由此开始的交涉在整个1937年12月直到1938年1月上半月都在持续进行。但是广田的要求很模糊,且不断变化,不能作为具体协议的基础。交涉进行期间,日本继续对中国展开猛烈的攻势。

到了1938年1月,内阁加强了反对任何妥协和平的态度。1938年1月11日召开了处理"中国事变"的御前会议,会议决定如果国民党不屈从日本的要求，就必须击溃它或使其并入一个新的中央政权内。

对于日本三个和平建议中的最后一个，中国给出了一个温和的回复，要求日本把自己的提议表述得更确切些。日本的提议是用很不明确的形式提出的，这本来就是广田指使的，现在他担心中国可能得到英美的支持，所以对中国的答复很愤怒。1938年1月14日，他对德国斡旋人说，中国被击败了，必须给予迅速的答复。他强调说，日本不允许把这问题当作国际讨论或调解的对象。德国人向他们自己的政府明确报告说，在他们看来，日本的行为是不诚恳的。

同日，即1938年1月14日，在近卫、广田、木户都出席的内阁会议上，决定了不再与国民政府进一步交涉，而只与未来要成立的新的中国政权谈判。这并不是什么空想，因为在1938年1月1日，日本已在南京举行仪式，建立了一个新的地方政权。1938年1月16日，日本内阁在其发表的正式声明中重申尊重中国的主权与领土完整，但它所指的就是当时日本创造的"中国政府"。同一声明还承诺将尊重各国在中国的权益。

1938年1月22日，近卫和广田都在议会中重复这项保证，同时又再次确认日本政府仍坚持1936年国策决定的既定原则。总理大臣近卫对议会说："毋庸赘述，日本永不改变的国策是在日本、'满洲国'和中国精诚合作的牢固基础之上建立东亚永久和平之伟业，以期对世界和平事业有所贡献。"他又说，结束冲突还很遥远，日本作为东亚安定力量的使命比以往任何时候都更加重大。

五天以后，日本再次显露出经济掠夺和军事统治的真实意图。1938年1月27日，内阁决定日本支持的南京政权应该成为华中临时政府的核心。它将是"一个极端亲日的政权"，会逐渐脱离对英美的依赖。它的海军和空军则应纳入日本的国防计划。它将与当时的华北傀儡政府"顺利地结合成一体"。

1938年1月26日，德国驻东京大使那时已确信日本将征服中国，他敦促其政府承认这一既成事实。日本驻柏林的东乡大使更对德国人提供了额外的诱饵,让他们参加日本正在建设的"新中国"的经济事业。从这一天起,德国就取消了对中国的支持,不再反对日本的对华企图。1938年2月20日,希特勒(Hitler)总理迈出了拖延已久的一步,宣布德国承认"满洲国",并表示他本人希望日本在中国获得胜利。

在这两个月里,尽管总理大臣意气消沉,但木户和广田成功地使日本再次下定决心获取"在东亚大陆稳固的地位",这个目标排除万难也要达到。

陆军继续为期待中的对苏战争做计划和准备

在1938年最初的数月间,当内阁再次做出征服中国的正式决定时,陆军仍在进行对苏战争的准备。1937年12月,关东军参谋长东条中将向陆军次官梅津提出在内蒙古设立气象台,为对苏战争做准备。1938年1月12日,东条向梅津中将力陈急速完成这项工事的必要性,他认为这项工事在"中国事变"和反苏战略中都至关重要。同时他又向梅津提出了延长在"满洲国"部队服役士兵服役期限的问题,并要求对这一问题做出决定。1938年1月29日,梅津通知东条将要采取此类行动。1938年2月11日,东条把1938年至1939年关东军建筑防苏工事的计划送达梅津。

但陆军所在意的不仅限于纯军事的计划和准备。处于在华战争边缘的关东军首领认为,应该把这个冲突,以及日本内政外交政策的其他各方面,都作为与即将到来的对苏战争相关的诸多因素来加以考虑。

当东条和梅津在决定详细的军事计划时,当时的关东军司令官植田大将关注更广泛的战略问题。1938年1月24日,他向陆军大臣杉山提出了关于如何开发华北的意见,其目的是使华北居民能更好地"为准备紧迫的对苏战争做出贡献"。

同一时期,为"满洲国"及在华北被占领各省的经济和产业开发所采取的措施,与关东军的计划有着密切关系。到1937年12月20日,"满洲国"所有重工业的发展都已由南满洲铁道株式会社掌控,它在所有大型"国策"公司中是第一家。该日之后,松冈主持下的这家株式会社在关东军备战方面继续发挥重大作用,它与关东军的合作不仅体现在国内政策的执行,而且贯穿于陆军对苏战争的军事行动准备以及其他各种准备之中。

但是南满洲铁道株式会社无力担负由于华北战略发展所增加的财政开支。于是,1937年12月20日,"满洲国"敕令成立一家新的控股公司。根据日满政府协定设立的这一新的"满洲重工业开发株式会社"集中管制"满洲国"的各种产业。以星野为首的"满洲国"总务厅协助起草了管理该株式会社的法律,并将该株式会社置于政府监督之下。这家新的株式会社于1938年初设立。

在德国1938年2月承认"满洲国"之后,陆军制订了促进德满更紧密关系的计划。"满洲国"与德国之间建立了外交关系,签订了友好条约。1938年5月15日,东条对参谋本部表示,关东军希望"满洲国"尽早参加《反共产国际协定》。1938年5月24日,梅津答复日本内阁对此无异议,但希望维持"满洲国"独立的伪装。他认为最好能由"满洲国"迈出第一步,表现出是自己的意愿,并请求日本予以协助。

在华巩固日本势力和发展战争支助产业

这一时期,在被日本占领的中国各地区内,日本的"新秩序"正在建立。1937年12月南京沦陷后,建立起了各种日本支配的地方政府;1938年3月28日,依照"满洲国"模式成立了华中新政府。名义上独立的"中华民国维新政府"根据其组织大纲,应开发其管辖地区的资源并促进这些地区的产业发展。此政府还将采取反共措施,但是要努力维持对外的友好关系。和华北的情况一样,为了支持这个傀儡政府,建立了一个新的宣传机构。

官方的《东京新闻》发文宣称开启了日本对华关系的新阶段,这标志着向"八纮一宇"目标的迈进，因而具有重大的意义。该文宣称"世界一家"的理想一直是日本内政外交政策的基础，并阐述了当时日本的对华政策。

该文完全遵循近卫和广田在议会所做政策声明的基调。日本的首要目标是给中国以"惩罚性打击"，希望中国放弃抗日的态度。日本内阁已经在 1938 年 1 月表达了不可改变的决心：不再和国民党进行任何交涉，支持新成立的华北和华中政府。这篇文章又说，日本目前行动的最终目的是消除威胁东亚和平与安全的一切纠纷根源。唯有如此，东亚各国才能实现"共存共荣的理想"。

用这种方式，日本获得了生产战争物资和扩充战争支助产业的新地区。1938 年 4 月 8 日，为了勘探和开发长江流域的铁矿，成立了一家日本出资的新公司。

1938 年 4 月 30 日，正如类似公司服务于"满洲国"一样，为了在关内的同样目的，又成立了两家新的"国策"公司。"华北开发株式会社"和"华中振兴株式会社"的设立，就是为了促进在华占领区重工业的发展。两家公司都由日本政府出一半资本，并任命陆军次官梅津为两家公司筹备委员会的委员。近卫认为，这两家公司的工作对于日本在亚洲大陆的军事行动和政治活动来说都至关重要。

我们现在休庭到明天 9:30 分。

（16:00 休庭，至 1948 年 11 月 5 日星期五 9:30。）

1948 年 11 月 5 日，星期五
日本东京都旧陆军省大楼内远东国际军事法庭

休庭后，9:30 庭审人员到场。

出庭人员：

法官席，所有成员就座。

检方人员，同前。

辩方人员，同前。

（英日、日英口译由远东国际军事法庭语言部负责。）

法庭执行官：远东国际军事法庭现在继续开庭。

庭长：除平沼、白鸟和梅津由律师代表外，所有被告均出庭。巢鸭监狱军医出具了以上三名被告今天因病不能出席审判的证明。这些证明将记录在案并归档。

我继续宣读本法庭的判决书。

1938 年的广田外交政策源于 1936 年 8 月的五大臣会议决议

在中国的这些事态发展，反映了外务大臣广田的政策，即坚持 1936 年 8 月 11 日基本国策纲要所定目标。当陆军沉迷于即将到来的对苏战争，并把德国视为盟国时，广田却有着更宽广、更谨慎的见解。他的目标是，在亚洲大陆实现扩张的同时，为由此可能最终引起的与任何国家的冲突做好准备工作。

1938 年 5 月 29 日，广田离开了外务省，但在离职前不久，他确定了关于德、意参加华北经济开发的原则。最主要的、不变的目标是在东亚建立日本的"新秩序"；日本与无论是轴心国还是西方各国的关系，都不应取决于所做的宣言或保证，而只应以当时的利害得失为衡量标准。

驻柏林的东乡大使接到训令，要他向德国请求援助。东乡应提议，作为德国承认日本在东亚特殊地位的回报，日本愿努力使德国获得不次于其他国家所占的地位。如有可能，德国的权益可较其他国家更为优惠。原则上，德日在中国市场享有同等地位，不过在某些方面，日本作为对维持中国通货制度负有实际责任的国家，可能享有特殊的地位。纵然如此，在建立进出口管控制度时,德国的利益一定会较任何第三国的利益优先。

由此可见,广田并无意尊重西方各国的条约权利,也无意兑现他自己就此所给予的保证。然而,广田深谋远虑地告诫他的部属,如果给予德意优先权,有使英美将来完全不能参与中国的经济开发之虞,那就不仅不能给予德意和日本同等的地位,连仅次于日本的地位也不能给予。因此,分派给德国的参与模式实际上仅限于对日本本身最有利的那些模式,即提供资金和以信贷方式提供机械,据此分享特定企业的管理权。

卢沟桥事变后日本和西方各国关系的恶化

纵然采取这种两面政策,外务大臣广田并未能达到其次要目的,即与西方各国维持亲善关系。在1937年下半年,日本的政治家继续否认日本对中国有任何领土野心。内阁也再三保证要保护外国人及外国财产,并维持外国的条约权利。但是这些宣言与日本在亚洲大陆的行动性质相差太远,所以日本与西方各国间的裂痕明显扩大。

虽然如此,日本仍然努力消除西方各国的疑虑与愤懑,并力图降低日本与轴心国合作的意义。1937年12月,《东京新闻》宣称,《反共产国际协定》并不针对任何特定国家。内阁对该协定受到的误解和不当批评表示不满。

在这期间,日本军队在中国的行动扩大了日本与西方各国的嫌隙。尽管不断有抗议,尽管一再做出新的保证,但对在华的英美公民和财产的攻击仍在继续进行。陆军极不看重与西方各国的友好关系,在1937年12月,竟无故对英美海军发动攻击。长江中的一艘美国炮舰遭炮击后沉没。英国的炮舰和商船也遭到了攻击。这些挑衅行为由当地的军事指挥官,特别是桥本大佐执行,他们得到明确的命令对南京附近的所有舰船不问国籍一律加以攻击。

近卫和广田在1938年1月22日的议会施政方针演说中,都再次强调了日本希望增进与西方各国的友好关系;广田还再次坚决保证会最大限度地尊重西方各国的在华权益。但在 1938 年上半年，尽管驻东京的美国大使不断向广田提出抗议，日本陆军的部队仍然经常恣意侵犯美国的在华权益。

这种敌对行为的表现使日本付出重大代价，1938 年 6 月 11 日，美国对日本实行道义禁运，禁止对日出口飞机及其他武器。

广田比军部领导人更狡诈。他认识到在日本备战时期西方各国支持的价值，因此他努力用虚伪的保证和虚伪的友好声明去获得它们的援助。但同时，日本正在为在太平洋作战做准备。广田在促进日本战争准备的这个方面发挥了突出的作用。

1938 年海军的备战及在委任统治岛屿的备战

在外务省和海军省保密措施的掩饰之下，1938 年日本通过对南洋委任统治岛屿的要塞化及海军和空军基地建设，继续为在太平洋作战进行准备。在 1937 年之前，这些准备活动几乎只限于马里亚纳和西加罗林群岛，但 1937 年在海军的监督下，工事作业向东扩展，横越太平洋而延及特鲁克环礁。1938 年，开始在马绍尔群岛构筑工事，该群岛位于太平洋中部，构成了日本对西方各国作战时最前沿的基地。从这时起，日本开始紧急推进马绍尔群岛的简便机场建设和加固。当时秘密构筑的违反条约义务的工事遍及整个委任统治诸岛区域，这类工事的目的显然是为了准备向一些或所有西方国家在太平洋区域发动战争。

鉴于日本退出了裁减海军军备的国际条约，美国在 1936 年开始了大规模的造舰计划。虽然日本在 1938 年继续推进其始于 1937 年的庞大的造舰方案，但不久其造舰速度就被美国超过了。自 1939 年起，美国的造舰量已经大大超过了日本。

这种海军重整军备的竞赛，并不是美国的选择。美国代表在 1935 年的伦敦海军会议上曾警告日方说，不能达成协议的结果就会如此。美、英、法、意在 1936 年签订的新条约曾为日本加入预留了空间，但是日本在

1937 年再次拒绝同意任何条款,除非那些条款能给予日本海军在太平洋的优势地位。1938 年 2 月,近卫内阁拒绝了美国欲防止海军重整军备竞赛的最后邀请。

广田拒绝交换海军情报

日本未参加的 1936 年条约的结果之一,是续展了华盛顿条约中关于主力舰和巡洋舰最大排水量和每艘舰船上允许配置的舰炮口径的那些规定。但是,当任一非缔约国无限制地造舰时,缔约国便有逐步升级的权利。1937 年 11 月 4 日,日本安装了"大和"号的龙骨,这是一艘排水量为 64 000 吨的主力舰,并设计装置 18 英寸口径的舰炮。

1938 年 2 月,持续有传言说日本在建造超过 1936 年条约限制的舰船,这引起了美国的忧虑。因此,美国就此问题提请日本注意,并解释说如果日本不能拿出符合该条约限制的充分证据,美国就将行使条约赋予它的逐步升级的权利。但是,如果日本选择超过 1936 年其他海军国所定的限制,美国将根据所收到的关于日本造舰量的情报,准备与日本讨论美日两国之间的新限制。

这个提议,无论是关于开始谈判还是关于提供证据,都遭到了日本的断然拒绝。1938 年 2 月 12 日,外务大臣广田代表政府做了答复。他说,日本并不想拥有可威胁他国的军备。尽管日本政府不能提供美国所要求的信息,但美国没有理由认定日本制定了超过 1936 年条约限制的造舰方案。就在做出这个答复后两周内,日本又安装了第二艘 64 000 吨主力舰的龙骨。

广田的政策在基本国策纲要中已有解释

这次与美国的交涉,明白地显露了外务大臣广田的政策。1936 年 8 月 11 日的基本国策纲要规定日本"应该对英美也有所准备";它的海军军备应加强到足以对抗美国海军而掌握西太平洋制海权的程度。广田以总理大臣的身份参与了这一决定，且始终忠实于此。正如对日本的在华目的一样，关于日本的造舰方案，他也毫不踌躇地实行欺骗，以便达到自己的目的。广田政策的基本原则，就是在友好外交关系的外表下，完成日本的战争准备。

广田外交政策的各项主要特征，已见于由陆军和海军起草的基本国策纲要之中。该决定指出，日本在巩固其在"满洲国"地位的同时，还应努力充实自己的国力。日本的目标是在亚洲大陆上排除"列强的霸道政策"，并在"共存共荣原则"的基础上建立起日本自己的秩序。不过，日本"将争取以平顺友善的方式执行基本国策"，并"必须始终留意与各国保持最友善关系"。

最重要的是，广田对于"外交国防相辅为用，确保（日本）帝国在东亚大陆获取稳固的地位，并向南洋发展"的根本目标一直是坚定不移的。当总理大臣近卫对征服中国的决心发生动摇时，广田曾重振内阁去追求这个不变的目标。

日本对占领区的经济支配与开发

1938 年 1 月是陆军长期经济和产业计划重新恢复的一个月，因为在这个月里，内阁接受了企划院所制定的产业发展和经济管控新方案，时间限于 1938 年度。

内阁企划厅在 1937 年 10 月改组并改称企划院后，一直与陆军保持着密切的关系。1937 年 11 月 26 日，陆军次官梅津中将被任命为企划院的参与，当时的军务局课员佐藤中佐成为企划院的事务官。企划院的 1938 年度计划涉及战争支助产业的发展和重要物资的供需监管。

1938 年 1 月，近卫内阁的新决定，即完成征服中国的同时继续为其他战争做准备，给大藏大臣贺屋增加了新的负担。陆军所需要的人力和物力，耗费了日本产业的产品和生产这些产品的劳动力。战争和战争支助产业发展所需的开支迅速增加。结果日本在获得外汇方面遇到了很大困难，而这些外汇又是进口其所需物品必不可少的。

获取和开发"满洲国"或中国占领区天然资源的目标有所进展，这在某种程度上缓解了对进口的依赖。发展合成工业也能解决部分问题。但为了这些项目就必须增加支出，且在其开发时期仍然要依赖进口。内阁于1938年1月18日通过的企划院方案大幅削减了该年度的进口配额。不仅需要削减一般的民用消费品进口，就连备战必需物资的进口也不得不加以削减。因此，需要有经济和财政统制的新举措。

日本内阁所采取的解决办法，是牺牲日本正在开发的那些占领区国民的利益，来减轻日本国民的财政负担。这并不是什么新鲜办法。日本就是通过台湾银行和朝鲜银行，通过拥有在那些国家经营的大部分公司，并通过政治控制，而长期支配了台湾与朝鲜的经济。同样的方法也用于"满洲国"。为获取产业发展所需资金，1936年12月建立的满洲兴业银行被授权发行高达其已缴资本15倍的债券。这家日本控股银行开设的金融工具为"满洲国"的战争支助产业开发提供了便利的融资手段。

现在，近卫内阁计划用同样的办法在中国搞开发。1938年2月，基于满洲银行的同样模式，建立了中国联合储备银行。这家新银行的总裁和副总裁都由日本政府指定，董事会也绝大多数是日本人。这家银行的经营范围是华北，在华北范围内，这家新银行发行的货币成了唯一的法定货币。中国联合储备银行的目的是稳定货币体系和管控金融市场。通过发放优先贷款和操纵外汇的方法，这家银行大大方便了华北的经济和产业开发，并提供了一个实施日本政府在该地区产业计划的工具。

那些产业计划早已在实行之中，而日本所促进的新的战争支助产业本身对于巩固日本对华北的经济控制是很重要的。在"满洲国"，通过特别立法创设的"国策公司"达到了产业支配的目的。现在日本用同样的办法，在1938年上半年，又逐渐取得了对关内占领区的产业支配。

1938年3月，中国联合储备银行开始营业。同月，从1935年11月起由日本和"满洲国"组成的"日元集团"扩大至华北。通过这种办法，为日本投资和开发利用中国产业铺平了道路。

为了维持日本通货的价值，停止了在日占区使用日本银行钞券的做法。虽然中国联合储备银行在华北发行了新货币，但是在华中与华南，无价值的军用票成为唯一允许流通的法定货币。日本就这样，一面搜刮大陆的资源，一面牺牲占领区居民的利益来加强其战争支助经济。到1938年9月，使用有金银铸币支撑的日本银行钞券的做法在日本统治下的亚洲大陆所有地区都停止了。

此举同样巩固了大藏大臣贺屋对日本经济的控制。自1937年9月以来，贺屋通过日本银行，实行了对日本财政的完全支配。日本银行的资金再不会不受控制地浪费在亚洲大陆的日本企业上。在这样的保护下，这些资金得以用来支持1938年头四个月中所采取的新措施，即在政府的补贴和管控下，发展日本本身的战争支助产业。

产业准备：合成燃料油和石油产业

近卫内阁不顾其财政上的困难，决心不惜任何代价保持日本战争物资的自给自足。企划院1938年度的临时方案就包含有物资动员计划；在同一年的头四个月中，为促进和扩充日本国内的战争支助产业，采取了一些新措施。这类新措施，每一项都具有加强政府对产业发展的统制之效，而且每一项都在1937年的陆军五年计划之中有相对应的措施。在每一种情况下，政府通过承担更重的财政负担，计划要确保被陆军指定为对备战至关重要的一种或多种产业得到迅速扩张。

第一批举措是为了保护和发展1937年下半年创建的合成石油产业。陆军在其五年计划中决定对该产业实施明确的补贴政策，以便降低日本对石油进口的依赖程度。一家专门公司将确保该新产业所需的机械制造，同时将从德国进口产业设备。重点在于柴油和航空汽油的生产。"满洲国"的煤碳资源将被用于合成产业的开发。将会激励对替代燃料的搜寻，并且要勘探蕴藏在该地的更多资源。为了保证资金的充分供给，以及促进这一不经济的新兴产业之发展，还将成立一家新公司。

对华战争再次爆发后，这些计划立刻被付诸实行。1938年1月，为了管控合成石油的生产，也为了提供一个政府融资的渠道，通过立法创设了一家拥有巨资的新公司。它恰好就是陆军所计划的那类公司。

1938年3月，根据以促进开采所有矿藏为目的的一个法律，政府有权对勘探进行统制，用补贴激励勘探，甚至自行独立开展勘探业务。

同月，根据企划院的建议，政府实行了配给制度以限制民用石油的使用量。后来为鼓励生产替代燃料，成立了一家新的国策公司。鉴于燃油和石油储备的极端重要性，政府通过这个新公司，对生产和使用效力较低的替代燃料的实验给予补贴。

虽然1938年石油进口量少于1937年，尽管在华战争对石油的需求量很大，但整个1938年日本的燃油和石油储备量继续增加。

其他产业的战争准备

1938年3月和4月是产业立法的月份，通过这些法令，陆军的计划得以实现。依赖于国家支持并顺应内阁统制的新的产业等级制，成了日本政府体系一个确定无疑的特征。由于把每一个产业都置于内阁某省大臣的最终管控之下，所以内阁承担起了指导国家战争动员的更大责任。

电力产业在最先受影响的产业之列。电力产业在日本的战备上极为重要，因为其他战争支助产业的发展都依赖于电力的扩充和配合。陆军因此在其1937年计划中特别挑选了电力产业，并在其"满洲国"工业化方案中给予电力产业特殊的优先地位。陆军设想创立一个新的国策公司，该公司将在政府监督下统制日本的电力生产，并以满足军事需求所必要的方式来促进电力生产的发展。1938年3月的《电力统制法》将这一计划付诸实行。

在此之前，电力的生产与供给是由许多企业来经营的，但根据这一新法律，所有主要公司的发电设施都必须归属这一新成立的国策公司管理。

这家新公司被置于政府的直接统制下，并享有免税、补贴、政府担保等所有通常的特权。

1938年3月还通过了指导和促进飞机生产的立法，陆军认为飞机在战争物资中的重要性位居第一。根据新法律，一部分制造飞机的工厂被置于政府的直接统制下，而所有飞机厂都必须取得国家的生产许可。同时采取通常措施来缓解该产业在金融上的困难，以确保其迅速扩充。

但是航空工业的发展依赖于铝供给的增加，因为日本飞机及其部件的70%以上是铝制的。所以1937年的五年计划把重点放在了发展轻金属产业上。通过供给便宜的电力和扩大其产品之公共需要的范围，鼓励这类产业发展。这些新产业在战时应能立即转而生产飞机及其零部件。

在1932年之前，日本完全没有铝工业，但到了1936年，铝产量已相当可观，1937年又翻了一番。1938年4月28日，通过了新的轻金属制造事业法，公开宣称其目的是为"充实国防"做贡献。它设立了普通税和进口税免征、补贴和政府担保等现在大家熟悉的制度。凡从事这类产业者，都必须取得政府许可，并由政府管控其生产技术和产品选定。之所以如此，就是考虑到战时转换的目标。

1938年3月，还通过了一部很重要的法律，这在前面关于石油产业的讨论中已经提到过。当月通过的《重要矿物增产法》，几乎把一切矿业经营都置于政府的直接统制之下。以征用相威胁要求生产，并对不经济的产业发展所遭受的亏损予以补贴。这一影响铁、钢、煤、石油和轻金属产业的法律使许多不合格的生产者进入这一领域，并且大大增加了政府的支出。日本在经济危机时期竟采取这类措施，这充分证明内阁下定决心，使其他一切考虑服从于全国战争准备的完成。

陆军拟定《国家总动员法》

大量的新立法当然不可能与政治事件无关。1938年2月，近卫内阁加强了既征服中国又完成其他战争准备的决心，却遭到了立法机关的反对。议会中有一派要求强迫近卫内阁辞职。另一派针对电力法案反对内阁的产业立法计划。这一派得到了企业家群体的支持，他们相信日本不会陷于长期战争，担心内阁所设计的不经济的产业扩充措施最终会使他们遭受亏损。议会中的第三派则指责政府没有全心全意实行陆军计划。

在这种情况下，整个战争动员方案陷于危殆之中。大量物资正在被消耗，一时又无法对这些物资进行补充。恰巧在此时，陆军正在确定其早日发动对苏战争的计划并为此完成军事准备。陆军首脑深知战争会是长期的，他们下定决心必须进一步积蓄战争物资的储备量，尽管对华作战仍在继续。

在广田内阁就任后近两年时间里，陆军一直在策划和推动国家战争动员的各个方面。在这一时期担任陆军次官的梅津中将更加密切地接触到陆军扩充战争支助产业并将其军事编制化的计划实施进程。除了他担任的大量兼职外，1937 年 11 月 26 日，他又兼任了企划院的参与。而企划院的事务官佐藤中佐，同时也是陆军省军务局的课员。

陆军此时拿出来的计划反映了它前两年的全部策划与成就。在梅津就任陆军次官之后不久，1936 年 5 月 20 日，陆军省整备局制定了管控战时情报和宣传的方案。1938 年初，整备局又制订了一个新计划，把实行国家战争动员各方面所必要的权力全都给了内阁。这个陆军计划以《国家总动员法》草案的形式提出，通过制定此法律，议会将交出其支配内阁的所有权力。根据此法律，内阁可以凭借天皇敕令立法。新法一旦制定，内阁可以在任何时候将其规定付诸实施。

总动员法不仅对陆军实现其军事准备必不可少，而且对确保企业家得到诱使其合作的条件及补偿其最终损失的保证也是十分必要的。这些考虑都是佐藤所熟知的。

1938 年 2 月的政治危机和总动员法的制定

当时在议会发生的事态，与 1937 年 1 月林继广田任总理大臣时出现的情况很相似。在这两个场合，内阁都遵循陆军的计划，实施了大规模的产业扩充和统制措施。在这两个场合，为实现此项目所必要的立法都在议会遭到了强烈反对。在这两个场合，陆军的支持者都认为拟实行的变革还不够彻底，而集中对政党和现存的议会制度加以攻击。

对政党的不满并不是什么新事物。倡导陆军地位至高无上的那些人，每当他们的谋划遭到反对时，就会表达对政党的不满。早在1931年3月，桥本就说过，当时已引起陆军愤怒的议会应该被摧毁。1932年1月，他主张立即解散政党，并且说政党制度是一种危险的、反民族利益的组织体系，"为了建设一个振奋人心的新日本"，必须推翻政党制度。1936年12月，当政友会批评广田内阁首批产业动员措施时，军部也表明了与此相同的态度。而此时，在1938年2月，近卫面对一个只在反对他的内阁这一点上才团结一致的议会，地位岌岌可危，与1937年1月突然落到广田头上的垮台风波一样。

内阁在这种进退维谷的状态下采纳了陆军的计划。1938年2月24日，总理大臣近卫向议会提交了制定《国家总动员法》的法案，并要求佐藤发表支持法案的演说。佐藤本人后来解释了他当时困难而微妙的处境。这一措施被接受还是拒绝，决定着企业家的合作态度，而如果没有企业家的协助，国家动员计划是不可能实现的。佐藤恳切希望担负起向议会力推此法案的任务，在与会者中只有他一人能说明此法案的含义。他真诚地相信自己的演说在关于法案的所有解释中是最有力量的。最后，议会中支持的意见战胜了反对意见，这个法案成了法律。

近卫把陆军的方案当作自己的东西加以采用，使指责他未努力实行陆军计划的派系停止了批评。这样一来，内阁的地位得以巩固，其产业计划被接受也得到了保证。陆军获取了企业家的支持，从而解除了对全国战争动员进程的一个新威胁。

而且，陆军朝着取得国内政治霸权又迈进了一步。军部一直把议会视为实现其目标的潜在危险，现在议会的手脚被束缚住了。由于通过了这部法律，立法机关使自己丧失了在有关战争和备战问题上对内阁措施的控制力。从此以后，内阁可以不求助于议会，行使新法律赋予它的广泛的立法权和行政权。

《国家总动员法》及其与基本国策纲要间的关系

根据 1938 年 5 月 5 日敕令而生效的《国家总动员法》沿袭了其他各国战时紧急状态法规的模式。虽然它表面上只是为了便于进行在华战争，但实际上却被充分利用，使内阁为促进经济与产业发展所采取的措施获得了法律上的承认。

此法可以适用于任何种类的产品、原料和企业。它把征用物资、管控产业和公司的几乎是无限的权力都给了内阁。根据此法规定，政府可以征用土地和建筑物，可以授权支付补贴和补偿金，可以执行稳定措施，可以禁止公布信息，可以指导日本国民的职业训练和教育。最重要的是，政府可以管理和征召国家的人力。在制定此法律时，近卫内阁中包括外务大臣广田、大藏大臣贺屋及文部大臣兼厚生大臣木户。

总动员法的各项规定强调了日本战争准备的多面性和全面性。这不仅仅是一个与陆军、海军或经济准备有关的问题。为了把战争能力发挥到极致，可以命令和统制国民生活的每一方面。日本的全部国力应向着这个唯一的目标去集中和增强。《国家总动员法》提供了实现此目的的工具。

此时所采取的措施可以在 1936 年 8 月 11 日的国策决定中找到对应规定。当时曾决定，日本的国内政策应依据基本计划来形成，而这一点用五大臣会议的话来说，就是"从国内和国外两方面来加强我国的基础"。为此，就要采取措施以保障国民生活，增强国民体力，指导国民思想。要强化国民的意志以"度过这一非常时局"，对此当然要加速做好扩充和提升的方案。

陆军对总动员法目的的解释

1938 年 5 月 19 日，即《国家总动员法》实施两周后，陆军在日本报纸上发表了一篇关于此法律目的的说明。其中说道，虽然尚不能讲出全部事实，但我们会尽量将总动员法作为一个整体来解释它的精神与本质，以便大众理解这部法律与国防的关系。他们指出，日本是一个面积狭小、自然资源匮乏的国家。日本不仅在中国遭遇了蒋介石总司令的顽强抵抗，并且在北方充分动员的苏联军队也虎视眈眈。此外，日本还处于美英两国强大海军的包围之中。因此，制订日本的国防计划时就困难重重，况且现在日本的国防不是基于本国沿岸，而是基于"满洲国"、华北及华中的边界。

他们还告诫日本国民，为维持这些边界必须在未来许多年里保持坚定的决心与非凡的努力。对所有人力和物力资源非做最大限度的动员不可。军事上的成功主要依赖于对"综合国力"进行系统化有效力的动员。《国家总动员法》就是为了达到这个目的而设计的。

说明中的其余部分专门用来告诉日本国民，实现"综合国力"需要哪些要素。第一要素是精神的力量，因为国民本身就是战斗力之源。动员教育机构和宣传机关开展统一的宣传运动，竭尽一切努力加强国民的斗志，才会使国民能够忍受任何艰难困苦。

动员人力以调整劳动力的供给和需要，因为年轻人应征入伍了，工厂里空出来的岗位必须有人补充。这种向战时经济的转变，就需要有职业训练与劳力指导的政府计划。

关于人力之外的物质资源的动员计划对未来发展做了准确预测，其初期的进展情形已见前述。如果仍有时间，就从海外大量进口陆军和海军所需的物资。国内的军需物资则以牺牲平时产业为代价扩大生产。因此，所有的生产企业以及进出口商行都将被统一于政府的管理之下。

政府还将对所有金融贷款加以管控。政府将统一调配和扩充所有运输设备。政府将鼓励科学研究以提高效率。政府还将承担在国内外搜集情报和进行广泛宣传的责任,在日本鼓舞士气和统一舆论,同时给世界各国留下一个对日本有利的印象。

为了满足总动员的各种不同需要,政府应准备一套长期的、有灵活性的计划,以此保障陆军和海军充分而及时地得到军需品供应。私营企业必须服从既定计划。为便捷起见,统制措施不交给议会讨论,而是凭借敕令付诸实施。为执行动员法,将成立国家总动员研究委员会和各种半官方的机关。此等机关及某些自治团体将在内阁政策的制定与实行两方面向政府提供帮助。

陆军成功地将日本投入战争国家总动员

在这一时期的最后阶段,陆军使自己成为日本命运的主宰者。在陆军的煽动下,日本开启了通过增强军事力量来扩张领土的进程。

外务大臣广田于 1938 年 5 月底退出了内阁,之前在他作为总理大臣的任期内,陆军的各项计划首次被系统地阐述为国策。这时候,长期与广田互为补充的梅津中将也辞了职。1936 年 3 月 23 日梅津出任陆军次官时,正是广田担任总理大臣的时候,且在重要的五大臣会议决定基本国策之前。在林内阁和近卫内阁期间,梅津仍然留任陆军次官。

广田和梅津是近卫内阁与以前各内阁之间最重要的联系,因为他们两个在陆军计划不断发展和完成的重要时期始终在关键岗位上。陆军的详细计划一个一个被通过,并最终压倒了日本国内的所有反对力量。

当时日本的陆军和海军正在经历持续扩充。日本与日俱增的军事力量仍然被用在征服中国上。1938 年 5 月 19 日,在华中作战的日本军队占领了徐州城,消除了一个在日本控制区域内中国人抵抗的孤岛。虽然徐州之战不是一场决定性的战役,但它刺激了日本迟迟未能实现的粉碎中国所有抵抗的希望。

这一时期,"满洲国"的关东军与参谋本部合作,正在进行对苏战争的准备。在日本国内，一支新的舰队正在建造，而委任统治诸岛正在进行海军基地的建设，为一场太平洋战争做准备。

日本为达到经济和产业上自给自足的目标付出了巨大努力，因为只有实现此目标才能使日本承受得住陆军所计划的战争负担。在日本国内、"满洲国"、华北和华中占领区，都在开发重要的原料资源和建立新的战争支助产业。为战争而动员日本全国力量所需要的法律权力已掌握在内阁的手中。通过军事编制化及宣传，日本国民已经把国家的命运认同于陆军所提倡的扩张计划了。

1938 年 5 月的"满洲国"长期产业计划

为完成陆军的五年计划，日本必须最大限度利用它所占领的亚洲大陆地区的天然资源和产业潜力。在华北和华中虽已建起了这样的开发基础，但日本还不能指望那些地区做出重要贡献。

"满洲国"的状况却与此不同，因为在 1937 年 2 月，"满洲国"政府已经开始了产业扩充的第二个五年计划。这个方案是日本陆军 1937 年经济和产业计划不可缺少的一部分，星野参加了方案的制定与实施。

即使在致使对华战争再度爆发的卢沟桥事变之后，日本仍不遗余力地维持计划目标。1937 年 11 月，近卫内阁决定，大力发展"满洲国"的重工业是实现日本目标的必由之路。为实施内阁的决定，成立了满洲重工业株式会社，这是一家新的国策公司。

1938 年 5 月，在日本控制下的"满洲国"政府制定了一个更广泛的战争支助产业扩充方案。当时就决定了利用满洲重工业株式会社去完成这一新项目。这个新方案是 1937 年 11 月近卫内阁决定的产物，"满洲国"总务长官星野的意见在新方案初始阶段发挥了决定性作用。

这个新计划把重点放在了使日本与"满洲国"之间建立起更加紧密的联系上。根据已有的经验，对 1937 年的最初方案做了很大修改，以使"满洲国"在日本的备战中担负起更大的责任。是国际局势的变化使得这次修改很有必要。

新计划旨在提高日本所缺乏而日本陆军指定为战争必需的那些产业的产量。钢铁生产将大幅扩充,以满足日本与日俱增的需求。采矿活动将拓展,以保证日本的煤炭供应。电力设备将增加,机床生产将得到提升,以鼓励进一步的产业发展。辅助飞机和军需品生产的新化工产业将建立起来。新的飞机制造工厂将在广大分散的地区建立起来。"满洲国"将以年产5 000架飞机和3万辆汽车为目标。因为日本的对外购买力一部分要依靠黄金,所以对提高黄金产量也将做出系统性的努力。

修改后的计划估计需要近50亿日元的资本支出,这大致是1937年度预算总额的两倍不到一点。其中只有不到一半的所需资金会在日本筹集。

"满洲国"政府设立了企划委员会来主管这个方案的实施。这一新机构在"满洲国"的作用与日本企划院所起的作用完全相同。在该机构的支持下,将对"满洲国"的自然资源重新进行全面调查。为培养熟练工人将设立职业学校,并将拟定计划以实行经济和行政上的调整,这些调整是修改后的方案所要求的。

1938年5月的经济危机对陆军长期计划构成威胁

为实行陆军计划而采取的措施使日本的经济负担越来越重。尽管有军事上的胜利与进展,但对华战争依然在不断消耗日本的物力和人力资源。此外,陆军已经把中国视为原料的重要来源和可以发展战争支助产业的地区。

陆军在说明总动员法的目的时,再次告诫日本国民,不要让在华战争的继续模糊了国策的根本目标。华北和华中与"满洲国"和日本一起构成一个整体,之所以必须维持它的整体性,不仅是为了对付当地的抵抗,也是为了对付苏联和西方列强。陆军现在的计划的主要目标,与以往任何时候一样,就是积蓄军备及其他战争潜力,其规模必须达到足以确保战胜所有强大对手的程度。但是当时陆军很担心，唯恐在华战争导致其长期计划的破灭。

自从在卢沟桥重燃战火，日本一直面临着经济崩溃的危机。为避免这一威胁，采取了一系列影响深远的产业、商业和财政统制的措施。经修订的"满洲国"产业扩张方案再次表现出日本如何对它控制下的大陆地区进行剥削和掠夺。在扩充战争支助产业及支撑税负过重的日本经济时，这些地区的居民被迫承受了越来越大比例的负担。

尽管如此，1938年5月和6月，日本显然遭遇了非常严重的经济和财政危机。陆军虽然获得了对日本政府和国民的控制，但又面临着是否能够实现其野心的新挑战。陆军动员方案的采用已经得到确认，现在的问题是日本国民能否耐得住陆军的政策所引起的艰难困苦。

在这种状况下，1938年5月5日，内阁行使了《国家总动员法》赋予它的权力。在解释这个法律的目的时，陆军重申了其推进全国战争动员的决心，无论有什么困难，也断然要向这个目标迈进。

1938年5月的内阁改组

十天以后，为应付已发生的情势，内阁进行了改组。广田离开了外务省；领导和管控日本经济使之满足陆军动员计划要求的大藏大臣贺屋也辞职了。

因为陆军计划有破产之虞，于是增加了两名军人来加强内阁。其中，板垣中将接替杉山担任了陆军大臣。自奉天事变以来，板垣与陆军以武力对外侵略扩张的计划关系颇深。1936年3月23日至1937年3月1日，他担任关东军参谋长，之后又以师团长的身份参加了对华战争。

新任文部大臣荒木大将，在陆军计划发展初期是军部派的一名领导人。1931年7月，奉天事变爆发前两个月，他被认为是"国本社"的重要成员，这是一个以促进国家主义精神为目标的秘密团体。同年12月，犬养内阁就职时，由于陆军青年军官的要求，他被任命为陆军大臣。在犬养的后任斋藤内阁中，他依然留任原职。

1932年到1933年期间，荒木以陆军大臣的身份主张采用一个能使日本完成战争准备的紧急状态政策。他被公认为强势的军国主义分子主要代表。他在1933年6月的广播演说中，首次披露了陆军长期计划的全貌，并诚邀日本国民合作完成这个计划。

荒木在1933年的行为引起了斋藤内阁的意见分歧，因为人们认识到他所代表的政策正在使日本与世界上的其他国家割裂开来。1933年12月，大藏大臣高桥认为日本对外关系的恶化，陆军和海军的军国主义分子难辞其咎；1934年1月，荒木离开了内阁。但是，他依然领导着要求征服满洲和主张用武力进一步对外扩张的陆军派系。自1934年1月23日起，荒木担任了最高军事参议官一职。1937年10月15日内阁参议会成立后，他又成了内阁参议。

木户在改组后的内阁中留任为厚生大臣，之前在他作为文部大臣的指导下，日本教育制度开始为国家战争动员的目的服务。木户认识到要完成陆军的计划，无论如何必须结束在华战争。他对于徐州胜利的重要性并未做过高的评价，但他相信中国人之间已经有人在谈论和平。因此，他认为日本现在应策划以进军汉口的方式发起新一轮军事攻势。

近卫内阁为实现战争总动员而采取的新步骤

1938年6月11日，经济和财政危机更加严重了，在那一天，鉴于日本在对华战争中不断违反条约义务，美国宣布对发往日本的飞机、武器、引擎零件、飞机用炸弹、鱼雷等实行道义禁运。

1938年6月23日，改组后的内阁（成员包括板垣、荒木和木户）开会决定应该采取何种措施来维持全国备战的目标。这次会议的决定证明了陆军在《国家总动员法》目的说明中所做的预测是正确的。决定特别强调，内阁有决心将其他一切考虑都从属于实现基本国策的目标。对于国家战争动员至关重要的各种措施应立即付诸实行。

内阁的全国经济普查结果显示，1938年日本的出口减少了三分之一。因为这一原因和其他原因，日本对外贸易平衡情况极为可虑。若是情况更加恶化，在紧急情况下采购武器和其他物资将会非常困难，因为缺乏采购所需的外汇。即使依照当时的情势来看，要达到1938年物资动员计划确定的目标也是困难的。五年计划的完成已岌岌可危。

内阁认为，情势极为严重，已经不是头痛医头脚痛医脚所能解决。在获得日本现状要求的扩充生产能力进程中，用权宜之计解决问题将会严重妨碍为满足紧急军事需求所做的努力。

决定采取的激进措施包含了进一步削减非军事用品的供给。即使在扩充战争支助产业方面也厉行节约。依照这种紧缩政策，将采取各种措施维持汇率稳定，保持军需品供给，促进出口和保障国民的生活。

《国家总动员法》所赋予的广泛权力将被用于实现上述目的。政府将实行固定物价，定量供应日用商品。将鼓励储蓄，限制战时利润，回收利用废旧物资。在外国的资金将保存起来，日本将对抵制与其贸易的国家进行报复。对外贸易的管控将统一实施以促进出口。将增加军需品的生产。

特别是将采取激进措施，通过调节供需来节省重要物资。政府将成品出口与所需原料的进口联系起来，以此来确保为最终出口而生产的商品不得在国内市场销售。将允许为维持国民生活、出口和易货贸易所必需的最低数量的进口。除了这个例外，便只有那些满足军事需求和保证军需品生产所必要的进口才会被许可。

内阁有关各省接到训令，要它们为实行内阁所决定的政策各自采取措施，并将完成国家总动员当作紧急任务来对待。

板垣、荒木与国家战争动员

内阁的这两名新阁员马上就对国家总动员方案施以援手。1938年6月26日，即内阁会议后第三天，陆军大臣板垣在一次新闻记者访谈时，讲述了内阁对于日本面临经济困难的认知，并且表明他自己的决心，即这些困难并不会妨碍对中国的征服。他说，蒋介石总司令并未指望在战斗第一线取得胜利，但是他寄希望于通过长期在国家资源方面的负担使日本归于失败。

板垣向受众强调了长期备战的必要性，并表示他坚信日本能够在一个不确定的时间段承受未来战争的考验。他力劝日本国民要深刻领会内阁的国家资源保护方案的精神，与政府当局通力合作。

在评论国际局势时，板垣说："第三国为了保护它们的在华权益而施展种种策略，这是很自然的事情。日本要毫不畏惧、毫不迟疑地实行自己的政策，这就足够了。"

1938 年 7 月 7 日，即在卢沟桥事变一周年纪念日，文部大臣荒木发表演说，其中表达了与板垣相同的观点。这篇演说的大意与 1933 年 6 月他担任陆军大臣时发表的演说大同小异，因为在两次演说中，荒木都是从当前的困局中展望未来，期待实现陆军统治世界的终极目标。

在这次演说中，他说："我们必须为长期战争所要求的国家实力增强做好准备。在深刻理解国民思想的基础上，我们应该阐明日本国体的绝对优越性，应该使'八纮一宇'的精神在全世界广泛传播。"

"必须同时在物质上和精神上实现国家总动员，这将促进国家不断发展，日益繁荣；日本不仅要成为东亚的日本，还要成为世界的日本，成为新时代的领导者；日本国民必须养成高贵的气度和饱满的活力，以完成日本肩负的使命。"

尽管板垣和荒木的语调充满自信、咄咄逼人，但在他们的话语深处，却明显流露出对于在华战争前途的深切不安。只要这个问题不解决，陆军的长期计划就是靠不住的。

1938 年 5 月内阁改组时陆军领导层的变动

1938 年 5 月内阁改组时，陆军领导层也有变动。东条中将被从战地召回，接替梅津担任陆军次官。东条自 1937 年 3 月 1 日起作为关东军参谋长，与陆军对苏战争的策划和准备一直具有密切关系。正是东条向参谋本部进言，在进攻苏联之前应给以中国沉重打击。战火在中国重燃后，对苏战争的军事准备依然吸引他的注意；在实施这项工作时，他与梅津保持了密切联系。

1938 年 6 月 18 日，从北平出发向南挺进的日军师团长土肥原中将，也从中国被召回到参谋本部。土肥原和板垣一样，都深度参与了奉天事变的计划和实行，以及此后陆军计划的制订。他把关于中国局势的第一手资料带到了东京。

1938 年 6 月，陆军次官东条得到了许多其他职务的任命，这些职务都与国家战争动员有关。甚至连他的前任梅津担任的职务也没有这么多、这么杂。东条担任了企划院参与、对满事务局参与和内阁情报部委员。他还被任命为根据《国家总动员法》新设的国家总动员审议会的委员，又成为陆军航空本部长和航空事业调查委员会委员。他还参加了汽车、造船、电力、制铁等产业的委员会，并且是科学审议会的委员。他对海军事务也予以关注，因为他也成了海军审议会的委员。

佐藤中佐继续担任军事准备与战争总动员其他方面的第二个联系协调人。自 1937 年 11 月 26 日起，他把企划院事务官与陆军省军务局课员的两套职能结合在一起了。

1938 年 7 月的华中新攻势

当内阁采取措施维持战争物资的供给时，参谋本部在忙于执行木户赞同的上述计谋。1938 年 6 月，他们起草了在华中发动大规模新攻势的作战计划。约 40 万有作战经验的部队将在畑大将指挥下参加进攻。他们的目标是汉口。如果这一战役获得成功，就可以消除分离南北现存傀儡政权的鸿沟。

改组后的内阁决心尽最大努力去终结中国的抵抗，不使它继续影响战争动员计划。荒木大将在 1938 年 7 月 7 日的演说中说："我们不会放下武器，直到我们把抗日的中国彻底打垮，打到它再也站不起来为止。"

1938 年 7 月，这一新攻势开始，在 7、8 月间，更多的中国城镇和村庄在日军进攻的浪潮中沦陷，日本获得了微小的胜利。但是，没有任何迹象表明中国会投降。

继续准备对苏战争：陆军开始日德军事同盟谈判

在发动对华新攻势的同时，陆军继续为预期中的对苏战争做准备。1938 年 6 月 19 日，新任陆军次官东条接到了关于那些军事准备的正式报告，他在担任关东军参谋长期间曾与此事关系密切。日本驻蒙军正在调查毗连苏联边境的战略地带。驻蒙军参谋长还报告说，正在调查蒙古的天然资源，对已经得到的资料正在检测中。

当内阁冒着经济上的困难努力去完成国家战争动员的时候，在军阀的心目中最重要的任务依然是进攻苏联。陆军大臣板垣和文部大臣荒木都力陈有必要为一场长期战争做好准备。1938 年 7 月 11 日，荒木大将说："日本有充分的决心与中苏战斗到底，哪怕打十年以上也绝不动摇。"

心中已有这种决心的陆军，为达到其军事征服的目标主动采取了一个重要的新步骤。现在国家战争动员方案已被接受而且在进行之中，陆军的注意力就转向了与德国进行交涉以建立更紧密的同盟关系，此同盟关系将增强日本自身的军事力量。在陆军参谋本部的指使下，日本驻柏林陆军武官大岛少将开始与德国政府就缔结日德军事同盟进行商谈。把两国军事力量结合起来的举措将使陆军的对苏战争准备臻于完美。

从这时候起，日德关系的重要性突显，不仅成为日本备战的一个方面，并且也是决定日本国内事态发展的一个重要因素。自 1933 年以来，在希特勒统治下崛起的新德国和日本一样，也正在准备侵略战争和领土扩张。这两个国家专心于实现各自的计划，虽然彼此都不怎么为对方考虑，但双方对苏联都怀有共同的图谋。这种图谋表现在 1936 年 11 月签订的《反共产国际协定》上。

日德军事同盟在陆军计划中早就占据着重要地位。随着进攻苏联的时间似乎越来越近，对这一同盟的需要就显得更加迫切了。为了了解军阀这一计谋的起源与发展，首先有必要大致考察一下陆军对苏战争计划的进程。

陆军进攻苏联的意图源于征服满洲

日本对苏联的反感是陆军野心的本质所固有的，这导致它和德国通过《反共产国际协定》把反苏作为两国的共同事业。1924 年大川最初提倡领土扩张谋略时，就主张占领西伯利亚。1931 年广田任驻莫斯科大使时也持同样的意见。当时广田曾表示，不管日本有无进攻苏联的意图，都必须对苏采取强硬政策，在任何时候都要做好战争准备。在他看来，这种准备的主要目的，与其说是为了防御共产主义，不如说是作为征服西伯利亚东部的一种手段。

把苏联视为敌人，这时已经有了第二个理由。1930 年，正在发动日本国民赞成陆军征服满洲计划的陆军发言人曾强调，日本必须保卫满洲抵御苏联。1932 年 4 月"满洲国"成立时，苏联和西方各国就都被视为敌人。时任关东军高级参谋的板垣中佐被委派到一个新成立的委员会任职，这个委员会的宗旨就是促进"与盎格鲁-撒克逊世界及共产国际侵犯做斗争中的盟友日本"的利益。

大约在三个月之后，日本驻莫斯科的陆军武官向政府报告说，苏日战争将来难以避免。他竭力主张，对于苏联外交人民委员约六个月之前向日本提出缔结《苏日互不侵犯条约》的提议，采取不置可否的态度。1932 年 12 月 13 日，又拖延了五个月之后，日本拒绝了这个提议，理由是两国之间的意见分歧使得关于这类协定的交涉不合时宜。1933 年 2 月，日本再次拒绝了洽谈此类协定的提议。两个月以后，参谋本部的铃木中佐说，此类提议都必须排斥，因为苏联以破坏日本国体为目的，绝对是敌人。因此，日本军阀认为,在所有列强中苏联是一个最妨碍日本成为东亚霸主的国家。

关于对苏战争的军事计划和准备工作稳步进行,这在我们的叙述中已经屡次提到了。到 1933 年 12 月,日本驻朝鲜军正在进行的战备已"考虑到我们对苏开战的时间"。荒木大将甚至在那时就已经制订了以蒙古为踏脚石进攻苏联的计划。

1935 年 11 月,驻瑞士公使白鸟告诉有田,进攻的时机业已成熟。他认为日本应当立即用武力或以使用武力相威胁,迫使苏联退出东亚。

1936 年 3 月 23 日,广田内阁上台后,关东军参谋长板垣采取了将外蒙古包含在日本"新秩序"圈内的措施。1936 年 8 月 11 日日本基本国策决定之后,为了使日本能够"对付苏联在远东所能调动的任何兵力",日本以苏联为目标的准备得到了增强。

前面已经说过,对华战争的再次爆发是陆军扩张计划的一部分,该计划包括最终进攻苏联。在卢沟桥战斗开始之前和之后,日本都保持并加快了对苏战争的军事准备。关东军与参谋本部密切合作,已经为立即发起猛攻做了部署,准备尽可能早地付诸行动。

白鸟在 1935 年 11 月曾说过,如果十年以后发动进攻,苏联也许强大到不可侵犯的地步;如果立即发动进攻,就有成功的机会。他又说,当前世界上没有任何其他国家能够对日本构成真正的威胁。应该以合理的价格,要求割让萨哈林岛和西伯利亚的滨海州[1]。应该使苏联的地位降低为一个"无力的资本主义共和国",它的天然资源应该受到严格控制。

1938 年 8 月陆军攻苏计划延期

为这种紧迫感所驱使,陆军对于日本在华愈陷愈深、经济岌岌可危的状态深感焦虑。军队领导人一直坚持他们的对苏战争准备方案,并向纳粹德国求援。1938 年 7 月,在板垣和东条就任陆军省的职务之后,陆军

1　1938 年 10 月,苏联政府将这一地区命名为滨海边疆区。——译者注

急欲对苏联发动进攻的情绪找到了一个直接的宣泄渠道。

1938年7月初,日本增强了在哈桑湖地区苏联国境的警备队;7月中旬,日本为获取苏联对该地区部分领土要求的承认,派重光赴莫斯科。争议的土地是一个具有战略价值的高地。

重光在整个谈判过程中采取了专横跋扈的态度。1938年7月20日,他以日本对"满洲国"的义务为借口,正式要求苏联部队撤退。

第二天,陆军大臣板垣和参谋总长试图请天皇批准对哈桑湖发动进攻,以迫使苏联答应日本的要求。他们对天皇做了虚假的报告,说是陆军关于此问题的方针已得到外务省和海军省的支持。第三天,即1938年7月22日,此计划提交给了五大臣会议,并得到批准。

1938年7月29日,哈桑湖的日军攻击了苏联的边境警备队。这样打响的战斗一直持续到1938年8月11日,那时候参与这次作战的日军已被击溃。此后日本谈妥了和平条款,争议地区仍然在苏联手中。

关于哈桑湖的作战,在本判决书的后面还会有详细讨论,但是攻击发生的背景在当前的叙述中是很重要的。这个计划是由陆军发起后得到推动和实施的。长期以来陆军大臣板垣一直坚信对苏战争不可避免。他的次官东条指导了对苏战争的详细计划制订和战争准备。发动进攻的时候,陆军正就建立一个新的军事同盟与德国进行商谈,军事同盟主要就是针对苏联。这是为消灭苏联在远东的势力而制定的陆军计划的产物。

日本在哈桑湖的失败导致了立即对陆军计划进行修改。1938年8月25日,佐藤大佐以陆军省发言人的身份,在一次警保局长会议上阐述了陆军的政策。在一次谈论陆军的决心与国家的困难的演说中,他表明了对准备中的对苏战争的一个新态度。他告诫听众,军事准备必须继续进行,因为任何时候都可能爆发这样一个战争。但他强调说,如果现在就挑起这种战争,对日本是不利的。他又说:"但是,如果对苏战争不可避免,那么日本必须在军备和生产力扩充之后选择一个恰当的时机——这应当在 1942 年以后。"

陆军及其支持者的急躁情绪受到了压抑。陆军领导人再次决定要根据基本国策决定的既定原则行事,这一基本国策要求首先在中国建立日本的"新秩序",并完成战争准备。

但苏联仍被视为主要敌人,因为苏联是日本实现东亚霸权目标的障碍。佐藤阐明了日本并未放弃对苏作战的终极目标。他认为这个目标是完成国家总动员的首要理由。他重申了陆军的信念,即必须强化与德意的《反共产国际协定》。然而他的演说透露出,由于在哈桑湖的失败,陆军决心在自愿承担更大的责任之前,在更大限度上实现国力的提升。

我们现在休庭 15 分钟。

(10:45 休庭,11:00 重新开庭如下。)

法庭执行官: 远东国际军事法庭现在继续开庭。

庭长:

为了实现对苏计划,陆军寻求与德国结盟

1935 年,希特勒掌握了德国的政权,当时正专心为对苏战争做准备的日本陆军立即对这个新政权产生了兴趣。1934 年 3 月,在冈田内阁时期,大岛大佐被任命为驻柏的陆军武官。

大岛接到参谋总长的训令,命令大岛考察并调查纳粹政权的稳定性、德国陆军的发展前景、德苏关系的状况,特别是两国军队的关系。大岛还将搜集并报告与苏联有关的情报。他应试图发现如果苏联卷入战争,德国将采取什么态度。1934 年 5 月,大岛就任新职。1935 年春,他从里宾特洛甫那里得知德国有与日本缔结同盟的意愿。他把这项情报传达给了参谋本部。1935 年 12 月若松中佐到达柏林,他是专为调查这项情报而被派往德国的。

这时至少已经有一部分军阀相信,对苏作战时可以得到德国的支持。白鸟在 1935 年 11 月 4 日给有田的信中写道:"由于德国和波兰在对苏关

系上所持立场与我们相同,我们用不着专门和它们寻求理解。一旦爆发战争,它们一定会站在我们一边。唯一成问题的是英国。"

若松和大岛在柏林与德国当局商谈,他们告诉德方,参谋本部赞成两国间缔结全面军事同盟。因为谈判已经到了这样的阶段,陆军把这项提议提交到内阁。同时,五年以前就曾主张占领苏联领土的广田,已经成了总理大臣,而曾接到白鸟密函的有田担任了外务大臣。

1936 年春,即在最终决定基本国策数月之前,广田内阁接受了陆军的提议。新抵柏林的武者小路大使能够证实,德国的确热切希望与日本合作。旷日持久的谈判结果是签订《反共产国际协定》和秘密军事协定,这两个协定都在 1936 年 11 月 25 日得到了日本枢密院的批准。

缔结《反共产国际协定》后的日德关系

《反共产国际协定》并不是德国提议、日本参谋本部表示赞成的全面军事同盟。虽然在 8 月份的五大臣会议中已经明确决定了日本的反苏政策,但此协定是作为一项纯粹的防御措施制定的,其目的是防止苏联进入东亚。外务大臣有田从这个角度向枢密顾问官们做了解释,又慎重表示这并不意味着赞成德国的国内政策。当前日本的舆论还没有为与德国结盟做好准备,这一事实牵制了内阁缔结条约的权力。

但实际上,《反共产国际协定》促进了日本的对苏侵略政策。广田从德国得到保证,只有秘密协议的精神在决定德国对苏态度上具有决定性的作用。如果有必要,秘密协议就会成为两国关系进一步发展的基础。

此外,有田自己揭示了关于《反共产国际协定》是防御性的论点有多么虚假,因为他对枢密顾问官们肯定地说,苏联在对日的一切交涉中都采取着合理的行动。有田自己也不相信苏联会主动挑起事端,即使是在日本的战争准备还不充分的时候。有田还希望借这个协定加强日本在对华问题中的地位。

实际上,缔结《反共产国际协定》的目的是想在反苏和对华方面能得到德国的支持，一方面不偏离日本的舆论，同时将日方的承诺尽量止于最低的限度。

这类想法支配了日德关系以后的发展。在卢沟桥战事开始以后，日本企图把它的在华行动解释为根据《反共产国际协定》实行反对共产主义的斗争，但这种解释未获成功。

日德在华经济合作的广田政策失败

1937 年 10 月 27 日，东乡赴柏林接替武者小路担任大使。几天以后，1937 年 11 月 6 日，日本枢密院批准了日本与德意的新条约，借助此条约，三个缔约国交换了《反共产国际协定》中所包含的承诺书。出席这次枢密院会议的有枢密院议长平沼、外务大臣广田和大藏大臣贺屋。

东乡的任务是使德国相信日本一定会成功征服中国；如果德国支持日本，那么在日本所缔造的"新中国"境内，将保证德国获得优惠待遇。1938 年 1 月，德国勉强接受了这个观点。

尽管如此，广田还是认识到，要开发中国的经济，日本就必须依赖英美的援助。他打算给予德国的只是一些有名无实的特权，而他希望从德国方面得到的却是在华所需的物资与技术援助。因此，广田对于东乡所能给予德国的承诺，规定了严格的限度。

1938 年 5 月至 7 月间，日本的经济危机更加严重了，东乡大使在德方不断增强的不满情绪面前努力应对这项困难的任务。1938 年 7、8 月间，德国政府竟抛开东乡大使而与陆军武官大岛进行谈判，这一事实表明东乡失败的程度。

1938 年 5、6 月间，德国外长里宾特洛甫与东乡曾多次协商关于德国在经济上参加重建中国的问题。里宾特洛甫坚决要求，作为德国承认与援助的回报，对德国本身的在华贸易必须给予特别优惠的待遇。东乡在广田所允许的狭小范围内给予了郑重而又颇有用心的答复。在里宾特洛甫的催促下，东乡解释说，日本不能以条约的形式保证德国拥有比其他第三国更优惠的待遇。虽然德国外长表示了不满，但他的推断是，日本实际上准备给予德国它不愿意以条约形式明确让渡的东西。

最后，里宾特洛甫的幻想破灭了，因为1938年7月24日德国外交部接到了驻华代表关于中国日占区情形的详细报告。报告揭露了在华的日本当局对于德国的权益实行了系统性的歧视待遇。通过给予日本商行优惠，老牌的德国公司遭受了重大损失。

这个情报加剧了德国的不满。1938年7月27日，东乡被告知，来自中国的情报证明里宾特洛甫以前的决定是正确的。日本提出的"特别优惠待遇"这一模糊承诺是不足为凭的，因为在德国政府看来，日本对于在华的外国贸易，包含德国贸易在内，开始了无情的压迫。两国之间关于在华经济合作的条件依然分歧严重。一直到1938年9月8日，陆军武官大岛少将接替东乡担任驻柏林大使时，情况仍然毫无变化。

陆军保持了日本的对德关系

对华战争在卢沟桥再次爆发，最初曾遭到德国的严厉批评。纵然有这样的隔阂，但是对即将到来的对苏斗争念念不忘的陆军仍然向德国求助。1937年下半年，为日本在对华战争中愈陷愈深已感到忧心忡忡的参谋本部请求德国出面干涉，以便与中国当局谈判一个解决办法。

当时对德日关系状况感到不满的德国外交部长不是去联系日本大使，而是与他的陆军武官接触。1938年1月，里宾特洛甫告诉大岛，他认为日本与德国应该进行更密切的合作。大岛把这个情报传达给了参谋本部，参谋本部原则上表示同意，条件是新的同盟要以苏联为主要目标。

同月，德国出于自身利益考虑默认了日本征服中国的企图，并于次月承认了"满洲国"。陆军借此机会加强日本及"满洲国"与德国之间的关系。于是"满洲国"同德国建立了外交关系，并签订了友好条约。

东条中将此前曾表示关东军希望"满洲国"参加《反共产国际协定》，梅津答复参谋本部愿意接受此项建议。这些事项进行之时，占领满洲的日军正在为"紧迫的对苏战争"进行部署。

陆军提议在轴心国之间缔结军事同盟

1938 年 7 月初,板垣和东条分别担任陆军大臣和陆军次官之后不久,陆军再次采取措施促进和德国建立军事同盟。大岛以通常形式向德国外长里宾特洛甫提议,表示在日本陆军看来,日本与德国和意大利缔结全面防御同盟的时机已经成熟。

日本陆军寻求一项协定,它即使不是完全针对苏联,也是以苏联为主要目标。但里宾特洛甫在强调有必要建立强大同盟的同时,却拒绝考虑缔结一个专门为在遭到苏联攻击时相互磋商的协定。大岛根据德方意见,亲自草拟了条约的条款概要,以相互协议的形式,规定在一个缔约国无故遭到攻击的情况下提供军事援助。协定草案还包括各方进行磋商及在经济和政治上相互支持的规定。

大岛与里宾特洛甫一起确定了协定草案的文本后,派专使将草案送至参谋本部。因为协定草案附有里宾特洛甫关于国际情势意见的备忘录,所以它在东京被视为德方提案来处理。陆军领导人全面肯定了大岛的工作,把协定草案转交给了外务大臣宇垣,宇垣立即召集五大臣会议来讨论德方的新提案。

1938 年 8 月 9 日,总理大臣近卫将提案报告给全体阁员。协定中日本明确承诺提供军事援助,这一点海军特别表示反对,木户也认为这是一个严重问题。但是经过讨论,参谋总长通知大岛说,内阁和陆军都赞成建立所提议的同盟。日本愿意缔结协定,承诺在一个缔约国无故遭到侵略时提供军事援助;但日方希望该协定的首要目标是苏联,其次才是其他国家。

由于谈判是在高度机密情况下进行的,所以在议案送达近卫手中之前,东乡大使竟对此一无所知。德国驻东京大使奥特(Ott)也是八个月后才被告知此事。近卫接受了协定草案,他认为草案是里宾特洛甫提出的,尽管它至少在实质内容方面包含了大岛最初向德方提议的条款。

虽然近卫内阁在其任期余下的五个月里并未对缔结同盟采取任何新步骤,但在那段时间,轴心国内部的关系得到了强化;与对华战争相关联的形势表现出日本南进的最初征兆;日本与西方各国的关系持续恶化。

1938 年 8 月,陆军再次下决心征服中国

哈桑湖战役后陆军修改了政策,这在佐藤 1938 年 8 月的两次演说中透露出来了。在演说前一个月佐藤晋级大佐,任内阁情报部成员。同月佐藤卸任企划院事务官的兼职。他保留了在军务局的本职,并开始承担陆军省新闻班长的职责。

1938 年 8 月 25 日和 29 日,在内务省警保局长会议上,佐藤阐述了陆军的对华战争政策。这两次演说是佐藤以陆军省发言人的身份向政府负责官员发表的,是当时陆军政策的权威表述。

佐藤的演说内容庞杂,但主旨是说明陆军决心粉碎中国政府的军事抵抗,同时完成全国战争动员。虽然内阁还没有确定处理对华战争的方针,陆军已经牺牲了自己立即进攻苏联的夙愿,但实现基本国策主要目标的决心更加坚定了。

佐藤讨论了目前进攻汉口的可能结果,表示陆军也不清楚占领汉口能否终止中国的抵抗。但无论发生什么,陆军决定攻陷汉口便是建立一个新的亲日的中国中央政府的时机。

佐藤说,在“新中国”,日本要竭尽全力发挥领导者作用。但与“满洲国”的情况不同,所有政府部门的官员都不会由日本人担任。华北和内蒙古将形成两个地区,其地位与“满洲国”相似。之所以要保持内蒙古,主要是因为它具有准备对苏战争的价值,而华北则将形成一个可以推进经济与工业发展的地区。华北的资源将被开发以满足“国防”的需要,同时华中也会成为扩充日本经济实力的基地。

为了证明陆军对华态度的正当性,佐藤用上了近卫和广田提出过的

所有论点。他企图将陆军征服中国和完成国家动员的热望灌输给听众。他说,日本必须战胜困难,而不是乞求和平。陆军决定,必须克服内阁的优柔寡断,也不允许外国在华调停。

佐藤表示有信心,内阁不会接受据称蒋介石总司令密使正在提出的和平方案。他说,他本人坚信在中国建立新政权是一个不容变更的条件。

成立亲日的中国中央政府的企图

继广田担任外务大臣的宇垣大将本人认为,必须立即采取措施将已经在华北和华南成立的两个亲日政权结合起来。

1938 年 8 月,刚就职于陆军参谋本部的土肥原中将被派往中国,调查如何才能结束战争。土肥原坚持认为与蒋介石总司令不能有任何妥协,于是他开始寻找愿与日本人合作的其他领导人。1938 年 9 月,日本开始筹建新的能按照日本所提条件媾和的中央政府。

1938 年 9 月 11 日,面对新形势,中国国民政府再度向国际联盟提出申诉。国联邀请日本参加为调查争端而立即设立的委员会。

1938 年 9 月 22 日,外务大臣宇垣通知国联日本内阁拒绝参加该委员会。他说,日本政府确信这种程序不能够"对目前冲突提供一个公平合理的解决办法"。同日,在日本人的支持下,在北平成立了一个由中国人组成的委员会,目的是促进建立新的中央政府。

军阀反对与中国妥协

此时所有人都同意对华战争必须速决。内阁和陆军都决心把中国转变成一个能支撑岌岌可危的日本经济和帮助实现全国战争动员的地区。

但佐藤明确指出,对于妥协能否有利于实现主要目标,内阁中的意见不统一。外务大臣宇垣和其他一些阁员倾向于主张陆军应当放弃军事征服的目标,并重启直接和平谈判。

这种意见分歧不仅限于内阁内部。到 1938 年 9 月,日本国内有一种强烈的实现在华和平的愿望,即便这意味着与蒋介石总司令重启谈判。在陆军参谋本部,这种意见也占优势。

然而正如佐藤所述,陆军内部有一个很有影响力的派别持相反观点,他们坚决抵制任何用妥协办法解决对华战争的尝试。陆军次官东条中将就是这种立场的捍卫者,陆军大臣板垣也同意东条的意见。板垣和东条是陆军政策的决策者,佐藤大佐是他们的发言人。在1938年8月的演说中,佐藤大肆攻击反对不妥协观点的人,并说不妥协是陆军作为一个整体的主张。

佐藤说,内阁的对华战争方针有许多可疑之处。就连具有最高地位的人也不十分清楚应该采取什么办法。佐藤把内阁的优柔寡断和军队领导人的果敢决断做了对比,并责备宇垣的支持者妨碍陆军政策的执行。

陆军的计划遭遇反对时,军阀总是会要求立即改组政府机构,并废除政党。佐藤说政府本身必须"革新",以使陆军的在华政策能够得到贯彻。他还暗示采取新措施来解决"政党问题"。于是有人酝酿推动政府"一党制"的运动,称其可以一举克服日本国内外的各种困难。

1938年9月,内阁危机导致外务大臣宇垣辞职

总理大臣近卫主张不与中国妥协,他因获悉德国提议缔结全面军事同盟而勇气倍增。1938年9月7日,近卫与厚生大臣木户等对占领汉口后的形势进行了预判。木户本人是日本侵华的坚定支持者,他表态说,如果最终没有出现中国投降的迹象,那就有必要与蒋介石总司令重启谈判。近卫回答,万一他被迫走出那一步,他就辞职,因为责任太重大了,他承担不起。他忿忿不平地谈起了外务大臣宇垣对他的批评,并表示他相信宇垣周围的那些人将试图迫使他的内阁辞职。

木户与1937年11月政治危机时所做的一样,立即站到了近卫和军阀一边。他说如果依照宇垣的方针来处理政治局势,日本国内可能会出现混乱,这将导致日本败于中国之手。因此,他鼓励近卫鼓起勇气继续任

职。木户此时的这番话表明，他已经知道宇垣的政策深受民众认同。

确知木户的支持后，近卫向他披露自己已经暗中获悉陆军建立独裁制的谋划。近卫说他觉得政党合并的建议有可能会把他推上已决定的"一党制"党首的位置，这样国策便可在没有进一步反对的情况下在日本得以实施。近卫对此问题并未公开表明任何观点，只是继续留任以观察接下来会发生什么。

板垣、木户和近卫背后的军阀势力对宇垣派来说太强大了。在1938年9月这一个月里，宇垣退出内阁，近卫本人承担了外务大臣的职责。于是，日本政府再次下定决心，朝着国策决定规定的目标稳步前进。

1937年7月至1938年9月，陆军政策的变化

在这里，我们有必要回顾和分析一下卢沟桥事变以来陆军政策的变化。在华战争的再起，是参谋本部按照东条的意见发动的。它是陆军对苏战争计划的第一步。1937年第四季度，参谋本部越来越担心在华战争的逐渐扩大会使陆军计划的主要目标遭受挫折。陆军领导人开始感到忧虑，于是他们再次自作主张，请求德国出面调停争端。

结果在1937年11月和12月通过德国机构提出了中国和平建议。这个建议失败了，因为外务大臣广田坚决不容许对华妥协。获得木户和广田支持的总理大臣近卫继续留任，并发誓近卫内阁今后不再与蒋介石谈判。这是1938年1月11日的御前会议上做出的决定。

即便此时，参谋次长（也是参谋本部实际首领）多田中将仍然极力赞成设法立即解决在华战争。1938年1月15日，为考虑应该采取的对华新行动召开了一次联络会议，这次会议持续了11个小时。参谋本部极力反对内阁的对华政策，以致多田试图使御前会议的决定被撤回。陆军为了避免对苏战争准备受到更多妨碍，愿意不惜任何代价尽快结束战事。近卫和木户坚决反对陆军的意见，于是广田的政策占了上风。

1937年11月以来一直对日本构成威胁的经济和金融危机，到了

1938 年 5 月更加严重。中国的抵抗也没有减弱。虽然陆军在这段时间里使《国家总动员法》获得通过,但长期战备方案和立即进攻苏联的计划均遭遇了重大挫折。对这一演变负最大责任的外务大臣广田辞职,大藏大臣贺屋也因未能扭转经济危机而辞职。军阀首领板垣和荒木成了内阁成员。深谙日本对苏战争准备的东条接替梅津出任陆军次官。

此时,宇垣大将作为外务省广田的继任者参加了内阁。多年来宇垣一直持有与军阀的观点迥然不同的见解。他丝毫不为军阀所信任,陆军领导人在 1937 年 1 月就曾阻挠了他组阁的尝试。然而,在一个特定问题上,宇垣与军阀首领的看法一致。谁都知道宇垣赞成早日结束对华战争,即使这个目的必须通过与中国国民政府谈判才能达成。

新上任的陆军次官东条虽然支持及早攻苏的陆军计划,可是反对因妥协而牺牲陆军的在华目的。总理大臣近卫和厚生大臣木户尽管也都希望尽早结束在华战争,但坚持认为必须首先粉碎中国的抵抗。

1938 年 7、8 月间,日军在哈桑湖攻击苏军以失败告终。经历了失败后,陆军延迟了立即对苏开战的计划。

由于这一延迟,立即结束对华战争就变得没那么紧迫了。虽然大部分参谋本部成员仍旧赞成对华谈判以获取和平,但陆军大臣板垣却同意东条的主张,不容许与中国国民政府妥协。总理大臣近卫也始终坚持这一意见,并获得了木户的支持。

外务大臣宇垣的见解再次与军阀的观点直接对立,军阀们因有望与德意缔结更为紧密的军事同盟而信心倍增。宇垣退出了内阁,陆军的政策又一次无人反对了。

由于接受了延迟攻苏,陆军得以确保 1936 年国策决定的主要目标。在华战争只有在建立新的亲日中央政府后才能结束,因为只有它才能按照日本的条件来媾和。而这样的"新中国"将对日本的全国动员方案做出重大贡献。与此同时,日本将与德国谈判建立军事同盟,并加快完成国内的战争准备。

陆军在舆论动员中的作用

1938年5月19日，陆军在说明《国家总动员法》的目的时宣称，人民是国家战斗力之源，所以动员的首要要求是精神力量。为此目的，将动员教育机构和宣传机关开展统一的运动。在一周后的内阁改组中，军人兼军阀首领荒木大将出任文部大臣。

已被用于引导舆论支持战争的审查和宣传措施涉及面很广，是陆军在征服满洲后花了数年时间制定的。这种演变在很大程度上是荒木造成的。他在1931年12月成为陆军大臣，经历了犬养内阁和斋藤内阁，直到1934年1月离职。在此期间，陆军对舆论的控制得到了稳固确立。报纸只准发表军阀接受的见解，任何反对陆军政策的言论都遭受威胁和报复。胆敢对陆军及其支持者提出任何批评的政治家也受到威胁。政治领袖甚至内阁阁员也常遭警察跟踪。警察虽然是对内务大臣负责的，但在这件事上却服从陆军大臣荒木的指挥。

在接下来几年里，陆军与警察保持着紧密联系。从1935年起，媒体完全由警察支配。1936年广田内阁上台时，警察不容许任何人批评政府的政策；卢沟桥事变后，反对对华战争的议论都遭到严厉压制。1938年8月陆军计划修订后，陆军省发言人佐藤立即在内务省警保局长会议上说明了陆军的新政策，这表明陆军与警察之间的紧密联系。

在教育领域，荒木和军阀的影响力也同样巨大。荒木在出任陆军大臣之前，就想在大学推行已在日本中小学施行的军事训练和军事教学体制。1932年和1933年，他作为陆军大臣鼓励扩大此类训练。陆军省所派军事教官加强了对学校当局的控制，并教导学生支持陆军的扩张主义目标。

在1932年和1933年间，军阀的施压以及陆军对国内外政策问题上的不断干涉，引起了斋藤内阁内部的意见分歧。1934年1月，荒木离开了陆军省。此后，学校军事训练和军事教学不再像过去那样受到重视，直到 1936 年 3 月广田内阁执政。

1937 年 7 月 7 日对华战事再起之后,各种形式的舆论控制加强了。学校中的军事教官脱离了学校当局的管辖获得完全独立。五个月后,即 1937 年 11 月做出决定,一切教育的根本目标应该是促进为日本服务的事业。同月,木户就任文部大臣,于是开始把教育系统的任务转变为培养日本国民的好战精神。警察与文部省当局合作,确保所有的大学教师都积极协助培养学生的好战精神。

陆军在说明《国家总动员法》的目的时强调了加强这一工作的必要性。被任命为文部大臣的荒木在 1938 年 5 月 26 日被授权负责这项工作。

荒木对日本教育系统的影响

1938 年 6 月 29 日,在荒木就任文部大臣一个月后,学校和地方当局接到了一项新的训令。文部省的这项新训令反映了 1938 年 5 月 19 日陆军所表达的希望。通过动员教育机构开展统一的运动,要尽一切努力来强化日本国民的好战精神。

文部省的训令宣称:"学生是国家活动之能量源泉,民族之脊梁。他们必须认识到自己对这个国家的责任有多么重大。"训令接着说,因此,整个教育系统的首要目标就是培育和发展民族精神。"必须竭尽全力向青年人灌输忠君爱国之真义,培养献身奉公之精神。"应该使学生彻底理解日本的"国体"及"民族文化之特性"。

纯军事性质的训练倍受重视。这不仅是为了培养学生"尽皇民本分所应有的"军事能力,也是为了灌输爱国精神和对上级的绝对服从。

荒木继续了木户所开始的工作。他担任文部大臣是从 1938 年 5 月 26 日起到 1939 年 8 月 29 日平沼内阁辞职为止。在这一时期,日本的学校系统完全处于陆军省所派军事教官的支配之下。军事训练和军事教学成了日本大学的必修科目。在中小学和大学,所有的课程都是为培养日本国民的好战精神这一基本目的服务的。

经济与产业战时动员的一般进展

1938 年 9 月，内阁重新下决心来实现陆军长期经济和产业计划的目标。日本国内的产业军事编制化方案已经有相当的进展。取得这一成就大部分是通过国策公司的机制，而国策公司是为了满足政府的特殊需要根据专门立法组建的。这些公司由政府直接管理与控制，在各自的企业范围内具有非常广泛的权力。这些公司的资本约有一半由政府提供，政府还给予这些公司补贴和免税待遇。贺屋 1937 年 6 月 4 日至 1938 年 5 月 26 日在大藏大臣任上牵头创建了新的产业等级体系，他于 1938 年 7 月 1 日被任命为大藏省顾问。

佐藤在 8 月的演说中告诫各警保局长必须继续推进这一进程。他说："当我们考虑可能发生的对苏战争时，就感到我们现在的军需生产力是很不够的。"因此，陆军坚持认为，必须永久性地将自由的产业经营转变为统制的产业经营，且必须通过实施《国家总动员法》来完成。佐藤指出，特别是应该利用这一进程去解决与日本依赖进口和外汇不稳定有关的问题。

尽管日本对占领领土开发利用，并为恢复经济和调整贸易差额采取了极端措施，但在日本本土对战争支助产业的补贴支出却日益剧增。内阁在遭遇重大财政困难时所采取的新措施很好地反映了它实现国家战争动员目标的决心。1938 年 9 月 16 日，为开发日本以及被日本占领的大陆地区的黄金资源，成立了一家新的资本金为 5 000 万日元的国策公司。

同时也采取了一些新措施来保护那些依赖进口供给的战争物资。1938 年 11 月 21 日制定了一个关于回收利用废钢铁的法规。一家垄断废钢铁流通和买卖的管理公司成立并被置于政府的管控之下。

然而，1938 年下半年，主要支出集中在把中国发展成一种经济与产业上的有用资产以及在华作战费用方面。仅陆军省的预算就从 1937 年度的 27.5 亿日元增加为 1938 年度的 42.5 亿日元。1938 年度的全部军事预算竟占该年度国家预算总额的四分之三。如此庞大的支出，其目的就是完成全国战争动员，以及通过压制中国的抵抗，开发天然资源的新领域和战争支助产业的潜力。这就是佐藤大佐在最近的演说中披露的陆军政策。

把日本的"新秩序"扩展到中国的日占区

1938 年 7 月 29 日，东乡大使向德国提出经济援助的最后请求时，对里宾特洛甫承认日本打算将其统治扩大到全中国。佐藤在 8 月演说中再次强调的这一目标成了 1938 年最后四个月里日本政策的基本特征。在华中和华南，陆军都获得了胜利，因此日本控制了大部分中国领土。在华北和华中，日本的政治控制与经济支配得到了加强和扩张。虽然中国的抵抗并未终止，但日本在很大程度上获得了 1936 年国策决定所要求的"在东亚大陆的稳固地位"。

1938 年 9 月外务大臣宇垣辞职之后，陆军征服中国的目标就受到了近卫内阁的无条件支持，板垣、荒木和木户都是近卫内阁的成员。自 1938 年 7 月 20 日起，松井大将成为内阁参议会参议。此前在对华战争较早时期，即 1937 年 10 月 30 日至 1938 年 3 月 5 日，松井指挥了日本的华中派遣军。在内阁改组之后，1938 年 7 月开始的军事进攻在 9 月和 10 月一直持续进行。

1938 年 10 月 20 日，日军占领华南主要城市广州。五天之后，即 1938 年 10 月 25 日，华中的日军达到目的，占领了汉口。于是日军又充分利用这一胜利向华中腹地进一步推进。

华南过去是日本势力最弱的地区，日本占领该地区后就开始辅助对占领区进行重建与开发。企划院声明，为巩固日本在该地区的军事胜利成果，必须立即采取行动。在华北和华中已经建立了受日本支配的政治和行政体制。陆军对这些地区的计划是要求重建、开发经济和扩充战争支助产业。

1938 年 11 月 3 日,总理大臣近卫发表广播演说,他宣布日本对华政策的新阶段业已来临。他谈到将通过开发中国的天然资源来实现"经济合作"。近卫说,这是实现日本在东亚建立"理想新秩序"这一目的的根本步骤。重建方略与作战行动及政治工作同等重要、同样紧迫。通过这些方略,就可以打倒国民党政府和巩固亲日的"新中国"。

兴亚院

1938 年 12 月 16 日,日本建立了常设机制以确保对中国的政治与行政支配,因为就在那天,内阁创设了一个专门处理所有有关中国国内行政事务的新机构——兴亚院。兴亚院有专任职员 150 名,但该职数可根据总理大臣的决定增加。总理大臣本人因职务关系担任兴亚院总裁,陆军大臣、海军大臣、大藏大臣和外务大臣也同样由于职务关系而担任副总裁。总裁官房由总务长官和四个部长领导。

新成立的兴亚院将指导中国的政治、经济和文化发展,并协调日本政府各机关处理对华行政事务的所有方面。

兴亚院具有双重意义。首先,该机构提供了一种方法,将中国被占领区的事务置于对实施全国战争动员负有最大责任的五大臣直接权力之下。1936 年决定基本国策纲要的就是五大臣会议。1938 年 8 月,外务大臣宇垣也首先把德国关于建立军事同盟的提案交给这五个人。正是这个"内阁核心"现在将控制对华开发工作,这项工作不仅是日本"新秩序"不可或缺的一部分,也是日本进一步武力扩张准备的重要方面。

其次,该机构是常设事务机关,专门关注中国局势的发展,规范和管理日本的对华事务,并确保日本内阁不会漏掉对任何有关中国重要事项的关注。

兴亚院设立之日,隶属于陆军中央兵器军需库的铃木少将成为该院四部长之一。

推动中国经济与产业开发的措施

正如佐藤所指出的,在华的军事胜利仅仅是完成政治和经济目标的踏脚石。在获得了1938年10月的胜利后,近卫内阁就专注于实现陆军1937年计划预示的对华经济与产业开发工作。新方案沿袭在"满洲国"和日本国内采用的产业军事编制化的相同模式。

1938年11月3日,总理大臣近卫在广播演说中描述了获得这一结果的办法。开发华北和华中经济的主要机构就是1938年4月30日创设的两大国策公司。近卫说,华北开发株式会社和华中振兴株式会社是为了实施日本国策而设立的。他解释说,这两个控股公司将为直接从事特定方面重建和产业发展的子公司筹措资金。华中振兴株式会社将承担战争破坏地区的重建工作,而华北开发株式会社将立刻对日本的备战需要做出贡献。因为华北所受的战争损失不太大,并且这个地区有丰富的铁、煤及其他天然资源,开发出来就可以充分利用。

在中国所实施的政治和经济措施以及军事措施都是陆军计划的产物。东条中将征服中国并利用其资源的决心,对于已经实现的一切有很大关系。在陆军大臣板垣优柔寡断之时,东条表现强硬,最终使板垣同意了他的意见。

自1938年5月30日任陆军次官以来,东条兼任了许多职务,这使他与战争动员的各个主要方面密切接触。此外,他还是统制和支配华北和华中经济的这两家国策公司的组委会委员。1938年12月10日,当陆军对华计划趋于实现之时,东条辞去了他的主要职务,成为陆军航空总监。

陆军利用与德国结盟来控制日本的外交政策

1938年8月9日,内阁会议讨论了德方提出的关于缔结全面军事同盟的提议,会后,内阁同意将此问题委之于军部之手。大岛得到陆军参谋本部的通知,说内阁和陆军都赞成里宾特洛甫的提案,但希望这个新同盟主要是以苏联为目标。

内阁默许这一提议，表明了陆军对日本外交政策的影响程度。日德两国之间已经稳固的关系是由陆军经大岛少将之手发展起来并维持下去的。

1934年5月大岛首次出任驻柏林陆军武官。当时给他的训令是要他研判纳粹政权的稳定性和德国陆军的潜在价值，以及如果苏联卷入战争德国可能采取的态度。大岛成了外交部长里宾特洛甫的心腹之交，陆军利用这种关系来维持对德关系。陆军还利用这种关系间接地影响日本的外交政策。

1936年11月在柏林缔结的《反共产国际协定》就是经参谋本部批准由大岛和里宾特洛甫进行谈判的结果。1937年11月，参谋本部利用同样的方法试图去改变近卫内阁的对华政策。外务大臣广田勉强接受了德国提出的"斡旋"解决对华战争的建议，因为这场战争疏远了日本与反共产国际伙伴国之间的关系。这一调停建议表面上是由德国主动提出的，而实际上也是大岛按照日本参谋本部的指示策划的。最后，1938年8月9日提交给近卫内阁的关于建立全面军事同盟的德国提议，其实是德国当局与参谋本部成员之间秘密谈判的结果。

这一最终提议的形成，始作俑者其实是大岛本人。在1938年最初几个月里，大岛接到了参谋本部中与这个问题直接相关部门的通知，说在他们看来，现在正是缔结日德全面军事同盟的好时机。尽管通知者明确表示他们并不代表参谋本部整体，可是大岛通知德方时则说，日本陆军希望缔结这一同盟。大岛本人先起草了内容大纲，然后和里宾特洛甫一起确定了提案的文本。这时候参谋本部才把它当作德方主动提出的建议表示赞同后，提交给外务大臣宇垣。里宾特洛甫与大岛在东乡大使不知情的情况下谈判了几个月，那几个月里东乡大使正代表日本政府谈判德国参与中国日占区经济的条件。

外交代表的变更表明内阁希望加强同德意的关系

1938年9月和10月，在外务大臣宇垣辞职之后，日本更换了外交代表。这些变更表明，内阁虽然还不愿给予肯定的承诺，但与陆军一样渴望与德国建立更加紧密的同盟。

既然暂时不考虑立即对苏作战，就需要对苏采取较为缓和的姿态。由于1938年8月在哈桑湖的败北，日本放弃了重光大使曾露骨提出的割让毗连"满洲国"边境苏联领土的要求。1938年9月22日，重光卸任驻莫斯科大使，改任驻伦敦大使。东乡则继重光之后出任驻莫斯科大使，东乡的驻德大使经历使他适合于执行不太强硬的政策。一年之前，东乡曾努力说服德国相信日本承诺的诚意，而实际上日本根本无意信守承诺。

东乡调到莫斯科有双重目的，因为他失去了德国的信任。1938年10月8日，他的陆军武官大岛继任驻德大使。

此前大岛的活动已经严重篡夺了东乡的外交职能，也大大损害了东乡的权威。1937年，当东乡信誓旦旦地保证日本决心完成征服中国大业时，里宾特洛甫却从大岛处得知日本陆军希望举行谈判以解决对华战争。1938年，东乡根据广田政策提出在中国被占领地区给予德国优惠地位，而大岛的建议则激起德国缔结三轴心国军事同盟的希望。1938年8月，东乡诺言之有名无实完全暴露，就在同一个月，大岛的工作却赢得了近卫内阁的普遍认可。

因此，大岛出任大使意义重大。这表明内阁批准了着眼于对苏战争而缔结军事同盟的谈判。这个任命把一个完全受陆军信任的军人放到了之前一直由职业外交官占据的位置上。这是陆军在日本外交政策领域的重大胜利，也是朝陆军的战争准备迈进了一步。

提拔大岛是向德国保证，日本现在诚恳希望与德意联合。大岛本人由于地位与名誉的提升，可以放开手脚与里宾特洛甫合作缔结三国军事同盟。

在意大利也要进行这项工作。1938年9月22日,即大岛任驻柏林大使前两周,一向希望对苏战争的白鸟被任命为驻罗马大使。白鸟自己认为缔结三轴心国军事同盟是他的主要任务。

白鸟的任命也是陆军政策在外交事务上取得胜利的又一个重要例证。他与军阀来往已久。1930年10月31日至1933年6月2日,他担任外务省的情报局长。其间,他表明自己是陆军征服和扩张方案的坚定支持者。1932年5月,总理大臣犬养被刺前几周,内阁和文职官吏分裂成两派,一派支持总理大臣的自由主义政策,另一派则属于"皇道"派,即以陆军大臣荒木为首领的军阀。当时在外务省和陆军一起吵着要求退出国联的官员中,白鸟是很著名的分子。他认为国联成员国身份与征服满洲之后日本的地位势不两立。

四个月后,在斋藤内阁任内,白鸟又表达了军阀的观点。他认为日本的困难是由于缺乏一个强力政府引起的。因此,他主张任命陆军大臣荒木为总理大臣,并说荒木作为一名"强大的军国主义者代表",能在今后五六年中坚定不移地推进政策。

白鸟认为他留在东京对于维护自己赞同的见解非常重要,因此不愿接受派他去国外的任命。虽然如此,1933年6月2日,他被任命为驻斯堪的纳维亚地区各国的公使,在国外任职期间支持陆军关于日本应尽早进攻苏联的观点。

1937年4月28日,在卢沟桥事变爆发前三个月,白鸟被召回东京,并被指定负责外务省临时任务。

1938年初,他游历了华北和华中,发现自己对外交政策的意见与板垣中将的看法完全一致。

1938年6月,板垣任陆军大臣后不到两周,就要求近卫任命白鸟为外务次官。这项要求很快得到了外务省少壮派官吏的拥护,为此大川向外务大臣宇垣提交了请求书。近卫认为这个建议切合政治局势,但由于宇垣和外务省高级官员的反对,这一任命未能实现。

1938 年 8 月,内阁接受了与德意缔结军事同盟的建议,同时陆军修改了它的对苏战争计划。1938 年 9 月宇垣辞职,这表明陆军及其支持者在内政和外交政策两方面都获得了胜利。当月,大岛成为驻柏林大使,而白鸟被任命为驻罗马大使。

陆军继续与轴心国进行军事同盟谈判

陆军得到了内阁的帮助,进一步努力巩固对德友好关系。1938 年 10 月 2 日,陆军大臣板垣致电希特勒,表示陆军对德国成功处理捷克斯洛伐克的苏台德问题深感钦佩。他祝愿德国国运日隆,并希望"在反共产国际阵线上联合起来的日德两军的友谊日益增强"。

在柏林,大岛大使在为德日陆军之间更加紧密的合作而努力。1938 年 9 月或 10 月,他派遣间谍越过苏联国境,并与德军领导人商谈交换有关苏军的情报。

同时,罗马与柏林都在考虑三国同盟的方案。德国方面已经与墨索里尼(Mussolini)及他的外交部长齐亚诺(Ciano)讨论过这项计划。墨索里尼虽然还未准备好缔结同盟,但表示基本同意这个方案。

同盟议案的文本是由大岛、里宾特洛甫和齐亚诺直接磋商后起草的。有效期定为十年,并增加了"不得单独媾和"的新条文,此外还拟定了一份议定书草案,规定援助义务产生时应立即磋商。

1938 年 12 月,大岛经日本政府批准访问了罗马,结果却发现墨索里尼还不准备考虑立即缔结同盟。

我们现在休庭到 13:30。

(12:00 休庭)

下午庭审

休庭后,13:30 庭审人员到场。

法庭执行官: 远东国际军事法庭现在继续开庭。

庭长：我继续宣读本法庭的判决书。

日德文化协定及近卫内阁的对德政策

1936年11月缔结《反共产国际协定》时，日本和德国还签署了一个秘密军事协议。德国当时声明，秘密协议的精神是确定德国对苏态度的唯一决定性的东西，在必要时该协议是进一步发展日德关系的基础。陆军目前从事的工作就是实现这一发展。

1938年10月，有田接任外务大臣，这个位置在上个月宇垣辞职后是由总理大臣近卫亲自兼任的。有田曾任广田内阁的外务大臣，所以没有谁比有田更了解陆军的各项计划。那时候，他以外务大臣的身份出席了决定基本国策的一系列重要的五大臣会议。在那一时期，有田作为外务大臣指导了缔结日德《反共产国际协定》和秘密军事协定的各种谈判。1936年11月，当该协定提请枢密院批准时，有田担任内阁发言人。

1938年11月22日，枢密院批准了日德文化合作协定。平沼主持了枢密院会议，陆军大臣板垣和文部大臣荒木出席了会议。有田再次担任了这一旨在加强日德两国关系之措施的发言人。

这个协定明确了两国之间的文化关系应以各自的国民精神为基础，该协定获得了枢密院审查委员会批准。该委员会在报告中说，这个协定可以强化友谊的纽带，"促进文化事业"，并且有助于实现日本外交的总目标。

与批准《反共产国际协定》时一样，有几位枢密顾问官对内阁亲德政策的真正意义忧虑重重。虽然有田保证这个新协定没有任何政治含义，但其中一位顾问官仍不满意，他指出，"最近我国追随德国潮流的倾向是无可否认的"。他又说："鉴于这一事实，我重申并希望，在批准这个条约之前，应该有某种办法来防止我国可能犯的一切错误。"

两年前支配着内阁对德政策的想法依然如故。这次枢密院的会议记录显示，日本舆论还没有预期与德意缔结紧密的同盟。有田故意压低文化协定的意义,是因为内阁还不愿意承认打算缔结这样一个同盟。此外,木户等人对德方建议的同盟形式表示了担忧,怕它会使日本承诺过重的义务。尽管受这两个因素的限制,近卫内阁仍尽一切可能提早借三轴心国军事同盟来加强日本国内的战争准备。

1938 年日本与西方各国关系全面恶化

尽管与德意军事同盟的提案在日本的坚持下主要以苏联为目标,但这个新提案不可避免给日本对西方各国关系带来不利影响。1938 年 8 月,当总理大臣近卫最初接到全面军事同盟的德方建议时,他也获悉了德方关于国际局势的见解。外交部长里宾特洛甫认为对苏战争无可避免,匈牙利和捷克斯洛伐克有可能成为同盟,罗马尼亚大概会保守中立。他认为要使法国脱离英国是不可能的,从而暗示这些国家是潜在的敌对国,而且说美国会给这些国家提供经济援助,但大概不会提供军事援助。日方后来得知,里宾特洛甫在把军事同盟议案提交日方之前,与希特勒本人深入讨论了这个议案。

因此,内阁和陆军都很清楚,德国期望的同盟在一定程度上是以西方各国为目标的。内阁同意谈判缔结一个不仅针对苏联,而且针对所有其他国家的条约,这意味着他们默认了德国的建议。

在同一个月,即 1938 年 8 月,陆军重新检讨了立即进攻苏联的计划,并集中力量在中国建立日本的“新秩序”。到了 1938 年 12 月,1936 年国策决定中包含的对外扩张目标已经大体实现。他们公开宣扬“大东亚共荣圈”业已形成,而日本在东亚地区的地位要求它——用国策决定的措辞来说——必须“排除列强的霸道政策”。佐藤大佐在 1938 年 8 月 25 日说:“英苏两国在支持中国,为中国提供直接和间接援助,严重妨碍了我们的军事活动范围。”

1938 年下半年,日本与西方各国原本已经紧张的关系明显恶化。陆军实施的长期计划已发展至此,日本所有关于友好和尊重条约之类的声明不再有人相信了。日本的领导者虽然还没有准备好开战，但已打算做出更大胆的发言与行动。国家总动员已部分完成，现在又有德国承诺提供支持。占领中国似乎正在稳步推进，而日本新帝国的存在已不可否认。

这些必须深入探讨的进展并不表明政策上会有任何改变。日本一方面正在完成战争准备，另一方面依然要"努力维持与各国的友善关系"；但是必须"排除万难实现"国策决定的目标。日本对西方各国的新态度体现在佐藤8月对警保局长会议的演说中。他说："我们应在一定程度上承认英国的权益，但必须使它们断绝与蒋介石的一切关系。"

1937 年 7 月至 1938 年 9 月，日本对西方各国在华权益的损害

1937 年 7 月 7 日卢沟桥事变爆发，对华战火重燃。从此以后，日本损害西方各国在华权益的事件日益增多。日本频繁袭击在华的英美国民及其财产，这些事件自然反复成为外交抗议的主题。

这不仅损害了日本与西方各国的关系，还系统地违反了日本维持在华"门户开放"和商业上机会均等的条约义务。关于这些行为的最确凿的证据来自德国。1938 年 7 月 24 日，德国驻华代表向德国政府报告说，日本陆军当局正在竭力使中国与内蒙古成为其经济附庸。他们说，日本企图让这些地方的经济专门为日本服务，并且消除一切外国权益。

在应付外国的抗议时，日本当局总是表示要尊重条约义务，并对已发生的事件表示遗憾，还为自己辩护说这是战争中迫不得已的事情。但到了 1938 年 6 月，当板垣和荒木出任近卫内阁阁员与木户成为同事后，便逐渐表现出一种独断专行的新姿态。

1938 年 7 月底，英国驻东京大使提出了一份英国所受损害的概要。外务大臣宇垣表示了他对解决这类问题的善意，同时对英国大使说，如果英国能对日本更友好些并停止支持蒋介石，那么问题将更容易解决。

因为日本没有对中国宣战，所以没有正当理由抱怨其他国家援助中国国民政府的军队。而且，英国及其他各国都是国际联盟的会员国，它们

有义务支持国联 1937 年 10 月 6 日通过的决议。该决议宣布,鉴于日本在中国的行动属于侵略性质,所以全体会员国都应避免采取可能减弱中国抵抗力量的行动,并且各国应考虑可能采取何种办法给中国以积极的援助。

宇垣声明的真实意义是暗示日本决心对西方各国施加压力,迫使它们默认其征服中国。次月,日本的这项政策被挑明了。

1938 年 8 月,日本要求英法两国取缔其天津租界内中国人的爱国活动。关于这类活动,根据国际法日本没有提出要求的依据,而且取缔也不符合国联决议的主旨。尽管如此,英法当局遭到威胁,如果不依从日本的要求,就要被赶出其合法占据的地方。

1938 年 9 月宇垣辞职后,蔑视一切的新姿态表现得更加明显了。1938 年第四季度有田就任外务大臣后,日本首次公开承认有违反条约义务的打算。因此,有必要对这一时期频繁交换的外交文书加以详细审查。

1938 年 10 月至 12 月,继续损害西方各国在华权益和"大东亚"主义的出现

1938 年 10 月 3 日,美国驻东京大使约瑟夫·C. 格鲁提出了一份美国的投诉概要。格鲁说,日本违反了遵守"门户开放"原则和保护美国在华利益的诺言。他强调,只要对通商贸易的规范、课税及禁止的最后决定权掌握在日本手中,那就不可能有什么"门户开放"。

三天以后,格鲁在一封详细的照会中列明了这一抗议的根据。照会指出,日本公司在"满洲国"享有特殊的优惠待遇,对货物流动的限制使外国贸易商承受日本竞争对手所没有的负担,并且已经有证据表明这类措施也将适用于中国的其他地区。在"满洲国",以军事上的必要为借口,不准美国公民管理自己的财产。美国船舶被拒绝在长江下游航行,尽管日本商船在那里畅行无阻。青岛港也掌握在日本人手中。

最初这类投诉只由外务省发言人给以温和的答复。发言人说，这类情形是战争紧急状态下不可避免的事，其他国家应当谅解日本的处境。但后来逐渐地抛出了东亚"新秩序"理论。1938年11月3日，总理大臣近卫发表声明说，日本将与任何能正确评价日本的真实意图并采取适合新情势之政策的第三国合作。

1938年11月18日，有田对这些投诉做了一般性的答复，再次指出这是由于战局紧张的需要，并称因为日本现在正努力建立"东亚新秩序"，所以事变前制度的诸原则已不再适用。美国代表告诉有田，这种答复意味着完全拒绝了美国的要求，外务大臣答道，"门户开放"原则仅适用于中国是极不合逻辑的。格鲁大使再度强调美国遵守条约义务和"门户开放"的原则，而他的这番话引出了有田更明确的回答。有田说，日本虽愿与第三国合作，但在目前情况下要日本承认无条件适用"门户开放"原则很困难。为促进中日之间更加紧密的关系，日本将采取一些必要的措施，这些措施也许需要不时取消这类原则的适用，但仍然会给其他国家的经济活动留出相当余地。对于长江航运问题，他不能给予任何保证。

在交换意见两天后，格鲁大使对1938年11月上旬日本领事馆和陆军当局接管广州海关提出了抗议，因为这再次违反了"门户开放"原则。这次有田把日本的立场交代得很清楚。他说，原封不动地适用为防止远东国际纠纷而制定的各种条约，"反而阻碍了实现和平与普遍繁荣"。他说，虽然日本原则上同意"门户开放"政策，但是必须承认日本与中国及"满洲国"之间的"最惠关系"，这与大英帝国内部的情形相同。将会允许一些垄断企业来满足关键的防御需要，但一般来说不会对第三国施行特殊的歧视性待遇。

格鲁表示，美国政府不能承认单方面改变条约义务。1938年12月30日，他又向有田做出进一步回答，坚持认为任何现状的改变都必须经过各国之间的会议。自此以后，会谈在相当长一段时间内陷于停顿。

攻占海南岛并向法属印度支那施压的决定

1938年第四季度,日本政策出现了新的发展,有意加强了与西方各国的矛盾。1937年7月17日,即在卢沟桥重启对华战争十天之后,法国签约通过印度支那向中国国民政府军队提供武器弹药。因为日本从来没有向中国宣战,所以这个合约并没有违反中立的法则。尽管如此,日本还是不断向法国当局提出抗议。由于日本不断施压,法国于1937年10月做出承诺,在现有合约履行完毕后,将停止军需品的供应。

1938年10月26日,有田就任外务大臣之后,日本提出抗议,法国仍然经过法属印度支那向国民党军队运送武器。法国当局否认滇越铁路正用于此目的,并拒绝采纳日本方面所要求的措施。

尽管如此,日方仍然坚持说,滇越铁路正在被用来向中国运输军需物资。1938年12月9日,有田批准通知海军军令部,在作战情况需要的范围内,外务省对于轰炸中国境内的滇越铁路并无异议。日方事前就知道这种轰炸将在军事和政治上产生巨大影响,但认为轰炸行动不会在法国、英国或美国引起"过分"警觉。

两周前五大臣会议通过的一项决议与此政策相一致。1938年11月25日,包括陆军大臣板垣在内的五大臣会议决定在必要时将以武力攻占海南岛。这个中国的岛屿正对着法属印度支那北部的海岸,是控制法属印度支那北部的战略要地。

日本与国联断绝关系及其意义

与此同时,日本完全断绝了与国际联盟的关系。1938年9月22日,外务大臣宇垣传达说,日本拒绝参加国联为调查中国事态所设立的委员会。接到此答复一周后,国联通过决议,各国应对日本采取制裁手段,并给中国一切可能的援助。

1938年11月2日,国联决议发表后,枢密院立即开会。出席会议的有枢密院议长平沼、总理大臣近卫、文部大臣荒木、厚生大臣木户和陆军大臣板垣。

枢密院审查委员会报告说,自从退出国联以后,日本继续自愿参加了国联的各种附属机构及其活动。但国联支持中国的立场,现在又决议对日采取制裁手段。虽然还未采取任何具体行动,但在决议有效期内日本与国联处于完全对立的关系。因此日本必须与国联断绝一切关系,但应根据《国际联盟盟约》和委任统治条款继续统治南洋诸岛。日本将和以往一样以被委任国的地位提出行政管理方面的年度报告。枢密院接受了审查委员会的报告,并一致通过了与国联断绝关系的决议。

这个决定与日本首次承认其独霸东亚的意图是同时发生的。陆军依靠武力进行扩张的计划,其本质就是否定国际社会的权利;因此,随着计划的进展,这一事实必然日益明显。1933 年国际联盟谴责了对满洲的侵占,日本随即退出国联。在随后的几年时间里,日本的领导者始终避免做出与实行陆军计划相矛盾的任何国际承诺。现在陆军的计划已经部分实现,日本领导人就迈出了退出国际社会的最后一步。

尽管如此,有关中国的《九国公约》和有关南洋诸岛的《国际联盟盟约》中的规定,仍然是对日本具有约束力的两个重要承诺。日本的发言人曾公开表示遵守这些义务,因为日本国策决定的一个原则是,一方面准备战争,另一方面"努力维持与各国的友善关系"。最近几个月在中国发生的事件使外务大臣有田不得不承认,日本已无意严格遵守有关远东的条约义务。这一新的政策宣示被归因于远东情势的变化,虽然这些变化是日本的侵略行为造成的。

日本作为被委任国的权力是《国际联盟盟约》所赋予的,而盟约禁止在南洋地区建筑军事工事。但是,军事工事早在三年或更早之前就开始修筑了,此时日本正在全部委任统治岛屿上加速进行这种工作。这是在高度机密的情况下进行的。只要还能继续欺骗人,日本领导人就会使用欺骗手段。枢密院再度确认,日本打算按照《国际联盟盟约》的规定来统治这些岛屿。

南进准备及荒木讲述日本终极目标

1938 年 11 月 3 日,近卫内阁正式发表了关于"大东亚"未来的政策声明。这个声明发表于决定与国际联盟断绝关系的第二天,它用模糊而又华而不实的措辞描述了日本"新秩序"的到来,这种措辞早已被大川和其他政治评论家弄得家喻户晓了。

正如基本国策制定者认识到的,这些演变必然引起西方各国的敌意。日本已经在动员其全部资源,为不诉诸战争就不可能实现其进一步扩张的那一刻做准备。日本正在秘密建设一支新海军并正为在太平洋作战准备海军基地。

这种准备并不仅仅是为对付外国干涉日本正在亚洲大陆建设的新帝国的防御性措施,因为日本对中国和苏联以外的其他国家领土也有野心。基本国策决定还确定了第二个目标,即"外交国防相辅为用,向南洋发展"。

日本已经在为南进做准备。1938 年 5 月至 12 月,日本政府的官员就在准备对荷属东印度开展宣传运动。日本计划发行一份马来语的报纸,打算公然为日本"南进"做准备。

日本政策的这些终极目标在文部大臣荒木当时所发表的演说中得到了反映。1938 年 11 月 7 日,即在内阁发布关于"大东亚"未来的宣言四天以后,荒木做了一次纪念"唤起国民精神"诏书颁发十五周年的广播演说。荒木回顾了日本在中国的成就,他说这是履行诏书的一个阶段;但是他告诫听众,根本问题不在于"中国事变",它只不过是"新世界和平"的前兆而已。他说他相信日本在即将到来的新世界中将处于一个发挥重大作用的地位,因此日本必须准备好应付任何紧急事态。他接着说:"无论蒋介石或全世界怎么说我们,作为一个光荣国家的臣民,作为在这个新世界黎明时分肩负重任的臣民,我们必须不断积聚国力,不断彰显我们自己的优良品质,不断杜绝邪恶之源,朝着建设一个新世界的目标奋力前行,稳步渐进。"

日本的当前目标：建立"东亚新秩序"和对苏备战

为了实现这些终极目标，日本必须巩固它在中国已取得的地位，并加倍努力完成国家战争动员。1938 年 11 月和 12 月的声明强调了这些当务之急。近卫内阁在其 1938 年 11 月 3 日的声明中宣称，中国国民政府已经降低成一个地方政权。声明继续说，只要国民政府继续坚持亲共抗日的政策，日本就不会放下武器直至把它彻底毁灭，因为日本要和"满洲国"及新的中国携手建设日本的"新秩序"。1938 年 11 月 29 日，外务大臣有田在评论日本的对华政策时，又重复了这些目标与意图。

这些声明清晰表明，日本内阁仍然把苏联看成实现其野心的直接障碍。现在看来，对西方各国的战争最终虽可能发生，但苏联是最近的敌人，其力量与日俱增，对企图称霸东亚的日本来说是一个持续威胁。

1938 年 12 月 22 日，在兴亚院成立 6 天后，总理大臣近卫发表了一个正式声明，使内阁的政策更加清晰。他再度宣称他的内阁决心"实施军事行动以彻底消灭抗日的国民党政府"，并且"向建设东亚新秩序迈进"。近卫接着说，决不容忍在东亚存在共产国际的势力，必须根据《反共产国际协定》的精神与"新中国"和"满洲国"缔结一个协定。他说，作为一个反共举措，日本要求在"新中国"、"满洲国"和内蒙古有驻兵的权利。并希望中国为开发天然资源，尤其是华北和内蒙古的天然资源向日本提供便利。

1939 年 1 月 4 日第一次近卫内阁辞职与平沼内阁组建

近卫的演说并没有表现出任何优柔寡断。然而两天后，即 1938 年 12 月 24 日，总理大臣近卫再次提起内阁辞职。自 1937 年 6 月 4 日近卫任职以来，不断发生政治危机，这使他数次威胁要辞职。这种威胁每次都只起到了刺激军阀的作用，且每次都是军阀说服他继续留任。每次陆军计划的反对者都以失败告终。近卫担任内阁总理大臣期间，陆军的计划取得成果。日本已在亚洲大陆推行它的"新秩序",并且已经在全力以赴地实行全国战争总动员。

因为近卫本人是陆军征服与备战方案的坚定支持者,所以在实行一般计划时很少遭到反对;但是为实现陆军目标所采取的具体措施,则无论在内阁内部还是内阁以外都不断遭到批评。1938年8月,近卫希望自己被推举为一党制政府的首领,在这样的政府中,军阀具有至高无上的话语权。但这个希望并未实现。

当时的情况似乎是这样的,质疑内阁政策某些方面是否明智的那些人又表示了他们的不满。像以前一样,近卫又被劝说继续留任总理大臣。枢密院议长平沼忠告说,鉴于中国的现状,他应该留任。厚生大臣木户和陆军大臣板垣与总理大臣一起商议了"计划的进展"。新上任的兴亚院政务部部长铃木少将认为近卫应该继续做下去。但这次他们的恳求没有生效。1939年1月4日,近卫提出了内阁辞呈。

因此而发生的变化仅仅是领导人的变更而已。那些为实现基本国策决定的目标而与近卫协同合作的重要政治首脑们无一例外地全部继续留任。近卫出任枢密院议长,原枢密院议长平沼成为新的总理大臣。

陆军大臣板垣、外务大臣有田和文部大臣荒木都继续留任原职。木户出任新内阁内务大臣,铃木留任最近担任的内阁情报部官员和兴亚院部长的职位。

总理大臣平沼在此之前,自1936年3月13日起,从广田内阁开始制定陆军计划以来的整个时期内一直担任枢密院议长。1936年11月25日,平沼出席了在御前召开的枢密院会议,会议一致通过了批准《反共产国际协定》。1937年11月6日,平沼主持了枢密院会议,会议同意意大利加入《反共产国际协定》。1937年1月20日,平沼主持了枢密院会议,会议决定把日本的委任统治诸岛置于海军管理之下,理由是这些岛屿在日本帝国的国防方面占据了重要地位。

1938年1月,平沼表示赞成外务大臣广田制定的长期外交政策,并支持广田关于在华战争必须战斗到底的观点。1938 年 11 月 29 日，在平沼就任总理大臣一个多月前，外务大臣有田向枢密顾问官们详细说明了他的对华政策，这个政策在所有重要方面体现了广田的计划和基本国策决定的原则。

1938 年 11 月 2 日，平沼作为枢密院议长主持了枢密院会议，会议一致决定断绝日本与国际联盟之间残存的关系。1938 年 11 月 22 日，平沼出席了在御前召开的枢密院会议，会议通过了日德文化合作协定。

甚至早在侵占满洲以前，平沼便已经在军阀首领中脱颖而出。在广田内阁掌握政权之前的十年里，他担任了枢密院副议长。1931 年 7 月，他还是一个以培育和弘扬日本民族精神为宗旨的秘密组织"国本社"的总裁。陆军军务局长小矶中将是"国本社"的理事，在三个月前这个小矶中将参与策划了推翻自由派若槻内阁的陆军阴谋。

1931 年 7 月正是陆军计划进展的重要时期。主张陆军领导与支持若槻内阁的两个派别显然已严重分裂。两个月后发生了奉天事变。1931 年 12 月，荒木作为陆军大臣，成为实现军部统治日本和武力支配满洲运动的积极领导者。

1931 年 7 月，自由主义者认为把荒木安排在天皇左右很危险。荒木也是以平沼为首的"国本社"的理事。在日本刚开始征服和扩张时，平沼被军阀中最有势力的分子视为领袖，这显示了平沼作为军阀首领的重要性。自由派人士，甚至陆军内部，都认为荒木是平沼的追随者。

太平洋战争基本起因是为了征服中国

1939 年 1 月 5 日平沼出任总理大臣时，日本早已开始实行一个很难停止的征服和领土扩张方案。基本国策决定要求达到自给自足的目标并为战争而动员全部国力。由于日本侵华战争引起了其他国家的不满和忧惧，这使得日本的战备比以往任何时候更为紧迫，而这反过来要求建立一个无须依赖外国资源的战争支助经济。因为绝对需要自给自足，这就要求实行陆军计划的第二阶段，即南进。国策决定指示要依据"外交国防相辅为用"原则采取这一步骤。

关于导致 1941 年 12 月 7 日日本与西方各国作战的各种事件之日益增加的推动力，我们将在后面加以考察。然而日本卷入第二次世界大战的起源和诱因，则可以从日本在中国日占区建立"新秩序"之前的一系列事件中去寻找。

1938 年 11 月 29 日，即日本正式声明存在"大东亚共荣圈"的那个月，外务大臣有田对枢密院说明了日本的对华政策。他说，除非国民党放弃抵抗并与"中国新的中央政府"合流，否则与国民党没有和平可言。日本不接受任何调停的建议。一旦时机到来，即应根据总理大臣近卫宣布的三原则与"新中国"政府达成和解。

所谓的"善邻友好""共同防共"和"经济提携"原则，都来自近卫为使日本在华行动合法化所发表的各项声明。这些原则产生的后果成了1941 年日美外交会谈的基本问题。该谈判因太平洋战争爆发而告终；在谈判期间，关于上述三原则从未给过令人满意的解释。可是在 1938 年11 月，有田却能够在一定程度上说清楚每一项原则的意义。

基于有田的阐述，我们还是可以发现，在始于侵占满洲前、止于与西方各国开战的时期，引领日本的这一政策是如何贯穿始终地发展起来的。

日本对华政策含义："善邻友好"原则

第一项原则"善邻友好"系指日本、"满洲国"和"新中国"互相承认，重点是积极合作与消除"三国"之间矛盾的各种起因。简而言之，这个原则就是人所熟知的"东亚新秩序"概念。这句话蕴含的根本前提是日本在东亚的优越地位、特权和责任。自 1934 年 4 月 17 日"天羽声明"发表以来，这个原则就成了日本一切重要政策声明的基础。在太平洋战争爆发那一天，日本政府声称，美国不承认"这一事态的现实"是日美两国敌对行为的根本原因。

有田说，日本拒绝外国调停对华战争和日本不再承担国际义务是遵循这一原则的必然结果。仅仅在三周之前，当日本彻底断绝与国际联盟关系时，就已经表明了这种长期政策。

有田这时向枢密院提出，鉴于英国、美国和法国"干涉帝国对华政策"的态度，日本应努力拒绝"通过《九国公约》及其他集体机制处理中国问题"的想法。他说，应迫使上述各国"独立地理解日本对华政策的事实，使它们自愿地支持帝国的态度或至少是采取旁观立场"，同时要加强轴心国之间的关系并迅速解决对华战争。

日本对华政策含义："共同防共"原则

近卫原则的第二项是所谓的"共同防共"原则。有田说，这涉及日本、"满洲国"和日本建立的"新中国"之间的合作。"三国"将缔结一个军事同盟并采取"共同防御"的措施。由于"共同防御"的需要，日本必须保留对所有的交通和通信设施的军事权和监督权，并且必须在华北及蒙古驻军。其他日本军队可以撤离，但为了维持治安，将在华南的特定地区保留卫戍部队，并要求中国提供资金。

这是第一次系统阐述这个主张，在1941年日美会谈中提出的主张和有田此时所阐述的大同小异，此主张成为意见分歧的三个根本原因之一。

有田引述了"共同防共"原则必然引起的一个明显结果。他说，日本会采取"一切可能的措施，使苏联不积极参与当前的事务"。这种考虑再次足以强调加强轴心国之间关系的必要性。

虽然《三国同盟条约》（它后来成为1941年日美会谈中意见分歧的第二个主要原因）直到1940年9月27日才缔结，但该条约的大体原则已得到近卫内阁的普遍认可。

在1941年谈判期间，日本拒绝说明作为《三国同盟条约》缔约国的义务性质或范围。但是，日本领导人坚持声称，他们与德国和意大利的同盟是一个防御性同盟。尽管如此，外务大臣有田在1938年11月29日的这个政策演说中指出,三轴心国之间缔结一个更紧密的同盟,是日本将要针对英、美、法采取的"重大外交措施"之一。由于这些措施,英、美、法等国将不得不默认在亚洲大陆建立日本的"新秩序"。

日本对华政策含义:"经济提携"原则

"经济提携"是近卫原则的第三项。有田解释说,其含义是日本、"满洲国"和"新中国"为互补天然资源之不足而彼此互惠。特别强调从华北获得日满所缺乏的资源,尤其是矿物资源,中国为此目的应提供一切便利。日本应协助中国推进工业化方案,建立经济和财政政策,及采用统一的海关制度。已付诸实行的这种政策此前明确体现于 1937 年 5 月 29 日颁布的陆军《重要产业扩充计划》中。该计划表明,日本"应选出最重要的资源,在华北开发中采取主动,并努力获得华北天然资源"。

有田接着对实施"经济提携"原则时日本对第三国的政策做了说明,他的话与六个月前广田所说的大体相同。他说,由于军事上的需要,将对"门户开放"政策的实施加以若干限制。现在的指导原则就是由日本实质上支配华北和蒙古的天然资源,并通过管控中国的货币和海关制度来建立一个"日中满集团"。他又说:"只要西方各国的在华权益与上述两项目标不相抵触,我们将不会故意排斥和限制它们。"此外,对于不影响日本在东亚优势地位的"一些无害的个案",日本也将予以解决。有田说,日本的政策是依靠已经概述的"重大外交措施"来影响西方各国,而不是诉诸不必要的摩擦。此外,日本还欢迎像德、意那样对日友好的国家参与。保证在华权益是影响西方各国态度的第二种手段。这种手段充分发展,成为阻碍日美在 1941 年达成协议的三大障碍中的最后一个。

1937 年至 1938 年日本继续进行经济和产业方面的战争准备

1936 年 8 月 11 日的基本国策决定的首要要求是达到两个互相关联的目标:第一,已占领"满洲国"的日本要将其统治扩大至亚洲大陆。第二，日本应利用中国的资源来补充自身资源的不足，通过增强日本的军事力量，扩充战争支助产业的生产，以及消除对外国资源供给的依赖，来为战争做好准备。

1938 年下半年日本在中国取得的军事胜利基本上达到了其扩大在华占领区的目的。通过提供一片可供经济利用和产业开发的新疆域，并通过减轻日本的直接军事负担，这些军事胜利也使得日本能够再次集中力量去实现国家战争动员。

根据陆军 1936 年的计划，战争动员必须于 1941 年完成。为了这一目的，陆军制订了接下来五年间扩充军备与战争支助产业的详细计划。

1937 年 2 月，通过并开始实施"满洲国"的五年计划。1937 年 5 月和 6 月，陆军制定了相似的方案来充实军备和发展日本国内的战争支助产业。根据该计划，为实现对日本各种资源的战备总动员，日本的整个经济和产业都必须置于政府的统制之下。1937 年 5 月创设的内阁企划厅负责对此项工作实施监督。

随着 1937 年 7 月 7 日对华战争在卢沟桥再度爆发，陆军的日本长期动员计划被推迟通过。在企划厅的监督下，生产进行了逐项扩充以满足在华日军的迫切需要。但是陆军坚守其绝不牺牲动员计划各项目标的决心。在陆军统制下的重要物资中，仅五分之一被调拨用于进行在华战争。

1937 年和 1938 年，尽管在华军事行动的规模日益扩大，战事日趋激烈，陆军仍坚定不移地追求长期计划的各项目标。1938 年 1 月，企划院制订了该年度的临时计划，使五年计划得以恢复执行。1938 年 2 月，陆军使《国家总动员法》获得通过，这部法律赋予内阁动用日本人民全部资源和力量完成备战的权力。

1938 年 5 月，当严重的财政危机威胁日本国内动员方案能否成功时，对"满洲国"的五年计划进行了修改，提高其生产目标。《国家总动员法》所赋予的权力被启用了。陆军在说明总动员法的目的时，再次重申要不惜任何代价推进动员方案的决心。

尽管如此,1938年7月,出于巩固日本在华地位的需要,该方案的各项目标被再次延缓执行。为了确保那些关乎新军事攻势成败的军火及其他物资供应,一些不太紧迫的战争支助产业扩充措施被推迟了。1938年10月,日本巩固了对华北和华中大部分地区的控制,这时候近卫内阁又一次把经济自给自足方案和战争产业扩充问题提上了议事日程。在中国的日占区,也制定了类似于"满洲国"已经在实施的那种经济开发和产业发展方案。

近卫、有田和荒木在1938年11月和12月发表的演说反映了内阁要竭尽全力完成国家总动员的决心。

这为重启陆军的战争支助产业扩充五年计划铺平了道路。这些计划从未放弃过。尽管在华战争给日本经济带来了沉重负担,可是陆军1937年计划所规定的生产目标超额完成了。1939年1月,即平沼内阁接替近卫内阁那个月,企划院制订了一个新计划,将陆军1937年计划中的各种目标具体化并使其更切合时宜。

1939年1月平沼内阁批准战争支助产业扩充计划

1939年1月,平沼内阁通过了企划院拟定的生产力扩充计划。有田、板垣、荒木和木户都是平沼内阁的成员。这样,陆军1937年经济产业计划的目标和原则首次获得了内阁的明确批准。

这个新方案是专门为确保充实日本国力而设计的。该方案要求,通过建立一个日本、"满洲国"和中国其他地区一体化的产业扩充计划,继续开发利用日本附属地。和1937年计划相似,这个方案的目标是在日本统治区内实现天然资源的自给自足,以使日本在紧急状态时期可以尽量避免对第三国的依赖。

正如陆军1937年的计划一样,新方案最重要的一点是到1941年实现物资自给自足和充实军备,使日本为未来国运"划时代发展"做好准备。

此前陆军在1937年5月29日制订的计划筛选了一些被认为战争所

需的重要产业,由政府给予补贴并加以统制,进行迅速扩充。

这个 1939 年方案同样如此,它仅限于那些被认为必须在统一计划下迅速扩充的关键产业,并把原长期计划规定的生产目标提高了。

维持战时交通线不可或缺的造船业,因获得多达造船成本一半的补贴已经得到极大扩充,但是新方案要求总吨位到 1941 年还要再增加 50%以上。新兴的轻金属产业是飞机生产绝对必需的,它被特别挑选出来进行迅速和不计经济成本的进一步扩充。日本的机床过去主要依赖从美国进口,现在要求机床产量至少要翻一番。

"满洲国"的五年计划原来就以开发该地区煤资源为重中之重,但新方案要求进一步大幅度提高煤产量,这一产量指标只有通过给予不合格矿主巨额补贴才可能实现。为了获得更多的钢铁,日本已经启用了不合格的钢铁生产;尽管如此,1939 年 1 月的企划院方案仍以全面提高国内产量为目标,钢产量要增加 50%以上,铁矿石要增加 100%以上。汽车工业已经以亏损经营的方式年产 15 700 辆汽车,现在被要求到 1941 年将年产量提高至 8 万辆。

几乎完全依赖进口的燃油和石油生产受到特别重视。合成汽油工业已经建立起来,但花费巨大。尽管如此,新计划要求航空汽油增产 600%以上,合成重油增产 900%以上,车用合成汽油增产 2 900%以上。

平沼内阁时期经济和产业战争动员

1939 年 1 月平沼内阁批准的"生产力扩充计划",使陆军在 1938 年 5 月 19 日说明《国家总动员法》目的时所要求的措施付诸实施。当时陆军宣称,政府必须有一个长期计划以满足国家动员的各种需要,那样陆军和海军就能始终拥有充足的军需品。

产业与军事准备互相关联,而军事上的成功将主要依靠对国家综合实力进行系统有效的动员。

因此,日本将以牺牲其他产业为代价来增加战争物资的生产,并且规定一切重要产业归政府统一指导。国家总动员审议会将执行《国家总动员法》，并协助政府制订和实施其计划。

1939年生产扩充计划规定的实施办法反映了陆军的策划。该计划表明，形势要求未来的生产力扩充必须速度快、力度大。因此，政府应有效利用为振兴和统制重要产业已采取的措施，并为那些被选定为迅速扩充的产业策划出新的措施。当有需要时，政府应提供熟练及非熟练工人、资金和原料。为这些目的，内阁在必要时应利用《国家总动员法》赋予的权力，或制定新的法令。因此，这个新计划是为准备将来的战争而动员日本国民的一个非常重要的步骤。

在1939年的头八个月中，平沼内阁实施了它通过的措施。1939年3月25日，日本着力对当时所进行的战争支助产业扩充方案保守秘密。当日通过了一项法律，目的在于"防止向外国泄露有关为军事目的而动用的人力、物力事项的情报"。三天以后，即1939年3月28日，文部大臣荒木就任国家总动员审议会总裁。

1939年4月通过了一部新法律，规定为造船业提供更多补贴和免税以补偿其亏损。还采取了新措施来加强政府对造船业的统制，并使其产品标准化。电力的生产与供给应完全听从政府的统制和指导。对钢铁业的统制得到了强化，并将其产品供给有特别优先权的各产业。煤的任何大宗买卖都要经过政府的许可。给石油制品生产及其他人工合成产业的补贴也增加了。

1939年6月，官方的《东京新闻》报告说，"满洲国"的五年计划成果丰硕，钢铁、煤炭及其他战争支助产业的产量大幅提高。同月，为了开发朝鲜的菱镁矿创设了一家新的国策公司。

在出于战争目的扩充生产的同时，陆军的兵力也增强了。1939年3月8日，修改了《兵役法》，延长了陆军和海军预备役人员的补充服役期限。同时给予陆军和海军进一步统制战争支助产业的权力，这正是1937年6月23日陆军的重整军备方案所要求的。1939年7月发布敕令，赋权陆军大臣和海军大臣可以分别自行决定征用那些被选定为军需生产绝对必需的各类产业。通过这些措施以及其他措施，陆军在备战时动员人力和物力的计划得以实施。

平沼内阁的对华政策及占领海南岛和南沙群岛

经济和产业备战方案要求，巩固日本对华统治地位是重中之重。1938 年 11 月和 12 月，在外务大臣有田和其他第一次近卫内阁阁僚们的演说中，最为强调的便是日本征服中国和促进日本统治的"大东亚圈"建设的决心。为使平沼内阁在 1939 年 1 月批准的战争支助产业扩充方案取得成功，日本、"满洲国"和中国的其他地区必须完全一体化。

第一次近卫内阁时期，推行这个谋略已经使日本和西方各国的关系明显恶化。日本不断蔑视《九国公约》的规定，并采取了向法属印度支那施加压力的措施。

1939 年 1 月 5 日平沼内阁上台后，依然保留了这些政策。1939 年 1 月 21 日，新总理大臣对议会说明了内阁的方针。平沼说，内阁决心不惜一切代价实现在华的最终目标。他还说，日本、"满洲国"和中国的其他地区必须迅速结合起来，那样"新秩序"就能够代替旧秩序。那些坚持抗日的中国人将被消灭。平沼说，新内阁已经采取了各种必要的措施，以确保实现这一目标。

于是，新内阁继续执行加深日本与西方各国间鸿沟的政策。1939 年上半年，在继续进行在华战争的同时，产生了更多针对美国国民生命及财产的侵害事件。

日本在中国的日占区违反其作为《九国公约》签署国的义务，继续对西方各国权益实行歧视性待遇。

1939 年 2 月 10 日，日本海军部队突袭并占领了中国的海南岛。这一突然行动是 1938 年 11 月 25 日的五大臣会议批准的，法国、英国和美国立即对此行动提出了抗议。这一行动对法属印度支那构成了威胁，此前日本方面曾不断指控法属印度支那援助蒋介石总司令的军队。然而，日军完成了对海南岛的占领，六周以后日本又继续南进。

1939年3月31日，日本外务省宣布已吞并了南海上一群小珊瑚岛礁组成的南沙群岛。南沙群岛在海南岛以南700英里，与日本在华的行动范围相距甚远。但是，这些岛屿距法属印度支那的西贡不到400英里。

第一次近卫内阁时期对无条件轴心国同盟的要求增强

自1934年最初派大岛去柏林担任陆军武官以来，陆军就认为日德合作是必不可少的。当前陆军的政策是必须尽早进攻苏联，一定要抢在因连续几个五年计划正在迅速增强的苏联军事力量尚未过分强大之前。出于尽早进攻苏联这一目的，与德国缔结反苏同盟显然是很有利的。

1938年5月和6月第一次近卫内阁改组之后，陆军取得了对内阁政策的支配权，当时内阁政策的目标是完成对中国的征服，在苏联尚未过分强大之前对苏联发动进攻，以及加快完成全国战争动员。这些是基本国策决定中的最主要目标。1938年8月，日本在哈桑湖战败后，陆军大臣板垣和其他陆军领导人决定，必须延缓计划中的对苏战争。于是，有一段时期陆军集中力量征服中国，同时经济和产业备战方案的成败相应地又取决于对中国的征服。

1938年下半年，在战胜中国的抵抗和开发中国经济方面都获得了相当大的成功。但这种成功的代价是日本与西方各国的关系不可避免地显著恶化。

内阁和陆军侵害西方各国在华权益的坚定决心已经不能再掩饰或辩解了。日本彻底断绝了与国际联盟间的残存关系，还发表了建立"大东亚共荣圈"的声明。

日本不断激起西方各国的反对，有一部分军阀以空前的强硬态度主张与德意建立全面军事同盟。

1938年7月，当时的驻德陆军武官大岛提出了新的德日同盟的建议。外交部长里宾特洛甫立即表明,德国希望建立一个全面军事同盟,而不是一个专门或主要针对苏联的同盟。里宾特洛甫的声明附有一个关于他对外交政策见解的便签,明确表示德国深入思考了英法与德国之间发生战争的可能性。大岛接受了里宾特洛甫关于拟议中同盟范围的见解,亲自撰写了拟议中同盟条款的概要,并立即将概要交给了陆军参谋本部。1938 年 8 月底,大岛接到通知,陆军和海军都基本同意建议的条款,但是希望做适当修改,应把拟议中条约规定给日本的责任限制在一定范围,并应把此条约视为《反共产国际协定》的延伸,主要针对苏联。国内提醒大岛,要注意避免造成以西方各国为主要敌人的印象,而且日本不应承担提供即时或无条件军事援助的义务。这将防止日本自动卷入欧洲战争。

但是大岛向德方说明时,却按照他自己的解释,把这个训令说成是日本有意缔结全面军事同盟。他接到的训令是应将拟议中的条约视为《反共产国际协定》的延伸并应主要针对苏联,但他不顾这一训令,而使德方理解为日本军部领导人完全同意了德方的建议。拟议的军事同盟草案是由意大利外交部长齐亚诺、里宾特洛甫和大岛意见一致后定稿的,草案把任何第三国都同样当作目标。1938 年 10 月底,大岛出任驻柏林大使后不久,将这个草案送达不久前才由有田管辖的外务省。内阁没有做出任何具体承诺,表示对提议大体同意,但声明日本希望这个新条约主要应以苏联为目标。

近卫内阁没有为缔结这一条约采取进一步的积极步骤。

1938 年 9 月和 10 月,白鸟和大岛被分别任命为驻罗马和驻柏林大使。这两个人都赞成与德意缔结全面军事同盟条约。

外务大臣有田一方面希望加强与德意的军事联系,另一方面也希望在表面上与西方各国维持友好关系。外务省通知大岛,拟议中的条约将有利于解决对华战争,将加强日本相对于苏联的实力地位,从而可以把日军调往其他地方作战,并将提高日本的国际地位。但有田并没有表示接受德方的草案。他告诉大岛,日本将提出一个反提案。

1938 年 11 月 25 日，有田对枢密院说，日本的政策是采取一切可能措施阻止苏联干涉日本的在华行动。主要由于这一原因，日本希望加强与德意的关系。

1938 年 11 月 29 日有田明确说明了近卫内阁的政策。日本要巩固在关内和蒙古的地位。在日本统治的地区，日本将采取一切必要步骤来创造一种为对苏战争做军事准备的状态。然而日本并不倾向于尽早发动对苏战争。这样，有田坚持基本国策决定所阐明的立场，即对于日本的亚洲大陆谋略而言，苏联是最主要的敌人，最终日苏之间将难免一战。

但是有田也被迫对西方各国采取更强硬的立场。他说，既然英、美、法一直在干涉日本的对华政策，日本就要避免利用国际组织来解决在华争端。关于条约义务，只遵守与日本的在华政策不相冲突的义务。要迫使西方各国默认并主动支持日本的在华政策，或至少在日本实施在华政策时采取袖手旁观的态度。

出于这个原因，加上对苏备战，轴心国之间的关系将得到加强。一方面，这意味着苏联将面临两条战线作战的可能；另一方面，这也是一项将避免西方各国在华干涉风险的重大外交措施。但有田并不希望如德国所愿，让日本卷入与英法作战的同盟。这类战争也可能使日本卷入与美国的太平洋战争。在平沼内阁的整个任期中，海军极力支持有田，因为海军还没有为太平洋战争做好准备。

因此，有田如内阁所希望的，将与轴心国更密切关系的政策表达为一个强化《反共产国际协定》的措施，而不是一个对于它的有限目标而言非必需的全面军事同盟。从 1938 年 11 月到 1939 年 3 月，他努力加强该协定的内容并促使其他国家支持该协定的条款。

同西方各国关系进一步恶化成为加强轴心国关系的又一理由

1939 年的头四个月，日本和西方各国之间的鸿沟日趋扩大。外务大臣有田本人同意轰炸滇越铁路。海南岛和南沙群岛已被日军占领，而占领荷属东印度和新几内亚的准备正在进行中。对这些地区所产石油及其他原料的需求正与日俱增。对西方各国在华条约权利的损害也日益扩大。更糟的是陆军在华故意采取了让日本与西方各国的紧张关系进一步恶化的行动。由于所有这些原因，平沼内阁阁员急切希望与德意缔结某种军事同盟。到了1939年4月，有田放弃了只限于加强《反共产国际协定》的计划。但内阁仍希望这个同盟能预先阻止与西方各国的战争，而非促成这种战争。

我们现在休庭15分钟。

（14：45休庭，15：00重新开庭如下。）

法庭执行官： 远东国际军事法庭现在继续开庭。

庭长：

内阁分歧的形成

为了确保缔结当时全体阁员都希望看到的军事同盟，日本应该在多大程度上承担义务？平沼内阁在这个问题上产生了分歧。

1938年11月和12月，大岛仍继续努力，以便缔结一个以苏联及西方各国为同等目标的全面军事同盟。白鸟也同样为缔结这样一个同盟而努力。日本则采取了加强《反共产国际协定》的有田政策。

1938年12月有田通知大岛，外务省依然希望拟议中的同盟以苏联为主要目标。一个以外务省代表伊藤为首的代表团奉命赴意大利和德国，其明确的目标是，保证日本不担负在德国与西方各国发生战争时必须参战的义务。因为这个政策与大岛给德方的承诺相反，所以遭到大岛和白鸟反对。1939年2月7日，在伊藤代表团访问罗马之后，白鸟提醒意方，日本可能会依据有田政策的路线提出新的建议，意大利应予以拒绝。

1939年1月5日平沼内阁上台，此后不久，形势逐渐明朗，留任陆军大臣的板垣支持白鸟和大岛的要求，即缔结德国所希望的全面军事同盟。

1939年2月7日，外务大臣有田向天皇报告，陆军参谋本部曾警告大岛在对德谈判中不得超越职权。但就在同一天,陆军显示出不愿听从天皇所说的条约应仅以苏联为目标的建议。这与陆军在1938年8月发给大岛的训令中的态度是相反的。当时说得很清楚,陆军和海军都希望拟议中的条约被视为《反共产国际协定》的延伸,希望它以苏联为目标。而现在陆军却宣布赞成缔结一个全面军事同盟。

白鸟和大岛都拒绝正式传达1939年2月抵达柏林的伊藤代表团的提案。两个大使还把代表团的训令秘密告知齐亚诺外长和里宾特洛甫外长,并威胁说如果日本不接受德方的提案,他们就辞职。

外务大臣有田此时对白鸟和大岛的活动后果深感忧虑。1939年2月13日,他愤慨地指责大岛大使把拟议中的同盟直接向陆军报告,甚至不通知外务省。有田说,他不得不对陆军采取强硬立场,如果他不成功的话,那么日本的外交政策将会完全失败。

1939年2月22日,在总理大臣平沼和陆军大臣板垣均出席的枢密院会议上,外务大臣有田明确表示自己坚持这个政策,即加强轴心国之间的关系应该以苏联为主要目标。有田说,不仅要以增加参加国的方式从数量上来强化《反共产国际协定》,还要在三个轴心国一致同意的基础上,通过改变协定内容从质量上来强化《反共产国际协定》。

有田的声明说明了第一次近卫内阁和平沼内阁对于德方1938年8月提议的全面军事同盟至此未采取任何积极步骤的原因。德国希望缔结一个既针对苏联又针对西方各国的全面军事同盟。当时日本的官方政策是缔结一个主要针对苏联(即使不仅仅是针对苏联)的同盟,而为此目的并不需要新的同盟。就有田的目的而言,只要加强《反共产国际协定》的条款就够了。

这时候平沼内阁内部出现了分歧。外务大臣有田维持了第一次近卫内阁的政策,虽然欢迎一个以苏联为目标的轴心国间的条约,但不同意承担在德国与西方各国发生战争时日本必须参战的义务。另一方面,陆军大臣板垣在倡导日本应该缔结德方所建议的全面军事同盟的观点。情况已经很清楚,现在陆军有一派人主张与德国缔结全面军事同盟是压倒一切的重要事务,而大岛和白鸟正是在陆军大臣板垣知晓和支持下为这一派的利益开展活动的。

1939 年 3 月 10 日,有田表示愿意接受大岛和白鸟两大使的辞呈,此二人表现出效忠陆军而不是效忠外务大臣。有田认为总理大臣平沼会支持他这么做,但结果并非如此。

1939 年 3 月 17 日,板垣和米内向议会发表了关于日本政策的共同声明,尽管他们两人在拟议中的与德意缔结全面军事同盟问题上意见完全相反。共同声明说,陆军大臣和海军大臣一致同意,亚洲新时代的日本政策必然会引起与第三国之间的摩擦。他们不满英国、苏联和法国对日本在华战争的态度,并表示除非把这些国家的势力驱逐出中国,否则就不可能解决争端。

正在这个时候,即 1939 年 4 月,在日本与西方各国关系日益恶化的情况下,有田也放弃了他原先坚持的只应签署一个《反共产国际协定》延伸协议的建议。

1939 年 4 月,日本对德意提出了一个包含对军阀的意见有所让步的新的反提案。德方草案的部分内容被接受了,但特别规定,为了避免引起西方各国的过度怀疑,应当给予有限制的解释。

大岛和白鸟再次拒绝正式传达这一提案,但再次通知德意方面,如果德意两国发动与英法的战争,日本会参加这个反对西方各国的战争。

日方上述附有限制的提案遭到了德国和意大利的拒绝。

1939 年 4 月军阀反对内阁企图与德国达成一个折中协定

在此期间,平沼内阁的阁员为了决定政策连续举行了多次会议。大岛和白鸟关于日本将参加德意对西方各国战争的宣称,更加强了外务大臣有田的反对。有田报告天皇,必须让这两位大使撤回这种保证。天皇同意有田的看法,训斥了陆军大臣板垣。板垣本人对于向天皇报告他的态度一事表示愤慨。

平沼陷入进退维谷的境地，一方面是陆军大臣板垣领导下的军阀的意见，另一方面是获得天皇顾问支持的外务大臣有田的意见。平沼本人倾向于陆军的主张，并想予以支持。内务大臣木户则向平沼建议，最好能将天皇的观点与陆军的观点更密切地结合起来。整个内阁都希望加强日本与德国的关系，愿意为此做出不太过分的让步。陆军表示并不希望日本卷入欧洲战争的漩涡，但这种说法显然毫无诚意，因为陆军希望废除附属于《反共产国际协定》的秘密协议。正是这个协议把日本提供军事援助的义务仅限于对苏战争。

五大臣会议继续陷于僵局，大藏大臣石渡支持陆军大臣板垣，海军大臣米内支持外务大臣有田。

在这种情况下，1939 年 4 月 22 日决定内阁应坚持日方最近提案所持立场。继续以大岛作为联络德方的渠道，如果谈判失败则内阁宣布辞职。

与此同时，德意对于发动欧洲战争达成了共识。1939 年 4 月 16 日，戈林（Goering）和墨索里尼在罗马会面。他们决定两国应等待有利机会发动对英法的战争。同时两国都把军备扩大到最高限度并保持战争动员状态。就在 4 月，里宾特洛甫警告大岛和白鸟，如果德日间的条约谈判久拖不决，德国可能不得不和苏联在某种程度上修好。结果，平沼内阁仍然未能就轴心国缔结全面军事同盟达成一致意见，于是德国在 1939 年 8 月与苏联缔结了《德苏互不侵犯条约》。

白鸟和大岛拒绝提交 1939 年 4 月的日方反提案一事暴露后，内务大臣木户改变了态度。虽然木户以前建议平沼必须竭尽全力与德国缔结同盟，但到了 1939 年 4 月 24 日，木户认为除了召回这两个大使已别无其他选择，因为他们继续支持全面军事同盟而无视日本外务省下达的与此相反的训令。第二天，接到了大岛和白鸟本人要求被召回的紧急请求。

当时情况危急。如果内阁不能加强日本与德意的关系，就不能达到日本的目的。反过来，如果内阁答应了德方的要求，日本就要承诺参加德国与西方各国之间可能发生的任何战争，而有些内阁阁员并不希望日本在这时候参战。

在这种情况下，内阁决定尽最大努力与德意缔结一个可以接受的协定。鉴于大岛和白鸟违抗训令，1939年4月26日做出决定，由平沼通过驻东京的德意两国大使直接同希特勒与墨索里尼沟通。总理大臣平沼将呼吁轴心国相互合作。外务大臣有田将向两国大使说明日本所面临的具体问题。

1939年5月4日的"平沼声明"

1939年5月4日，有田很不情愿地将这封被称为"平沼声明"的个人书信递送给驻东京的德国大使。

在这个声明中，平沼赞颂了希特勒在德国的业绩，并称他自己也一样，正在致力于维持日本的"东亚新秩序"。平沼对于《反共产国际协定》在助力德日两国履行共同使命时发挥的作用表示满意。他说，他现在心中所想的是缔结一个将加强《反共产国际协定》并使德意日三国更紧密合作的协定。他接着说："就加强我们的关系而言，我可以肯定地说，日本不可动摇地下定决心，在德意两国中的任何一国遭到一国或数国攻击时，纵然苏联未参加，日本也会和德意站在一起，并给予两国政治和经济援助，以及在日本力所能及的范围内给予军事协助。"

接着平沼附加了保留条款，这体现了有田的政策。平沼说："根据这样一个协定的条款，日本已经准备好给予德意军事支持，但是，鉴于现在日本自身所处情况，无论在目前或在近期都无法给予两国任何有实际效果的军事援助。但如果情势变化使之成为可能，日本自会欣然给予军事支持。"

平沼要求明确肯定这项保留可以接受，并要求在说明拟议中同盟的目的时必须谨慎。

"平沼声明"对于德方和日本国内的军部派做了某种让步,但关键是规定如果德国与西方各国发生战争,日本不承担立即给予德国军事援助的义务。这个声明不仅德意方面不理会,就连大岛和白鸟两大使也置之不理。

于是,内阁中的分歧陷于无法解决的境地。外务大臣有田和海军大臣米内激烈地反对缔结这样的同盟,即要日本承诺在德国选择任何时机发动对西方各国的战争时,日本就有参战的义务。陆军大臣板垣和大藏大臣石渡则希望完全与轴心国结合。在内阁的其他阁员中,还有各种不同的意见。内务大臣木户虽然对陆军为缔结三国军事同盟而付出全心全意的努力持同情态度,但承认这样的同盟可能使日本陷于危险。拓务大臣小矶虽然是陆军扩张谋略的忠实支持者,却倾向于有田的意见,他认为把日德关系以一种有限的方式加强时,便可说服英国安排一个解决对华战争的满意方案。

因此,总理大臣平沼的意见具有决定性意义,他倾向于支持陆军的方针并对大岛及白鸟违抗训令的行为予以宽恕。1939 年 5 月 4 日的"平沼声明"表明他的内阁热衷于缔结一个将给日本自身的战争准备提供补充并使其可能借武力实现侵略目标的同盟。

但是平沼所使用的方式也显示出,在拟议中的同盟应采取什么形式及可能期望它达到什么目的这两个问题上,仍然存在着根本的分歧。

僵局继续

在 1939 年 4 月的日本提案及 1939 年 5 月 4 日的"平沼声明"中,内阁对于德国所要求的全面军事同盟做出了新的让步。但军部派仍然继续支持德国的要求,即日本应不折不扣地加入一个现在已知是以西方各国为首要目标的军事同盟。

"平沼声明"并没有消除有田的政策与陆军大臣板垣及军部派方针之间的基本分歧。内阁中的两派都承认,统治中国和入侵东南亚各国的这一国策会强化西方各国的反对。有田仍然把苏联视为妨碍日本东亚"新秩序"的主要敌人,他希望缔结一个以苏联为主要目标的同盟,并相信轴心国之间的这样一个同盟也会威慑住西方各国不去阻挠日本实施上述国策。

但军部派已不再追求立即对苏作战,他们认为,陆军的一切扩张目标能否成功,不仅依靠日本的战争动员,还要依靠轴心国之间目的完全一致。西方各国阻碍日本实现南进目标。这些国家对于陆军发动的对华侵略战争毫不留情地加以反对。这些国家支配了决定战争动员成败的重要原料。根据军部派的见解,必须凭借日德意全面军事同盟构成的威胁来遏制这些国家,使其不敢反对日本的对外扩张国策。

里宾特洛甫已经列举了如果西方各国在来年败于德意日可能获得的种种利益。因此,陆军政策的基本特征就是要求建立一个完全的、无条件的军事同盟。由于德国政策的改变,并且已决定攻击西方各国,所以军部派满足于缔结一个以西方各国而非以苏联为首要目标的同盟。

平沼支持缔结无条件轴心国同盟的陆军共谋

1939 年 5 月,在"平沼声明"发表之后,军部派立即重新开始为缔结全面军事同盟而努力。德国驻东京大使奥特报告说,平沼发表声明是为了消除罗马和柏林方面可能产生的疑虑,即日本是否准备竭尽全力达成一个令人满意的妥协。至于陆军方面对于"平沼声明"的态度如何,奥特答应努力查明。

两天以后,即 1939 年 5 月 6 日,奥特报告了参谋本部军官们的意见,他们是直接按照陆军大臣板垣的方针行动的。陆军认为,"平沼声明"是在当时情况下可望得到的最好提议。尽管如此,陆军的意思是,声明为日本针对西方国家实施军事援助附加了未具体说明的"情势变化"条件,这种措辞应该予以澄清和强化。

陆军次官告诉奥特,这个条约一定会使日本与轴心国结合在一起,不过日本相对孤立,这将使日本在给予直接合作时处于不利地位。但是,海军继续反对"平沼声明"所表述的方针,因此整个政府在是否赞成军事同盟问题上陷入了分裂。

里宾特洛甫说,虽然日方的拖延使得德意之间不得不订立另一个单独协定,但这绝不会损害三国同盟的谈判。他又向大岛说明,新同盟的直接用途在于对付西方各国,因为德意与法英正在直接对抗,所以德意方面不得不采取行动。

1939 年 5 月 6 日,即"平沼声明"抵达德国的第二天,大岛又违抗了外务大臣有田的训令。里宾特洛甫当时正要去意大利商谈德意双边同盟,他询问大岛,当德国或意大利与第三国开战时,纵然日本不能给予军事援助,是否可以将日本视为也处于交战状态。大岛不顾"平沼声明"的措辞,竟报告有田说他做出了肯定回答。有田非常气愤,大岛居然在没有得到授权的情况下做出了这样一个保证。更让有田苦恼的是,他意识到总理大臣平沼并没有采取中立的态度,而是倾向于支持陆军方面。

第二天,即 1939 年 5 月 7 日,为审议大岛的报告召开了五大臣会议(近来五大臣会议几乎连续不断)。不出所料,总理大臣平沼支持陆军大臣板垣,并赞成大岛对里宾特洛甫的答复。

同时,德国外交部一名官员于 1939 年 5 月 6 日提出了一个新的非正式建议,其中包含日本以前曾拒绝的要求,并且丝毫未提及"平沼声明"。外务大臣有田经调查发现,这个建议的草案是日本陆军过去向德国外交部提出的。有田拒绝对这种陆军共谋的结果负责,但总理大臣平沼坚持支持军部派。

1939 年 5 月 9 日,即在平沼支持大岛保证日本参加德国或意大利的任何战争的那次会议两天后,五大臣开会审议德国外交部的非正式建议,大家已经知道这个建议是在日本军部派鼓动下提出的。

海军大臣米内强烈反对这个建议,他说这个建议不是正式提出的,而且日本未收到对"平沼声明"的任何答复。平沼搁置了这个反对意见,并坚称大岛的报告,即大岛保证日本将参与(虽然可能并非主动参与)德意卷入的任何战争的那份报告,已经很充分地解释了德国的态度。

桥本支持军部派的目标

桥本是第一个公开鼓吹这些目标的人。当内阁争执不下时,他为了鼓动大众支持陆军的政策,在报纸上发表了一系列文章,其中六篇发表于1939年5月1日至1939年7月20日期间。桥本在这些文章中披露了军部派的政策变化。虽然他认为苏联和西方各国都是日本对华政策的敌人,但他一贯的主题是把英国看作日本的最大敌人。

桥本说,在支持蒋介石总司令的英国和苏联被彻底打败之前,对华战争不会结束。他认为英国是日本在华目标的主要反对者,鼓动攻击英国。他说当英国被打倒的时候,苏联就会陷于孤立。

因此桥本主张,日本在南进反对西方各国的同时,必须防卫自己免受苏联侵害。他坚称日本的命运系于南方,在南方正如在中国一样,是英国在妨碍日本的扩张。他一次又一次地敦促日本攻击英国,他说根据当时的局势,日本打败英国并非难事。他主张占领香港,夺取上海和天津的英租界。他表示相信在英国舰队到达新加坡之前,日本空军就能将其完全消灭掉。这一系列文章的最后一篇发表于1939年7月20日,在那篇文章里,桥本对于日本舆论终于转向反对英国甚感满意。

根据他所说的理由,桥本要求按照军部派的要求缔结那个三国同盟。桥本说,虽然平沼和有田希望加强与德意之间的关系,但由于畏惧英国,他们对于缔结全面军事同盟迟疑不决。因此,他极力主张成立一个行动果决的强大战时内阁。

桥本认为只有与德意一致行动才能实现武力扩张的谋略。他说,既然那两个国家的方针是摧毁英国,那么轴心国的利益是一致的。因此,他要求日本应立即扩展并加强与德意的关系,从而把民主主义和共产主义都作为攻击目标。他说,如果我们加强合作,就会很容易地战胜英法。在欧洲,德意会消灭民主主义和共产主义;在东方至少包括印度的范围内,日本将彻底打败以民主主义和共产主义原则为基础的国家。

平沼继续支持军部派的要求

由于日本未同意旨在建立一个全面军事同盟的德国建议,德、意两国极为不满。

1939年5月15日,里宾特洛甫给驻东京的奥特大使发去电报,训令他通知陆军省的密友有必要从速决定,如有可能就通知陆军大臣板垣本人。奥特应告诉日方,缔结德意方面所希望的同盟是使美国不参加英法作战的最好办法。他还应指出,日本必须了解,日本在远东尤其是在中国的至高地位,首先要依赖于轴心国对西方各国的优势。

里宾特洛甫告诉大岛,尽管德意将缔结一个双边协定,但依然保留着日本参加的途径。他向大岛强调,希望在缔结德意协定的同时,秘密制定一个一致同意的拟议中的三国同盟草案。

陆军大臣板垣决心按照大岛和德方所希望的方式立即缔结同盟。1939年5月20日,他通过大岛向里宾特洛甫承诺,最迟次日德方将接到日本内阁的积极的新决定。

1939年5月20日,在陆军大臣板垣和海军大臣米内向总理大臣平沼分别做了报告之后,又召开了五大臣会议。外务大臣有田提议,让大岛收回关于日本会参加轴心国任何战争的肯定性声明。但平沼一直闪烁其词,拒绝让其收回。虽然有人反复要求总理大臣撤销大岛大使的表态,但他坚持认为大岛关于日本立场的表态是恰当的。会议结束时,依然没有任何结果。意见分歧未能消除。板垣关于达成积极新决定的承诺没能兑现。两天以后,即1939年5月22日,德意缔结了同盟。

1939年5月20日的会议之后,外务大臣有田给了大岛明确的训令,日本政府希望在欧洲冲突爆发时,保留是否进入交战状态的权利。大岛拒绝传达这个信息,并且粗暴地把他的意见电复有田。驻罗马的白鸟采取了与大岛一样的方式。争论之点系于当时"平沼声明"的真意何在。陆军说它包含着参战的意思，外务大臣有田和海军认为不包含参战的意思。天皇支持有田，并反对陆军的方针。但是1939年5月22日，总理大臣平沼又一次支持了陆军的解释，他说事情应当按照陆军希望的方式来处理。

板垣试图强迫缔结日德意同盟

此时陆军大臣板垣下定决心，即使冒着内阁垮台的危险也要为尽快解决此事而战斗。尽管日本驻柏林大使大岛应该向外务省负责，可是板垣训令大岛，以后不必再向外务大臣有田递送报告。板垣希望让内阁中的各派系自行解决拟议中的军事同盟问题。大岛将这些经过秘密地告诉了里宾特洛甫。

1939年5月28日，里宾特洛甫将这项情报传知驻东京的大使奥特，训令他对大岛的情报保守秘密。里宾特洛甫还要求奥特进一步施加压力，以便尽快决定此事。他训令奥特知会有关当局，德意方面对于板垣未能遵守在1939年5月21日前给予明确答复的承诺深感失望。1939年6月5日，奥特对里宾特洛甫报告了来自外务省和陆军省官员的情报。据说，陆军和海军之间已达成共识，陆军的主张在所有问题上都占了上风。又说平沼和有田都已默认了这个共识，不久就会通过外交渠道通知柏林和罗马。据向奥特提供情报的人说，日本已经同意参加对英法的战争，虽然希望保留在有利时机参战的权利。

奥特报告的信息并没有实现，因为陆军支持者宣称已经达成的共识是不真实的。不管海军已做出什么让步，它对陆军计划的根本问题仍然是反对的。所谓的共识是在平沼的支持下，通过陆军大臣板垣的一半强迫、一半欺骗而达成的。

天皇依然支持外务大臣有田的方针。板垣试图采用与1938年7月为使天皇同意在哈桑湖使用武力时同样的办法越过障碍。于是他向天皇谎报说，外务大臣有田已经赞成陆军所希望的同盟。但是天皇发现了他的诡计，因而在 1939 年 7 月 7 日责备板垣故意撒谎并对他严加训斥。

1939 年 6 月和 7 月，德方没有得到日本方面的任何新通知。军部派所希望的同盟，只要天皇、海军、外务大臣坚持反对就不可能缔结成功。板垣认识到了这一点，在 1939 年 7 月 23 日向枢密院议长近卫询问天皇的心意有无改变的可能。近卫答复说，他认为要达到这目的十分困难。

但是板垣并没有放弃他的目标。1939 年 8 月 4 日，他告诉内务大臣木户，如果内阁不同意缔结三国军事同盟，他就打算辞职。

陆军的在华行动和在诺门坎进攻苏联增加了内阁困难

同时，陆军在中国和"满洲国"边境的行动增加了内阁的困难。内阁中的两个派系都决意巩固日本在华地位，并对反对这一目标的任何国家加以抵抗。1939 年 7 月 6 日，陆军大臣板垣和海军大臣米内再次表达了要终止中国抗战的坚定决心。陆军大臣和海军大臣说，必须粉碎援助蒋介石军队的第三国干涉，并鼓励日本国民全力以赴为在东亚建立日本的"新秩序"而奋斗。

有关方面企图在中国整个日占区建立一个新的傀儡政府，实行这项政策的陆军在攻击西方各国的权益时已抛弃了所有虚假的理由。

而且，陆军依据 1938 年下半年制订的计划，努力将外蒙古纳入日本的统治范围。自 1939 年 1 月平沼内阁上台后，日军的分遣队已数次越过外蒙古边境，实施小规模的袭击。

比这些边境袭击更重大的事，就是 1939 年 5 月在诺门坎开始的军事行动。当军部派首领为缔结日德意全面军事同盟而努力的时候，关东军的部队再次攻击了驻扎在"满洲国"边境的苏军。关于这一军事行动，将在本判决书后文中做更充分的说明。该行动发展成了一场规模相当大的战役，1939 年 9 月以日军败北而告终。

关于诺门坎战斗，究竟是由于参谋本部的命令或纵容而发生的，还是像以前多次发生的情况一样，是关东军自身主动发起的，本法庭没有明确的证据。内阁已经被拟议中的对德意军事同盟问题弄得无暇他顾并陷于绝望分裂境地,它好像认为这一战役是陆军事务,也就没打算干预。

但是,可以肯定的是,这一对苏冲突丝毫没有改变平沼内阁中任何一派的见解。在整个战斗期间,陆军大臣板垣和军部派仍为缔结以英法为首要目标的对德同盟而努力。外务大臣有田、海军大臣米内以及他们的支持者抱着同等的决心,要避免缔结一个使日本有义务立即参加对西方各国战争的同盟。

这些军事行动增加了内阁讨论时的紧迫感。整个情形可以用1939年7月7日内大臣的话来概括,那是在天皇斥责板垣的场合,内大臣说:"陆军乱了,一切全完了。"他认为情势可悲,并叹息陆军将要毁灭这个国家。但是内阁阁员们依然同意,在当时的情形下需要与德意缔结某种同盟。

有田和军部派的政策对立使1939年6月和7月未能采取新的步骤

无论如何,由于军部派和外务大臣有田的支持者之间的意见分歧,1939年6月和7月整整两个月没有采取任何新步骤,1939年6月至8月,无论是对德谈判还是平沼内阁中悬而未决的纷争都没有新的进展。

1939年8月,板垣得知欧洲战争已迫在眉睫。板垣也担心如果有田的策略获得某种程度的成功,那么平沼内阁就不可能同意缔结轴心国之间无条件的三国军事同盟。

有田害怕这样一个同盟所产生的结果,认为与英国缔结一个巩固日本在华地位的协定十分重要。为此目的,他向英国大使克雷吉(Craigie)提出了建议。板垣知道,有田是在利用日本可能缔结三国同盟的暗示,诱使英国在有田的替代性政策上予以合作。

1939年8月8日平沼内阁企图决定对德同盟的政策

为了抵消有田的努力,板垣再度试图确保内阁同意德方的无条件军事同盟建议。他认识到日本国内舆论有支持经济上有诱惑力的与英国和解的危险。1939 年 8 月 4 日，板垣和内务大臣木户就这一情势进行商讨。木户虽然不赞成大岛和白鸟毫无顾忌地将日本的利益从属于德意利益的做法，但是他始终赞成陆军的观点，并且试图劝说海军放弃反对意见。

板垣告诉木户，如果内阁不同意与德意缔结军事同盟，他就辞职。这必然引起平沼内阁的垮台。木户对在当时的情况下改换内阁表示忧虑，并说服板垣，组织一个军部内阁的任何企图必将遭到抵抗。板垣同意应该再次尝试寻找打开陆军和海军之间僵局的解决方案。

于是，1939 年 8 月 8 日，在五大臣会议再次讨论了这个问题之后，内阁开会商讨应采取何种措施。总理大臣平沼从完全默许陆军计划的立场上稍作退让。他指出，内阁长期以来一直致力于在轴心国之间缔结同盟。他说，此前一天陆军大臣板垣宣称陆军也只是在为实现预定计划而努力，但是平沼自己觉得情况并非如此。然后，总理大臣请其他阁员发言。

内阁的一致意见是由于情势的变化有缔结攻守同盟的必要。虽然日本最初计划首先缔结一个防卫同盟，但如果办不到，就缔结攻守同盟。当时并未试图规定给攻守同盟附以什么样的限制，但是外务大臣有田认为，内阁的共识与板垣所要求的无条件同盟还是有距离的。要么陆军大臣辞职，要么内阁应达成更进一步的一致。

在这样一个普遍不安和幻灭的时刻，板垣坦白了自己所扮演的角色。他说，他既是陆军大臣又是内阁阁员。作为阁员，他赞成整个内阁所通过的计划；而作为陆军大臣，他是依照陆军内部的一致意见独立行动的。

1939 年 8 月 23 日的《德苏互不侵犯条约》导致平沼内阁垮台

1939 年 8 月 8 日的内阁会议并未产生陆军大臣板垣和军部派所希望的积极决定。内阁虽然认识到需要一个攻守同盟，但拒绝做出超过板垣 1939 年 6 月 5 日所给的承诺，板垣的承诺是当德国与西方各国发生任何战争时，日本保留选择良机参战的权利。实际上，内阁对于这个承诺也未曾做出明确的支持。

于是，板垣决心再次采取强力手段。他向奥特说明了这种情势，并说由于情势所迫，他决定以冒险辞职作为最后的手段。几乎可以确定，这也会引起大岛和白鸟的辞职。他希望这些辞职能最终实现德方和日本陆军所期望的同盟，但也认识到辞职的直接结果是这些计划会遭到巨大的挫折。

1939年8月10日，板垣要求奥特将当时的严重情势通知德意方面，并要求它们做出让步来帮助。具体而言，板垣提议德意接受1939年6月5日的建议并附以一项保证，即在日本选择参战时间的条件背后并无思想上的保留。这样板垣便会获得对这一保证的明白确认。这个共识可以不通知外务省就能够达成。大岛和白鸟将根据板垣的训令行事，而内阁则必须面对一个内容不超出1939年8月8日所作暂行决定的安排。

奥特把这些情报全都传达给了德国，并敦促他的政府答应板垣的要求。奥特指出，对德国而言，支持日本陆军在国内的政治地位是至关重要的事情，因为陆军是德方所希望的同盟最重要的拥护者。而且，奥特觉得这一让步会使整个日本政府再次寻求对德同盟的决定，并可避免内阁垮台。1939年8月18日，奥特报告说，板垣和有田的冲突依然很激烈。要求缔结无条件军事同盟的青年军官施加的压力加强了板垣的地位，但五大臣会议没有超过1939年6月5日非正式传达给德方的建议范围。陆军正在推进其同盟政策，与有田和英国谈判的结果毫无关系。

五天以后，即1939年8月23日，《德苏互不侵犯条约》签署。1939年9月1日，德军入侵波兰；由于这一行动，1939年9月3日，英法对德宣战。德国没有做出板垣所要求的让步，陆军大臣失去了使用强硬手段的机会。但情势岂止是陆军大臣辞职就可以挽回的。内阁的政策也已经完全失去了信任。内阁和国民过去都把德国当作反苏同盟国。内阁从成立之初就发誓要增进日本与各轴心国间的亲密关系。1939年8月28日，平沼内阁在召开会议承认其政策失败之后宣布全体辞职。内阁亲德政策的破产使日本与西方各国达成临时协议成为可能，而这正是板垣所担心的政策。

1939 年 8 月 30 日阿部内阁上台

天皇召见阿部大将令其组织新内阁并给予若干指示：以畑或梅津出任新的陆军大臣；因维持治安至关重要，所以希望慎重选任内务大臣和司法大臣；新内阁的外交政策将是与英美合作的政策。

要服从最后一项指示就必须逆转第一次近卫内阁和平沼内阁奉行的外交政策，这一事实正好解释天皇其他指示的必要性。新的陆军大臣必须是一个为陆军所信任并能够控制陆军的人物，而新政策能否成功首先取决于内务大臣和司法大臣是否有能力控制日本民众因国家外交政策突然逆转而发生的混乱反应。

阿部有点迷茫不解地将天皇的指示报告给当时的枢密院议长近卫，近卫又告诉了刚辞职的内务大臣木户。木户对近卫说，如果阿部依从天皇所选择的陆军大臣人选，就有与军部发生冲突的危险，近卫对木户的意见表示同意。因此，天皇应将此指示下达给陆军本身或已辞职的陆军大臣，并且应依照惯例由陆军三长官选择新的陆军大臣。至于天皇的其他指示，木户认为可以由阿部酌处。木户请近卫将这些意见转告阿部。

1939 年 8 月 30 日组成的阿部内阁无任何前任阁员留任。畑担任了陆军大臣。白鸟根据他自己的请求被从罗马召回。1939 年 9 月 5 日，关东军宣布诺门坎对苏边境战争的终止和失败。两天以后，天皇所选的另一陆军大臣候选人梅津担任了关东军司令官。外交事务最初由阿部自己处理，后任命海军大将野村负责。

在野村指导下的内阁外交政策试图改善日本与西方各国的关系。没有做出任何努力与德意修好，也没有采取侵犯东南亚的步骤。在平沼内阁末期所发生的轰炸法属印度支那事件，由日本支付赔偿而告解决。

但是希望改善与西方各国的关系，并不意味着放弃了日本统治中国的目标。这是日本国策的基本纲领。阿部内阁希望西方各国接受日本在东亚建立的"新秩序"。

外务大臣野村与法国大使之间于1939年11月30日的会谈很好地说明了这一点。野村对亨利（Henri）大使说，日本和法国一样也希望恢复两国之间的友好关系。对于法方最近做出的让步，他表示了感谢。但是野村指出，当日本倾其全力来推翻蒋介石政权时，法国却仍在支持中国抗战。而且，在太平洋地区的法国领土上，特别是在法属印度支那，仍在维持针对日本的各种经济壁垒。野村说，如果法国真正希望与日本修好，就应该摒弃模棱两可的行为，断绝与蒋介石政权的关系，并对日方解决"中国事变"的努力采取同情的态度。

野村对亨利说，大量军需品现在仍然通过法属印度支那源源不断地流入中国政府的军队手中，这一法国殖民地已经成为亲华和反日活动的基地以及中国军队的补给基地。野村希望派遣有军事专家随同的外务省官员前往印度支那北部的河内，现场解释引起法国疑虑的有关日军在邻近法属印度支那边境的中国境内采取军事行动的理由。野村建议，如此一来，可以消除法国的疑虑，为达成协议铺平道路。

1939年12月12日，亨利大使提出了法方的回复，否认经由法属印度支那输送军需品，并对日本再次提出这种抗议表示遗憾。亨利说，法国认为没有理由派使节团到河内，因为在河内驻有日本的总领事。亨利表示法国愿意商讨两国之间所有悬而未决的分歧，并希望日本对在中国和法属印度支那边境的军事行动做出解释。

野村答复说，仍在输送军需品是无可争辩的事实。他承认因为中日之间的战争没有公开宣战，法国没有法律义务停止向蒋介石总司令的军队供应物资。但他表示日本内阁希望法国采取措施，中止帮助中国抗战军队的运输。

阿部内阁的政策也明显体现于该内阁成立后立即进行的对苏交涉。

日本驻莫斯科大使东乡接到训令，要他提出解决诺门坎战争的建议；这件事几天之内就告解决了。东乡又接到训令，要他建议设立一个总委员会来解决边境争端，以及与苏联缔结通商条约。如果苏联建议两国订立互不侵犯条约，东乡首先应询问苏联是否有停止援助蒋介石总司令的打算。

军部派继续进行与轴心国完全结合的活动

尽管内阁的新政策是寻求一个与西方各国相处的权宜之计，军部派仍未改变要求与德意完全结盟的政策。德苏条约给平沼内阁和日本舆论带来了沉重的打击。连大岛也感到吃惊和愤慨，最终竟然会订立这么一个协议。不过，关于德国的意图大岛和白鸟曾接到过充分的警告。

大岛得到了希特勒和德国陆军的完全信任。在《德苏互不侵犯条约》签署前的一年之中，大岛从里宾特洛甫处不断接到关于德国政策的充分通知。长期以来里宾特洛甫一直相信，德国和日本都必须与苏联达成谅解。这时他说，即便之前已经缔结了三国同盟，他照样会为实现上述目标而努力。里宾特洛甫在一年多以前就把这种政策透露给了大岛。1939年6月16日，他明确警告大岛和白鸟，因为日本尚未同意德方的提案，德国将单独与苏联缔约。白鸟认识到这是德国的意图，而大岛则相信这种修好的努力不会成功，并且把这个警告当作敦促日本缔结对德同盟的手段。

1939年8月23日《德苏互不侵犯条约》签署之后，白鸟和他所属的亲德派努力消除这一事件在日本引起的反响。由于没有达到这个目的，他坚持要求调回日本，以便能为轴心国之间的良好关系做出更有效的努力。

日本认为缔结《德苏互不侵犯条约》违反了附于《反共产国际协定》的秘密协议，为此平沼内阁向德方提出了抗议；但是大岛大使受到本应接受此抗议的德国外交部官员的劝阻而没有递交抗议。白鸟也建议他不应递交这一抗议。尽管如此，大岛却报告说他已经遵从内阁的训令；然而一直到 1939 年 9 月 18 日德国入侵波兰完成时，他才递交了平沼内阁的抗议。大岛递交抗议时歉然表示，德国外交部只需非正式地收下这一文件留作参考他就满意了。

同时，在罗马的白鸟表明自己对于《德苏互不侵犯条约》在日本国内所引起的愤慨情绪并无同感。1939 年 9 月 4 日，白鸟对德国驻罗马大使谈起附于《反共产国际协定》的秘密协议的效力问题。他说这个秘密协议的目的是为了防止日本或德国与苏联缔结互不侵犯条约，在订立协议协议的时候，苏联似乎是德日两国的主要敌人。白鸟说，但是从那时候起，情势完全变了，没有理由指望任何国家为了一纸条约而使本国陷于崩溃。现在英国成了两国的主要敌人，必须要战胜英国。总之，白鸟认识到《德苏互不侵犯条约》的真正意义，对于德国而言，是为了避免在东方和西方两条战线同时作战的策略。

1939 年 9 月 2 日，白鸟接到召他回日本的正式通知。他特别希望有机会向里宾特洛甫倾诉他的亲德意见。当他明白自己不可能去柏林时，就安排通过大岛来传达他的心意。

在东京，已辞职的陆军大臣板垣表示他依然坚持轴心结合的信念。1939 年 9 月 6 日，在招待德国大使馆陆军武官和空军武官的酒会上，板垣和新陆军大臣畑发表了对德极为友好的演说。板垣向奥特大使表白，他为了加强日德联系尽了最真诚的努力。他说，由于欧洲局势的发展这些努力都失败了。但是板垣强调说，他的继任者畑与他的意见完全相同。畑谈到了阿部内阁关于不介入欧洲战争的宣言，但他向奥特保证说，作为一名军人，他充分理解德国所采取的行动。

军部派共谋联合德国对抗西方各国

军部派的其他成员努力确保日本与德国之间的紧密关系得以延续，德国方面对这些努力予以鼓励和回报。广田内阁的陆军大臣、1936 年 8 月基本国策决定的最主要负责人之一寺内大将，在平沼内阁垮台后不久就作为亲善使节到达柏林。寺内是在陆军大臣板垣的鼓动下奉命出席纳粹大会的。海军反对派遣这样的使节，但板垣向天皇进言必须派遣寺内去加强《反共产国际协定》所建立的联系。

1939年9月2日，白鸟告诉德国驻罗马大使，他相信一度受阻的轴心国紧密关系确有成功继续的良机。他说，日本方面希望与苏联妥协的舆论日益增强，也许会导致签订一个互不侵犯条约。没有了苏联的威胁，日本就会使美国干预欧洲战争的可能性降到最低限度。

1939年9月4日，白鸟告诉德国大使，据他看来，要缔结日苏条约唯一的办法就是通过德国的调停。于是白鸟敦促大岛，不必等候东京的训令而请求德国对苏进行"斡旋"。他认为轴心国应该团结起来对付英国，并且希望在波兰战役结束后，有可能与法英达成可接受的停战协定而避免世界大战。

两天以后，里宾特洛甫向大岛所说的意见与白鸟的话完全一致。里宾特洛甫告诉大岛，日本的命运始终是与德国紧密相连的。万一德国失败，西方各国的联合力量就会更严重地阻碍日本的扩张，并会夺去日本在华的地位；但是，如果日本维持并改善对德关系，日本的地位最终会因德国的胜利而得到保证。

里宾特洛甫还说，三轴心国之间紧密合作的想法依然具有旺盛的生命力。三国与苏联达成谅解后，就可以根据世界情势，将自己的活动目标直接指向英国。这才是所有相关国家的真正利益之所在。里宾特洛甫将亲自为日苏谅解尽最大努力，同时他相信东京方面也会选择同样的政策。日苏之间的谅解必须早日实现，因为德国与英国之间的冲突将决定未来的一切世界政治。

大岛对里宾特洛甫所说的一切表示完全赞同。他说，日本陆军毫无疑问会懂得与苏联达成谅解的必要性，并且确实有希望在最近的将来把这些观念纳入日本的外交政策。白鸟也会为实现这一结果而努力。

里宾特洛甫和希特勒一有机会就向大岛和寺内鼓吹这些见解。奥特大使得到训令和日本陆军参谋总长闲院宫公开谈论同样的看法。奥特还暗示把大岛留在柏林担任大使的重要性,因为大岛赢得了德国政府和军队的完全信任。

但是,大岛判断他在东京可以较在柏林更有效地开展工作。1939 年 10 月 27 日,里宾特洛甫通知奥特,大岛将按预定计划返回东京,他将为日德友好努力。奥特还得到训令为大岛提供通过德国大使馆与柏林联系的特别渠道。

我们现在休庭到周一 9:30。

(16:00 休庭,至 1948 年 11 月 8 日星期一 9:30。)

1948 年 11 月 8 日,星期一

日本东京都旧陆军省大楼内远东国际军事法庭

休庭后,9:30 庭审人员到场。

出庭人员:

法官席,所有成员就座,除了来自印度政府的 R. B. 帕尔法官阁下从 11:00 到 12:00 缺席。

检方人员,同前。

辩方人员,同前。

(英日、日英口译由远东国际军事法庭语言部负责。)

法庭执行官:远东国际军事法庭现在继续开庭。

庭长:除白鸟和梅津由律师代表外,所有被告均出庭。巢鸭监狱军医出具了以上两名被告今天因病不能出席审判的证明。这些证明将记录在案并归档。

我继续宣读本法庭的判决书。

大岛在德国鼓励下策划日本攻击西方国家的太平洋属地

里宾特洛甫为促进轴心国的团结，试图鼓励日本南进。他极力向大岛和寺内鼓吹说，日本的最大利益在南方。如果日苏之间能通过德国的调停达成谅解，日本就可以放开手脚向南方扩张其在东南亚的势力，而且比原定计划走得更远。寺内同意这种说法，他说，日本的最大利益是通过可忍受的妥协结束对华战争，并把日本陆军和海军的力量用在南方，在那里将取得更大的经济成功。

大岛不仅同意，而且十分热心。他说，日本将做好向东南亚推进的充分准备，包括占领香港。这是他早已在电报里建议过的事情。根据大岛的意见，日本应该深入东南亚。日本需要荷属东印度的锡、橡胶和石油，需要英属印度的棉花，需要澳大利亚的羊毛。如果获得了所有这些所需物品，日本就会变得非常强大。

他此时认为，日本应与荷属东印度订立互不侵犯条约，同时还要达成协议，据此可以让日本开发东印度的原料。用这一手段还会使荷兰与英国疏远。

阿部内阁垮台的原因和米内内阁恢复亲德外交政策

没有证据表明在阿部担任总理大臣期间，无论是陆军大臣畑还是军部派的其他人物曾公开尝试要使他们的观点得到采纳。正如白鸟所指出的，阿部内阁的成立带来了出现某种转机的希望。日本的政策目标和从前一样，依然是在中国建立"新秩序"。德苏条约缔结引起的公众反感，由于内阁的更迭而变得相当缓和。希望与苏联和解的气氛在日本日益增强，如果逐渐发展就可能导致一个互不侵犯条约的签署。因为新内阁的登台，白鸟认为确实有机会继续修复日德关系。为了要充分利用这一机会，白鸟和大岛都回到了东京。

阿部内阁的方针和内阁组建的环境，其本身就包含了内阁垮台的原因。任何一个主张放弃在华建立日本"新秩序"目标的内阁都不可能有希望继续掌权。然而继续维持这一目标又和恢复与西方各国的友好关系格格不入。阿部内阁的组建正是为了促进这一外交政策。很快，人们就认识到这种政策是不可能实行下去的。

军部派成员又占据了强势地位。1939 年 9 月 28 日，土肥原成为一名最高军事参议官。1939 年 12 月 1 日，荒木又一次出任了内阁参议会参议。

外务大臣野村关于法属印度支那问题的谈判并未促成与法国间的友好关系，日本也没有获得野村努力想得到的让步。1939 年 12 月 5 日，美国就日军对美国在华财产的毁损提出了新的投诉；十天之后，美国又扩充了对日道义禁运物品的清单。日本必须进口的原料供应将被停止。

1940 年 1 月 12 日，日本通知荷兰说，日本有意废除荷日之间的仲裁条约，因而该条约将于 1940 年 8 月期满失效。三天后，阿部内阁辞职，促进与西方各国较友好关系的政策也随之被放弃。

第二天，米内出任总理大臣；他在平沼内阁担任海军大臣时，曾支持有田避免使日本承诺参加德国与西方各国战争的努力。在米内内阁中，畑留任陆军大臣。在平沼内阁任拓务大臣，曾对有田政策给予全面支持的小矶又回到了拓务大臣的岗位。有田又一次出任外务大臣，他在决定基本国策时任广田内阁的外务大臣，并且在第一次近卫内阁和平沼内阁中均担任此职务。由于欧战爆发，情况发生了变化，但有田的政策依然不变。有田本人曾在本法庭作证说，米内内阁的外交政策是维持与德国的友好关系，但这项目标须以日本的重要利益不受严重损害为限。

米内内阁坚持基本国策所决定的原则

在米内内阁的任期中，有田是让日本坚持基本国策决定原则的有影响力的人物。对于保持日本统治中国这一首要目标，历届内阁都始终忠实遵循。这是日本政策的基石。

1939 年，平沼任总理大臣时，曾准备在除"满洲国"以外的全部在华占领区建立一个由汪精卫领导的傀儡政府。1939 年 6 月汪精卫访问东京，次月，1939 年 7 月 7 日，陆军大臣板垣和海军大臣米内就中国问题向议会发表共同声明，表示凡对于实现日本在华野心的干涉，无论是来自西方各国还是来自苏联，日本都决心加以抵制。阿部内阁的领导人曾希望，最好西方各国能默认日本在华的既成地位，然后在此基础上与英国、法国和美国恢复友好关系，可这只是日本的空想。

平沼内阁辞职前，汪精卫在日本在华陆军当局的支持下，着手组织了中央政治委员会，想由此发展为亲日的新的中国中央政府。1939 年 9 月 12 日，平沼内阁垮台 12 天后，平沼内阁的陆军大臣板垣担任了日本的中国派遣军总参谋长。阿部继任总理大臣后，日本继续在华进行军事行动。1939 年 11 月 30 日，为达到日本的在华目标，外务大臣野村再次对法国施加压力，要求法国停止向中国国民政府运输物资。

1940 年 1 月 16 日，当米内成为总理大臣，有田重回外务省时，成立汪精卫政府的计划前进了一大步。就在同月，在青岛召开了一个会议，目的是合并中国占领区现有的数个傀儡政权。

国策决定的第二个主要目标是要实现为备战而进行全国动员。1938 年 11 月，有田成为第一次近卫内阁的外务大臣后不久，就强调说这项目标和取得在亚洲大陆的优越地位是互相依赖的。1939 年 1 月，当平沼担任总理大臣，有田担任外务大臣时，内阁通过了企划院的一个新的经济和产业扩充方案。陆军的长期经济和产业计划的目标早在 1937 年上半年，即卢沟桥再次爆发对华战争之前就决定了，但此时才首次得到内阁的明确批准。根据已有的经验，要求提高生产水平以期到 1941 年完成日本军备的充实。这是原来计划的年份，但是 1937 年后的在华战争导致日本军事资源枯竭，一度预示着可能要推迟军备的完成时间。

1936 年 8 月 11 日的基本国策决定宣称，巩固日本在华势力和为战争进行全国动员是日本政策的两大主要目标，同时宣称，为了实现这些目标，日本要努力维持与西方各国的友善关系。作为平沼内阁阁员，有田和米内一直力阻军部派将日本拖入欧战的企图。1939年9月欧战的爆发既没有使日本担负任何新义务，同时又减少了西方各国干涉日本在华行动的可能。

因此，米内内阁对于维持阿部内阁不介入欧洲战争这一政策的意见是一致的。这个原则遂成为外务大臣有田维持对德友好关系的希望受到限制的主要原因。

尽管如此，同样作为基本国策决定目标之一的是，日本应该通过"国防外交相辅为用"，努力发展在南洋的权益。米内内阁上台后日本外交政策的第一个主要变化表明，有田在这方面也遵循了国策决定规定的原则。

由于对华战争的继续，以及充实军备的经济和产业准备方案对日本经济需求的增大，使日本在重要原料方面对国外资源供给的依赖与日俱增。1939年12月，外务大臣野村试图通过协议来扩大来自法属印度支那的供给，但是由于未能达成广泛谅解，这个努力毫无结果。1940年1月12日，在阿部内阁垮台前三天，日本通知荷兰它准备废除荷日仲裁条约。

日本企图在荷属东印度获得优惠的经济地位

1940年2月2日，日本驻海牙公使向荷兰外交部长提出了新建议。在形式上这是一个规定日本与荷属东印度关系的互惠协定。日本将同意对于荷兰公司雇员进入日本不采取限制措施，荷兰应同意废止或修订关于在荷属东印度使用外国劳工的现行限制措施。对日本在荷属东印度的新企业应给予便利，并给已有企业更多便利。作为上项让步的回报，日本将给予荷兰在日本进行新投资的机会，同时由日本出面"建议"，以便"满洲国"政府和中国政府也给予荷兰同样的便利。

此外，荷兰应同意废止或修订影响日本货物进口到荷属东印度的现行限制办法,并应采取必要措施使两国间的货物流通更加便捷。日本方面也会采取适当步骤,增加从荷属东印度的进口,并在日本自身经济困难和形势允许的范围之内,对于向荷属东印度出口该国所需重要商品,日本将不加以限制或禁止。

最后,应采取严格的管控措施,使各自的新闻界不对另一方作不友好的评论。

早在一年多以前,日本就已经为获取这些重要荷兰属地的资源制订了计划。1938年下半年第一次近卫内阁期间,日本政府的官员就已在荷属东印度开展宣传活动为日本的"南进"做准备。

上述新建议是在日本废除了规范日荷关系的现行条约之后不久提出来的。虽然声称这是基于互惠原则的,但显然可以看出日本许给荷属东印度的利益是毫无价值的。与此相反,日本方面却可以无限制地取得荷属东印度所生产的关键军需原料。直到1940年5月10日,当荷兰遭到德国攻击时,它仍在考虑如何回复日方的这项提案。

米内内阁不介入欧战的政策在日本引起强烈反对

1940年上半年,米内内阁坚持了不介入欧战的政策,这样就可以将国家的全部力量都用于确保日本在华地位和完成日本备战措施的任务。坚持这一政策在日本国内遭到了相当多的反对。

1940年2月23日,从德国刚抵达日本并负有特殊使命的施塔默(Stahmer),向里宾特洛甫报告说,日本国内的问题亟须关注。他认为赞成与德国缔结无条件同盟的大岛、白鸟、寺内及军部派其他成员的态度并无改变,而且他们准备竭力加以支持。施塔默说,内阁企图防止日本被拖入欧战并企图维持与英美的友好关系,但舆论方面显然是亲德反英的。在阿部执政时期被大大削弱了的陆军势力正稳步增强。阿部政府中外务省和陆军省那些著名的亲德官员曾被有计划地调任至海外职位,但现在却在实行相反的政策。陆军势力的进一步增强已在意料之中。

持续进行的对华战争扩大并延长了日本的经济困难和必需物资短缺。有些议会议员对西方国家反对日本在华目标感到愤慨,他们公开主张废除《九国公约》及参加欧战。1940年3月,议会对有田的不介入欧战政策进行了抨击。他们敦促外务大臣加强日本与轴心国的关系。有田在答复中强调了日本与其他轴心国之间现有的友好关系,但他主张由于对华战争尚未解决,日本不能参加欧洲战争。

1940年2月7日,在米内和有田都出席的议会预算委员会会议上,一名委员主张废除《九国公约》,并称该公约是英美为牵制日本的大陆政策所设计的策略。他说,《九国公约》为日本实现"新秩序"设置了重大障碍,在汪政权建立后,它对于解决在华战争会造成极大困难。

在预算委员会1940年3月28日召开的另一次会议上,一名委员谈到关于希特勒和墨索里尼为巩固反英法同盟进行会晤的报道。他认为,日本不应该拒绝参加这样一个同盟的邀请。外务大臣有田在作答时重申了他的信念,他说内阁不介入欧洲事务的坚定方针,在当时情势下是最明智的选择。他说,只要日本按照自己的以日本本身为中心的正确方针采取行动,就没有必要担心自己会陷于孤立,他以此强调了他遵循国策决定所阐述的原则。陆军大臣畑支持了有田。

外务大臣的回答立即引起另一名委员提出一个重要问题,即完全改变日本的外交政策是否适当? 他设想了万一欧战早于人们预期的时间结束而可能发生的情况。他说,英法是绝不会停止援助中国抗战军队的。他担心,如果日本维持现行政策,连现在带头支持日本在华地位的德意,可能也要反对日本。他指出,当阿部内阁成立时,还无法预见到欧洲战争的结果,但是他相信如今情势已经发生了变化。他强调这一事实,即内阁向英美示好的倾向,不但正引起日本国民的极大不悦,同时还在招致德国的不满。因此,他敦促内阁彻底放弃不参与欧战的政策,并与其他轴心国缔结同盟。他认为汪精卫政权的成立将提供一个政策改变的适当时机。

为完成征服中国和进行全国战争动员，陆军支持不介入欧战的政策

陆军大臣畑在 1940 年 3 月 28 日预算委员会上的发言表明，陆军决定在日本本身的地位得到巩固之前，支持不介入欧洲战争的政策。他说，日本正集中力量解决在华战争，因此，必须巧妙地协调日本的政策和策略，以应对国际局势的变化。为使在华战争可以得到解决，将不会改变日本的方针，这就是集中国力把顽固阻碍日本在东亚建立"新秩序"的任何第三国从东亚赶出去。

此外，畑还明确表示，陆军认为不介入欧战的政策纯粹是权宜之计。他说，陆军认为米内和有田经常论述的方针是为日本保留完全行动自由的方针。

两天以后，1940 年 3 月 30 日，正式成立了以汪精卫为首的、管辖全中国的新傀儡政府。在 1940 年 3 月 28 日的预算委员会会议上，陆军大臣畑曾说，这一事件将完全摧毁蒋介石总司令的地位。畑说，陆军会尽力援助新政权并继续与中国国民政府的军队作战。畑重申对华战争的目的是彻底消灭中国的抗日军队。他又说，因此汪政权的建立仅仅是对华战争部署中的一个阶段而已。

畑在会上的发言还表明，陆军希望通过开发中国资源来减轻日本经济困难所带来的压力，并提供日本所需的原料新资源。他对预算委员会说，陆军正在最大限度地利用在中国占领区所获得的物资，并且预期将来能有更大程度的利用。重要物资的自给自足将与开展陆军的绥靖活动相辅为用而获成功。

对国外原料资源的依赖使日本不敢公开否定《九国公约》

为努力实现战时原材料自给自足的目标，日本陷入了进退两难的境地。日本正在以空前的规模在中国开发资源，但这违反了日本作为《九国公约》缔约国的条约义务。日本需要寻求新的重要原料资源，出于同一理

由它也必须避免与西方各国立即决裂，因为日本正在从这些国家的领地内获取这类重要物资。1940年3月3日撰写的一份官方文件承认，日本极度依赖美国这一备战必需物资的供给地。为此，日本不能对美国采取断然对抗的态度。

自从对华战争爆发以来，美国及其他西方国家一直谴责日本的对华侵略，并要求日本遵守《九国公约》。由于日本不断违反这一公约，美国于1938年6月11日对出口到日本的某些军需物资实施了道义禁运。1938年最后数月间（其时有田任外务大臣），日本终于承认，当条约义务与日本的重要利益相抵触时，日本不准备遵守条约义务。

1939年间，美国对日军在华不当行为及违反条约义务再度抗议之后，又采取了限制供日物资的新措施。1939年7月26日，美国通知日本，表示有意废止自1911年以来规范两国间贸易关系的《通商航海条约》。近已证明，这个条约不足以使日本尊重美国的在华权益；美国如忠实遵守条约规定就不能采取可以制止日本侵略政策的经济措施。1939年12月15日，在道义禁运物品清单上又增加了钼和铝。

1940年1月26日，根据已经发出的通知，《通商航海条约》期满失效。1940年3月，美国考虑为禁止向日本提供军需物资进行立法。

这些事件使得退出《九国公约》的问题成为1940年2月和3月间议会预算委员会讨论的重大问题。在1940年2月7日的会议上，一名委员提请会议注意美国所强加的对日限制措施，并力促有田废除《九国公约》。他指出在汪精卫政权成立之后，《九国公约》已成为实现日本今后在华目标的巨大障碍。有田同意《九国公约》的基本原则已不再适用于远东的新情势。他说，一方面，废除这个公约固然有利于建立日本的"新秩序"和改善日本的国内状态；但另一方面，废除公约有可能在国际上引起反响。所以，这个问题有慎重考虑的必要。在汪政权成立之后，将就这个问题进行磋商。

在1940年3月28日的预算委员会会议上，有田又重申废除《九国公约》可能产生好的结果,也可能产生坏的结果。他并没有否定这样一个步骤值得考虑,但又强调必须慎重研究废约的时间和方式。

陆军大臣畑指出,汪政府的成立仅仅是实现日本在华目标的一个阶段而已,他说,关于处理《九国公约》问题,陆军将遵从内阁的方针。作为他个人的意见,畑说这纯粹是一个利害得失的问题。他认为中国的现状已远远超出了《九国公约》的范围,不应该允许这个公约妨碍日本的军事行动。他又说,目前陆军已决定重新开放长江,但这个问题完全是以自愿方式决定的。

日本为停止依赖美国而制订产业自给自足的新计划

1940 年 3 月 3 日,日本制定了一项政策,该政策注意到日本对于美国的依赖,决定采取措施,以使日本不必依赖美国,特别是在实行该文件中的所谓"圣战"时所必需的物资方面应不再依赖美国。外务省的这份秘密文件显示了要修改整个经济和产业扩充方案的意图,目的是实现关键军需物资的自给自足,并且建立一个使日本不必依赖美国善意的经济体系。这一新计划需要大规模扩充机床制造业,需要试验生产"特种钢"的替代原材料,还需要寻找废铁、石油和其他军需物资供应的替代资源。制造精炼钢和电解铜、提炼原油、生产合成汽油等所需的各种设备也必须迅速扩充。

为了产业上的需要,这种耗费巨资而又不经济的政策要依靠从军费里暂时划拨出一部分来筹措资金。产业的国有化、"满洲国"及中国其他地区的经济与日本经济的一体化,被列为重中之重。由于这一新计划被看得如此紧要,所以从原来为对华战争和对苏战备安排的资金里划拨出一部分以实现这项计划的目标。为此原因,日本要努力达成对苏联关系的暂时调整。

新计划的目的是,作为上述措施的结果,使日本能够对美国采取一种强硬态度;同时期望美国由于面对战争威胁以及在国内人民的舆论压力下，将默认日本的行动并取消原材料的禁运。

米内内阁制订南进计划并为南进做准备

出于种种考虑米内内阁没有公开退出《九国公约》，同样的考虑使日本将侵略南方的意图加以伪装。但南进计划在1940年上半年就在准备和制订了。

1940年3月17日，预算委员会开会审议该财政年度拓务省的庞大预算。一位委员在探寻这种支出的用途时，极力主张日本与其集中力量开发"满洲国"及中国其他地区，不如南进可以获得更大的利益。他指出，日本可以在南方发现原料的宝库，并举菲律宾的棉兰老岛和荷属东印度的西里伯斯岛为例。他鼓吹占领这些地区，虽然他也认识到在当时还不可能迈出这一步。尽管如此，他极力主张对国策做一个根本的改变，他说日本必须以南北两个方向为目标，特别是要对南方尽最大的努力。

他认为，在当时的情势下，日本必须制订一个一方面是防御，另一方面是攻击的两面计划。他说，拓务大臣小矶在最近几次内阁会议中发表过相同的意见，对此委员会深感欣慰。

小矶在答复时完全同意日本必须以南北两个方向为目标的意见，并对委员会说明这正是拓务省的方针。在规划"满洲国"及中国其他地区未来发展时，迁移人口是首要工作，经济开发是附属目标。但是在规划日本向南方扩张时，经济开发是主要目标，而殖民只是为达到那个目标的一种手段。

依据基本国策决定的原则，以及在内阁希望避免与西方国家公开决裂的限度内，外务大臣有田同意推行南进政策。

在1940年4月15日举行的记者招待会上，有田发表了一项有关日本对荷属东印度政策的声明。当时没有接到荷兰方面对1940年2月10日日方所递交的有关贸易协定建议的答复。

有田在记者招待会上说，日本和东亚其他国家一样，与南洋地区，特别是与荷属东印度具有密切的关系。这些国家之间的经济纽带非常紧密，所以东亚的繁荣就系于这些国家之间的互助合作与互相依赖。

有田在回答问题时说，如果欧洲战争影响了荷属东印度，那不仅会妨碍这类经济关系，并且还会引起威胁东亚和平与安定的局势。有田又说，由于这些原因，对于可能影响荷属东印度现状的欧战中出现的任何进展，日本都深切关注。第二天，即1940年4月16日，日本驻华盛顿大使馆发表了有田的这个声明。

德国在欧洲的胜利和西方国家的继续反对使亲德派系的势力增大

1940年最初五个月，米内内阁采取的措施未能解决中日冲突。在日本国内，忧虑和不满情绪蔓延；1940年2月就已经很明显的日本民众的亲德情绪更加强烈了。

1940年4月3日，德日文化协会在柏林成立，日本大使出席了成立仪式。德国外交部次长魏茨泽克（Weiszaecker）在致欢迎辞时，谈到在以往数年中，日本与纳粹党各团体之间的关系以令人满意的方式得到发展。他说，这个新协会对加强德日间传统的紧密精神联系是一个有效工具，并说他相信使两国紧密团结的政治友谊将日益增进。

当德国在欧洲的胜利像潮水般上涨时，主张废除《九国公约》的人就愈益露骨。这种意见不仅见于议会的预算委员会会议，也在议会本身公开主张。

1940年3月23日，奥特大使向里宾特洛甫报告说，日本的种种政治事件表明，日本与西方国家之间的关系进一步恶化了。美英仍坚持反对在中国成立汪政权。英国大使曾提出抗议，反对组织新的傀儡政府。美国大使曾两度再次投诉日本违反在华的"门户开放"政策。

若干党派的议会议员同时敦促外务大臣加强日本与德意的关系，因为这是对日方政策抱友好态度的两个国家。在1940年3月28日的预算委员会会议上，一名委员认为德国的胜利确凿无疑，并主张日本参加欧洲战争。

有田 1940 年 4 月 15 日关于荷属东印度的声明立即得到了美国的回应。1940 年 4 月 17 日,美国国务院发布一篇新闻稿,宣称对荷属东印度现状的任何干涉,都会损害整个太平洋地区的和平与安定。

1940 年 5 月 9 日,德国入侵荷兰。第二天,刚从美国回东京不久的德国外交部特使施塔默向里宾特洛甫报告了日本情势。他说,最近德国的胜利在日本造成了很深刻的印象,并降低了英国在远东的重要性。在陆军内部和日本国民间,反英情绪已明显比以前强烈。从美国所采取的态度看来,施塔默相信米内内阁想与美国和英国达成谅解的企图是不会成功的。

施塔默说,米内内阁的经济政策是不适当的,这届内阁的困难愈益增大了。他认为,这些政策所引起的动荡和不满,最终将会导致成立一个对德国有利的新内阁;他希望如果这种时机到来,近卫可以成为新的总理大臣。他又说,不管怎样,日本和美英之间的紧张关系必然会更加严重,至少是不会降低。但他提醒里宾特洛甫,在日方解决对华战争之前,以及在采取国内救济的紧急措施之前,日本是不可能改变政策的。

重光建议有田抚慰西方国家

尽管要求加强对德关系和要求日本参加欧洲战争的呼声越来越大,但是外务大臣有田仍然坚持其不介入欧战及避免日美关系完全破裂的政策。施塔默在 1940 年 5 月 10 日的电报中报告说,米内内阁仍在努力与美英达成进一步的共识。有一个外务省的官员不断对有田鼓吹这项政策,他就是日本驻伦敦大使重光。

1939 年 7 月和 8 月间,在平沼内阁垮台之前,外务大臣有田研究过使英国默认日本在华地位的可能性。在 1939 年最后数月阿部内阁执政期间,这曾是日本外交政策的目标。在米内成为总理大臣、有田出任他的外务大臣之后,重光大使曾为维持这项目标而努力。他的主张是,只有在中国建立一个不为西方国家所反对的政府，才能够实现日本的国策目标。

1940年3月13日，距汪精卫政权在中国成立之前不到三周时间，重光向有田报告说，最近他一直在努力使英国不再反对日本提出的解决对华冲突的条件。他已告诉英国外交部次长巴特勒（R. A. Butler），日本有意建立汪精卫政权作为新的中国中央政府。他用"近卫原则"以及有关日本政策的其他声明作为他解释的基础，从最为美化的角度描述了日本的对华意图。他说，日本的方针是在中国建立和平与秩序，并使新的中国政府与世界各国合作。他还说，新政权要驱除的只是那些策划国内纷争的人。他希望在此基础上，能找出一个与中国国民政府妥协的机会。

重光努力使有田认识到，如果采取了这项政策，就有机会与英国达成一个对日英两国都有利的共识。重光说，巴特勒曾经表示，虽然英国不能立即改变它只承认中国国民政府的政策，但他希望重光对局势的预测是正确的。为了表达可以在不牺牲原则的条件下做出让步的意愿，英国政府已采取步骤解决与日本在天津英租界问题上的争端。

重光告诉有田说，英国对于苏联行动的疑惧，提供了与日本在更根本的意见上趋于一致的基础。巴特勒同意，英日有理由在中国问题上，以及在更为广泛的世界情势问题上，加深两国之间的相互理解。

重光曾向巴特勒保证，关于欧洲战争，日本决心维持严守中立的立场，并表示希望消除两国间的贸易壁垒。巴特勒回答说，英国已准备好竭尽全力来争取达到这一结果。

1940年5月13日，即在德国入侵荷兰和比利时四天之后，重光又向有田提出报告。他说，希特勒显然已经决心把所有本钱都押到了这场战役上，但他着重指出德国并没有把英法打垮这一事实。他强调说，日本必须有应付一切意外的准备，因此应该以实现东亚的安定局势为日本国策的指导原则。

重光试图给有田提供一个方案，它既符合1936年基本国策决定的原则，却又不需要诉诸进一步的侵略措施。

他说,从国际局势来看,当务之急是要确立日本在东亚的领导地位。不管欧洲战争的结果如何,若不首先解决在华冲突,日本就将处于不利的地位。因此,他强调了采取妥协办法的必要性,并建议日本要不惜任何代价,争取与蒋介石总司令和解,可以是直接进行,也可以是通过汪精卫政权进行。

重光敦促有田说,日本对整个南洋地区的政策都应该基于对荷属东印度已经采取的政策。他说,日本应声明它无意改变南洋地区的现状,无论是交战国或中立国均不得干涉该地区,必须首先考虑南洋当地各民族的利益。

1940 年 5 月,日本强调在荷属东印度有特殊利益

外务大臣有田对荷属东印度的政策包含两个方面,一方面他希望避免与西方国家公开决裂,另一方面他希望利用德国在欧洲的胜利,达到日本向南方扩张的野心。1940 年 4 月 15 日的有田声明表示了日本对维持荷属东印度现状的特别关注,荷兰立即重申了它过去所作的保证。1940年 4 月 16 日,即该声明发表的第二天,荷兰外交部长通知日本驻海牙公使,荷兰过去没有,今后也不会请求任何国家保护或干涉荷属东印度。两天之后,1940 年 4 月 18 日,这项声明得到了荷兰驻东京公使的确认。

尽管如此,1940 年 5 月 11 日,在德国进攻荷兰两天之后,有田再次提请苏联、美国、意大利及所有交战国注意日本对维持荷属东印度现状的特别关注。同日,美国国务院声称,数国政府已表明了维持荷属东印度现状的意向。在国务院看来,这样的声明多次重申也不为过。英国通知日本,它并没有干涉荷属东印度的意思。法国也作出了相似的保证。1940年 5 月 15 日,荷兰驻东京公使通知有田,荷兰政府相信无论是英国、法国还是美国都不会干涉荷属东印度。

尽管有了这些保证,日本国内的争论仍然很激烈。1940 年 5 月 16日,美国国务卿科德尔·赫尔对日本大使表达了他的疑虑,他说,日本几

乎每天或隔天就讨论一下形势中的新因素，就好像其他各国没有提出维持现状的保证似的。赫尔说，鉴于已经有那么多国家提出了保证，实在是很难理解为什么日本一再坚持说在荷属东印度有某种所谓特殊利益。赫尔暗示，因为日本已明确宣示有意统治中国广大地区，及有意消除与中国平等通商的权利，日本可能对荷属东印度也有类似的打算。日本大使对此加以否认，并表示只要英法军队不准备在那里登陆，日本对事态就已经感到满意了。

同日，即 1940 年 4 月 16 日[1]，荷属东印度总督通知有田，愿意维持与日本的现有经济关系，对于日本所必需的矿物油、橡胶及其他输日原料均不拟加以限制。但是有田仍不感到满意。1940 年 5 月 20 日，有田通知荷兰公使，还有许多其他物资对于日本也同样重要。他要求对特定物资每年出口到日本的约定数量作明确保证，并要求以书面文件确认这些要求日后能够得到满足。

日本准备南进：德国宣称它对荷属东印度不感兴趣

1939 年平沼内阁执政期间，外务大臣有田仍然把苏联视为日本最大的敌人。在 1939 年 8 月 23 日缔结的《德苏互不侵犯条约》导致平沼内阁垮台之后，大岛和白鸟就他们将努力使日苏和解一事，与里宾特洛甫取得共识。他们的计划是，一旦与苏联达成谅解，那么三个轴心国就可以放开手脚专门对付西方国家了。因此，这就为日本的南进清除了障碍。为了实现他们的目的，大岛和白鸟回到了东京。

在 1939 年最后四个月中，阿部内阁的稳健政策为与苏联恢复友好关系铺平了道路。诺门坎的冲突很快结束了，日本普通民众的反苏情绪也有了某种程度的缓和。日本驻莫斯科大使东乡接到训令，要他与苏联政府就全面解决边境争端和签订新的通商条约进行谈判。东乡被告知，日

1　原文为 16 April 1940，月份似有误，疑为 1940 年 5 月 16 日。——译者注

苏之间缔结一个互不侵犯条约的谈判结果取决于苏联愿不愿意放弃对蒋介石总司令的支持。

1940年1月5日之后,当有田又就任新的米内内阁外务大臣时,仍然担心苏联会妨碍日本的对华野心。1940年5月10日,米内内阁仍在努力和英美取得更大程度的共识。日本和苏联彼此都不信任对方。德国大使馆在大岛、白鸟和军部派其他成员的帮助下,依然在为促进两国间的和解而努力。

不过,在军部派和舆论的双重压力之下,米内内阁的政策逐渐发生了变化。西方国家继续反对日本的侵略行动,这使日本增大了对原料新供给地的需要。1940年3月,一部分原本用于对苏军事准备的资金和物资被转用于工业生产方面,目标是消除日本对美国的依赖。小矶领导下的拓务省已经为日本人进入东南亚制订了计划。

德国在欧洲的胜利似乎为实施这些计划提供了机遇。1940年5月9日,当德国进攻荷兰的时候,外务大臣有田要求德方给予支持,他暗示如果德国表明它对于荷属东印度的态度,那将是日本所欢迎的。在外务大臣的记者招待会上和在日本报纸上都可注意到这样一个事实,虽然西方各国已明确表示了他们对荷属东印度问题的看法,但是日本没有接到德国的任何表态。

因此,这就给了德国将日本的侵略目标引向西方各国的机会。奥特大使接到里宾特洛甫的训令,要他通知有田,德国入侵荷兰仅与进行欧洲战争有关。德国本身对于荷属东印度没有兴趣,但充分理解日本对该地区情势发展的忧虑。里宾特洛甫说,西方各国的行动是引起这类忧虑的根源,但德国始终对日本实行友好的政策。奥特将这项通知口头传达给有田,表明德国已经明确宣告它对荷属东印度不感兴趣。

1940年5月22日,奥特向有田通报德国最近的军事胜利,并传达了里宾特洛甫的口信,对此有田表示感谢。日本外务省发表公报,宣称德国已表明它对荷属东印度不感兴趣。日本报纸大肆宣传这项公告,将它报道为德国完全默认了日本对该地区的政策,并把它当作将来德国给予支持的承诺。还将德国的态度与西方各国所采取的态度两相对照。

日本继续准备南进,对重光的进言置之不顾

1940 年 5 月 25 日,紧接着德国发表对荷属东印度不感兴趣的声明之后,重光大使再次提醒有田。他再度强调欧洲战争的结局尚不明朗,日本必须准备应付各种意外之事。他说,尽管德国打败了低地国家,但是英国和法国仍有继续作战的坚定决心。并又一次力陈日本应该严格保持中立的政策,应该采取和解措施结束中日冲突。

重光指出,由于欧洲的形势,日本不管愿意与否,已经成为东亚的安定势力。无论欧洲战争的结果如何,假若用和解的办法结束与中国的战争,就会加强日本的地位。如果事情确实如此进展,那么日本将在国际舞台上占有自己的地位。否则,如果西方各国获胜,它们必将再次干预中国事务。

重光的进言,意味着日本要放弃乘德国在欧洲取得胜利之机武力南进的计划。他敦促有田正式表明在华的和解政策,同时要求欧洲交战国的军队撤离中国。重光说,日本也应考虑宣告日本、"满洲国"和中国其他地区沿岸三百英里海面为中立地区。他认为如此可以防止欧洲战争波及太平洋,他敦促有田不要顾及来自舆论或军部派的压力采取行动。然而,日本的政策并没有发生变化。

在 1940 年 5 月底和 6 月初,英国和法国的军队经不住德国的攻击开始退却。1940 年 6 月 9 日,苏联和日本通过协议划定了蒙古和"满洲国"的边界线。1940 年 6 月 10 日,意大利对英法宣战。1940 年 6 月 17 日,法国被迫请求停战。

1940 年 6 月 10 日,有田就美国将大部分舰队驻扎在夏威夷提出抗议。虽然格鲁大使对有田保证说,舰队在美国的一个常规基地集结并不构成对日本的威胁,但是有田坚持认为,舰队继续停泊该地,意味着美国

对于日本在荷属东印度及南洋其他地区的意图有所怀疑。他再次向格鲁保证,日本完全没有取得新领土的意图。

在这期间,德国驻日本大使馆利用它对日本新闻界及政界领袖的影响,煽动反美情绪。奥特大使暗示近卫及其他日本政界著名人士,从长期看日美之间的冲突是不可能避免的。大岛、白鸟及军部派其他人物也协助德国进行这种煽动。

1940 年 6 月,日本对法属印度支那重新提出要求

当法国濒临崩溃时,法属印度支那代替荷属东印度,成为日本侵略的下一个受害对象。1940 年 3 月,由于法国的拒绝,日方关于停止向蒋介石总司令军队供给物资的要求降低了调门。1940 年 6 月 4 日,日本再次向法国驻东京大使提出强烈抗议,但仍遭到拒绝。

日本对法属印度支那的政策受到日本"不惜任何代价排除建立东亚新秩序的所有障碍"的决心所支配。凡中国抗日军队可能取得援助的任何通道,都要加以封锁。因此,日本决定必须把法属印度支那置于日本的控制之下。

1940 年 6 月 12 日,因为与法属印度支那东部边境毗连的泰国缔结了互不侵犯友好条约,日本增强了自己的地位。同日,驻扎在印度支那北部边境附近的日本华南派遣军宣称,中国自海外购买的武器及军需品,其中大部分仍旧是通过滇越铁路运往重庆的。此声明说,不能对法属印度支那当局为援助蒋介石总司令政权所采取的这类行为熟视无睹。四天以后,1940 年 6 月 16 日,日本要求法国终止法属印度支那殖民地当局的这种敌对行为。1940 年 6 月 17 日,即法国向德国请求停战的那一天,法属印度支那总督屈从了日本的这些要求。他同意停止向中国提供所有武器、弹药及其他战争物资,并同意日本派遣军事代表团至法属印度支那北部。

第二天,1940 年 6 月 18 日,总理大臣米内、外务大臣有田、陆军大臣

畑和海军大臣吉田召开会议，决定提出进一步的要求。日本将要求法属印度支那当局镇压所有亲华的活动，如此项要求遭到拒绝则使用武力。关于有无必要立即使用武力，曾发生争论，但是陆军不同意立即使用武力，认为以武力相威胁可能就足够了。

日本要求当时处在德国支配下的法国政府作出进一步保证，并获得了满足。在日本的指使之下，原本只禁止向中国运送某些战争物资，现禁运范围扩大，包含了各种各样的货物。法国当局承诺以禁止走私来实行这种封锁。

1940 年 6 月 22 日，法国正式同意日本派遣代表团。1940 年 6 月 29日，由日本陆军省、海军省和外务省的 40 名代表组成的代表团，抵达法属印度支那的河内，并发现封锁已按照法方的承诺执行了。

想在法属印度支那自由行动的米内内阁对德提议合作对抗西方各国

此外，德国和意大利获悉，日本在政治和经济两个方面严重关切法属印度支那的将来。情况已经很清楚了，只要德国的要价不太过分，米内内阁愿与德国协同对抗西方国家。1940 年 6 月 19 日，即四大臣会议就日本对法属印度支那政策作出决定的第二天，来栖大使在与德国外交部一名官员会谈时，以概括的措辞提出了这个问题。

来栖一开始先强调日本希望和德国的关系能更密切、更坚实。他说，现在连以前反对这项政策的人也明白了，日本的未来不系于西方各国，而系于德国。来栖提到日本前外务大臣佐藤尚武即将访问德国，这表明日本愿意进一步完善与德国的关系。

来栖接着谈到日本的立场，以及日本关于两国应采取何种形式来合作的意见。他现在不再认为日本的原料缺乏如何严重，由于来自德国的压力，西方各国没有能力有效抵制向日本的出口。他说，扩充重工业是日本目前最重要的任务。如果德国能在这方面给予合作，那么不再依赖美国的日本将可以获得行动的自由。鉴于美国已表现出来的非友好态度，日本的企业家将乐见德国代替美国成为日本的供给来源。

日本对苏联的敌意和日本不能给德国以实际的经济援助，妨碍了轴心国家间的紧密合作。来栖指出，这两个问题都是可以克服的。他说，在莫斯科的东乡大使和他本人都在热心从事改善日苏邦交的工作。他声称，在日本人们也越来越清楚地认识到日本的未来系于南方，必须将北方的敌人化为友人。他承认，军部确实有人反对这种重新定位，但是大岛将使他们相信有此必要。

来栖还隐约透露，现在日本应该做好准备向德国运送来自日本本土和其他海外地区的原料。他指出，鉴于西方各国的现状，日本已无必要严格遵守中立法。他设想欧洲战争结束之后，剩下来的会是四个势力范围，分别由德意、苏联、美国、日中统治。他认为德国集团与日本集团间的紧密关系对两个国家都有好处，他提议德国在制订其战后经济计划时，应给予日本充分有利的地位。

重光仍然反对米内内阁的政策

1940 年 6 月 19 日，重光大使在得知米内内阁政策的最近发展后，给有田发出了明确的警告。他说，如果已经决定在法属印度支那或其他地方诉诸武力，那么日本首先应该慎重地考虑一下美国的态度。不仅是经济方面的各种问题，而且对于美英的海军力量以及法国的状况，都必须予以充分注意。重光认为，如果法国完成了投降，澳大利亚可能要干涉法国在太平洋的属地。他认为在这种情形下，日本可以抓住机遇采取积极行动。但他明确表示，内阁相信德国必胜，对此他并不苟同。他敦促有田注意，虽然法国会完全崩溃，但英国将继续作战，并且不会轻易被击败。

尽管西方各国已遭受挫折，但重光再度向有田力陈在以前电报中所主张的政策之基本原则。他认为，日本应利用欧洲的情势来加强它自己在东亚的地位。他说，日本应宣告它严重关切包含南洋各岛在内的东亚之安定。日本应该表明它防止欧战扩大的信念，以及它不再让东亚成为欧洲剥削场所的决心。由于轴心国方面在欧洲有胜利的可能,所以日本也应对于德国入侵东南亚预作防备,以免日本面临被迫与德国作战的危险。

重光在这封电报和以前的电报中清晰地表明了他的策略。他认为,虽然西方各国可能会在欧战中获胜,但它们在远东的势力会被大大削弱,日本的地位将得到加强。他指出,如果能通过和解结束对华战争,那么在将来就可以断绝西方各国进行干涉的机会。而借着中立政策,日本就可以取得它在国际舞台上的地位。

而且,通过反抗西方在亚洲及东印度群岛的势力,日本会取得东方各民族的好感和支持,与中国的和解也将更易于实现。因此,用和平的方法,就可以使日本达到它正准备用战争来达到的目的。

纵然是轴心国在欧洲获胜,同样的想法也是可以适用的。日本拥有未经耗损的国力和在亚洲各民族中比以前更高的威信,就可以为抵抗德国统治东方的企图做好准备。

有田拒绝与美国合作的提议

但是,日本的政策在 1940 年 6 月 18 日米内、有田、畑和吉田出席的那次会议上已经决定了。那次会议探讨了关于德国愿意在可接受的条件下提供合作的所有问题。1940 年 6 月 19 日,日本把对法属印度支那的特别关切透露给德国和意大利。日本决定等德意对这个信息作出回复后再根据情况决定日本的美英政策。

在等候答复期间,美国为了与日本达成谅解,也为了试探日本的诚意,又做了另一次尝试。格鲁大使接到训令向有田提出建议:日本和美国应互换照会,声明双方都希望维持欧洲交战国太平洋属地的现状,除非用和平的办法改变现状。格鲁还建议双方规定,一旦两国之间出现任何问题,只要其中一方有举行磋商的意愿,双方即应进行磋商。

1940 年 6 月 24 日,格鲁在严格保密的情况下向有田提出了这项建议,但明确表示美国并没有从其他特定问题的所持立场上后退。美国这个新建议的初衷是为了找到改善两国关系的办法。

因为还不了解德国的对日态度,有田认为美国的建议是一个必须极其慎重处理的问题。他把这一建议视为《九国公约》体制的恢复。虽然该公约对日本仍然具有约束力,但日本竭力想规避和否认其中所包含的义务。有田不希望对于日本的行动自由,特别是涉及荷属东印度的行动自由,加以新的限制。

因此,有田对格鲁说,鉴于日美之间存在着许多悬而未决的分歧,在这些分歧尚未解决之前,接受新的建议恐怕有困难。他谈到了日本舆论的亲德倾向,并称,虽然他本人希望与美国重新修好,但这已使他受到激烈抨击。尽管如此,他答应对这项建议给以慎重考虑。

1940 年 6 月 28 日,外务大臣有田对美国的建议给予答复。他对格鲁大使说,有鉴于现时的国际情势,能否在美方建议的基础上考虑正式互换照会,他对此持怀疑态度。有田说,日本深切关注欧战对于欧洲交战国太平洋属地的现状所产生的影响。因此,在目前这个过渡时期中,日本并没有缔结任何性质协定的愿望。有田说,他本人正努力防止欧战波及远东,并称这个时候讨论仅仅影响日美两国的那些问题比较适宜。

有田表明日本政策是基于对德合作对抗西方各国

1940 年 6 月 29 日,即外务大臣有田拒绝美国建议的第二天,他发表外交政策的演说,强调了米内内阁与德国合作行动的愿望。

有田阐明了日德两国具有共同的理念,而日本帝国建国以来的理想一直是使万邦各得其所。有田说,日本的外交政策就是基于这种理想,日本为此理想不惜一战,甚至赌上国运也在所不惜。世界上在同一地区内的国家因为种族、经济、文化上的纽带而相互联结,因此,这些国家首先形成它们自己的"共存共荣圈"是一个顺理成章的步骤。

有田说,欧洲的冲突已经显示,战争往往是由于不合理的现存秩序未被纠正引起的。日本之所以着手建立"东亚新秩序"，原因就在于此。他说，由于误解日本的目的而支持中国抗战军队的那些国家阻碍了这一目的的实现，这是极为令人遗憾的事。日本决心要根除所有这类反对行为。

有田演说的其余部分差不多是宣示了日本对于东亚、东南亚及东印度群岛整个地区的宗主权。他说，东亚各国构成了一个互相合作、互通有无的单一区域。接着他说，欧战开始时，日本即宣布了不介入欧战的方针，并声明日本希望欧洲的冲突不得波及东亚。

有田在结束这篇演说时，劝告西方各国不要妨碍日本的计划。他说，日本相信西方各国是不会将战争扩大到太平洋的。他表示，日本在执行建立"东亚新秩序"任务时，正在密切关注欧洲情势的发展及欧洲战争对东亚和南洋地区的影响。他声称，"鉴于作为东亚安定势力的使命和责任"，这些地区的命运是日本密切关注的重大问题。

亲德派系为推翻米内内阁和缔结轴心国军事同盟做准备

日本在 1940 年 5 月和 6 月的外交政策声明与交流中曾明确表示，日本虽希望与德国合作，但并没有参加欧战的意思。然而自 1940 年 1 月米内内阁上台以后，要求参与反对西方国家的民众呼声持续高涨，并且德国大使馆官员还和大岛、白鸟及日本的其他亲德派系领导人合作，不断地加以鼓励和培养。

1939 年 8 月，当阿部内阁接替平沼内阁时，在日德的密切合作问题上有着重大的障碍。《日苏互不侵犯条约》[1] 的缔结引起了大众对德国的愤懑。陆军内部的某些派系和一般的日本民众，仍然把苏联视为日本最大的敌人。于是阿部内阁许诺力求与西方各国恢复友好关系。

1940 年 1 月，当米内内阁就职时，舆论又趋向于对德合作，并在一定程度上减轻了对苏的敌意。但是，在华的战斗仍未终止，并且，不介入欧

1　原文为 the Soviet-Japanese Non-Aggression Pact，条约名称有误，实为《德苏互不侵犯条约》。——译者注

战的原则在政界已经根深蒂固。日本的亲德派,甚至德国大使本人,都承认在解决对华冲突和国内政治分歧之前,日本是不可能介入欧洲问题的。

因此,陆军与内阁进行了合作。虽然陆军大臣畑认同板垣与德国无条件结盟的愿望,但他也没有反对阿部内阁或米内内阁的政策。日本参加欧战的障碍逐渐扫清。受德国在欧洲取得胜利的刺激,以及在南方巨大利益的吸引下,米内内阁的政策产生了具有机会主义性质的变化。"满洲国"的北部边境问题因对苏协定而告解决,南进的计划与准备也已完成。于是,西方各国取代苏联成了日本企图侵略的最先受害国家。陆军又重新开始了与蒋介石总司令的和解谈判。

自 1940 年 3 月以来,众人皆预料到,米内内阁将在一个恰当的时机被取代。1940 年 5 月,德国大使曾期待组建亲德派系的新内阁,也许由近卫来领导。从那时候起,奥特大使就与大岛、白鸟及其他有势力的日本人继续合作,力求实现日本介入欧战,即米内内阁坚决反对的步骤。

1940 年 6 月中旬,随着法国的溃败,亲德派中的某些人觉得更换米内内阁的时机正在迅速临近。1940 年 6 月 18 日,白鸟曾向一个政治团体发表演说,这个团体的宗旨是重新调整与加强日本的政治体制,及建立强硬的外交政策。白鸟在会上说,虽然作为一名官员他不能主张推翻内阁,但有鉴于德国的成功,他觉得已经错过了一次机会。他认为,只要反对三国轴心同盟的人继续占据着内阁职位,就不可能有与德国协力同心的希望。

已经同意日本在荷属东印度完全行动自由的德国,对米内内阁提出的关于法属印度支那的日本新建议未作出反应。日本提出的新要求给了德国讨价还价的机会。德国外交部的一个官员评述了德国因尊重日本对华政策在经济上所遭受的损失,并且指出,自欧战开始以来,日本坚持它的中立立场,甚至对于由美国遣返德国船员或者将物资经日本运往德国,都不曾给予便利。

我们现在休庭 15 分钟。

（10:45 休庭，11:00 重新开庭如下。）

法庭执行官：远东国际军事法庭现在继续开庭。

庭长：我继续宣读本法庭的判决书。

亲德派系官员直接与德国大使接洽

当米内内阁等待德国对 1940 年 6 月 19 日发出的有关法属印度支那的信息作出答复时，亲德派系成员采取措施清除了阻碍他们实施计划的两大障碍。

自 1939 年 10 月 26 日起担任军务局长及国家总动员审议会干事的陆军少将武藤，与德国大使馆陆军武官进行了接触。他说，如果德国在日本与蒋介石总司令之间进行已久的和谈中充当调停者，使对华战争以日本可接受的方式结束，有此机会的话陆军将乐观其成。武藤又明确表示，日本对法属印度支那极为关切，因为日本希望结束对华战争。武藤在回答德国武官的询问时告诉他，陆军相信与苏联和解是必要的。

1940 年 6 月 23 日，经常作为外务省有田继任者被提及的白鸟，在接受记者访谈时主张日苏之间缔结一个互不侵犯条约。

拓务大臣小矶领导的拓务省与日本的南进计划直接相关，小矶直接和奥特大使进行了接洽，并询问奥特大使，如果日本在法属印度支那和部分荷属东印度地区采取军事行动，德国将采取什么态度。关于荷属东印度，奥特提及了德国对其不感兴趣的声明，但是，关于法属印度支那，他表示德国可能会提出条件。他说，德国大概不会加以反对，但首先日本要答应在太平洋地区牵制美国，方式也许是承诺万一美国参加欧战，日本就攻击菲律宾和夏威夷。

小矶说他将进一步研究这一提议，接下来谈到了阻碍轴心国共同行动的其他问题。当谈到有可能缔结一个日苏互不侵犯条约时，小矶认为苏联可能提出割让蒙古及中国西北地区某些领土的要求。他说，这些问题是有交涉余地的。他承认，即使在法属印度支那及荷属东印度实现了日本的殖民目标后，日本大概也只能逐渐在经济上不依赖美国。然而我们认为，日本在印度支那达到目的以及缔结日苏条约，将给即将上台的近卫内阁提供一个与蒋介石总司令达成妥协的充满希望的出发点。

为即将上台的近卫内阁和一党制进行的政治准备

为内阁更迭所做的准备是长期的，也是彻底的。近卫的第一次总理大臣任期内频频发生政治危机，根源是内阁阁员间的意见分歧以及陆军政策和内阁政策之间的矛盾。然后就像早些年一样，当陆军的计划遭到反对时，马上就会有人提出废除多党制度。1938 年 9 月发生导致外务大臣宇垣被迫辞职的政治危机时，又有人提出了构建一党制的强烈要求，即用一党制来代替原有的多党制，并由它来"断然处理"日本的国内外问题。当时的总理大臣近卫希望由他来担任这样的一党制政权的首脑。那样的话，陆军政策就会成为内阁政策，也就不至于产生任何反对与分歧了。

虽然"一党制"在 1938 年没有实现，但在 1940 年米内内阁执政时，"整顿加强国内政治制度"的运动发展起来了，与此同时，内阁更迭及实行"强硬外交政策"的要求也日益强烈。1940 年 3 月 19 日，在陆军大臣畑对陆军在政治上的任务问题避而不答之后，军务局长武藤却作了坦率的说明。他引用了一句他赞同的名言，即日本民族的指导原理"应该在原则和信念上为完全国家主义的极权主义"。他又说，只有这样才能够发挥国家的全部力量。武藤说，如果各政党在目前的紧急状态下还只顾获取它们自己的利益，那么陆军是赞成解散政党的。

到 1940 年 5 月 10 日，应当成立一个新政党这件事定下来了，该党将以近卫为总裁，木户为副总裁。木户保证说，他希望以近卫为领袖，并且只要近卫没有离开政界，他愿意一直予以支持。

1940 年 5 月 26 日，近卫和木户进行了商谈，筹划预期中的内阁更迭及建立新党问题。他们一致认为，在内阁发生更迭时只选用少数大臣。接下来就将宣布新政党的成立，并要求解散现有的所有政党。已被遴选为阁员者将被要求加入新党,其他阁员则只从已加入新党的党员中选任。

关于国防、外交和财政方面,新内阁打算对陆军和海军的愿望予以特别的关注。为了这一目的,提议设立一个最高国防会议,总理大臣、陆军大臣、海军大臣,以及陆军参谋总长和海军军令部总长将成为它的成员。

亲德派准备更迭内阁及阴谋暗杀总理大臣米内等

1940 年 6 月 1 日,木户被提名担任内大臣。由于木户有可能在新的近卫政党中担任重要的领导职务,所以有人极力劝他拒绝该任命。但木户与他担任此职的推荐人之一近卫商量之后,接受了这个任命。

内大臣这一职务虽与内阁更迭无关,但他的职责是在国务问题上充当天皇的经常性顾问,并且是天皇与内阁之间公认的中间人。因此,内大臣的地位就具有很大的势力。

1940 年 6 月 24 日,当米内内阁正在等待德国回答它的轴心国合作提议时,近卫辞去了枢密院议长的职务。奥特大使向德国报告说,这一辞职显示了以组织新内阁和成立近卫领导的统一新党为目标的政治计谋在继续进展。

奥特告诉德国政府,近卫派的领袖们显然正想与他联络,并请求授权给他,对于武藤和小矶所提出来的想法与近卫派进行商讨。那样,他就可以估计出德国通过与近卫派的合作可能会有怎样的结果。

在这种情形下,给予米内内阁任何鼓励都不符合德国的利益。1940年 7 月 1 日,奥特在报告中说,外务大臣有田 1940 年 6 月 29 日的外交政策演说,企图通过宣告采取一个更积极的对外政策来顺应国内的政治发展。有田希望借此加强米内内阁的地位。

这次演说使得反对米内内阁一事表面化了。有田本来已经计划好要直截了当地声明内阁欲巩固日本与德意之间友好关系的决心,说内阁从未有过脱离轴心国政策路线的想法。以陆军为首的反对派对政策的突变提出了抗议,其理由是有田支持轴心国的声明和内阁一贯采取的政策互相矛盾。希望米内内阁垮台的陆军，对于有田牺牲一直与德国亲密合作的反对派来维持米内内阁面子的企图感到嫉恨。由于陆军的坚持，有田对演说稿做了大幅修改。因此，他的计划受到了挫折。

陆军势力在米内内阁上台前曾遭到削弱，此时又变得十分强大。对于法属印度支那和香港，均已采取了武力威胁的态度。奥特说，日本国内的政治动向显示出正在施加压力以及不久即将更换内阁的典型征兆。

第二天，发生了火上加油的事件。外务省新闻局长披露了未经修改的有田演说稿，以及陆军反对成功的真相。因此，新闻局长被宪兵逮捕并接受审问。

在这一事件暴露后，另一项阴谋又开始策划，企图危害对军部派的目标持反对意见的总理大臣米内等人的性命。1940年7月5日，共谋者被逮捕，同日内大臣木户向天皇报告了这些情况。木户对天皇说，虽然阴谋者的行动是应该遭到谴责，但是对于他们的动机，内阁也需要加以慎重考虑。接着，他和近卫讨论了他们改变政治体制的计划，也讨论了当内阁更替时拟采取的措施。

德国用拒绝发表对日政策声明的方式来削弱米内内阁的地位

但是米内内阁仍继续努力，欲与德国缔结一个协定，以维持内阁的寿命。派往德国的日本特使佐藤到达了柏林。1940年7月8日，佐藤和大使来栖向外交部长里宾特洛甫说明了日本的立场。

佐藤强调了德国和日本的共同利益，他说，两国都在各自的势力范围内建立"新秩序"。他指出，由于两国目前都有必要与苏联维持友好关系，两国在这个问题上也可以合作。佐藤解释说，自从对华战争开始以来，在华建立"新秩序"就是日本的最主要任务。他说，这足以说明日本政策中表面上看来极为复杂的变化，这些变化完全取决于对华战争的情势。日本现在正竭尽全力去结束这场战争，以使日本获得行动的自由。

佐藤提醒里宾特洛甫注意日本为德国所做的贡献。他说，在过去三年间，日本在某种程度上吸引了英国、法国和美国政府的注意，因此使德国的工作易于进行。现在日本行动的常态化威胁已使美国的舰队不能离开太平洋。他又说，日本的政策是，不容许美国对远东以及除南北美洲外的世界其他地区进行干涉。

但是，佐藤解释说，日本不能过分挑衅美国，以免美国对日本施加更严厉的经济制裁，从而迫使日本向南洋寻求新的资源。那样的话，德国和日本都会面临与美国作战的危险，而这是两国都极力希望避免的事情。

因此佐藤强调，德日之间有必要在经济及其他方面进行合作。他向里宾特洛甫保证，日本愿意在中国给德国以经济方面的机会，并称日本的政策就是，日本在中国是东道主，其他国家是客人。他还说，就是这一政策使日本多年来与英国、法国和美国这类国家的势力进行斗争。如果有德国的经济援助，日本就将成功抵制《九国公约》体系，解决对华战争，并消除对美国的依赖。佐藤的核心论点是，通过加强日本在远东的地位，德国将加强它自己在欧洲的地位。因此，他请求德国就日本对法属印度支那及荷属东印度的目的一事，表明其政策立场。

里宾特洛甫很了解日本国内的政治动向，所以他的回答很谨慎。他对日本想与德国合作的愿望表示欢迎，但他的回答给人的印象是，德国确信在欧洲已经胜利在望，因而日本援助的重要性已不如以前。他声称，将来会产生新的合作机会，但是他以不熟知日本的政治目的为由，拒绝谈论更具体的事项。他很有针对性地询问，日方所建议的合作是否仅限于经济方面，关于德国对法属印度支那及其他太平洋地区的态度，则没有给予任何新的表示。

能使日本统治东亚及南太平洋的轴心国同盟计划出笼

上述会谈的报告增加了外务大臣有田的困难。1940 年 7 月 13 日，即米内内阁垮台之前三天，有田透露了他对德方意图的深重疑虑。他问佐藤，德国的目的是否要迫使日本参加欧战？德国是否希望自己来统治法国和荷兰在远东的殖民地？

1940 年 6 月 24 日，小矶和武藤从奥特那里得到了证实，当佐藤代表米内内阁提出条件时，里宾特洛甫是以有所保留的态度听取的，但这些条件本身德方是可以接受的，它已经不再觉得日本有必要立即介入对抗英国及英联邦国家的战争。这就去除了缔结三国轴心同盟的最大障碍。德国最希望日本有一个能使日本和德意结盟反抗西方各国的强势政府。德国相信，在远东的这种牵制可以保证使美国继续保持中立。

1940 年 7 月 12 日，当外务大臣有田还在猜测德国的真实意图时，外务省官员向陆军和海军的代表提出了一个新方案的初稿，其中的原则从那时候起直到日本向西方各国发动攻击，始终支配着日本的政策。这个方案的所有要点都在四天前佐藤向里宾特洛甫披露的计划里。

在上述两个场合，以下事实得到了承认，即自从 1931 年 9 月奉天事变爆发以来，日本的各种活动就一直聚焦于实现征服与扩张这同一个目标。尽管经常发生政策变化和政府更迭，但自始至终日本的目标一直是确立其对东亚和南洋地区的国家和领地的统治。而现在则企图利用欧洲战争所造成的局势来达到该目的。

一方是日本，另一方是德国和意大利，双方将要在各自的势力范围内协同作战并密切配合。轴心国家一致同意，日本在东南亚及南太平洋地区应享有和德意在欧洲僭取的同样的行动自由。日本将削弱英国在远东的势力与利益，并将发挥威慑作用阻止美国参加对德战争。两国之间的联合将使双方都可以获得更大的安全，以防范苏联干涉两国的侵略计划。德国的经济援助可以减轻日本对美国的依赖，而日本则保证德国可以从东亚得到最迫切需要的原料。但在目前情况下，德国强求日本参加欧战的任何意向都将遭到断然拒绝。

陆军反对米内内阁的理由

米内内阁缺乏实现这个计划必不可少的决心和对于目标的专心。

陆军要求实行"强硬外交政策",这是近卫和木户已决定新内阁将要实行的政策。在米内内阁任期内,采纳亲轴心国政策的要求一直遭到抵制。1939年平沼内阁执政时期,米内和有田对于挫败军部派缔结三国军事同盟的策划发挥了重要作用。现在,当陆军再度提出与德国和意大利迅速缔结军事同盟时,有田表现出犹豫不决,而米内则表示反对。白鸟说,只要这些人当权,日本和德国之间就没有希望达成协议。缔结三国军事同盟问题已经成为内阁和要求内阁辞职者之间争执的焦点。

第二个根本的争执点关乎成立新的全国性政治团体"大政翼赞会"。政治危机时期,每当陆军的计划遭到威胁或质疑时,军部派就会要求取消政党。1940年3月,武藤少将又提出了这项要求,他说日本需要的是极权主义的体制,借此才能发挥国家的全部力量。近卫和木户在1940年5月26日晤面时,已计划推出一个新党来代替所有现存的政党。他们还计划在新内阁外交内政的决策上,将给予陆军和海军显著的地位。近卫政府将是代表军部派的,所以对军部派的政策不会反对。

这些就是计划由大政翼赞会去实现的目的。它将全面实施基本国策的一个原则。这个原则在陆军1938年5月说明《国家总动员法》的目的时曾予以重申。凭借压制所有反对力量,大政翼赞会将增强国家的战斗力并对日本国民实行军事编制化,以支持陆军的政策。

总理大臣米内认识到,这实际上意味着要建立按照军部派意愿行事的独裁制度。他知道这是要废除所有现存的政治团体,并使议会失去最后尚存的一点审议自由。因此,他的内阁反对成立大政翼赞会。

陆军次官阿南和军务局长武藤带头要求米内内阁辞职。他们警告内阁书记官长石渡说,如果内阁拒绝辞职,那就有必要迫使陆军大臣辞职了。针对这一威胁,当米内询问陆军大臣畑时,畑闪烁其词地说,他认为从长远来看内阁还是辞职为好。

陆军使米内内阁垮台

参谋本部的军官决心已定，无论从军事还是从政治的角度看，米内内阁都没有应付当前世界情势的能力。在他们表明了这种看法以后，参谋总长闲院宫就把他们的意思转告给畑，希望他将陆军的态度通知米内。畑在这样做之前，会先与近卫商谈这一情况。

1940年7月8日，陆军次官阿南和天皇侍从武官长将这些情势发展通知了木户。阿南告诉木户说，米内内阁完全不适宜与德国和意大利进行交涉，并且内阁处理政务的方针可能导致灾难性的耽延。他说，因此内阁的更迭已不可避免，这也许在四五天内就会发生。他告诉木户，陆军正等着瞧米内内阁在面对陆军的观点时会采取什么行动。

阿南和木户的会晤，显示了陆军所持有的居高临下的态度。陆军次官告诉木户，陆军一致拥护近卫做总理大臣的候选人。当木户指出新的外务大臣人选比较难找时，阿南向他保证，陆军准备把那个问题完全留给近卫来决定。

木户按照他所得到的信息，把陆军的意见写成备忘录交给了米内。1940年7月16日，总理大臣召见畑并告诉他，陆军的意见与内阁的意见不同。他说如果陆军大臣不同意内阁的政策，就请他辞职。畑随即提交了辞呈，并答应在当天回复米内让他推荐陆军大臣继任人的要求。畑与陆军其他两"长官"商谈后，通知米内陆军不能推荐任何人。

这样一来，陆军促成了米内内阁的倒台。1940年7月16日，在陆军大臣辞职的当天，总理大臣已别无选择，于是向天皇提出了内阁的辞呈。

第二天，1940年7月17日，奥特大使向柏林报告说，从陆军迫使内阁更换来看，料想会迅速转变为更积极的反英政策。陆军已部署了攻城炮，以便在进攻香港的政策一旦决定时就能立即行动。

没有证据表明陆军大臣畑积极参与了使米内内阁倒台的阴谋。他曾支持米内内阁的政策，这个政策本身就是侵略政策，为的是推进武力扩张的国家目标。他之所以能担任陆军大臣,是由于亲德派系的人们认识到欲实现他们的计划,首先必须解决日本的国内分歧。畑的行为表现出,他把内阁企图隐藏其侵略意图的谨慎之举仅仅看作一种权宜之计。当机会到来时,为使米内内阁垮台并使新内阁掌权,他可以顺应军部派的愿望,让自己成为可供利用的筹码。

木户在米内内阁垮台及选择近卫担任总理大臣中发挥的作用

木户自 1940 年 6 月 1 日被任命为内大臣之后,一直与近卫保持着密切的联系,坚定不移地推进要米内内阁下台的那些人的目标。1940 年 6 月 27 日,他与大藏大臣樱内协商了更换内阁时应采取的程序,并就加强政治体制交换了意见。1940 年 7 月 5 日,当暗杀总理大臣及其他著名人物的阴谋被发现,木户向天皇报告时,对阴谋者的动机表示了支持。此后他还秘密参与了陆军使米内内阁下台并使近卫登台的阴谋。木户知道,当天皇认为米内的辞职已不可避免时,仍然信任米内并对必须更换内阁表示遗憾。1940 年 7 月 16 日上午,米内被迫立即辞职已很显然,木户向天皇报告了畑的辞职经过,并说明了选任新总理大臣的方法。

依照惯例,日本政界被称为"元老"的一些长者应该向天皇推荐新总理大臣的人选,但当时只有西园寺公爵一位元老还活着。在过去,西园寺的势力很大;主要通过他的进言和对政局的了解,宫廷圈子有时候会对军部派的行动加以约束。

西园寺的秘书和心腹原田男爵和米内一样,都是阴谋者的暗杀对象,而木户是支持这些阴谋者的动机的。

1939 年 11 月,木户应近卫的要求,设计了选择总理大臣的新机制。木户建议,元老应该由一个以枢密院议长、内大臣以及所有前总理大臣组成的小组来代替。然后这个"重臣"小组的意见将被传达给天皇。

1939 年 11 月 10 日,木户与近卫商讨了这个计划,近卫希望将它尽早实行。近卫和木户显然都想以这一新机制作为排除西园寺在政治事务上影响力的手段；因为木户曾向近卫表示，他担心西园寺在世时要实行这个计划恐怕有些困难。

1940年1月，米内取代阿部为总理大臣，此计划未被援用。但是1940年7月，当米内内阁辞职时，西园寺因身体虚弱已不接触政治事务。于是作为内大臣的木户的势力大大增强了。

天皇接受了木户对于这个新机制的说明，在接到米内内阁的辞呈后，就令木户召集重臣会议。在这会议中近卫是唯一被提名为总理大臣的人选。平沼在十天之前已表明他自己赞成近卫为候选人。木户本人极力主张任命近卫，他说，陆军显然是赞成的，他相信陆军最近的一些行动就是根据近卫将出任总理大臣这个假定而实行的。于是，问题就这样解决了。被派去向西园寺传达这个决定的使者回来报告说，公爵说他身体欠佳不熟悉政治局势，所以不愿担负向天皇进言的责任。

于是，木户就将重臣们的建议向天皇报告。天皇希望在作最后决定前，再次征求西园寺的意见。但木户以西园寺身体虚弱为由劝止了天皇。于是天皇召见近卫，授命他组织新内阁。

第二次近卫内阁的组建及政策

近卫按照1940年5月26日与木户所策划的方案进行组阁。在接到天皇的组阁敕令后，近卫告诉木户，他打算让离任陆军大臣和海军大臣推选愿意与对方军种合作的继任者。当选定了陆军、海军和外务大臣之后，近卫准备与他们充分地商讨国防、外交、陆军和海军之间的合作，以及统帅部与内阁之间的关系等问题。在四大臣会议对这些问题取得共识之前，他不准备开始选任其他内阁大臣。近卫实施了这个计划。

海军大臣吉田留任新内阁。陆军中将东条被选为陆军大臣。

米内内阁垮台后，离任的陆军大臣畑采取了前所未有的办法，秘密地向天皇推荐东条为他的继任者。东条自1938年5月30日至1938年12月10日曾任陆军次官，此后一直担任陆军航空总监。1940年2月24日之后，他兼任了最高军事参议官。

木户承认选择外务大臣一直是个难题。白鸟是主张日本与德国完全合作的极端派，他被认为是合适人选，但近卫选了松冈。甚至在松冈的任命还未公布前，这位新外务大臣就秘密地把这事告诉了德国大使，并表示他希望与德国友好合作。

这段时期，德国对于日本的政治动向一直都了如指掌。1940 年 7 月 20 日，奥特大使向本国报告说，松冈的任命一定会导致日本的外交政策发生转变。

1940 年 7 月 19 日，近卫、松冈、东条和吉田举行了长时间的会议，在这次会议中决定了新内阁的政策原则，并取得了共识。日本驻柏林大使馆通知德国外交部说，新内阁的四位主要大臣以非同寻常的程序决定了具有权威性的外交政策纲领，其中包括与德国和意大利重建友好关系。

既然这些政策已经落地，近卫就开始挑选内阁的其他阁员。1940 年 7 月 22 日，新内阁宣布成立。

过去主管"满洲国"经济和产业开发的星野被任命为无任所大臣兼企划院总裁。这是一项重要的任命，因为新内阁把加速国家动员及日本、"满洲国"和中国其他地区更紧密的经济一体化作为重中之重。内阁还要加强金融方面的统制，大力增强军备，进一步加快战争支助产业的扩充。

陆军少将武藤留任为陆军省军务局长，畑被任命为军事参议官。被看作亲德派系首脑之一的大桥被任命为外务次官。白鸟曾秘密地告诉奥特，是他自己拒绝了这项任命。现在预计他会成为外务大臣松冈的常任顾问。白鸟相信他在这个职位能对日本的外交政策发挥广泛影响。1940年 8 月 28 日，白鸟被任命为外务省的外交顾问。

1940 年 7 月 26 日，即内阁成立四天之后，这个阁员中包括东条和星野的新内阁表明了它的政策。这个新声明所宣布的基本原则就是 1936年 8 月 11 日国策决定的那些基本原则。声明说，世界现在正站在历史变革的关头，新的政治、经济和文化秩序正在诞生的过程中。日本也正面临着其历史上前所未有的考验。

声明说,如果日本要依照"八纮一宇"的伟大理想采取行动,就必须从根本上修改它的政府系统,完成国家的国防体制。日本的目标是建立"大东亚新秩序"。为此目的,日本将增强军备并动员国家的全部力量。日本首先应集中力量成功解决在华战争。

为了促进日本自身的国运,日本将采取有弹性的政策,计划和准备对世界局势的变化加以利用。

第二次近卫内阁决心完成对日本的军部统治

我们在前面已经看到,1940 年 5 月 26 日,近卫和木户计划组织一个新内阁,它将按照军部的愿望行事,并镇压可能会反对其政策的所有政治团体,从而成为极权主义国家的政府。这样军部派的领导者,事实上就成了日本的无可争辩的当然统治者。

早在 1930 年 9 月,桥本就曾倡导组成这样一个军部内阁,从那时候起,这就成了军部派企图实现的终极目标。1936 年 8 月 11 日的国策决定已经规定,应采取步骤引导和统一舆论,并强化国民意志以实行既定的侵略政策。1938 年 2 月,《国家总动员法》的颁布遂使这些目标有望实现了。陆军在说明该法的目的时指出,国民生活的一切方面都应该是为了达到最高的战时效率。

在经济和产业领域,这些目标在很大程度上都已经实现了。舆论也已受到了严格的管制,并顺应了陆军及其支持者的意愿。当第二次近卫内阁成立时,为完成对日本的军部统治采取了最后步骤。

新内阁的存在,是靠了陆军的支持。为了使内阁的政策具有牢固的基础,近卫预先和新陆军大臣及海军大臣达成了一致意见。剩下的问题是采取必要的措施,以保证陆军政策与内阁政策的一致,以及完成对日本国民实行军事编制化为未来的战争做准备。1940 年 7 月 26 日,当包括东条和星野在内的新内阁开会批准已经确定的政策时,这些目标被置于很重要的位置。

然后新内阁决定，所有政府机构都将依照基本国策决定的根本原则来改组。教育制度应继续为达此目标发挥作用，应向日本国民灌输为国家服务高于一切的思想。

内阁将通过建立新的国家政治体制，努力寻求政府的协调统一。为适应这一计划，议会制度应作相应改变。全国要在为国家服务以及人民与专制政府之间合作的基础上进行改革。

这些目标依靠陆军和内阁的合作得以实现。在所采用的新举措中，最重要的就是"联络会议"和大政翼赞会。

联络会议和完成军部派统治的方式

联络会议的目的是为了确保陆军政策和内阁政策的一致性。联络会议的成立在近卫和木户 1940 年 5 月 26 日的会晤中便有预示，当时他们决定设置一个最高国防会议，将以总理大臣、陆军大臣、海军大臣、陆军参谋总长、海军军令部总长为其成员。

这个新组织比近卫和木户最初设想的还要大些。除了已经指明的成员外，还包括了外务大臣和大藏大臣，参谋本部次长和军令部次长，陆军军务局长和海军军务局长。有时企划院总裁和内阁书记官长也出席会议。

1940 年 7 月 27 日，即新的近卫内阁对其将来的政策原则取得共识后的第二天，召开了联络会议。在这次联络会议上，就内政外交政策的一切重要方面，作了相似的决定。

这个新的会议首次使陆军和海军多名领导人直接参与了内阁政策的制定，会议本身就成了极重要的政策制定机关。通过承担御前会议的审议职能，联络会议还将进一步削弱宫廷圈的势力。御前会议只在决定最重大的国务事项时才召集会议，而从这时候起，它除了对联络会议已决定的事项做正式批准外，几乎没有任何其他作为。

这个新机构的决定集陆军、海军和五位最重要大臣的权威于一身。所以，要改变他们的决定是很困难的。在整个 1941 年期间，联络会议频繁召开，逐步僭夺了内阁会议的职能。

联络会议也起到了加强总理大臣地位的作用。以前的内阁都是由于陆军的不满而垮台的。四大臣会议和五大臣会议的决定常常无效，因为陆军大臣在与其他陆军军官或陆军省官员商谈后撤销了他的同意。现在既然军部的头目们都亲自参与了重要的决定，那么决定下来的政策后来就不容易被推翻了。

陆军原打算只是利用近卫作为它的政策工具，但是由于近卫围绕预先决定的政策来组阁，凭借谨慎的组阁方法，也凭借联络会议的设置，近卫获得了作为专断政权领袖的主导地位。内阁和陆军合作，通过约束日本国民的政治活动及去除政治上的反对派，完成了军部对日本的统治。

1940 年 10 月 10 日大政翼赞会正式设立，关于该会的情况在本判决书的后面章节中将更详细地论及。大政翼赞会成了获得日本政府巨额资助的全国性团体。在它成立后，所有其他政治团体全都消失了。就是用这种办法完成了对议会制度的修正，并在日本国民心中灌输了为国家服务的观念。

陆军是想借着这个新团体来取消所有现存的政党，并成立一个新的对陆军领导人唯命是从的"亲军"党。但是，近卫按照与木户商量的计划，却把现有政党的党员吸收到了这个新党之内。近卫宣称，军队、政府和民众必须团结一致来建设一个具有强大"国防力量"的国家。

1940 年 8 月，时任军务局长同时也是陆军最杰出的领导者之一的武藤，承认情况已经发生变化。他指出，大政翼赞会并非国民自发的一场运动，而是强加给他们的事物。他认为必须赋予这个新团体以强大的政治力量。他承认陆军和内阁应该合作来指导和推广这场运动，并借助它来推动陆军和内阁共同拥有的野心勃勃的国家目标。

对德合作的试行方案及日本大东亚统治计划的范围

1940 年 7 月 16 日，当近卫接受天皇的组阁敕令时，日本新外交政策的试行方案已经拟定了。外务省终于决定了与德、意紧密合作的政策，在过去一年里，亲德派系成员，特别是白鸟就在不断地推动这个政策。由于里宾特洛甫拒绝在日本澄清自己的目标之前披露德国的意图，外务省起草了一个日本不承诺参加欧战而能确保与德国合作的建议。

陆军、海军和外务省的代表在 1940 年 7 月 12 日和 7 月 16 日两次讨论了这个建议，与会人员担忧日本正在与一些重大事件失之交臂。他们猜测德国将征服英国，并相信欧战也许在不久的将来就会结束。与会人员认识到，如果日本不准备迅速采取行动，也许就会失去征服南方的机会。

日本担心一旦欧战结束，德国将抵制日本把统治范围扩张至整个东亚和南洋地区的企图，而且德意可能会与其他国家合作来阻挠日本的前进。另一方面，正如外务大臣松冈后来所言，人们相信这时候"日本具有能够按自己的心愿左右世界局势的强大力量"。

受德国在欧洲胜利的鼓舞，日本领导人已不再仅限于谈论建立"东亚新秩序"了。现在经常挂在嘴上的是"大东亚共荣圈"。在这个英、法、荷失势之时，日本领导人作出的决定是日本应该夺取英、法、荷、葡在东亚、东南亚和太平洋地区所有属地的支配权。

1940 年 7 月 16 日，陆军、海军和外务省的代表一致同意，日本扩张的最终目标应该包括以东印度和缅甸为一侧，以澳大利亚和新西兰为另一侧，两者之间的整个地区。较近期的目标将是统治香港、法属印度支那、泰国、马来亚、荷属东印度、菲律宾及新几内亚等地区。

为了达到这些目的，当务之急是日本必须提出一个明确的建议作为与德、意进行合作的基础。日本没有作出介入欧战的承诺，但可以声明，如果日本觉得恰当的时机到来，它有意单独对英作战。然而，日本保证将采取除宣战以外的任何手段援助德国去征服英国。日本将采取措施去削弱英国在远东的势力，并支持印度和缅甸的独立运动。日本将支持德国并与其合作对付美国和苏联。日本将使美国干预欧战的可能性降低至最小限度，因为日本的行动对美国在太平洋和远东地区的利益构成一个经常性的威胁。这样一来，日本也将获得保护，防止美国和苏联妨碍它的计划。

日本将承认德、意在欧洲和非洲的独占权利，但交换条件是要求承认日本在东亚和南洋的政治霸权和经济自由的权利。关于对华战争，日本也要求德国给予合作及经济和技术援助。日本则保证从中国和南洋供给德国所需的原料。日本和德国在欧战结束后，在两国所欲统治的两大势力范围之间实行贸易互惠。

这个计划就成了第二次近卫内阁外交政策的基础。

第二次近卫内阁试行方案的采纳

日本虽然决定了要征服东南亚和东印度，但是关于将要采取什么性质的实际措施，以及什么时候采取措施，仍存在很大的不确定性。之所以不确定，部分原因是陆军、海军和外务省的意见不一致，而主要原因是由于德国的真正目的尚未确定。

最大的疑虑是德国本身是否对法属印度支那、荷属东印度及南洋其他地区具有某种企图。日本认为自己对这个问题必须采取强硬的态度，并且认为必须在德国忙于应付欧洲无暇他顾的时期，迅速采取行动。另一方面，日本决定以德国最容易接受的形式，提出日方独占的要求。日本想隐匿其征服的目的，仅仅声称日本意欲获得政治上的领导地位和经济上的机会。

关于德国与苏联及美国的关系也存在着忧虑。据预料，当欧战结束时，苏联和美国将与德国和日本一起，有望成为仅存的四个世界强国。一旦这种情况发生，日本希望与德国及意大利继续合作，但日本担心如果德国改变政策,将使日本得不到任何支持。于是一致同意,日本应该与美国谈判,这仅仅是为了促进实现日本本身的目的,同时也是为了德国和意大利的目的。并且认识到,应该执行促进改善对苏关系的政策,不过仅限于在该政策适合德国和日本计划的情况下。

最后,不确定性还在于,日本准备提供的合作程度是否能为德国所接受。人们争论道,日本究竟是应该立即采取更为强硬的措施对抗英国呢,还是应该承诺在对华战争结束后再进攻新加坡。但内阁的决定是不给予明确的承诺。

这些问题都还未明确,因此解决这些问题就成了新内阁的任务。对于日本外交政策的基本原则,则完全不存在任何疑虑。陆军、海军和外务省的代表一致同意,尽管有各种困难,日本必须统治整个东亚、东南亚和南太平洋地区。为了实现这一目标,日本在必要时将与反对日本的任何国家不惜一战。但是,作为权宜之计,日本应首先与德国和意大利达成协议。

1940年7月19日,近卫、松冈、东条和吉田开会制定了新内阁的政策,他们采纳了已经拟就的计划。他们决定要加强日本与德、意的关系,以使"新秩序"能够迅速建立起来。为实施这个计划,他们决定和苏联缔结互不侵犯条约,使"满洲国"和蒙古成为新协定的缔约方。他们决定将英国、法国、荷兰和葡萄牙的领地包括在日本"新秩序"的范围之内。如果美国不妨碍这些计划,日本不必攻击美国;但是,如果美国企图加以阻挠,日本则会毫不犹豫地诉诸战争。

第二次近卫内阁的政策基础是 1936 年 8 月 11 日国策决定

虽然第二次近卫内阁上台后,近卫和军部派的"强硬"外交政策取代了有田的外交方式,但是仍然维持了有田外交的主要特点。新内阁决定,以"八纮一宇"理想为核心的日本多年来的国家抱负绝不能从属于德、意的野心。尽管日本与德、意合作的条件尚未确定,但是新内阁重新强调了陆军计划的一贯目标,这些目标是 1936 年 8 月 11 日基本国策决定所明确的。1940 年 7 月 26 日,和 1936 年一样,日本政策的最重要目标依然被表述为征服中国并在各个方面推进国家战争动员。在执行这些既定目标时,日本应采取灵活政策,以便利用国际局势的变化来增进自己的利益。

但是,1940 年 7 月 26 日的内阁决议明确表示,日本要建立"大东亚新秩序",日本、"满洲国"及中国其他地区将仅仅是它的基础而已。1940 年 8 月 1 日,外务省把这个决议作为政府的声明发表了。当时,外务大臣松冈声明说,日本的使命就是将"皇道"弘扬到世界各地。他说,日本外交政策的当前目标是根据这种精神,建立一个大东亚共荣链,而日本、"满洲国"及中国其他地区是其中的一环。为此目的,日本将准备排除在其前进道路上的所有障碍,无论是有形的还是精神的障碍。日本具有充分的勇气与决心,联合那些愿意与日本合作的友邦,努力实现这种理想以及上天所赋予的使命。

与此同时,在 1940 年 7 月 27 日的联络会议上,陆军和海军表示接受内阁的政策,同时还决定"在不与第三国开战的限度内来解决南方问题"。当日本设法达成与德、意合作的条件并实现与苏修好时,日本将对美国维持一种坚定而又稳健的态度。联络会议决定:"尽管有些政策难免会引起日美关系的恶化,但只要是帝国必须执行的政策,我们将勇敢执行而绝不退缩;虽然如此,我们将一直留意美国的动向。"决议还说:"我们必须设法避免增加摩擦,甚至不惜采取非常规的措施。"

在这方面,内阁也遵守了基本国策决定所表明的原则,即日本在南洋扩张时,必须"国防外交相辅为用",同时要竭力避免与其他国家不必要的交恶。

"在一定限度内解决南方问题"的政策

联络会议根据这项原则,决定了为实行日本的南进政策必须立即采取的具体措施。法属印度支那北部已处于日本的统治之下。为了准备可能对香港发动的攻击，日本军队已进行了动员。日本已经向荷属东印度提出了保证供给原料的要求；在新内阁就职的那天，日本宣布为解决这一问题将派经济代表团赴荷属东印度。

联络会议决定将继续执行这些政策。目前，日本打算借助外交手段来获得荷属东印度的重要资源。日本将试图通过交涉争取德国同意日本占领法国在太平洋的属地，并同意日本继续保持原属德国现由日本委任统治的诸岛。日本还将努力促使南洋其他国家对日本的支持。

但是，对于法属印度支那、香港、马来亚及西方国家的在华租界，日本将采取更为强硬的措施，以阻止其对蒋介石军队的援助，并彻底铲除其对日本的敌对态度。日本将向法属印度支那提出要求，以获得机场的使用权和日本军队的通行权。日本还将要求法属印度支那向日本军队提供粮食和其他必需品，并采取措施获取该国所产的原料。

这些措施仍未能使陆军大臣东条感到满意。1940 年 7 月 31 日，奥特大使向德国报告说，东条正在使日本与英国的关系严重恶化。东条希望借此进一步削弱日本亲英派的势力，并提早对英国在东亚的属地采取行动。

重光关于"大东亚"政策的观点

1940 年 8 月 5 日，当第二次近卫内阁的政策业已决定时，重光大使发电报给松冈，对新外务大臣就职以及建立并实行"大东亚政策"表示祝贺。

米内内阁执政期间，重光曾极力劝说外务大臣有田抵制军部派的要求。他认为由于欧洲战争的缘故，西方各国在东亚的势力正在不断减小。他相信，日本所渴望的在远东的优越地位，是能够以严格保持中立的最佳方式来获取的。但是，由于军部派掌握了政权，就不可能采取严格的中立政策了。

重光转而支持新内阁的目标，他说："为了确立我国在大东亚的地位，有必要考虑能以最小损失获取最大利益的措施,在实施这些措施时可直接牺牲小国并避免与其他国家冲突,不可以同一时间树敌太多,应该一个一个地处理它们。"他列举法国和葡萄牙作为应该实施这类措施的对象,他说,采用这种方法可能会取得一定的进展,同时使英国和美国间接地付出代价。

但是重光明确表示,他依然相信西方各国最后可能会战胜德国和意大利。对于近卫内阁根据德国必将征服英国的假定而形成的政策基本原则,他表示反对。

新内阁决心加强日本的军事攻势以粉碎蒋介石总司令的抗战力量,但是重光和从前一样,倡导以开明的态度来解决在华战争。

内阁还采纳了企图攻击英国远东属地的南进政策。陆军和陆军大臣东条热切希望尽快开始敌对行动。内阁决心实行南进,纵然发生日美战争也在所不惜。重光强调,关于与英美的关系,日本需要"缜密考虑和谨慎行事"。他再次指出,英国在远东的势力正在逐渐减小,并宣称连美国在东亚的地位也正在下降。他坚持认为,如果日本在实行它的东亚政策时能够采取有节制的行动,可以期望英美对这项政策的阻碍到一定时候就会自然消除。

第二次近卫内阁决定要促进日本与德意合作。陆军重新提出了缔结轴心三国同盟的要求。重光强调,采取使日本必须和德国遵循共同政策的任何步骤都是危险的。他提醒松冈说,声势浩大的运动正在进行之中,欲将日本卷入与英美的太平洋冲突之中。他暗示这是德国的政策,而在英国也有一部分人希望借此类战争来阻止日本在东亚的扩张。在 1940 年最后的数月中,重光作为驻伦敦的大使,敦促英国政府的成员寻求与日本恢复友好关系的新基础。

在 1940 年 8 月 5 日的电报中,重光主张,日本应推行与德国和意大利的政策平行的独立政策。他提请松冈注意苏联的对德关系,认为日本应以此为楷模。他说,苏联坚定地维持着一种为与英国妥协留有余地的中立政策;同时,苏联正在逐步增强对那些与欧战无关的小国的影响力。重光认为,为了实现"在东亚建立强有力的政治和经济地位"的目标,日本应该效仿苏联的政策。

松冈向德国提出日本与轴心国合作的条件

但是,甚至在日本与德国和意大利合作的条件还未谈妥之前,武力侵占东南亚及东印度已被视为既定方针了。1940 年 8 月初,军令部总长伏见报告天皇,目前海军希望避免对马来亚及荷属东印度行使武力。伏见说,在决定诉诸战争之后,至少还需要八个月的准备时间。因此,他认为战争是愈迟愈好。

外务大臣松冈已经为达成与德、意的合作协定采取了第一个步骤。1940 年 8 月 1 日,他通知奥特大使说,日本政府和日本国民都想加强日本与德国和意大利的关系。他说他自己也一直是支持这种政策的,但他明确表示内阁的决定将取决于德国所提出的合作条件。

1940 年 7 月的会议决定日本不拟介入欧洲战争。相反,松冈希望德国用更加宽阔的视野来看待世界局势。松冈指出,纵然在德国征服英国之后,要想摧毁英联邦的其他国家恐怕也不是容易的事。奥特对这种看法表示同意。松冈说,德国将遭遇来自苏联和由美国及幸存下来的英联邦其他成员国所组成的盎格鲁-撒克逊集团两方面的反抗。那时候日本就会居于至关重要的地位。

松冈说,日本决心继续对华战争直至粉碎中国的抵抗。没有德国的援助日本也能够完成这一目标。他接着说,日本也决心要实现它在南方的抱负。根据松冈的意见,日本首先将集中力量对付泰国以及泰国以北的国家,但是日本的目标会随着世界局势的变化而变动。为了确保与德国合作,松冈告诉奥特说,对于日本将要统治的地区,日本既不想征服,也不想剥削。

松冈说出这番话,是希望知道德国对于日本政策的态度,以及德国准备给予什么样的支持。他也希望知道关于德国对美苏两国的政策以及德国对日本与美苏两国关系上有何要求。

就在这次会谈的同一天，来栖大使对德国外交部官员提出了相似的建议。德方所得出的结论是，如果来栖和松冈正确地表明了日本对东亚及南洋的目的，那么以日方所建议的条件进行合作是符合德国的利益的。于是，1940 年 8 月 23 日，外交部长里宾特洛甫派遣施塔默为德国特使赴日本。

其间，松冈彻底清洗了赞成与西方国家合作的所有外交官和外务省官员。白鸟在为"根据独裁模式调整国务"而设的一个委员会中，成了对外政治事务的代表。这个新委员会不断要求确立与轴心国家合作的政策。

我们现在休庭到下午 1 点 30 分。

（12∶00 休庭。）

下午庭审

休庭后，13∶30 庭审人员到场。

法庭执行官：远东国际军事法庭现在继续开庭。

庭长：我继续宣读本法庭的判决书。

三国军事同盟的详细计划：1940 年 9 月 4 日的四大臣会议

1940 年 9 月 4 日，总理大臣近卫、外务大臣松冈、陆军大臣东条及海军大臣召开会议，商讨日本和德国交涉的策略。会议认为，现在是与德国开始商谈的良机。德国特使施塔默正在来东京的途中，加强日本与德意合作的意愿已明确宣示。

在这次四大臣会议中，并没有偏离既定的政策，但确定了日本在对德国和意大利交涉的各方面的态度，并详尽阐明了具体细节。会议决定，日、德、意应签订一个基本协定，那样当日、德、意为达到各自统治亚洲和欧洲的目的时,可采用包括诉诸战争在内的所有手段进行合作。三国应就在实现这些目的时互相援助的方式,以及对英、美、苏采取的共同政策达成协定。

经过尽可能短时间的谈判,达成的协定将以联合声明的形式公布。它将成为更详细的军事协定的基础,但军事协定条款则不必公布。军事协定应规定各缔约国在军事上、经济上以及其他方面互相援助的义务。

四大臣会议详细计划了日本应该采取的援助方式,并确定了日本在三国军事同盟谈判时应依据的原则。

第一,会议同意,日本的势力范围必须包括日本的太平洋委任统治诸岛、法属印度支那及其他法国的太平洋属地、泰国、马来亚、英属婆罗洲、荷属东印度、缅甸、澳大利亚、新西兰、印度及其他国家。在与德国交涉时,日本将只谈及缅甸以东、新喀里多尼亚以北,包括荷属东印度在内的地区。如果德国持有保留意见,那么日本将要求德国承认日本统治包括南洋在内的整个东亚地区的目标,借此来表明日本的意图。日本应坚持其最终目标是使法属印度支那和荷属东印度独立,但首先希望获得在这些国家的政治和经济上的优势地位。

第二,三国对于苏联及美国应采取共同政策。虽然三国的目的是与苏联维持友好关系,但是万一缔约国之一卷入对苏战争时,三国也同意采取一致行动。日本将与德国和意大利合作,分别从东、西、南三个方向牵制苏联,以这种方式努力促使苏联与三国同盟保持一致。

缔约国将采取除战争以外的联合行动来牵制美国。根据这一政策,菲律宾并不在日本打算立即统治的国家之列。但是否会将菲律宾包含在内取决于美国的态度。要凭借与德国和意大利在政治和经济上的合作,对美国施以压力,以此实现日本的抱负。

第三,各缔约国所提供经济援助的性质将由专门的协议来规定。日本将从它统治的地区向德国提供对英作战所需原料。德国也将与日本合作,为日本对华战争给予便利,并向日本提供原先主要依赖美国提供的技术援助和战争物资。

第四，日本将根据局势发展的需要采取相应步骤，消除英国在远东的政治和经济权益。日本将通过向德国提供经济援助，向英国在华权益施以政治和经济压力，以及宣传并鼓励英国领地的独立运动，来援助德国和意大利的对英战争。如果德国有此愿望，日本将声明在原则上愿意给予对抗英国的军事合作。否则，日本的主要目标将是美国。

但是，关于对英美可能使用武力的事情，日本将保留其自主作出决定的权利。如果对华战争已接近尾声，那么日本将为此目的选择尽量适当的时机使用武力。如果对华冲突仍在持续，除非局势已刻不容缓，日本将不对西方各国诉诸战争。

拟议中的同盟要点就是已由松冈传递给德国的内容。当德国在对英战争中取得胜利时，世界将划分为四个势力范围，分别由德意、日本、苏联和美国统治。无论在这个情势发生之前或之后，日本都将与德意协同行动，以期能完全实现各自的征服和扩张目的。

1940 年 9 月 9 日至 11 日的三国结盟谈判

五天之后，1940 年 9 月 9 日，外务大臣松冈和施塔默会面，开始了对德谈判。施塔默根据德国外交部长的直接训令说的一番话表明，德国对于缔结拟议中的三国同盟的迫切程度一点都不亚于日本。德国对于所有重要问题的意见，与 1940 年 8 月 1 日松冈向奥特大使所表明的观点相当接近。

施塔默说，德国希望迅速结束欧洲战争，但现在尚不需要日本的军事援助。德国特别希望日本牵制和阻止美国参战，并且认为缔结拟议中的同盟及采取强硬的外交政策是防止美日或美德战争最有效的途径。施塔默说，德国和意大利愿意尽一切可能的办法来牵制美国，两国还将尽可能把调剂出来的武器提供给日本。

在其他方面，德方的建议也与日本的目标相符合。施塔默宣称，德国承认和尊重日本在东亚的政治领导地位。德国对于该地区只有经济性质的要求。德国将与日本合作，并希望日本满足德国的经济需要。德国也愿协助日本恢复苏联与日本之间的友好关系，并认为这并不存在不可克服的困难。

施塔默明确表示，虽然德国现在希望日本保持中立，但在为争取世界霸权的正在到来的斗争中，德国视日本为盟国。他说，现在的战争也许会迅速结束，但大的斗争也许会以某种形式继续数十年之久。同时，德国将尽一切可能来防止日美间的战争，如有可能，甚至愿意尽一切可能来改善两国关系。尽管如此，施塔默说，三国必须准备好应对最恶劣的事态。德国相信，从长远来看，日美之间的战争几乎是不可避免的。

施塔默告诉松冈说，欧洲的这场战争将注定要发展成为一场与整个盎格鲁-撒克逊世界对抗的斗争。德国把拟议中的同盟视为在这场斗争中进行合作的长期安排，因此，希望日本在德英战争结束之前迅速加入轴心国。

1940 年 9 月 9 日、10 日和 11 日，施塔默与松冈举行了三天会谈。在第三次会谈中，他们两人之间商妥了拟议中的三国同盟草案。鉴于德国所表示的愿望，没有邀请意大利参加这几天的谈判。1940 年 9 月 19 日，意大利外交部长齐亚诺从里宾特洛甫处首次得悉拟议中的同盟议案。当时，德国外交部长表示，他相信这个同盟是一把双刃剑，对苏联和美国都具有威力。

围绕三国同盟缔结的情况

在松冈与施塔默确定拟议中的三国同盟草案后，便立即着手缔结三国同盟的工作。1940 年 9 月 16 日，此议案首先提交给了御前会议，御前会议采取了天皇出席的枢密院会议形式。外务大臣松冈陈述了与德国交涉的经过，解释了建议草案的每一个条款。但是海军不同意这个议案。

三天之后，1940 年 9 月 19 日，这个问题提交给了联络会议审议，

1940 年 9 月 24 日终于达成共识。1940 年 9 月 26 日，把此情况报告给了又有天皇出席的枢密院会议。近卫、松冈、东条和当时已接替吉田出任海军大臣的及川出席了会议。赞成同盟的发言人中，包括企划院总裁星野、陆军省军务局长武藤以及大藏省和海军省的代表。

当时时间甚为紧迫，必须立即研究，所以枢密院未依照惯例把草案交审查委员会审议并提出书面报告，而代之以出席枢密院会议的与会人员自己组成一个全体委员会，并以枢密院副议长为委员长。首先近卫和松冈将这个建议案加以说明。然后讨论了一整天，直至晚上。然后全体与会人员组成的审查委员会一致建议缔结拟议中的同盟，同时附以一项警告。会议决定政府应改善与苏联的关系，并避免一切可能刺激英美的行动，但是会议要求政府在采取这些措施时，必须准备好应对最坏的情况。

于是，又召开了一次天皇出席的枢密院全体会议。审查委员会委员长口头报告了所决定的建议书，又经过进一步商讨后，一致批准了缔结同盟。

第二天，即 1940 年 9 月 27 日，缔结了三国同盟。于是颁布敕令，声明这个新同盟是使"万邦各得其所"的一种和平手段。外务大臣松冈发表演说，宣称日本作为东亚"新秩序"领导者的责任更重了。他说，虽然日本打算用和平的手段来履行这些责任，但是也许会出现需要作出重大决定的时机与情势。他还说，将来日本会遭遇无数普通努力不足以克服的艰难险阻。

大岛和白鸟说得更加露骨。在 1940 年 12 月所写的文章中，白鸟把三国同盟描述成实现"世界新秩序"的手段，是一场运动的高潮，这场运动已首次表现为征服满洲。

大岛认为，现在近卫内阁已确信"大东亚圈"是必须用武力南进才能实现的。他说，唯一的问题是"什么时候动手"。

木户显然也很了解三国同盟的全部意义。1940 年 9 月 21 日，他向天皇报告了他自己的信念，他说，如果缔结了同盟，日本最终就不得不与英国和美国对抗。因此，他认为必须快速结束对华战争。

天皇曾说过，他绝不会赞成拟议中的同盟。大家知道元老西园寺公爵强烈反对这种同盟，而天皇对西园寺的进言信任有加。近卫内阁在获得海军的同意后，还必须克服这个困难。这是靠着木户的默许而克服的。

作为内大臣，木户的责任是将谈判经过报告元老。木户虽完全明白作出这一决定的重要性，但他全然不让西园寺知道所发生的事情。当他被责问对此未尽责时，他只回答说，这是由于考虑到元老罹患疾病。西园寺得知缔结了同盟时，大为忧虑，感觉天皇已经被抛弃了。

三国同盟的条款及 1940 年 9 月 27 日日德所交换的保证

三国同盟的前言表明了缔约国各自在欧洲及亚洲建立"新秩序"的决心，以及在开展上述活动时互相援助的决心。同盟条约规定，德国和意大利将尊重日本在亚洲的领导地位，日本将尊重德国和意大利在欧洲的领导地位。三国保证互相合作，至于其详细内容，则指派专门的联合委员会制定。任何缔约国如遭受现在未加入欧洲战争或对华战争的国家攻击时，加入同盟的其他国家应给予政治、经济和军事援助。德国和意大利将确认这种同盟毫不影响苏联和任一缔约国之间的现有关系。三国同盟的有效期为 10 年，还为条约续展作了规定。

1940 年 9 月 27 日，即缔结三国同盟的那一天，日德之间又通过交换函件作了进一步的保证。其中包括同意日本保有按照国联委任统治制度交给日本管理的原德属太平洋诸岛。当时由其他国家统治的南洋原德国殖民地，在对英战争胜利后应当自动归还德国所有。但是德国表示愿意就这些殖民地转让给日本事宜进行谈判。

松冈在致德国大使的信函中叙述了日本的希望。他说，日本与德、意一样，也希望限制欧洲战争的范围，并使其迅速终结。日本将为达成此结果竭尽全力。但他又补充说，"鉴于目前大东亚地区及其他地方存在的情势"，英日之间存在着发生战争的危险。松冈明言日本政府相信，当发生那种情形时,德国会尽一切可能援助日本。

奥特承认接到了这一函件,他说,在何种情况下予以援助应由三国磋商决定。德国保证给予援助和对苏联进行斡旋。此外,德国还承诺尽可能给日本以产业和技术援助。

奥特说,德国相信结盟的三国即将进入世界历史上一个新的决定性阶段,在这个阶段,三国的任务就是承担其各自在欧洲和"大东亚"的领导者角色。

日本领导人缔结三国同盟的意图

缔结三国同盟是日本准备武力入侵东南亚及南洋地区的必要步骤。在 1940 年 9 月举行的多次商讨和会议中,所有的参加者都认识到,缔结这一同盟将使日本承担起对法国、荷兰、英联邦各国作战的义务;并且缔结这一同盟也意味着,如果美国妨碍日本实现其侵略目的时,日本也有对美作战的意愿。参加者承认日本的战争物资还不能自给,但认为一旦缔结了这个新的同盟,那么,能够保证从南方获得新资源的优势要远大于与西方国家作战所带来的危险。

然而,参加讨论的人员也很清楚这一同盟具有更为宽泛的目标。正像外务大臣松冈在 1940 年 9 月 26 日枢密院会议上所说的,"正在审议的条约构成了今后帝国外交的基础。"人们预期,在德国征服英国之后,剩下来的世界强国就是三国同盟缔约国、苏联和美国。同盟缔约国一致认为,作为权宜之计,他们暂时并不想与美苏两国开战。向全世界公布的同盟条款在形式上是防御性的。关于缔约国之间互相支持的义务,仅在一个或多个缔约国被攻击时才会行使。但是,在枢密院及其他场合讨论的全部要旨则明确表示,缔约三国决心在彼此的侵略行动中互相支持,只要这种行动被认为是推进它们的计划所必需的。松冈说,由于美国被视为日本南进计划的直接障碍,这个同盟主要是以美国为目标。

同样,三国同意尽一切努力来改善与苏联的关系,因为这样做符合各缔约国的目的。但是它们承认,三国同盟也以苏联为目标。松冈并不认为日苏关系的任何改善是永久性的。他说,这样的改善几乎维持不了两到三年,其后三国将有必要对形势进行重估。1940年9月26日枢密院会议上,松冈在回答质询时明确表示,尽管有盟约的明文规定,尽管德苏间还有互不侵犯条约,如缔约三国中的任何一国与苏联交战时,缔约三国将会互相援助。

总之,三国同盟条约是侵略国家间为促进其侵略目的而缔结的条约。在某枢密顾问官提出质询时,该条约的本质被充分暴露出来了。这位枢密顾问官问道,条约前言中所包含的"万邦各得其所"的说法如何才能与希特勒所说的只有最强者才应生存的原则相调和。总理大臣近卫、外务大臣松冈及陆军大臣东条共同答复道,只有强国才配生存。他们说,如果日本在"弘扬皇道的伟大使命"中失败,日本本身也不可能幸免于灭亡。

在米内内阁垮台后,日本领导者所作的各种决定都特别重要,因此我们详加记述。这些决定表明,共谋者决心把日本的统治扩张到广袤的地区和巨大的人口,如有必要就行使武力来达到目的。这些决定用直言不讳的供认来显示,共谋者缔结三国同盟的目的就是为了确保在实现其非法目的过程中获取援助。这些决定暴露出,尽管为了公之于世,三国同盟条约的条款表面上是防御性的,但如果缔约一方进入战争,不论是防御性战争还是侵略性战争,各缔约方互相援助的条约义务就可以如期生效。这些决定全面驳斥了关于三国同盟条约的目的是促进和平事业的辩方论点。

这些共谋者当时在日本占据了举足轻重的地位。他们已经确定了自己的政策并决心实施这些政策。在对中国的侵略战争依然激烈进行的时候,他们已经为下一步侵略战争进行了很久的必要准备工作并接近完成。在本判决书关于太平洋战争的章节中,我们将看到这些准备工作的完成及攻击的开始,这是共谋者希望能确保日本统治远东的手段。

第五章 日本对华侵略

第一节 入侵和占领满洲

对华战争及其阶段

被日本领导人诳称为"中国事变"或"中国事件"的日本对华战争于
1931 年 9 月 18 日夜间开始,以 1945 年 9 月 2 日日本在东京湾投降告终。
这场战争的第一阶段由日本入侵、占领并合并被称为满洲的中国领土及
热河省构成。战争的第二阶段,由 1937 年 7 月 7 日,日军在卢沟桥事变
之后向北平附近的宛平城发动攻击时开始,包括其后接连不断的进攻,每
次进攻后用一小段时间巩固占领区域,为进一步入侵中国领土做准备。
有些被告在战争伊始就很活跃,有些被告则是在战争进行过程中参加的。
1940 年 6 月出版的《金刚钻》杂志刊登了白鸟的演讲"大战的归趋",他在
演讲中说:"如果说欧洲战争的导火索首先是由'中国事变'点燃的,这并
非言过其实。"

对华战争开始时日本在满洲的立足点

李顿调查团对 1931 年 9 月 18 日日本在满洲的地位做了本法庭完全
同意的如下描述:"这些条约及其他协定给予日本在满洲以重要而又特殊

的地位。日本在事实上是以完全的主权统治满洲的租借地。通过南满洲铁道株式会社,日本对铁路地区实施了行政管理,该铁道地区包括几座城镇以及如奉天、长春之类人口众多的城市中的很大部分;在这些地区,日本控制着警察、税务、教育和公共事业。日本在满洲许多地方驻有军队,包括在租借地的关东军、在铁道地区的铁道守备队,以及散布于各地的领事警察。以上概述的日本在满洲的权利清单清楚地表明了满洲境内中日之间政治、经济与法律关系的特殊性质。这种情形恐怕在世界上任何地方是绝无仅有的,找不到第二个像这样的例子,即一个国家在邻国领土内竟能享有如此巨大的经济和行政特权。这种情形,假使是出于双方的自由意愿或共同接受,且假使是双方在经济和政治领域深思熟虑的密切合作政策的表征或体现,那么或许可以维持下去而不至于引起不断的纠纷和争执。但是,如果缺乏这些条件,那就势必引起摩擦和冲突。”

　　日本在满洲的情况并不是“出于双方的自由意愿或共同接受”,因此无可避免地发生了摩擦。日本凭借使用武力或以武力相威胁,在中国国力微弱时,从中国取得了种种权利;丧权辱国是腐败的满清帝国所不能避免的,复兴的中国民族主义对这些丧权行为表现出强烈愤懑。一个更重要的因素,并且是最终导致摩擦的决定性因素,是日本并不满足于已经获得的权益,企图进一步将其扩大到最终征服整个满洲的程度。日本企图扩大在华权益的这一政策最初是在田中内阁时期做出的权威发布。

田中内阁及其“积极政策”

　　在提倡对华采取“积极政策”的田中内阁1927年执政之前,日本的政治氛围就已经很紧张了。军部派认为,日本呈现出弱势的根本原因在于政府的自由主义倾向,它以外务大臣币原提倡的“友好政策”为代表。于是,自1922年华盛顿会议以来一直实行的“友好政策”被废除了。总理大臣田中提倡的“积极政策”就是扩大和发展在满洲已有的特殊权益,这些权益日本声称是通过与满洲当局,特别是与中国东北保安军总司令及满洲和热河行政首长张作霖的合作而取得的。田中还宣称,尽管日本会尊重中国对满洲的主权,并愿意尽可能地在华实行"门户开放政策",但日本下定决心,绝对不允许在满洲发生扰乱当地稳定和损害日本重大权益的情势。田中内阁非常强调有必要把满洲看作和中国其他部分完全不同,并宣称如果战乱从中国其他地方波及满洲和蒙古,日本将以武力来保护它在该地的权益。因此,这项政策包含一个明示的意图,即在一个外国获取更多的权益;还包含一个默示的权利主张,即在那个外国维持它的内部和平安定。

煽动拥护"积极政策"

黑龙会和国本社这类团体以及大川博士(原被告)之类的作家在日本国内极力煽动必要时应以武力推行日本的在华特殊利益和特权。

黑龙会于1901年2月3日在日本神田成立,其宗旨是鼓吹国家主义及反苏和反朝鲜的感情。它主张吞并朝鲜,并在总体上拥护日本领土扩张的野心。

国本社是为了培养和宣传国家主义精神于1920年12月20日成立的。国本社和军部保持密切的联系,并出版杂志向大众宣扬它的思想。平沼是它的总裁,小矶和荒木是成员。

大川博士是南满洲铁道株式会社所信任的雇员,也一直担任东亚研究所所长,该所系南满洲铁道株式会社为研究满洲的经济情况而设立的。大川在田中内阁成立之前已经出版了好几本书。在1924年出版的《佐藤信渊之理想国家》一书中,他说,依据佐藤的看法,日本是世界上第一个创立起来的国家,是世界万国的本源,因此具有统治万国的神圣使命。该书倡导占领西伯利亚以阻止苏联南进,占领南洋诸岛以阻止英国北进。1925年他出版了《亚洲、欧洲和日本》一书。他在书中断言,国际联盟是为了永久性维持现状并使盎格鲁-撒克逊人继续统治世界而组织的。他预言东方和西方之间势必发生一场战争。他声称,天命欲挑选日本成为捍卫亚洲的斗士；日本必须发扬强烈的国家主义精神，为完成这一崇高的使命而努力。大川博士是许多团体的组织者，其中包括以解放有色民族及统一世界为纲领之一的"行地社"。大川博士的政治理念与军部的某些人产生共鸣。他们把大川博士当作他们的平民代言人，并常常邀请他到参谋本部的集会中去演讲。大川博士和被告小矶、板垣、土肥原及其他陆军领导者们都是亲密的友人。

济南事件

华盛顿会议期间，张作霖元帅宣告满洲从中国的中央政府独立出去，他自己成为满洲的统治者，并决定将他的权力更进一步扩张至关内，把他的司令部移至北平。田中内阁的政策是基于与张作霖合作的计划，所以其成败系于能否维持张作霖在满洲的统治地位。总理大臣田中反复劝告张作霖放弃在满洲以外扩张势力的野心，但张作霖对这种劝告颇感不满并拒绝接受。随后，张作霖和中国国民政府之间发生了内战。1928 年春，当蒋介石总司令的国民党军队为了驱逐张作霖并迫使其退回满洲而向北平和天津进军时，田中发表了一个声明，大意是日本将维持满洲的和平安定，并做好准备防止发生危及日本在满洲权益的事态。接着，田中致书中国将领，大意是日本反对对满洲的任何入侵，其中还明确宣称，日军将阻止败兵和追兵进入满洲。甚至在内战尚未扩大到满洲以前，日本军队就被派到了山东省的济南了。接着就发生了济南事件，从而在日本引起广泛的公众舆论，主张保护日本在满洲的权益。黑龙会在日本各地召集群众大会，极力煽动日本国民对中国的愤怒，制造战争气氛。

谋杀张作霖元帅

张作霖元帅企图将他的权力扩张到长城以南，不仅对总理大臣田中的劝告置之不顾，而且对日本依据各种条约和协定所给予的特权而对中国进行榨取一事，表示出越来越不情愿。张作霖的这种态度使得关东军的一群军官主张，必须行使武力以促进日本的在满权益，并认为与张作霖谈判一无所获。然而总理大臣仍继续与张作霖合作，他依靠以武力相威胁，而不是实际使用武力，来达到自己的目的。关东军部分军官对张作霖的愤恨日益加剧，于是关东军高级参谋河本大佐计划谋杀张作霖。谋杀的目的是要除去这个障碍，不让他阻挡日本在满洲建立一个由日本统治，并以他儿子张学良作为名义首领的新国家。

1928年4月下半月，张作霖被蒋介石总司令的国民党军队击败。总理大臣田中劝告张作霖乘还有时间赶紧撤退到日军阵线之后的满洲。张作霖对这种劝告虽感觉愤恨，但不得不听从。根据田中关于日本将阻止败军进入满洲的声明，关东军解除了由北平向奉天撤退的中国军队的武装。张作霖带着他的卫队，搭乘了开往奉天的列车。从朝鲜抵达奉天的日本第二十工兵连，在铁道上埋设了炸药地雷，并且一个日军大尉在埋设地雷的周围布下了士兵。地雷埋在京奉铁路从地下穿过南满铁路之处。1928年6月4日，当张作霖的列车到达那儿时地雷爆炸。张作霖的列车被炸毁，日军的士兵开始向张作霖的卫队开火。张作霖依照日本所计划的那样被炸死了。日本原来企图对全体关东军发出紧急集合的命令，想利用此事件达到最初的目的。但是，由于某一参谋军官显然不了解希望下达命令的那些人的真实意图，致使该计划受挫。

田中内阁深感震惊和窘迫，意识到内阁的计划因谋杀张作霖元帅而陷于危机。总理大臣田中对天皇做了详细报告，并获得他的许可将责任者交给军事法庭审判。田中自宫中回来以后，召集了陆军大臣及其他阁员，宣称他决心整肃陆军的军纪。出席的人都表示同意。但是当陆军大臣在陆军省讨论这一问题时，他建议应该对参谋本部的强烈反对意见予以鼓励。之后，陆军大臣向总理大臣报告说，参谋本部之所以反对是基于以下想法，即如将责任者交付军事法庭审判的话，就会迫使陆军把一些军事秘密公之于众。根据原海军大臣冈田启介的证言，这是陆军首次干预政府政策的制定。

就在这个时候，土肥原出现在了他将要扮演重要角色的舞台上。在张作霖元帅遇害之前，他担任坂西中将的副官，已经在中国度过了18年左右，而坂西曾是诸多中国领导人的顾问官。1928年3月17日，土肥原奏请天皇并得到许可，被任命为张作霖的顾问松井七夫的副官。土肥原根据这个任命而赴任，当张作霖被害时他正在满洲。

少帅张学良

少帅张学良接替了他父亲的职位，但结果却让关东军大失所望。他于1928年12月宣布与国民党合作。抗日运动开始以有组织的规模进行，并且异常激烈。中国的恢复国权运动力量大增，并要求收回南满铁路和普遍限制日本的在满势力。

在1928年7月，即张作霖元帅被害后不久，总理大臣田中派遣一位私人代表前去与少帅张学良谈判。这个代表所接到的训令是要他通知张学良，日本把满洲视为日本的前哨，并且日本政府将"暗中"和他合作，准备在田中内阁的"积极政策"下，不惜任何牺牲，防止中国国民党军队进入满洲。少帅的答复是与国民党合作，如前所述。

日中关系紧张

日中在满洲的关系变得极端恶化。日本方面断言，中方违反日中"通商条约"的事件时有发生。按照日本煽动者的说法，中国提出建筑一条与南满铁路平行线路的方案，中国对在满日本人非法征税、对朝鲜人镇压，以及拒绝给予在满日本国民土地租赁权等，全部都是"满洲问题"。军部主张日本占领满洲。军部认为，外交谈判是无用的，必须使用武力把中国人驱逐出满洲，并建立起在日本支配之下的新政权。1929年5月被任命为关东军参谋长的板垣就是使用武力的倡导者之一。大川博士曾访问过张学良元帅并企图代表南满铁路与张学良谈判，他在1929年4月回到日本，前往50多个行政区域发表巡回演讲并展示图片。由南任参谋次长的参谋本部开始与大川博士合作,资助其煽动国民对华采取行动的宣传方案。参谋本部还着手研究在满洲发动军事行动的计划,并开始宣称满洲是日本的"生命线"。

田中内阁辞职

由于田中内阁一心想处罚谋杀张作霖的责任者,使其与军部疏远了。军部和大川博士勾结起来煽动平民反对田中内阁,他们抓住签署《凯洛格-白里安条约》(附件 B-15)的机会,主张条约是违反日本宪法的,同时抓住内阁批准解决济南事件的条款,说这是对日本的侮辱,这一切使得内阁非常尴尬。这种压力变得异常强烈,致使田中内阁在 1929 年 7 月 1 日辞职。

田中内阁的辞职,是军部及其民间代言人大川博士的显著胜利。自此以后,这部分人对政府政策的影响力逐渐增强,他们提出的日本应该以武力占领满洲、建立傀儡政府的主张就要奏效了。大川博士被公认为政治领袖,南满洲铁道株式会社的官员认识到大川对他们的价值,1929 年 7 月他们将东亚研究所脱离公司,创立了一个独立机构,帮助大川为支持陆军占领满洲的计划所进行的调查及制造舆论的工作。

"友好政策"的恢复

继田中内阁之后的滨口内阁于 1929 年 7 月 2 日成立,并由滨口总理大臣选任继续倡导对华"友好政策"的币原男爵为外务大臣。"友好政策"与田中内阁的"积极政策"迥异;"友好政策"是建立在善意和友谊之上,而"积极政策"则是以武力威胁为基础。由于推行了"友好政策",中国人抵制日货的现象持续减少,若不是由于军部的暴力干涉,正常的和平关系本可成功实现。

桥本和樱会

桥本在他的《世界重建之路》一书中,叙述了三年来他在伊斯坦布尔担任陆军武官的经历，探讨了其他国家的政治形势。他说："我清楚地意识到，在世界运动的漩涡之中，日本是唯一处于自由主义范畴内的国家。我认为如果按照目前的状况发展下去，日本将不能再跻身于世界强国之列。幸运的是，我受命回到了日本。在30天的海上航行期间，我就如何改造日本进行了深入的思考，结果就是，我已经在一定程度上描绘了一幅明晰的蓝图。当回到我的故地陆军参谋本部时，我已经制订了几个将此观念付诸实施的计划。"1930年1月30日，桥本被派到陆军参谋本部任职。

在1930年9月1日至10日间，当时刚刚从陆军大学毕业的十余名大尉，在桥本中佐发起下在东京的陆军军官俱乐部召集会议，决定组建一个研究会来研究满洲和蒙古问题以及国家内部的重组问题。根据后来公布的消息，这个研究会的最终目的是为了解决所谓的"满洲问题"及其他悬而未决的问题，实行国家的重组，必要时不惜动用武力。研究会取名为"樱会"，它的会员限于关心国家改造的中佐或以下军衔的现役陆军军官。

作为日本"生命线"的满洲

桥本调回参谋本部后，大川博士在东亚研究所及陆军参谋本部军官的援助下努力从事宣传活动。通过报纸及其他媒介广为宣传，以确立满洲是日本的"生命线"及为此必须采取更强硬政策的思想。军部领导人发出训令，要所有的社评记者、极端国家主义的讲演者等必须团结起来，制造舆论支持在满洲采取更具侵略性的军事行动。军部宣称，满洲是日本的"生命线"，日本必须扩张至满洲，对满洲进行经济和产业开发，把它建成对苏的防线，必须根据现有的条约权利保护日本和日本国民的在满权益。他还打了感情牌，说在日俄战争中，日本人血洒满洲，正是由于这种牺牲，日本才有了统治满洲的权利。铁道问题依然是争论的热点。大川博士主张，满洲应该脱离南京政府，置于日本的统治之下，以建立一个基于"皇道"的国家。

桥本在《革新的必然性》一书中清楚地说明了"皇道"一词的含义。他说:"必须将政治、经济、文化、国防及所有其他事业都统一于天皇,将国家的全部力量集中于一点,并发挥于一点。特别是过去根据自由主义及社会主义的指导所组成的政治、经济和文化等路线必须根据'皇道一体主义'重新建构。这种体制是最强有力的和最伟大的。世界上有许多国家,但绝对没有一个国家可以和我们相比,我们的国民血脉紧密相连,使得我们有可能成为一个以天皇为中心的统一体。"

大川的思想是,在"皇道"的基础上建立起独立的满洲之后,根据日满不可分的关系,日本就能够确立对亚洲各民族的领导地位。

由于关东军的调查班被认为不足以胜任对满洲的资源、民情及其他相关问题进行调查,1930 年 4 月 1 日陆军参谋本部设立了一个总调查班。

在位于旅顺的关东军司令部等地,当时参谋军官谈论的中心问题就是"满洲问题"。1930 年 5 月,板垣参谋官对他的一个朋友说,他对于解决这个问题已有一些明确的想法。板垣说中日之间存在着许多悬而未决的问题,由于这是一些非常重大的问题,不可能用外交手段解决,非使用武力不可。他明确表示,为了根据"皇道"原则建立一个新国家,必须把张学良驱逐出满洲。

刺杀总理大臣滨口

1930 年 11 月 4 日,总理大臣滨口在东京车站的月台上,用外务大臣币原的话说,突然"遭到一个糊涂青年的枪击"。总理大臣没有马上死去,但他的伤势严重,一直到 1931 年 4 月 13 日滨口内阁辞职为止,都必须由外务大臣币原代理总理大臣。总理大臣伤情医治无效,于 1931 年 8 月 26 日逝世。代理总理大臣币原展开了调查,确定总理大臣滨口遭暗杀的原因是对他的海军裁军政策不满。

伦敦《限制和裁减海军军备的国际条约》于 1930 年 4 月 22 日签署。

这个条约与伴随总理大臣的"友好政策"同时采取的经济及裁军政策是相符的。与这一政策相符的还有陆军由 21 个师团缩减为 17 个师团的行动。伦敦条约的签署引起了青年海军军官的愤恨。黑龙会为抗议此事，开始召集民众大会。以平沼为副议长的枢密院极力反对这个条约，他的态度是，内阁签署这个条约是侵犯了军部的权限和特权。也正是在这个激烈的政治争论当中发生了暗杀事件。

三月事件

军人策划于 1931 年 3 月 20 日发动一场军事政变，这事件后来被称为"三月事件"。参谋本部的不断煽动和宣传终于产生了效果。正如当时的最高军事参谋官冈田男爵的证言所说，一般人都相信陆军占领满洲只是时间问题。陆军认为在入侵满洲前，必须使政权掌握在赞成这种侵略行动的政府手中。当时滨口内阁掌握政权。由于对总理大臣的未遂暗杀，"友好政策"的主要倡导者币原外务大臣代理了总理大臣的职务。桥本计划发起一个对议会表示不满的示威运动，他的计划得到了陆军参谋本部上级军官的批准，包括参谋本部次长二宫和参谋本部第二部部长建川等。他们希望在这次示威活动中和警察发生冲突，并希望冲突扩大，达到一种混乱状态以使陆军有正当理由宣布戒严、解散议会并取得政权。小矶、二宫、建川等人去了陆军大臣宇垣的官邸拜访他，和他商议这一计划，他们辞别宇垣时具有这样的印象，即宇垣是实现他们计谋的现成工具。于是他们指示大川博士发起群众示威运动。桥本将小矶为示威活动准备的 300 个演习弹送交给大川。他们想用这些演习弹引起群众的恐慌和混乱，增强暴动的假象。但是，由于狂热状态中的大川博士致函陆军大臣宇垣说，宇垣大臣担负大使命的时间即将来临，陆军大臣这才看清楚了阴谋的全貌。他马上召见小矶和桥本，命令他们停止利用陆军对政府采取革命行动的所有进一步计划。策划中的"政变"遂在未发生前被避免了。当时的内大臣秘书官长木户，事前通过朋友得知了这一阴谋，这位朋友建议应将此事通知宫中。

若槻内阁继续执行"友好政策"

虽然"三月事件"加速了滨口内阁的倒台，但是1931年4月14日新成立的若槻内阁并没能替换币原推动的"友好政策"，因为币原被总理大臣若槻留任为外务大臣。被免去朝鲜军司令官而做了军事参议官的南大将被选任为陆军大臣。宇垣大将由于裁减陆军规模和拒绝参加"三月事件"，失去了陆军的支持，陆军大臣的职位被南大将替代。宇垣从陆军退役，开始了退休生活。

万宝山事件

"友好政策"注定要经受两大"事件"的进一步考验，那是两个对日本舆论有重大影响的事件。第一个"事件"发生在万宝山，一个位于满洲长春以北约18英里的小村落。这个村落位于伊通河沿岸的低洼湿地。一群朝鲜人在万宝山附近租借了一大片土地，并准备从伊通河开掘一条数英里的水沟灌溉这片土地。这条水沟要横穿一片属于中国农民的土地，那并不包括在朝鲜人租地契约之内。在灌溉水沟筑了相当一段距离后，中国农民聚集起来向万宝山当局抗议，于是，万宝山当局派遣警察命令朝鲜人立刻停工并从属于中国人的土地上退出。驻长春的日本领事也派遣日警去保护朝鲜人。因为交涉没有任何效果，1931年7月1日，中国农民就决定靠自己的力量来解决问题，他们把朝鲜人从这块土地上赶走并将水沟填平。这时日本的领事警察竟向中国农民开火，驱逐他们，朝鲜人又回来了，在日本警察的保护之下，完成了他们的灌溉工事。虽然在这一"事件"中并未发生伤亡，可是由于日本和朝鲜的报纸登载了煽动性的报道，使朝鲜连续发生一系列反华暴动，导致中国人被杀害，中国人的财产被损毁。反过来，这也再一次引发了中国抵制日货的运动。

这时候，陆军省邀请了南满洲铁道株式会社的官员商讨"满洲问题"。

在商讨过程中，南代表陆军出席，并表示他早就意识到驻朝鲜的师团数量有增加的必要。

中村事件

1931 年 6 月 27 日，日本陆军大尉中村震太郎被在满洲驻防的中国屯垦军第三团团长关玉衡指挥的士兵处死。1931 年 7 月 17 日日方才得知此事，于是引起了第二个"事件"。中村大尉是正规的日本陆军军官，按照日本陆军的命令在执行任务。根据中国方面的说法，中村大尉携带着武器及药品，药品中包括非医疗用途的麻醉毒品。他带有三名翻译和助手，自称为"农业专家"。在抵达洮南附近某地时，他和助手被逮捕并枪毙了，为了灭迹他们的尸体也被焚弃了。此"事件"严重加剧了日本军部对"友好政策"的憎恨，日本报纸又反复宣称"必须使用武力解决满洲问题！"

陆军态度强硬化

陆军对于裁军和大藏省紧缩计划的态度变得强硬起来，并威胁说要向天皇告状。报纸上，以及极端国家主义者和军国主义者们向"币原软弱外交"发起了猛烈攻击。樱会继续煽动使用武力。黑龙会举行了群众集会。大川博士加快了他的政治宣传步伐。为了增强支持占领满洲运动的情绪，他发起了一系列公开演讲和出版活动。他在海军兵学校中发表了具有这种意旨的演说。陆军已完全失去控制，不可约束了。陆军参谋长们召开了会议并决定，既然不能判断张学良元帅将会采取什么步骤，那么必须坚决而毫不犹豫地把他彻底击败。大川博士曾向一个友人透露说，不久他和板垣大佐及一些陆军军官将在奉天制造一起"事件"，一举解决所有的"满洲问题"。木户承认，早在 1931 年 6 月 23 日，原田就把在满陆军军官的这个阴谋告诉他了。

1931 年 8 月 4 日，南在军司令官和师团长会议发表训话。他说："有些观察家，不研究近邻各国情形，轻率地高唱裁减军备，做出对国家和陆军不利的宣传。从国防及政治经济的观点看,满蒙与日本具有非常密切的关系。令人遗憾的是,最近中国那部分的局势正朝着对我大日本帝国不利的方向发展。有鉴于此,我希望诸君能完美效忠天皇陛下,热忱而诚实地履行军队教育和训练的义务。"

裁军民间同盟为反对这篇演说曾致函给南,指责他违反《陆军刑法》在军中进行宣传。

1931年8月,桥本中佐和也是樱会会员的重藤中佐在东京一位朋友藤田家里聚餐。在聚餐过程中,两个中佐讨论了"满洲问题"并一致同意在满洲要采取积极行动。几天后,重藤中佐去了藤田家,并存放了一大笔钱。在接下来的日子里,该笔资金被重藤中佐分成不同的数额提取支出。"奉天事变"后,藤田登门造访重藤中佐,对他大声说:"你已经成功实现了你在满洲的谋划!"重藤微笑并回答:"是的!"他又说:"我们将把张学良驱逐出满洲,把溥仪带到满洲并扶持他为东三省的统治者。"藤田询问桥本中佐,得到的回答是:"是的,事情已经按照原定的设想发生了!"

土肥原的调查

1929年3月从中国回国后隶属于陆军参谋本部的土肥原大佐被参谋总长派遣调查中村大尉的死因。他的任务表面上看是调查中村大尉的死因,他真正的任务却是确定中国军队的兵力、训练及状况,以及中国军队通信系统的效率。1931年7月,土肥原离开东京,在抵达奉天前一路经过上海、汉口、北平和天津。他承认,调查中村事件只不过是他来中国的任务之一。虽然关东军司令部设在旅顺,但是关东军特务机关总部设在奉天。1931年8月18日,土肥原抵达奉天并接管了关东军特务机关。

外务大臣币原也进行了调查

外务大臣币原渴望在满洲推行他的"友好政策",为了不给陆军利用"中村事件"的机会,币原于1931年8月17日从东京派遣林总领事赴奉天,给林总领事的训令是调查和平息该事件。总领事拜访了辽宁省的中国地方长官,该长官任命了一个代表团去调查并报告"中村事件"。代表团在 1931 年 9 月 3 日就"中村事件"做了报告,但是该报告未能使中国当局满意。9 月 4 日,中国军方参谋长荣臻将军告知林总领事,代表团的调查报告不明确,不能使人满意,因而有必要进行第二次调查。张学良元帅当时在北平生病住院,在被告知了该情况后,他立即命令成立一个新的代表团调查中村上尉的死因。同时,他委派柴山少佐去东京和外务大臣币原协商,表明他友善解决该事件的意愿。也是在此时,他还派遣一名高官去东京和币原协商,确定在处理当时各种未解决的中日问题上可以找到什么共同立场。

土肥原向陆军参谋本部报告

9 月初,土肥原大佐返回东京向陆军参谋本部汇报。在他返回后,媒体发表了大量文章提到一个事实,即正如土肥原大佐所建议的那样,已经决定使用武力来解决满洲所有悬而未决的问题。媒体还表示,陆军省和参谋本部正在开会研究给土肥原大佐下达明确的指令。这些出版物可能属实也可能不属实。官方没有进行否认。它们越来越煽动起了日本国内赞同对中国使用武力的民意。可以确定的是,土肥原大佐在如何解决中村事件这一问题上与林总领事的意见相左,并指责中方没有诚意努力达到一个让人满意的解决方案。陆军大臣南后来向一个朋友透露,当时,他和陆军的意见一致,主张采取果断措施解决"满洲问题"。内大臣秘书官长木户在他 1931 年 9 月 10 日这天的日记中写道,他赞同根据未来发展态势,在满洲问题上"自卫"行动可能不可避免这个论点。

外务大臣币原继续努力调停

陆军正计划在奉天制造"事件"的传闻在东京散布,外务大臣币原也听到了。实际上币原陈述道:"在满洲事变前不久,我作为外务大臣得到了关东军正在集结军队，正在为某军事目的运输军火物资的机密报告和情报，从这类报告中还得知军阀正在策划某种行动。"

根据本法庭所获的证据——虽然币原当时不知道这些事实——驻扎在抚顺的独立步兵守备队第二大队的中队指挥官川上中尉或大尉接到关东军司令官的命令，让他和他的中队离开抚顺。这个大队的其他中队驻扎在奉天，9月18日参与了进攻奉天的中国兵营。川上从司令官所得命令的全部内容不能确定，但其主旨是命令川上及其中队在某种紧急事态发生时乘火车离开抚顺。于是，川上集合了抚顺的日本警察、退役军人及日本平民，并且问他们，如果1931年9月18日奉天发生事变而他和他的中队必须离开抚顺时，他们会怎么办。据说他很担心在他和中队离开后抚顺的防卫问题。他又召集了在抚顺的铁路官员，告诉他们在9月17日以后，也许会发生某种紧急事态，所以应当把抚顺的列车安排妥当。看来在这以前，在抚顺并未安排紧急事态时调动部队的备用夜车，所以川上希望做这项准备。

辩方关于这个最重要事件的证词是，川上没有接到与9月18日特别相关的任何命令；他接到的命令很普通，即当紧急事件发生时采取某种行动；川上审视现状后推测在9月18日可能发生紧急事件；仅仅是基于自己的猜测，川上对抚顺有关人士讲话时提到了这个日期。因此，按照辩方的说法，川上猜测到了中国军队对在奉天的日本军队发动突然袭击的准确日期。综合关于9月18日事件中所有事实的考虑，本法庭断然拒绝接受这种解释并认为，川上接到命令在紧急事件中采取某种行动，这个事件将要在9月18日夜间发生，而他很担忧抚顺没有夜间发车的准备。

一收到林总领事的报告，币原就去拜访了陆军大臣南，就报告提出强烈抗议。同时，重光和中华民国财政部长宋子文正在举行会谈，双方同意于1931年9月20日在奉天会面，与张学良元帅和南满洲铁道株式会社总裁内田公爵共同协商，努力解决日方和张学良元帅之间的所有重大分歧。

关东军的夜间演习

1931 年 9 月 14 日,关东军开始在中国第七旅的兵营附近实行夜间演习。这些兵营就在奉天北郊的南满铁路附近。演习内容包括步枪和机关枪的猛烈射击。为了避免和日军发生冲突,张学良元帅命令第七旅的约一万名士兵不得走出兵营。这些演习一直持续到 1931 年 9 月 18 日夜晚。

与林共事,意在解决"中村事件"的领事馆员森岛获悉,驻扎在抚顺重要煤矿区的关东军部队,将在 1931 年 9 月 18 日深夜 11:30 左右从抚顺出发,实施预定的占领奉天的演习计划。

张学良元帅的调查团返回奉天

张学良元帅委派的中村事件调查团于 1931 年 9 月 16 日早晨回到奉天。日本驻奉天总领事于 1931 年 9 月 18 日下午拜访了中国东北军参谋长荣臻将军,荣臻将军说,关玉衡指挥官已于 1931 年 9 月 16 日押解到奉天,被指控对杀害中村上尉负有责任,军事法庭将立即对他进行审判。这个案件看起来似乎就要解决了。但是,日本总领事和荣将军之间的会谈在晚上 8:00 左右被中断了,因为有人认为,既然案件涉及一名军人,那么在向中国官员进一步交涉之前,有必要和关东军的适当代表进行协商。

总领馆的森岛具体负责安排合适的军方代表出席进一步的会谈,该会谈将在晚上稍后举行。森岛努力联系土肥原大佐和花谷少佐,但是他联系不到他们中的任何一个,也联系不到特务机关的任何官员,尽管他去了他们各自的酒店、办公室、军营和常去的其他地方寻找。他将此事向总领馆汇报后回到自己的住所。

南的密使走失

1931 年 9 月 18 日午后 1 时,陆军参谋本部的建川少将经由安东—奉天铁路抵达奉天。他奉参谋本部之命到满洲视察。外务大臣币原就陆军策划 9 月 18 日在奉天搞一个"事件"的传言向陆军大臣南提出了抗议,据此南命令建川去阻止这个密谋。南否认他曾给建川下达该命令,不过他的否认被他自己后来的陈述以及建川的其他陈述证明是虚假的。刚视察完部队和装备的关东军司令官本庄正在对辽阳第二师团训话,突然接到他的参谋长山宅从旅顺发来的电报,告知他建川来访,建议由板垣参谋或石原参谋具体负责接待建川并陪同他视察。

板垣大佐被选派负责此事,他从辽阳出发前往奉天,一到奉天他就来到新叶馆旅馆。土肥原的助手,奉天特务机关的花谷少佐迎接了建川少将并陪同他去旅馆与板垣大佐会合,当晚板垣大佐和建川少将在旅馆一起用餐。根据板垣的说法,建川抱怨旅途劳顿,不愿立即商谈公事,但他确实说到上级很担心青年军官们轻举妄动的行为。对此,板垣回答说,上级没有必要担心,他将在第二天将军休息好后听取将军的指教。晚餐后,板垣告别建川前往特务机关,在晚 9 时左右抵达那里。建川后来告诉一个朋友,他不想阻挠任何计划好的"事件",因而听任自己被诱骗到旅馆,一边享受艺妓的招待,一边听着远处传来的枪炮声,随后就寝,一直酣睡到第二天早晨被叫醒为止。

奉天事变

1931 年 9 月 18 日晚上 9:00,一名刘姓军官在第七旅兵营中报告说,有三四节客车车厢组成的列车停在兵营前的南满铁路上,但是没有挂普通的火车头。10:00 听到一声巨大的爆炸声,紧接着就是枪声。据日本方面的说法,关东军的河本中尉正率 6 名士兵执行巡察任务,在发生爆炸的铁路附近做警戒演习,中尉听见爆炸的声音;巡察队转变方向,回头跑了约 200 码,发现有一侧铁轨的一部分被炸坏了;那时候巡察队在这被炸的地点上遭到了来自铁路东边田地里的射击,于是河本中尉要求增援;正在此时,听见应在晚 10:30 到达奉天的定点南下列车逐渐接近;这趟列车安全通过了损伤的轨铁，准时到了奉天。川岛大尉和他的中队在 10:50 到达爆炸地点。独立步兵守备队第二大队的大队长岛本中佐又命令两个中队开到那地点，他们是在午夜左右到达的。驻扎在抚顺，距离这里约一个半小时车程的另一个中队也奉命开到那里，这就是事前早已通告过必须在 18 日夜间从抚顺出发的川上中队。虽然中国第七旅兵营的电灯通明，但日军却在深夜 11:30 毫不犹豫地用步枪、机关枪和大炮进攻这个兵营。大部分中国兵从兵营逃出，向东北方的二台子退却。但日方声称他们埋葬了 320 名中国士兵，俘虏了 20 名伤兵。日本方面的损失是 2 名士兵死亡，22 名受伤。第二十九联队联队长平田大佐在晚上 10:40 接到岛本中佐的电话，报告了铁路爆炸及关于进攻中国兵营的计划。平田立即决定进攻有城墙围着的奉天城。当晚 11:30 开始攻击，没有遭遇任何抵抗。只和警察交了一下火，约 75 名警察被击毙。第二师团和第十六联队的一部分，于 19 日凌晨 3:30 从辽阳出发，5:00 抵达奉天，7:30 占领了兵工厂和飞机场。板垣大佐后来承认，10 日那天在日本步兵部队驻地内秘密安置的重炮在战斗发生后对炮击飞机场发挥了作用。18 日晚上板垣向建川少将告辞之后就到特务机关去了。据板垣说，他在那里听取了岛本大佐攻击中国第七旅的决定和平田大佐进攻奉天城的决定。板垣说，他接受了他们的决定并采取步骤向在旅顺的关东军司令官做了汇报。

我们现在休庭 15 分钟。

（14:45 休庭，15:00 重新开庭如下。）

法庭执行官： 远东国际军事法庭现在继续开庭。

庭长： 我继续宣读本法庭的判决书。

板垣拒绝谈判

同时，1931 年 9 月 18 日晚上 10:30，日本领事馆的森岛接到奉天陆军特务机关的电话，通知他南满铁路发生爆炸，要求他前来奉天特务机关总部报到。他在 10:45 到达总部时，看见板垣大佐、花谷少佐等人在那儿。板垣说,中国人把铁路炸了,日本必须采取适当的军事行动,并且已经下达了这样的命令。森岛试图劝说板垣应该通过和平交涉来协调此事件。板垣立刻斥责森岛说,他想知道总领馆是否打算要干涉军事指挥权。森岛坚持认为,他相信这事件可以通过正常的谈判圆满解决。这时候,花谷少佐拔出军刀怒气冲冲地说,如果森岛固执己见他就必须准备遭受严重后果。花谷又说,谁来阻挠他就杀谁。于是这次会谈就中断了。

当晚日本总领馆接到了张学良元帅最高顾问的很多次电话,恳求总领馆出面劝说日本陆军停止进攻。所有这些请求都被传达到了日本军方,但是完全无效,战斗仍在继续。总领事在 9 月 18 日夜晚及 19 日凌晨数次和板垣大佐通话,试图劝说他停止战斗,但是板垣大佐仍然目中无人,不断告诫总领事应该停止干涉军事指挥权。林总领事在 1931 年 9 月 19 日早晨打电报给外务大臣币原说:"鉴于中国方面已数次建议和平解决此事件,本人打电话给板垣参谋,告诉他中日两国还没有进入正式的战争状态,并且中国方面已声明采取完全不抵抗主义,现在我们有必要努力防止'事件'不必要地恶化,我呼吁通过外交渠道来处理这次事件,但是板垣参谋回答说,由于此事关系国家及陆军的威信,陆军的意图是必须彻底解决。"

奉天事变是预先计划的

有大量令人信服的证据表明,"奉天事变"是由参谋本部军官、关东军军官、樱会会员及其他人等事前周密计划的。计划参与者中的一些人,包括桥本在内,在各种场合承认过自己在这个阴谋中的作用,并且声明"事变"的目的是制造借口,以使关东军占领满洲,并在那里建立一个基于"王道"、听命于日本的新国家。在日本国内,参谋本部的建川少将是领导者,此人正是南因币原的投诉而派到奉天阻止阴谋的建川,也正是不愿干涉计划好的事变的建川。在满洲,板垣是主要人物。作为对 9 月 18 日晚间日军行动的一般辩护,以及作为对板垣等在该夜从事活动的人的特别辩护,辩方向本法庭提出了如下申辩:在那夜之前满洲的中国军队已有增加,在满日军总共只有约一万人,而日军所面对的是兵力约 20 万、装备又比日军更好且怀有敌意的军队;由于事变前不久中国军队曾改变部署,所以分散在铁路沿线的小股日军面临着对日军构成全军覆灭威胁的兵力集中的中国军队;中国军队对于日军的态度是挑衅的、侮辱的;从所有迹象看,中国军队将无缘无故对日本军队发起进攻,日军如不立即做出决定性反击就会被击溃。辩方申辩说,因此,制订了一个计划,如果中国方面发起攻击,关东军就将集结奉天附近的主力部队,给奉天附近的中国军队主力以沉重打击,借此制敌于死地以期在短时间内解决问题。在奉天独立守备队兵营内秘密安置两门重炮是这个计划的一部分。以上是板垣的供词。板垣说,因此当他在 9 月 18 日晚听说铁路爆炸及中国兵营外的战斗消息时,他认为这显然是中国正规军对日军有计划的挑战,于是他批准了攻打中国兵营和进攻奉天城的决定,因为这在当时既属绝对必要也符合为紧急情况制订的作战计划。

于是,日本人描绘的场景是中国军队以压倒性多数兵力在奉天附近对约 1 500 名日军施以有计划的攻击,是一种出人意料的突然袭击,是日军对中国优势兵力的主力迅速加以反击并击溃了中国军队。但是,除了奉天城被占领和中国军队被赶走这点是真的以外,这个场景全都是虚假的。

中国军队没有任何攻击日军的计划。他们在毫无准备的情况下遭受了袭击。当攻击驻有数千名中国士兵的兵营时,日军从暗黑的地方向灯火通明的兵营开火,仅受到零星抵抗,主要是来自企图逃走而退路被切断的中国士兵。在日军占领奉天城的过程中,只遇到了来自一些警察的微不足道的抵抗。

这夜的突发事件并不会使日方感觉惊诧。因为在 1931 年 9 月 18 日之前的一段时间里,日本就已广泛流行陆军正计划在奉天制造一个"事件"的传言。驻抚顺的川上中尉曾透露 1931 年 9 月 18 日奉天也许会"出大事"。林总领事曾电告外务大臣说,抚顺的一个中队长说一星期以内会爆发一个大"事件"。驻奉天的日本领事馆官员森岛曾获悉,驻抚顺的关东军部队将在1931年9月18日夜间11:30从抚顺出发,实施预定的占领奉天的演习。外务大臣非常相信他所得到的情报,向陆军大臣投诉并说服他派建川少将到满洲去"阻止这个阴谋",而建川少将并不想干扰这个计划中的"事件",所以没有完成他的任务。按照日方的辩解,由一个中尉和六个士兵组成的巡逻队在1931年9月18日黑夜遭受射击后,在满洲的全部日军竟在自长春至旅顺约达400英里的南满铁路沿线整个地区,于当夜几乎同时采取了行动。

安东、营口、辽阳以及其他较小城镇的中国军队被击败,并且在未进行抵抗的情况下被解除了武装。日本的铁道守备队和宪兵留守这些地点,而第二师团的各部队立即在奉天集结参加更重要的军事行动。板垣是在奉天特务机关中批准日军的最初攻击,并且拒绝接受日本总领事林及领事森岛劝他停止战斗的一切努力,尽管总领事告诉他中国方面已宣布实行不抵抗主义。就是在日本人中间,也有人认为这个"事件"是日方所策划出来的。甚至在此事发生一年后,我们发现日本天皇还曾询问这个"事件"是否像传言那样是日本策划的结果。本法庭拒绝接受日方的申辩,并裁定1931年9月18日的所谓"事件"是由日本人策划并实施的。

为对华战争做准备的并不仅限于关东军。在日本国内,1931年8月1日发生了一次异常的人事调动,似乎专为迎接意料中即将发生的事件。像大岛、小矶、武藤、梅津、畑和荒木这类被信任的将校都包含在这次人事调动之内。大岛被任命为参谋本部的课长、陆军技术会议成员及与海军军令部对接的联络官,小矶被授衔为中将,武藤被免去陆军大学兵学教官职位而被任命为参谋本部部员,梅津被任命为参谋本部总务部部长,畑晋级为中将任炮兵监及第十四师团师团长,荒木则被任命为陆军教育总监部本部部长。

本庄中将在奉天担任指挥

板垣大佐虽以现场高级参谋军官的身份在奉天"事件"中担任了实际的指挥，但在本庄中将于 1931 年 9 月 19 日正午抵达奉天后就被替代了。本庄中将迅速把"奉天事变"扩大为著名的"满洲事变"。

本庄对第二师团（就是稍后攻击奉天的师团）做了训示后，于 1931 年 9 月 18 日晚 9:00 左右回到旅顺。关于奉天战斗的首次消息，本庄是在晚 11:00 左右从一个通讯社得知的。他马上去了旅顺的关东军司令部，从那里下令按照业已制订的作战计划来行动。有证据表明，18 日午夜后几分钟，关东军司令部收到了来自奉天特务机关的第二份电报，电报上说，战斗已经扩大了，中国军队正在增援。如果真收到了这样的一个电报，中国军队正在增援的说法根本没有一点事实依据。受到日方攻击后，他们正在全线撤退。本庄的幕僚向他建议，他应该"动员日本的全部武力尽速制敌于死命"。本庄回答说："好的，就这样干。"当即命令在满日军全军出动，要求日本的朝鲜驻屯军按预定计划派来援军，并请求第二舰队开赴营口。由于这些命令，全部在满日军和部分在朝鲜的日军，在 1931 年 9 月 18 日晚上几乎同时在自长春至旅顺的南满铁路沿线整个地区开始行动。

本庄中将抵达奉天时就在火车站设立了指挥所，并向世界宣告他要实行一场惩罚性的战争。

南次郎批准了关东军的行动

陆军大臣南批准了关东军的行动，并为阻止内阁作有效的干涉而担负了关东军与内阁之间的缓冲任务。南在 1931 年 9 月 19 日凌晨 3:00 左右接到奉天特务机关发来的关于奉天局势的电报。总理大臣若槻在 1931 年 9 月 19 日早晨 6:00—7:00 之间从南的电话中第一次听说这一战斗。总理大臣在上午 10:00 召开了内阁会议。南指派陆军省军务局长小矾中将作为参谋本部与内阁间的联络官出席。在内阁会议上,南报告说,中国军队在奉天向日军开火,日军已应战。他将日本军队的行动说成是"正当的自卫行为"。内阁表示了立即结束这次事件的愿望。南说他将调查此事并向内阁报告调查结果。然后内阁做出了不把这一"事件"扩大化的决定。总理大臣在那天下午1:30觐见了天皇,向天皇汇报情况及内阁的决定。天皇同意陆军不得试图扩大事态,一旦取得有利地位则应立即停止进一步行动的意见。南派遣桥本中佐和其他两个陆军参谋本部军官赴奉天,宣告此行目的是要把日本政府防止"事件"扩大的决定通知关东军指挥官。

陆军已经失去控制。总理大臣努力地寻求帮助来执行"事件"不扩大政策,但是没有成功。为了试图找到一个控制陆军的方法,总理大臣于9月19日晚8:30在宫内大臣官邸召开了一个会议,参加会议的有政界元老西园寺公爵的秘书原田男爵、内大臣秘书官长木户、侍从长、侍从次长、侍从武官长及其他人等。唯一的建议来自木户,他提出举行内阁每日会议。这个建议后来被证明没有效果,因为陆军大臣南在每次会议上都报告说,出于"战略和战术"考虑,日本军队有必要追击中国军队进入中国境内一段距离,该行动只是"保护性的",绝对不会被扩大。但是,就在此时,中国方面通过宋子文部长提议,组织一个有影响力的由中日双方组成的委员会,共同努力来阻止冲突的进一步扩大。重光在向外务大臣币原报告该提议时建议,如果仅是考虑增强日本在"事件"中的优势地位而没有其他原因,那么这个提议应该接受。按照当时的规定,派遣朝鲜军到朝鲜境外作战必须得到敕令,但是在天皇没有下达敕令的情况下,集结在朝鲜边境新义州的,由4 000步兵和炮兵组成的第二十师团第三十九混成旅团,却在1931年9月21日渡过鸭绿江进入满洲,于当日午夜前后抵达奉天。尽管如此,内阁于1931年9月22日决定支付这一行动所需的经费,后来还获取了天皇批准这一行动的敕令。关于这一调遣,南在事前未曾向内阁报告。在1931年9月22日的内阁会议上,南为允许陆军继续其侵略行动制造进一步的借口。正如总理大臣若槻所说，"（行动）一天比一天继续扩大，我和陆军大臣南不知会商了多少次。他每天拿出地图给我看，指出陆军今后再不会越过的边界线，但几乎每天所得到的都是无视这条边界线和军事行动进一步扩大的报告，同时每次都保证说这是最后的行动。"

木户在他的日记中写道，在原田男爵住所的一次小团体讨论中提到，虽然天皇批准了内阁的不扩大政策，但是陆军对天皇被他的侍从诱导而形成这个观点感到很愤慨。该小团体决定，天皇最好不要再对内阁的政策表态，政界元老西园寺公爵最好仍然远离东京以避免激化军部对他的反感。就是以这种方式，南通过他的联络官小矶，与参谋本部有效合作，阻止了政府实施不进一步扩大"奉天事变"的决定。关于南支持关东军所采取的行动这一点，在日本投降后南亲自供认，故已被证实。

土肥原大佐返回奉天

土肥原大佐完成了他对日本陆军参谋本部的报告，建议尽快使用武力解决所有悬而未决的"满洲问题"，在他返回奉天特务机关，为在满洲组建一个基于"王道"的新国家发挥主要作用时，"事变"在奉天发生了。土肥原在中国待了18年，作为历任中国军队领导人的军事助手积极参与当地的政治，对中国和中国人民了解甚多，这使得他比其他任何日本陆军将校更有资格在策划、执行并利用"奉天事变"的过程中发挥总顾问和总协调的作用。土肥原在其中所扮演的这一角色是不容置疑的。在对中国的侦察之行中，他先在奉天短暂停留，然后再向参谋本部汇报，"事变"前夕又回到奉天，再加上回到奉天之后的行为，使我们只能得出上述结论。

土肥原大佐出任奉天市长

组建辽宁省的省级政府是一项难度颇高的事情，因为奉天是辽宁省的中心，在战斗中，大部分有影响力的中国人都逃到了锦州，在锦州继续辽宁省的行政工作。原辽宁省主席臧式毅将军留在奉天,但他拒绝与日本人合作组建新的省政府,因此立即被逮捕入狱。由于中国人不愿合作而未达目的的日军,在1931年9月21日贴出布告,任命土肥原大佐为奉天市长。在大部分由日本人组成的所谓"紧急委员会"的协助下,土肥原前往奉天赴任。到1931年9月23日,土肥原已经完全掌控了奉天,记者看见他在关东军司令部,他在那里担任关东军的政治代表和发言人。从这时候起,东三省临时政府的组建工作开始有所进展。1931年9月23日,熙洽中将被邀请组建吉林省临时政府。第二天,辽宁省临时政府宣布成立,袁金铠为"治安维持委员会"委员长。日本媒体给予盛赞,称其为分离运动的第一步。

自治指导部

日本陆军于1931年9月下半月在奉天组建了自治指导部。指导部的目的是推动独立运动并将其扩展至全满洲。板垣大佐是监督指导部工作的参谋部负责人,土肥原大佐以特务机关长的身份向指导部提供与中国人有关的所有必要的秘密情报。虽然指导部部长是中国人,但指导部雇用的职员,约90%是居住在满洲的日本人。

熙洽将军接受了日本人的邀请,召集了一个由政府机关行政人员和日本顾问参加的会议,9月30日发布公告宣布成立受日本陆军保护的吉林省临时政府。

1931年9月27日,特别区长官张景惠将军也在其哈尔滨的办公室召开会议,商讨成立"特别区紧急委员会"事宜。

本庄将军借机利用吉林省间岛地区城镇的小动乱,宣布日本不再承认张学良元帅的政府,并且不会停止进攻,直至其势力彻底瓦解。

抗议和保证

中国就日本在满洲的军事行动向国际联盟提出了抗议。这抗议是在

1931 年 9 月 23 日提出的。日本政府向国联理事会保证，日本已开始并将继续把部队撤退到铁路区域。收到这一保证后，理事会休会至 1931 年 10 月 14 日再次开会。

美国也对在满洲的战斗提出了抗议，并于 1931 年 9 月 24 日提醒中日双方注意现行条约的规定。那天日本在举行内阁会议后，驻华盛顿的日本大使向美国国务卿递交了一件照会。除其他事项外，此照会声明："毋庸赘言，日本政府对满洲没有任何领土意图。"

十月事件

对国际联盟和对美国所作的保证表明，内阁和陆军在对满共同政策上未取得共识。这种意见分歧引起了所谓的"十月事件"。参谋本部的部分军官及其同情者企图组织一次政变，以颠覆现政府，摧毁政党制度，建立一个支持陆军占领和开发满洲计划的新政府。这个阴谋以樱会为中心，其计划是以暗杀政府领导人为手段来"净化思想和政治氛围"。桥本是这个小集团的领导人，他发出实行阴谋所需的命令。桥本供认，为了建立以荒木为首的政府，他在 1931 年 10 月上旬最早想出了这个阴谋。木户十分清楚这个叛乱计划，他唯一关心的似乎就是要找出一个把混乱控制在一定限度的方法，以防止大范围的损害和牺牲。但是一位姓根本的中佐向警方报告了这个阴谋，于是陆军大臣南下令逮捕其领导者，使这个阴谋归于失败。白鸟指责南反对这一政变并声称，为了在满洲建立"新政权"，必须迅速采取行动；假如南默认了这个计划，本来可以有利于"满洲问题"的解决。

"十月事件"失败后，有传言说如果东京中央政府不支持关东军执行占领整个满洲并成立傀儡政府的计划，关东军将宣布独立于日本，继续执行那个计划。这个威胁看起来对政府及其态度的变化起到了作用。

陆军省开始审查新闻，陆军军官召集令陆军省不满的作者和编辑，警告说陆军省很不喜欢他们撰写和发表的那些文章。编辑和作者表达与陆军省相反的观点时,他们就会遭到暴力组织的威胁。

决定让溥仪即位

日本政府的态度改变之后,少帅张学良和蒋介石总司令的联合使得张学良的势力逐渐强大,于是板垣大佐和土肥原大佐决定让已被废黜的中国皇帝溥仪返回满洲并作为满洲的皇帝登基,以此来充当抵抗张学良势力的紧急措施。在日本陆军保护下运作的新的临时政府成功接管了所有的税收和金融机构,并经过重组进一步巩固了地位,但是由于少帅持续的声望,还是遭遇到相当大的困难。关东军参谋长开始担心他们建起的临时政府会同少帅共谋,因此板垣大佐和土肥原大佐决定将东三省黑龙江、吉林和辽宁联合起来,立即成立一个独立国家,由已被废黜的中国皇帝溥仪担任名义上的领导。

土肥原大佐策划安排溥仪回满洲

板垣派土肥原到天津将溥仪接回满洲。板垣做了一切必要的安排,并给了土肥原明确的训令。他们阴谋制造溥仪是应满洲民众的要求回来重登皇位的假象,即日本与他回满洲毫无关系但也不会违反民意。为了实施此计划,必须使溥仪在营口港结冰前上岸,因此他必须在 1931 年 11 月 16 日之前到达营口。

外务大臣币原已获知让溥仪重回满洲的计划,于是指示他在天津的总领事反对这个计划。1931 年 11 月 1 日下午,总领事遵照训令联系了土肥原,尽一切努力劝说他放弃计划,但土肥原决心已下,并表明如果溥仪愿意冒着生命危险回到满洲,就很容易让整件事看起来是由中国人挑起来的。他还说他会同溥仪协商,如果溥仪愿意,他就执行这个方案;但如果溥仪不愿意,他会告诉溥仪以后不会再有这样的机会了,同时给奉天的陆军当局发电报说因为这个方案成功无望,他将考虑一个替代计划。

1931 年 11 月 2 日晚上,土肥原拜访了溥仪,并向其传达如下信息:

情势对溥仪即位是有利的,不要失去这个机会。他无论如何必须在 1931 年 11 月 16 日之前现身满洲。如果他这样做了,日本将承认他为一个独立国家的皇帝并与这个新国家订立秘密的攻守同盟。如果中国国民党军队攻击这个新国家,日军将把他们击溃。当溥仪听到日本皇室赞成他恢复皇位时,他显露出愿意接受土肥原建议的样子。

总领事继续努力劝说土肥原不要那么干,但没有任何结果。有一次,土肥原威胁说,政府阻止溥仪回去的态度是令人无法容忍的;如果阻止溥仪回去,关东军或许会和政府分离,没有人知道关东军会采取什么行动。

土肥原在安排溥仪回去的条件上遇到了一些困难,上海的一家中文报纸在 1931 年 11 月 2 日发自天津的报道中详细叙述了整个计划,并声称溥仪已经拒绝了土肥原的邀请。为了让溥仪尽快做出决定,土肥原采取了各种计谋和手段。溥仪收到过一个藏有炸弹的水果篮,也收到过"铁血团总部"和其他人寄来的恐吓信。最终,土肥原在一些黑道人物、秘密社团和地痞流氓的协助下,策划了 1931 年 11 月 8 日发生在天津的暴动,并向这些人分发了板垣所提供的武器。日本总领事又一次试图执行币原的命令,把即将发生暴动的消息告诉了中国警方。由于预先得到警告,暴动的阴谋没有完全成功,但仍使天津陷入了混乱之中。

混乱仍在继续。在 1931 年 11 月 10 日晚上的暴动过程中,土肥原秘密地用一辆汽车在一伙配备了机关枪的士兵保护下,把溥仪从其宅邸转移到了码头,和几个着便衣的人以及四五个持械日本士兵一起上了一艘日本的军用小汽艇,顺流而下到了塘沽。在塘沽,一行人上了驶向营口的"淡路"丸。1931 年 11 月 13 日,溥仪抵达营口,同日被带到汤岗子,入住由日本陆军监视保护的对翠庄旅馆。这样做的目的是试图从表面上看,溥仪是因为天津的威胁和暴动而逃命。毫无疑问,这些都促使溥仪加快同意土肥原提议的条件。

溥仪即位延期

为了防止日本在国际联盟中的地位更加恶化,并使日本代表在理事会讨论时处于有利的地位,南建议关东军延迟溥仪的即位。1931 年 11 月 15 日,南给本庄中将发电报说:"在我们刚开始看到我们为改善国际联盟氛围的努力初见成效之时,做出这样草率的举动绝不是明智之举。因此,目前我们希望你妥善引导公众,勿让溥仪以任何方式牵涉到政治问题,无论是主动的还是被动的。当然,在建立新政权一事上,如果帝国采取错误的立场,我们就必须预见到美国一定会根据《九国公约》或在一次世界列强会议上进行干预。此外,以满洲的目前形势,若没有日本帝国军队的理解和支持,建立新政权是毫无可能的,这是世界公认的事实。因此,当溥仪突然进入到建立新政权的蓝图中,即便表面上看是顺应民意,但恐怕仍要引起世界的怀疑。帝国引导世界形势,使我们至少能在任何时刻与其他国家进行合法的抗衡,此事至关重要。这一点谨望切记。"

1931 年 11 月 20 日,陆军将溥仪转移到旅顺,把他安置在大和旅馆,并向溥仪解释说,这是因为在汤岗子他不想见的访客太多了。土肥原和板垣秘密安排了溥仪的妻子到旅顺和溥仪会合。

进攻锦州

1931 年 11 月上半月,日军在嫩江桥战役击败了黑龙江军事总指挥马占山并将其逼退到海伦市东北方,最终占领了齐齐哈尔,并消除了张学良在整个满洲的势力,除了辽宁省东南锦州周围的小块地区。只待占领锦州,就能制服整个满洲。

奉天事变后,省政府逃离奉天,转移到了锦州,张学良元帅已在 1931 年 10 月初将总部从北平迁到锦州,这样锦州成了抵抗日军占领的中心。日方侦察机多次在锦州上空飞行,1931 年 10 月 8 日,6 架侦察机和 5 架轰炸机飞过锦州上方,并投下约 80 颗炸弹。

土肥原大佐组织的骚乱和暴动令关东军参谋军官有借口往天津派遣部队以增强日本驻屯军，保护日本在天津的租界。这里提到的第一次暴乱发生在1931年11月8日，但是1931年11月26日又开始了一连串新的骚乱。为了在天津的中国辖区滋扰生事，土肥原大佐利用中国暴徒和日本便衣警察，在日本租界里面把他们组成活动团伙。26日晚上，听到一声巨大的爆炸声，紧接着是大炮、机枪和步枪声。日本租界的电灯熄灭了，便衣警察从租界涌出并向邻近的警察局开火。

从满洲出发增援天津最实用的路线是乘船走海路，但是陆路具有明显的战略利益，因为陆路经过锦州城。部队在穿越锦州城的过程中很容易找到向锦州发起进攻的借口，以消灭张学良元帅集结在那里的军队。

持中立态度的观察家已经预料到会对锦州发起进攻，1931年11月23日，在为此事召开的会议上，外务大臣币原向美国驻东京大使保证，他本人、总理大臣、陆军大臣南、参谋总长都已同意不对锦州采取敌对行为。然而，土肥原在26日晚上发起的暴动加速导致了1931年11月27日早上的进攻。一列军用列车和多架飞机越过辽河，表面上是为了解救据说在天津被包围的日本驻屯军，实际目的是将张学良元帅赶出锦州。日军很少或没有遇到任何抵抗，因为张学良元帅为了让日军没有借口继续前进，已开始将自己的部队撤退到长城以南。尽管如此，日军依然向前逼近，日方飞机多次轰炸锦州。美国国务卿抗议日方违背了刚刚给美国大使做出的不会对锦州采取敌对行为的保证。1931年11月29日，陆军参谋总长很不情愿且十分迟缓地遵照上述保证，命令本庄将部队撤退到新民附近。

国联成立调查委员会

为了解决日中之间的争端，国际联盟理事会连续开会近四个星期，最终在1931年12月10日决定接受日本代表的建议，派遣一个调查委员会到满洲进行"现场调查"。理事会决议规定，调查委员会应由来自中立国的五名成员组成，中国和日本有权各指定一名"顾问"协助委员会。

决议的第(2)段条款如下："(2) 鉴于自 10 月 24 日理事会会议以来，事态已变得更为严重，双方承诺采取一切必要措施以避免形势进一步恶化，并且不发起任何可能导致进一步战斗和人员伤亡的行动"。

日本接受此决议，但对第(2)段提出保留，声称日本接受此决议是"基于如下理解，即该段规定的意图并不是阻止日军采取必要行动，以直接保护日本国民的生命和财产免受满洲各地猖獗的匪盗行径和不法因素的危害"。

中国接受此决议，但提出保留，即中国在满洲的主权不应受到损害。

关于以上引述的第(2)段所包含的承诺和禁令，中国声明："必须明确指出，不能以现存事态引起的非法行为做借口违反上述禁令，本决议的目的就是要清除这种事态。据观察，满洲肆虐的非法行为很多都是由于日军入侵对正常生活造成干扰引起的。恢复正常平静生活的唯一途径是让日军尽快撤走，让中国政府承担维持和平与秩序的职责。中国不能容忍任何外国军队入侵和占领自己的领土，更不能容许这些军队篡夺中国政府的警察功能。"

尽管中国表示了反保留意见，日本坚称自己提出的保留意见使日方有权继续将军队留在满洲，并有责任镇压匪患。以镇压匪患为借口，日本继续前进，占领了整个满洲。用李顿调查团的话说："事实情况是，日本在日内瓦提出保留意见之后，继续依照他们原来的计划处理满洲局势。"

直到 1932 年 1 月 14 日，调查团成员才得以全部确定。英国人李顿爵士当选为调查团团长，调查团被称为李顿调查团。

若槻内阁被迫辞职

总理大臣若槻和外务大臣币原继续奉行"友好政策"和"不扩张政策"，引起了军部及其拥护者的强烈反对，致使若槻内阁于 1931 年 12 月 12 日被迫辞职。总理大臣若槻的证词如下："尽管内阁已决定采纳停止

'满洲事变'的政策,但事件仍继续蔓延和扩大。很多种方法都尝试过了,其中包括组建联合内阁,我希望联合内阁能够制止关东军的行动。但是,由于某些困难,联合内阁没有实现,因此我的内阁辞职。"

犬养内阁

1931 年 12 月 13 日组建了以荒木为陆军大臣的犬养内阁。根据日本宪法,陆军三长官,即离任的陆军大臣南、参谋总长和教育总监负责推选接任的陆军大臣,他们先是推选了阿部接任陆军大臣一职,但由于荒木在陆军激进分子中间人气旺盛,他们又赴犬养处要求他任命荒木。于是荒木中将接受了陆军大臣的任命。总理大臣犬养告诉元老西园寺公爵说,尽管他打算实行天皇的愿望,即日本的政治不能完全由陆军来支配,并且尽管他采纳了终止关东军入侵满洲的政策,可是陆军大臣荒木不赞同这一政策。荒木赞成本庄司令官的计划,即必须占领和平定原先由张学良元帅管辖的东北四省。日本投降后,荒木在巢鸭监狱接受侦讯时承认了这些事实。他最初的行动是确保内阁和枢密院批准执行这项计划的拨款。

本庄和板垣执行本庄的计划

新组建的犬养内阁以荒木为陆军大臣,有利于本庄的占领和平定东北四省计划,这对关东军来说就是执行这一计划的信号。板垣迅速强化了辽宁省临时政府。奉天西部的军队集结也开始了,准备向锦州和天津推进。板垣准备赴东京,去帮助荒木做出执行计划的细节安排。

臧式毅将军因拒绝与入侵的日军合作,自 1931 年 9 月 21 日起被囚禁在监狱中。日方以饥饿迫使其屈服,他被迫同意接受任命,担任辽宁省临时政府省长。1931 年 12 月 13 日晚上,他从监狱中被释放,与板垣会见后,于 1931 年 12 月 15 日正式就任省长。因在狱中遭受饥饿,臧式毅极度紧张和虚弱,以致在就职仪式中因为照相师的闪光灯而晕厥。臧式毅将军的就职仪式是为召开满洲全体省长会议做准备,关东军加紧了会议的准备工作。

1931年12月10日,进攻锦州的军队开始集结,到15日集结完毕。但是,要等到陆军大臣荒木批准和款项备妥后才能开始进攻。

所有的准备均已完成,本庄司令官派板垣到东京向政府传达他的意见,即满洲应该从中国独立出来。陆军大臣荒木立即表示支持本庄的计划,说完全独立是解决"满洲事变"的唯一途径,但是这个计划遭到相当大的反对,要获得批准并不容易。这个问题最后在1931年12月27日的御前会议上提了出来,荒木表示:"我们立即决定向奉天省派遣军队。主要计划列在陆军省给总司令部的指令中,他们走程序为军事行动派遣军队。"至少板垣的使命完成了一部分。

就在做出进攻锦州决定的这一天,外务次官给驻东京的美国大使提交了一份备忘录,该备忘录声明日本一定会遵守《国际联盟盟约》《凯洛格-白里安公约》和其他条约,并遵守国联理事会通过的关于满洲局势的两个决议。

攻占锦州后占领整个满洲

如前所述,关东军援引在日内瓦做出的保留条款,继续依照其计划处理满洲局势。中国外交部长知道攻打锦州迫在眉睫后,为了防止战争进一步扩大,曾做出最后的恳求,提出将剩下的中国军队全部撤到长城以南,但是毫无结果。关东军于1931年12月23日发起进攻,中国军队被迫放弃阵地。自那天起,由于中国将军下达了撤退的命令,日军的进攻畅通无阻,几乎没有遇到任何抵抗。1932年1月3日早上,关东军占领锦州,并继续推进,一直到山海关长城。

板垣完成任务回到奉天

木户在1932年1月11日的日记中记录着,板垣在满洲建立傀儡政府的计划已经获得同意，其中一部分这样写道："今天上午 10:30，我和天皇身边的一些人在与皇宫报告厅相连的休息室听了板垣大佐关于满洲和蒙古的情况介绍。他先叙述了在满洲和蒙古镇压兵匪的情况以及在满洲建立新国家的进展。板垣大佐的意思是满洲将被置于一个新的统治者之下，日本陆军将接管新成立的满洲国家的国防。他又进一步解释道，日本人将会以政府高级官员的身份参与新国家政府的管理。"我们在后面会说明板垣依照通常的做法把所有中国士兵称为"匪"。日本又一次把援引在日内瓦所做的保留条款作为借口。

板垣大佐在回奉天的途中，访问了他同木户提到的那个新统治者。板垣在旅顺拜访溥仪时对溥仪说："为了摆脱中国的军阀，确保东北各省人民的福祉，我们愿意在满洲建立新的政权。"板垣建议溥仪成为新政权的首脑，但是要求一旦这个满洲政权建立，应该雇用日本人为顾问和官员。

"独立"运动不断加紧

锦州被攻陷后，独立运动闻风而起，尤其是土肥原任哈尔滨特务机关机关长的北满地区。1931 年 11 月 19 日日军占领齐齐哈尔，将马将军的军队赶往海伦之后，在黑龙江省建立了通常类型的自治会，1932 年 1 月 1 日张景惠将军就任省长。张景惠将军在获知张学良元帅彻底失败并被逼出锦州之后，同意了奉天自治指导部的要求，宣布黑龙江省独立。1932 年 1 月 7 日，发布独立通告。同一天，自治指导部发布宣言，这份宣言 1 月 1 日就已拟好，但等到时机恰当才公布。宣言呼吁人民推翻张学良，加入自治会。宣言结尾写道："东北的所有组织联合起来！"这个宣言一共散发了 5 万份。自治指导部部长于冲汉和辽宁省省长臧式毅当时正在为二月份即将建立的"新国家"制订计划。1931 年 9 月 18 日奉天事变之前，从中国独立出去的想法并没有得到广泛的支持。很显然这是由以板垣大佐和土肥原大佐为首的一批日本文官和军官策划、组织和实施的。

日本进驻军队以强化其权力，通过南满铁路管制铁路，往所有重要的中心城市派驻日本领事，由日本人控制的自治指导部发挥协调作用，这一切使那伙人能够施加难以抵抗的压力，导致所谓的"独立"，并在后来控制这个新成立的傀儡国家。"独立"运动和这些中国帮凶仅仅靠着日本军事力量的支撑才得以生存。

日本的附加保证

1932 年 1 月 7 日，张景惠将军宣布黑龙江省独立的那一天，美国国务卿指示美国驻东京大使向日本政府递交照会。美国国务卿在照会中申明，美国政府认为有义务通知日本和中国，美国不会承认任何事实局面的合法性，也不会承认损害美国或美国公民在华条约权利，或违反在中国实行多年的"门户开放"政策，或损害《巴黎非战公约》（附件 B‐15）义务的任何条约或协议。

直到 1932 年 1 月 16 日，这份照会才得到了回复。日本在回复照会中声称，日本相信美国会全力支持日本为确保华盛顿诸条约和《凯洛格‐白里安公约》（附件 B‐15）的全面彻底履行所做出的努力。此日本照会还说只要日本能够做到，中国"门户开放"政策将会一直维持下去。考虑到日军在满洲的上述军事行动，日本的这份照会是一份虚伪的杰作。

桥本反对这项保证

第二天，桥本在《大日本太阳》上发表文章，明确表达了反对遵守条约和维持中国"门户开放"的政策。文章的标题是《议会制度的改革》。桥本在文章中说："责任政府——政党内阁体制——完全与日本宪法背道而驰。这就是无视'天皇'政体的民主政体，……而'天皇'政体是从日本帝国建立起就牢固确立的，是在天皇钦定的宪法中断然不可动摇的。当我们深入思考其危险的反国家的组织结构、政治意识形态和肆无忌惮的恶行时，我们相信，为了建设一个振奋人心的新日本，当务之急是把现有的政党当作赎罪的羔羊,把它们消灭。"

土肥原和马占山将军谈判

马占山将军被日军赶出齐齐哈尔之后,在海伦设立了总部,以图在黑龙江省继续执政。土肥原大佐在哈尔滨的特务机关与马占山将军开始谈判。马将军有些举棋不定,尽管他继续与土肥原进行谈判,但同时继续支持丁昭将军。丁昭将军从未赞成关东军在吉林省成立并由熙洽名义上领导的傀儡政府,他还组建了一支军队反对熙洽将军。不但马占山继续支持丁昭,这两位将军还与张学良元帅和蒋介石总司令保持联系,并从他们那里得到援助。

为了迫使马将军接受条款,土肥原大佐要求熙洽将军向哈尔滨推进,然后向马的总部所在地海伦方向前行。1932年1月初,熙洽准备向北方进军,意图占领哈尔滨。然而,丁昭将军挡在熙洽部队和哈尔滨之间。1月25日,熙洽推进到了双城,张学良元帅指示马占山和丁昭不要进一步谈判。战斗在26日上午开始了。土肥原恐吓马占山和丁昭的图谋失败了,更糟的是他的盟友熙洽遭到丁昭的顽强抵抗。于是,土肥原被迫召集关东军来援助熙洽。为了师出有名,土肥原在哈尔滨又策动了一个"事变",一场精心策划的暴动,据说暴动其间有一个日本人和三个作为日本臣民的朝鲜人被杀死。虽然大多数日本军队已撤出北满地区以实施锦州行动,但第二师团已经返回奉天休整。第二师团接到支援熙洽的命令后在1月28日乘上了火车,但是,因为运输困难,遇到了一些延误。这给了丁昭时间,使他夺取了哈尔滨市的行政权并逮捕了黑龙江省傀儡省长张景惠。

南的讲解

当援兵乘火车去支援熙洽时,军事参议官南正在东京给天皇讲解,他的主题是"满洲的近况"。木户陪听并记录。南对天皇所说的结论如下:

（1）日本将接管在满洲建立的这个新国家的国防，完成吉林—会宁铁路，使日本海变成一个为日本进军北满提供便利的内海，从而使日本的国防计划发生根本性的变化。

（2）日本和这个新国家共同经营该地区的经济，这将使日本永远在世界上自给自足。

（3）只要日本在这个新国家建立屯垦兵制度，就可以解决日本的人口问题。

木户还记录，当这个新国家成立时，日本在满洲的三四个机关必须统一由一个人领导。这一意见在后来将被实行。

第一次入侵上海

1932 年 1 月 28 日午后，在南讲解之后，在中国另一个地方发生了战斗。深夜 11:00 开始了第一次入侵上海的战斗。这个"事变"的起因很典型。万宝山事件后朝鲜的反华暴动引发了上海的中国人抵制日货运动，这个运动在奉天事变后日益增强，并且随着奉天事变发展为"满洲事变"而更趋激烈。局势越来越紧张，引发了中国人和日本人之间的严重冲突。上海的日侨要求派日军来保护他们。日本总领事向中国的上海市市长提出了五项要求。驻扎上海的日本海军司令官声明，除非上海市市长给出令人满意的答复，否则他就将采取行动。1932 年 1 月 24 日，日本海军的增援部队到达上海。中国方面加强了上海华界地区闸北的警备队。1 月 28 日，公共租界工部局开会并宣布当天下午 4 时起为紧急状态。到了下午 4 时，日本总领事通告领事团说，因为已得到中国市长的满意答复，所以不准备采取行动了。在当天深夜 11 时，日本海军司令官宣称，日本海军对于许多日人居住的闸北局势深感忧虑，决定派兵占领淞沪火车站，并希望中国人迅速撤退到淞沪线以西。此时中国军队即使准备撤退也没有时间了，于是派往闸北地区的日军与中国军队发生了接触。这就是淞沪战争的肇始。

中国再次上诉国联

第二天,1932 年 1 月 29 日上午,因局势严峻,中国根据《国际联盟盟约》第 10 条、第 11 条和第 15 条向国联提出上诉。当战斗在上海打响时,国联理事会正在开会,第二天收到了中国新提出的申诉。

马将军与土肥原讨价还价

在满洲,土肥原大佐仍在继续努力谈判,以取得马占山将军对在满洲组建一个新国家的支持。板垣大佐承认马将军是"拥有自己军队真正有价值的人",齐齐哈尔一战后,试图与马签订停战协定。马将军继续同丁昭将军合作,直到 1932 年 2 月 5 日,丁昭被熙洽和日本的联合部队击败。丁昭落败后,马将军重新与土肥原大佐谈判,而他的部队经俄境内逃回中国。据说,马将军的部队安全回国后,马接受了土肥原给的 100 万美元的黄金。无论赠金一事是否确切,他最终于 1932 年 2 月 14 日同意出任黑龙江省省长,并与日本人合作。

庭长:我们现在休庭到明天上午 9 点 30 分。

(16:00 休庭,至 1948 年 11 月 9 日星期二 9:30。)

1948 年 11 月 9 日,星期二

日本东京都旧陆军省大楼内远东国际军事法庭

休庭后,9:30 庭审人员到场。

出庭人员:

法官席,所有成员就座。

检方人员,同前。

辩方人员，同前。

（英日、日英口译由远东国际军事法庭语言部负责。）

法庭执行官：远东国际军事法庭现在继续开庭。

庭长：除白鸟和梅津由律师代表外，所有被告均出庭。巢鸭监狱军医出具了以上两名被告今天因病不能出席审判的证明。这些证明将记录在案并归档。

我继续宣读本法庭的判决书：

最高行政委员会

根据荒木所说，本庄将军设想由各省省长组成一个"最高行政委员会"，以便提出在满洲组建新国家的建议。本庄将他的方案送给荒木，请求批准建立一个以溥仪为首来统治满洲的"新国家"。荒木在巢鸭监狱的侦讯中供认，因为他没有更好的建议，且认为本庄的计划将解决"满洲问题"，于是批准了本庄的计划。接下来荒木派遣了多名专家到满洲帮助自治指导部实行本庄的计划。

马将军同土肥原大佐达成协议后，自治指导部召集东三省省长和特别区长官于1932年2月16日在奉天举行会议，宣称该会议的目的是为新国家"奠定基础"。出席会议者包括黑龙江省省长马占山、特别区长官张景惠、吉林省省长熙洽、辽宁省省长臧式毅。但是热河省省长汤玉麟未出席。会议的法律顾问为东京大学法学博士赵欣伯，赵欣伯此前已接替土肥原担任了奉天市市长。

这五个人决定应建立一个新国家，应组成东北最高行政委员会以临时执行东三省和特别区的最高权力，最高行政委员会应加紧为建立新国家作必要准备。

会议第二天，最高行政委员会如期成立。委员会由七人组成，即黑龙江省、吉林省、辽宁省、热河省的省长和特别区长官，还有两位在第二天上午加入会议的蒙古长官。新成立的最高委员会立即开始执行公务并决定：① 新国家采用共和政体；② 尊重各省的自主权；③ 赋予行政首长"执政"头衔；④ 发布独立宣言。当天晚上，本庄设正式晚宴招待"新国家的首脑"，祝贺他们取得成功并保证在需要时给予帮助。

独立宣言

本庄晚宴的第二天，即 1932 年 2 月 18 日，最高行政委员会公布了《满洲独立宣言》。大川博士在 1939 年出版的《日本两千六百年历史》一书中对这个独立宣言做了如下评论："日军神速果敢的行动一举扫荡了张学良在满洲的政权。"本法庭根据证据，认定在满洲不存在要建立独立政府的民众运动。这个运动是由关东军以及受关东军支配、以日本人为顾问的自治指导部倡导和鼓动的。

"新国家"的组建

《独立宣言》发表后，马占山省长和熙洽省长回到他们各自的省会，但是他们指派代表同臧式毅省长、张景惠省长和赵欣伯市长会见，以制订建立新国家的详细计划。1932 年 2 月 19 日，这伙人决定新政府的形式应当是共和国，拥有以三权分立为原则的宪法。然后他们同意了以长春为新国家的首都，确定了新国旗设计，并同意请溥仪担任新国家的"执政"。

自治指导部迅速开始在各省份举行群众大会和游行，关东军列队检阅展示力量，并鸣放礼炮，以此让满洲人民感受到日本的实力。用这些游行做了铺垫之后，1932 年 2 月 29 日以自治指导部为主导，在奉天召开全满大会。大会上发表了演说，一致通过了谴责张学良政权的宣言，并通过了欢迎以溥仪为行政首长的新国家的决议。

最高行政委员会迅即召开了紧急会议，挑选了六名代表，派他们到旅顺向溥仪传达欢迎他担任新政府首长的邀请。溥仪没有回应最高行政委员会的第一次邀请，于是委员会在 1932 年 3 月 4 日又第二次派代表团去劝说溥仪予以接受。按照板垣的意见,溥仪接受了第二次邀请。3月5日溥仪接见了代表团,3月6日由旅顺出发前往汤岗子,两天之后,即3月8日,他开始以"满洲国执政"的身份接受敬礼。就职典礼于3月9日在新首都长春举行。溥仪宣称"新国家"的政策以道义和仁爱为基础。第二天,溥仪根据日本方面所提出的名单任命了政府的高级官员。

溥仪到达之前,赵欣伯博士经过一段时间的准备,已经拟定了一系列法律和规章,只待通过和颁布。1932年3月9日,这些法律规章和关于组建"满洲国"政府的法律同时开始生效。

1932年3月12日向各国发出成立"满洲国"的公告电报,要求各国承认这个"新国家"。大川博士说过,"满洲国"是经日本政府批准的关东军计划的结果,因为事前经过周密的计划和准备,所以"新国家"的建立进行得非常顺利。溥仪说,"满洲国"从一开始就完全受日本的支配。

日本内阁承认既成事实

荒木说本庄的计划获得了内阁批准,这一说法没错,但这个批准是直到1932年3月12日,该计划已被实施并且满洲新政权已经成立之后才获得的。1932年3月12日,即向各国发出宣布"满洲国"成立的电报那一天,内阁举行会议并就"满洲新国家成立后对外关系部署大纲"做出决定。会议决定,向尚未根据国际法得到承认的新国家提供"各种援助","引导这个国家逐步达到成为独立国家的实质条件",期望各国最终将承认其独立。为避免《九国公约》(附件 B-10)缔约国的干涉,会议认为最好让"满洲国"宣布一项政策,它符合"门户开放"政策并遵从公约所保障的机会均等原则。内阁还决定"满洲国"应接手海关和盐税征收机关,但在实施的方法上不应"给外交关系带来麻烦"。这样做的途径之一是贿赂海关官员并让日本人取而代之。内阁计划以符合在日内瓦提出的保留条款的镇压匪患为借口,夺取"满洲国"的军事力量。总之,内阁充分意识到占领满洲并由日本在那里建立一个独立国家直接违背了现行的条约义务。内阁正在试图想出一个计划,用表面看起来合乎条约义务的方式来掩盖违反公约的事实。

李顿调查团抵达东京

全满大会在奉天召开的那一天,即 1932 年 2 月 29 日,李顿调查团抵达东京,受到天皇接见,并同日本政府,包括总理大臣犬养、陆军大臣荒木和其他人召开了一系列日常会议。尽管会议持续了八天,却没有一个政府官员告知李顿调查团日本当时正在满洲组建一个新国家。一直到调查团离开东京,前往中国途经京都时才首次听说这件事。

调查团抵达东京那天,小矶被荒木从陆军省军务局长提拔为陆军次官。

荒木派援军到上海

1932 年 1 月 28 日在上海开始的战斗已经打到了海军大臣被迫向陆军大臣荒木请求支援的地步。中国十九路军在战争中发挥出色。多艘日军驱逐舰停泊在黄浦江,日军的飞机正在轰炸闸北。日本海军陆战队利用虹口的永久性驻地作为军事行动的基地,而驻地和闸北之间设置的垒障成为地面部队的前线。日本的驱逐舰进行近距离平射,炮击吴淞的堡垒;因为没有能够与之抗衡的大炮,堡垒没有还击。日本海军陆战队攻占了邻近公共租界的区域,警察被缴械,城市陷入瘫痪;当海军大臣要求增援时,战况极为恐怖。荒木说他与内阁商量后决定立即派遣支援部队;第二天 10 000 名士兵登上了快速驱逐舰。坦克大炮配备充足的援兵在公共租界登陆。海军重型船只推进,开始炮击这个城市。但是,这场从 1932 年 2 月 20 日开始的进攻,尽管持续了好多天,却并没有取得什么明显的胜利。这场进攻之后,荒木声称植田中将损失惨重,有必要再派援军,于是又派遣第十一师团和第十四师团去抵抗防守上海的中国军队。

国联采取行动

国际联盟开始采取行动。1932 年 2 月 19 日,理事会除中国和日本以外的成员向日本政府提交了一份紧急呼吁,提请其注意《国际联盟盟约》(附件 B - 6)第 10 条。1932 年 3 月 3 日,国联大会召开。

美国国务卿建议驻上海的美国总领事向媒体公布国务卿关于中国局势给参议员博拉(Borah)的信。国务卿在这封信中表示,《九国公约》(附件 B - 10)是"门户开放政策"的法律依据。他阐述了公约的悠久历史,并评论说,《九国公约》是一项详细制定的成熟的国际政策,旨在保障各方在中国的权利,并保障中国人有最充分的机会发展自身的独立和主权。他忆及英国代表团主席鲍尔弗(Balfour)勋爵曾说,他理解公约签订时在场的代表没有一个人赞成或容忍势力范围。《巴黎非战公约》(附件 B - 15)是为了加强《九国公约》。国务卿指出,这两个公约相互依存,其宗旨都是协调世界道义和公众舆论,以支持一个通过国际法,包括用和平手段而不是诉诸武力解决争端,来进行有序发展的制度。他说美国过去一直将自己的政策建立在对中国的未来始终不渝的信心之上,建立在以公平、耐心和互惠原则处理中国问题以取得最终成功的基础之上。

1932 年 2 月 28 日,英国海军上将霍华德·凯利(Howard Kelly)爵士在他的旗舰上召开会议,这是通过友好国家的斡旋以实现在上海停止敌对行动的许多次尝试之一。有人建议在双方同时退兵的基础上签订协议。但是由于各方意见分歧,会议没有成功。日军似乎是在对这些干涉表示不满,占领了中国人已经撤离的江湾西部,轰炸机在整个前线上空飞过,包括南京铁路和虹桥机场,并再次从空中和海上轰炸吴淞炮台和长江沿岸要塞。

国联大会召开之前,理事会建议在 2 月 29 日召开圆桌会议,制订在上海停止敌对行动的当地安排。双方同意举行此次会议,但由于日本人施加的条件,圆桌会议未能成功。

被任命为日军最高统帅的白川大将于 2 月 29 日随援军一同抵沪。他发出的第一道命令是轰炸约 100 英里外的杭州机场。由于猛烈的舰炮轰击,白川渐渐占了优势。3 月 1 日进行侧翼攻击后,他得以将中国军队赶出日本人最初作为停战条件所要求的 20 公里范围以外。

"挽回颜面"的胜利使日本人接受了国联大会在 1932 年 3 月 4 日提出的要求,即呼吁双方政府停止敌对行动,并建议就停止战斗和日本退兵进行谈判。敌对双方的指挥官下达适当命令后,战斗停止了。1932 年 3 月 10 日谈判开始。

国联大会继续调查争端。1932 年 3 月 11 日,大会通过了一项决议,大意是《国际联盟盟约》(附件 B-6)的规定适用于这个争端,尤其是关于条约应得到严格遵守,成员国应尊重和保护国联所有成员国的领土完整和政治独立免受外部侵略,以及成员国有责任将一切争端提交和平解决的程序等规定。大会确认在军事压力下解决争端是违反盟约精神的,肯定了理事会 1931 年 9 月 30 日和 12 月 10 日通过的决议和大会 1932 年 3 月 4 日通过的决议,并着手设立一个"十九国委员会"以解决上海的争端。

日本违反其义务,反而利用休战增加援兵,这些援兵在 1932 年 3 月 7 日和 17 日在上海登陆。直到 1932 年 5 月 5 日,完整的协议才拟好准备签署。重光代表日方签署。上海的战斗突出了日军的极度残忍。对闸北毫无必要的狂轰滥炸,军舰冷酷无情的炮击,对手无寸铁的中国农民的大肆屠杀(这些人的尸体后来被发现时,双手被反绑在背后),这些都是日军在上海作战行径的实例。

这次事变又一次证明了日本决心使用军事力量对付中国人,让中国人折服于日本的威力,为了达到这个目的而不惜采用任何借口。表面上看,此次事变是因为上海的日本侨民要求给予保护才使用武力。本法庭毫不迟疑地得出结论,日本使用的武力远远超过了日本侨民和财产所受到的实际威胁。

毫无疑问,当时中国人民群情激愤,他们对日本商品的抵制(这至少在一定程度上是日本人在满洲的行为所引起的）是日本人感受得到的。鉴于所有事实，本法庭认为日本军事进攻的真正目的是警告中国人，如果他们不改变对日本的态度会有什么样的后果，以此来瓦解中国人对未来军事行动的抵抗。这次事变是整个计划的一部分。

"满洲国"被当作傀儡来建立和经营

由于"执政"被赋予极大权限，"满洲国"确实是一个极权国家。因此，谁操纵了"执政"，谁就操纵了这个国家。1932年3月9日公布的第一号敕令规定了"满洲国"的组织法。正式说来，其构成如下：政府的权力分为行政、立法、司法和监察四个部分；"执政"作为首席行政长官是国家的元首；他被赋予一切行政权及对立法院决定的否决权；行政部门在"执政"的领导下由总理及各部总长履行职能，他们组成国务院，即内阁；总理通过强有力的总务厅监督各部事务，总务厅直接负责各部的机要、人事、会计及用费；隶属于国务院的是各个局，如法制局等；但仿效日本宪法，当法制局休会期间，"执政"拥有根据参议府的建议发布敕令的权力；监察院监督官吏的行为及审计账目。可是立法院一直没有组织起来，所以法令都是用"执政"的敕令来制定的。

形式上虽有不同，实际上总务厅、法制局和资政局形成了国务总理的官房。"满洲国"成立之后，自治指导部就被废止了，其人员转移到了资政局，这个资政局通过原来在各省区所设立的自治委员会，继续了自治指导部的工作。总务厅是日本人有效控制和支配"满洲国"整个政治经济的最重要的机关。

各部总长一般都是中国人，但各总长下都配备了日本人担任的次长。在"满洲国"政府中，有一个宪法中未规定的委员会，被称为"火曜会"。每周的周二，即"火曜日"，日本人的总务厅长主持召开日本人的次长会议，关东军参谋部的一名课长也出席这个会议。所有政策都是在这些会议上被批准的，所有政令、敕令及其他法令也是在这些会议上通过的。然后

"火曜会"的决定递交给总务厅正式采纳,并作为"满洲国"政府的法令公布于众。因此,"满洲国"就是以这种方式完全受到关东军的支配。1932年4月3日,本庄中将在致陆军大臣荒木的一份电报中说:"我相信你不会反对,与'满洲国'全域有关的施策,凡涉及与'满洲国'洽谈,应该主要由关东军来执行。但是,鉴于日本政府各官厅以及在满洲的其他派遣机关的行为,我很担忧,现在如不彻底解决问题,可能会发生混乱。"荒木答复道:"关于统一执行对满施策的尊见,我原则上同意。"

最初,任命日本人"顾问"是为了对"满洲国"的所有重要官吏提供咨询意见。但是"满洲国"成立后不久,这些"顾问"就变成了与中国人相同的完完全全的政府官吏。在"满洲国"成立一个月后,即1932年4月,除军政部和军队中的日本人外,仅在中央政府中就有200多名日本人官员。在大部分政府部门中,都有日本人担任顾问、参事和秘书。监察院中的重要职位都为日本人所占据。最后,"执政"左右的大部分重要官吏,包括内务处长和执政近卫队指挥官在内,都是日本人。连"执政"也由关东军任命的吉冈中将来加以"监督"。总之,关于政府和公共事务,纵然中国人在名义上是长官,主要的政治和行政权力却握在担任顾问、参议、监察官、秘书和次长的日本人官员手中。

在1932年4月11日会议上,日本内阁审议了"指导""满洲国"的方法,并批准了以上概述的方法。那时候荒木作为陆军大臣是内阁阁员。内阁决定的内容如下:"这个新国家应从我国聘用有权威性的顾问,并让他们担任关于财政、经济和一般政治问题的最高顾问。新国家应任命日本人担任其参议府、中央银行及其他机关的领导职位。"接着内阁列举了应该由日本人担任的"满洲国"政府官职,其中包括总务厅长、总务厅各局局长、参议府的参议及秘书官长,此外还包括税务、警察、银行、运输、司法、海关等部门的官职。内阁认为,为了使这个"新国家"显示"在政治、经济、国防、交通、通信等众多领域是对于日本帝国生存之重要元素的特征",也为了"组成一个由日满两国构成的自给自足的单一经济体",这一措施是必不可少的。

协和会和"王道"

"协和会"是1932年4月由板垣等人为成员的一个委员会在奉天组建起来的。关东军司令官因职务关系担任了该会的最高顾问。协和会的特别使命是宣传国家的精神和理念,即"王道",加强"满洲国"并使其在日本与盎格鲁-撒克逊及共产国际的斗争中能有助于日本。"满洲国"政府的政策已表现在1932年2月18日和1932年3月1日发表的宣言中,即依据"王道"这一根本原则进行统治。以这种方式,就在意识形态的宣传领域巩固了日本对满洲的征服。除了协和会,满洲不允许存在其他政党。协和会名义上的会长是"满洲国"总理,但实际领袖则是关东军参谋部的一名军官。

李顿调查团访问满洲

1932年4月,李顿调查团抵达满洲,开始调查并拆穿关东军和"满洲国"日本官员通过恐吓居民、阻碍委员会活动而掩盖时局秘密的假象。关东军和宪兵队以"保护"调查团成员及潜在证人为借口,"监视"他们的活动与行动。溥仪作证说:"我们都处于陆军军官的监视之下,李顿爵士无论到哪里都受日本宪兵的监视。我会见李顿爵士时,就有许多关东军军官在我身旁监视。如果我如实相告,调查团一离开满洲我就可能被谋杀了。"溥仪向李顿爵士递交了一份板垣为他预先准备的声明,现据溥仪称,这份声明并未反映实情。调查团驻满洲期间,会讲俄语或英语的人都受到了严密监视,有些人遭到逮捕。

1932年6月4日,关东军参谋长在发往陆军省的一份电报中建议,日本应在国际联盟调查团访问期间接管海关,以此表现出对李顿调查团的蔑视。他说:"为了展示'满洲国'的独立性,及表明日本和'满洲国'对满洲事变的坚定决心,在李顿调查团逗留期间采取这样的行动是很有利的。"

总理大臣犬养遭暗杀

总理大臣犬养因反对成立独立的"满洲国"而付出了他的生命。犬养一贯反对日本承认"满洲国",坚持认为承认"满洲国"将侵犯中国的主权。

总理大臣犬养上台几天内,即派密使萱野往见蒋介石总司令商谈和平条件。蒋介石对萱野的建议很满意,交涉进展得非常顺利,不料就在此时,萱野致犬养的一份电报被陆军省截获。内阁书记对犬养的儿子说,"你父亲正在和蒋介石总司令进行谈判,陆军省对此极为愤怒。"尽管谈判因此终止,但总理大臣与陆军大臣荒木之间的摩擦并未消除。

当犬养于1932年5月8日在横滨发表反对军国主义支持民主的演说时,他与"皇道"派系当时的首领荒木之间的矛盾达到了爆炸点。1932年5月15日,总理大臣因病暂时独居官邸,突然几名海军军官强行闯入官邸将他暗杀。大川博士为暗杀提供了手枪,桥本在其《世界重建之路》一书中承认自己参与了暗杀犬养的阴谋。

时任陆军省军务局官员的铃木中佐警告说,如果在政党领导下组建新的内阁,将会发生第二次、第三次暗杀。铃木是在犬养遭暗杀两天后在原田男爵家的午宴上发出这一警告的,出席那次午宴的还有木户和小矶。此前,扩张政策的反对意见主要来自日本政党代表。

日本承认"满洲国"

荒木和小矶在新内阁中留任陆军大臣和陆军次官,在他们的领导下,日本政府承认了"满洲国"为独立国家。关于承认问题,陆军大臣在1932年6月4日回复关东军参谋长的一份电报中说:"此事关乎国内外各界,关系微妙,因此我们现在下定决心,准备一有机会就承认'满洲国'。"他还透露了通过关东军统治"满洲国"的计划,他说:"关于满洲各机构的统一问题,我们计划成立一个以关东军为中心的协调机构,目的之一就是促进满洲的产业发展,以满足'满洲国'的快速稳定与国防的要求。万一这个深层动机在国内或国外意外泄漏,尤其是在国外泄露,将对'满洲国'的发展方向极为不利。因此,我们希望你务必小心谨慎,即使在自己的办公室研究此事时也是如此。"1932年6月中旬,荒木向最高军事参议院宣布,在"满洲国"成立之前有关满洲的国际联盟决议及日本政府的声明,对日本都不再具有约束力。

1932年6月,关东军向东京派遣了一个所谓的"和平使节团",以此帮助荒木迫使日本政府承认"满洲国"。此使节团的目的是敦促政府即刻承认新的"满洲国"。使节团携手黑龙会开展此项工作,当时黑龙会在日比谷召开会议配合这个"使节团"。

由于内阁更替,李顿调查团于1932年7月4日返回东京,与新政府的官员举行了一系列会议,希望了解内阁关于满洲局势的看法。荒木出席了这些会议。

调查团返回北平后,即1932年8月8日前后,此前荒木致关东军参谋长电报所提到的"以关东军为中心的协调机构"按计划成立了。原来"四位一体"的体系为"三位一体"的新体系所取代。在新的体系中,关东军司令官成为关东租借地长官兼驻"满洲国"大使。新的体系于1932年8月20日生效。为使该体系生效,进行了人事变动。武藤信义接替本庄成为关东军司令官。板垣留任关东军参谋部,晋升少将。陆军次官小矶被派往满洲出任关东军参谋长,兼任关东军特务机关长或称情报机关长。

日本投降后,荒木表示:"在三巨头(外务大臣、海军大臣和陆军大臣)会议上,当讨论承认'满洲国'为独立国家的问题时,我提议既然'满洲国'是一个独立国家,我们必须互派大使。这个问题成为1932年8月一次内阁会议的议题。那次会议讨论的是'满洲国'应何时获得承认,是现在还是以后。关东军要求立即承认。我提出将正式承认日期定在1932年9月15日。会上我们还讨论了即将与'满洲国'缔结协议的内容,我批准了一致同意的内容。"

1932年9月13日，枢密院副议长平沼召集了一次枢密院会议，商议了《日满议定书》的签署问题。兼任枢密院审查委员会委员的平沼向枢密院全体会议宣读了委员会的报告。除其他事项外，报告指出："帝国政府坚信立即承认'满洲国'是明智的。然而，为了谨慎行事，我们的政府花了半年时间观察'满洲国'的发展以及国际联盟和其他国家的态度。有迹象表明，我们承认'满洲国'一事，尽管不难想象，在短期内会给世界带来不小的震惊，但并不会引发国际危机。我国以共存共荣为目标，拟采取一系列举措，通过此议定书及两国之间互换的文书达成协议，据此承认'满洲国'。"

平沼所指的是以下四份文书：

（1）第一份文书包括一封信件及回函。信件日期是1932年3月10日，是溥仪即位次日写给本庄的信。溥仪在信中表明，他感谢日本为建立"满洲国"付出的努力和牺牲，但是"满洲国"的发展离不开日本的支持与指导。然后，除其他事项外，溥仪要求日本同意以下三项要求：（a）日本负责"满洲国"的国防并维持"满洲国"的国内秩序，费用由"满洲国"承担，"满洲国"将提供关东军所需的所有军事设施；（b）日本负责掌管所有现有铁路及其他交通设施，并根据需要建造新的交通设施；（c）在"满洲国"政府所有部门担任官员的日本国民由关东军司令官全权任命、罢免和替换。本庄的回函很简单，表示日本对溥仪的建议无异议。

（2）第二份文书是1932年8月7日"满洲国"总理与本庄签订的协议，关乎控制"满洲国"交通设施并使日本拥有更绝对的控制权。

（3）第三份文书是1932年8月7日"满洲国"总理与本庄签订的另一份协议，主题是建立日本航空运输株式会社。这家公司经1932年8月12日的内阁决议授权，接管关东军此前以军事交通为借口所建的满洲空运航线。

（4）第四份文书是1932年9月9日司令官武藤与"满洲国"总理签订的关于满洲采矿特许权的协议。

根据平沼宣读的报告，这些文书追溯至签署之日起生效，并被视为国际协议，但严格保密。

即将公之于世的议定书规定，日本已承认"满洲国"；"满洲国"确认了"建国"时日本及在满的日本臣民所拥有的一切权益；日满双方同意在维护国家安全方面进行合作，承认对一方的威胁即是对双方的共同威胁，并给予日本在"满洲国"的驻军权。审查委员会建议批准此议定书及这些文书。

审查委员会报告宣读之后的讨论表明，枢密顾问官们完全意识到该议定书与文书违反了《九国公约》(附件 B-10)和日本的其他条约义务。枢密顾问官冈田提出了这个问题。外务大臣对议会解释说，日本承认"满洲国"不会违反《九国公约》，因为"满洲国"已经独立，日本此前并未答应防止中国人民的独立。冈田表示美国与其他国家不会对那样的说明感到满意。冈田解释道："美国人可能会说，如果'满洲国'根据人民的自由意愿获得独立，这没关系，但如果日本帮助并维持其独立，那就是违反《九国公约》和无视中国主权的行为。"外务大臣回答说："当然，在这方面，美国及其他国家的确会有各种意见，但那些只是他们自己的观点。"荒木解释说："'满洲国'的国防同时也是日本的国防。"石井顾问官表示："我对日本关于'满洲问题'与国际联盟关系的主张深感不安。"他接着说："许多美国人和其他国家的人几乎都根深蒂固地认为，我们在'满洲国'的行动违反了《巴黎非战公约》(附件 B-15)和《九国公约》。"然而，石井顾问官补充道："既然日本已经与'满洲国'建立了同盟，为了共同国防，我相信没有理由反对在满洲驻军了，这将让国联以前的决议成为一纸空文。"然后他又说，"很奇怪的是，满洲和蒙古民族直到现在才开始独立运动！"

此时进行投票，议定书与那些文书获得一致通过，随后天皇退席。大使武藤把议定书递给"满洲国"总理并说："给你。你必须在这份协议上签名。"虽然溥仪在证言中说，在交给自己签署前，他对议定书一事毫不知情，但他在1932年9月15日签署了这份议定书。

准备入侵热河

日本努力说服热河省主席汤玉麟将军宣布热河省从中国独立,并入"满洲国"的管辖之下,未果。因此在完成东三省的征服与巩固后,日军开始准备入侵热河省。日本投降后,荒木竭力为入侵热河辩解,他说,枢密院在 1931 年 12 月 17 日的会议上决定为征服满洲筹资,"会议决定,组成张学良地盘的三个省需要平定;但张学良发表声明说自己的管辖范围覆盖四个省,于是日本把活动范围扩大到热河"。

1932 年 2 月 17 日东北各省傀儡政府组建最高行政委员会时,规定热河应派代表参加。但是,省主席汤玉麟无视邀请,继续统治热河省,尽管热河省各团体中的蒙古人试图与新"国家"合作并被宣布为"满洲国"国民。

日本人此前在日内瓦做出保留声明,现在要实施把热河省并入"满洲国"的计划,仅需找个借口。第一个借口是 1932 年 7 月 17 日,一个姓石本的关东军军官在由北票至锦州途中上演了"失踪"事件。日本人立即宣布石本遭中国义勇军绑架,并以营救石本为借口派了一支关东军分遣队进入热河省。尽管分遣队装备有大炮,却在占领热河省边界一个村庄后未达目的而败退。战斗期间,日军飞机投炸弹轰炸朝阳城。1932 年 8 月,日本飞机继续在热河这一地区上空巡飞。1932 年 8 月 19 日,一名关东军参谋官被派往坐落在北票与热河边界之间的小村庄南陵,假装交涉石本释放一事。他由一支步兵分队护送。他声称在返回途中遭遇火力并自卫还击。然后另一支似乎预先安排好的步兵分队到达,占领了南陵。

占领南陵后不久,日军发布声明说,热河省是"满洲国"的领土,这为后来关东军吞并热河奠定了基础。接下来关东军又接二连三地找借口继续军事行动,主要沿北宁铁路的锦州—北票支线,该线是从满洲进入热河省的唯一铁路通道。这是意料之中的事情,因为当时关内与满洲境内残留的中国军队主要交通线都经过热河。

入侵热河迫在眉睫，即使对漫不经心的观察者也已显而易见。日本媒体毫不掩饰地承认了这一事实。1932 年 9 月，第十四混合旅抵达满洲，声称其任务是"清剿"屯北道一带的土匪，这一地区位于满洲和朝鲜之间的鸭绿江北面。第十四混合旅的真实任务是为入侵热河省做准备。

李顿调查团报告

1932 年 11 月 21 日，国联理事会在日内瓦开会，讨论 1932 年 10 月 1 日收到的李顿调查团的报告。审议期间，日本代表松冈声称，"我们不想要更多的领土！"然而，因为松冈拒绝同意解决争端的任何基础，理事会被迫于 1932 年 11 月 28 日将李顿调查团的报告递交给国联大会采取行动。

李顿调查团在报告中指出："事实就是，在没有宣战的情况下，之前毫无争议属于中国的大片领土被日本武装部队强行掠夺和占领，继而被从中国其余部分分离出去并宣布独立。日本宣称，为此采取的一系列行动符合《国际联盟盟约》（附件 B‐6）、《凯洛格‐白里安公约》（附件 B‐15）及《九国公约》（附件 B‐10）规定的义务，而这些条约的目的全都是为了防止此类军事行动。日方为此案提供的理由是，这一切军事行动都是合法的自卫行动。"但是，调查团在讨论 1931 年 9 月 18 日夜晚发生的奉天事变时进一步指出："日军在这天夜晚的上述行动绝对不能被视为合法的自卫措施。"

1932 年 12 月 6 日，国联大会召开，在进行全面讨论后于 1932 年 12 月 9 日通过一项决议，要求 1932 年 3 月 11 日任命的十九国委员会调停在上海的敌对行动，研究李顿调查团报告，拟定解决争端的提议并尽早提交国联大会。

十九国委员会拟定了两份决议草案和一份理由陈述，概述其认为可以继续努力的基础。1932 年 12 月 15 日，两份决议草案和那份理由陈述提交给当事方。中国和日本代表各自提出了修正案。1932 年 12 月 20 日，委员会休会，让双方代表、国联秘书长和委员会主席之间讨论修正案。

山海关事件

1933 年 1 月 1 日，上述讨论进行不久，严重的"山海关事件"爆发。山海关位于北平与奉天中间，是长城的尽头，一直被视为战略重地。它处于企图由满洲入侵河北省的侵略者的通道。而且，经过河北是进入热河省最便捷的路线。

日本人占领锦州后，进军山海关，一直到了长城边，并占领了奉天—山海关铁路。这条铁路从山海关延伸至北平，张学良元帅的司令部就设在北平。尽管山海关火车站是在长城南边，从奉天开来的日本火车却开到了山海关火车站，因此日本以守卫火车为由在火车站驻扎了军队。从北平开来的中国火车也驶入山海关火车站，中国也派兵驻守。中国司令官报告说，"山海关事件"爆发之前，火车站里相安无事。

"山海关事件"发生在对十九国委员会所提交两份决议草案的修正案进行讨论期间，这一事实充分表明，该事件是日方预谋的，其目的就是为日本政府拒绝委员会旨在达成解决中日争端基础的一切努力制造正当理由。

1933 年 1 月 1 日下午，日本人声称有一些中国人扔了手榴弹。这是为立即袭击山海关城所找的借口。附近的小城镇遭到了机关枪扫射，美国传教士的建筑被炸毁，后来战斗演变成旧式的战壕战，结果北平与长城之间的华北平原成了数百英里纵横交错的战壕网。成千上万手无寸铁的平民惨遭杀戮。1933 年 1 月 11 日，中国政府向 1901 年《最后议定书》（附件 B‑2）的签署国发出呼吁。

日本拒绝十九国委员会的一切努力

1933 年 1 月 16 日，十九国委员会休会后再次开会，向双方提出若干问题并要求提供信息，为的是达成解决中日争端的基础。日本方面没有就委员会的要求做出任何令人满意的答复。1933 年 2 月 14 日，日本政府通知委员会称,日本确信,维持并承认"满洲国"的独立是远东地区和平的唯一保障;以此为基础,日中之间的整个问题就会最终解决。因此委员会终止审议,并立即向联盟大会报告。

国际联盟谴责日本

1933 年 2 月 24 日,国联大会通过了十九国委员会为大会准备的报告,谴责日本是中日战争中的侵略者,并且建议结束这场战争。国联大会报告说,16 个月以来,理事会或国联大会一直在努力寻求中日争端的解决方案;然而,局势日趋恶化,"伪装形式下的战争"一直在继续。国联大会宣布:"在所有的战争和'独立'时期,满洲依然是中国不可分割的一部分,而一批日本文武官员构想、组织并实施满洲独立运动来应对 1931 年 9 月 18 日事变之后存在的满洲局势;为了这一目标,日本利用了某些中国人的姓名和行动以及某些对中国政府怀有怨恨的少数民族和本土团体。"国联大会确定,1931 年 9 月 18 日夜晚日军在奉天和满洲其他地方展开的军事行动不能视为自卫措施;这一论断也适用于日本在争端过程中所采取的一切军事行动。国联大会还表明,"满洲国"政府的主要政治与行政权力都在日本官员和顾问手中,这些官员和顾问实际操控着政府管理大权。国联大会发现,绝大多数"满洲国"人民并不支持这个政府,而是视其为日本人的工具。国联大会指出:"无可争议的事实是,在没有任何宣战的情况下,大片的中国领土被日军强行掠夺和占领,继而被从中国其余部分分离出去并宣布独立。"国联大会认定了这个事实:"尽管在 1931 年 9 月 18 日之前存在的紧张局势之初,中日双方似乎都有一定责任,但自 1931 年 9 月 18 日以来事件的发展,中国方面没有任何责任。"这是对日本侵略的确认,同时也是一个警告,即将来同样的行为将受到同样的谴责。因此,从此以后任何日本人都不能理直气壮地说,自己真诚地相信这种行为会得到宽恕。本法庭认为没有任何理由不同意国联大会在 1933 年 2 月 24 日通过的报告。

被告白鸟在他的公开宣言中,是对日军在满洲开展军事行动合法性的最重要维护者之一,他在给时任日本驻比利时公使有田的私人信函中道出了真相。1935 年 11 月,白鸟在信中提到那些在国际事务中倾向于和解的日本外交官,他说:"他们有足够的勇气将满洲归还中国,恢复在国际联盟的成员资格,并为这个罪行向世界道歉吗?"

日本退出国联

日本非但不履行根据《国际联盟盟约》(附件 B‐6)它应承担的义务,反而在 1933 年 3 月 27 日宣布了退出国联的意向。该通知申明日本退出的理由是:"在适用,甚至在解释包括《国际联盟盟约》和国际法原则在内的各种国际约定及义务方面,日本与此等国家(国联的大多数成员国)之间存在重大的意见分歧。"

入侵热河

在国联大会通过谴责日本侵略中国决议的第二天,日本公开反抗国联,悍然入侵热河省。沿长城的重要地点像山海关和九门口,因"山海关事件"后的战斗结果,都落入了日军手中,使热河的战略局势在 1933 年 2 月 22 日前已经变得极为严重。2 月 22 日,日本陆军以"满洲国"傀儡政府的名义,向中国发出最后通牒,说热河不是中国的领土,要求热河省的中国军队在 24 小时内撤离。因为中国不接受通牒,1933 年 2 月 25 日日军开始进攻。日军从通辽和绥中基地分三路前进,占领了长城北部和东部的整个地区以及沿长城的一切重要关隘,然后才停下来。板垣和小矶以关东军参谋军官的身份,协助了 1933 年 3 月 2 日完成的对整个满洲的占领。

《塘沽停战协定》

进军长城使日本占据了入侵关内的有利地位,但日军为准备下一阶段的侵略，需要一个巩固和组织其已占领地带的时间。为了赢得这段时间，《塘沽停战协定》在 1933 年 5 月 31 日签订了。武藤司令官（非被告武藤）派全权代表与中国代表在塘沽谈判，该代表还携带了由关东军准备的停战协定草案。所签的停战协定规定长城以南为非军事区，其条件是中国军队应首先撤退至指定防线。日军有权随时派飞机观察中国军队的撤退是否完成；如认为撤退满意时，日军将撤退至长城沿线。中国军队不得再进入非军事区。

荒木，一个炙手可热的人物

日军成功占领了整个满洲，这使陆军大臣荒木在日本的某些群体中成了一个炙手可热的人物。他不断被邀请去写作和公开演讲。在根据他 1933 年 6 月的一次演讲改编的名为《非常时期的日本》这部电影中，他阐述了陆军的理想，并且透漏了他们实行侵略战争的计划，其目的是统治整个亚洲和太平洋岛屿。除其他内容外，他说："在过去的五十年中，和平在亚洲盛行了吗？西伯利亚、蒙古、西藏、新疆和中国现在的情况怎样呢？太平洋的波浪真的太平吗？我们能期望太平洋明天的波浪像今天一样平静吗？日本大和民族的神圣使命就是要用我们的理想和力量来确立东方的和平。国联不尊重日本的这一使命。整个世界在国联领导下对日本的包围已经在'满洲事变'中显示出来。我们令整个世界仰视我们民族德行的那一天一定会到来。"（屏幕上，日本和满洲在中心，周边是中国、印度、西伯利亚和南洋。）"在上天以'奉天事变'形式的启示下建立起来的'满洲国'将和日本共同努力，确保亚洲的永久和平。"接着他对国防定义如下："我不会采取那种狭隘的见解，即从地理位置的角度来定义国家的防卫。陆军的使命是捍卫'皇道'，在空间上让"皇道"发扬光大，在时间上让"皇道"恒久永续。我们的军队一直以'为天皇而死无上荣光'那首歌中的永恒精神在战斗。我们的国家注定要拓展空间。陆军注定要与反对我们扩散'皇道'的敌人战斗。同胞们！让我们看看亚洲的现状吧。难道就任其这样永久不去改善吗？我们至高无上的使命是使亚洲成为一个乐园。我热诚地恳求你们团结起来向着这个目标奋勇前进。"(这时候在屏幕上出现这样一句话："光从东方来！")

第二节　巩固和剥削满洲

"满洲国"的重组

《塘沽停战协定》签署之后,日本人对"满洲国"进行了重组,为的是加强日本对这个傀儡国的控制并方便其对满洲的经济剥削,以准备好继续进行侵略中国的战争和对那些可能反对其统治亚洲和太平洋诸岛屿的其他国家发动侵略战争。

1933年8月8日,日本内阁决定"把满洲发展成一个和日本帝国有着不可分割的关系的独立国家"。对"满洲国"的控制"要在关东军司令官的管辖下由日本官员来执行"。满洲经济的目标是"融合日本和满洲的经济,以便牢固建立把帝国经济实力扩张到全世界的根基"。"日满共存共荣"会受到"帝国国防需求的限制"。做出这个决定时,荒木是内阁成员,他曾毫不含糊地对国防下过定义。会议决定,执行这个政策的具体计划必须在深入调查之后才能得到内阁的批准。

直到土肥原在1933年10月16日被任命到关东军司令部工作和广田在1933年9月14日成为外务大臣之后,调查才完成。但是,1933年12月22日内阁开会(有荒木和广田出席),会议决定:"满洲政府看来正在考虑尽快改变成君主制。必须澄清的是,实施君主制不是复辟清朝,而是建立君主立宪政体;必须扫除阻碍国家政策推行的一切障碍,尤其是要有助于增强和扩大日本和满洲的国防力量,而这种国防力量是克服我们不久就可能遇到的国际危机所必需的。"会议还决定,应增强"满洲国"总务厅的作用;应推行"满洲国"政府内部机构的基础改革,尤其是人事改革;以及"君主政权必须承认日满之间现行的条约和协议。"

值得指出的是,这是日本内阁在对"满洲国"的治理方式做出决定,而日本一直向全世界宣称"满洲国"是独立国家。令人震惊的是,在法庭上这种虚假的借口仍然在维持,而且有数百页的书面证据和论证来支持。

要证明"满洲国"的附属地位没有改变,没有比外务大臣东乡发给关东军司令官梅津的电报更好的证据了,这封电报是在 1941 年 12 月 4 日发出的,正好是在袭击珍珠港仅三天之前。在那封电报里,东乡给出了如下训令:"4 日在和政府统制会的一次联合会议上,我们决定了一旦国际形势变得严峻,我们将要求'满洲国'必须采取的措施。不同于我在 873 号电报中所说的,我们的政策变动如下:'当日本帝国开战时,'满洲国'暂时不用参战。因为'满洲国'和日本有着非常密切的关系,也因为英国、美国和荷兰还没有承认'满洲国'政府,其实,长春会把这三个国家视作事实上的敌国,并以相应的态度对待他们。'"

重组的下一步是溥仪作为"满洲国"皇帝即位。1933 年 12 月 22 日内阁做出决定之后,已经接替武藤大将(非被告武藤)担任关东军司令官的菱刈大将拜访了溥仪并告诉溥仪,他打算把"满洲国"变成一个帝国。1934 年 3 月 1 日颁布了一套新的"满洲国"组织法。这些法律规定由皇帝来统治"满洲国"并规定了他的权力,但并没有对政府的一般组织结构作重大改变。日本人继续在政府里担任要职;"火曜会"仍旧作为制定政策的机构得以保留;吉冈中将继续行使"监督"皇帝的职责,甚至直到日本投降后他被捕的那一天。在新法律颁布的同日,溥仪在长春的一个庙宇祭天后,登基成为"满洲国"皇帝。然而,他没有实权。尽管他被允许每年有一次机会可以召见他的大臣们,但这个召见会受到日本人担任的总务厅长的严密监视。

安排溥仪做了"满洲国"皇帝和修订了"满洲国"法律以方便经济利用后,日本内阁在 1934 年 3 月 20 日开会讨论经济利用的政策。荒木已于

1934年1月23日辞去陆军大臣的职务转任最高军事参议官，但外务大臣广田出席了这次内阁会议。会议决定，基本政策将"基于把'满洲国'发展成与日本有着不可分割关系的独立国家，把'满洲国'稳固建成日本在全世界经济扩张的基地，并加强'满洲国'的经济实力。""满洲国"的交通、通信和其他行业要由特殊的公司来发展，这些特殊公司要直接或间接受日本的监督，以便助力日本帝国的"国防"。

好像为了消除人们对日本对华图谋的所有怀疑，广田的外务省于1934年4月17日发布了一个声明，这个声明就是后来为人熟知的"开放中国声明"或称"天羽声明"，第一个名称来源于声明的内容，第二个名称来源于向媒体发布这个声明的官员。天羽不仅是外务省的官员，同时也是外务省的官方发言人。1934年4月25日，外务大臣广田在与美国驻日本大使的会面中主动提及了"天羽声明"。他说，在记者的追问下，天羽在未经他同意或他不知晓的情况下发布了这个声明，让全世界对日本的政策产生了完全错误的印象。广田补充说道，日本的政策是完全遵守并支持《九国公约》(附件B-10)条款的各个方面。广田对美国大使的谈话是私下的陈述，不是一个公开声明。"天羽声明"从来没有被公开地否定，天羽因为发布这个声明而被扩张主义者视为英雄，外务大臣广田也没有因为他未经外务省授权发布这个声明而处罚他。这个声明和日本的外交政策接下来的发展非常吻合。本法庭根据证据认定，这是外务省发布的当时日本对华政策的正式宣告，并且发布这个声明也是为了警告《九国公约》的签署国，日本政府不会容忍任何干预日本在华计划的行为。

除其他内容外，这个声明包含如下陈述："由于日本在与中国关系上的特殊地位，在涉及中国的问题上，日本的观点和态度可能不同于其他国家。但是必须认识到，日本有义务尽最大努力履行其使命以完成其在东亚的特殊责任。因此，我们反对中国方面利用其他国家的影响来抵抗日本的任何尝试。在'满洲和上海事变'刚刚结束的特殊时刻，外国势力采取的任何联合行动，即使是以技术援助或财政援助的名义，都注定具有政治意义。因此，作为一个原则问题，日本必须反对这样的行动。"

"二位一体"体制

1934 年 12 月 10 日，关东军迎来了新司令官南和新参谋副长板垣。这次任命预示"满洲国"及日本对其控制机制的改组业已完成。日本政府凭借敕令设立了处理内阁各省有关满洲事务的"对满事务局"。该局的设立是适应在满洲实行的新的"二位一体"体制。关东军司令官如过去一样兼任驻"满洲国"大使，但废除了关东租借地长官这一职位，其职能由新设立的关东局总长承担，该局隶属于驻满大使。于是，南是关东军司令官，同时兼任驻满大使，他控制了租借地的政府、大使馆及南满洲铁道株式会社。虽然对满事务局受内阁总理大臣领导，但陆军大臣担任了该局的总裁，所以"满洲国"的实际支配权仍然在关东军和陆军省手中。南在侦讯中回答说，作为大使，他的首要任务是"保持'满洲国'的独立"。当时，他"在农业、交通、教育等方面"向"满洲国"政府提出建议。当他被问道"实际上你的建议是否就是命令"时，他回答说："是的，你可以这样说。"1936年 3 月 6 日，植田将军接替南担任大使兼关东军司令官，一直至 1939 年 9 月 7 日梅津大将接任时他才离职。梅津担任此职务至 1944 年 7 月 18 日。

对满事务局

如上所述，设立对满事务局是为了处理内阁各省与"满洲国"相关的事务，同时该局也作为日本政府和满洲的"二位一体"行政官联络的纽带。对满事务局负责与关东局、"满洲国"外交事务、为利用满洲经济而组建的企业、日本人对满拓殖、"满洲国"的文化事业有关的所有事务，很可能包括鸦片贸易，以及涉及满洲或关东辖区的一切其他事情。由于担任过陆军大臣，被告板垣、畑和东条都担任过对满事务局的总裁。冈和佐藤担任过对满事务局的事务官。贺屋、武藤、佐藤、重光、冈、梅津和东条也都曾担任过对满事务局的参与。

控制满洲舆论

为了控制来自满洲的新闻并引导宣传,关东军司令部,或"二位一体"控制机关组织管理着满洲的所有媒体和新闻机构。那时候已经隶属于日本政府、"满洲国"政府或满洲铁道株式会社的所有新闻通讯社组织成了一个协会,称为弘报协会。该协会负责严格监督所有国内外新闻发布,并制定宣传政策与方法,同时在各成员与非成员新闻机构中实行该政策。

我们现在休庭 15 分钟。

(10:45 休庭,11:00 重新开庭如下。)

法庭执行官: 远东国际军事法庭现在继续开庭。

庭长: 我继续宣读本法庭的判决书。

星野成为满洲经济的指导者

在"满洲国"的新体制下,星野成了满洲经济毫无争议的统治者。1932 年 7 月 12 日,星野受日本大藏大臣之邀担任"满洲国"财政部理事官离开日本时,即开始进行工作方面的训练。那时候他被告知,人们认为他有能力担任"满洲国"总务厅长之职,总务厅是关东军控制"满洲国"政府的全权机构。他接二连三地晋升,最终获得了许诺给他的职位。就在1934 年 7 月 1 日"满洲国"改组完成之前,星野被任命为"满洲国"财政部总务司司长。1936 年 6 月 9 日,他升任"满洲国"财政部次长。1936 年 12月 16 日,他当上了总务厅的总务司司长,直至 1937 年 7 月 1 日升任总务长官的高位。星野在 1940 年 7 月 21 日调任日本内阁企划院总裁之前一直担任此职。星野几乎经历了满洲经济利用的全过程。当星野 1932 年7 月离开东京赴"满洲国"担任财政部理事官一职时,他带了一批训练有素的职员辅助他;不久他在"满洲国"就被公认为关东军领导下掌管经济事务的日本官员。

抢夺满洲经济

日本在军事占领之初就抢夺了满洲经济的控制权。日军夺取的第一个公用事业设施就是铁路。长城以北中国人拥有的所有铁路及其在满洲银行的资金都被他们抢走了。他们对所有铁路进行了调整,将其与称为南满洲铁道株式会社的日本政府机构联系起来,并置于后者管理之下。日本人迅速接管了供电与配电系统,用武力夺取了一切收入来源,用于为新政府提供资金。海关也以"满洲国"是一个独立国家为借口被抢夺了。满洲中央银行于1932年6月14日成立,以取代原来的各省银行和边业银行,原各省银行和边业银行的资金用来为新机构提供资本。1932年7月1日起,中央银行发行了新货币。国有的电话、电报和无线电系统都被日本人抢夺并控制。1932年4月14日,日本委派了特别官员掌管邮政,他们在1932年7月26日前完全控制了邮政。在所有这些公用事业系统中,日本官员和顾问被安插在主要政治和行政部门,并对这些机构实施了有效控制。1932年4月11日的日本内阁做出决定批准了这种做法。正是在上述决定做出后不久,星野被派往满洲。他是财政和经济问题方面公认的权威,派他到满洲就是为了组织经济体系。

关东军的"满洲国"经济计划

星野于7月抵达满洲之后,1932年11月3日,关东军参谋长小矶给日本陆军省发了一份电报,概述了他的"指导""满洲国"的计划。他说:"目前政府的行政管理应得到关东军司令官的内部领导,并应以日本人官员为首来实施。在经济上,应以共荣共存为基本原则。未来建立起日满经济一元化的'集团'后,随之形成的体系应按照日满协同的步调来运转。为了实现日满经济组织成一个'集团',在产业上,我们在日本和'满洲国'都必须实现'适地适业'的理念,目标是去除相互之间的关税壁垒。"此后日本内阁为控制和剥削满洲经济而采纳的所有计划都是基于这些理念。

《"满洲国"经济建设纲要》

占领热河省的前一天,即 1933 年 3 月 1 日,"满洲国"政府颁布了《"满洲国"经济建设纲要》。日本内阁在 1933 年 8 月 8 日决定中批准了《纲要》的基本内容。《纲要》宣称,"鉴于失控的资本主义经济的种种弊端,我们必须对资本进行必要的国家控制,同时充分利用资本,以此来努力促进整个国家经济的健康和强劲发展。"《纲要》还宣布,经济发展将遵循以下基本原则:① 为了有效地利用这个国家拥有的各种国家资源,促进所有经济领域的协调发展,要运用国家经济活动各部门的力量;② 要以东亚经济的协调和合理发展为目标,鉴于日满之间相互依存的经济关系,要特别强调与友好邻邦日本的协调发展,并日益深化这种互助关系。根据上述基本原则,《纲要》宣布政府提议"凡是具有国防或公用事业性质的重要企业应由公众机构或专门公司来管理,要把这一条作为指导原则"。

1934 年 3 月 20 日,即"满洲国"重组和溥仪登基之后,在日本内阁会议上,这份《纲要》获内阁进一步批准并通过决议,"国防"必需的那些行业应由专门公司来运营,这些公司在满洲经济中应占有支配地位,以实现快速发展。这些专门公司的管理与运营导致有利于日本的垄断,并有效挫败了在满洲的"门户开放政策"。美国和其他国家抗议这种无端违反旨在确保在华贸易"机会均等"的现存条约义务的行为。然而,日本政府否认对"满洲国"违反条约负有任何责任,理由是"满洲国"是一个独立国家。

日满经济共同委员会

1935 年,日本与"满洲国"达成协定,成立日满经济共同委员会。协定规定,委员会由八名委员组成,双方各四名。日方委员分别是关东军参谋长、日本驻"满洲国"大使馆参赞、关东局总长和一名日本政府特派委员。值得注意的是,根据这一安排,关东军司令官当然地掌控了三个表决权。"满洲国"委员分别是外交大臣、实业大臣、财政大臣和日本人担任的总务厅长。委员会审议的所有问题都以多数票决定。1935年7月3日在审议批准该协定的枢密院会议上,广田在回答质询时说:"我请他(元田顾问官)考虑这样一个事实:委员会的四位'满洲国'委员中有三位是大臣,还有一位是总务厅长,总务厅长目前是日本人,我相信将来永远是日本人。尽管他是'满洲国'的官员,却是掌握'满洲国'领导权的一个核心人物。因此,在日满存在意见分歧的情况下,无法想象他会做出对日本不利的决定。"这个经济共同委员会将审议有关日满经济关系的所有问题,并监督日本和"满洲国"为控制"满洲国"产业而将在日后组织成立的联合控股公司。但是协定规定,与经济实力关系重大的事项不在委员会讨论之列,并且因为这些事项不会由委员会审议,它们将写入仅对"满洲国"有约束力的单边契约中。星野自被任命为"满洲国"总务厅长起就担任经济共同委员会委员。南自1935年委员会成立至1936年3月6日卸任关东军司令官期间担任委员会委员。梅津于1939年9月7日至1944年7月18日任关东军司令官期间担任委员会委员。板垣于1936年3月23日出任关东军参谋长,当日因职务关系成为委员会委员;由此可见,板垣是"满洲国"建设的最重要人物之一。其他作为关东军参谋长任职委员会的人是:东条,任期自1937年3月6日至1938年5月30日升任陆军次官;木村,任期自1940年11月7日至1941年4月21日。东条成为陆军次官之后,依然留任此委员会委员,只不过是以政府代表的身份而非关东军参谋长的身份。

组建日元集团

经济共同委员会采取的首批行动之一是日满货币一体化。1935年11月日元集团成立,"满洲国"货币不再基于银本位制,而是稳定在与日元票面相等的价值。

撤废治外法权

经济共同委员会做出的第二个重要经济安排是 1936 年 6 月 10 日日满之间签署的一个条约。签订此条约的目的似乎是赋予日本人以"满洲国"居民享有的全部利益而豁免一切相应义务。条约称其目的是渐进性撤废日本在"满洲国"所享有的治外法权。然而条约中却写道:"日本国臣民在'满洲国'领域内享有自由居住往来和可以从事农业、工商业以及其他公私各种业务、职务和有关土地之一切权利。"补充协定更为详尽地列出了日本人在"满洲国"的权利。其中一条写道:"'满洲国'政府应尽快采取必要措施,通过谈判使日本国民迄今拥有的租赁权转换为土地所有权或与土地有关的其他权利。"于是,1915 年《中日条约》所附说明中提到的极具争议的有关土地租赁权问题得以解决。这极为重要,因为日本正在快速把满洲变成殖民地。1936 年至 1940 年间,大约 22.1 万名日本人移民到满洲。到 1945 年,这个数字超过了 100 万。在满洲定居的日本男人大部分是强壮的士兵,用来增编关东军。安置这些日本人的土地都是以象征性的价格征用来的,而被剥夺了土地的中国农民被迫搬迁到未经开垦的荒地。

满洲兴业银行

为了给符合日本内阁优先发展政策的产业提供融资便利,满洲兴业银行于 1936 年 12 月成立,资本金 6 000 万日元。这家银行办理用于"满洲国"产业目的的所有贷款。满洲人可以在"满洲国"中央银行及其分行存款,却不允许从兴业银行贷款;只有日本人才可以从兴业银行贷款。新颁布的《国民储蓄法》强迫人们储蓄并为日本人在中央银行存款。日本投降之际,这家银行大约有 6 亿美元,都是这个强制性《国民储蓄法》的结果。

第二阶段建设计划

星野在接受侦讯时说,为了不再出现 1931 年至 1936 年第一个五年盲目发展的现象,有必要为"满洲国"的发展制订一个具体而又协调的计划。星野同"满洲国"各部大臣、内阁企划院、南满洲铁道株式会社及关东军参谋长板垣等人一起研究起草《满洲产业开发五年计划纲要》,这项工作于 1937 年 1 月完成。星野说关东军司令官对该计划涉及的一切问题具有"最终发言权"。这第二个五年计划沿袭了第一个五年计划的基本原则,并强调开发"满洲国"的资源,为"国防"亦即"战争"所用。计划的纲要宣布与矿业和产业有关的政策是"坚决建立武器、飞机、汽车及火车等军火工业,发展国防必需的钢铁、液体燃料和电力等主要基础工业,重点发展钢铁和液体燃料工业。"

1937 年 1 月,第二阶段计划在"满洲国"各省主席和各部总务司长大会上获得通过。1937 年 2 月 17 日,"满洲国"政府发布《第一阶段五年执政成果官方报告和第二阶段建设计划纲要》。纲要中写道:"'满洲国'成立至今已经五年。在此期间,行政和经济体制进行了重组,第二个五年计划将于 1937 年开始实施,据此将开始进行划时代的建设。"实际上,关东军剥削满洲经济的第二个计划未作改变即被采用。

实业家鲇川奉命到满洲帮助指导实施第二个五年计划。他赞成用一个巨大的控股公司来统制满洲的所有产业,尤其是煤炭和钢铁之类的重工业。

产业统制

1937 年 5 月 1 日,"满洲国"颁布了《重要产业统制法》,用来规定"重要产业"的许可制度,据此几乎所有产业都被列为"重要产业"。颁布这部法律的目的是为了协调满洲经济和日本经济。1937 年 5 月 29 日,日本陆军省公布了《重要产业五年计划纲要》,包含以下内容:"我们计划系统推动全部重要产业的发展，到 1941 年，如果有事发生，我国能在日本、满洲和华北实现重要物资的自给自足。"该计划还写道，"为了振兴重要国防产业的发展，不可缺如的产业必须根据'适地适业'原则在亚洲大陆上推进得越远越好。"正是为了推行这个"适地适业"政策，"满洲国"的傀儡政府才颁布了《重要产业统制法》。

满洲重工业开发株式会社

1937 年 10 月 22 日，内阁决定成立满洲重工业开发株式会社，目的是"为了贯彻和推行满洲工业开发政策，并全面迅速建立'满洲国'的重工业"。这将是一个巨大的控股公司，其股份只能为"满洲国"、日本及两国国民所有。发行的原始股份一半出售给"满洲国"政府，一半出售给日本的私人利益集团。公司的管理被"委托给日本民间一位有实力的适任者。这位日本民间有实力的适任者已作预先安排，就是日产公司的现任总裁鲇川义介"。公司的董事和总裁将由日本和"满洲国"政府任命。根据这个内阁决定，日本为建立此公司与"满洲国"签订了一个协议。

"满洲国"沦为日本的生产车间

随着重工业开发株式会社的组建，日本完成了经济重组，事实证明这仅对日本和日本人有利。其唯一目的就是将满洲变成为日本生产战争物资的车间。这一目的得以成功实现，其中功劳最大的星野对此做了很生动的描述，他说日本把能够从满洲拿走的东西全都拿走了。因为中国实业家不准进入重要产业，也不准贷款，大部分中国实业家惨遭破产。中国农民的土地也落到了日本移民手中。《国民储蓄法》使中国劳工陷入仅为维持生命而工作的状态。为了向日军提供最好的大米与棉花，日本人垄断了大米与棉花，剥夺了中国人原本充足的食物和衣服。梅津任关东军司令官期间颁布了一项《国民勤劳奉公法》，要求所有年龄在 18 至 45 岁之间的人为日军提供服务，如筑路、挖矿、建造公共工程等。这些劳工被迫住在集中营里，三餐不饱，没有任何医疗照顾。逃跑会惨遭重罚。结果形成了一种等级制度：日本人是一等人，朝鲜人是二等人，中国人则是末等人。

鸦片和麻醉品

为了给日本在满洲的军事活动提供资金，也为了削弱中国人的抵抗力量，日本批准并发展鸦片和麻醉品非法交易。早在1929年，中国国民政府即努力履行1912年和1925年的鸦片公约（附件 B－11 和 B－12）规定的义务。中国政府颁布了《禁烟法》，于1929年7月25日实施。计划在1940年前逐步禁绝鸦片的生产与使用。日本作为上述鸦片公约的签约国，有义务限制鸦片在中国境内的生产与贩卖，阻止鸦片走私进入中国境内，帮助中国政府根除国民吸鸦片的习惯。

奉天事变发生时以及之后的一段时间，鸦片与麻醉品的主要来源是朝鲜。日本政府在汉城有一家生产鸦片和麻醉品的工厂。波斯的鸦片也被输送至远东地区。1929年日军查没了一大船鸦片，共计约1 000万盎司，并把查没的鸦片存放在台湾，后来这批鸦片用于资助日本的军事活动。在台湾还有一个非法的鸦片来源。日本大藏大臣高桥在1936年被暗杀之前，一直在经营新营的一家可卡因工厂，每月生产可卡因200至300千克。这家工厂特别获准贩卖其产品，为战争筹集资金。

在中国，凡日军所到之处，朝鲜和日本的鸦片贩子都会接踵而至贩卖鸦片，而日方当局却不作任何取缔。有时候，日本派这些鸦片贩子给侵略军打前站，进行阴谋、间谍及破坏活动，为侵略军的军事行动铺平道路。在华北是这样，在福建省也是这样，日本在福建策划了"严崎阴谋"。甚至日本士兵和军官也时常沉溺于贩卖鸦片和麻醉品这种暴利生意。日本特务机关负责第一时间管理日军新占领地区的鸦片和麻醉品非法交易，而关东军的这个机构在小矶领导下却深深卷入非法交易，以至于1934年12月南出任关东军司令官时，发现必须取缔这一机构来阻止其败坏关东军的纪律。土肥原是该机构最重要的军官之一,他与毒品贩卖的关系已暴露无遗。

逐步禁绝贩卖和使用鸦片与麻醉品的总体原则,不仅是中国颁布的禁烟法律的根本原则,也是 1912 年、1925 年及 1931 年国际鸦片公约(附件 B-11、B-12 和 B-13)的根本原则。日本既然批准了这些公约,就受其约束。为了利用这个逐步禁烟原则服务于自身利益,日本人在占领的中国领土内颁布了一系列禁烟法律。这些法律表面上遵循了通过特许吸毒成瘾者在特许的烟馆里吸毒来逐步禁烟的原则,然而它们只是为了掩饰和掩护日本真正的意图和行动。这些法律催生了一些由政府控制的向特许烟馆分销鸦片和麻醉品的垄断公司,这些垄断公司无非就是财源筹集机构,实际上鼓励吸毒以增加今后的收入。凡日本占领的地区,从占领时起到日本投降,鸦片与麻醉品的使用一直在稳步增多。

这就是满洲的发展进程。1932 年秋"满洲国"颁布《禁烟法》,并设立"满洲国"鸦片专卖局作为实施禁烟法的管理机构。这个机构受关东军总务厅长的全面监督,成为"满洲国"的重要财源之一。对这些财源的依靠有事实为证:日本兴业银行愿意包销其 3 000 万日元的创始债券发行;债券发行以"满洲国"鸦片收入作为担保,并由刚到"满洲国"的星野进行洽谈。

这个套路在华北和华南重复使用;然而,那些地方的管理机构是兴亚院即对华事务司,其总部设在东京,分部则遍及华北、华中和华南。这些机构创造了对鸦片的巨大需求,这迫使日本内阁不时准许朝鲜的农民扩大罂粟种植面积。这个行业的利润如此巨大,致使外务省出面劝导日本的三菱商事、三井物产这类公司签订了一个限制各自的鸦片交易地域与鸦片供应量的合同。

日本卷入毒品贩卖的真正目的甚至远比腐蚀中国人更加险恶。日本曾签署并批准了鸦片公约,受到不得从事毒品贩卖的条约义务约束,但是凭借"满洲国"实质上虚假的所谓独立,它在世界范围内贩卖毒品,却方便地把罪名加在这个傀儡政权头上。在朝鲜出产的鸦片很大一部分输往满洲。在满洲种植以及从朝鲜和其他地方输入的鸦片，在满洲加工后运往世界各地。1937年国联曾指出，世界上90％的非法白色毒品源于日本，由日本人或在日本人监督下，在天津日租界、大连，以及满洲、热河和中国的其他城市加工而成。

第三节　进一步侵略中国的计划

随着1933年春《塘沽停战协定》的签署，日本完成了对满洲和热河的占领。热河西面与内蒙古的另外一省察哈尔省相邻，南面毗邻华北的河北省，因而成了新近成立的傀儡国家"满洲国"的边境。如果日本要从已占领的地区进一步入侵中国，它的进军路线就是从热河向西进入察哈尔或向南进入河北，其他连接满洲和中国其他地区的路线只有长城东端山海关附近辽宁省的狭窄走廊。

1934年4月17日，日本外务省发表了"天羽声明"，警告《九国公约》（附件B-10）缔约国说，日本政府不会容忍任何干预日本在华计划的行为。虽然后来广田在回答质问时向美国格鲁大使解释说，"天羽声明"是在没有经过他批准而且他不知情的情况下发表的，但实际情况是"天羽声明"真正表明了日本的对华政策。这可能已经表明日本对中国的野心不仅仅满足于占领满洲和热河，此后不久，在1935年5月和6月又发生了两起事件，但这两起事件与事件发生后日本提出的要求相比显得微不足道，结果是中国国民政府在河北和察哈尔前沿的地位被严重削弱。

河北事件

1935年5月中旬，有两名中国新闻记者在天津的日本租界遭身份不明的袭击者暗杀。据说这两名记者有亲日情感。那时候梅津是华北驻屯军司令官,在他的批准下,他的参谋长向北平中国军事机关长官何应钦将军提出了若干要求。1935 年 6 月 10 日,事件得以解决。中国当局同意第五十一军撤出河北省,并关闭河北省国民党党部,禁止河北省内国民党的所有政党活动,禁止河北省内的所有反日活动。

这就是所谓的《何梅协定》。

辩方称,没有向中国当局施加任何形式的压力来诱使他们同意以上对中国在河北省行使主权的主要限制。他们说,日本人仅仅提出了若干改善将来两国关系的"建议"。这一点辩方证人桑岛的证据值得注意。他当时担任日本外务省亚洲事务局长官,中日关系是他的直接责任范围。他在证词中说,他从北平公使馆获悉,日本方面向中国人提出了"相当强硬的要求"。他的全部证据表明,桑岛明白中国人接到了最后通牒。还有,《原田-西园寺日记》[1]的一则日记记录着,时任日本总理大臣的冈田曾说"起初意在给一个轻松友好的提醒,却导致了如此严重的后果"。1935 年 5 月 30 日,木户提醒当时的外务次官重光注意早报上的一则报道:日本华北驻屯军向中国政府提出了一项重要要求。重光并未否认该报道,而是猜测日本陆军中的某些人应该为这种行为负责。

北察哈尔事件

1935 年 6 月,大约就在《何梅协定》解决河北事件的时候,有四名日本陆军军人进入了察哈尔省的张北地区。该地区在察哈尔省西南部,靠近长城的北部。因为这些日本军人没有察哈尔省政府颁发的通行证,他们被带到了中国军队师长的司令部。那个师长将这事报告了中国第二十九军司令官。司令官下令释放这四名日本军人,并准许他们按预定计划继续往张家口和北平旅行,但附以警告说,今后必须领取所需的通行证。

---

1 前称《西园寺-原田回忆录》。——译者注

这件事最初由张家口的日本领事接手处理,他向中国第二十九军副军长秦德纯将军提出抗议,说中国警备兵坚持要搜查日本军人,用来福枪瞄准他们,把他们扣押在师司令部长达四五个小时,这是对日本陆军的侮辱。其后不久,这位领事表示,问题很严重,不是他的权限所能解决。此事被移交给陆军。之前在 1934 年 12 月,南已经担任了关东军司令官,板垣担任了他的参谋副长。当时配属在关东军的土肥原被指定与秦将军谈判。最后达成了协定,对涉事的团长及师部军法官撤职惩处。在任何人看来,即使这些中国军官真有过错,这些措施也足以解决这个问题了。然而,协定最重要的内容是接下来的条款,而这些条款大体上(即便不是整体上)与此事件毫无关系。中国第二十九军的整个部队将从张北以北地区撤退,这几乎是从全察哈尔省撤退。该地区的治安将由保安队这个警察性质的组织去维持。今后不允许任何中国人迁徙定居到察哈尔省的北部地区。从此不准许国民党在察哈尔省有任何活动。禁止察哈尔省内的一切反日机关和反日活动。这就是所谓的《秦土协定》。

辩方再次声称,没有向中国当局施加任何形式的压力来诱使他们屈从以上对中国在察哈尔省行使主权的主要限制。秦将军在他的证词中称这个协定是中国政府"为了确保和平忍痛"接受的一个"暂时性的协议"。因此,到 1935 年 6 月,在不到两个月的时间里,名义上为了解决两起轻微的国际事件,热河的日军右翼免除了来自察哈尔袭击的任何直接威胁,被认为敌视日本人的两支中国军队撤出了察哈尔和河北,同时中国国民党的任何活动和任何反日活动在这两个省都被禁止了。

内蒙古自治政府

1935 年初,内蒙古的蒙古人首领德王正努力在该地成立蒙古自治政府。这个运动接下来的历史是根据田中隆吉少将的证言,这名证人曾不时被检方和辩方在必要时要求出庭,也被检方和辩方在必要时作为不可信的证人交叉询问。但关于建立内蒙古自治政权问题，他的陈述并无不能信任的理由，而且他的确是处于一个熟知其详情的地位。

关于这个问题，田中做了如下陈述。南和板垣热心支持建立内蒙古自治政府，他们企图让这个政府能按照日本的愿望行事。1935 年 4 月，南派遣田中和另一名军官与德王见面，目的是为了组建这样一个自治政府，但这一次德王没有同意。必须注意到接着在 1935 年 6 月缔结了所谓的《何梅协定》和《秦土协定》，而后一协定对于内蒙古北部、察哈尔省具有重大影响。据田中说，1935 年 8 月南会见了德王，在这次会面中德王承诺与日本紧密合作，南承诺给予德王财政援助。1935 年 12 月，南派遣了两个骑兵大队援助德王占领察哈尔省北部。1936 年 2 月 11 日，德王的自治政权所在地从绥远省的百灵庙移到了西苏尼特，日本文官被派遣到该地担任他的顾问。

有一份电报很重要，那是 1935 年 10 月 2 日北平的日本大使馆事务总长发给外务大臣广田的，主要内容如下："正如本人及张家口领事屡次向您报告的，日本军队的对蒙政策正在稳步推行。最近土肥原少将往来于张家口和承德之间，与察哈尔省主席及德王会面；他的使命毫无疑问是为了促进内蒙古自治。"

1936 年 1 月 13 日传达给在华日军的日本陆军华北问题处理纲要也明确指出，这个内蒙古自治政府得到了关东军的援助并受关东军控制。此文件稍后还要详加考察。

组建华北自治政府的企图

根据田中少将的证言，1935 年 9 月，南派土肥原到北平并命令他在华北建立一个自治政权。田中说，他当时是关东军参谋，参与了起草土肥原的训令。田中还说，土肥原、板垣及佐佐木认为必须增加"反共"这一口号作为在华北建立自治政权的目标。本法庭接受这一证言，因为这与后来的事态发展相吻合。关于所谓的华北自治运动真正始作俑者的陈述，已由此后将要论及的来自日本的各种文件加以证实。

有关接下来两个月发生的事件，我们掌握的证据很少。这并不令人吃惊，因为这几个月大概是搞阴谋，搞危险阴谋的几个月。对此类问题的谈判很少被记录下来，也没有见诸报端。

最初土肥原想说服吴佩孚担任华北自治政府的首领，但没有成功。后来土肥原又企图劝诱当时的平津卫戍司令宋哲元来领导这个政府，也没有成功。于是土肥原和日本大使馆武官高桥放弃劝说，提出了必须成立华北自治政府的要求。而土肥原和特务机关长松井又进一步要求在华北应给日方以特殊的经济权益。

有证据表明，当用劝诱办法建立自治政府的企图失败时，1935年11月，为了建立这样一个政府，土肥原以武力相威胁，甚至发出了最后通牒；关东军支持土肥原的威胁，在长城东端的山海关集结了一支由坦克、机动部队和飞机组成的攻击部队，准备进入平津地区。

1935年末，华北出现了两个新形态的政府。一个直接是由于土肥原的努力而建立起来的"冀东防共自治政府"。它成立于1935年11月末，由殷汝耕担任政府主席。之前他是冀东地区长城以南非军事区的行政督察专员。这个政府宣告它已脱离中国国民政府而独立，首都在北平东北部非军事区里的通州。日军在该地部署了守备队。这个政府控制着非军事区内的许多地区。证人戈特（Goette）在它成立后曾在这一区域旅行多次，他看到日本守备队，还看到由日本人招募、训练并指挥的新政府的中国人警察部队。由于地处非军事区，中国国民政府的军队对这个新政府鞭长莫及。国民政府向日本提出抗议，反对这个所谓的自治政府，但是未能奏效。

与此同时，在华北出现了另一个新的政府机构，即"冀察政务委员会"。这是中国国民政府迫于土肥原的压力，为表面上迎合土肥原的希望而设立的。根据日本年鉴，这个新政治机构具有为维持友好关系与日本和"满洲国"进行谈判的权限。

土肥原对这些政权的希望可以从他1935年底给南次郎的报告中看到,土肥原报告时田中也在场。土肥原报告说,冀察政权和冀东政权尽管不能令人满意,总算是建立起来了,大体上会服从关东军的命令,而且华北政权也会以冀察政权为核心建立起来。

此时在日本国内,陆军怀有同样的希望。1936年1月13日,日本陆军向在华日军传达了华北问题处理纲要。其中说明,纲要的目标是实现华北五省自治。因此令人想起这正是1935年9月南派遣土肥原到北平的目的。纲要指示道,日本应给予冀察政务委员会建议和指导;如果冀察政务委员会仍然不能令人满意,就要支持冀东的独立,但是待到冀察政务委员会确实值得信任时,则应该使两政权合并;应避免采取那些能使人误认为日本在扶植一个类似"满洲国"的独立国家的措施;因此日本顾问的人数应有限制;对于内蒙古的政策要继续执行,但妨碍冀察政务委员会自治力的各种措施应该暂缓实施;华北的管理由在华驻屯军司令官负责;在一般情况下,他应通过与冀察及冀东两个政权直接接触而非正式地实施管理。

日本陆军入侵华北计划

土肥原向关东军司令官南报告时表达了他的预期,即冀察政务委员会将大体上服从关东军,并可能以冀察政权为核心建立独立的华北政权。当土肥原作上述报告时,关东军正将一个对于日本侵华意图极具重要意义的宣传计划送往东京。1935年12月9日,关东军参谋长将这个计划送至陆军次官。这个计划的某些部分值得全文引用。关于实施时间,计划中说:"在关东军进入关内之前,这个宣传计划必须启动,主要是从侧面支援日本政府和在华驻屯军的宣传工作。我军进入关内之后,此计划必须执行以协助我军的行动。"这个计划的总方针是:"关东军一进入关内,马上就要开始宣传,使全世界相信我们的合法性。我们将发起一场运动,煽动华北居民反国民党、反共产主义的情绪,促使他们疏离中央政府。至于中国其他地区的中国民众和军队，我们要采取措施形成一种反战的氛围。"

我们引述将被采用的宣传类型：

1. 中央政府在某种意义上把华北视作殖民地，并长期将其作为剥削的对象。因此，华北居民为了挣脱中央政府强加给他们的枷锁，一直怀有强烈愿望建立属于他们自己的独立政府。对独立的热望如焚，有关人民已经表达了他们建立一个独立国家的坚定决心。

2. 白银国有化法律的制定使得中央政府成为众矢之的，导致在华北建立一个独立政府的运动正在快速推进。

3. 日本政府最大愿望是和华北独立政府形成反共阵线，因为这可以被视为通过日本、中国和满洲的和谐合作建立东方永久和平的第一缕希望曙光。因此，我们要采取明确的态度，全心全意支持华北独立政府的建立和发展。

4. 中国中央政府已经违反了在华北停止敌对行动的协定和其他军事协定；他们一直在扰乱满洲的和平；一直在煽动抵制日货和反日情绪；已经对日本在华北的利益和侨民以及满洲帝国的存在构成巨大威胁；因此，我们必须明确指出，如果中国政府继续使用这种卑劣手段，我们将不得不诉诸武力。

5. 必须澄清，将来如果我们确实向中国派遣军队，目的只是为了惩罚中国军方，而不是惩罚广大的中国人民。

6. 我们必须尽力增强人民中的反战情绪，方法是通过广泛宣传中国中央政府或其他军阀对武力的使用会使人民遭受最大痛苦，并将导致国家毁灭。

7. 对于中国各方军事力量，我们将采取措施来促进他们之间的相互对立，增强他们对日本军事力量的仰慕，进而剥夺他们的斗志。

8. 我们对满洲的宣传将会是：华北独立政府的出现无非是他们向往满洲政府善政的具体表现，这将会照亮"满洲国"的未来。

我们如此大篇幅引用这个文件,目的是为了把 1945 年 12 月 9 日[1]的提议与辩方整体的辩护,尤其是与南、梅津、板垣和土肥原为自己的辩护进行比较对照,他们争辩说,所谓的华北独立运动是一个华北人民自发的运动,日本既不是发起者,也不是推动者。

涉及日本人对所谓华北自治运动的态度和意图的资料还有《华北铁道军事处置要领草案》,这份文件由当时日本华北驻屯军司令官多田少将于 1935 年 12 月 2 日发给东京的陆军省。

这份文件包含华北某些铁路为了在华北实施军事行动的日军利益运营的详细计划。文件没有特别提到这次预定的军事行动的性质,这次行动用模糊术语描述,例如"作战目的""作战行动""当军队觉得不可避免要用武力解决问题的时候"。然而,从头至尾仔细审查这份文件就会发现,日本陆军计划从长城沿线开始行动,驱逐前面的中国国民政府的军队,并且扫荡华北五省中的三个南部省份山东、河北和山西。同样明显的是,进行这次军事行动的目的是为了支持拟建立的华北自治政权。因此,要让在铁路工作的中国雇员"理解华北自治运动的精神",多田少将表达了当政治形势恢复正常状态时关于铁路如何处置的高度机密观点。他说:"作战终了之后,当华北局势恢复至正常状态时,铁路会移交给华北政权。……在华北政权交通部的管理下,将雇用日本顾问和一些铁路员工。"

　　附录:当"日本的"铁道线区司令部撤销时,将向华北政权提出下列要求:

　　(1)每条铁道雇聘顾问和高级职员。

　　(2)铁道的警备权及在铁道沿线主要地方的驻兵权。

　　(3)让渡胶济铁道和徐州以东的陇海铁道。

　　(4)敷设新铁道的权利。

1　原文为 9 December 1945,年份有误,实为 1935 年 12 月 9 日。——译者注

而且，这份文件表明，在华北已经采取了某些步骤，为后来的军事行动做了准备。因此——

> 2. 我们要尽力阻止铁道车辆南运，以对抗南京政府把铁道车辆和其他物资运往南方的政策。为此目的，我们要尽最大努力使用所有可能的非直接手段，但如果是北平—山海关铁路，则在必要时我们甚至须用武力阻止它。一旦采取了这种强制措施，我们要给出名义上的理由，称我们是为了自卫和保护北平—山海关铁路免受南京政府的抗日军事行动破坏。（根据与北平—山海关铁路公司订立的协定，护卫任务以派遣宪兵队的方式正在执行中。）

于是，1935 年下半年，关东军和华北驻屯军得到日本陆军省的支持和不时指导，企图把华北五省分离出去，使其不再效忠于中国国民政府，并且建立一个或多个听命于日本的自治政权。这个计划包含两个基本要素，这两个要素在攻占满洲和热河时都存在，也就是：① 日本的军事控制；② 少数可被诱使为日本目的服务的中国重要人物宣布独立。然而在满洲，军事征服先于冒牌的独立宣言。华北的情况是，日本军部希望避免出现军事征服，因而先用劝说手段，然后再以武力相威胁，竭力诱使建立一个冒牌的华北自治政府。到 1935 年末，日本军部已经制订出了上述侵略计划。日本军部的努力为日本外务省所知晓，并为其所憎恨，但这仅仅是因为军部的努力被视为陆军企图染指外务省的领域，即日本的外交事务。

广田三原则

正当在华日军预先拟订在华北的军事行动计划时，日本内阁也正在筹划利用外交手段征服中国的方案。1935 年 8 月 5 日，外务大臣广田将外务省东亚局根据他的训令准备的计划发给了驻华外交官和领事官员。这个计划是东亚局和陆军及海军当局合作，对日本对华政策重作调查的

结果。在这个计划中,三原则阐述如下:

(1) 中国应严格管控所有排日言论和活动,日中两国应努力在互相尊重独立、合作和互助的基础上增进友谊和合作,并应致力于发展满华关系。

(2) 发展满华关系的最终目标是中国正式承认"满洲国",日、满、华缔结一个规范三国之间新型关系的协定,中国目前至少在华北及与"满洲国"领土接壤的察哈尔地区不应否认"满洲国"存在的事实,并且应在经济和文化领域与"满洲国"建立相互依存和相互合作的实际关系。

(3) 日中两国应在察哈尔及与外蒙古毗连的其他地区合作,以排除共产主义的威胁。

在接下来于 1935 年 9 月 28 日发给驻华及驻"满洲国"日本外交官及领事官员的电报中,广田重申了作为日本外交政策基础的三原则,指出其目的是通过以日本为中心的日、满、华之间合作互助来实现东亚的稳定和共同繁荣。关于三原则的实质,阐述如下:

(1) 中国应严格管控所有排日言论和活动,并应在具体问题上与日本合作,终结其依赖欧美国家的政策。

(2) 中国最终必须正式承认"满洲国",但目前至少在与"满洲国"领土接壤的华北地区,中国应默许"满洲国"独立,并在经济和文化领域与"满洲国"建立相互依存和相互合作的关系。

(3) 中国应与日本合作,以排除与外蒙古毗连地区共产主义势力的威胁。

这份电报还附加了训令,说假如上述原则得到稳步实行,并且中国展示了充分的诚意,则将缔结一个规范日、满、华新型关系的总协定。与 1935 年 8 月 5 日的说法相比较,这次的三原则表述有一个重大变化,那就是后一个版本略去了中日两国应根据互相尊重独立的原则进行合作这句话。

经过与陆军和海军深入研讨,1935 年 9 月 28 日第二版本所述的计划于 1935 年 10 月 4 日由总理大臣、外务大臣、陆军大臣、海军大臣和大藏大臣通过。驻外日本外交官再次接到通知和训令,对此事要严格保密。1936 年 1 月 21 日,由于广田在议会的演说,上述三原则才为公众所知晓。但是中国方面并没有表现出接受这些原则的丝毫热情,因为其中包含着承认"满洲国"事实上的地位。日本外交官本想以这种方式为日本巩固其占领满洲的果实。

1936 年 1 月 21 日,当广田发表他关于日本对华政策三原则的时候,日本外务省已很清楚陆军欲在华北五省扶植自治政府的计划,因为就在 1936 年 1 月 21 日那一天,外务省将陆军计划的副本送给了日本驻华大使。

二月事件

二月事件是陆军对冈田内阁憎恨情绪的爆发,冈田内阁被称为海军内阁,并以反对陆军在亚洲大陆进行武力扩张的政策而著称。这次事件发生在 1936 年 2 月 26 日。早先时候,当冈田还是斋藤内阁的海军大臣时,内阁也经历了巨大困难,因为当时内阁不顾陆军的激烈反对而实行削减陆军预算的政策。1934 年当冈田成为总理大臣时,陆军的势力正日益增强。冈田组阁的时候就已经有迹象显示,陆军将会给新政府制造骚乱和麻烦。

1936 年 2 月 26 日,大约 22 名军官和 1 400 名士兵反叛政府,使东京有三天半陷于恐怖之中,他们占领了总理大臣官邸、议会大厦、内务省、陆军省、警视厅及参谋本部,刺杀了大藏大臣高桥、内大臣斋藤、渡边大将,并企图刺杀侍从长铃木和总理大臣冈田本人。此事件导致冈田内阁于 1936 年 3 月 8 日辞职,由广田接任总理大臣。

此事件的目的是推翻冈田内阁,代之以一个实行更强硬方针、符合陆军在亚洲大陆进一步扩张政策的内阁。冈田作证说,他认为这次事件是一群陆军青年军官因不满政府不支持陆军的野心而自然爆发的。

我们现在休庭到下午 1 点 30 分。

（12：00 休庭。）

下午庭审

休庭后，13：30 庭审人员到场。

法庭执行官：远东国际军事法庭现在继续开庭。

庭长：我继续宣读本法庭的判决书。

广田内阁的组建

1936 年 3 月 9 日，二月事件导致了广田继冈田之后担任日本的总理大臣。广田没有采取措施去整饬陆军的纪律并根除陆军干涉政务——其可怕结果正开始显现——反而在组阁时，他已经在某些大臣人选问题上屈服于陆军的要求。而且，1936 年 5 月，在他就任总理大臣后不久，修改了陆军和海军的官制，规定陆军大臣和海军大臣的军阶必须不低于中将，次官必须由不低于少将军阶的人担任，而且必须是现役军官。1913 以来，海军和陆军的官制允许任命预备役军官担任陆军大臣和海军大臣。这次变更实际上是将当时从现役高级将官中任命陆军大臣和海军大臣的惯例变成法律，这是顺从陆军的要求变更的。根据这一规定，凡担任陆军大臣者，不论是现役军人还是从预备役召回者，都必须遵守陆军的纪律和指挥，从而受陆军的统制。

广田内阁的外交政策

1936 年 6 月 30 日，陆军省和海军省就《国策大纲》取得共识。这项根本政策是，为了巩固日本的国防，必须进军和开发南洋，并在东亚大陆获得稳固地位。大纲罗列的原则如下：

（1）日本必须努力纠正列强的霸道政策，并凭借坚实的海外扩张政策来实现"皇道"。

（2）日本必须完成国防和军备，以确保其作为东亚安定势力的帝国地位。

（3）日本期望"满洲国"健康发展，因此希望巩固日满国防；为了促进经济发展，日本打算去除苏联的威胁，防备美英，及促成日本、"满洲国"和中国之间的紧密合作；在执行这项大陆政策时，日本必须注意与其他国家保持友好关系。

（4）日本计划在南洋促进民族和经济的发展，为避免激怒他国，日本将以渐进而平和的方式扩张势力。随着"满洲国"的建立，日本有望全面开发"满洲国"的自然资源和加强其国防。

上述计划作为《国策基本准则》于 1936 年 8 月 11 日在总理大臣广田和陆军大臣、海军大臣、外务大臣及大藏大臣组成的五大臣会议中通过。虽然广田主张用和平手段达到这些目的，并称其为防卫性质，但是大纲的内容不言而喻。日本计划担当东亚领导人的角色，于是凭借在大陆和南洋的扩张，达到其统治整个东亚和南洋地区的目的，使这一地区不再受西方势力的影响。正如前面已经说过的，必须注意此文件中所使用的"国防"一词。这个名词出现在许多关于日本国策的表述中，它的意义从来都不局限于日本防御他国的侵略行为。无论是否具有侵略性，"国防"总是意味着以军事力量来支持日本的政策。

板垣的对蒙政策

当广田内阁以国防的名义制定扩张主义的外交政策时，关东军正觊觎北方的蒙古。早在 1936 年 3 月 28 日，即在板垣升任关东军参谋长之后第五天，板垣在会见有田大使时，表明了他对外蒙古和内蒙古战略重要性的意见。板垣说："外蒙古对于目前的日满势力很重要，因为它是把苏联远东地区和欧洲连接起来的西伯利亚铁道的侧面掩护地带。如果外蒙古与日满合并，苏联的远东领土将陷于极危险的处境，并且有可能不战就能使苏联的势力退出远东。因此，陆军准备不惜任何代价将日满势力扩张到外蒙古。"

关于内蒙古问题，板垣说：“内蒙古西部及以西的地带对日本大陆政策的实施具有重要价值。如果该地带处于日满的势力范围，那就意味着这一地带将成为对外蒙古的同民族兄弟实行怀柔政策的根据地。而且，自新疆省进入的苏联势力，以及苏联和中国的陆上连接部分将被阻断。……根据以上见解，帝国陆军数年来一直在推进与内蒙古西部有关的工作。帝国陆军决心排除一切阻碍，进一步推进此项工作。”

板垣的这番谈话表明关东军已经并将继续在这些地区执行日本的“大陆政策”。这使人回忆到由于土肥原及其他关东军军官的努力，在1935年建立了以德王为首的内蒙古自治政权，已使内蒙古的部分地区处于日本势力之下。剩下的工作只是把日本的势力进一步向西推进，扩张到外蒙古而已。正是这个原因，使德王治下的内蒙古自治政权所在地于1936年2月从百灵庙迁移到西苏尼特，又在同年6月迁往德化[1]。

蒙古的建国会议

由于日本采取积极的对蒙政策，内蒙古的自治运动持续推进。1936年4月，德王和李守信在西乌珠穆沁旗和日本特务机关长田中会见。蒙政会、锡林郭勒盟、察哈尔盟、乌兰察布盟、土默特旗、阿拉善-额济纳旗、伊克昭盟、青海及外蒙古的代表出席了这次会议。这次集会被称为建国会议，于1936年4月21日开始，4月26日结束。这次会议主要决定了以下事项：

（1）把蒙古和青海合并成立蒙古国的计划。

（2）设立君主制，但目前暂且采用委员会制的计划。

（3）设立蒙古国会的计划。

（4）组建军政府的计划。

（5）与“满洲国”缔结互助协定的计划。

1　原文为 Teh-Hua，疑为化德之误，化德在内蒙古，而德化是福建的一个县。——译者注

1936 年 6 月,这个政权的所在地迁移到德化,并在那里成立了独立的蒙古政府。1936 年 7 月,这个政府和"满洲国"缔结一个政治和经济互助协定。缔结这个协定之后,德王就开始装备他的军队。目的是将原有的三个骑兵师扩充为九个。南和板垣都热心支持创建蒙古国。陆军的政策是在绝密情况下执行的。日本陆军对于承认内蒙古独立已有所准备。

日本的华北政策——1936 年至 1937 年

1936 年 8 月 11 日,广田内阁的有关各省确定了《第二次华北处理纲要》。其中说明,这个政策的主要目的是援助华北民众完成政治分治,建立一个防共、亲日、亲满的区域,获取日本国防所需物资,改善交通设施以防苏联可能的入侵,从而使华北成为日本、"满洲国"和中国合作的基地。华北五省最终置于自治政府领导之下。为使冀东政权成为整个河北及察哈尔的模范,应指导其改革内部的行政管理。纲要又称,华北经济开发的目标是以自由投资促进经济互利,在此基础上创建日中之间不可分离的关系,并使这一关系有助于日本和华北之间在平时和战时都保持友好关系。华北各省的铁、煤和盐应为日本国防及提升交通设施和电力而开发利用。纲要还详细规定了交通设施的统一和完善,以及在华北开发天然资源的方法。这个纲要的内在证据表明,1935 年末日本希望冀察政务委员会将会追随日本,但结果却令人失望。纲要指出,需要以公允的态度来指导河北和察哈尔的领导者。纲要还表示应改进体制,肃清和更换人事,努力废除中国军阀对金融、经济和军事的管理。

日本现在提出的华北自治政府的实质内容是,新政权应该控制金融、工业和交通运输,并应不受中国国民政府抗日的干扰。同时这个纲要还规定,凡是会使人觉得日本在侵占中国的领土主权,或正在建立一个独立国家,或正在把华北变成"满洲国"延伸部分的行动都必须避免。值得记住的是,在外务省 1936 年 1 月 13 日转发给日本驻华大使的关于华北的第一次纲要即陆军纲要中,有一条类似规定。日本政策的制定者仍然相信,他们能够颠倒黑白,混淆是非,蒙蔽世人。国联对日本在"满洲国"问题上两面性的曝光仍未使日本人吸取教训。

后来,1937年2月20日,林内阁的有关各省确定了《第三次华北处理纲要》。纲要内容没有实质性变化。1937年4月16日,林内阁的外务大臣、大藏大臣、陆军大臣和海军大臣又决定了《华北指导方策》。这个方策的实质是要使中国政府承认华北的特殊地位并采取经济措施。林内阁决定的《第三次华北处理纲要》和《华北指导方策》的详情将在后面谈到。

丰台事件

1936年5月,日军和华北的中国当局经过谈判,日军一个大队被允许驻扎在北平以西的丰台。1936年9月18日,当日军一个中队在丰台举行演习时,发生了一个事件。当日军通过中国军队驻区时,中国哨兵阻止了他们,于是引起了冲突。虽然事情立即获得解决,但日方以此事件为借口派部队增援并占领了丰台。日军占领丰台后就处于可以控制北平—汉口铁路的交通联络以及切断华北与华中联系的地位。这就为1937年7月7日爆发的"卢沟桥事变"(有时被称为"马可波罗桥事件")作好了铺垫。卢沟桥位于丰台到北平的铁路线上,如果日本人控制了这座桥,就容易从西面控制北平。因此驻扎在丰台的日军不断要求中国驻军撤出卢沟桥和长辛店,而长辛店是通往北平的铁路上的另一个战略要点。1936年冬,日军企图增加在这个重要战略地带的驻军,并计划在那里建筑兵营和机场。为此目的,日军想收购丰台和卢沟桥之间的大片土地。但中国方面拒绝了日方的要求。

张群-川越会谈

1936年秋,中国国民政府外交部长张群和日本大使川越为了调整中日外交关系,举行了一系列会谈。1936年11月底,川越还进见了蒋介石总司令,当时双方都表达了调整两国关系的愿望。日本方面在与中国国民政府外交部长会谈时,提出了包含下列重要内容的建议:① 中日经济合作;②《中日反共产国际协定》;③ 鉴于华北与日本的关系,将华北划为特殊地区。张群回答说,对于中日经济合作,他当然是乐见其成,但希望以互惠和平等原则为基础。对于《中日反共产国际协定》,他也很赞成,但他也希望这一协定不致侵犯中国的主权。至于以华北与日本的关系为由将其划为特殊地区,他只能承认一种特殊的经济关系,不能承认任何特殊的行政变更。由于中国政府的态度与日本的政策,特别是在关于华北的政策上有着分歧,张群和川越的会谈没有取得任何结果。

广田内阁倒台

1937 年 1 月 20 日,日本两大政党之一的政友会发表了攻击广田内阁的声明,在许多攻击理由中,特别指出,内阁阁员受官僚和军部武断偏见的影响太深,以及陆军想对任何方面都加以干涉的欲望对日本的宪政是一种威胁。1937 年 1 月 22 日,陆军大臣寺内提出辞呈,据他说是因为内阁中占有席位的政党对时局的认识与陆军的认识有根本分歧。在当时情势下,不可能找到能够以任何方式调和陆军过激政策与政党政治的新的陆军大臣,广田内阁只得辞职。

宇垣组阁失败

广田内阁辞职后,1937 年 1 月 24 日宇垣奉天皇敕令组阁。陆军对宇垣没有好感,于是采取适当而有效的手段阻碍宇垣就任。这是一个重要和意义深远的事件,在本判决书其他部分已作更详细的讨论。因此我们在这里只把它当作种种事件叙述中的一部分,略加提及而已。

林内阁及其华北政策

林内阁于 1937 年 2 月 2 日成立。梅津留任陆军次官,贺屋被任命为大藏次官。政府的总政策并未改变。华北问题仍沿袭广田内阁的离间政策,1937年2月20日内阁有关各省决定了《第三次华北处理纲要》。处理华北问题的主要目标是完成日本使"满洲国"坚决亲日反共的导向,获得国防物资,保护交通设施,准备对苏防卫,并建立日本、"满洲国"和中国的统一体。为实现上述目标,日本应在华北实施其经济政策,暗中援助华北政权,使中国国民政府承认华北的特殊地位以及日本、"满洲国"和中国的统一体。

1937年4月16日,又由外务、大藏、陆军、海军四大臣决定了《华北指导方策》。其要点为"使华北实质上成为一个坚决反共亲日亲满的区域,并且使其有助于获取交通设施,一方面防备赤化势力的威胁,另一方面形成实现日本、'满洲国'、中国合作互助统一体的基础。"关于经济利用,此方策规定铁、煤、盐等国防建设必不可少的军需资源的开发,以及交通设施的建立必须迅速实现,必要时动用特殊资本。这个文件也规定必须避免采取使其他国家误解日本意图的行动。内阁在有关各省参与的情况下制定的这些政策显示出,不仅是陆军,而且政府其他部门对于即将在华北实行的积极计划也都已做好了准备。

第一次近卫内阁及其华北计划

林内阁倒台后,1937年6月4日近卫公爵就任总理大臣,并以广田为外务大臣,贺屋为大藏大臣。

陆军圈子正在煽动对华采取进一步军事行动。当时的关东军参谋长东条英机,在1937年6月9日致参谋本部的电报中建议,就目前中国情势,从准备对苏作战来判断,如果日本的武力允许,应该首先对中国国民政府"予以一击"来除掉日本背后的威胁。果然不出一个月,正如所建议的那样,对中国国民政府"予以一击"了。

上述事件表明,强占满洲和热河,仅仅是日本逐渐统治全中国计划的第一步,中国有日本制成品所需的巨大市场,有丰富的自然资源,这将帮助日本成为东亚的霸主。早在 1934 年春，日本就主张在华北五省的特殊地位，那时日本刚占领满洲和热河，而这些地方几乎还未开始转化成为日本经济提供原料的地方。到 1935 年 6 月，日本已经强迫缔结了所谓的《何梅协定》和《秦土协定》，大大削弱了中国国民政府对华北五省中河北和察哈尔两省的控制力。到 1935 年底，日本已经支持成立了两个所谓的独立政府，即日本操弄产生的以德王为首的内蒙古自治政府和首府设在通州的冀东防共自治政府。当时，还成立了冀察政务委员会，而日本期望它变成一个独立于中国国民政府并完全服从日本意旨的华北五省政府。日本意图在预期中的华北五省独立宣言发表后，随即军事占领这些省份，关于占领的军事计划以及与此行动配套的宣传计划，已作好在 1935 年底前予以实施的准备。劝说和武力威胁都没能诱使冀察政务委员会宣布华北五省独立。在我们看来，要不是日本国内事态迫使陆军增加和巩固它对日本政府的影响力，以便控制政府支持其军事冒险的话，日本陆军占领这些省份会比实际发生的还要早得多。1936 年 2 月的兵变导致陆军摆脱了不支持其野心政策的冈田内阁，但是这次兵变暴露出陆军中的年轻军官严重缺乏纪律和责任感，因此，陆军需要一段时间重肃军纪。继任总理大臣广田及其内阁中的陆军、海军、外务和大藏大臣，完全赞同陆军主张的扩张主义政策，1936 年下半年，他们全体或其中一部分人通过了1936 年 6 月的《国策大纲》和 1936 年 8 月的《国策基本准则》及《第二次华北处理纲要》。同时陆军在丰台建立了据点，借此他们可以夺取卢沟桥，切断华北五省与中国南方各地之间的联系，并控制北平。但是广田内阁并没有全面支持陆军的政策。有些阁员十分不满军部对政府日益增强的控制。这种情况必须消除，1937 年 1 月陆军推动了广田内阁倒台，并使宇垣组阁失败。最后在 1937 年 6 月初，短命的林内阁垮台之后，近卫公爵第一次组阁，终于保证了政府对陆军冒险行径的支持。这为日本下一步征服中国的计划扫清了道路。

第四节　从卢沟桥事变(1937 年 7 月 7 日)到
近卫声明(1938 年 1 月 16 日)

根据 1901 年 9 月 7 日就义和团事件签订的《最后议定书》即《辛丑条约》(附件 B－2),中国允许在北平拥有公使馆的国家派兵驻扎在东交民巷使馆区及平津铁路沿线的十二个指定地点,以便维护首都和海洋之间的交通畅通。根据 1902 年 7 月 15 日签署的补充协议,驻扎在上述地点的外国军队有权在未告知中国当局的情况下进行野外演习和射击练习,除非发生战争。

1937 年初,日本在华北驻扎了大约 7 000 至 15 000 名士兵,而其他《辛丑条约》签署国只部署了少量的分遣队。英国有 1 007 名士兵,其中包括 252 名公使馆警卫人员;法国驻扎在河北省的有效兵力在 1 700 名到 1 900 名之间,其中大部分在天津。日本军队的数量远远超过执行条约规定任务所需的兵力。自 1937 年 6 月起,日军就在卢沟桥附近举行激烈的夜间演习。每天晚上都搞这类演习,日本人的夜间演习频度远远超过其他国家的守备部队。中国方面曾要求在夜间演习前必须预先通知,以免使该地居民惊惶不安。日本方面同意了此项要求。可是在 1937 年 7 月 7 日晚,事前未经通知就举行了演习。因此,当晚的"卢沟桥事变"是在紧张和不安的气氛中爆发的。

当晚 10:00 左右,中国当局接到北平日本特务机关长松井太久郎的电话,说宛平中国驻军向演习中的日本部队开枪,事后一名日军士兵失踪,要求准许日军进入宛平城搜寻。宛平城在卢沟桥附近,因为在北平以西的交通干线上,所以战略地位相当重要。1937 年 7 月之前,驻丰台的日军就不断要求驻扎在这里的中国军队撤离。

我们在前面已经提及,1936 年日本人为了建筑兵营和机场,曾试图买下北平以西丰台至卢沟桥之间的一大片土地，以及此事的失败经过。撤离卢沟桥的中国驻军和在丰台至卢沟桥间设置日军据点将对华北造成的战略影响是显而易见的。这样一来，北平与南边和西边将被完全隔绝。

当时宋哲元将军正请假在家，由秦德纯将军代理第二十九军军长。秦德纯指示中国联络官答复日方说，当晚举行的演习是违法的，因此，中国当局对于日方所称的日兵失踪不负任何责任。但他说，他将命令驻宛平的中国军队搜寻失踪士兵。日方对此答复不满意，坚持要由日方自己实行搜寻。

宛平城的行政督察专员王冷斋奉秦德纯的命令调查和报告日军演习情形及日军是否有人失踪。就在此时，中国当局接到报告说，携有6门大炮的一个日军大队正从丰台向卢沟桥前进。于是中国军队奉命戒备，并派王冷斋去和松井交涉。王冷斋的调查没有找出日本人所称失踪士兵，接下来与松井的交涉也毫无结果，于是决定双方在现场共同调查。王冷斋和日本代表寺平进入宛平城后，日军从三面包围宛平城并开始射击。中国军队据守城墙保卫宛平。1937年7月8日清晨5:00，当调查还在进行中，日军大队长一木指挥的一个大队就在卢沟桥附近的龙王庙向中国军队进攻。6:00左右，日军开始用机关枪扫射宛平城。

随后的军事行动和停战谈判

1937年7月8日早晨，日军占领了通往长辛店的铁路桥。当天下午，日方将最后通牒送达宛平城的指挥官，要他当晚7:00以前投降，否则开始炮击。但是中国方面坚决不让步，晚上7:00整日军开始炮击。第二天，即1937年7月9日，日方通过松井及其他人通知秦将军说，失踪的日兵已找到，要求以下列条件实行停战：① 双方应停止一切军事行动；② 双方军队应各自撤退至原先位置；③ 第三十七师对日本怀有更加强烈的敌意，应改调第二十九军所属的其他部队驻守宛平。此外还要达成一项谅解，即双方在今后避免引起同样性质的事件。停战协定当天就商定了。

吉星文中校指挥的中国部队撤退到了原先的位置,同时日军也向丰台撤退。假使日方遵守停战条件,事情很可能就此解决了。但是后来确知铁路隧道附近约有 100 名日军并未按照协定撤退。1937 年 7 月 9 日午夜,那里的日军又向城内开火。此后日军继续开进冲突地区。到 7 月 12 日,已有日军 2 万名和飞机 100 架进入该地区。接着两军发生零星冲突,直到 7 月 27 日爆发了后面所说的大规模敌对行为。

日本政府的态度

1937 年 7 月 8 日,报告敌对行为爆发的官方电报到达东京。第二天,近卫内阁在临时内阁会议中决定,政府的态度应当是坚持不扩大冲突规模的方针,并迅速在当地解决问题。尽管内阁有这样的决定,可是1937 年 7 月 10 日,参谋本部决定由关东军派两个旅团,由朝鲜派一个师团,由日本国内派三个师团增援驻屯部队。7 月 11 日阁员中包括广田和贺屋的内阁同意了陆军方案。于是关东军部队开往北平和天津地区。但是 1937 年 7 月 11 日晚接到华北军的报告说,中国方面业已妥协,统帅部决定中止日本国内师团的动员。1937 年 7 月 13 日,统帅部通过了《华北事变处理方针》,它规定尽管日本陆军将遵循不扩大的方针,以及将根据未来局势发展决定是否动员日本国内的部队,但如果中国方面漠视其业已同意的条件,或者显示出向华北移动军队这类无诚意的情形,他们就将采取断然措施。

1937 年 7 月 17 日以后,当华北驻屯军和第二十九军在现场交涉、日本外交官和中国国民政府在南京交涉的时候,日本统帅部却开始为 1937年 7 月 11 日中断的日本国内动员做准备。甚至在接到第二十九军军长兼冀察政务委员会委员长宋哲元已于 1937 年 7 月 18 日做出妥协的报告后,日本统帅部仍以中国政府尚未表示诚意为由,继续推进动员准备。1937 年 7 月 20 日,近卫内阁批准动员三个师团。一个星期之后,华北驻屯军司令官报告说，和平解决的一切办法都已用尽了，他决定以武力惩罚第二十九军，并请求批准。统帅部批准了这个要求。同时，下令动员四个师团，并以保护上海和青岛日本侨民的名义，准备为两地各预留一个师团。

值得注意的是，1935 年 12 月 2 日通过的《华北铁道军事处置要领草案》规定，日军要扫荡山东、河北、山西各省，在这个计划中，青岛是参加扫荡战的日军援兵登陆港口。

外交阵线方面，在 1937 年 7 月 11 日的内阁会议做出采取与派兵赴华北相关的必要措施这一重要决定之后，日本外务省立即采取措施加强华北的外交团队。1937 年 7 月 11 日，日本驻南京大使馆参赞日高接到外务省训令，向中国政府知会日本政府有意在当地解决争端，并要求中国政府不要阻碍日方的努力（即及时拯救局势的努力）。当中国外交部长要求日军从入侵之地撤退并停止从满洲、朝鲜和日本本土派遣增援部队时，日高回避回答此问题，反而质问中国外交部长中国政府是否意图违反中日当局在现场达成的协议。中国外交部长在正式照会中指出，任何地方上达成的谅解或协议都必须经过中国政府的认可才能生效，其后于 1937 年 7 月 17 日，日高再次接受日本政府训令，要求中国政府不得妨碍在现场达成的解决条款的执行。至此，事情已经很明显，日本当局策划的当地解决就是让华北当局在未经中国政府认可的情况下接受日方要求。接受这个解决方案无疑将产生双重效果，一是使地方当局丧失中央政府的支持从而削弱地方当局的力量，二是迫使中央政府在事实上承认华北自治。

美国提出斡旋

在华北爆发的敌对行动引起了希望远东和平的第三方国家的严重关切。1937 年 7 月 16 日，美国国务卿科德尔·赫尔发表声明称，美国一贯坚持维护和平，呼吁国家和国际层面的自我克制，所有国家在实行政策的过程中都不使用武力，应通过和平方式解决国际间的分歧，切实遵守国际协定,维护条约之神圣,尊重其他国家的权利,重振和增强国际法;美国会避免与别国结盟或做出引起纠缠的承诺,但是相信通过和平、可行的方式共同努力维护上述原则。

同一天,中国政府向《九国公约》(附件 B-10)所有签字国递交了一份备忘录。第二天,即 1937 年 7 月 17 日,蒋介石总司令发表讲话,强调中国并不希望卷入战争,而只是在应对国家生存所遭受的攻击。然后在和平解决方案上,他提到至少要考虑以下四点:① 不得侵犯中国的主权和领土完整;② 不得改变河北省和察哈尔省的行政体系;③ 不得强行将中央政府任命的重要官员免职;④ 不得对第二十九军的卫戍区域施加任何限制。1937 年 7 月 19 日,中国外交部向日本驻南京大使馆递送了备忘录,中国政府再次提议双方同时停止军事行动,并且双方于商定的同一天将军队撤退至各自原先驻守位置。备忘录也明确表明,为了解决此事件,中国政府愿意接受国际法或条约允许范围内的任何和平方式,如直接磋商、斡旋、调停和仲裁。

赫尔先生为了能够在事件愈演愈烈之前解决此事,于 1937 年 7 月 21 日会见了日本大使。会见中除其他事情外,他告诉日本大使美国政府已准备好并将非常乐意随时表态或采取未达到调停程度的任何行动(调停当然需要双方事先同意),只要这种表态或行动可能以任何方式有助于平息日中之间当前的争议事项。但是,日本外务大臣广田 1937 年 7 月 27 日对议会预算委员会的讲话表明了日本的态度,他说日本政府拒绝任何第三方介入。1937 年 8 月 10 日,淞沪会战爆发前三天,美国驻东京大使约瑟夫·格鲁先生知会日本外务大臣,美国政府已授权他明确提出斡旋。接着,日本驻华盛顿大使在一封日期为 1937 年 8 月 13 日的照会中表明,尽管日本同意 1937 年 7 月 16 日赫尔先生在关于维护世界和平的声明中提出的原则,但是日本政府坚信,只有充分了解并切实考虑远东地区的实际情况,才能够实现上述原则的目标。然而,1937 年 8 月 23 日美国国务院发表的新闻通稿中再次重申了 1937 年 7 月 16 日赫尔声明中提出的原则，并敦促各方通过谈判解决危机。

廊坊事件

尽管有了停战协定，1937 年 7 月 14 日战斗再度爆发。日军炮兵继续炮击宛平。1937 年 7 月 18 日，宋哲元访问日本驻屯军司令官香月，依日军要求表示了歉意。但是紧张局势依然未能缓和，还发生了许多事件。7 月 25 日，在北平与天津之间的廊坊，日军一个中队和中国军队发生了冲突。第二天，日本步兵的一个大队借口保护日本侨民，强行进入北平市，又在广安门和中国军队发生冲突。虽然爆发这些事件的真实原因不详，但是 26 日日方对中方发出最后通牒，除其他主张外，要求中国第二十七师[1]在 24 小时以内撤离北平，否则日军将发起大规模进攻。

日本的最后通牒遭到拒绝

1937 年 7 月 27 日，即日方递交最后通牒的第二天，总理大臣近卫宣称，日本政府派兵赴华北只是为了维持东亚的和平，别无其他目的。日本的最后通牒未被接受。1937 年 7 月 27 日，在丰台和卢沟桥附近发生了战斗。日本驻屯军司令官香月命令装备了重武器和三十余架飞机的增援部队由天津和通州出发。1937 年 7 月 28 日清晨，日方以飞机大炮进攻北平市郊的南苑，给中国方面造成了重大伤亡。大规模敌对行为就这样开始了。

德国的反应

1937 年 7 月 28 日，日本大使武者小路拜访德国外交部副部长魏茨泽克时表示，日方感觉德国并不理解日本在华军事行动中所蕴含的反共努力。他试图说明，日本正在中国推进的反共事业也是为了德国利益。

1　原文为 the Chinese 27th Division，番号有误，实为第三十七师。——译者注

但是魏茨泽克回答说,他无法推论出德国有义务赞同或在道义上支持日本的军事行动,这一行动有可能会助长中国的共产主义势力,恰与德日双方的目的相反。

当天魏茨泽克电告驻东京的德国大使,指示他劝说日本克制。魏茨泽克告诉大使说,日本把在华行动说成是根据《反共产国际协定》和共产主义作斗争是偏离了正道,因为该协定并不以在第三国领土和布尔什维克作战为目的。相反,日本的行动毋宁说是与《反共产国际协定》的目的背道而驰,因为它将妨碍中国统一,从而导致共产主义蔓延。魏茨泽克进一步表明,日本在德国的电台宣传试图把日本对华战争说成是反共战争,这并不受欢迎。

根据德国方面的态度以及日本人所采取行动的性质,尽管日本反复声称自己重点关注的是反共,但这一点受到了严重质疑。土肥原和板垣早期为了在华北建立自治政府,反复发表此类声明。德国外交部副部长似乎早已预见到后来由本审判中的一名证人所证实的态势,即卢沟桥事变爆发后中国共产党开始在困境中积蓄力量,因而助长共产主义运动的正是日本人。

占领北平

同日,即 1937 年 7 月 28 日,蒋介石总司令命令宋哲元将军撤退到河北省南部的保定,并在该地指挥作战。此后两天中,即 1937 年 7 月 29 日和 30 日,在天津发生了激战,中国军队在顽强抵抗后沿津浦线向南撤退,其他部队则沿平汉线撤退。于是北平陷于孤立,终于在 1937 年 8 月 8 日被河边正三指挥的日军占领。河边让他的部队在北平招摇过市,在重要地点张贴布告宣称他是军政长官,并威胁说凡违背他的命令者一律处死。根据中立观察家的说法,在敌对行为爆发后的八周中,在华北作战的日军总数约达 16 万人。

大山事件

在华北战场敌对行动进行的同时，1937年8月8日北平被日军占领之后，第二天上海就发生了另一起事件，引起了全世界的严重关切。1937年8月9日下午，日本海军陆战队的大山中尉和他的司机斋藤试图进入上海西郊虹桥路的机场时，在入口处被杀。这件事详细情节的证据有互相矛盾的地方，但是有一点不容置疑，即大山没有进入这个机场的权限。不管怎样，虽然该事件总体上加剧了紧张局势，但由于日本人并没有将其作为日后行动的借口或者理由，所以其重要意义并不突出。

淞沪会战之前的其他事件

大山事件发生之后，上海的局势变得极端紧张。事件发生后不到48小时，日本在上海集结了约30艘军舰，并增派了数千日军。同时又向中国当局提出了意在撤除或削弱中方防卫的要求。1937年8月13日敌对行动爆发，之后持续发生了激烈战斗。

我们回忆一下，1932年初上海地区发生的战事通过1932年5月5日签署的《停战协定》得到解决。协定规定，在使该地区恢复正常状态的安排出台之前，中国军队将留守在协定签署之日所占领的区域。参加上海会议的中国代表团在接受协定时特别申明，中方理解协定并不包含任何永久限制中国军队在中国领土上移动的内容。1937年6月，日本驻上海总领事冈本收到报告称，中方正在他称为"禁区"的地方加强保安部队的力量和建造防御工事，包括重建吴淞炮台，因此他召集了根据《停战协定》设立的联合委员会开会。在1937年6月23日召开的会议上，中方代表俞鸿钧市长表明立场称，此事并不属于联合委员会的监管范围，《停战协定》明文规定联合委员会的职责是监督军队的撤离。与会国代表的结论是，他们无法在双方说辞互相矛盾的情况下做出表态。尽管中方代表表示他无权透露上海地区现有保安部队的人数及防御工事问题的信息，但他保证该地区所采取的任何行动都不具有任何敌对意图或战备性质。

华北战事爆发后,1937 年 7 月 15 日前后,俞市长邀请总领事冈本和日本陆军武官及海军武官进行会谈,会上俞市长表达了阻止战事向上海扩展的意愿,并要求日方予以合作。冈本承诺与之合作,同时要求中方管控恐怖主义和抗日运动。此后,双方保持了密切的联系。俞市长有时一天去见冈本两三次,要求冈本对日本海军的某些行动加以限制。中方抱怨的是日本海军采取的演习和紧急防卫措施之类的行动。据冈本说,他和日本海军陆战队司令官同意对演习加以限制,但是关于紧急防卫措施,他解释称是由于一名叫宫崎的日本水兵失踪引起的。后来这名水兵被找到了。

在日本国内,大山事件发生后,海军在 1937 年 8 月 10 日通知陆军,驻扎在上海的部队暂时将不采取进一步行动,但是事态可能需要作好增派军队的准备。然后日本政府决定,有必要研究一下最终动员的提案。大山事件之后,从日本国内又向上海的海军陆战队增派了 1 000 名队员。至 1937 年 8 月 11 日中午,上海水域已聚集了一支相当庞大的舰队,包括指挥舰"出云号"及其他海军舰艇。1937 年 8 月 12 日,在上海又一次召开了联合委员会会议。中方代表再次重申联合委员会无权处理这些问题,并指出,正是日本撕毁了《停战协定》使其无效,因为日本在远离铁路的八字桥地区驻扎军队,而协定规定日本军队应从该地撤离,所以日本无权援用《停战协议》。他进一步指出,日本的武器和军需物资正在上岸,且增援部队正在来上海途中;这些措施对上海的和平和秩序造成了严重威胁,中国有权采取自卫措施。日方代表除了解释说海军陆战队并未准备采取任何行动以外,他亦在会上承认日军现确实驻扎在八字桥地区,也没有否认海军的集结和增援。同时中方代表再次重申,中国有权采取自卫措施,这就是中国进行军事部署的原因。

在 1937 年 8 月 12 日举行的这次会议中,当双方被要求保证在 48 小时内不得攻击对方时,中方表示中国军队不会发起进攻,除非是在遭到袭击的情况下,日方答复称除非遭到挑衅或攻击,日本军队不会制造任何麻烦,接着说中方逮捕一名日本新闻记者就是挑衅的证据。此次会议未能就解决问题的办法达成共识。

淞沪会战

1937 年 8 月 13 日,在日本海军陆战队司令部附近和八字桥地区这两个地点发生了战斗。日方断言战事是由于中国军队朝日本海军陆战队开火引起的。在这一点上,证据是互相矛盾的。即使日方的说法正确,依本法庭之判断,也不能说明由此引起的后续军事行动的范围和强度是正当的。

冲突发生后,日本政府立即在 1937 年 8 月 15 日宣布,已决定从日本国内派遣两个师团到上海,所称目的是为了保护上海的日本臣民。同一天发布了动员令,并任命松井石根为日本的上海派遣军司令官。很显然日本内阁已决定放弃当地解决的方针。上海地区的战斗非常激烈。1937 年 8 月 23 日,又有一批日本援军抵达上海。双方都出动了飞机参战。日本飞机轰炸了中国的首都南京,并对港口和内地城市进行了多次轰炸。日本舰队一方面和陆上部队合作,另一方面在沿岸警戒,以防中国船只运送补给品进入港口。数艘中国船只被击沉。

上海战事激烈进行期间,日本外务次官堀内在 1937 年 9 月 1 日向美国电台广播,以中国的反日行动为由,为日本的在华行动进行辩护,并说日本的意图是和平的。他声称,当前在华北和上海作战的最终目的是为了实现使两国之间能真正合作的局面。后来外务大臣广田对日本议会也做了意思相似的演说。显然当他们做这类演说时,心目中的政策是使华北成为一个从属于日本的特殊区域,即 1935 年后历届内阁所公开采取的政策。为了实现这一政策,日本正在发动一场全面战争,向南方扩张至地处华中的上海。

随着战事的进行,大批日本援军不断涌入上海地区。自 1937 年 9 月底到 11 月初,日本统帅部从日本国内派出五个大队,从华北又派出五个师团。1937 年 11 月初,在上海以南约 50 英里的杭州湾登陆了三个师团;11 月中旬,又在长江上游离上海 60 英里远的白茆口登陆了一个师团。冲突地区如此扩大之后,松井指挥的派遣军与在杭州湾登陆的第十军各师团被合并起来,重新编成了以松井为司令官的华中派遣军。战事持续了三个月,到 11 月 12 日,中国军队向西退却了。

1937 年 12 月 5 日,在日本大使馆武官处的楠本大佐及日本统帅部的影佐大佐的扶持下,成立了上海市大道政府,以在日本受教育的中国人苏锡文为市长。

持续进行的华北军事行动

为了统一日本的在华军事行动,1937 年 8 月 26 日畑俊六被任命为陆军教育总监。当更换内阁的时候,教育总监是有资格推荐陆军大臣的陆军三长官之一。第十四师团长土肥原在 1937 年 8 月参加了沿平汉线的大规模进攻,东条以兵团长身份在察哈尔省作战。同时,板垣指挥的第五师团沿平绥线向张家口进攻,并在 1937 年 8 月 26 日占领张家口。特别值得注意的是,1938 年 11 月,察哈尔、绥远、山西三省分别被组织成为地方政府辖区,隶属于蒙疆自治联盟之下。这个联盟是日本为统治蒙古和新疆而设立的,联盟头目是德王,德王的顾问是日本的陆军军官及其他人,他们负责这个联盟的政治和经济问题。

1937 年 8 月 31 日,在北平西北约 100 英里的怀来,板垣会见欧洲及美国记者时宣称,他可能会挥师南下至黄河。这一声明第一次向公众表明,在日本计划中包含着越出华北地界而南进的意图。实际上不久之后上述计划就付诸实施了。1937 年 9 月 4 日发布了一项敕令,它解释日本在中国军事远征的目标是"敦促中国进行严肃的自我反省,并立即建立远东和平"。

这些军事行动伴随着记者采访、演讲和其他表达形式的宣传,目的是摧毁中国人的斗志。

1937 年 9 月 24 日,河北省省会保定被占领。当时参加战斗的日本将官对一位外国记者说,日本陆军的军事目标"与其说是为了占领土地,毋宁说是为了歼灭、摧毁和杀戮中国国民党的军队"。此前,广田于 1937 年 9 月 5 日在议会发表的演说中,已表明了歼灭中国军队的方针。广田在这次演说中声言:"我们坚信,我们的国家是根据自卫权和正义事业决定给予这个国家决定性的打击,使这个国家反省其错误的行为。日本帝国所能采取的唯一手段就是给予中国军队上述打击,使中国军队完全丧失战斗意志。"他在这次演说中还重申了日本的华北方针,并断言日本的当务之急是"以断然态度迫使中国改正错误"。他说,日本除了想看到一个幸福安宁的华北,看到整个中国免遭如当前这样的战祸重新发起的危险,看到中日关系调整到能把上述方针付诸实施的程度,别无其他目的。

板垣的军队继续前进,1937 年 10 月 14 日占领绥远省省会归绥。第二天,1937 年 10 月 15 日,日本颁布了一条敕令,成立了一个内阁参议会,荒木被任命为成员,这个参议会的职责是参与"审议和策划内阁与中国事变有关的重要国事"。

1937 年 11 月 9 日,日军攻陷山西省省会太原。日本人立即着手在太原组建自治政府,来管理山西省的北部地区。这个傀儡政府后来与在张家口和归化组建的自治政府结合在一起,作为之前已经提及的"蒙疆自治联盟"的一部分。在山东地区,华北派遣军于 1937 年 12 月 25 日夺取了山东省省会济南。至此,日本陆军实际上已经军事占领了华北的全部关键地点。

中国向国联提出控诉

1937 年 9 月 12 日,中国援引《国际联盟盟约》(附件 B-6)第 10 条、第 11 条和第 17 条,向国联提出了控诉。1937 年 9 月 21 日,国联邀请日本政府参加"二十三国咨询委员会"。然而,日本以已经退出国联为由,坚持不参与国联任何政治活动的态度，拒绝了此邀请。当时广田是第一次近卫内阁的外务大臣。

1937年10月6日，国际联盟认为日本对中国采取的军事行动与导致冲突的事件完全不成比例；日本的这类行动不可能建立或促进被日本政治家称为政策目标的两国之间的友好合作关系；无论基于现行法律协议或者基于自卫权，日本的这种行为都是不正当的；这种行为违反了1922年2月6日的《九国公约》（附件 B‑10）和1928年8月27日的《巴黎非战公约》（附件 B‑15）所规定的日本的条约义务。这些结论在同一天得到了美国政府的赞成。

日本的和平条件

当军事行动顺利推进之时，1937年10月1日日本政府通过了《中国事变处理纲要》。纲要规定，应该运用军事行动的成果并与及时的外交手段相结合，迅速了结事变。在华北应划定非军事区，区内治安由中国的武装警察负责维持。日本将享有驻兵权，但驻军人数也许可以减少到和限制在"事变"发生时的数量。《塘沽停战协定》继续有效，但《秦土协定》《何梅协定》，以及其他关于铁路交通、邮政服务、航空服务等协定应该废除。冀察政务委员会及冀东自治委员会将予以撤销，这些地区将以中国政府认为合适的方式实施行政管理。但希望这一地区的行政领导人能实现日中两国之间的友好关系。在上海地区也要设立非军事区，这一地区的治安应该由国际警察或武装受限制的中国警察负责维持，并由公共租界的警察加以协助。日本陆上部队也许可以撤退，但这应不包括日本军舰的停泊权。为全面调整日中关系，应同时或在以后进行政治、军事、经济方面的谈判。中国应正式承认"满洲国"，并与日本缔结一个"反共产国际协定"，对华北的非军事区实行严格管控。对特殊货物征收的中国关税应予降低，在冀东取缔走私的自由权应该归还给中国政府。这份纲要由总理大臣近卫、外务大臣广田、陆军大臣和海军大臣批准。

英国提出斡旋

1937 年 10 月 27 日之前,外务大臣广田和英国驻日大使克雷吉就停止在华敌对行动举行了会谈。据当时外务次官堀内的说法,广田作为个人意见表达了下述解决条件:① 在华北设立非军事区;② 切实调整华北与"满洲国"的关系;③ 中国应制止反日运动;④ 在华北地区内经济上机会均等。这些意见由克雷吉大使传达给中国政府,而中国政府的观点也通过克雷吉大使向广田传达了两次或三次。

1937 年 10 月 27 日,广田会见英、美、德、意驻日大使时表明,虽然日本政府不能接受出席布鲁塞尔会议的邀请,但是日本希望四国中任何一国通过斡旋促成中日间的直接和平谈判。英国大使不久就去拜访广田,通知他说英国政府愿意斡旋中日两国之间的谈判。堀内作证说,广田接受了这个提议,但因得知陆军内部强烈反对英国作为中间人,只得中止了这个计划。但是堀内在交叉询问时承认,拒绝干涉或仲裁是日本的一贯方针,尽管日本政府一直欢迎第三国斡旋,但通过直接谈判解决中日之间的冲突是日本政府的愿望和政策。

布鲁塞尔会议

国际联盟使日本回到通过协商解决分歧的谈判桌的努力失败之后,正在寻求其他方法以实现同样的目的。为了根据《九国公约》(附件 B-10)第七条检讨远东局势和研究友好解决争端的方法,比利时政府在 1937 年 10 月 20 日和 11 月 7 日两度邀请日本参加布鲁塞尔会议。日本都拒绝参加,理由是与此会议关系密切的国际联盟已表明了对日本的敌意,因此日本政府认为,不可能期待此次会议能为公正处理争端作坦率全面的讨论。1937 年 11 月 15 日,布鲁塞尔会议通过决议,宣布日本在中日冲突中是侵略者。

大本营

1937 年 11 月中旬,内外交困的总理大臣近卫曾想辞职,可是在木户的劝说下打消了辞意。

1937 年 11 月 20 日,内阁设立了大本营,这是仅在战时才设立的机构,是统辖作战和用兵的机构。这样,参谋总长取得了对于陆军大臣和海军大臣的实际支配权。大本营会议每星期召开一次或两次会议。太平洋战争爆发之前,大本营具有左右日本政府的重大力量,因为大本营的言论不仅代表参谋本部和军令部,而且还代表大本营首领天皇。

进攻南京

当松井被任命担任上海派遣军司令官离东京赴战地时,他已经想好了在预定占领上海的计划实现后进军南京。他在离开东京前,要求给上海派遣军五个师团。因为他早就对上海和南京附近的地形作过调查,所以他对进攻南京做了实际的准备。1937 年 10 月 8 日,松井发表声明说:"现在降魔的利剑就要出鞘,将发挥它的神威,陆军的使命是履行保护日本侨民和日本权益的一切责任,惩罚南京政府和残暴的中国人。"由于预计上海周围的战区很可能扩大,于是松井被任命为华中派遣军司令官。

1937 年 11 月下旬,武藤章被任命为松井的参谋副长。占领上海约一个月后,日本陆军到了南京郊外。松井发出一个命令,大意是南京是中国的首都,占领南京是一个国际事件,所以必须作周密研究以便发扬日本的军威而使中国畏服。中国政府对于日本人的招降置之不理。于是日军开始轰击,1937 年 12 月 13 日南京失陷。进入南京的日本陆军虽然是新编部队,但它是由有作战经验的士兵组成的。1937 年 12 月 17 日,松井得意洋洋地进了城。自 12 月 13 日起发生了人所共知的"南京暴行",此事将在后面论及。

1938 年 1 月 1 日,一个临时性的自治机构设立,挂的是早已废弃不用的五色旗，而不是具有青天白日图案的现行中国官方国旗。

德国充当中间人

日本陆军不理会美国和英国提出的斡旋要求，但希望应该请德国出面作为中间人。1937 年 11 月 5 日，日本提议的某些和平条件通过驻南京的德国大使陶德曼（Trautmann）传达给中国政府。其后在 11 月 28 日、29 日和 12 月 2 日，德国大使又将日本政府的意图加以传达，并告知中国当局说，日本政府在 11 月初所提议的和平条件依然有效。中国政府愿意将日本提议的各项条件作为谈判的基础。提议的条件包含在"八月提案"中，由日本外务省、陆军省和海军省官员在 1937 年 7 月起草，并由这几省在 1937 年 8 月 5 日通过。提案包括三个要点：① 沿白河设立非武装地区，中日两军均撤出于该地区；② 不割地；③ 不赔偿。日本驻华大使川越按照这些条件和中国政府进行谈判，但因 1937 年 8 月 13 日淞沪会战爆发而中止。

根据堀内的证言，1937 年 12 月某日，德国驻日大使迪克森（Dirksen）曾对外务大臣广田说，他接到南京陶德曼大使的报告说，中国有意将日本的条件作为基础重开和平谈判，并探询"八月提案"的和平条款有无变更。结果，此问题被提到了政府、陆军和海军的联络会议上，并列入了 1937 年 12 月 20 日会议的议程。1937 年 12 月 13 日南京的陷落，使日本的对华态度变得更加强硬。联络会议决定了下列四项基本和平条件：① 在反共政策上与日本和"满洲国"合作；② 在指定地区设立非军事区并设立特别行政机构；③ 日本、"满洲国"和中国之间建立紧密的经济合作关系；④ 中国对日本作必要赔偿。这些和平条款和 1937 年 8 月传达给中国政府的"八月提案"之间，根本性的差异太大了，中国政府接受这些条款势必会涉及许多问题，其中之一是中国政府从 1931 年开始就拒绝接受的，即"满洲国"的独立。在这种情况下，这个提案不能解决任何实际问题就不足为奇了。

1937 年 12 月 22 日，广田将上述条件通知迪克森大使，并说因为局势发生了巨大变化，已经不可能把从前的条件作为提案。广田说，如果中国方面对新条件大体同意的话，日本准备重启谈判，否则日本将不得不以新的立场来处理这次事变。1937 年 12 月 27 日，陶德曼大使将这些条件转告了中国政府。

1938 年 1 月 13 日，中国外交部长答复陶德曼说，因为日本新提出的和平条件甚为宽泛，中国政府希望对其性质和内容有更为详尽的了解，以便慎重研讨而做出明确的决定。中国方面的答复在 1938 年 1 月 14 日转达给了广田。

我们现在休庭 15 分钟。

（14：45 休庭，15：00 重新开庭如下。）[1]

法庭执行官： 远东国际军事法庭现在继续开庭。

庭长： 我继续宣读本法庭的判决书。

1938 年 1 月 11 日御前会议

在向中国提出和平条件时，日本的陆军和政府之间发生了意见分歧。陆军参谋本部认为，和平条件不仅含糊而且太过强硬。他们赞成提出更具体的条件。参谋本部对于在华战争的持久化表示担心。因为这不仅会消耗掉日本的资源，并且会妨碍对苏、美、英战争的军事和经济上的准备。但是以近卫为首的政府却赞成用笼统的言词来陈述和平条件。外务大臣广田和文部大臣木户支持近卫的意见；内务大臣末次起草了四项条件，外务大臣广田把这些条件转告了中国政府。在等候中国政府答复期间，1938 年 1 月 11 日召开了御前会议，枢密院议长平沼出席了会议。广田对于规定日本、"满洲国"和中国密切合作团结的《中国事变处理根本方针》加以说明。根据这个方针，御前会议决定采用两个备

1　以上两句程序性描述，原文漏记了，现依照每日的固定议程补上。——译者注

选方案。一方面,会议决定,如果中国要求和平解决,那么日本就根据《中日媾和交涉条件细目》附件中的和平条件进行谈判,其中包括中国正式承认"满洲国",在内蒙古成立防共自治政府,在华中占领地区设定非军事区,以及承认日本在华北、内蒙古和华中指定地区的驻兵权。另一方面,如果中国拒绝重新考虑,日本不仅将把中国政府视为敌人,并且将支持组建新的、能与日本合作的中国政府。随即,陆军参谋总长、海军军令部总长及枢密院议长表示赞成上述方案。于是草拟了和平条件的具体条款。

就在御前会议通过该方案的当天,德国大使陶德曼向德国政府汇报,称他收到自东京发来的电报显示,除了日方似乎正在又一次修改他们此前通过德国使馆发出的和平条件之外,再无其他信息。陶德曼称:"这令我们在中国人面前颜面扫地。"

1938 年 1 月 16 日近卫声明

1 月 14 日广田通过德国大使得到了中方的答复,中方称因和平条件涉及范围太广,希望得知更详细内容以便做最后决定。广田大怒,说打了败仗必须求和的不是日本而是中国。当有人提醒他正式通知中国的仅是四项基本条款,而其他事项根据他的意愿只呈现很含糊的形式时,广田同意将此事提交内阁会议合议。根据木户的说法,1938 年 1 月 14 日开了一整天的内阁会议,广田报告了与中国就和平条件进行交涉的经过,最后下定论称中国方面没有诚意。内阁决定不再与蒋介石总司令领导的中国国民政府继续对话。

1938 年 1 月 15 日召开了联络会议,经过长时间讨论,虽然有数名参谋本部成员仍倾向于和平解决,政府的方案还是获得了通过。1938 年 1 月 16 日,近卫发表公开声明,宣告由内阁和联络会议决定的日本坚定方针。这个有历史意义的重要文件决定了这两个亚洲国家关系的走向。据本法庭翻译,其内容如下:

占领南京之后，为了给中国国民政府反省局势的最后机会，帝国政府一直保持着足够的耐心。但国民政府不理解我国的真实意图，贸然策动抗战，无视国内民众之苦难，亦不顾及整个东亚之和平。因此，帝国政府今后不再在意国民政府，而期待建立和发展真正值得帝国与之合作的中国新政府。通过与这个新政府合作，我们希望努力调整两国之间的关系，并建设一个新的复兴的中国。当然，帝国毫未改变尊重中国领土、主权及各国在华权益的方针。如今帝国对东亚和平的责任日益增大，我国政府最真诚地希望我国国民致力于履行这一重大使命。

谈判的大门就此关闭，接下来就是为进一步入侵和扶植地方政权做准备，以便最终建立将与日本合作的中国"新政府"。

第五节　华北临时政府

在近卫发表日本将不再以中国国民政府为对手的声明之前，日本人已经在各占领地区建立了新政权，例如在山西省北部、归化、张家口和上海地区，以及各地的所谓"治安维持会"。这些政权仅仅是统治有限区域的地方当局。但其中有一个政权控制的地盘很大，并符合日本在华北建立亲日自治政权的方针，这就是设在北平的临时政府。当华北首先爆发战事时，王克敏身在香港。他是一名已退休的中国政府高官，后来成为临时政府的首脑。驻扎在北平和上海的日本陆军人士劝说他北上，为此目的还从北平和台湾派了数位参谋前往香港。结果，王克敏于1937年11月24日到达上海，1937年12月6日飞往日本，再从那里前往华北。华北的日本当局依照计划竭力将华北政权打造成将来的中国中央政府，不仅邀请王克敏北上，还通过驻扎在上海的陆军军官邀请了华南地区的其他著名人士。王克敏抵达北平后，1937年12月14日，即南京陷落后的第二天,临时政府正式宣告成立,日本陆军将校出席了成立仪式,也邀请了外国记者出席。

王克敏也成为1937年12月由日本华北派遣军命令成立的"新民会"会长。这个协会的任务是将傀儡政府的政策传达给民众,并使其和民众保持联系。协会的副会长是一个日本人。

1938年1月16日的近卫声明给予这个临时政府新的推动力。平津地区的许多治安维持会加入了临时政府,后来,冀东政权于1938年6月30日也与它合并了。

1938年1月末,临时政府修订了华北地区某些货物的进出口贸易关税税率。1938年1月31日,美国大使格鲁向广田提出抗议,称只有中国国民政府才有权更改税率,并称美国的抗议是向日本提出的,因为"对于临时政权的建立及其行为,日本政府有着不可推卸的责任"。"中国联合储备银行"设立于1938年2月,于3月10日开始运营,并获得临时政府授权发行纸币。"中国联合储备银行"的总裁和副总裁是中国人,但管理人员主要是日本人。

这个临时政府和"华中维新政府"一起,后来接受汪精卫的邀请,参加了组建所谓的新"中央政府"。

日本外务省总务局的文件记录了日本在临时政府产生过程中扮演的角色。现摘录如下:

> 1937年,在华北的德州、绥远、彰德、太原等地被攻陷后,11月末,国民政府被打垮搬迁到汉口、重庆、长沙,最终南京于12月13日被攻陷,战势已成定局。这样,此前华北的一些重要人士谋划的建立新政权的时机已经成熟。

> 关于王克敏同意担任华北政权首脑的情况叙述如下:事变之初他遁居香港。北京特务机关长喜多少将努力通过在上海的山本荣治热心劝说王接受邀请;同时专门派遣了北京和台湾的日军参谋到香港劝诱王克敏接受邀请。结果,王于11月24日到上海,12月6日乘

飞机飞往福冈,与山本和余晋龢同赴华北。

据说王抵沪时还没有同意出任华北政权的领导人,而是提出条件,要先做一次考察性质的旅行。

华北军当局按照华北政权未来将作为中国中央政府的计划精心准备,不仅邀请了王克敏,还通过驻扎在上海的吉野和今井(陆军军官)邀请中国南方的著名人士北上。对这一政策,华中派遣军和寺内大将表示同意,但是上海的一部分陆军将校却表示反对,特别是楠本大佐反对从上海弄走许多著名人士,理由是没有必要从一开始就确定华北为政治中心。

王克敏到北京后,决定接受华北政权领导人的职位,并敲定了政府结构和基本原则。1937 年 12 月 14 日,中国临时政府在北京成立。

华中维新政府

上述文件还显示如下内容:

建立华中新政府运动。

日军击败了上海及邻近地区的中国军队,接着在 1937 年 12 月 13 日占领南京之后,开始了在华中建立新政权的运动。首先,12 月 5 日,成立了上海市大道政府。除了上海,其他许多地方也成立了治安维持组织。在这些组织中,最主要的是 1938 年 1 月 1 日成立的南京治安维持会和杭州治安维持会。然而,即使在南京陷落之后,蒋政权和国民党在上海的影响力还是很大,远远超出预期。亲日分子甚至在公共租界也不能公开接近日本人。这样一来,与华北的情况不同,建立一个实质性的政权一直很困难。

1938 年 1 月 16 日声明发表后,近卫总理大臣和广田 1938 年 1 月 22 日对议会讲话,讨论日本政策,强调为了最终在东亚建立新秩序,预期会出现一个与日本紧密合作的中国新政权。1938 年 1 月 27 日,近卫内阁确定了《华中新政权建立方案》。也就是说,尽管声称这是一场中国人自发的运动,但日本政府还是自行确定了《华中新政权建立方案》。刚才引述的从日本外务省总务局得来的档案文件暴露了日方对这场运动的指导程度:

一、总则

(1)他们必须创建一个高度亲日的政权,逐渐摆脱对欧洲和美国的依赖,并为中国一个依赖日本的地区奠定基础。

(2)对该政权实行的指导要使其在将来发展过程中与华北政权顺利合并。应限于通过日本顾问作一般的内部指导。要避免任命日本官员进行具体指导和行政干预。

(3)蒋政权必须彻底推翻。同时,必须实现在日本占领区短期内排除共产党和消灭国民党。然后将此行动迅速扩展到邻近区域。

这个方案规定了名义上由中国人控制,但在行政和财政方面都受到日本人的指导。"应迅速建立财政基础,调整金融机构,实现日中在华中的经济合作。与此相关的措施在另一方案中阐释。"关于军备的指示是:"关于军备,应训练尽可能少的军队来维持和平与秩序,在日本陆军的指导下,努力恢复公共秩序。但海军和空军应纳入日本的国防计划。"新政权将按照下列各条成立:

应尽快建立新政权,必须通过培养新政权,用有形无形的压力摧毁反抗势力。

为此目的,应加强日本占领区正在陆续建立的地方自治机构,并强有力地激发公众对建立日本人支持的新政权的渴望。此外,应迅速实现上海和周围地区的经济恢复,以有助于新政权的建立。

新政权初始阶段的财政支出中,相当一部分应由日本承担。

对于战争灾民的救济和产业复兴,应迅速采取紧急措施。尤其要将农产品顺利供应到市场上;农民应安心春耕。

为此目的,当地的治安维持应由日本陆军尽最大能力负责,直到当地新政府机关成立。

建立新行政机构的顺序如下:

1. 中央政府机构,尤其是立法部门和行政部门。

2. 上海特别市机构。

3. 省政府机构。

4. 县及县以下自治机构的组建。

在执行第 1 条和第 2 条的同时,应将青帮和红帮(中国秘密会社)势力转为亲日势力,使他们直接和间接地协助新政权。

在确定新的行政区域时,应基本保留之前的行政区域。

加强新政权的同时,应在租界逐渐扩大日本人的势力,并在建立新政权之后,由新政权在适当时机接管日本陆军和海军控制的旧政权机关,同时使悬而未决的问题迅速得到解决。

在战争初期,创建新政权的运动已经开始。松井通过菅野试图劝说几个资深的中国官员组建一个新政权,但没有成功。当梁鸿志,也就是后来的华中政权首领,和其他一些人在日本陆军和海军特务机关的帮助下开始参与此事时,新政权开始逐渐成形。1938 年 3 月 28 日,维新政府,有时也称作改良政府或重建政府,正式成立了。它后来同华北临时政府一起接受汪精卫的邀请,组建了所谓的新的中央政府。

这样,日本创建一个亲日的,实际上由日本人统治的中国"政府"的计划实现了。

畑指挥日军入侵其他城市

1938 年 2 月 14 日,畑继松井之后被任命为华中派遣军司令官。三天之后，畑又接替西尾担任了中国派遣军总司令官，任职到 1938 年 11 月为止。

畑最初的任务是占领上海、南京、杭州三城市之间的三角地区。若中方无意妥协，那么日方将继续军事行动并把冲突地区进一步扩大至内地。在本庄和木户的一次谈话中，本庄说（据木户引述）："徐州会战之后，一方面有必要显示出将战局推向汉口的态度，但是与此同时，也必须采取步骤解决这个事变。如果事态没有朝所希望的方向发展，我相信无论如何都有必要与统帅部建立紧密联系，并做好打三年持久战的准备。"正如木户在 1938 年 5 月 19 日的日记中所记录的，他大致认同本庄的观点，并承诺将竭尽全力。

在巩固了上述三角区域后，畑向汉口挺进。1938 年 10 月 25 日，汉口落入日军手中。在汉口会战中，他从华北调动了 30 万至 40 万的兵力。这些部队深入中国腹地，在以下日期占领了以下重要城市：

1938 年 5 月 19 日，日军占领了津浦铁路和陇海铁路战略交叉点的徐州；1938 年 6 月 6 日占领了河南省省会开封；1938 年 6 月 27 日占领了长江要塞马当；1938 年 7 月 25 日占领了江西省主要商业城市九江；1938 年 10 月 12 日占领了平汉铁路要冲信阳；1938 年 10 月 25 日占领了位于中国中心的汉口。

因为在如此广阔的地域上占领了这些如此重要的城市，所以当畑接受侦讯时，他承认在中国进行的是一场战争，而不是日本政府避重就轻所称的"事变"，也就不足为奇了。

《国家总动员法》

由于预见到这是一场旷日持久的战争，日本政府制定了《国家总动员法》。法案由动员计划局起草，并由内阁批准。1938 年 2 月递交议会时，当时在军务局任职的佐藤协助总理大臣近卫对法案做了必要的解释，以确保法案的通过。《国家总动员法》于 1938 年 5 月 5 日开始生效。它旨在统制所有人力和物力资源，以期在战争时期（"包括相当于战争的事件发生时期"）最有效地把国力运用于"国防目的"。这部法律授权对全体日本臣民进行总动员,以及强制全体日本臣民、法人或其他组织与国家,或政府指定的组织或个人进行合作。

板垣就任陆军大臣

1938 年 6 月 3 日,根据陆军的意愿,板垣在近卫内阁 5 月改组之后被任命为陆军大臣。此前,板垣曾历任关东军参谋副长、关东军参谋长、在华日军的一个师团长,以及在参谋本部任职。武藤在 1938 年 7 月被任命为华北派遣军参谋副长。日本希望徐州会战将与中国陆军的主力会战并将其击溃,从而成为决定性的一战。由于在徐州失陷后中国政府仍然没有屈服,日本统帅部就开始实施进军汉口的计划,企图再度打击中国,以结束对华战争。意识到日中战争有持久化之虞,板垣试图强化日本国民的决心。1938 年 6 月 26 日,当他在就任陆军大臣后首次接受新闻记者采访时,他对同盟通讯社的记者说,陆军必须有继续作战十年左右的准备。他还说不管第三国的态度怎样,日本都会无恐惧、不迟疑地执行自己的政策。他解释道,鉴于日本政府 1 月 16 日发表了官方声明,没有正式对华宣战的必要。

陆军大臣板垣参加了五大臣会议,下面将就此会议上的一些决定予以说明。

对华政策和 1938 年五大臣会议

板垣加入内阁时,召开只有内阁总理大臣、外务大臣、陆军大臣、海军大臣和大藏大臣参加的五大臣会议早有先例。广田内阁和林内阁时期都是以这样的方式进行过商讨和计划部署。板垣担任陆军大臣之后,由于战争越来越激烈,五大臣会议的重要性和召开的频率都有所提升。板垣参加了 1938 年 6 月至 10 月之间召开的五大臣会议,会议做出了一系列与最重要的对华政策有关的决定,不仅对作战方式进行指导,而且还指导着在中国建立一个与业已建立的地方性傀儡政府不同的、全国性的由日本人统治的政府即傀儡政府。例如,7 月 8 日,会议决定了在蒋介石政府投降情况下将采取的做法：

如果中国中央政府投降，日本将视其为政权之一，并按照御前会议决定的政策处置，即"必须使其加入新成立的中国中央政府"。

"如果现中国中央政府投降并接受下述第三项条件（文件第三项，投降条件），则或者视其为友好政权，允许其加入新成立的中央政府，或者使其成立另一个新的与其他现存的亲日政权合作的中央政府。"

现中国中央政府投降的认可条件包括：

"蒋介石下野。"

如果蒋介石总司令继续抗争，同一天做出了替代性决定。

应指明，日本的政策一直是扶植并扩大日本人控制的"中央"政府，关于日本组建"中央"政府的经过前面已经说过。

1938 年 7 月 15 日，五大臣会议又做出了与"新"中国中央政府有关的决定：

> 尽管新的中国中央政府的成立主要应该由中国人承担，但日本应该给予内部协助。他们的政体应采纳各地方政府之间进行合作的原则。

> 通过临时政府和维新政府之间的合作，应尽快建立联合委员会，以后蒙疆联合委员会应加入此委员会。然后我们应该对这个政权加以指导，逐渐吸收其他各种势力或与这些势力合作，使之成为真正的中央政府。

指导"新"中央政府发展的是"我们"，即日本人，而不是中国人。

> 新的中央政府应等到攻陷汉口之后再成立，届时蒋介石政权将降格为一个地方政府，或者等到蒋介石下野，现在的中央政府改组之后再成立。

> 如果蒋介石政权分裂或改组，并且产生一个亲日政府，我们将使

它成为中央政府系统的一分子,继续建立一个中央政府。

　　与我们控制下建立新的中国中央政府相联系,日中关系的调整应在以下基础上进行,并且具体事项应逐项分别决定。

这个"基础"包括:"基于互惠,尤其是在睦邻友好、反共产国际、联合国防和经济合作的基础上,制定日本、'满洲国'和中国之间的合作总政策。为了达到这些目标,日本将在特定时期给予内部指导。"

五大臣会议的以下决定确立了"新"中国政府的军事地位:

　　我们将促使中国军队投降,与他们和解并将他们置于控制之下。通过激发他们的反蒋和反共意识,使尽可能多的中国军队与日本陆军合作消灭抗日和亲共的军队,我们将努力使他们支持新政府,从而把民族冲突引向意识形态的对立。

　　必要的日军将驻扎在占领区内的交通要道,如港口、铁道、水路等,以及重要资源所在地;在偏远地区将组织中国的武装部队以确保安定。兵员人数将根据当地实际形势来确定。

　　我们将缔结一个防共军事联盟,并逐步改编中国陆军,将其置于日本陆军的指挥之下。情况允许时,我们将把我们的军事力量裁减至国防所需的最低水平。

关于经济问题的决定包括以下各点:

　　经济和交通的发展将有利于日本、"满洲国"和中国的国防建设,并能满足三国的经济发展需求和民众的福利。尤其是,日本将切实掌控必要的交通运输系统。在华北,国防需求是第一要务;在华中和华南,将特别考虑民众的利益。

　　发展经济应遵循以下原则,要照顾到日本、"满洲国"和中国的相互需求，大力推进三国经济圈建设。然而，我们要尊重第三国的既得权益，不干预他们参与经济开发。

铁道、水运、航空和通信将由日本人实质上控制，并满足军事行动需求和有助于民众福利。

这些出自五大臣会议政策决定的引文表明了日本的总体方案，以在中国成立一个表面上是中国人自治，但实际上完全由日本人支配的政府。

土肥原机关

为了依据上述思路推进在中国成立一个新的中央政府的计划，五大臣会议于 1938 年 7 月 26 日决定设立对华特别委员会。这个决定的详细内容如下：

对华特别委员会隶属于五大臣会议，是根据五大臣会议的决定专门贯彻落实重要的对华谋略及建立新的中国中央政府的执行机关。

与上项业务有关的各地现行机关，其上项业务受对华特别委员会的领导。

对华特别委员会和大本营之间的联络由陆军大臣和海军大臣负责。

7 月 29 日，以土肥原、津田和坂西为核心成立了对华特别委员会，其职能确定如下："第一项中的对华重要策略是关于政治和经济的战略部署，与军事行动没有直接联系。"尽管土肥原是最年轻的委员，但他是唯一的现役军人。由于委员会的任务由土肥原负责执行，于是就在上海成立了以他的名字命名的"土肥原机关"。土肥原能利用他所掌握的关于中国的丰富知识以及他与中国人的亲密交往。根据上项方针，他首先开始策反在野的政客唐绍仪和将军吴佩孚，其目的是在中国高层人士"敌营内"建立一个反蒋政府。吴佩孚当时在北平过着寓公生活。土肥原策动吴佩孚重新出山与日本积极合作。这个安排被称为"吴项目"。这项工作的经费是由中国被占领地区的海关节余款项划拨过来的。

唐绍仪遇刺，与吴佩孚的谈判未果，于是土肥原将目光投向别处。设在中国的土肥原机关协助开展了一项让汪精卫去华中地区的计划。土肥原机关向东京报告了与汪精卫同党一起开会的情况，会议安排了汪精卫到上海等事宜。尽管土肥原声称当时他本人是在东京，但是很显然这些计划是在他的掌控之中。

傀儡政权的"联合委员会"

正当土肥原等人竭力推行在中国建立一个由中国人组成的新的中央政府时，日本陆军当局在日本披露了他们将贯彻这一政策的决心。时任陆军省新闻班长的佐多[1]针对"中国事变"做了两次演讲，说政府的根本态度参见 1938 年 1 月 16 日的声明，而且建立一个新政权的决心是绝对不可动摇的。1938 年 8 月 27 日和 28 日，东京政府代表和日本陆军当局驻天津代表在日本的福冈会晤，并决定了一项协调临时政府、维新政府和蒙疆联盟的基本计划。1938 年 9 月 9 日，五大臣会议通过了一个计划，即这些中国的亲日机构成立一个联合委员会。在日本做出了这些决定之后，在中国的日本人就开始了成立"新"中央政府的工作。1938 年 9 月 9 日和 10 日，临时政府和维新政府的代表在大连与日方代表会晤，并就在北平成立"联合委员会"事宜做出安排。委员会的目的在于协调和统一各种傀儡政权，特别是临时政府和维新政府，并为将来成立"新"中央政府做准备。1938 年 9 月 22 日，委员会成立仪式在北平举行，第二天召开了委员会的第一次会议。

占领广州和汉口

1938 年 7 月 8 日举行的五大臣会议决定要占领中国的某些战略要地。

1　原文为 SATA，系 SATO 之误，实为佐藤。——译者注

依据此决定,日军在 1938 年 10 月 20 日占领广州,在 1938 年 10 月 25 日占领汉口。按照常规方式,日本采取措施对这两座重要城市和周边日占地区行使行政管辖。1938 年 10 月 28 日,陆军省、海军省和外务省同意了对广州和汉口地区实施行政管理的办法。这些办法规定政治事务由日本人控制,并发展"治安维持会"。虽然这些政权表面看起来是由中国人发起成立的,实际上在政治上是由日本人给予指导的。这些政权与对华特别委员会保持密切联系,这个委员会如前所述,是一个土肥原领导下的特殊机构。在占领广州这一事件上,陆军省、海军省和外务省发出了以下特别训令:

"地方政权机构的组建应由中方启动。但是,应在我方政治指导机构(陆军省、海军省和外务省当局设在广东的联络会议)配合下,主要由我方战略机构(对华特别委员会)促使地方政权早日建立。在政权建立之后,我方政治指导机构应对其进行内部指导。"

占领中国的战略要地这一政策的执行范围远不限于广州和汉口,因为 1938 年 11 月 25 日的五大臣会议决定占领中国最南端的海南岛。1939 年 2 月 10 日,日军占领了海南岛。

日本终结与国际联盟的所有关系

尽管日本已于 1933 年 3 月宣告退出国际联盟,然而它依然参与国联的某些活动。攻陷汉口与广州之后,日本对待第三国的态度变得强硬起来。1938 年 11 月 2 日枢密院举行过一次会议,由平沼主持,出席的高官有内阁总理大臣和包括荒木、木户、板垣在内的内阁大臣,以及枢密顾问官南和松井。会议考虑了在涉及枢密院职权范围内的外交和条约问题上继续与国联合作的问题。鉴于国联理事会在 1938 年 9 月 30 日通过了谴责日本的决议,出于国家荣誉,日本不可能和国联的机构进一步合作,于是拟定了一份计划,内容是除了南洋诸岛的委任统治之外,日本与国联各机构的合作关系都将终止。会议投票一致通过了此计划。这个决定立即通知了国联。

东亚新秩序

在决定完全与国际联盟脱离关系后,日本就开始向所谓的"东亚新秩序"迈进了。1938年11月3日,日本政府向全世界发表声明说,由于中国的重要城市广州、武昌、汉口及汉阳的陷落,国民政府已经成了一个地方政权,日本的终极目的是与"满洲国"和中国合作建立一个将会确保东亚永久和平的新秩序。

1938年11月29日,外务大臣有田向枢密院提交了一份报告,其中比较重要的话语如下:

> 关于调整新的中日关系的方针,我们的意图是在以下诸要点的基础上,通过日满华三国在政治、经济和文化领域的互相合作来建立东亚新秩序;……关于和蒋介石政府媾和问题……我们的方针是不付诸实施。……帝国将以已经在汉口和广州建立的亲日政权为基础,扶持成立新的中央政府,新的中央政府基础巩固之后,我们希望实现以下诸项:……日满华全面合作;……在华北及蒙疆设立在国防和经济领域中日高度结合的地带……在长江下游设立经济合作方面中日高度结合的地带……在华南,除了在沿海某些指定岛屿设立特别区外,应尽力巩固中日合作的基础并以巩固主要城镇的协作为起始点。……关于共同防卫的原则……我们希望日满华以共同防共和互相合作维持公共治安为主要目标,采纳以下方案;……除了为保证和维持治安之目的在特定地区和岛屿驻兵外,日军将及早撤离。……最近,英美等国已经基于门户开放和机会均等原则提出了抗议。关于这一点帝国政府的意图是通过如下政策来应对此局势,即,以在帝国生存和国防需要的基础上建立日满华经济集团的立场来审视所谓的门户开放和机会均等原则,凡有悖于这一立场的一概不承认此类原则。……我们的主要目标是:(a)日本应主要在华北及蒙疆地区实质上支配

国防资源的开发;(b) 以建立日满华经济集团的立场调整新中国的币制、关税及海关制度。各国的在华权益只要与以上两个主要目标不相抵触,我们将不会故意对它们进行排斥和限制。

1938 年 12 月 22 日,总理大臣近卫又发表演说,重申了日本消灭中国国民政府和确立东亚新秩序的决心。

日本的这种"东亚新秩序"引起了美国的严重关注。1938 年 12 月 30 日,美国驻东京大使格鲁根据美国政府的训令,向日本政府递交了照会。在递交照会过程中,他说:"进一步而言,关于在中国某些地区的外汇管制、强制性货币流通、关税修订,以及垄断升级等诸多问题,日本当局的计划及行动皆蕴含着它们的假设,即日本政府或那些由日本军队在中国建立和维持的政权有资格在中国以主权所产生的身份行事,而且在如此行事时可以无视甚至宣称不存在或废除包括美国在内的其他国家的既得权益。"1938 年 12 月 31 日格鲁大使又一次提交了照会,通知日本政府,美国政府认为所谓的"新秩序"不能通过日本单方面宣言来建立。

1939 年 3 月 17 日,《日本广知报》(*Japan Advertiser*)报道说,板垣在议会声称,为了建立所谓的"新秩序"而与第三国发生冲突在所难免。苏联是日本的第一个目标,英国和法国是日本的第二个目标。

1939 年 7 月 7 日是卢沟桥事变两周年纪念日,据报道板垣接受了记者的采访,在此过程中他说,要履行好日本建设东亚新秩序的使命,就必须排除第三国的不当干涉。

兴亚院

日本陆军深入中国内地之后,在筹备组建新的中央政府之前,日方采取了一些步骤来审查日占区的行政管理,迄今为止日占区的行政管理都由日本陆军的特务机关承担。外务大臣宇垣希望成立一个新的机构,来处理外务省的中国事务,但陆军反对这一建议。后来在陆军提议下,决定制订计划设立中国事务局或类似机构。计划设立的新机构不同于1938年7月26日五大臣会议创建的对华特别委员会。后者涉及的是摧毁中国国民政府及建立一个新中央政府的手段，而计划建立的事务局主要是用来处理占领区的行政管理事宜。

1938年12月16日，这个新机构以兴亚院的名称成立，意思是亚洲发展局，但是更多地被称为中国事务局。它的总裁是总理大臣，副总裁是外务、大藏、陆军和海军大臣。根据它的规制，兴亚院负责管理下列事项：处理政治、经济和文化事务，并制定与此相关的政策方案；监督根据特别法在华开办企业或经营商业的公司；协调日本政府各机关运行的在华行政事务。兴亚院本部设在东京，在上海、北平、张家口、厦门设四个联络部，在广州和青岛设有两个派出所。铃木贞一是兴亚院的创始人之一，担任兴亚院政务部长。东京本部的决定传达给支部或"联络部"之后，由这些支部或联络部与当地中国当局交涉实施东京决定的方法。

虽然设立了兴亚院，但在华的日本陆军对行政事务仍不肯放手。特务机关继续存在，并且辩称因为军事行动的缘故，陆军有必要进行干预。

兴亚院所掌管的诸多事项之一是鸦片。兴亚院研究中国各地的鸦片需求状况，办理把鸦片从蒙古分配到华北、华中及华南各地的工作。日本的对华毒品政策将在其他章节详述。

汪精卫逃离重庆

成立"新"中央政府的行动，自1938年12月18日汪精卫从中国战时首都重庆出走后愈益甚嚣尘上。汪是国民党副主席、国防会议副主席。早在1938年春，曾任中国外交部官员的高宗武和董道宁，与陆军参谋本部中国课课长影佐联络，并由军用飞机载到日本。在日本时，影佐和他们谈到了恢复中日和平问题。于是提议为了促进两国和平，必须在蒋介石以外另找他人，汪精卫为适宜人选。这次会谈的内容被上报至参谋本部，并由参谋本部加以讨论。1938年秋，参谋本部某军官将高宗武和梅思平起草的《中日和平条件试行方案》从上海带到了东京。板垣在五大臣会议上提出了这个试行方案，并根据日本政府早先草成的《日中关系调整方针》加以修正。1938年11月18日，影佐奉板垣之命赴上海与高宗武和梅思平会谈。对提案条件做出数项修正后，决定汪精卫应按照预定计划离开重庆，随后日本政府将宣布建议的和平条件。这些安排经1938年11月25日五大臣会议批准，又在1938年11月30日的御前会议上得到批准。于是如上所述，汪精卫在1938年12月18日离开重庆，并于1938年12月20日抵达法属印度支那的河内。值得注意的是汪精卫离开重庆的预定日期，至少在六天前就已被日本政府得知，因为木户在12月12日的日记中写道："据报18日汪兆铭（汪精卫）将逃出重庆，目前不宜披露我国的政治不稳定情况。"

近卫三原则

汪精卫逃离重庆后，1938年12月22日总理大臣近卫按照预定计划发表了声明。近卫声明的要点如下：

（1）日本、"满洲国"和中国应团结起来，以建立东亚新秩序为共同目标，为实现此目标，中国将抛弃对日本的抵抗及对"满洲国"的敌意。

（2）日本认为，日中两国缔结一份反共产国际协定是调整中日关系的紧急要务，该协定应与日德意三国缔结的《反共产国际协定》的精神相一致。鉴于中国现有的实际情况，应在特定地点驻扎日本军队。内蒙古应作为特殊防共地区。

（3）日本并不希望在经济上独占或限制第三国利益；但是日本要求中国应根据两国之间平等的原则，承认在中国内地的日本国民有居住和经商自由，以促进两国的经济利益，并且应为日本开发中国的自然资源，特别是开发华北及内蒙古的自然资源提供便利。

遵照预定计划，汪精卫于1938年12月29日在河内发表演说，宣称近卫声明的三原则是符合和平精神的，因为日本政府庄严宣告，日本将尊重中国的主权、政治独立和领土完整，既不以独占中国经济为目的，又不要求限制第三国的在华权益。汪精卫主张为了迅速恢复两国间的和平，中国政府应尽快与日方交换意见。

这就是日本为它拟扶植成立的以汪精卫为首的"新"政府接受日本和平条件所作的铺垫。日方将以这些方式结束棘手而难以摆脱的对华战争，脱出身来在别处实现其战略计划。与此同时，日方将扶植一个谦恭听话的政府，以此在军事和经济上完全控制中国。

平沼组阁

临近 1938 年岁末，总理大臣近卫考虑辞职。平沼对此表示反对，因为（如他对木户所说的）汪精卫已经离开重庆，此谋划正在稳步推进。而近卫却坚持要辞职。1939 年 1 月 5 日，平沼接替了他的职位。荒木依然担任文部大臣，木户接受了内务大臣的职位，板垣继续担任陆军大臣。

板垣在同意留任之前，代表陆军提出了七项要求：

（1）在"中国事变"问题上，应根据必须作为一个整体采纳的既定政策，特别是包含重新调整对华关系基础的 1938 年 12 月 22 日宣言，实现"圣战"的目标。

（2）为了应对东亚的新局势，应制订国防计划，并以扩充军备为目标。

（3）应加强日本、德国和意大利之间的关系。

（4）应强化国家总动员体系，应扩充和强化企划院。

（5）应尽最大努力提高生产力。

（6）应激励国民士气。

（7）应扩大贸易规模。

这些要求产生的第一个效果就是 1939 年 1 月内阁会议通过了企划院起草的《扩大生产力计划纲要》。此纲要规定，为了在 1941 年之前提高国防和基础产业水平，要制订日本、"满洲国"和中国全面扩大生产力的计划，以准备好"日本国运未来划时代的发展"。1939 年 1 月 21 日，总理大臣平沼在议会发表演说称，关于中国事务，他的内阁一定会执行与前任内阁相同的既定方针,对于不能理解并坚持抗日者,将断然予以消灭。与此同时,日本在中国继续进行军事行动。如以上所述,1939 年 2 月 10 日日军占领了海南岛,1939 年 3 月 26 日占领了江西省省会南昌。

我们现在休庭到明天上午 9 点 30 分。

(16:00 休庭,至 1948 年 11 月 10 日星期三 9:30。)

1948 年 11 月 10 日,星期三

日本东京都旧陆军省大楼内远东国际军事法庭

休庭后,9:30 庭审人员到场。

出庭人员:

法官席,所有成员就座。

检方人员,同前。

辩方人员,同前。

(英日、日英口译由远东国际军事法庭语言部负责。)

法庭执行官: 远东国际军事法庭现在继续开庭。

庭长: 除贺屋、白鸟和梅津由律师代表外,所有被告均出庭。巢鸭监狱军医出具了以上三名被告今天因病不能出席审判的证明。这些证明将记录在案并归档。

我继续宣读本法庭的判决书。

汪精卫赴上海

1938 年 12 月 22 日和 29 日近卫和汪精卫分别发表的演说拉开了在中国建立新的中央政府的序幕。1939 年 3 月,日本五大臣会议决定派影

佐去河内将汪精卫送到"安全地区",这个地区被确定为上海。1939年4月17日,影佐带着外务大臣有田、陆军大臣板垣、兴亚院部长铃木及海军大臣米内给汪的私信来到河内。汪精卫告诉影佐,他将以上海为基地发起一场和平运动。日方采取最高等级保密措施把汪精卫从河内送往上海,于1939年5月8日抵达。

汪精卫访问日本

在与汪一起赴沪途经台湾时,影佐向东京的陆军省报告说,由于预期可能遭遇反对,汪精卫希望尽快在最便于他开展各种活动的地方安顿下来。后来影佐确实为汪在上海设立了总部。日本人还设立了影佐机关来协调日本宪兵和汪精卫随从的工作。

汪很关心确认日本政府方面的意见。1939年5月31日,他由影佐及其他日本人陪同,从上海飞往东京。在东京期间,他和平沼、板垣、近卫、有田及米内进行了会谈。在汪到东京后不久与平沼举行会谈时,平沼告诉他,平沼内阁继承了近卫声明的精神,并将严格遵守。1939年6月15日,汪会见了总理大臣平沼的代表陆军大臣板垣。板垣说日本不能解散已经存在的临时政府和维新政府这两个政权,因为与这两个政权有关的那些人一直以来都忠实于日中和平合作计划。板垣建议在临时政府内设立一个政治委员会,在维新政府内设立一个经济委员会,作为在地方上维持中日关系的基础。汪对此没有异议。板垣还建议更换中国国旗,因为青天白日旗被视为抗日的象征。板垣又问汪精卫对于承认"满洲国"独立的意见,汪回答说,他的目的是中日和平,他坚信除了承认"满洲国"之外别无选择。

1939年6月五大臣会议的决定

平沼说,他在1939年6月10日与汪精卫的谈话中讨论了中国的未来,并表示除了"采取中国认为合适的措施"之外别无他法;但是4天前,即1939年6月6日,当汪精卫还在日本的时候,五大臣会议通过了《新中央政府的建立方针》。总体而言，这个方针的目的是建立一个亲日的政治体系，拥有以联邦政府形式存在的"新"中央政府及其一系列地方政府，"但是其具体内容应与日中新型关系的调整方针相一致。"关于重庆政府，这个方针规定，"如果重庆政府有意改弦更张"，就可以作为新政权的构成部分之一。其中详细讲道："当重庆政府放弃抗日容共政策，并且实行必要的人事改组……结论是（原文如此）它已经向我们投降，应使它成为新中央政府的一个构成部分。"方针规定"成立的时期及其具体事宜应与日方协商后决定"。此外还决定，"日方应为此运动提供必要的积极的内部援助"。之所以要起草并发布这样的方针，是因为当时正与汪精卫进行商谈，规定了要求汪精卫必须做到的一系列条件及《汪精卫工作指导纲要》。此政策决定使日方的目的暴露无遗，那就是要利用汪精卫在整个中国成立一个由日本控制的政府。这就是事实，尽管影佐在其证词中称"汪精卫方面提出了包含尊重中国主权、不干涉中国内政、只在中方要求的情况下派遣日本顾问等广泛原则的要求"，而且中方的这些建议"基本上都被采纳了"。

内阁更迭及持续的在华军事行动

1939 年 8 月底至 1940 年 1 月中旬四个半月间，发生了两次内阁变动。1939 年 8 月 22 日 [1]《苏德互不侵犯条约》的签署，导致一直试图缔结日德意三国同盟的平沼内阁提交了辞呈。1939 年 8 月 30 日，阿部大将组阁。畑接任板垣的陆军大臣一职，武藤担任了军务局长。1939 年 9 月 12 日，板垣被任命为驻扎在南京的中国派遣军总司令部的总参谋长，通过支持汪精卫的和平救国运动继续其阴谋行径。在中国的军事行动继续向内陆深入。1939 年 7 月 20 日，华中军向陆军次官和其他机构的官员提交了"形势分析报告"。报告除其他事项外，说明了在华日军的未来计划。报告称在华日军已决定，应成立以汪精卫为首的新中央政府，在其发

1　原文为 22 August 1939，其中的 22 系 23 之误，实为 1939 年 8 月 23 日。——译者注

展进程中应给予积极支持。

1939 年 12 月 23 日，日军在中国最南端的龙州登陆。第二天，日军占领了广西省省会南宁。1939 年末，日本命令空军轰炸云南铁路，以切断法属印度支那的海港城市至中国内地的战争物资供给线。1940 年 1 月，日本政府再次改变。总理大臣阿部于 1940 年 1 月 12 日辞职，米内接任阿部的职位。但是日本的对华政策保持不变。

傀儡中央政府的成立

汪精卫从日本回来后，和华北派遣军司令官多田及临时政府和维新政府的领导人会面，商议成立提议中的傀儡中央政府。到此时，即 1939 年 7 月，影佐已经在上海设立了影佐机关（梅机关），与兴亚院、陆军省、海军省及外务省合作。这个机关协助建立"中央政府"，为此日本将 4 000 万日元的贷款垫付给了汪精卫。1939 年 8 月 28 日至 9 月 6 日，汪精卫召开了"国民党第六次全国代表大会"，会议修改了党纲，通过了日方的建议作为原则，并商议召开中央政治会议以成立新的中央政府。此后，汪邀请临时政府和维新政府参与组建中央政治委员会和成立新政府。

根据影佐的说法，为了实施兴亚院在 10 月制定的试行方案，日本采取了一些步骤，日本政府和汪精卫在 1939 年 12 月 30 日就这个计划取得了共识。汪的代表和东京的日本官员还就设立新政府的细节达成了共识。后来，在 1940 年 1 月，临时政府和维新政府的代表及日本陆军代表在青岛开会，决定合并现有诸政权。1940 年 3 月 30 日，汪精卫政府正式成立。

第六节 大东亚共荣圈

与日本在亚洲大陆统治中国的计划密切相关的是建设一个"大东亚共荣圈"的构想。人们认为这势必会导致日本与第三国利益发生冲突。

1939 年 7 月 7 日，在卢沟桥事变爆发两周年之后，《日本时邮报》（*Japan Times and Mail*）报道，平沼内阁的陆军大臣板垣和海军大臣米内表示，日本在履行建设东亚新秩序的使命时必须排除第三国不当干涉。文章继续报道他们的言论："全国人民必须表示他们的坚定决心，永不放弃自己'让东亚成为东亚人的东亚'之目标。为实现这一目标，不惜承受任何苦难。"1940 年 6 月 29 日，日本外务大臣有田发表广播演说，重申了日本建设东亚新秩序的使命，以及"千方百计杜绝援蒋活动"的决心。有田说东亚各国和南洋各地彼此之间有千丝万缕的关系，为了共同的福利和繁荣，命中注定要合作互助；在共存和稳定的基础上，把这些地区联合成一个整体是一个天经地义的结论。在陆军省、海军省和外务省代表参加的会议中，谈到了对英开战及占领英属殖民地的可能性，谈到了日本的意图，即远东新秩序应包含南洋在内，特别应包括从缅甸和印度东部至澳大利亚和新西兰范围内的整个地区。

1940 年 6 月 29 日是日本宣布其东亚及太平洋地区扩张政策的日子，这一天具有重大意义。与之相关的各国，荷兰已被德军占领，荷兰政府在流亡之中；法国已向德国投降；英国即将面临为生存而战的关头；如果美国此时加以干涉，几乎必然面临与日德意作战，但美国重整军备的状况还不适合应付这样的战争。对于日本来说，这是侵占邻国扩张领土千载难逢的好机会。

第二次近卫内阁

1940 年 7 月中旬，由于畑辞去陆军大臣的职务之后，陆军拒绝推荐继任人选，米内内阁受陆军所迫只得辞职了。正如木户所说，由于近卫"被认为是有望解决中国事变的人选"，他再次受命组阁。东条成为陆军大臣，平沼、铃木和星野担任无任所大臣。1940 年 7 月 22 日完成组阁。新的外务大臣松冈继续实行建立大东亚共荣圈的政策，1940 年 8 月 1 日他发表声明称，日本当下的外交目标是以日满华为核心确立大东亚共荣圈。1940 年 9 月 28 日，日本政府制定了《日本外交方针纲领》，纲领规定必须努力实现日中两国之间的全面和平,促进大东亚共荣圈的建设。根据该计划,在包括法属印度支那、荷属东印度、海峡殖民地、英属马来亚、泰国、菲律宾群岛、英属婆罗洲及缅甸在内的这些地区,日本应以日满华为核心组建一个把这些国家和地区的政治、经济和文化结合成一体的区域。

日本对华的进一步军事行动

尽管 1940 年 3 月 30 日汪精卫政府在南京正式成立,重庆的中国国民政府依旧坚持抗日。为了迫使中国政府投降,日本加紧了侵华军事行动。1940 年 6 月 12 日,日军攻占了四川省的门户宜昌,而重庆就在四川省内。1940 年 6 月 30 日,日军再次攻占曾被中方夺回的开封。日本政府还坚持向印度支那派遣军队,以切断中方的供给线并从后方威胁中国。1940 年 9 月 14 日,木户建议天皇批准上述行动。日方与法国当局经过旷日持久的谈判之后(这将在以后叙述),终于达成协议,允许日本军队从 1940 年 9 月 23 日起占领法属印度支那北部,用于开展针对中国的军事行动。

日本和汪精卫政府签订条约

新政府就职之后,日本所派的特命全权大使不是职业外交官,而是一名军人——阿部信行大将。这是依循"满洲国"的先例,即由关东军司令官兼任日本驻"满洲国"傀儡政府的大使。阿部大将在 1940 年 4 月 23 日抵南京,恢复中日关系的所有工作都已准备就绪。汪精卫和阿部经过长时间谈判之后,在 1940 年 8 月 28 日就一份条约草案取得了共识,三天以后进行了草签。经过进一步交涉并对条文略加变更后敲定了最终文本。1940 年 11 月 13 日御前会议后,条约被提交给枢密院,并于 1940 年 11 月 27 日在枢密院全体会议上获得通过。1940 年 11 月 30 日,在南京正式签订了这份条约。

《日华基本关系条约》

1940 年 11 月 30 日签订的这个条约和相关文件从表面上看,是在建立东亚新秩序并以此为核心贡献于世界普遍和平的共同理想下,维持中日双方作为友好邻邦的相互尊重与合作。条约规定,双方政府同意消除有损双方友好的起因,共同抵御共产主义,为此目的,日本应在蒙疆及华北特定地区驻扎所需部队。汪政府同意承认日本有权在中国特定地区驻扎海军部队及舰艇。条约还规定日汪双方政府对于华北及蒙疆的资源,尤其是国防上所需要的资源,应密切合作,互通有无,互应所需。为了开发其他地区的资源,汪政府同意给予日方积极而充分的便利。双方同意促进贸易通商,尤其在促进长江下游地区的贸易通商方面要开展特别密切的合作。条约还附有两个秘密协定。第一个秘密协定是双方同意在外交上一致行动,对于第三国采取的任何措施不得违反该原则。汪政府还同意在日军驻地满足日方对于铁路、航空、通信、水道的军事需求。在平时中国的行政权和执行权应得到尊重。第二个秘密协定允许日本舰船"自由出入和停泊在中华民国领土辖区内的港湾水域"。汪政府同意,在厦门、海南岛及附近岛屿的特种资源,特别是国防必需的战略资源的规划、开发和生产方面进行合作,给日本的战略需求以便利。另外,在汪精卫给阿部的一封信中,汪承诺在日本继续在华军事行动期间,将与日本合作使其完全实现战争目的。这个条约正式签订当天,《日满华共同宣言》发布,它约定日满华三国将互相尊重主权和领土,作为友好邻邦开展全面合作、共同防共和经济合作。根据这个条约及其附属的秘密协定,日本获得了汪政府外交活动的话语权,在中国留驻陆军和海军部队的权利,利用中国达成战略目的以及将中国的天然资源用于"国防"的权利。换言之,抛开这些文件中的外交辞令,中国在最乐观的情况下将成为日本的一个省或一个总督管辖区,在最悲观的情况下将成为一个任凭榨取以满足日本军事和经济需要的国家。

断断续续的和谈与持续的军事行动

就成立新的中央政府和取得军事及其他方面的优势而言,日本政府可能颇为满意地把签署上述条约视为实现了1938年1月16日近卫声明所阐述的方针。与此同时,如何应对抗日拒降的重庆国民政府仍然是个悬而未决的问题。在此期间,日本政府的态度似乎是游移不定或左右摇摆。条约签署之前,日方已经对重庆国民政府进行过和平举动,但没有造成可见的结果。外务大臣松冈企图主导这些谈判,派遣了田尻、松本等人前往香港。不过这些努力也没有取得任何成果。与汪签署条约后,日本政府对重庆国民政府的态度又变得强硬起来。1940年12月11日,阿部收到了如下训令:

"现在帝国政府已经承认(南京)国民政府并与其建立了正式的外交关系。然而,不仅中国事变仍在继续,而且我们至少要使局面适应于长期战争,鉴于此态势,你应当根据帝国的既定政策和中日新条约的条款,迅速培育并强化(南京)国民政府。"其后,对重庆国民政府的军事打击继续进行。1941年3月1日,畑再次被任命为在华日军总司令官。1941年3月18日,佐藤被任命为对满事务局事务官。1941年4月10日,木村被任命为陆军次官。根据近卫、木户、陆军大臣和海军大臣之间达成的协议,铃木成为内阁企划院总裁。1941年4月21日,重庆后方具有重要战略地位的云南省省会昆明遭到轰炸,美国领事馆建筑受损严重。此前已在空袭中蒙受损害的重庆也在1941年5月9日、10日和6月1日再度遭到日军轰炸。

赫尔和野村关于中国问题的会谈

在此期间,日本驻美国大使野村和美国国务卿科德尔·赫尔在华盛顿就影响世界和平的问题,尤其是中日关系问题举行会谈。关于这次会谈将在后面详细谈到。此处仅列举日本的下列要求:

(1)美国停止援华。

(2)美国帮助劝说蒋介石直接与日本进行和平谈判,实际上是要其接受日本的条件。

(3)承认"满洲国"。

(4)通过日军驻华,行使将中国置于军事从属地位的权利。

1941 年 7 月 2 日又召开了一次御前会议，出席的有东条、铃木、平沼和冈。这次会议通过了应对当前形势变化的日本国策纲要。除其他事项外，会议决定进一步施压，"促使蒋介石政权尽快投降"。

第三次近卫内阁

外务大臣松冈关于日美交涉程序的看法与总理大臣近卫不尽相同。松冈赞成向东亚及太平洋扩张，同时还应进攻已被德国入侵的苏联，但大多数领导人认为这项政策超出了日本的能力。为了摆脱松冈，近卫内阁于 1941 年 7 月 16 日提出辞职。

1941 年 7 月 18 日，近卫第三次组阁。丰田接替松冈出任外务大臣。日本政府的根本政策则没有改变。

日美交涉仍在继续。1941 年 8 月 27 日，近卫致信罗斯福总统。同一天的日本政府声明也交予了罗斯福总统。除其他内容外，这份声明书把日本在法属印度支那的行动说成是为了加快解决"中国事变"。罗斯福总统在答复中重申了被视为国与国关系之基础的原则，即尊重所有国家的领土完整和主权，以及支持不干涉他国内政的原则。在接到答复后，近卫在 1941 年 9 月 5 日召开内阁会议，会议决定在 1941 年 9 月 6 日召开御前会议。东条、铃木、武藤和冈都出席了这次御前会议。除了决定在10 月中旬停止谈判外，会议还明确了在建议举行的近卫和罗斯福会谈上就"中国事变"提出下列要求：

（1）美英不应妨碍日方根据《日华基本关系条约》和《日满华共同宣言》来解决"中国事变"。

（2）应封锁滇缅公路，美英不应给予蒋介石军事援助或经济援助。

1941 年 9 月 22 日，丰田将日本准备对中国提出的和平条件书面文件交给格鲁大使。条件如下：

（1）睦邻友好。

（2）尊重主权和领土完整。

（3）日中共同防卫，因此日本陆军和海军部队将在中国某些地区驻扎。

（4）中国事变解决之后日方撤军，第（3）项所述驻军除外。

（5）日中经济合作。

（6）蒋介石总司令的政府和汪精卫政府合并。

（7）不吞并。

（8）不赔款。

（9）承认"满洲国"。

虽然日本人把他们的目的说得冠冕堂皇，并提及了与汪精卫政府签署的条约，但实际上这些条款将使日本在政治、经济和军事上彻底统治中国。

1941年10月9日，当木户和总理大臣近卫讨论当时的形势时，木户说，虽然不适宜立即和美国开战，但日本必须为结束可能会继续10年至15年之久的"中国事变"作好军事准备，要调动日本在华的全部军事力量去实现针对昆明和重庆的计划。1941年10月12日，内阁在陆军大臣东条的坚决要求下达成以下共识：日本在中国驻军的方针或其他与中国有关的政策不应动摇，并且绝不能做任何有损中国事变成果的事情。换言之，这意味着在任何情形下，日本都不应放弃已在中国取得的或将来有望取得的任何利益。1941年10月14日，在内阁会议召开之前，近卫敦促东条进一步考虑日美开战和终结中国事变的问题。东条仍然反对在从中国撤兵问题上对美国做任何让步，他说近卫过于悲观了。在当天举行的内阁会议上，东条固执己见，导致会议陷入僵局。1941年10月16日，近卫辞职。

东条组阁

近卫辞职后，东条被木户举荐为总理大臣。广田对于举荐东条也明确表示赞同。在新内阁中，东条兼任陆军大臣和内务大臣，东乡担任外务大臣并兼任拓务大臣，贺屋成为大藏大臣。铃木担任兴亚院总务长官兼任企划院总裁。岛田任海军大臣，星野被任命为内阁书记官长。和之前一样，兴亚院总裁由总理大臣兼任，陆军、海军、外务和大藏四位大臣担任副总裁。

美日会谈继续

新的东条内阁成立后,日本政府继续与美国政府进行外交谈判。但是,当时日本一方面显得急于得到结果,另一方面在对华问题的态度上又不愿作任何实质性改变。1941年11月4日,东乡通知野村,来栖被派去协助他谈判。就在同一天,东乡又将打算向美国政府提出的条件送给野村,其中包括日军在华驻兵的条件。日本仍然坚持,即使在中日之间实现和平之后还要在中国、蒙古边境地区及海南岛驻军,经过不确定的期限之后才会撤退驻军,必要时可解释为以25年为期限。这些条件在1941年11月5日的御前会议上得到批准,东条、东乡、岛田、贺屋、铃木、星野、武藤和冈出席了这次会议。御前会议的批准决定立即通知了野村。

持续的在华军事行动

太平洋战争爆发并未放缓日本在华军事行动的步伐,也没有改变它推翻重庆中国国民政府的决定。甚至在太平洋战争爆发以前,中日的伤亡人数和损失就已经极为悬殊。截至1941年6月,日方数据显示伤亡和被俘的中国军人已达380万人;日方从中方缴获了数量巨大的战利品,击毁中方飞机1977架,而日方本身只损失了109 250个士兵和203架飞机。

1942年5月,日军占领重庆后方云南省的龙陵和腾冲。1943年12月,日军占领湖南省常德,但不久被中国军队收复。到1944年年中,华中腹地的军事行动愈演愈烈。1944年4月20日郑州失陷,1944年5月25日洛阳失陷,1944年6月18日长沙失陷,1944年8月8日衡阳失陷。同年冬天,日军挺进到战略上有重要地位的中国西南部。1944年11月10日日军占领桂林,1944年11月11日占领柳州。战争结束后,中国军方的正式报告显示,自1937年7月7日至1945年8月,中国方面所受的损害,仅军队的伤亡和失踪者就达3 207 948名。我们没有战争过程中非战斗人员致死和致残数据,但平民的伤亡人数一定也达到了非常庞大的数目。

第七节　日本对满洲及中国其他地区的经济支配

被告们被指控实行侵略战争,其目的除其他外,是为了在经济上支配满洲和中国其他地区。因此,我们有必要简要讨论一下在此问题上提交的证据。正如以上所述,日本的满洲政策是将该地区统一在一个服从日本的政府之下,然后通过与该政府缔结协定或用其他方法来获得日本施行既定计划所亟需的基本原料,并获得交通方面及工商业主要方面的支配权。所有这些对于日方今后的军事行动具有重大价值。

在华北,日方出于同样目的实施了同样的计划,特别是为了获取那些当时不能从国外市场得到,对全中国作战时又极为必要,而履行总体计划也不可缺少的供给品。当战争发展到了华中和华南的时候,也采取了同样政策。政治统治我们已经谈过,以下所述日方采取的各项措施表明其对华经济统制政策的实行情况。

一般经济问题

日本对华政策此前在本判决书有关政治政策的部分已经谈过。而那时提到的"计划和政策"大部分也涉及经济事项。在这一节我们将仅仅指出几个专门适用于经济问题的决定。

广田内阁于 1936 年 8 月 11 日通过的《第二次华北处理纲要》是很典型的这类政策。这个纲要的主要目的是:"帮助华北人民获得完全独立,建立一个防共、亲日、亲满的地区,获取日本国防所必需的物资,以及为防御可能的苏联入侵改善交通设施,从而把华北建设成为日满华合作和互助的基地。"纲要规定,日本应当指导当地的政治势力以确保华北独立。纲要最后还规定:"该地区存在的铁、煤和盐应当为我国的国防及提升交通设施和电力而开发利用。"

1937年2月20日，林内阁通过了《第三次华北处理纲要》，它的主要目标是取得国防资源，改善交通设施，预防苏联进攻，以及建立日满华三方合作。1937年6月10日，第一次近卫内阁的陆军省准备了一份《关于实施重要产业五年计划纲要的政策大纲》，正如我们在前面提到过的，它是基于"为了对日本未来国运划时代的发展作好准备而订立日满华综合计划的政策"这个计划还说明它的"目的是在我方势力范围内达成重要资源的自给自足，以避免依赖第三方的资源供给"。1937年12月24日，内阁通过了《中国事变处理纲要》，其中有一节的标题为"经济开发方针"，它规定华北经济开发的目标是协调日满经济和建立日满华的共荣和联合。为此目的，有必要通过把中国的资本与日本的资本紧密结合来发展和调整经济的每一个阶段，从而对日本和"满洲国"国防上必要物资的开发与增产有所贡献。

为了实现刚刚提及的计划和政策，协调日本在这方面的努力，1938年4月日方决定成立两家国策公司，即华北地区的华北开发株式会社和华中地区的华中振兴株式会社。华北开发株式会社的目的是促进经济的发展，统一在华北的各种企业。其经营范围是作为一家控股公司对从事运输、港口码头建设、发电和输变电、采矿、盐类产销的主要企业和联合企业进行出资和控制。

这家公司在日本政府的监督下经营，并服从日本政府的命令；实际上除了日常业务以外，所有事项的决定都必须经政府批准。例如贷款、变更章程、合并、解散、利润分配等都必须得到日本政府的批准。公司每一财政年度的投融资计划也需要获得政府批准。

梅津被任命为华北开发株式会社的筹备委员，冈是他的助手。有一段时间贺屋担任公司总裁，直到1941年10月18日出任东条内阁的大藏大臣时才离此职位。

华中振兴株式会社与华北开发株式会社的目的极为相似，实际上也是在日本政府的支配之下。公共事业、交通运输和自然资源的开发建设都由这类公司控制。关于这一点将在下面简要叙述。

在叙述其具体经营之前，应提一下企划院于 1939 年 1 月通过的《中国经济发展纲要》。这个纲要指出，中国的自然资源开发对实现作为建立东亚新秩序基本步骤的日满华经济合作理念具有十分深远的影响。纲要进一步说道，这些活动"与军事行动和政治工作一样重要和紧迫，即便是在敌对行动期间也应当实施"。

我们也应提一下 1940 年 11 月 5 日内阁情报部提出的《日满华经济建设纲要》，其主要目的是在十年内建立起自给自足的经济结构以加强东亚在世界经济中地位。在这个计划中，日方的角色是振兴科学技术，发展重工业、化学工业和矿业。"满洲国"的任务是发展重要的基础产业，中国则需开发自然资源，特别是矿业和盐业。

在这一计划中，不仅没有任何关于其实施需要与"满洲国"或中国协商的规定，而且通览这份文件，它清晰地表明了在一切方面使其付诸实施的决定都将由日方单独做出。

日本华北计划的目的可以从贺屋的话中看出来。贺屋说华北的物资动员计划有三个要点；第一是向日本提供军需物资；第二是扩充日本的军备；第三是满足和平时期经济的需要。

各类产业

以上概述了日本政府采取的总体计划和政策。关于此总体计划如何适用于各类产业和特定的经济部门，也有介绍的必要。

运输和通信

1935 年当土肥原积极推进华北自治的时候，他就要求建设天津至石家庄的铁路。我们此前已经提到过华北驻屯军 1935 年 11 月起草的铁路计划，它表明日本希望或意图获得胶济铁路和陇海铁路的一部分，以及在中国再新建一些铁路。

1938 年 7 月,华北电信电话株式会社成立,华北开发株式会社持有该公司 70% 以上的股份。该公司的目的是建设和经营联络华北与日本、"满洲国"以及世界各地的电信电话设施,包括海底电缆在内。此外,附属于华北开发株式会社的还有华北交通株式会社和华北航空公司。华北交通株式会社在华北经营了 3 750 英里铁路、6 250 英里巴士线路和 625 英里内河航运。

自然资源

1937 年 12 月的《中国事变处理纲要》规定,为使日本获得财政收益,由一家国策公司接管华北的盐业和几乎整个矿业。

华中振兴株式会社的子公司华中铁矿股份有限公司设立于 1938 年 4 月,为的是开发估计约有一亿吨的华中煤炭。

1939 年 7 月,华北开发株式会社的子公司龙烟铁矿株式会社接收了储量占中国估计总储量一半以上、约有两亿吨的华北地区铁矿石蕴藏。这家公司控制的矿山中,估计储量最大的是察哈尔省的龙烟铁矿。龙烟铁矿所挖掘的部分铁矿石及生产的生铁剩余都运往了日本。该公司开采的 430 万吨总产量中,有 70 万吨用于生产生铁,140 万吨运往满洲,超过 100 万吨运往日本。

华中长江流域的铁矿石蕴藏量估计为一亿吨。为了继续采掘地下资源,1938 年 4 月华中铁矿股份有限公司成立。这家公司由华中振兴株式会社及其他日本股份控制;公司资产的中国所有者则以设备及货物的形式获取回报。

华北煤炭储量十分丰富,估计占中国总储量的一半以上。在开发煤炭资源时,为了保证对日本的持续供给,特别是为了满足日本对炼焦煤的需求,日方采取了一项限制对中国人供应的政策。年产量最高的大同煤矿被华北开发株式会社的子公司大同煤矿公司接收经营。

1938 年以前,日本所消费的大部分盐是由包括中国在内的东亚、中东各国进口的。为了增加中国对日供给量,作为华北开发株式会社子公司的华北盐业公司成立。为了相同目的,1939 年 8 月华中振兴株式会社组建了华中盐业公司,制订了以控股公司的资金投资开发新盐田的计划。

公共事业

1937 年 12 月占领上海后,日方立即接收了各种公共事业公司,其中包括:

(1)浦东电气公司,在接收后成为华中水电株式会社的子公司,而华中水电株式会社也由日方控股。

(2)上海的中国电力公司于 1938 年 6 月被日方接收,成为华中水电株式会社的子公司。在此形势下,各公司所有人得到的补偿数额远远低于各公司的实际价值。

闸北水电公司被接收,太平洋战争发生后,美国人拥有的上海电力公司也被接收。1945 年日本投降后各类设施归还原所有人时,工厂设备及机器的毁坏程度远较普通损耗严重,相关证据已提交法庭。

金融业

从占领华北初期起,日军除使用若干军票外,还在华北流通朝鲜银行钞票,在华中流通日本银行钞票。但是在占领地区使用日本货币扰乱了日本的货币制度。为了纠正这种状况,日本政府在 1938 年 2 月组建了"中国联合储备银行",它的主要目的是稳定货币和统制外汇货币市场。该银行有权发行与日元相联系的纸币,作为日本在华北投资的基础。在日本政府的控制下,这家银行变得非常重要,它的运营实施了日本的金融政策。

由于日本实际上控制了中国被占领区的经济,并且控制了工商业的重要部分,许多日本商人和企业家前往中国,参与了经济生活,毫不掩饰他们对中国经济的控制。

美国的抗议

上述措施的施行势必影响到其他国家的通商贸易。因此，1938年10月6日，美国驻日大使格鲁给总理大臣近卫写信，信中指出：满洲发生的事件又在重演；华北的外汇管制是歧视性的；日方通过改变关税控制了运输和交通，对羊毛和烟草实行专营的建议正在使日本和日本商人在华处于更加优惠的地位。格鲁大使要求日方停止以下行为：

（1）对美国商行和企业歧视性的外汇管制及其他措施。

（2）给予日本利益集团的专营权或优惠待遇，以及在华通商或经济开发上的优先权。

（3）对美国人财产及权利的干涉，特别是对邮件的检查，对美国人的居住旅行和美国贸易和权益的限制。

对于这一抗议，外务大臣虽然承认所指责的是事实，但声称这些经济措施是为了中国和东亚的利益，因此是正当的。

麻醉品在中国

在满洲的麻醉品贩卖前面已经提及。

随着战事在华北、华中和华南顺利推进，日方也不断采取与在满洲采取的类似政策。这种毒品贩卖与军事行动和政治发展密切相关，因为毒品贩卖为日本在各地设立的政府获取了大量资金，否则这些资金就不得不由日本提供或以附加的地方税筹措。此外，吸毒者数量急剧增加，对中国人士气的影响也是可想而知的。

在日本对华战争爆发之前，中国政府就一直下定决心要杜绝吸食鸦片。这些努力所取得的成功显示在国际联盟顾问委员会1939年6月的报告中，报告说中国政府根据1936年6月颁布的法规对毒瘾问题采取了压制措施，并已产生令人非常满意的结果。

自1937年开始，中国的鸦片贩卖就与日本陆军、日本外务省和兴亚院紧密相关。三菱商事株式会社和三井物产株式会社从伊朗购买了大批鸦片给日本、"满洲国"和中国。经与外务省商定，1938年3月这两家公司就鸦片进口的地点和鸦片买卖中各自的份额达成了协议。三菱公司负责为日本和满洲分销鸦片，三井公司则负责为华中和华南分销；华北由两家公司均摊，而且由日本、"满洲国"和中国的政府部门决定每年的采购数量并通知这两家公司。在兴亚院的要求下修改了协议，规定组建伊朗鸦片采购协会，其鸦片营业额在两家贸易公司之间平均分配。

日本的中国派遣军在各城镇建立起来的特务机构受托销售鸦片。由兴亚院经济部宣布华北、华中和华南的鸦片需求量并安排配送。销售鸦片的利润转交给兴亚院。后来又成立了禁烟总局，鸦片贸易由维新政府负责管理，这个政府在某种程度上也靠鸦片销售的利润来支撑自己。但即使在那个时候，兴亚院和日本陆军的华中司令部仍然负责制定鸦片贸易的政策。

当然在明面上，政府会不时采取措施控制或减少鸦片贸易。1938年组建的禁烟总局就是一个例子，几乎与此同时，维新政府每月拨出2 000美元用于禁烟宣传。尽管采取了这样那样的措施，鸦片贩卖却在继续增长。这从原田熊吉（他是1937年至1939年驻上海的陆军武官）令人困惑的证言中可以得到解释。他说："在我担任特务机关长官时，我收到来自军部的指示，要通过设立禁烟局来给中国人提供鸦片。"

1937年6月，国际联盟鸦片贸易顾问委员会会议公开表明，在中国的非法鸦片贸易与日军的行进路线相一致。

内蒙古

此前已述1935年《秦土协定》之后，中国军队撤出了察哈尔省北部，在察哈尔省和绥远省便可以感受到日本的影响。此后，农民被鼓励种植更多的鸦片。这样一来，鸦片的产量大幅度提升。

华北

在华北，特别是在河北和山东，1933 年签署《塘沽停战协议》并建立非军事区之后，中国人就难以控制毒品贩卖活动了。这样就出现了吸毒成瘾者人数大幅上升的局面，日本人控制的各类公司和协会都在销售毒品。

1937 年天津被占领以后，使用麻醉品的人数明显上升。天津的日本租界成了著名的海洛因制造中心。日租界有不少于 200 家海洛因工厂，1937 年 5 月国际联盟鸦片贸易顾问委员会接到报告称，众所周知，全世界接近 90％的非法白色毒品是日本人在天津、大连以及满洲和华北的其他城市制造的。

华中

在华中也实行了实质上和以上各地一样的行为。1937 年之前，南京差不多已经肃清了鸦片消费。自从被日军占领后，毒品买卖开始公开进行，甚至在报纸上刊登广告。正如本章前面所述，毒品贩卖专营的利润巨大。到 1939 年秋季，南京每月销售鸦片的收入估计为 300 万美元。因此，根据满洲、华北、华中、华南鸦片贩卖的规模来推测，即使只从收入这点来看，鸦片交易对于日本政府的重要性是显而易见的。

我们认为对毒品买卖已没有必要作进一步的详细说明。我们只要说一点就够了，即 1937 年之后，在上海和华南的福建省、广东省以及别处，日本占领任何一省或任何一个大都市之后，毒品买卖就迅速增长，其增长幅度与我们已经叙述过的中国其他地区都是一致的。

第六章　日本的对苏政策

满洲，日本的"生命线"

在提交给本法庭的证据所覆盖的时期，显示出对苏作战意图一直是日本军事政策的基本要素之一。军阀们下定决心，像在亚洲大陆其他地区一样，也要占领苏联的远东领土。虽然占领满洲（中国东北三省）的吸引力在于那里有自然资源并可扩张和殖民，但同样令人向往的是可以把它当作未来对苏战争的进发地。满洲被称为日本的"生命线"，但是很显然，这意味着一条进攻线，而不是一条防御线。

入侵和占领苏联远东领土这一目的好像一直不停地刺激日本的军事野心。早在 1924 年，狂热鼓吹日本对外扩张的大川就把占领西伯利亚称作日本的目标之一。日本陆军也持同样的态度，大川的意见与军部的意见高度一致。陆军军官开始鼓吹满洲是日本的"生命线"，必须发展成为"防御"苏联的屏障。1930 年，时任关东军参谋的板垣就主张用武力在满洲建立一个新国家。他效仿大川，宣称这将是"王道"的产物，会指引亚洲人民走向解放。1931 年，广田任驻莫斯科大使期间，在提供给参谋本部的情报中建议，有必要对苏采取强硬政策，要有在任何必要的时候与苏一战的决心。但是，其目标并不是抵御共产主义，而是占领远东的西伯利亚。

1932 年 5 月斋藤内阁成立后，内阁中军人阁僚和文官阁僚之间关于在满洲冒险问题上的冲突获得了一定程度的妥协。结果内阁同意了陆军的对满政策并决定开发在日本统治下的满洲地区。陆军摆脱了在内阁遭到反对的困境,开始鼓吹对北方的苏联开战并为这一战争做准备。1932年7月,驻莫斯科的日本陆军武官河边强调了对苏战备的重要性,并称这一战争是不可避免的。他认为对华和对苏战争是预料之中的必然结局。1932年,被告南主张将日本海变成日本的内湖,他的言外之意显然是要占领濒临日本海的苏联远东地区。1933年4月,当时在军务局任职的铃木说,苏联是日本势不两立的敌人,因为(照他的话说)苏联的目的是破坏日本的国体。

"国防"

这里谈谈荒木关于"国防"一词的议论是很有意思的。荒木指出,"国防"一词不仅限于日本的具体防卫,还包含着"皇道"即"天皇之道"的防卫。这不过是用另一种方式说出,以武力占领邻国,作为"国防"看是正当的。在1933年这个时候,时任陆军大臣荒木放弃了对"国防"一词的委婉说法,在一次地方长官会议上不遮不盖地说出了他的真实意思,至少关于苏联是如此。他说:"日本和苏联之间的冲突是不可能避免的,因此日本需要用军事手段获取滨海州、外贝加尔和西伯利亚的领土。"斋藤内阁采纳了荒木关于"国防"的定义作为其对满政策的基础。正如以上所述,日本领导人总是把侵略性的军事冒险说成是防御性的,以此来为这种军事冒险辩护。所谓把满洲作为日本"生命线"来开发的说法,就是这种意思。

外交交流

1931年至1933年期间的外交交流表明,日本的对苏政策是进攻性的、侵略性的而非防御性的。在这一时期,苏联政府向日本政府两次正式提出缔结互不侵犯和中立条约的建议。1931年苏联在向日本外务大臣芳泽和驻苏大使广田提出的文件中指出,缔结互不侵犯条约将"表现出政府的和平政策和意图,值此日苏关系之未来成为西欧和美国臆测对象之时,时机尤为适宜。此条约的缔结将会终止这类臆测"。日本政府对这项建议在一年内未作答复。直到 1932 年 9 月 13 日,苏联驻日大使才从日本外务大臣内田那里得到答复,内田以"……目前两国政府之间就此事项正式开始谈判似不合时宜"为由,拒绝了这个建议。

1933 年 1 月 4 日,苏联再次提出缔结条约的建议,并强调先前的建议"并非是权宜之计,而是其和平政策使然,因此在将来也是有效的"。1933 年 5 月,日本政府又一次拒绝了苏联的建议。应加以注意的是,尽管当时日本政府已得到保证说,苏联远东地区和平政策的表述是有诚意的,但日本还是拒绝了这项建议。被告东乡在 1933 年 4 月任外务省欧美局长时曾在一份秘密的备忘录中写道:"苏联欲与日本缔结互不侵犯条约的动机是希望确保其远东领土安全,因为自日本进入满洲之后,苏联觉得其远东领土受到了日益强烈的威胁。"到 1933 年 12 月,关东军已开始制订计划并为有朝一日利用满洲作为进攻苏联的基地做准备。

对苏计划的继续

虽然广田否认日本有侵略的意图,但是 1934 年上台的冈田内阁,在 1935 年就支持了陆军的"满洲国"经济计划。1935 年 11 月,时任驻斯堪的纳维亚各国公使的白鸟,在致驻比利时大使有田的信件中指出:"目前,苏俄的实力从数字上看确实显得颇为强大,但革命成功的时日尚浅,不满分子仍然遍布于农村,在器材、物资和人力方面仍严重匮乏,一旦和某大国兵戎相见,立即会引起内部崩溃,这是显而易见的。这是熟悉实际情形的那些人的一致意见。目前苏俄最希望的是和外国保持和平友好关系。因此,与苏俄毗连的国家,凡有悬案迟早必须解决者,就不应错失今日的时机。"他建议说,必须"断然地"并以"最小限度"的让步要求苏联"撤除符拉迪沃斯托克(海参崴)的军备","不在贝加尔湖驻扎一兵一卒"。白鸟建议说,作为苏日问题的根本解决办法,"……为了永久消除苏俄的威胁,必须使它成为一个力量薄弱的资本主义共和国并严格管制它的自然资源⋯⋯目前这个时机很好"。

二月事变

前面我们已经叙述了1936年2月26日因东京的陆军兵变致使冈田内阁倒台一事。陆军所非难的是这个内阁的态度还不够强硬。2月27日,事变的第二天,日本驻厦门领事馆解释说,兵变的目的是将当时的内阁更换成军部内阁,青年军官的意图是占领全中国和准备立即对苏作战,最终使日本成为亚洲唯一的强国。

1936年国策声明

1936年8月,当时的总理大臣广田和他的外务、陆军、海军、大藏四位大臣一起发表声明,系统地阐述了日本的国策。这是一份重要的、具有深远意义的文件,其主要目的是"外交国防相辅为用,确保(日本)帝国在东亚大陆获取稳固的地位,并向南洋发展"。"国防"一词的提出意味深长。作为实际举措之一,日本"为了实现满洲的健全发展和巩固日满的国防,必须努力去除北方的苏俄威胁"。声明规定,衡量军事力量的标准是必须能够"对抗苏俄在远东地区所能部署和使用的兵力"的程度。必须特别注意充实在朝鲜和满洲的兵力,以使日本可以"在开战之初就给予苏俄迎头痛击"。在谈到此政策决定将涉及的广泛备战时,所做的决定是军事扩充必须达到创建作战机器,战力强大到足以把苏联可能沿东部边境部署的最强兵力一举歼灭的程度。结合当时的状况来考察,日本的这一国策声明显露出日本以占领苏联部分领土为目标的进攻苏联的意图。而且,这一目的将打着防御的幌子进行准备和实施。

作为1936年8月国策决定的结果,陆军1937年制订的各种计划显然是预期中的对苏战争所要求的。1937年5月提出的重要产业计划是为了取得"确保领导东亚实力的飞跃发展"。1937年6月为同一目的所颁布的计划规定,到1941年必须实现自给自足,以便为日本国运"划时代的发展作好准备",而日本的国运是"排除万难都要达成的"。关于战争物资的计划也是为了同一目的,它规定日本经济"将通过由军事管理机构统一处理各种事务,得到合理发展"。从和平时期迅速转变为战时体制的准备工作需要密切注意。

陆军的这类计划,虽然是对华战争在卢沟桥继续发展之前不久制订的,但其目的并非仅仅针对对华战争。冈田告诉本法庭,这些计划是为了应对苏联的五年计划,目的是维持抗衡苏联的国力。表面上看起来,那些影响重要产业和更直接关乎战争物资生产的计划是为了确保获得"国防力量"。如前所述,日本军国主义者的所谓"国防"就是在亚洲大陆进行武力扩张。现在讨论的这个计划暴露了陆军要实现武力扩张的意图。

显然,这些计划是进攻性的而非防御性的,其目标是苏联。我们已经提到 1932 年日本驻莫斯科陆军武官的议论,以及 1933 年铃木所发表的意思相同的看法。华北的政治策略正是建立在"反共"口号的基础之上。1936 年 8 月的国策决定明确指出,要以苏联的军事力量为基准来扩充日本的军事力量,所以,就在 1937 年陆军计划颁布的时候,东条建议说,考虑到中国的局势和对苏军事准备的状况,最好在对苏联采取行动之前先进攻中国,以便解除关东军背后的威胁。也正是在这个时候,即 1937 年 7 月,桥本在报纸上发表文章鼓吹扩充空军,他说这不仅是日本军备的支柱,也是要用它去对付苏联。

对苏战争的期望和主张

如前所述,1938 年在日本的新闻机构已被陆军有效控制的时候,报纸报道了时任文部大臣荒木在大阪的政经研究会会议上说:"日本有充分的决心与中苏战斗到底,哪怕打十年以上也绝不动摇。"

1938 年,关东军司令官植田大将谈论华北局势时也提到了"紧迫的对苏战争"。最后,陆军,尤其是参谋本部,急欲结束在华战争,这无疑是陆军图谋的对苏战争日益迫近使然。

《反共产国际协定》

德国自 20 世纪 30 年代中期起成了欧洲的主要侵略势力，考虑到日本要发动对苏战争，与德国的关系对日本来说就显得特别重要。

早在 1934 年 3 月被告大岛被派到德国担任陆军武官时，参谋本部就命令他关注德苏关系，并研究对苏作战时德国可能采取什么行动。

1935 年春，大岛开始与里宾特洛甫讨论缔结日德同盟事宜。自 1935 年 12 月初开始，日本参谋本部为此特别派遣的若松中佐参加了讨论。

因为计议中的协定具有一般性政治目的，陆军无权签订，于是此事被提交给政府考虑，自 1936 年起，就由日本大使武者小路负责这项谈判。

1936 年 11 月 25 日，日德签订了所谓的《反共产国际协定》。此协定包含条约正文和一个秘密协定。向外界公布的仅仅是条约正文。它申明缔约双方同意互相交换关于共产国际活动的情报，协商所需的防卫措施，采取这些措施时密切合作，以及共同邀请第三国采取或参加与此协定一致的防卫措施。

秘密协定正如其本身规定是秘密的。实际上，侵略国从来没有将它发表出来，同盟国只是从缴获的秘密文件中才得知其内容。在报纸上发表的声明中，日本外务省否认《反共产国际协定》附有任何秘密条款，并且宣称这个协定就是表示两国在反对共产国际的斗争中进行的特殊合作，日本政府并不打算建立一个国际集团，"本协定不针对苏联或任何其他特定国家"。

此协定的目的是成立一个日德之间的有限同盟。前美国国务卿赫尔指出："这个协定表面上看是针对共产主义的自卫，但实际上是这两个强盗国家为后来的武力扩张手段所作的准备工作。"本法庭独立形成的意见与此相同。

此协定主要是针对苏联的。秘密协定成立了一个针对苏联的日德间有限的军事和政治同盟。缔约双方约定，未经双方同意不得与苏联缔结违反此协定精神的任何政治协议。

一年之后，1937 年 11 月 6 日，意大利加入了《反共产国际协定》。

在形式上，协定规定只在日德任何一方遭苏联无端攻击时才发生相互的义务，而这一义务仅限于在这种情况下不得向苏联提供援助。但事实上，当时没有任何证据表明苏联对德日具有侵略意图。因此，为防备遭受苏联的无端攻击而缔结这个协定看起来没有正当理由。双方在秘密协定里对承担义务所做的广义解释显示此协定并非真的是防御性的。德国和日本从一开始就给那些义务做了这样的解释。因此，1936 年 10 月，日本驻德国大使武者小路在里宾特洛甫的知晓和同意下给外务大臣有田发了一封电报，说他"确信唯有上述秘密协定的精神在德国将来的对苏政策中才是决定性的东西"。外务大臣有田在 1936 年 11 月 25 日的枢密院会议上也发表了同样的观点，平沼主持的那次枢密院会议批准了《反共产国际协定》。有田强调说，此协定的主要意义在于"此后苏俄将不得不考虑它必须同时面对德国和日本……"。1939 年 8 月 23 日德国和苏联缔结互不侵犯条约被日本领导人视为德国公然违反了《反共产国际协定》的条约义务，这一事实也表明德日间针对苏联的同盟之本质不是防御性的。1939 年 8 月 26 日发给日本驻柏林大使并由他转交德国外交部长的信函指出，"日本政府认为德国政府和苏联政府之间最近缔结的互不侵犯和协商条约是与《反共产国际协定》的附属秘密协定相矛盾的。"

《反共产国际协定》的主要目的是包围苏联。协定起草人之一里宾特洛甫在某种程度上承认了这一点，他说："当然，协定也有针对苏俄的政治意义，这或多或少是协定的背景。"

《反共产国际协定》的初始有效期为五年，1941 年 11 月 25 日期满后被延期，而那个秘密协定并未续展。当时没有必要续展了，因为秘密协定所承诺的义务已经包含在协定延期前所缔结的三国同盟中。

《反共产国际协定》在订立后的几年中充当了日本对苏政策的基础。这个与德国的军事同盟在日本对苏政策和对苏战备上发挥了重大作用。

总理大臣平沼在 1939 年 5 月 4 日致希特勒的信函中明确指出："……事实证明贵我两国间的《反共产国际协定》在履行两国肩负的使命时是如何有效,对此我深感欣慰。"

三国同盟

日本要实现其在亚洲大陆上贪婪计划的欲望促使它采取了与德国建立更密切联系的政策。

1940 年 9 月 27 日德意日《三国同盟条约》的形成过程在本判决书较早部分中已做了详述,因此我们在这里只简短提及。虽然这个同盟不仅仅适用于苏联,但是日本在交涉之初所特别担忧的就是苏联。这些交涉早在 1938 年中期就已经开始了,但是在超过一年半的时间里没有得到结果,因为德国对欧洲有全面的侵略计划,希望缔结一个针对所有潜在敌国的军事同盟。而另一方面,日本希望三国同盟是《反共产国际协定》的延展,苏联即使不是它的唯一对象,也是它的主要对象。近卫公爵在他的回忆录中谈及这个较早时期时说:"这个计划是把当时有效的三国《反共产国际协定》转变为一个以苏联为主要目标的军事同盟。"

被告大岛是参与谈判的最积极分子之一。他作证说,1938 年 6 月他从参谋本部相关部门接到训令,要求促进针对苏联的德日合作。

1939 年 4 月,里宾特洛甫在致德国驻东京大使的电报中说,日本人要求我们明确同意在条约签署和公布之后,能够向英、法、美大使发表内容大略如下的声明:本条约是《反共产国际协定》的延展,缔约各方视苏联为敌人,英、法、美不必认为本同盟是针对它们的。

虽然《三国同盟条约》本身并未特别提及以苏联为目标,但毫无疑问,当 1940 年 9 月这个同盟条约签订时,日本陆军是这样想的。第五条包含的保留词语"本同盟上述条款对于缔约国各自与苏联之间的现存政治关系不产生任何影响"并不是真心话。1940 年 9 月 26 日,日本驻柏林大使来栖致电东京说:"德国政府想要引导德国的报纸特别强调这个条约并不意味着预期对苏作战。但另一方面,德国为牵制苏俄正在向东部地区集中军队。"1940 年 9 月 26 日,外务大臣松冈在枢密院审查委员会会议上谈到这个条约第五条时也说:"纵然有互不侵犯条约,但一旦德苏开战日本将援助德国,一旦日苏开战德国将援助日本。至于'现存'一词,如果你想问,是否苏联的现状不能变更,我的回答是不能;我的意思是这个现状将不会由我们所考虑的条约来变更……"军事同盟的发起者里宾特洛甫对同盟也给以同样的评价,他说:"……这是一箭双雕之举,既针对俄国,也针对美国。"

1941 年 6 月 22 日,即三国同盟缔结后未满一年,德国就入侵了苏联。正像后面将要谈到的,虽然有日苏中立条约的存在,但日本却援助了德国,同时又避免对苏公开作战。

我们现在休庭 15 分钟。

(10:45 休庭,11:00 重新开庭如下。)

法庭执行官: 远东国际军事法庭现在继续开庭。

庭长: 我继续宣读本法庭的判决书。

日本在满洲边境的攻击

1938 年和 1939 年,日本发起攻势行动,越过东起哈桑湖西至诺门坎附近的满洲边境。这些事将在后面详细叙述。

《日苏中立条约》

1941 年 4 月 13 日,苏联和日本缔结了《日苏中立条约》。这个问题放在后面再讨论较为方便,但是,这里之所以提出在当时缔结了此条约,是因为在以下所述事项中日本无视此条约的存在。

1941 年 6 月德国进攻苏联

1941 年 6 月德国进攻苏联之后,占领苏联远东领土的主张极为嚣张。德国的这一进攻的确刺激了日本贪婪的对苏政策。日本的统治阶层认为,德国一定会很快打败苏联,并认为这是日本实施侵苏计划的好机会。

起先,在德国进攻苏联取得初步胜利之后,日本军国主义者中间有着及早进攻苏联的倾向。德国驻日大使奥特在1941年6月22日,即德国进攻苏联的那一天,在一封电报中报告了他与松冈的会面。他指出:"他(松冈)的想法和过去一样,认为从长远看,日本不可能对这一冲突保持中立。……在会见快结束的时候,松冈接到大岛的一封电报,说德国外交部长提请关注俄国自远东撤兵之说。松冈主动表示他将立即建议采取应对措施。"

日本甚至担心它进攻的军事准备是否太迟缓了。这种想法表现在1941年7月31日外务大臣丰田致日本驻华盛顿大使的电报(第433号)中:"当然德苏战争给了我们一个解决北方问题的绝好机会,实际上我们也确实在作利用此良机的准备。……如果德苏战争进展过于迅速,那么帝国必然来不及采取任何有效的一致行动。"

1941年7月2日,军部和政治领导人出席的秘密御前会议决定:"虽然三国轴心的精神将构成我们对于德苏战争的主导原则,但暂时不应介入,而将秘密地准备对苏武力,采取自主的对策。同时要以周密的预防措施,继续进行外交交涉。一旦德苏战争的进展情况对日本有利时,我们就应该行使武力解决北方问题,以确保北方地区的安定。"

这一决定表明,尽管与苏联签订了《日苏中立条约》,但日本要么认为自己注定是对苏共谋的一个参与者,要么就是在寻觅时机使自己处于有利地位。不管怎么说,日本企图在德苏战争最有利的时机进攻苏联。

1941年7月3日德国大使奥特从东京发给里宾特洛甫的一封电报显示,那次御前会议做出决定之后,各项战争准备加强了。德苏战争爆发后，苏联驻日大使斯梅塔宁(Smetanin)立即会见了松冈，探询日本对这次战争态度的基本问题。斯梅塔宁问，日本是否会和苏联一样按照1941年4月13日的《日苏中立条约》保持中立。松冈没有直接回答，却说他从欧洲回国后所发表的声明(1941年4月22日)已经表明了对于这个问题的态度。同时，他强调《三国同盟条约》是日本对外政策的基础，如果当前的这场战争和中立条约与这个基础及《三国同盟条约》发生矛盾，那么中立条约"将不再有效"。奥特得知这次会谈的内容后，在他7月3日的电报中做了转述并报告如下："松冈说，因战备尚未完成，有必要对苏联大使如此表述，这样才能欺骗俄国人或至少使其处于不确定的状态。当前斯梅塔宁还没有察觉到日本正在迅速从事对苏备战，这一点是传达给我们的政府决议所暗示的。"

当时德国正力促日本尽早进攻苏联。1941年7月10日，里宾特洛甫在致德国驻东京大使的电报中说："除此之外，希望您根据我给松冈的信息，使用您所能使用的一切办法，继续努力使日本尽快参加对苏作战，因为日本参战越早越好。和过去一样，必须以实现德日在冬天到来之前会师西伯利亚大铁路为当然的目标。随着苏俄的崩溃，三国同盟在世界上的地位将强大无比，届时英国的崩溃，即英伦三岛的完全覆灭将仅仅是一个时间问题。"

至少日本外务省认为日本的对苏作战计划已经临近实施，因而在商量如何找到一个挑起战争的适当方法。1941年8月1日，奥特在他的电报中报告说，他与代理外务次官的山本书记官会谈时，他"先发制人地询问，日本是否打算向苏联政府提出要求后再开始积极行动，外务次官觉得这个方法最好，可以找到一个防御苏联不顾中立条约进攻日本的借口。他个人正在考虑苏联绝不可能接受的苛刻要求，似乎他心中所想的是割让领土这类要求"。

德国对苏作战初期的失败使日本延迟了自己的进攻计划。苏德战况唤起日本的戒心。8月初，当德国陆军放慢进攻速度时，大岛询问里宾特洛甫原因何在。里宾特洛甫叫他去问凯特尔(Keitel)。凯特尔解释说,德国军队进展延缓是由于交通线太长,后尾部队滞后的缘故,结果推进速度较预定计划延迟了三星期左右。

苏德战争的进程持续影响日本当时的政策,但是却不能影响日本的长远政策。1941年9月4日,奥特在致柏林的电报中说:"鉴于苏军对德军部队所实行的抵抗,日本参谋本部不相信自己有能力在冬季到来之前取得对苏战争的决定性胜利。此外,也许记忆犹新的诺门坎思绪仍在引导着参谋本部,特别是关东军。"鉴于此,"……大本营在过去几天做出了推迟对苏行动的决定"。

1941年10月4日,奥特在电报中向里宾特洛甫报告说:"日本对苏联远东军作战仍然被认为处于战备状态,明年春天之前不可能发动进攻。……苏联对德国展示出来的顽强程度表明,即使日本在8月或9月发动攻击,也不可能在年内打通经由西伯利亚的道路。"

虽然日本推迟了对苏联的立即进攻,但仍将进攻苏联看作其政策的主要目标之一,既没有动摇决心,也没有放松准备。1941年8月15日,日本外务大臣与意大利和德国大使举行秘密会谈时,谈到了《日苏中立条约》以及苏联假定日本不会参战的问题,他说,"……从帝国目前正在进行的军事扩张来看,我认为在目前情况下,作为与德国政府一起实施的未来对苏计划的第一步,上述日苏协议是最好的办法",而且"这仅仅是一个暂时的安排,换句话说,在战备完成之前,这种安排具有牵制苏联的性质"。

在截获的1941年11月30日东京发往柏林的一封电报中(看来是日本外务大臣发给日本大使的电报),后者得到的训令是去会见希特勒和里宾特洛甫。电报指示说:"希作如下传达,我方现在向南方的行动,并非意味着我们缓和了对苏联的压力……但是,现在对我们有利的是向南方施压,目前我们拟避免在北方采取直接的行动。"

然而,日本领导人并未放弃他们的企图和计划。据新闻报道,1941

年 8 月荒木对大政翼赞会的事务总长说:"下一步我们应处理出兵西伯利亚问题……今天日本统治亚洲大陆的雄心可以说是萌生于对西伯利亚出兵。"东条担任总理大臣后,在 1942 年表达了与此相同的思想。东条与德国大使奥特会谈时表示,日本是苏联不共戴天的敌人,符拉迪沃斯托克永久是对日本侧面的威胁,在这场战争(即德苏战争)过程中有消除这种危险的机会。东条夸口说,因为骁勇善战的关东军拥有最精锐的部队,所以做这件事并不困难。

日本延期攻苏

1942 年 5 月 15 日,里宾特洛甫在发往东京的电报中表示,他希望日本"尽早做出进攻符拉迪沃斯托克的决定"。他接着说:"这一切都取决于以下前提,即日本强大到足以发动此类性质的军事行动,而且不必减弱它对付英美的力量,例如在缅甸的力量。如果日本缺乏成功实行这样一个军事行动所必需的兵力,它当然以对苏保持中立为宜。这也会减轻我们的负担,因为无论如何,苏俄由于预期日苏冲突而必须在西伯利亚东部维持兵力。"

1942 年底,由于苏德前线的战况,德国想让日本对苏作战的愿望更加迫切了。1943 年 3 月 6 日,大岛在与里宾特洛甫会谈时说:"德国政府提出的攻俄建议已经成为日本政府和大本营联络会议的议题,会上对此进行了详尽讨论和深入研究。其结果如下:

"日本政府充分认识到来自俄国的危险,也完全了解德国盟友希望日本对俄作战的愿望。但是,鉴于日本目前的战局,日本政府不能够参战,且毋宁认为现在不对俄开战反而于日德双方有利。另一方面,日本政府绝不会对苏俄问题等闲视之。"

大岛在解释这个决定时说,他知道"长期以来日本一直怀着反对苏俄的意图。但是目前日本显然感觉到还没有如此强大的力量。倘若我们把南方战线后撤并放弃若干岛屿给敌人,以便把所有的兵力都转移到北方,这或许有可能。但是这将意味着在南方严重失败。既南进又在同一时间北上，对日本来说是不可能的。"

大东亚共荣圈包含西伯利亚部分地区

当大东亚共荣圈这种说法被用来委婉地表达日本在东亚的霸权时，就一定会把占领西伯利亚和苏联的远东领土包括在内。这也是此前目标和计划的必然结果。

1941年底和1942年初，即对美英战争爆发后不久，在日本陆军省和拓务省制定的《大东亚共荣圈土地处理方案》中，已认为夺取苏联的远东领土是既定之事，问题只在于夺取哪些部分。方案中标题为"苏联领土的将来"部分指出，"虽然此问题目前难以决定，因为它应依据'日德条约'解决"，但无论如何，"滨海州应并入日本帝国领土之内，毗连'满洲国'的地区应置于'满洲国'的势力范围内，西伯利亚铁道应完全由日德两国控制并以鄂木斯克为分界线"。

被告桥本在他1942年1月5日题为《大东亚皇化圈》的文章中列举了大东亚皇化圈应包括的国家，除了中国、法属印度支那、缅甸、马来亚、荷属东印度、印度等国，还提到苏联的远东地区。他接着说："我们现在尚不能决定是否应该把所有这些国家一举纳入皇化圈，但至少就国防而言，将这些国家包含在我国的势力范围内是绝对必要的。"

以著名的日本政治家和军部领导人（包括东乡、贺屋、武藤、佐藤）为会员的"国策研究会"虽然不是制定1943年5月发表的《大东亚共荣圈建设对策方案》的机关，但至少在促进这个官方政策方面发挥了重要作用，该方案推测"大东亚共荣圈的合理范围"，除其他地区外，还"包括贝加尔湖在内的苏联东部地区……外蒙古全部"。1940年10月1日根据敕令设立的"总力战研究所"直接对总理大臣负责，在他们的研究中也表现出了相似的日方强烈愿望。因此，1942年1月由总力战研究所起草的大东亚共荣圈建设计划初稿设想，由日本联合各国的"核心区"将包括满洲、华北和苏联的滨海州,而所谓的"小共荣圈"将包括中国其余地区、法属印度支那和西伯利亚东部。

本法庭认为,在本法庭所审理的整个时期,日本一直在周密考虑和计划针对苏联的侵略战争,此侵略战争是日本国策的主要元素之一,它的目的是占领苏联在远东的领土。

对苏战争的策划和准备

作为对苏战争基地的满洲

日本对苏的好战政策表现在日本的战争计划中。日本参谋本部的战争计划,从本案所考察的时期之初起,就设想把占领满洲作为第一步。在日本的战争计划中,占领满洲不仅被当作征服中国的一个阶段,也成为获取进攻苏联的军事行动基地的一个手段。

时任参谋本部军官的河边虎四郎作证说,1930年被告畑担任参谋本部第一部部长时,制订了对苏作战计划,企图在苏满边境对苏采取军事行动。这是日本占领满洲之前的事。

被告南和松井也在本法庭中供认,满洲被视为对苏战争时日本所必需的军事基地。

1931年3月16日,畑命令铃木大佐赴满洲北部和朝鲜北部视察旅行,目的是研究根据对苏作战的"B"计划和对华作战的"C"计划实施军事行动的问题。作为旅行结果,铃木大佐在提出的秘密报告中详细叙述了关于以占领苏联滨海州为目标的"B"计划的情报。

1931年占领满洲为夺取苏联远东全部领土提供了在广阔战线进攻苏联的基地。1931年春,日本驻苏陆军武官笠原幸雄向参谋本部提交了一份秘密报告,主张发动对苏战争并决定其目标如下:"……我们必须至少要推进到贝加尔湖……如果我们停止在贝加尔湖一线,那么帝国必须下决心和准备好将所占领的远东州看作帝国本身的领土……"证人笠原在交叉询问中承认这份文件是确有其事,并作证说,他曾向参谋本部建议迅速发动对苏战争,并建议为准备随时作战而扩充军备。1932 年春,笠原被调往参谋本部,担任第二部俄罗斯班班长。笠原在 1932 年 7 月 15 日,即出任班长职务后不久,通过神田中佐将参谋本部的以下重要决定传达给了当时驻莫斯科的陆军武官河边虎四郎:"……(陆军和海军的)各项准备业已完成。为巩固满洲,日本有对俄作战之必要。"证人笠原在交叉询问时解释说,在参谋本部"课长班长们有一个共识,即在 1934 年前完成战争准备"。

做出这个决定时,被告梅津是参谋本部的总务部长,东条和大岛都是参谋本部的课长,而武藤是参谋本部第二部的部员。

陆军省和参谋本部的共识

1932 年夏,陆军省的课长们就这些准备工作与参谋本部的课长们达成共识。显然,如果没有得到陆军省上司的授权和认可是不可能这样做的。被告荒木当时是陆军大臣,被告小矶当时是陆军次官,被告铃木是陆军省军务局局员。正像前面所指出的,1933 年荒木和铃木曾公开宣称以武力占领滨海州、外贝加尔和西伯利亚领土的意图。

驻莫斯科陆军武官主张攻苏

1932 年 7 月 14 日,河边以驻莫斯科陆军武官的身份向参谋本部报告说,"日苏战争在将来是不可避免的",因此,"充实军备的重点必须以苏联为目标"。他还强调:"对于苏联提出的缔结互不侵犯条约的建议,我们必须保持不即不离的关系,并保留帝国的行动自由。"毫无疑问,这涉及到苏联提出的中立条约建议,此事我们之前已经提及。

对苏战争的计划

正像 1931 年占领满洲、1937 年侵略中国其他地区一样，日本念念不忘最终的对苏战争。战略目标是为进攻苏联作好准备。这一点是由时任关东军参谋长的被告东条于 1937 年 6 月指出的。他在开始进攻中国之前不久，在发给陆军次官梅津和参谋本部的电报中说："如果从准备对苏作战的观点来观察目前的中国情势，我相信如果为我方的武力所允许，我们应首先给予南京政权致命一击，以去除我方背后的威胁。"情况很相似，无论是在 1931 年占领满洲时，还是 1937 年入侵中国其他地区时，对中国及对苏联的作战计划都是由参谋本部、陆军省和关东军司令部协同制订的。

被告武藤在本法庭供认，当他担任参谋本部第一课课长时，曾研究过 1938 年的计划。参谋本部 1939 年和 1941 年的战争计划是以夺取苏联领土为目标的。1939 年的战争计划以日本主力集中在满洲东部采取攻势为基础。关东军将占领伏罗希洛夫、符拉迪沃斯托克、伊曼等苏联城市，然后再占领哈巴罗夫斯克（伯力）、布拉戈维申斯克（海兰泡）和古比雪夫卡。在德国进攻苏联之前，日本 1941 年的战争计划也具有同样的目标。在战争的第一阶段，日本意图占领伏罗希洛夫、符拉迪沃斯托克、布拉戈维申斯克、伊曼、古比雪夫卡等城市；在第二阶段意图占领北萨哈林岛、堪察加的彼得罗巴甫洛夫斯克、阿穆尔河畔的尼古拉耶夫斯克（庙街）、共青城和索夫加万。

这些计划和手段的进攻性在联合舰队司令长官山本海军大将 1941 年 11 月 1 日的机密作战命令中显示出来了，他在命令中指出："……如果帝国不进攻苏联，据信苏联是不敢开战的。"在 1941 年 12 月 8 日的枢密院审查委员会会议上，东条也发表了相同的意见，他说："……由于苏联正在对德作战，它是不会乘帝国南进之隙的。"

虽然这些计划被解释为"例行的"，是为了"战略防御"等等，但它们显而易见是进攻性的而非防御性的。也许在有的情况下，一个防御性的战略也有理由甚至有必要使用进攻性的军事行动。但是，如果考察一下这些计划的性质和日本的对苏军事政策，那么所得到的结论只能认定这些计划是侵略性的，而不是"战略防御"。只有作歪曲解释时才能被称为"防御性的"，这种曲解如前所述，是说日本为了保卫"王道"而牺牲亚洲大陆邻国进行扩张。

积极准备对苏战争

日本占领满洲之后，立即开始将其军队的主力驻扎在满洲。训练军队的目的主要是为了准备对苏对华的军事行动。根据前陆军省军务课长和军务局长田中估计，有250万日本士兵在满洲接受训练。

1938年，东条作为关东军参谋长，在察哈尔省气象观测网配置计划中表明，其目的是"使日本及满洲的气象预报工作更加精确，特别是为准备对苏作战而加强航空气象网。"

原关东军司令官、被告南在交叉询问时承认，满洲的铁路建设是以苏联边境为目标的，虽然他声称"满洲铁道建设的主要目的是为了开发北满"，但承认这些铁路可能具有战略价值。

1938年1月，关东军司令部在东条指导下草拟了《新兴中国建设方策大纲》。这份送呈陆军大臣的文件提到了要劝诱当地人民"为准备紧迫的对苏战争做出贡献"。东条企图把蒙疆地区"用作入侵外蒙古的基地"。

在1938年5月发给陆军省的一封机密电报中，时任关东军参谋长东条指出，南满洲铁道株式会社"……正在接受关东军的指导，以便在执行'满洲国'的国策以及对苏作战的军事准备等方面加强合作"。

虽说1941年4月签署了《日苏中立条约》，但陆军当局并未松懈对苏战争的准备。因此，关东军参谋长在1941年4月的兵团长会议上发表的演说中，谈到《日苏中立条约》时说："根据帝国之现状，此条约是一个外交措施，意图在于加强三国同盟而暂时保持日苏和平。条约能否产生实际效果取决于今后两国的态度如何。不能认为我们以当今之现状就可以立即建立起友好的关系。因此，为使条约产生实效，陆军绝对不能松懈作战准备。只有日益加强与扩充战备才能促进条约的有效性。陆军将不会对过去的方针作任何变更。"

"日满两国人民间常常有人谈论，既然中立条约已经缔结，对苏作战准备可以减轻了。但是，正如以前所述，不仅我方对苏战备的既往方针不得有任何改变，而且，由于以周密郑重态度来对待思想、防谍及其他各种谋略问题的必要性突显，我们必须立即让下属对这一要旨有彻底的了解。"这段话是从一份缴获的"军事绝密"文件中得到的。此报告并未透露当时的关东军司令官梅津是否出席会议。但像这样重要的，并且做成记录加以存档的讲话，至少必须经过他的批准。

1941年12月5日，关东军参谋长在一个类似的会议上对兵团长训话说，为了利用战局转折点的机会，要他们完成对苏作战的准备，并密切关注与苏德战争进展相关的在苏联远东地区和蒙古的所有军情变化。这个演说发表时，梅津仍然是关东军司令官。

管理苏联被占区的计划

日本领导人认为夺取苏联领土是非常切实可行的，所以参谋本部和关东军司令部制订了管理这些地区的特别计划。1941年7月至9月，一个由参谋本部军官组成的特别小组对将要被日军占领的苏联领土统治制度进行了研究。

1941年9月，在关东军司令部设立了第五课，课长是梅津的部下池田少将。池田也对苏联被占领土统治制度问题进行了研究。"满洲国"总务厅的专家也参加了这项工作。

至少在正式场合，国策研究会被称为一个非官方机构。但是，为了起草文件和研究报告，这个机构却从陆军省、拓务省及其他政府机关得到绝密文件。1941年12月由陆军省和拓务省制定的绝密文件《大东亚共荣圈土地处理方案》就是一例。根据这个方案,苏联的滨海州以及远至贝加尔湖的其他苏联领土都要合并于日本或"满洲国"。国策研究会在其1942年2月18日的《大东亚共荣圈的范围及其架构的试行方案》中,提前策划了阻止"从苏联欧洲部分被逐出的斯拉夫人向西伯利亚集中"的措施。

随着战备的加强,这些工作所使用的人数也日益增多,还设立了一些特殊机构。其中有隶属内阁的总力战研究所和国策研究会。总力战研究所前所长村上启作中将作证说,总理大臣东条指示研究所草拟即将被日军占领的大东亚地区行政管理制度。在研究所从事的所有研究中,入侵苏联被视为已经决定了的事情。1942年度研究所综合研究记录中所载的《西伯利亚(包含外蒙古)统治方案》中,就有着为日方占领当局所拟的规则。其中包括:

"宣布旧法令全部作废,以简洁而强有力的军令代替旧法令。在强大的(日本)帝国领导下,原则上不准原居民参与任何政治活动。如有必要则准其低层次的自治。"

"如国防上和经济上有必要,可以派遣日本人、朝鲜人和满洲人的移民。"

"如有必要,应实行原居民的强制性移居。"

"我们的目的在于广泛地施行威权,我们应以严苛的实力达此目的,不可陷于所谓的温情主义。"

国策研究会的工作和总力战研究所的工作是一脉相承的。

1942年春,关东军司令部起草了对苏联的日占区实施军事管制的计划,得到梅津批准后将它送交给参谋本部。计划包含"行政、治安维持、产业组织、货币流通、通信及运输"等部分。

1942年,东条和梅津派遣池田少将等军官去研究南洋地区所设立的占领地统治制度,目的是在此基础上进一步制定出在苏联领土实施的统治制度。

德国侵苏后的积极备战

德国进攻苏联之后，日本加强了对苏战争的全面准备。虽然那时候日本已在中国进行长期战争，但它仍希望利用欧战机会实现对苏的企图。因此，关东军进行了秘密动员和增强兵力。1941 年夏，根据计划进行了秘密动员，关东军新增了 30 万兵力、两个师团和各种特殊部队。1942 年1 月，关东军兵力增加到了 100 万人，并获得了大量新装备，坦克的数量为 1937 年的两倍，飞机的数量为 1937 年的三倍。大部队沿满苏边境集结。除了关东军以外，还将使用朝鲜军、驻内蒙古的日军和日本国内的部队参加计划中的对苏进攻。除了兵力和物资，还为关东军准备了大量的粮食等必需品。

颠覆和破坏

和直接的军事准备一样，平时和战时对苏颠覆活动的详细计划也在考虑或进行之中。此事早在 1928 年神田正种向参谋本部和关东军司令官提交的报告中就已表现出来了。神田是日本情报军官，后来担任了参谋本部第二部俄罗斯班班长。这份报告记述了对苏颠覆活动的一般原则和具体措施，特别是策划并实施了针对北满交通线，主要是针对中东铁路的颠覆和挑衅活动。报告说："对俄破坏活动包括诸多业务，这种活动将遍及全世界。"报告的起草人神田前陆军中将在本法庭接受询问时证实了这一文件。

1929 年 4 月，时任参谋本部第二部部长的被告松井召集日本驻几个国家的陆军武官在柏林开会，讨论当时已在预谋的对苏战争期间在欧洲各国将要使用的破坏方法。这个会议计划利用移居国外的白俄。会议还讨论了驻在苏联以外国家的日本陆军武官应如何进行对苏谍报活动问题。被告桥本当时是驻土耳其陆军武官，他出席了这次会议并在会上发言。他在本法庭接受询问时说，参加会议的有驻英、德、法、波兰、奥地利、意大利和苏联等国的陆军武官,他承认在会上松井和其他武官讨论了对苏颠覆活动问题。这次会议之后,桥本在 1929 年 11 月向日本参谋本部提出了一份关于"高加索形势及为破坏活动之目的对其战略利用"的报告,其中强调指出"从对苏谋略的角度看,高加索地区……极为重要"。他建议,"要使高加索地区所有民族互相反目,从而使该地区出现混乱状态"。

被告大岛在驻柏林期间秘密实施了针对苏联及其领袖的颠覆活动,并就此与希姆莱(Himmler)进行了商讨。

1942 年,日本参谋本部和关东军司令部制订了进攻苏联的新作战计划,这些计划 1943 年仍有效。根据这些计划,等到在满洲集中约 30 个师团后将突然发动对苏战争。这些新计划与以前的计划一样,都未曾付诸实施。大致就在这时候,德意日轴心国的军事前景开始恶化。此后这些国家日益处于守势,日本所企图的攻苏冒险的可能性也越来越小,直至 1945 年轴心国最终失败。总之,本法庭判定在 1943 年之前,日本不仅计划发动对苏侵略战争,而且持续为这场战争作积极准备。

中 立 条 约

德国进攻苏联

如上所述,1931 年至 1933 年期间,日本受到苏联关于缔结中立条约的邀请,但它拒绝这样做。到了 1941 年,除德意之外,日本几乎与所有国家都丧失了友好关系。由于国际局势发生了很大变化,日本现在愿意做它十年之前拒绝做的事情。但是,这种愿望并不表示日本在对苏态度上有任何改变,也不表示日本减低了攫取苏联领土的企图。

1941 年 4 月 13 日,即在德国进攻苏联之前不久,日本签署了《日苏中立条约》。条约规定如下:

第一条

两缔约国保证维持两国间的和平友好关系,互相尊重另一缔约国的领土完整和不可侵犯。

第二条

如果任一缔约国成为一个或若干个其他国家的军事行动目标时,另一缔约国应在该冲突期间始终保持中立。

签订中立条约使日本政府处于一个模棱两可的立场,因为当时它已在《反共产国际协定》和《三国同盟条约》中对德国有过承诺。而且,在签订中立条约时,日本有种种理由可以预见到德国即将对苏联发起进攻,这就使它的签约行为更加令人费解了。

早在 1941 年 2 月 23 日,里宾特洛甫就告诉大岛,希特勒已经在冬季组建了若干支新部队,结果德国将拥有 240 个师,其中包括 186 个一流的攻击师。里宾特洛甫还详细叙述了"德俄冲突"的前景,他说"德国将取得伟大胜利,这将标志着苏联政权的终结。"

1941 年 3 月,德国领导人希特勒和里宾特洛甫与日本外务大臣松冈会谈时,对于德国即将进攻苏联一事展开了更加详细具体的讨论。

1941 年 3 月 27 日,里宾特洛甫在和松冈会谈时告诉松冈:"东部德军随时都可以投入使用。一旦苏俄对德采取可以解释为威胁的态度时,元首就会把苏俄彻底粉碎。在德国没有人怀疑,这样一场对苏战争将以德军的完全胜利和苏军及苏俄国家的绝对摧毁而告终。元首相信,在对苏进攻的情况下,几个月之后苏俄作为一个大国将不复存在。"

同日,希特勒对松冈说了同样意思的话,谈话时大岛、奥特、里宾特洛甫都在座。希特勒说,德国虽与苏联缔结了某些条约,但是德国拥有 160 个到 200 个师可用于针对苏联的自我防卫,这一事实更加重要。里宾特洛甫在 1941 年 3 月 29 日与松冈会谈时说,绝大部分德军都集中在德国的东部边境,并再次表示他深信不疑,一旦冲突爆发,在几个月内就可以彻底打败苏联。在这次会谈中,里宾特洛甫还说:"……对苏冲突无论如何是可能发生的。不管怎样,松冈在归国后不能向日本天皇报告说德苏之间的冲突是不可能发生的。相反,就局势而言,这一冲突即使不能说几乎一定会发生,也必须认为是可能发生的。"松冈在回答时向里宾特洛甫保证,"日本会是一个忠实的同盟国,将全力贡献于共同的努力目标,而不是虚与委蛇。"

松冈在莫斯科签署《日苏中立条约》后回到日本,不久他就对德国驻东京大使奥特说:"一旦德苏之间发生冲突,无论谁担任日本总理大臣或外务大臣都不能够使日本保持中立。在这种情况下,日本势必会和德国一起进攻苏联。这一点是任何中立条约都不能改变的。"

大岛在 1941 年 5 月 20 日致松冈的电报中报告说,魏茨泽克告诉他,"德国政府极为重视外务大臣松冈对奥特表达的立场,即如果德苏开战日本会进攻苏联。"

日本政府在和苏联进行缔结中立条约谈判的同时,在与德国谈判续展将于 1941 年 11 月 26 日期满的《反共产国际协定》,这一事实证明,日本政府在签署《日苏中立条约》时采取了不老实的政策。《反共产国际协定》将于 1941 年 11 月 26 日期满,但在德苏战争爆发之后,该协定于期满之日又延长了五年。

日本对苏联及中立条约的政策,表现在 1941 年 6 月 25 日,即德国对苏联发动进攻三天后苏联驻日大使斯梅塔宁和松冈的会谈中。斯梅塔宁询问松冈,日本是否将依据 1941 年 4 月 13 日的《苏日中立条约》保持中立,松冈避免直接作答,却强调《三国同盟条约》是日本外交政策的基础,如果当前的这场战争和中立条约与这一基础及《三国同盟条约》相矛盾时,中立条约"将不再有效"。我们在前面已经提及德国大使报告的松冈在会见斯梅塔宁时所表达的阴险意见。1941 年 6 月,在德国进攻苏联之前不久,梅津与乌雷奇(Urech)公爵谈话时说:"目前我们是欢迎《日苏中立条约》的。但是,既然《三国同盟条约》是日本外交政策不可改变的基础,所以一旦德苏现有关系发生变化时,日本对于中立条约的态度也必须立即改变。"

这表明日本和苏联缔结《日苏中立条约》时并无诚意,而是认为它与德国之间的各种协定更有益处,签署中立条约只是为了给它的攻苏计划提供便利而已。关于日本政府对苏态度的这种看法与 1941 年 7 月 15 日德国驻东京大使致柏林的电报中报告的意见是吻合的。日本在德苏战争中的"中立"实际上发挥了烟幕的作用,遮蔽了它在自行攻苏之前尽可能对德国提供的援助,而且好像这是蓄意要它发挥的作用。本法庭接受的证据表明,日本远远没有根据《日苏中立条约》保持中立,而且还给了德国实质性的援助。

日本对德国的一般军事援助

日本在满洲进行大规模的军事准备并集中了大量兵力,借此把苏联陆军相当多的兵力牵制在东部,否则这些兵力就可以用在西部对付德国。德国政府和日本政府都是这样看待这种军事准备活动的。1941 年 7 月 3 日,德国驻日大使在致柏林的电报中报告说:"日本政府一直念念不忘的事情包括扩大军事准备,其目的就是为了实现此目标,同时在远东地区牵制与德国交战的苏联。"

1942 年 5 月 15 日,里宾特洛甫在发往东京的电报中也指出,虽然成功地对苏联发起突然袭击对于促进轴心国的军事进展极为重要,但是如上所述,他同时强调说日本的"中立"非常重要,是对德国在德苏战争中的积极支持,"因为无论如何,苏俄由于预期日苏冲突而必须在西伯利亚东部维持兵力"。

日本向德国提供与苏联有关的军事情报

里宾特洛甫 1941 年 7 月 10 日发给德国驻东京大使的电报,包含了日本向德国提供与苏联有关的军事情报的证据。里宾特洛甫在这封电报中写道:"对于传递日本驻莫斯科大使的电报,请借此机会向日本外务大臣致谢。如果我们能以这种方式定期得到来自俄国的更多消息,实乃幸事。"

关于日本将其军事和外交机关所获得的与苏联有关的经济、政治和军事情报提供给德国一事，法庭上已提出证据加以证明。1941年10月至1943年8月担任参谋本部俄罗斯课课长的松村少将作证说，根据参谋本部的命令，他向参谋本部第十六课（德国课）有系统地提供关于远东苏军、苏联战争能力、苏联部队自东部向西部移动，以及苏联部队在国内移动的情报，以便该课将这些情报转交给德国驻东京的陆军武官克雷奇默（Kretschmer）上校。

前德国驻东京大使馆助理陆军武官冯·彼得斯多夫（Von Petersdorf)作证说，他曾有系统地从日本参谋本部获取关于苏联陆军的秘密情报，特别是关于远东军的秘密情报，情报内容涉及军队部署及其兵力、预备役、苏军向欧洲战场转移、苏联军需产业等详情。彼得斯多夫说，就情报的范围和性质而言，他从日本参谋本部获得的情报与各地陆军武官从普通渠道获得的情报是不一样的。

日本对苏联船舶的干扰

检方主张并提交证据表明，尽管日本有保持中立的义务，但日本对在远东航行的苏联船舶进行了干扰，致使苏联的战争努力受到了严重妨碍。特别是，有证据表明，1941年停泊在香港的有明白标志的数艘苏联船舶遭到炮击，一艘被击沉；同月，若干艘苏联船舶被日本空军炸沉；许多苏联船舶被日本海军舰艇非法抓扣并被带到日本港口，有的被长期扣留。最后，检方还指控日本封锁津轻海峡，迫使苏联船舶经由更为不便和危险的航线驶往其远东的沿海地区。检方认为，这一切都是为了给对德作战的苏联设置障碍，是日本蔑视《日苏中立条约》所负义务，为其意图对苏发动战争作间接准备的行为。

现在已确实证明日本缔结中立条约是毫无诚意的，只是作为推进日本对苏侵略企图的一个手段而已。

1938 年至 1939 年日本对苏联的攻势作战

前面在讨论日本对苏态度的时候，我们未对起诉书中诉因 25、26、35 和 36 所举出的两个事项作详细考察。这并不是因为这些事项在以前的讨论中没有重要意义，而是由于起诉书直接提出了这些事项，我们认为留到此处详细考虑更为合适。

日本 1936 年 11 月根据《反共产国际协定》与德国结盟和 1937 年卢沟桥事变后在华北和华中取得军事胜利之后，日本陆军在 1938 年和 1939 年对苏联采取了敌对行为，先是在满洲东部，然后在满洲西部。1938 年 7 月采取敌对行为的地点是在邻近满洲、朝鲜及苏联滨海州边境交接点的哈桑湖地区。然后，1939 年 5 月，在"满洲国"和外蒙古（即蒙古人民共和国）之间边界上的诺门坎地区发生了敌对行为。日本宣称这两次军事行动都只是边境事件，起因是边界线不明确，结果导致了双方边境警备队的冲突。

哈桑湖地区的敌对行为

1938 年 7 月初，由于在哈桑湖稍西的图门江东岸集中了野战部队，在哈桑湖以西地区的日本边境警备队的实力大增。在图门江和哈桑湖之间连绵着一片丘陵，俯视着图门江和哈桑湖。根据苏联的主张，山脊为双方的边境线，而日方主张边境线应在更加偏东的哈桑湖西岸沿线。

这个高地在战略上相当重要，因为它俯瞰图门江以西地区、南北走向的铁路，以及通往苏联滨海州和符拉迪沃斯托克的公路。从日本方面看来，这个高地的重要价值在于它可以保护那些构成通往北部和东部交通线的铁路和公路免受观测和攻击。由于日方认识到军事上的重要性，早在 1933 年关东军就对该地区的地形进行了充分的研究，其目的正像 1933 年 12 月关东军参谋长给陆军次官的报告中所述，是着眼于"对苏作战的时期"。

苏联边境警备队前哨部队当时的报告及其他证据表明，1938年7月日军大规模集结。在7月底之前，大约一个师团的朝鲜军竟集中在一个长度不超过三公里的狭小区域内。田中隆吉少将为辩方作证时说，7月31日当他到达该地区时，日军正在大举进攻。顺便提一提，他关于早先预备措施的证言很有意思。他在7月15日访问过这个地区，他说那时候苏军已在西麓，即张鼓峰的满洲一侧沿着山脊挖掘了战壕并架设了铁丝网，而根据苏联方面的解释，张鼓峰山脊为国境线。这些防御措施具有显示苏军意图的重要意义，但苏联的证人否认曾经采取过任何这类措施。如果我们全盘接受田中的证言，这可能意味着苏军入侵过满洲领土。然而，日本方面从未就这些防御措施提出过任何抗议。正像我们稍后将要看到的那样，日本的投诉是说在哈桑湖以西的任何地点都不应部署苏联部队。在发生冲突之前，苏联边境警备队的人数很少，在现在所讨论的地区兵力不超过100人。

7月上旬，当日本军队正在哈桑湖地区集结时，日本政府开始和苏联政府进行外交交涉，为的是使苏联边境警备兵撤退到哈桑湖以东地区。7月15日，驻莫斯科的日本代办西春彦根据日本政府的训令向苏联外交部长表明，哈桑湖以西的所有地方都属于满洲，并要求苏军撤离哈桑湖以西地区。就在这前后，在西欧执行任务的重光被派往莫斯科，他接到的训令是要确保日本的要求得到满足。于是双方进行谈判，苏联代表重申边界线是沿着哈桑湖以西的山脊延伸，而不是沿着哈桑湖岸延伸。他说这一事实为1886年的《珲春东界约》所支持，且已据此界约确定了边界线。重光采取了蛮横态度，他就《珲春东界约》说道："照我的意思看来，在这样危急的时期谈论什么地图是不合理的。这只会使情况更为复杂。"7月20日，重光正式要求苏军撤退，他还说："日本对于'满洲国'拥有权利和义务来行使武力，使苏军从他们非法占领的'满洲国'领土上撤离。"

关于边境线的位置问题，本法庭收到了一张地图和若干其他证明文件，以及许多证据。前述《珲春东界约》是中俄两国代表在1886年签署的,它附有一张指示边境线的地图。《珲春东界约》的中文和俄文文本都提到了这张地图,且都包含以下重要内容:"……图上红线俱顺分水岭为界,水向西流入图门江者属中国,水向东流入海者属俄国。"关于详细说明边境线的部分,两个文本略有出入。可能当时对边境线的准确位置存有疑问,这一点固然不能忽视,但按照现行国际法,即使有此疑问也不能成为诉诸武力的正当理由。

1938年7月21日,陆军大臣板垣和参谋总长一起谒见天皇,请求天皇批准在哈桑湖行使武力以使日本的要求得到满足。板垣对天皇说了假话,这说明陆军大臣和陆军付诸军事行动的心情极为迫切。板垣对天皇说,对苏行使武力一事已和海军大臣和外务大臣协商过,他们完全同意陆军的意见。但是,第二天板垣也出席的五大臣会议讨论了在哈桑湖开战的问题,并做出以下决议:"(我们)已准备好应对不测事件。至于何时动用准备好的武力,须经有关部门协商并按敕令执行。"于是在哈桑湖行使武力获得了批准,唯一未解决的问题就是开战的日期。一星期之后开战日期也确定了,即1938年7月29日,日军在高地上的山丘之一别济米扬纳亚山附近,以侦察形式开始了最初攻击。实施攻击的部队人数并不多,大约不超过一个中队。但驻扎在那个山丘的苏联边境警备队人数很少,日军获得了成功。当天晚些时候,苏联派出增援的警备队,把日军从占领地驱逐出去了。

7月30日至31日夜间,日方以一个师团为主力,再次对山脊上另一个名为扎奥焦尔纳亚的山丘发动攻击。上文提到过的辩方证人田中隆吉确认的事实是,他在7月31日回到该地区时,日军正大举进攻。他又说,日军确实是在满洲境内,但他的这番话可能是基于日方关于哈桑湖以西全部是满洲领土的主张。无论如何,本法庭找不到苏军率先开火的证据,而这是使日方攻击具有正当性的唯一理由。

这个地区的战斗从1938年7月31日一直延续到8月11日。在这些天里,由于开战后苏联援军的到来,参战的日军遭到惨败,几乎被全部歼灭。于是日本政府同意停止敌对行为,并按照苏方的主张将边境线恢复到沿山脊延伸。

根据所有证据,本法庭得出结论,日军在哈桑湖发动的进攻,是由参谋本部和陆军大臣板垣蓄意策划的,至少得到了出席 1938 年 7 月 22 日会议的五大臣批准。其目的可能是为了试探该地区的苏方实力,也可能是为了夺取俯瞰通往符拉迪沃斯托克和滨海州交通线的山脊战略要地。这个攻击是以相当兵力为基础计划和实施的,所以不能把它看成单纯的边境警备队之间的冲突。敌对行动由日方率先发起,这一点本法庭也已获得令人满意的证据。虽然所使用的兵力规模不是很大,但就上述日方目的,以及万一进攻获胜时可能的后果而言,本法庭认为,把这次敌对行为称为战争是完全合理的。而且,按照当时通行的国际法,以及初期外交谈判时日方代表所采取的态度,本法庭认为,日军的作战行动显然是侵略性的。

我们现在休庭到下午 1 点 30 分。

(12:00 休庭。)

下午庭审

休庭后,13:30 庭审人员到场。

法庭执行官:远东国际军事法庭现在继续开庭。

庭长:我继续宣读本法庭的判决书。

诺门坎(哈拉哈河)战役

从 1939 年 5 月持续到 9 月为止的诺门坎地区战事,规模上比哈桑湖战事大得多。这些战事发生在外蒙古东部边境与黑龙江省相接的地区。在其稍南,就是 1939 年在日本控制下的察哈尔省。

与日本对苏军事计划相关联,外蒙古极为重要。因为外蒙古从满洲至贝加尔湖以西与苏联领土接壤,如果被非友好国家军事统治,总的来说将对苏联领土构成威胁,特别是对把苏联的西部领土和东部领土连接起来的西伯利亚大铁路构成威胁,这条铁路有很长路段与外蒙古北部国境线大致平行且距离不远。苏联和日本都认识到了外蒙古在战略上的重要性。

早在 1933 年,荒木就在一篇题为《昭和时代日本的使命》的论文中,鼓吹占领外蒙古,他还说:"日本不愿意在其势力范围附近,存在一个像蒙古这样立场暧昧的地区。蒙古无论如何必须是东洋的蒙古。"几年以后的1936 年,时任关东军参谋长板垣在和有田大使会商时指出:"从当今日满势力的视角来看,外蒙古非常重要,因为它从侧面掩护那条把苏联在远东的领土和在欧洲的领土连接起来的西伯利亚铁道。如果外蒙古与日本及'满洲国'结合起来,苏联在远东的领土将陷入极其危险的状况,也许不战就可以使苏联势力退出远东。因此,陆军试图用一切可用手段将日满势力扩大至外蒙古……"

苏联预料到日本或其他国家的可能动作,所以在 1936 年与蒙古人民共和国缔结了互助条约,根据此约,在一些外蒙古城镇驻有苏军。在诺门坎战役发生前不久,一些苏联部队被派往外蒙古东部。

1939 年 5 月 11 日,有数百名士兵的日军侦察队向蒙古边境警备队发起进攻,敌对行动就此开始。从这天起到当月 27 日止,少数日军再度进攻,但均被击退。其间双方都派出了援军。5 月 28 日,在飞机、大炮、坦克的支援下,双方又开始大规模战斗。其后,战斗规模日益扩大,直至9 月日军承认失败后,战事才终止。

投入兵力的确切数目很难确定,但可以从对于死伤总数的各种估计和作战范围判断投入的兵力巨大。日军的伤亡和被俘人数超过 50 000人,而蒙古和苏联方面的兵员损失在 9 000 人以上。战线长达 50 至 60 公里,纵深达 20 至 25 公里。

对于这次事件的辩护,大体上和哈桑湖事件的情形相同,即称此次事件不过是外蒙古和满洲之间对边境线确切位置的争议所引起的边境冲突而已。日本方面主张，在发生战斗的地区，国境是以此地向西北方向流去的哈拉哈河为界；而蒙古方面主张，国境是在哈拉哈河以东约20公里处。关于国境线的位置，在法庭上出示了许多地图，提交了许多证据。此外，一些发生冲突前在蒙古边境警备队服役已有一段时间的士兵提供了一些证据，说明他们主张的国境沿线上有明确的国境标志。在这里并无决定国境位置的必要，对此双方后来已有共识。本法庭要解决的问题只是发生的战斗是否合法。

关于这次作战行动的特性和规模，最有力的证据可见于缴获的日军文件，即1939年9月5日第六军司令官的公告，内容如下：

"虽然以前曾发布改编第六军的命令，但现在我不得不遗憾地承认，由于此命令未得到执行，保卫西北地区的光荣使命已归于失败。我军现已处于满蒙国境非正式战争的漩涡之中。此项行动迄今已在前线持续了十日以上。由于小松原中将所率各部果敢的行动，交战中的混乱得以减少。现在我军正在锦锦苏木地区准备重新发起进攻。

"关东军司令官决定，今年秋季派遣驻扎在满洲的精锐部队来援助我们，他已把这些部队向未来的战场转移，由我来指挥这些部队，并计划采取紧急措施来解决冲突。现在的局势显然已超出边境冲突的范围。现在我们正在中国进行圣战，因此，在复杂的内外状态条件下，这一冲突的任何变化，对于国家都极其重要。我军应采取的唯一行动，就是团结一致，迅速给敌人以歼灭性的打击，并借此灭绝敌方日益增长的傲慢不逊。目前，我军的战备正顺利进行。今年秋季，我军将一举终结这些鼠辈，并将骄傲地向世界展示精锐皇军的威力。将士们已充分了解目前的局势。全军官兵，上至将领下至士卒全都充满了勇气、决心和必胜的信念。我军无限忠诚大元帅天皇陛下，无论何时何地，时刻准备着粉碎和歼灭敌人。"

辩方从未认真试图证明是蒙古或苏联军队首先开火，辩护的时候也未提出这种主张。而另一方面，检方曾让参加这次作战行动的证人出庭作证，这些证人称敌对行为是由日满军队首先挑起的。关于这一点，本法庭接受检方提出的证据。毫无疑问，关东军为这次冲突做了准备，但是没有证据能使我们确切地说这一敌对行为是否得到了参谋本部或政府的批准。本法庭最多只能认为，如果连参谋本部和陆军省事先都不知道，那是不太可能实施规模如此之大的军事行动的。在这次战事爆发后不久，陆军大臣板垣向当时的总理大臣平沼报告了事件的经过。平沼在开庭前的侦讯中说，他要求板垣停止敌对行为，但是他"不能下达命令"，并且军部方面持有"不同的意见"。因此很明显，在这次冲突的最初阶段，平沼和板垣都对局势充分了解，并且没有任何证据可以表明他们中的任何一人曾为阻止这一冲突继续下去而有任何作为。

如同哈桑湖事件一样，日军被完全打败了；倘若日军获胜会发生什么后果则完全只是臆测。然而，日军被打败这一事实并不能决定这次作战行动的特性。这次行动规模大并且持续了四个多月；正如第六军司令官公告所示，这显然是日军经过周密准备后采取的行动，其意图在于歼灭与日军作对的敌军。因此，关于这次事件仅仅是对峙的边境警备部队之间冲突的主张是站不住脚的。在此情况下本法庭认定，这次作战行动是由日方发动的一场侵略战争。

关于是否予以宽恕的辩护

辩方关于哈桑湖和诺门坎两次战役的辅助论点是，这两个战役都是通过日苏两国政府间的协定得到解决的。重光和莫洛托夫（Molotov）于1938年8月10日签署的协定结束了哈桑湖战役，双方都退回到敌对行为发生之前所占的位置，随之恢复了平静。

在诺门坎战役结束后很久，日苏两国于1940年6月9日签署了《东乡—莫洛托夫协定》，就外蒙古与满洲之间的边界问题达成一致。在以上两个协定之后，1941年4月签订的《日苏中立条约》使两国之间的争端得到一般性解决。

依据以上三个协定，辩方律师总结他的论点说，既然有了这两类协定，一类是特定的，一类是一般的，这些旧事现在就不能再重新提出了。

作为辩方论据基础的那三个协定都没有赋予豁免权，也没有涉及刑事上或其他方面的责任问题。因此，本法庭认为，这些协定并没有为本国际法庭正在进行的刑事诉讼提供任何辩护理由。在刑事责任问题上，无论是国内还是国际的刑事责任，对任何法庭来说，明示或默示地支持宽恕犯罪行为都是违反公共利益的。

关于蒙古未独立的辩护

被告东乡的辩护人在对于诉因 26 的辩护中认为该诉因未被证实，因为在 1945 年之前，所谓的"蒙古人民共和国"是中华民国的一部分，并不是一个主权国家。本法庭不考虑也不认为有必要就外蒙古的地位问题做出决定。我们正在处理的是刑事案件，在此类案件中犯罪故意是最重要的。而且本法庭也不准许辩方现在否认日本政府曾作出的书面承诺，它在这些承诺中正式承认了蒙古人民共和国的地位。1940 年 6 月 9 日苏联政府和日本政府之间达成协议，由被告东乡代表日本签署，协议就确定满洲和外蒙古的边界作出了规定，签署者分别代表蒙古人民共和国和"满洲国"表示它们同意该协议。

在外蒙古的主权地位得到上述明确承认，辩方又没有相反证据的情况下，被告现在不能说诉因要点未被证实，也不能说法庭可以对外蒙古在 1945 年之前是中华民国一部分这个事实进行司法认知。

第七章 太平洋战争

太平洋战争

1938 年日本进攻哈桑湖失败，揭示了苏联在远东地区出人意料的军事力量。1939 年 8 月 23 日《德苏互不侵犯条约》的缔结，以及德国心无旁骛地开展对英法的战争，使苏联西部国境暂时无虞。至此一直作为实现日本国策第一步的北进，只得推迟到有更好的机会出现时再说。

随着北方的机遇之门关闭，南方的机遇之门开始开启，日本为实现其国策的第二个主要部分，即南进，采取了各种预备步骤。1938 年 9 月，英法在慕尼黑会议上遭到了断然拒绝。之后，1938 年 11 月 3 日，近卫公爵公开宣布了日本在东亚建立新秩序的意图，同月，日本宣布不能再无条件适用条约体系。日本宣称在中国局势发生改变的情况下，"门户开放"和"机会均等"原则的适用或许不得不让位于其他考量。同月，即 1938 年 11 月，五大臣会议决定占领海南岛。1939 年 2 月，海南岛被占领。1939 年 3 月，南沙群岛被占领。

1939 年 9 月，德国与波兰、英国及法国之间爆发战争。很快，我们发现，大岛大使和寺内大将开始谈论日本南进是否可取。从 1939 年 9 月开始，在中国的日军对外国权益的态度明显变得更加强硬。也是大约在这个时候，日军开始轰炸云南铁路。1939 年 11 月，日本外务省要求法国停止通过云南铁路向中国运送军用物资，并要求法国准许日本军事代表团到法属印度支那，以确保不再运输军需品。没有什么比这更能表明日本南进的侵略野心了，因为法国有权利运输这些军需品，而且当时没有迹象表明法国的军事力量会遭到削弱。但是，考虑到法国为欧洲战事所累，日本认为自己足够强大，可以向法国提出这些要求。1940年2月2日，日本向荷兰提出要求，假如这些要求得到满足的话，将会使日本在荷属东印度群岛的经济问题上获得较其他国家更为优惠的地位。1940年3月，小矶对日本议会的决算委员会说，日本应向太平洋诸岛屿扩张，以期在经济上不依赖美国。

1940年5月9日，德国入侵荷兰。日本立即要求美、英、法保证他们会保持荷属东印度的现状，美、英、法做了这个保证。日本也给出类似的保证。但是，日本向德国提出要求后，到1940年5月22日才收到德国表示对荷属东印度没有兴趣的声明。按照日本的解读（结果证明这个解读正确），就德国而言，该声明同意日本可以自由处置其与荷属东印度群岛的关系。

1940年6月17日，法国要求和德国停战。1940年6月19日，日本再次重申对法属印度支那的要求，即停止通过法属印度支那向中国运送物资，同时接受日本军事代表团以确保不让物资通过。这些要求在1939年提出时遭到了法国拒绝，不过法国现在情况已经与过去很不一样了，日本占了上风。于是法属印度支那总督同意了日本的要求。1940年6月29日，日本军事代表团抵达河内。

1940年6月24日，当时的拓务大臣小矶向德国大使表达了日本在法属印度支那和荷属东印度的殖民野心，并询问德国对日本准备在这些地区实行军事行动的态度。大使坚持了德国在1940年5月22日发布的声明，即德国不关心荷属东印度事宜。他进一步表示，德国多半不会反对日本在法属印度支那的行动，但是德国希望日本通过威胁对菲律宾和夏威夷攻击而把美国牵制在太平洋。1940年7月1日，日本拒绝了美国提出的欧战期间各方在太平洋维持现状的协议。拒绝的原因在木户和外务大臣有田的一次谈话中提到了，那是因为在这个时候限制日本的行动，包括在荷属印度群岛的行动，是不可取的。没有什么比这个更直白地表明了日本对其邻国的侵略野心。1940 年 7 月 8 日，来栖和佐藤告诉里宾特洛甫，九年来日本的目标就是建设一个不受制于条约体系的"新中国"，这证明了日本在那些年里所发布的官方声明全都是谎言。1940 年 7 月 16日，日本通知荷兰，日本将派遣一个经济代表团到巴达维亚讨论荷属东印度对日本的供给。同日，米内内阁迫于军部及其支持者的压力宣布辞职，他们认为米内内阁太软弱，无法利用当前法国和荷兰沦陷以及英国在欧洲陷入困境的机会为日本南进谋取利益。现在障碍已经清除，于是第二次近卫内阁在 1940 年 7 月 22 日就职，并采取各种步骤推进日本南进的侵略政策。

1940 年的日本政策

1940 年 7 月 22 日上任的第二次近卫内阁做出了很多重要决定，这些决定直接助力于太平洋战争在 1941 年 12 月 8 日爆发。

日本与德国之间的谈判导致 1940 年 9 月 27 日《三国同盟条约》的签署，这已在本判决书的前面部分讨论过。然而，为了更清楚地了解第二次和第三次近卫内阁以及后来的东条内阁所做出的决策和采纳的计划，最好是简要回顾一下 1940 年 7 月至 10 月所采取的一系列政策和计划。它们再次确认了广田内阁于 1936 年 8 月 11 日阐述的政策，并实际应用于1940 年下半年的局势。

这段时间做出的重要决定有：1940 年 7 月 26 日的内阁决议、1940年 9 月 4 日四大臣会议和 1940 年 9 月 19 日联络会议的决议、1940 年 9月 28 日（即《三国同盟条约》签署后第二天）外务省制定的日本外交政策纲要、1940 年 10 月 3 日内阁会议决议，以及 1940 年 10 月 4 日外务省制订的《对南部地区试行方案》。

这些决定的结果是，到 1940 年 10 月初，日本政府的政策开始指向南部地区，意图占领新加坡、英属马来亚、荷属东印度，同时努力避免与苏联和美国开战。万一日美之间爆发战争（这被认为是有可能的），那么菲律宾、关岛和其他美国领地会被纳入日本将要占领的区域。

更详细看，这些政策的目的是：

（1）依赖《三国同盟条约》。

（2）与苏联缔结互不侵犯条约。

（3）圆满结束在中国的战争。

（4）将法属印度支那、荷属东印度、海峡殖民地、英属马来亚、泰国、菲律宾、英属婆罗洲和缅甸纳入大东亚共荣圈（以下简称共荣圈）。

（5）提出调停欧洲战事以换取英国对共荣圈的承认。

（6）与美国缔结互不侵犯条约，据此美国将承认共荣圈，以换取日本尊重菲律宾独立。

1940年10月4日，近卫向媒体发表声明说，如果美国拒绝理解日本、德国和意大利的真实意图，并继续其挑衅态度和行为，美国和英国将不得不与日本发生战争，这也意味着日本将被迫与他们开战。他解释说，日本正努力通过外交渠道劝说苏联、英国和美国停止向中国提供援助。

此时，日本的侵略意图已经非常明显，以至于美国不愿意继续向日本供应可以制造军火的原材料，因为军火会被用于实现日本的侵略目标。一项总统声明宣布，将1938年和1939年为抗议日本无视条约而实行禁运的物资扩展到所有的废旧钢铁，除非是运到西半球和英国。应该指出，美国此前已在1940年1月26日终止了它与日本的商业条约。1940年12月10日，禁运进一步扩大并被置于许可制度的管控之下。1941年2月3日，紫铜、黄铜、锌、青铜、镍、碳酸钾被添加到了禁运清单上。1941年5月5日，废旧橡胶被列入禁运清单。到了1941年6月20日，因为情况严重恶化，美国禁止了除运往英国和南美之外的所有石油出口。

日本采取各种措施来抵销美国禁运带来的影响，例如增强日本国民经济、组织日满华经济集团等。内阁决定，为了避免经济竞争、重复投资和企业的重复设立，有必要在经济集团的三国之间分配其各自在劳工、金融、外汇、制造业、通信、运输等领域的明确活动范围。

实施政策的措施

在 1940 年 10 月 25 日的一项政策研究中，近卫内阁决定承认中国由汪精卫领导的傀儡中央政府，并与之商议一个基本条约，调整其与日本政府的关系。11 月 30 日该条约签署，派往傀儡政府的新大使得到的训令是，内阁政府已采用汪精卫傀儡政府作为长期战争的工具，他应该牢记这一点，并在最大程度上与陆军和海军合作。

企划院总裁、前"满洲国"总务厅长星野正积极主导由日本、"满洲国"和中国发表一份共同宣言的谈判，该宣言将在《日中基本条约》[1]签字之际发表。1940 年 11 月 7 日，木村被任命就职于日满经济共同委员会。11 月 8 日，《日满华共同宣言》以最终形式由各方草签，并于 1940 年 11 月 30 日《日中基本条约》公布时发表。共同宣言指出，这三个国家将在军事和经济基础上进行合作，并将采取一切必要手段建立亚洲新秩序。

星野已经对日本经济重组以使其符合新的经济集团的情况做了解释。他说，11 月内阁决定了一项计划，将按照行业把各个公司组成联合会，以便通过由内阁任命并受商工大臣监督的联合会会长来控制这些公司。他还说，为了落实这项计划，颁布了法律和规章，之后也没有对计划作大的改动。由于计划的实施，1940 年多达 212 家大公司发生兼并，涉及资本金额 23 亿日元；1941 年上半年，共有 172 起重大兼并，涉及资本金额超过 30 亿日元。

枢密院顾问官在审议《三国同盟条约》时指出，应当采取一些措施为《三国同盟条约》签署后可能发生的战争做准备。这次枢密院会议结束之后，星野立即开始采取措施以强化日本的金融结构。1940 年 10 月 19 日，为加强政府对金融机构的监管，发布了一项敕令，名为《有关银行及其

---

1 即前文所述《日华基本关系条约》。——译者注

他金融机构的资金运作令》，要求各金融机构根据政府的指令调整自己的投资策略，并承诺对金融机构因遵从政府指令而发生的亏损进行补偿。同日，颁布了管控企业账户的敕令，要求有关机构必须保存资金用于实现《国家总动员法》的目标。

大政翼赞会

1940年9月26日，枢密院顾问官在会议上讨论《三国同盟条约》时，关注的事项之一是日本民众对于正在承受的艰难困苦会作何反应，这种艰苦会因为《三国同盟条约》可能引发的来自美国的经济制裁而雪上加霜。近卫对此问题的答案是，1940年10月10日成立大政翼赞会。在1940年5月米内内阁下台之前，木户和近卫曾讨论过成立一个包含所有政党的组织，不过随后这个行动停滞了。桥本为大政翼赞会的筹备委员会贡献了他在组建政治团体方面多年的工作经验，星野也作为委员会的一员做了协助工作。大政翼赞会的章程非常详细，清晰地显现了其意图是扩散到全日本，深入都道府县甚至每一个家庭。该会旨在将日本变成一党制国家，与欧洲的极权主义国家并无二致。其他政党将被取消。总理大臣既是该会的会长，同时也是一党的领袖。该会的目的被委婉地表述为要建立精神上和物质上统一的国家体制，以协助天皇实现"八纮一宇"的目标，使日本成为一个光辉世界的领导者。

桥本和白鸟呼吁公众支持战争政策

一些组织成为大政翼赞会的附属团体。桥本是大政翼赞会理事会成员。他组织了一个极端民族主义团体"赤诚会"。他在各地巡回组会期间，于1940年11月7日向他的团体发出了如下命令："坚定地站出来，时不我待，马上运用演讲、集会、宣传海报等一切手段，掀起一场强大的民族运动，并开展对亲英美分子的大扫荡战，同时发起为南进赢得道义支持的运动。"1941年1月2日，他在京都一个超过5 000人参加的赤诚会集会上发表演讲。就像在他著名的"向士兵祈祷"那场演讲中一样,桥本在演讲中鼓吹打倒英国和美国。而且,他又一次鼓吹"南进"。

桥本在这段时间忙于写作。他于 1940 年 12 月 20 日出版了《革新的必然性》,并于 1941 年 1 月 30 日出版了《世界重建之路》,还出版了《二度开辟》一书的第 14 版。他在《革新的必然性》一书中指出,年底即将来临,"敲响大警钟"的时刻到了,他建议应趁英国与德意交战之际进攻英国,以消除英国对日本建立亚太新秩序的对抗,而且应在击败英国后立即对美国发动进攻。他的《二度开辟》一书包含了"桥本欣五郎宣言"。这个宣言的大意是,世界正面临历史性转折点,以"八纮一宇"为国策的日本应当大胆跃进,并立即以举国之力,绝对追随天皇,向世界展示其本真的面目,以成为这个世界光荣的领导者。他表示应完成战事准备,使日本能击溃正在干预日本亚洲大陆扩张和南进的英国和美国。在《世界重建之路》一书中,桥本显示了他对极权主义政府的支持和对独裁者种种手段的钦佩,并承认参与了满洲事变、日本脱离国联和废弃华盛顿《限制海军军备条约》的行动,以及日本的五月事变、二月事变和其他阴谋活动。

白鸟一直担任日本驻意大利大使,直到 1940 年 8 月 28 日他成为外务省外交顾问为止。他协助沿着极权路线重组政府,并从外务部门中清洗那些被认为对盎格鲁-撒克逊人有同情心的人。在此期间,他大量演讲和写作,表达他对建议中的《三国同盟条约》的支持。1940 年 11 月,他把自己的一些演讲和杂志文章集结成册出版,以散播他对《三国同盟条约》的支持。在他 1939 年 11 月发表的《欧洲大战与日本的态度》一文中,他表示,欧洲战争可以被发展为帮助日本实现它在远东的目标。他在 1939 年 12 月发表的《日德意联盟的必要性》一文中谈到,德国和意大利的目的是把世界分割成若干国家组,每个国家组由其中的一个成员国领导;日本为了建立亚洲新秩序,即统治东亚,应该加入德国和意大利的事业之中。在 1940 年 6 月发表的《大战的趋势》一文中,他说实际上日本已卷入战争,因为欧洲战争的引信是对华战争接上的;同时他意味深长地问道,德国和意大利的敌人，即那些反对在欧洲建立新秩序的国家，难道就不是日本的敌人？在1940年6月发表的《检讨日本的不介入方针》一文中，他说，自从满洲事变开始以来，日本就一直在发挥建立新秩序领导者的作用，既然如此，日本就应该尽早对轴心国给予援助，后者正试图摧毁基于民主资本主义的旧秩序，并建立基于极权主义原则的新秩序。他建议这种援助应体现在把美国舰队牵制在太平洋，并且暗示，荷属东印度和英国在远东和太平洋地区的殖民地是对日本的回报。

白鸟在《三国同盟条约》签订后仍继续他的写作。他在1940年9月29日发表的《日德意联盟的结成》一文中表示，后代历史学家很可能会把此条约称为"世界新秩序条约"，因为该条约不仅代表了盎格鲁-撒克逊人与条顿人之间、黄种人与白种人之间的种族宿怨，而且它还包含一个打破现状并规划新世界的积极计划。他在1940年12月发表的《三国条约与明日之世界》一文中宣称，极权主义运动正像燎原之火在世界各地蔓延，给那些持其他世界观的人在明日世界中没有留下立足之地。他说日本从诞生之日起就一直拥有一个绝对纯粹的极权主义政府，它体现了日本人民对于以下原则的坚定信念，即国家主权和国民是一个统一的有机体。他说满洲事变激发了国家这种迄今为止一直被民主力量所遏制的健康本能。他呼吁重新审视和回归"八纮一宇"的真正精神。他指出对华战争的本质是日本和民主国家之间的冲突，并宣布在东方的战争和在西方的战争其实就是同一场战争。

总力战研究所

有一个枢密顾问官在审议《三国同盟条约》时曾质询应对战事的准备工作。国策研究会自1936年成立以来一直是一个协助政府寻求重大政治问题解决方案的调查和咨询机构，但其主要价值在于它是一个把财阀和军部结合起来的媒介。总力战研究所是一个官方的政府机构或委员会，它是根据1940年9月30日的敕令成立的。敕令规定，研究所应在总理大臣领导之下，它不仅掌控与全国总力战相关的基础调查和研究，还负责对官员和其他人员进行实施总力战的教育和培训。星野在 10 月 1 日成为该研究所的代理所长，在他之后的负责人都是陆军和海军的高级将领，他们继续领导研究所的工作，直到 1945 年 4 月。铃木是研究所的参与之一。政府各省都向研究所派出代表。许多委员会和政府部门，以及台湾政府、南满洲铁道株式会社、财阀企业和横滨正金银行也都在研究所内有代表。研究所从国家活动的各个分支和部门挑选研究生，开设讲座，进行研究和演习。研究所还把对规划总力战有用的一些重要课题的研究报告编撰成册。

为了提供更多人力资源以实现日本在整个东亚的领导地位，1941 年 1 月 22 日，内阁采纳了一项旨在鼓励提高日本人口出生率的运动。星野推动了这个被内阁采纳的计划，内务大臣平沼和陆军大臣东条都积极拥护这些措施。这项计划向已婚年轻夫妇提供补贴以鼓励早婚，降低结婚年龄，禁止节育，对多子女家庭给予物质优先照顾，并且建立了专门部门鼓励提高出生率。这项计划的目的是增加人口数量，从而确保日本在东亚地区的领导地位，并为劳动和兵役提供人力来推动日本东亚计划的发展。预定的目标是到 1950 年，日本人口应达到一亿。这项计划依靠适当的条例和法令而付诸实施。

《三国同盟条约》下的合作

《三国同盟条约》签署后不久，日本便根据条约与德国和意大利开始了积极合作。大岛在 1940 年 10 月 27 日刊登的一篇报纸文章中写道，大家不能不被这样一个事实所振奋，《三国同盟条约》已经签署，日本建立世界新秩序的目标已经明确，但这个具有坚定决心的国家应该毫不延迟地为达成这个目标作好准备。他建议，与德国和意大利之间的经济和军事合作应该迅速完善，以避免丢失建立大东亚和南洋新秩序的机会。

1940 年 12 月 20 日，《三国同盟条约》签署国达成协议，建立同盟条约规定的委员会。协议要建立一个总务委员会和两个技术委员会，即军事委员会和经济委员会，这三个委员会相互独立，并分别设在三个国家的首都。陆军省军务局长武藤和海军省军务局长冈被任命为设在东京的军事委员会委员。

上述协议达成当日，大岛被任命为日本驻德国大使，并成为设在柏林的总务委员会委员。陆军和海军曾敦促大岛的大使任命，因为他被认为是《三国同盟条约》的坚定支持者，他的任命将促进与德国和意大利的合作。1月15日松冈在大岛离日赴德时发表讲话，他说，他为大岛作为大使返回德国感到高兴，因为大岛深得德国领导人信任，他可以和他们毫无保留地交谈，《三国同盟条约》的实际应用将在很大程度上取决于大岛的能力。

松冈计划在大岛抵达德国后访问德国。访问目的是促进《三国同盟条约》下的合作，确保在解决对华战争中德国予以协助，并与苏联谈判签订互不侵犯条约。后者是《三国同盟条约》所设想的，目的是在日本南进时让苏联保持中立。调停法属印度支那和泰国的边境争端（此事我们即将提到），延迟了松冈赴德的日期。1941年3月他抵达柏林，在与里宾特洛甫和希特勒会谈之后，松冈前往莫斯科与苏联签署了1941年4月13日的《日苏互不侵犯条约》。1941年5月20日，在东京交换了该条约的批准书。正如我们在其他地方讨论此问题时所指出的，这一条约并不意味着日本放弃了向苏联扩张的目的。这不过是权宜之计，其实质是时间的选择。随着在中国的战事进展以及预期与英国、荷兰可能还有美国的战争，必须尽一切努力避免立即和苏联开战。

南进准备

1940年9月和10月内阁通过的政策中，要点之一就是确立日满华经济集团，以加速建立大东亚共荣圈。内阁决定，共荣圈发展的第一阶段是入侵夏威夷以西的整个地区，包括法属印度支那、荷属东印度、英属缅甸和海峡殖民地,暂时将菲律宾和关岛除外。完整的战略计划也已制订。日本还试图与蒋介石总司令之间达成妥协并使用其军队,同时允许中国吞并法属印度支那的东京省及缅甸北部作为回报。它又计划在军事和经济同盟的伪装下,和法属印度支那及泰国缔结保护条约,以便在这两个国家获取向新加坡进军的基地。作为对泰国的回报,日本会承诺将法属印度支那的部分领土划给它。然而,为了拖延泰国抵抗日本侵略的准备,日本计划在发动军事行动之前,制造日泰关系平稳的假象。为了防止荷属东印度群岛的油井及其他资源遭到破坏,日本决定在对荷属东印度发动进攻之前,先占领新加坡,并且在围攻新加坡时,号召荷属东印度居民宣布独立,占据那些油井并将它们完好无损地交给日方。日本在法属印度支那、缅甸和马来亚也将利用独立运动来帮助入侵这些地区。日本计划在与蒋介石总司令达成妥协或德国入侵英国时立即开始军事行动,以两者中先发生的事件为准;如果两种情形都未出现,那就在德国获得某种重大军事成功时开始行动。行动要与德国的军事计划相配合。

　　1940 年 11 月,近卫内阁为了解决对华战争,开始和蒋介石总司令接触。松冈继续向蒋介石做出友好表示,并期望他前往柏林会商,以得到有利的进展。但是日本承认了中国的傀儡中央政府,这就失去了与蒋总司令达成协议的任何可能。

泰国的诉求

　　欧洲战争爆发后,泰国立即向法属印度支那提出了归还 1904 年所夺领土的要求。1940 年 6 月 12 日,法属印度支那和泰国缔结了互不侵犯条约。条款之一是规定设立一个委员会来解决边境争端问题。1940 年 6 月 17 日,当法国向德国请求停战时,泰国要求把按照它的希望修改国境线作为批准 1940 年 6 月 12 日互不侵犯条约的条件。

　　1940 年 8 月 30 日,日本和法国之间缔结了所谓的《松冈-亨利协定》,根据此协定,法国同意日军进驻印度支那北部。1940 年 9 月 28 日,泰国对法属印度支那当局发出照会，重申其要求，并建议以湄公河作为泰国和法属印度支那的边界。照会称，除非法国宣布放弃对法属印度支那的主权，在此之前泰国不会在老挝和柬埔寨强行推进其领土诉求。10月11日，法国拒绝了这些要求。于是泰国开始沿国境集结军队，法国也同样以集结军队相对抗。表面上看似乎敌对行为即将开始，但因日军对法属印度支那的占领仅局限于其北部，泰国得不到日本的支持而只得中途作罢。

1940年10月下旬，泰国派遣代表团到日本，了解近卫内阁对泰国和法属印度支那之间边境争端的意向。1940年9月和10月间制订的日本计划中，包含一个提案，即根据《日泰互不侵犯条约》设立一个秘密委员会来为日泰军事同盟做准备，这个同盟协定应在日本发动对新加坡的军事行动时立即签订。于是，1940年11月5日和21日的四大臣会议决定，只要泰国接受日方的要求，日本就援助泰国对法属印度支那的谈判，并迫使法属印度支那接受泰国要求，将琅勃拉邦和巴枯塞对面的湄公河西岸领土归还泰国。泰国总理銮披汶接受了日方的要求。可见，日本对争端事项预先做出了判断，然后再坚持充当争端事项的仲裁人。

1940年11月21日四大臣会议之后，松冈通知德国大使，日本已向泰国提出建议，如果泰国限定其领土要求，近卫内阁会欣然为泰国和法属印度支那进行调停。他对德国大使说，如有必要，日本将请求德国政府在与法国维希政府交涉时予以支持。他还说，为了迫使法属印度支那同意日方的要求，已派遣一艘巡洋舰开往西贡作为一种示威行动。这艘巡洋舰预计在12月中旬到达西贡。

泰国总理对日本所谓"调停"争端的条件表示同意之后，泰国对法属印度支那重新开始了军事行动；1940年11月28日，泰国和法国军队有一场交战。趁着战斗发生的机会，松冈通知法国大使说，关于泰国要求恢复1904年割让给法国的领土问题，他将担任仲裁人。大使在第二天答复说，维希政府对于仲裁的提议表示感谢，但期望法属印度支那的领土完整得到尊重。

计划利用法属印度支那和泰国对新加坡发动攻击

1941 年 1 月 23 日，日本驻柏林大使来栖向魏茨泽克解释说，如果不经过法属印度支那和泰国领土并利用马来半岛作为陆地桥梁，向新加坡南进是不可想象的。因此，必须阻止英国干涉日泰之间的安排。以外交顾问白鸟为首的一派人，要求立即进攻他们认为是太平洋地区战略要点的新加坡。结果，1941 年 1 月，日本陆军当局与驻东京的德国陆军武官共同研究了进攻新加坡的可能性。他们的结论是，进攻必须分阶段实施，先占领西贡，然后在马来半岛登陆。

1941 年 1 月 30 日，联络会议决定，利用调停法属印度支那和泰国边境争端的机会，巩固日本在两国的地位，并且要在金兰湾获得海军基地，在西贡附近获得空军基地，以便将来用于进攻新加坡。关于实施此项决定时所应采取的步骤，则俟以后再做处理。会议决定，调停的真正目的必须隐瞒，要把交涉说成是为了维持争端当事国之间的和平。联络会议之后，由近卫、陆军参谋总长和海军军令部总长向天皇报告了会议决定，并获得天皇批准。得知此项决定的木户在日记中写道，这种绕过御前会议的程序是破例的。

德国阻止法国维希政府派遣援军至法属印度支那，于是法属印度支那被迫于 1941 年 1 月 31 日与泰国签订了停战协定。根据停战协定的条款，两国军队应从 1 月 28 日所占据的沿线撤退并停止一切军事行动。日本将监督双方遵守停战协定，该协定在双方能就一份永久性和平条约达成一致之前持续有效。佐藤是监督实行停战协定的日本代表之一，此前在 1940 年 9 月和 10 月日本最初入侵法属印度支那时，他在华南派遣军执行临时任务。直到 1941 年 3 月，日本和法国维希政府达成解决争端协议，法国同意了日方所有的要求之后，佐藤才回到军务局任职。

停战协定签署之后，调停的准备工作开始进行。1941 年 2 月 5 日和 6 日，日本调停委员会接受任命，委员中有松冈、武藤和冈。谈判定于

2月7日开始,而在2月6日松冈通知德国大使,日本内阁意图利用调停迫使法国和泰国同意不与任何第三国缔结政治或军事协定,并请大使将此意见转告德国政府。

作为日本对泰国和法属印度支那间边境争端进行调停的结果,法国维希政府和泰国终于在1941年5月9日签订了和平条约。这个条约,正如泰国所主张的那样,规定由法国割地给泰国,并沿湄公河中线确定了边境线。之前我们已经看到,这个结果早在1940年11月5日和21日的日本四大臣会议上就决定了。

联络会议

总理大臣、参谋总长和军令部总长在1941年1月30日所采取的做法创造了先例,并成为直到太平洋战争结束前袭用的惯例。重要决定由联络会议做出后直接报请天皇批准。此后,只有像宣战这类最重大的问题才举行御前会议。因此,联络会议成了日本帝国真正的决策机关。会议成员是总理大臣、外务大臣、陆军大臣、海军大臣、内务大臣、陆军参谋总长、海军军令部总长、陆军参谋次长、海军军令部次长,陆军省军务局长、海军省军务局长、企划院总裁和内阁书记官长。在第二次近卫内阁中,东条、平沼、星野、武藤,以及被任命为企划院总裁后的铃木和被任命为海军省军务局长后的冈,都经常出席这类会议并参加政府政策的制订和实施。

外交讨论

1941年2月,英国外交部长安东尼·艾登(Anthony Eden)召见重光大使商讨时局。艾登提到关于远东局势极为紧张的报告,并对松冈宣称的只有日本有权调停远东冲突的主张表示反对。艾登谴责了当时正在法国和泰国间进行调停的欺骗性质。他宣称,英国的意图是防卫自己的远东领土。重光答复道,他不知道有什么紧张局势的存在。但是,证据表明,他不仅了解局势已濒临危机,并且完全熟知近卫内阁所采用的计划以及为实行这些计划迄今已采取的措施。重光说,他认为,艾登的这一番话清楚地表明了英国建立在日英关系濒于破裂基础上的立场。重光对英美合作表示不满,说他将如实报告本国政府并请求训示。

松冈从艾登和重光的会谈中看出有机会实行 1940 年 9 月和 10 月所通过的计划的第五项,那就是在适当时间,日本应尝试在英德之间进行媾和调停,并利用这一调停取得英国对于日本统治东南亚及太平洋毗邻地区的承认。根据这个计划,作为承认的回报,日本将承诺保全包括澳大利亚和新西兰在内的大英帝国,并承诺与英国开展全面的经济合作。当时松冈正在法国和泰国间进行调停工作,他于 1941 年 2 月 10 日通知德国大使说,正在作进攻新加坡的准备。可是在 2 月 13 日,他却拍电报给重光大使,要他转告艾登,英国大使关于远东已濒于危机的报告是可笑的妄想。

松冈告诉重光,英国大使的报告似乎基于以下假定,即日本将在法属印度支那和泰国获得基地,然后在德国入侵英国的同时就在南洋开始对英国采取行动。松冈说,他很难理解英国大使的报告依据何在,因为他松冈本人曾私下进行调查,但并未发现报告有任何依据。尽管松冈加以否认,但实际上英国大使的报告内容是由松冈出席的 1941 年 1 月 30 日联络会议所决定的。松冈指示重光转告艾登:关于日本现在正计划开始军事行动的新闻报道是完全没有根据的,因为日本不能从此类行动中获得任何好处。

1941 年 2 月 15 日,松冈会见英国驻东京大使,在试探大使关于远东濒临危机的情报来源后,他向英国大使保证说:只要英美避免采取刺激性行为,日本在任何情况下都不会发起使这些国家不安的行动。大使问松冈是否打算阻止南进,以及日本对于充当法泰两国争端调停者的角色,是否指望获取过高的报酬。松冈答道,他打算尽最大的努力阻止南进,他又向大使保证,日本调停争端的目的只是为了恢复法属印度支那和泰国之间的和平。

1941 年 2 月 20 日,松冈就马来亚英国驻防军的增强向英国大使提出投诉。松冈还向美国大使抱怨,英国增强马来亚驻防军的行为具有进攻性。美国大使回答说,日本把显然是防御性的举措解释为具有进攻性,这出乎他的意料。接着,美国大使谈到日本接连占领惠州、海南岛、南沙群岛,还谈到日本在法属印度支那集结军队并公开表示了南进的意图。美国大使说,无论是英国还是美国,都很难把这些事实理解为显示日本的和平意图。

1941 年 2 月 17 日,松冈照会艾登,否认远东濒临危机的报告。松冈宣称,《三国同盟条约》的首要目的是通过阻止第三国参战来限制欧洲战争的范围,以求战争早日结束。他向英国政府保证,这就是《三国同盟条约》的唯一目的,它构成日本外交政策的基础。他又说,因为英美政府企图为太平洋和南洋方面想象中的紧急状态进行准备,他不能不感到忧虑;如果美国把活动范围局限于西半球,对形势缓和将大有裨益。他接着说,世界和平一直是他心目中的头等大事,他衷心希望中国和欧洲的战争能早日结束。他暗示日本愿作为结束欧洲战争的调停人。

英国政府回复了松冈 1941 年 2 月 24 日的调停建议[1]。英国政府首先向日本政府保证,英美在太平洋和南洋的准备工作完全是防御性的,两国并无对日本采取攻击行为的意图,然后它拒绝了调停欧战的建议。英国政府表示,在欧洲敌对行为开始之前,英国尽了一切努力来避免其发生;但既然已经被迫进入了敌对状态,那么除了取得胜利,英国别无他想。

在向日本政府作此回复的同一天,丘吉尔(Winston Churchill)先生和重光会谈,强调了英国继续打下去的决心。他对于自英日同盟缔结以来英日之间的友好关系逐渐恶化表示遗憾。他说,如果英日两国发生冲

1　此句的英文原文为 The British Government replied to Matsuoka's offer of mediation of 24 February 1941,但根据相关的庭审记录,1941 年 2 月 24 日为英国回复松冈的日期,而不是松冈提出建议的日期(后者为 2 月 17 日),of 24 February 似为 on 24 February 之误。此句应该是 1941 年 2 月 24 日,英国政府回复了松冈的调停建议。——译者注

突,那将是一场悲剧,此外,新加坡周边正在建设的防御设施仅仅是为了防卫。他又明确表示有信心赢得欧战的胜利,所以不致发生松冈所说调停欧战的问题。重光否认松冈曾表示进行调停,他说,松冈仅仅想强调日本希望和平的精神。对于英国援助抗日的重庆政府,他表示遗憾。

1941 年 2 月 27 日,松冈在给丘吉尔先生的信中重申了他关于《三国同盟条约》框架下日本意图的解释,并再次向英国保证日本完全无意攻击英国。他对 2 月 17 日给艾登的照会被解释为调停建议表示惊异,但又暗示他并不反对这种想法。

进攻新加坡的准备

破坏英美合作以及借调停欧战之机使英国接受日本入侵东南亚的企图失败,这使得日本领导人必须采用另一套计划,即通过武力进攻新加坡来达到同样目的。日本加紧进行进攻准备。1941 年 1 月,日本进行航空摄影来搜集在哥打巴鲁登陆作战的资料。该地区的补充地图在 1941 年 7 月由日本水路部绘制完成。1941 年 10 月上旬,全套地图由海军军令部完成并印刷。

早在 1941 年 1 月,陆军省就和大藏省合作,开始准备日军南进时在预期占领地区使用的军用纸币。这两个部门印刷了专用纸币并将其存放在日本银行,以便陆军占领敌方领土时领取。准备的军用纸币包括适合在马来亚、婆罗洲和泰国使用的货币单位"元",在荷属东印度使用的盾,以及在菲律宾使用的比索。所以,在 1941 年 1 月,陆军省和大藏省就为日军占领这些地区做了周密的考虑并为此准备了货币。

1941 年初,总力战研究所围绕"总力战的内外局势判断""关于日本帝国及各国国力的总力战研究""大东亚建设计划草案""总力战计划第一期"等专题撰写了调查报告。

大岛返回柏林后,重新担任驻德大使的职务。1941 年 2 月 22 日,大岛告诉德国外交部的魏茨泽克,必须从陆上和海上攻占新加坡;2 月 27

日，他告诉里宾特洛甫，5月底会完成进攻新加坡的准备，还说已经作好准备随时根据需要占领香港和菲律宾。1941年3月28日，里宾特洛甫告诉松冈说，占领新加坡是绝对必要的，并且可以同时占领菲律宾。松冈同意里宾特洛甫的话，说他觉得日本如果不冒险征服新加坡的话，就会沦为三等国家。

进一步准备

日本大本营在松冈访问德国期间，继续进行进攻新加坡的准备。1941年3月下旬，参谋总长和军令部总长告诉德国大使，他们正在加紧准备进攻新加坡。白鸟和德国大使讨论过进攻的策略。白鸟认为，不应该由海军实行正面攻击，而应该在马来半岛设立基地，在准备沿马来半岛南下进攻时日本空军可以在德国俯冲轰炸机的援助下从那里起飞去轰炸新加坡。1941年3月29日，松冈和戈林元帅会谈时，就日本提高给德国的橡胶供应以换取德国空军援助事宜达成了协议。

日本备战的经济措施正在加速进行。石油是一个重要问题，因为美国在加强石油禁运，在巴达维亚与荷属东印度的谈判又毫无进展。企划院的星野估计，在夺取荷属东印度的石油以前，陆军和海军已有充足的石油储备。然而他也相信，储备并不会留有多少剩余，因为日本的产量只有30万吨，而每年的消耗量高达200万吨。这一事实使得日本需要有一个周到的计划，以便在夺取荷属东印度的石油资源时，石油资源保持完好无损。由于需要这种周到的计划，1941年4月，大本营向近卫建议，由得到陆军和海军完全信任的军人铃木来代替星野。近卫和木户商量后，4月4日星野被任命为贵族院议员，而铃木被任命为企划院总裁兼无任所大臣。

日本领导人现在决定加强日本与法属印度支那、泰国间的密切关系，以便继续在巴达维亚与荷兰进行经济谈判，并决定与其他国家保持正常的经济关系，但是，一旦他们认为帝国的独立存在遭受美国、英国和荷兰禁运的威胁，则会立即诉诸武力，以防止消耗日本的重要战争物资储备。

4月10日，木村被任命为陆军次官，九天以后，他成为陆军军需审议会会长。这些新任命使得有必要解除他在日满经济共同委员会的职务。

为了在世界各地作战，日本正搜集军事地志资料。它在荷属东印度的间谍活动日益剧烈。对于爪哇、苏门答腊、巴厘岛及其他地方，也像对新加坡一样，正在制订作战计划。委任统治诸岛正在被要塞化，而南洋方面的作战计划已接近完成。日本正在搜集将用于缅甸和马来亚的资料。它还在继续印刷军用纸币，以便在占领南方地区时使用。

1941年4月4日，松冈和希特勒会谈时，请求希特勒通过根据《三国同盟条约》设立的军事技术委员会，将包含有关潜艇作战最新技术改进和发明在内的一切可资利用的情报提供给日本。松冈解释说，当日本决定进攻新加坡时，日本海军需要这些情报。松冈还说，与美国的战争早晚不可避免，日本希望准备齐全，在恰当的时刻果断出击。但松冈要希特勒注意，不要在发往日本的电报中提及已就进攻新加坡取得共识，以免泄露秘密。大岛大使参与了松冈在柏林举行的关于援助日本进攻新加坡的会谈。

《日苏中立条约》

关键问题是进攻新加坡的时间。德国方面主张立即开始。但是近卫内阁的政策从最初起就考虑与苏联缔结互不侵犯条约，以便在进攻新加坡和荷属东印度时保护日本的后方。这一政策是松冈在1940年7月19日的会议上协助制定的。1941年3月27日，希特勒在和松冈会谈时（出席者还有大岛等人）坚称，不会再有比现在更好的机会来开始攻击了。松冈答道，进攻不过是时间问题而已，因为日方认为，如果不进攻就会失去千载难逢的良机。松冈谈到了和苏联缔结互不侵犯条约的谈判。第二天，里宾特洛甫想阻止松冈与苏联缔结条约，他说日本应该立即进攻新加坡，如果苏联进行干涉，德国将马上进攻苏联。第三天，里宾特洛甫又重申了这项保证。松冈仍意图在从柏林归国的途中访问莫斯科，并于1941

年 4 月 13 日与苏联缔结了《日苏中立条约》。

法属印度支那

松冈回到日本与法国和泰国缔结了正式协定，这是他去柏林前就安排好的，并且在这次访问中获得了德方对此协定的支持。

1940 年 6 月，法国沦陷后不久，就被迫同意日本的要求，允许日本军事代表团进入印度支那，监督对中国的物资禁运。1940 年 6 月 29 日，军事代表团到达河内。

日本内阁确定其外交政策之后，1940 年 8 月 1 日，外务大臣松冈开始实施这项政策。他致电法国大使，向法国传达了日本关于法属印度支那问题的立场，实际上像是给法国的最后通牒。他还与德国大使商议结盟并获得德国对日本入侵法属印度支那的赞成。

在向法国大使表达意见时，松冈说，尽管日本对法国允许军事代表团进入法属印度支那表示感谢，但近卫内阁仍希望法国允许日军驻扎在法属印度支那北部，并给予日本在那里建立空军基地的权利，这是为了对抗中国国民政府。法国大使指出，这项要求无异于让法国向中国宣战，尽管日本自己还没有宣战。松冈回答说，提出这项请求是出于必要，必须赞成，否则就可能违背了法国中立。松冈向法国大使保证，若法国同意这项请求，日本将尊重法国的领土完整，并尽快撤离法属印度支那。

松冈把他对法国提出的要求告知德国大使，并表明，如果德国政府不反对这项行动，并利用其影响力诱使法国政府同意这些要求，他将十分感激。1940 年 8 月 9 日，法国大使请日本进一步澄清其要求，以及对法国在法属印度支那的领土权做出保证。1940 年 8 月 15 日，松冈再次请求德国政府对法国维希政府施加影响，以支持日本的要求。当天，他威胁法国说，如果法国再拖延不做出同意这些要求的决定，日本将采取军事行动。松冈和亨利于 8 月 20 日和 25 日进一步谈判后，8 月 25 日，亨利通知日本外务省，法国已决定同意日本的要求。1940 年 8 月 30 日，双方互换外交文书,订立了所谓的《松冈-亨利协定》。

根据《松冈-亨利协定》,日本占领法属印度支那是暂时的,协定表明这只是为了对抗中国,而且仅限于东京省;此外,日本将尊重法国在远东的权利和利益,尤其是印度支那的领土完整和法国在印度支那联邦所有地方的主权。

建立空军基地和日军进入东京省的安排事宜由在河内的日本军事代表团团长和法属印度支那总督协商。法属印度支那总督迟迟未同意日本军事代表团团长西原的要求。1940 年 9 月 4 日,西原威胁说要从河内撤走军事代表团,并下令日本华南派遣军越过法属印度支那边界线。1940 年 9 月 4 日签署了一份协议,但有些细节留待解决。1940 年 9 月 6 日,在中国的一支日本陆军部队越过边界进入法属印度支那。据说这是一次误入,谈判仍然继续。

1940 年 9 月 19 日,美国大使会见外务大臣松冈,告诉他美国政府认为日本对法国的要求违背了日本内阁声明,严重破坏了法属印度支那的现状。然而日本无视美国大使的抗议,因为已经与德国达成谅解,几天后就会签署《三国同盟条约》。

9 月 19 日,外务次官通知法国大使,日军将在 9 月 23 日越过边界进入印度支那,除非西原和法属印度支那总督在那一天之前达成协议。9 月 22 日,为了准备预期的进攻,日本军事代表团乘船撤离法属印度支那。当天下午 2:30,日军开始入侵法属印度支那。在遭受侵略的情况下,法属印度支那总督被迫接受日本的要求,在 1940 年 9 月 24 日签署协议,同意日本占领东京省,建立空军基地和允许日军使用法属印度支那的军事设施。于是日本迅速占领了东京省,建立了空军基地。

我们现在休庭 15 分钟。

(14:45 休庭,15:00 重新开庭如下。)[1]

---

1 以上两句程序性描述,原文漏记了,现依照每日的固定议程补上。——译者注

法庭执行官：远东国际军事法庭现在继续开庭。

庭长：我继续宣读本法庭的判决书。

与荷属东印度的关系

日本的政策和行动激起了美国的制裁和经济限制，日本决定，必须从荷属东印度获得战争需求品，特别是石油。

1940 年 1 月 12 日，日本通知荷兰，1935 年 8 月签署的《司法解决、仲裁和调解条约》将于 1940 年 8 月到期。根据此条约，双方必须通过和平手段解决他们之间的任何争议，并建立了一个常设委员会来解决争端。

1940 年 3 月，外务省对日本为战争所作的经济准备进行了研究，得出的结论是，美国从对华战争一开始就坚持遵循《九国公约》，如果日本继续侵略，美国可能会扩大对日本重要战争物资的禁运范围。外务省还考虑了不依靠美国供应战争物资的方法和手段。对策建议是：在其他国家寻求供应来源，巩固日本、中国、"满洲国"之间的"亲密关系"，把东南亚国家纳入日本的经济控制之下。

2 月 2 日，日本驻海牙公使向荷兰外交大臣递送了一份照会，提出了一些要求。当时提出的主要要求是：必须消除荷兰和荷属东印度对日本的出口限制和荷属东印度对日本的进口限制；必须修改与进入荷属东印度有关的法律；必须扩展日本在荷属东印度的投资便利；必须审查荷属东印度所有反日出版物。当德国入侵荷兰时，对这些要求的回复仍在考虑中。

1940 年 4 月 15 日，外务大臣有田向媒体发表了一份声明。他在声明中指出，日本与南洋地区之间，特别是与荷属东印度之间，存在着相互依赖的紧密经济关系，假如欧洲战争得以扩散，打扰到荷属东印度的现状，日本将会深切关注，而东亚的和平将会被扰乱。第二天，日本驻海牙公使会见了荷兰外交大臣，向他解释日本对于维护荷属东印度现状的关切。荷兰外交大臣回答说，他的政府以前没有，今后也不会寻求任何国家对荷属东印度的保护,荷兰政府决定拒绝任何国家可能提供的任何形式的保护或干预。作为对有田媒体声明的回复,美国国务卿赫尔先生在4月17日通知他,对荷属东印度内政的干预,或者通过非和平手段对整个太平洋地区任何地方之现状的任何改变,都将是对和平的威胁。

1940年5月9日,德国入侵荷兰,两天后有田重申他在4月15日发表的关于荷属东印度现状的声明。这次的声明包含了以下信息,即他曾会见荷兰驻东京公使,以再次确认荷兰政府不接受对荷属东印度进行任何干预的决心。有田宣称,已将日本对维护荷属东印度现状的持续关切告知美、英、法、德、意政府。

第二天,美国国务卿赫尔先生发表声明说,最近几周若干国家政府,包括美国、英国和日本,已经在官方声明中明确表态,将继续尊重荷属东印度的现状,这与1922年的正式书面承诺是一致的,他假定这些政府将继续遵守他们的承诺。5月13日,英国大使拜会有田并传达了英国政府的声明,大意是英国政府无意干预荷属东印度,并相信那里的荷兰军队足以维持现状。5月15日,荷兰公使拜会有田,告知有田荷兰政府相信英国、美国和法国无意干预荷属东印度。5月16日,法国大使拜会有田,表明他的政府同意应该维持荷属东印度的现状。

至此,所有相关的同盟国和中立国(其中法国是最后一个)都做出了承诺,荷属东印度的现状将被维持。在法国大使拜会有田并向他传达法国保证的第二天,日本大使在华盛顿拜会了赫尔先生。日本大使就荷兰在西半球的某些属地地位询问赫尔之后,赫尔打断了他的话,将话题转向通过驻东京通讯社得到的材料。这些材料报道,米内内阁经常讨论荷属东印度及日本所称在该地享有的特殊权利问题。他说,美国、英国和法国最近再次重申了它们尊重荷属东印度现状的承诺,但尽管努力与日本达成谅解,却不断有来自东京的声明暗示各国还没有做出承诺。日本大使向赫尔先生保证,米内政府对各国发表声明后的形势深感满意,他的政府无意针对荷属东印度采取行动。

1940 年 5 月 16 日,荷兰公使向有田保证,荷属东印度无意对日本必需的石油、锡、橡胶和其他原料的出口设置任何限制,并渴望与日本保持全面的经济关系。在 5 月 20 日交给荷兰驻东京公使的一份照会中,有田提到了该保证并告知荷兰公使,日本要求荷属东印度总督能给予确切保证,无论形势发生何等变化,所附清单列明的货物数量每年都能出口至日本。6 月 6 日,荷兰拒绝了这个要求,并提请日本注意以下两个事实,即两国经济关系的基础是 1937 年 4 月的所谓《哈特–石泽协定》,以及日本最近再次承诺尊重荷属东印度的现状。

在柏林,日本大使根据有田的训示拜访了德国外交部,要求德国就荷属东印度的地位表明立场。里宾特洛甫指示德国驻东京大使向有田保证,德国对荷属东印度没有兴趣,以及德国完全理解日本关于荷属东印度的焦虑。他还指示大使在拜会有田时提到,和其他列强的政策不同,德国总是寻求对日友好的政策,并相信这一政策有益于日本在东亚的利益。5 月 22 日,德国大使根据指示将表达德国无兴趣的声明递交给了有田,对此有田表示感谢。第二天,日本新闻大肆报道此声明,把德国的态度与其他列强的态度进行了对比,并断言德国的声明使日本可以在荷属东印度自由处置。以后的事件完全证实了这一断言。6 月 24 日,小矶告知德国大使,日本在印度支那和荷属东印度有殖民的热望。日本在收到德国 1940 年 5 月 22 日关于对荷属东印度不感兴趣的声明之后,于 1940 年 7 月 16 日通知荷兰驻东京公使,日方拟派代表团赴巴达维亚进行经济谈判。代表团离开日本之前,米内内阁辞职了。7 月 22 日,第二次近卫内阁上任。新阁员就职前,由近卫、陆军大臣东条、外务大臣松冈和海军大臣在 7 月 19 日决定的外交政策基本原则,在 7 月 27 日的联络会议上正式获得通过。为了获取重要的资源,此基本政策包括要求加强对荷属东印度的外交政策。据此,近卫内阁做出安排,派遣经济代表团赴巴达维亚。

在制定对荷兰提出的二选一要求草案时,曾讨论过经济代表团团长的人选问题。海军还没有准备好进攻荷属东印度。1940 年 8 月 10 日，军令部总长伏见宫对天皇的陈述证实了这一点。他说，当时海军希望避免对荷兰和新加坡使用武力，并且认为战争越晚发生越好，因为从决定作战起到完成准备止，至少需要八个月的时间。要对荷属东印度发动进攻，海军的援助是必不可少的，因为必须进行海上探察。准备向荷兰提出二选一要求的草案中说，内阁决定就东印度的入境、办企业及投资等问题坦率地提出意见，并要求荷兰政府同意正致力于建设东亚新秩序的日本帝国的要求，日本认为，必须迅速确立以日满华为中心并远及南太平洋的共荣圈的经济自给。第一个建议除其他事项外，要求荷属东印度作为共荣圈的一员给予日本优惠待遇，并允许日本开采和开发东印度的某些自然资源。第二个建议要求荷属东印度与欧洲断绝联系，成为共荣圈的一员，允许印尼人某种程度的自治，并为保卫共荣圈而与日本缔结共同防卫协定。所有限制货物出口的措施，特别是对出口到日本的限制措施，必须全部废止。这些要求是任何一个独立国家都不会同意的，除非处于胁迫之下。

代表团于 1940 年 9 月抵达巴达维亚时遭到了冷遇。1940 年 9 月 13 日，代表团团长小林向松冈报告说，荷属东印度总督并没有感到事态的严重性和日本的威胁态度。他建议停止谈判，因为他认为谈判是徒劳无益的。但是，松冈此前在 1940 年 9 月 3 日曾对小林的助手、总领事斋藤发出训令，说谈判不应仅限于政治问题，同时也应该去获取油田，而这正是内阁派代表团赴巴达维亚的主要目的之一。9 月 18 日，小林向松冈报告说，他将继续谈判来帮助获得油田，但他建议将此前一直在东京进行的关于这个问题的交涉转移到巴达维亚来谈。

1940 年 9 月下旬，《三国同盟条约》签署，占领东京省以及在法属印度支那获取军事基地等事项都得到了确认。1940 年 9 月和 10 月采取的一项计划决定，通过在法属印度支那和泰国获得军事基地来实施对新加坡的攻击，并通过继续在巴达维亚的经济谈判来安抚荷兰，在给他们造成安全感的同时,暗中煽动原住民的独立运动并收集入侵荷属东印度所需的军事情报。该计划还决定对新加坡发动突然袭击,袭击进行过程中将号召荷属东印度原住民宣布从荷兰独立,夺取当地的油井和自然资源,并在日军从新加坡挺进攻占荷属东印度时,把它们完好无损地交给日军。号召原住民起义时将包含一项警告:如果任何油井或其他自然资源遭到破坏,负责的荷兰官员就会被入侵的日军处死。此计划还包含在荷属东印度组织一个新政府的条款,以便日本能在军事同盟的幌子下缔结一个保护性条约,该条约将规定任命日方军事和经济顾问在新政府中担任要职。新政府将由一个日本人和原住民共同组成的委员会组建,其中日方人员占大多数,新政府成立之前,这个委员会将统治荷属东印度。

《三国同盟条约》的签署和对法属印度支那的入侵,引起了在巴达维亚谈判的荷兰代表的极大不安,他们对继续谈判感到犹豫不决。日本代表团向他们保证说,《三国同盟条约》不是针对荷兰政府的,还说为了促进荷属东印度与日本之间友好的政治和经济关系,日本希望继续谈判。荷兰代表团在日本对荷属东印度既无敌意又不主张领导权的谅解下,同意继续谈判,但请求日本代表团提出一个议题清单。在给予这种保证的当天,小林向松冈建议,应刻不容缓地将荷属东印度纳入共荣圈,考虑到这一点并作为这一行动的准备,应在拨款预算中列入宣传及人员培训的经费。为了这一新政策,必须用一个深谙政策和计划的人来代替小林。在提出上述保证两天之后,小林宣布他被召回东京。

日本驻柏林大使通知德国政府,为了回报德国支持日本进军南方和南洋,日本愿意充当采购代理人,把远东和荷属东印度的重要战争资材供应给德国政府。德国政府接受了这个建议,1940 年 10 月 4 日将汇票交给日本大使,作为采购荷属东印度的锡、橡胶、蓖麻子油和香料的预付款。为实行采购还专门签订了一个详尽的执行协定。这一协定使得日本有必要进一步修改针对荷属东印度的政策。1940 年 10 月 25 日,为适应对德协定,日本内阁修改了它的政策,并做出以下决定:由于日本政府对德国承担的义务，需要荷属东印度立即加入大东亚经济圈，其途径是建立紧密的经济关系和开发利用其丰富的自然资源，以便与轴心国合作。实行这一政策之计划的完整细目也达成了共识。除其他事项外，内容包括荷属东印度应与欧洲和美国断绝经济关系，荷属东印度重要战争资材的生产和出口应由日方统制，荷属东印度的整个经济规划的制订和执行应置于日荷委员会管控之下。一旦达到这些目的，荷属东印度的经济就会被日本所支配。

当时并没有担任外交职务的大岛于1940年10月27日在《读卖新闻》上发表了一篇文章，呼吁关注日本与轴心国合作的义务，指出《三国同盟条约》施加了新的义务。他奉劝日本人应该认识到这一事实，为了与德国和意大利合作，要在日本、法属印度支那、印度、荷属东印度和南太平洋诸岛之间建立互相友好共同繁荣的紧密关系。他提到美国对重要战略物资的禁运，当时这种禁运为遏制日本的进一步侵略而正在增强，他说美国不是世界的仲裁者，如果美国利用自己丰富的自然资源帮助建立新秩序，它将对世界和平做出重大贡献。

1940年10月7日，荷兰代表团把有关石油状况的详细报告送交日方，他们在报告中说明了他们在考虑了总体情况和其他国家的需求之后准备供应给日本的各种石油制品的数量，还详述了荷属东印度可供日本勘探开发石油资源的具体地区。1940年10月21日，日本代表团答复，他们不满意荷兰方面建议供给的石油数量，并且对整个议案表示不满。他们说，日方希望获得的勘探和开发权不仅限于为私营企业保留的油田，也包括政府自行保留的石油储藏区。

总领事斋藤在评论1940年10月25日给松冈的建议时解释说，从实业家的角度来看，这些建议是最合理的，但是从战略立场出发，这些建议还值得进一步斟酌。他指出，要执行勘探石油的计划必须向那些地方派遣大量飞机和乔装成劳工的军人，把它们开发成对荷军事行动的基地。他还请求被告知哪些是军部认为有重要战略意义的地区。

1940年10月29日,日本代表团声称接受荷兰的建议案。但是他们表示,他们对于建议案及其接受的理解是,将婆罗洲、西里伯斯岛、荷属新几内亚、阿罗阿群岛和斯考滕群岛的广大地区授权日本作为其勘探和开发石油的范围。他们还说,日方希望将苏门答腊各地区也包括在内,日本企业家希望参与荷兰石油公司的投资。荷兰方面因为这种接受大大超过了荷兰建议案的范围,采取了中止谈判的态度。近卫内阁已完成了实施1940年9月和10月间政策决定的计划,但是尚未完成对荷兰行使武力的准备。他们宣布将派遣一名特使,目的是给谈判注入新的活力。这名特使在1940年11月28日获得任命,他是贵族院议员、前犬养内阁的外务大臣芳泽。

芳泽抵达巴达维亚,在1941年1月6日提出了与1940年10月政策决定相一致的新建议。那些建议的前言表示,日本与荷属东印度之间存在着某种相互依存的关系,荷属东印度自然资源丰富而人口稀少且未经开发,日本热切希望参加其自然资源开发并促进与荷属东印度的经贸关系。详尽的建议要求修改入境法规,给予日本人采矿权和捕鱼权,开通日本与荷属东印度间的航空线,撤销对日本船舶的各种限制,解除进出口贸易限制,并给予居住在荷属东印度的日本人开设制造厂和经营企业的权利。一旦接受了这些建议,荷属东印度就将处于日本的经济统治之下。倘若这些建议被接受,日本不经过战争就可以达到其侵略东南亚的目标中至少是相当大的一部分。

芳泽向松冈报告说,他预计他的建议不会得到积极的回应,因为德国入侵荷兰之后,荷兰政府已移往伦敦,荷属东印度正越来越依赖英国和美国。芳泽说,意大利陆军在地中海战区败北,美国对日本持强硬态度,以及荷属东印度加强防卫,这些因素已给予荷兰人新的自信,日本必须采取断然措施才能将荷属东印度纳入共荣圈。

1941年2月3日,荷兰代表团对芳泽的建议给予回复,表示荷兰首先考虑的是以善意的精神,通过与所有中立国家改善经济关系和增进贸易,为荷属东印度的本地居民谋求福祉和发展;荷属东印度的利益所要求的是,与外国的经济关系必须建立在严格的非歧视基础之上。代表团还指出,在战争期间,为了保证不使荷兰的敌国直接或间接地获得利益,有必要对贸易及其他经济活动加以限制。他们接着对日本和荷属东印度之间存在互相依存关系的说法提出了强烈反对,认为这种说法没有事实证明。

荷兰对芳泽建议的答复为进一步谈判保留了可能性,但荷兰人意识到,松冈1941年1月21日在议会发表的演说以及在法属印度支那和泰国发生的事件似乎表明,日本准备对荷属东印度采取军事行动,因此对继续谈判存有疑虑。他们警告日本代表团说,日本占领法属印度支那南部将构成对荷属东印度的威胁,威胁之严重足以导致荷方取消在经济谈判中达成的所有协议。

松冈在1941年1月21日的演说中表示,即使仅仅由于地理原因,荷属东印度和法属印度支那也应该和日本保持不可分割的紧密关系。他声称迄今的形势已对这种关系造成损害,应加以补救,并指出在巴达维亚的谈判就是为了达到这个目的。芳泽把他的建议案遭拒绝归咎于松冈的演说并向松冈抱怨,提醒他说如果要在准备进攻的同时成功地维持谈判,东京的官员必须以有利于维持谈判的方式行事。

荷兰人已经受到警告。1941年2月13日,芳泽告诉松冈,荷兰期望获得英美的积极援助,更希望依靠美国而不是日本。他认为巴达维亚谈判的中止只不过是时间问题,日本解决东印度问题的唯一手段是通过武力。1941年3月28日,近卫指示芳泽,谈判失败将损害日本的声望,由于欧洲形势急剧变化,日本代表团应不顾荷方态度,继续留在巴达维亚以待形势发展。这些指示得到执行,谈判继续进行。

1941年5月14日,日本代表团就其建议遭到拒绝回复荷方说,日方准备修正建议案,但是希望澄清,日本政府始终坚持1月16日建议案前言中所表明的意见。荷兰代表团此时已了解了法属印度支那与泰国间争端的后续演变以及《日苏互不侵犯条约》的签订,因而拒绝了1941年6月6日的建议修正案,理由是该修正案不符合荷兰经济政策的基本原则。荷方还要求不能将东印度出口至日本的原料再出口至德国。

第二天,芳泽担心荷兰要求他的代表团撤离,于是紧急请求授予他停止谈判的权限。松冈将荷兰的答复描述为"无正当理由的",并授权停止谈判。1941年6月17日,芳泽要求与荷属东印度总督会面。他为缓和荷方态度做了最后一次无用的尝试之后,提出了发表中止谈判共同声明的草案。为了保住日本在国内外的"面子"所草拟的这个声明,经双方代表团稍加修改后即被同意。声明包含这样一句话:"毋庸赘言,本谈判的中止并不会使荷属东印度与日本之间的正常关系发生任何变化。"

《三国同盟条约》之后的准备

东条在枢密院审查委员会讨论《三国同盟条约》时说,内阁曾考虑过缔结《三国同盟条约》可能会导致与美国发生战争,并透露为可能出现的结果做了精心筹划。御前会议和1940年9月枢密院审查委员会的讨论表明,海军认为日美之战是不可避免的,除补充战时石油储备的预留尚不足外,已为战争做了充分准备。星野说企划院已经为对美战争做了详尽计划,储备了包括石油在内的重要战略物资,他相信军需品已足以支撑一场短期的决定性战争。此外,他认为如果战争延长,可以从荷属东印度和其他地方补充供给。枢密顾问官们知道签订《三国同盟条约》可能意味着爆发日美战争,因此在报告《三国同盟条约》时建议为战争作好所有必要准备。

接下来开始广泛地进行针对美国、英国和其他国家的战争准备。陆军大臣畑和其他日本领导人公开宣告,日本不会因为被他们称之为过时的《九国公约》而停止军事行动,此后美国对战争物资宣布禁运。为了提升日本的经济地位以应对美国的禁运,日本承认了中国的傀儡中央政府并强化了日满华经济集团。星野领导的企划院更加努力地储备重要物资。如前所述，日本领导人声称与美国和英国的战争不可避免，为了鼓舞日本人民坚强面对与美英作战的艰难困苦，在星野、木户和桥本的帮助下，近卫的大政翼赞会成立。文章和演说形式的宣传四处传播，使得发动侵略战争是为了获得领土和自然资源的说法家喻户晓。桥本、白鸟和大岛是这场宣传运动的主要推手。一个军事计划委员会以"总力战研究所"的形式组建并开始运作，星野为第一任所长，铃木为参与之一。大岛被派往德国以促进轴心国成员在这场已经开始的军事冒险中合作。

日本和美英的关系

1940 年 10 月，近卫向报界发表声明，他的政府正在施展外交技巧，劝导美国、英国和苏联政府承认日本领导人提出的共荣圈，这实际上是日本征服东亚的委婉说法。他暗示，如果美国不愿理解日本的真实意图，日本和英美之间必有一战。由于这个声明，美国政府把禁运范围扩大到了废旧钢铁，并加强了防卫准备。日本驻华盛顿大使馆抗议说，日本政府难以相信扩大禁运范围仅仅是由于美国对国防的关切。美国政府答道，尽管日方负有《九国公约》及其他义务，但美国的贸易差不多已被驱逐出满洲及华北，现在有迹象表明，日本还企图将美国的企业从上海赶出来。

美国政府对于日本的南进和《三国同盟条约》的缔结，以及条约缔约后近卫的警告深感担忧。美国总统在议会演说中宣告，美国的安全受到了前所未有的威胁。1941 年 1 月 15 日，美国国务卿对众议院外交委员会说，显然日本从一开始就受其广泛野心计划的驱动，要在整个西太平洋地区确立其统治地位，日本领导人公开宣称，他们决心用武力来夺取和维持其在几乎包含全世界一半人口地区的统治地位。美国政府看得很明白，日本的军队领导人正要开始征服整个太平洋地区，至少是夏威夷以西至南洋和印度的区域。

对于近卫内阁所要实行的在军事上南进的政策而言，以夏威夷珍珠港为基地的美国太平洋舰队是最大的障碍之一。许多日本领导人担忧这支舰队可能被用于增强新加坡的防卫，为防止此举，他们主张立即进攻新加坡。但是，日本海军要求在进攻新加坡之前，必须储备更多的石油和其他重要物资，并对这些物资的补充作好充分准备。1940年8月，日本海军估计，作好这些准备至少需要八个月的时间。在《三国同盟条约》签订前召开的御前会议和枢密院会议进行讨论时，海军仍然坚持这些要求。

近卫内阁通过的总体计划考虑了海军的要求，试图通过和美国政府进行互不侵犯条约的谈判去除美国太平洋舰队的威胁。日本的建议是，作为互不侵犯条约的一部分，日本应保证菲律宾及关岛的安全，美国则应承认共荣圈。在谈判的同时要继续作好攻击美军的准备，以便谈判一旦失败即可发动突然袭击。

在美日和平状态下以突然袭击方式歼灭停泊在珍珠港的太平洋舰队，这个作战计划制订完成，并提交联合舰队司令长官以供研究。联合舰队司令长官同意此计划，并早在1941年1月就将此计划呈送了大本营。此计划要求组织一支航母特遣舰队以便对停泊在珍珠港的太平洋舰队实施空袭。为了避免被察觉并完成突袭，这支特遣舰队使用了商船几乎不走的北方航线。在实施空袭的同时，计划使用潜水艇歼灭遭到空袭时企图逃跑的舰船。这就必须解决许多具体问题，例如，研发和制造浅水鱼雷和小型潜水艇，还要完善海上加油的方法，以便取道距离更远但更加安全的北方航线实施突袭。日本领导人认为，如果袭击珍珠港成功，达到了歼灭美国舰队的结果，那么就可以在美国准备好发动反攻之前，夺取太平洋及印度洋的所有重要地点。他们希望那时候美国将对长期消耗性的战争产生厌倦，并进行和平谈判，承认日本在占领领土上的优势地位。

1941年1月，外务大臣松冈采取了实施内阁计划的第一步，任命野村为驻美大使进行谈判。1月22日，在野村即将由日本动身之前，松冈对野村发出了训令。他指示野村应使美国总统及其部属理解以下诸事：因为美英妨碍建设共荣圈，日本不得已才签订了《三国同盟条约》；它仅仅是一个防御性条约，但它规定在任一缔约国遭到美国攻击的情况下，其他两国必须立即给予军事援助；日本将忠实于这个同盟。松冈还指示野村劝告美国政府，停止妨碍日本在东亚的目标，与日本合作建立共荣圈，作为回报美国将有机会参与获得建立共荣圈可能产生的利益，这对于美国来说也是有利的。

日本立即开始了宣传攻势，目的是说服美国政府认识到局势的严重性，以及迅速谈判以达成谅解的必要性。内阁决定要取得金兰湾和西贡附近的基地，以便进攻南方，同时要求德国政府阻止法军增援法属印度支那。1941 年 1 月 30 日的联络会议通过了此计划。美国政府通过美国驻法国维希政府观察员得知了此计划，这名观察员在 1941 年 1 月 28 日报告说，德国政府已经禁止维希政府派遣援军。结果美国于 1941 年 2 月 3 日把许多有色金属及碳酸钾也增列到禁运清单中。就在这个时候，艾登会见重光，要求他解释英国驻东京大使的报告，报告大意是预计在一两周内远东将发生危机。

美国政府扩大禁运范围的举动使松冈在议会的处境颇为尴尬。他又向野村发出训令，敦促野村抵达华盛顿之后，立即向美方阐明日本从未想要进攻美国，但日本政府不能理解为什么美国正在准备对日战争，如果美国继续从事这种准备，势必危及太平洋的和平，因为日本在对华战争中并未像一部分人所想象的那样疲惫，所以美国继续进行战争准备并非明智之举。松冈再次指示野村要他强调，为了避免太平洋地区的危机，两国政府有必要在建立共荣圈上进行合作。

美国的《租借法案》生效了，这使得抵抗轴心国的各国士气大振，连在巴达维亚的荷兰代表团都增强了对日本经济代表团所提要求的反抗。艾登先生在等待重光答复他关于远东濒临危机之报告的询问，美国驻东京大使则要求日本停止妨碍美国在法属印度支那的贸易。松冈指示重光告诉艾登先生，英国大使说远东濒于危机的报告是可笑的妄想，但实际上仅在三天前，松冈曾通知德国大使，他计划访问柏林以获知德国对美国政府行动的态度，因为正像他所解释的那样，如若美国参加欧战，日本便计划进攻新加坡以夺取美国在太平洋的基地。这就是野村抵达华盛顿时的情势。

1941年2月14日，美国总统接见了野村。总统说，由于日本的南进及缔结《三国同盟条约》，美日关系正日益恶化。他建议，新大使或许愿意和美国国务卿重新审视并坦率讨论美日关系的重要方面。野村对总统作了谨慎的答复，并在报告松冈时请求进一步澄清在美国参加欧战情况下日本是否有义务进攻美国的问题。3月4日，松冈答复野村，关于这个问题他已经在多个场合表明态度，即美国一旦对德宣战，日本就会参战。

进攻新加坡的准备正在迅速推进。1941年2月22日，大岛在柏林对里宾特洛甫说，此项准备在5月底可以完成，为安全起见，针对美国的战争准备也像针对英国的一样正在进行。他说占领菲律宾已经包含在当前的战争准备之中。尽管正在作这些准备，但松冈在2月17日致艾登的电报中向他保证了日本政府的和平意图，并建议由日本充当欧洲战争的调停人。1941年2月24日，英国政府拒绝了这项建议，并表示虽然英国一直不愿意参加欧战，但由于得到美国的援助，英国能够抵抗所有敌人，英国政府决心战斗到底，直至把纳粹主义完全从欧洲铲除。

1941年3月8日，美国国务卿赫尔和野村大使举行了会谈。野村说，日美之间爆发战争是不可想象的，因为日美一旦开战势必产生毁灭性的影响。赫尔先生对他的说法表示同意，但询问道，支配日本政府的日本军部是否认为当两三个国家调动它们的陆军和海军去征服世界上的其他国家时，美国会坐视不管。野村否认日本政府有这类意图，并称他相信不会采取任何军事行动，除非美国的禁运迫使日本不得已而为之。接着，赫尔提及了《三国同盟条约》以及希特勒、松冈和其他德日重要领导人的公开宣言，大意是说《三国同盟条约》各缔约国决心用武力来建立世界"新秩序"。野村再次表明，日本政府并没有为征服世界而使用武力的意图。赫尔回答说，只要日军还驻扎在全中国各地以及远在南方的泰国和印度支那,只要与此同时日本政治家还在发表威胁性的声明,那么这只会使极力要阻止武力征服世界的国家越来越担忧。

1941年3月14日,美国总统又与野村会谈。仅在三天以前,松冈借着德国政府的援助,迫使法国维希政府接受了日本提出的解决法泰边境争端的条件。美国总统向野村抗议说,看起来有一个《三国同盟条约》下的协同行动,使正在接近苏伊士运河的德意军队和正在接近新加坡的日军两军会师,这大大刺激了美国人民。野村向总统保证说,日本没有进一步南进的意图。于是总统说,如果日本政府能消除美国人民对日本意图表示怀疑的原因,那么日美之间的军事冲突就能够避免。

获悉法国已经接受解决法泰争端的条件,松冈赴柏林和希特勒磋商《三国同盟条约》下协同行动的问题。松冈在莫斯科停留,并在1941年3月24日约请美国驻苏大使与他会谈。松冈信誓旦旦地向美国大使保证,日本在任何情况下都不会进攻新加坡,也不会进攻美国、英国或荷兰的任何属地,他还坚称日本没有任何领土野心。他说,日本有意和美国共同保证菲律宾的领土完整和政治独立。他断言日本不会与美国开战。但是,松冈一到柏林就对希特勒解释说,他之所以否认政府的攻击意图,是为了在日本突袭新加坡之前欺骗英国人和美国人。

美国的会谈条件

野村的随员岩畔大佐和一些美日私人合作,拟写了一份他们认为有可能充当日美协定基础的建议草案,并把此草案呈递给美国国务院转交赫尔先生。1941年4月16日,赫尔面晤野村时说,草案已经收到,但是美国政府只能对日本驻美大使正式提出的建议案加以考虑。野村说他愿意正式提出建议草案作为谈判的基础。赫尔向野村解释说,美国政府在开始谈判之前,日本政府必须使美国政府相信它有诚意放弃武力征服的理论以及使用武力作为推行国策的工具的做法,并采取美国政府所宣告并实行,以及美国政府认为体现了应该作为世界各国相互关系基础的各项原则。接着赫尔指出了以下原则：

（1）尊重每一个国家和所有国家的领土完整和主权。

（2）不干涉他国内政。

（3）通商机会均等。

（4）除通过和平手段外，不打扰太平洋地区的现状。

赫尔强调说，不能认为他的讲话是谈判的开始，在没有接受他所说的原则之前不可能开始谈判。野村答道，他相信日本政府没有进一步南进的意图，但他会将赫尔先生提出的原则向日本政府报告并请求训示。

1941年4月18日，日本外务省接到野村的请示要求，于是近卫与木户和天皇商量如何作答。通商机会均等原则引起了财阀的兴趣，他们极力要求内阁在建议草案的基础上开始谈判。木户和近卫都认为可以与美国政府开始谈判，但是内阁应注意信守对德意政府的承诺，不应放弃建立共荣圈的计划，因为它是日本的既定国策。

松冈在返回东京途中又在莫斯科停留，作为在莫斯科谈判的结果，1941年4月13日签订了《日苏互不侵犯条约》。松冈对与他同行的德国驻日大使解释说，此条约会大大方便日本的南进。

为了答复野村的请示，近卫经与木户和天皇研究后，致电松冈，要他立即回东京商量这个问题。1941年4月22日，松冈抵达东京，并把准备向美国政府提出的建议草案发送给野村。

在审议给野村的答复期间，侵害美国权益的行动仍在发生。日本对在华美国国民及美国商品流动的干涉日益剧烈。美国驻中国昆明的领事馆第三次遭受轰炸，损失甚大。日本海军占领了埃尼威托克环礁，并在该地开始建筑海军设施。1941年5月5日，为了应对这些行为，美国政府又将包括废旧橡胶在内的其他货物追加到禁运物资清单上。

里宾特洛甫得知了美国所定的开始日美谈判的前提条件及日本内阁关于开始谈判的决定。他立即向大岛大使表示，他不能理解日本为什么会屈服于那样的条件。大岛向里宾特洛甫保证，日本政府无意与美国缔结一个体现赫尔先生所定原则的条约。里宾特洛甫指责日本内阁放弃了进攻新加坡的计划和违背了对德国政府的承诺。他要求日本政府要么拒绝同意赫尔的原则,要么仅在美国保证保持中立的前提下才予以同意。大岛同意里宾特洛甫的意见,将这些意见传达给松冈,并说他认为里宾特洛甫的怀疑和指责是有充分根据的。他建议内阁采纳里宾特洛甫的建议。

1941 年 5 月 8 日,野村报告松冈并指出,美国既不会承认"东亚新秩序",也不会承认通过侵略所获得的领土,美国会坚持要日本遵守赫尔提出的四项原则。

1941 年 5 月 12 日,野村向赫尔面交了日方最初的正式建议案。这个建议草案充斥着模棱两可的陈词滥调,这些措辞实际上规定了两国政府之间的秘密谅解,其主要内容如下:

美国政府将同意:

(1)根据 1940 年 11 月 30 日《日满华共同宣言》中陈述的近卫三原则,承认日本在中国建立的新秩序,并劝告蒋介石总司令立即与日本开始和平谈判。

(2)如果蒋介石总司令不开始和平谈判,签订一项秘密协定停止对中国国民政府的援助。

(3)承认日本在包括中国和南方地区在内的区域建立共荣圈的权利,这是基于以下理解,即日本的扩张是和平性质的,是在该区域生产和采购日本所需自然资源方面的合作。

(4)修改美国移民法,根据平等和非歧视原则准许日本国民入境。

(5)恢复两国间的正常经济关系。

(6)注意到根据《三国同盟条约》第三条,如果日本政府认为,美国给予抵抗德意的同盟国的援助达到攻击轴心国的程度时,日本即负有攻击美国的义务。

(7)不对同盟国提供援助。

作为交换,日本政府将同意:

(1)恢复与美国的正常贸易关系。

(2)保证将共荣圈内可以获取的商品供应给美国。

(3)在菲律宾保持永久中立地位的条件下,与美国一起保障菲律宾的独立。

在将这个建议草案交给赫尔之后的第二天,巴达维亚的日本代表团将经过修正的要求交给了荷兰代表团,其中重申了日本政府以前所称荷属东印度与日本有互相依存关系的声明。松冈在东京通知美国大使说,他和近卫都下了决心,日本的南进将凭借和平手段去实行,但是他又意味深长地说,"除非情势使其不可能如此"。美国大使询问松冈,松冈心目中所考虑的是什么情势。松冈回答说,他所指的是英国军队在马来亚集结,他认为这是一种挑衅。

里宾特洛甫得知野村对美国提出了建议草案,立即质问大岛,并对松冈未与德意政府磋商就决定和美国开始谈判表示不满。他要求不再拖延而立即进攻新加坡。大岛向松冈报告说:"我曾表示过我的担忧,假如日本错过了向南扩张的机会和进攻新加坡的可能性,日本不仅会招致英美的蔑视,并且会招致德意的蔑视。"他向松冈报告了德国领导人对于日美谈判的不满,并表示,由于日美谈判被认为涉及日本外交政策的改变,这违反了军部的计划,所以他已擅自通知了日本陆军和海军当局。近卫和松冈之间的摩擦由此开始。

1941 年 5 月美国同意谈判

美国把日本 1941 年 5 月 12 日的建议草案当作谈判的出发点而加以接受,并答应探索与日本政府达成谅解的可能性。1941 年 5 月 28 日,赫尔与野村会面。在会谈中,逐渐显现有两个巨大障碍妨碍谈判顺利进行:

(1)日本在《三国同盟条约》下承担的义务当时仍然是模糊不明的。

(2)解决中国问题的具体措施。

关于第一个问题，赫尔希望日本明确它的态度，即在美国作为自卫手段而被卷入欧洲战争的情况下，日本将采取什么态度。关于第二个问题，赫尔指出，如果日本与中国缔结和平条约后仍然坚持在中国驻兵，这将是一个影响美日友好关系的因素。野村未能说明，日本打算在中国驻扎多少军队，以及这些军队将驻扎在什么地区。

5月31日，赫尔告诉野村，他打算在讨论具体问题之前，在适当时机与重庆政府在绝密状态下讨论这个建议草案。而且在5月31日，另一份美国草案被送交野村，其中除其他事项外，建议日本应表明《三国同盟条约》的条款不适用于为保护、自卫和国家安全的原因而卷入欧战的国家。该草案还建议，日本应该把它将要提交给中国的条款框架提交给美国。此建议草案附有一份说明，详述了美国对于德国的行动所持有的态度，以及一个宣言，即美国决心采取自卫措施，抵抗在美国看来明显是企图以武力征服世界的运动。

6月4日，日本大使馆对美国的建议草案提出了某些修改意见，其中建议美国应删除其草案所规定的日本在《三国同盟条约》下承担的义务不适用于作为自卫手段而卷入欧战的国家。赫尔研究了日方的修改意见，于6月6日告诉野村，这些修改意见将美国认为必须包含在内的基本内容剥离了谈判范围。根据赫尔的看法，这些修改意见显示出日本强调与轴心国保持一致，没有明确表示愿将日本对华关系置于有助于远东和平的基础之上，并且避免对和平政策及非歧视待遇政策做出明确承诺。尽管如此，1941年6月15日野村又将一个新提案交给赫尔，其中包括赫尔之前已经表示反对的建议。6月10日，重庆遭到百架以上日本飞机的轰炸，美国财产遭受毁坏。日本政府发言人在公开声明中强调，日本在《三国同盟条约》下的义务和意图在某种程度上是与美国利益敌对的。在巴达维亚，谈判显然正在破裂。6月20日，美国政府发布命令，禁止所有石油运输，运往英国及南美的除外。

日本方面一直催促对其5月12日的建议案给予答复。6月21日，赫尔与野村会谈。赫尔说,从世界各地收集到的证据,包括日本领导人的正式声明在内,表明日本军部不可能认可与美国达成的任何谅解,唯一能得到认可的就是,一旦美国通过援助民主国家的方案卷入欧战,日本就将站在希特勒方面作战。赫尔接着说,1941 年 5 月 12 日的提案违背了美国政府所承诺坚持的原则,尤其是提案中关于中国的条款。赫尔告诉野村,他得出的结论是,在开始谈判之前,美国政府必须等待日本政府就追求和平进程的愿望做出比迄今为止更加明确的表示。他希望日本政府表明这样一种态度。

我们现在休庭到明天 9:30。

(16:00 休庭,至 1948 年 11 月 11 日星期四 9:30。)

1948 年 11 月 11 日,星期四

日本东京都旧陆军省大楼内远东国际军事法庭

休庭后,9:30 庭审人员到场。

出庭人员:

法官席,所有成员就座。

检方人员,同前。

辩方人员,同前。

(英日、日英口译由远东国际军事法庭语言部负责。)

法庭执行官: 远东国际军事法庭现在继续开庭。

庭长: 除贺屋、白鸟和梅津由律师代表外,所有被告均出庭。巢鸭监狱军医出具了以上三名被告今天因病不能出席审判的证明。这些证明将记录在案并归档。

我继续宣读本法庭的判决书：

加紧准备

1940 年 9 月和 10 月的计划一直被遵照执行。这个计划的终极目的就是由日本统治东亚。如有必要日本将使用武力来达到这个目的。实施此计划所采取的某些步骤是二选一的形式。《三国同盟条约》的缔结既被用作恫吓西方各国的手段，又被当成日本南进时轴心国与日本合作的保证。与苏联缔结的《日苏互不侵犯条约》是为了日本南进时用来保护后方。日本曾企图与蒋介石总司令进行和谈以解除南进时对日军的掣肘并得以使用中国军队，但没有成功。日本又曾企图凭借调停欧战使英国承认日本向东南亚的扩张，以免除进攻新加坡的必要，也没有成功。日本还曾企图凭借和美国谈判以解除美国太平洋舰队对进攻新加坡可能发生的干涉，同样没有成功。在巴达维亚为获得石油及其他重要物资而进行的谈判也以失败而告终，这个谈判在 1940 年 6 月 17 日终止了。日本军需品储备有耗尽的危险。而大本营在 1941 年 4 月初所作的决定没有变更。现在已到了作最后准备的时刻了。

1941 年 5 月下旬，日本海军开始做进攻珍珠港的训练和演习。海军开始在与珍珠港地形相似的日本鹿儿岛进行俯冲轰炸训练。因为珍珠港水域较浅，所以在 1941 年初开始研制浅水鱼雷。在整个夏季，海军在研制和实验浅水鱼雷上花费了相当多的时间。为了能走比较安全的北方航线接近珍珠港，还进行了海上加油的特别训练。

1941 年 6 月和 7 月的内阁政策及决定

大岛按照日本政府的指示，于 1941 年 6 月 10 日开始与里宾特洛甫会谈，这一次会谈将导致在法属印度支那南部获得新的海军基地，以用于进攻新加坡及荷属东印度。近卫告诉了木户大本营关于进攻新加坡的决定以及根据该决定将要采取的措施。1941 年 6 月 21 日，松冈将此决定通知了德国大使,他告诉德国大使事态已达到不能忍耐的程度,与荷兰政府的谈判不会重新举行,而且为了进攻新加坡和荷属东印度,还需要在法属印度支那南部获得新的基地。松冈说,他已经指示大岛询问能否通过德国政府获取法国维希政府的同意,如果不能,他会直接向法国维希政府提出这个问题。

早在 1941 年 6 月 6 日,大岛就告知近卫,德国政府已决定进攻苏联。这项情报使日本领导人深感困惑。包括松冈在内的有些领导人认为日本最好是推迟南进,仿效意大利在欧战中所发挥的作用,在德苏战争的适当时机向苏联后方发起进攻,以便占领苏联的远东领土并夺取萨哈林岛的石油。而包括近卫和木户在内的另一些人则主张,不应放弃 1940 年 9 月和 10 月制订的实行南进的最初计划。1941 年 6 月 22 日,德国进攻苏联。根据木户的建议,天皇指示松冈应依从近卫的意愿,而木户和平沼也重申了这一建议。

1941 年 6 月 25 日,平沼、东条、武藤、冈等人出席的联络会议决定,日本要加速对法属印度支那和泰国采取措施。鉴于巴达维亚谈判的失败,此事就很有必要。要迅速在法属印度支那南部建立海军和空军基地,如果法国方面不答应日方的要求,就使用武力。在与法国开始谈判之前,要先将所需派遣的军队准备妥当。这些基地是进攻新加坡和荷属东印度所需要的。近卫、参谋总长和军令部总长向天皇报告了这些决定。

联络会议的决定表明,平沼、东条、武藤和冈都同意近卫关于不改变既定计划的意见。1941 年 6 月 28 日,东条向天皇报告。当天稍后东条告诉木户,陆军的计划是暂时对德苏战争保持中立,关东军采取“冷静慎重”的态度,为加强大本营,准备每天在宫中召开大本营会议。此前在 6 月 23 日,铃木已经提出了加强大本营的办法。木户对此也已表示同意,但建议铃木应征询元帅府的意见。土肥原是元帅府的成员之一,当东条和他的陆军次官木村一起出席 6 月 30 日的元帅府会议时土肥原也在座,会上东条对急剧变化的局势发表了看法。于是,陆军组织力量防止松冈的计划干扰陆军的战略,松冈的计划就是要推迟南进而立即进攻苏联,这个计划的概要他已在1941年6月22日向天皇做了说明。松冈的态度使陆军难堪,有人开始议论松冈必须辞职。

继6月25日的联络会议之后,1941年7月2日召开了御前会议,对这个问题做了最后的了结。东条、铃木、平沼、冈等人出席了这次会议。会议决定,不管局势有何变化,日本坚持统治东亚及东南亚的计划,并将实施南进,同时随时准备好利用德苏战争的有利局势对苏联发动进攻。在完成对新加坡及珍珠港进攻最后准备的过程中,在日军进入法属印度支那南部及泰国的攻击位置之际,必要的外交谈判仍应继续。日本将对德苏战争保持中立,同时秘密作进攻苏联的准备,只有当苏联显然为战争所削弱而无能力做出有效抵抗时,才开始发动进攻。东条是极力主张这个计划的,他说:"当苏联像一只熟柿子一样快要落到地上的时候,立即发动进攻,那会大大提高日本的威望。"

参谋本部奉命为拟在南方地区开展的军事行动制订最终的作战计划。日后要在菲律宾和马来半岛登陆作战的部队开始在中国沿海、海南岛及法属印度支那沿海进行登陆作战训练,其他部队在台湾训练。准备进攻香港的部队在中国广州附近的驻地进行夜战和攻克碉堡的高强度训练。训练地区都是选在与准备进攻地区的地势和气候相类似的地方。训练持续了整个夏天,直到实际进攻时为止。进行这种训练时,岛田海军大将是中国方面舰队的司令长官。

为了对法属印度支那作战,日本陆军准备了三个师团。日本政府计划要求法国维希政府准许日本政府占领法属印度支那南部,并在那里建立军事基地。这项步骤是由里宾特洛甫向大岛建议的,里宾特洛甫认为由德国提出这项要求不太妥当。日方的计划是以最后通牒的方式提出要求,如果其要求未被接受,就实行入侵。这个要求原打算于1941年7月5日提出,但是英国大使和美国大使的质询表明这个计划已经泄露。木户在他的日记中写道,鉴于上述事实,为了观察英美会采取什么动作来抵制此最后通牒，决定将发出最后通牒的时间延后 5 天。美国大使和英国大使被告知，日方完全没有入侵法属印度支那南部的意图。

1941 年 7 月 12 日，松冈指示日本驻法国大使将最后通牒送交维希政府，并要求在 1941 年 7 月 20 日或之前做出回答。第二天，近卫又以个人名义致函贝当（Petain）元帅，他对贝当保证，日本将尊重法国在法属印度支那的主权，只要法国允许日本陆军以法属印度支那为基地，并允许在其沿岸建设海军基地。在接到对最后通牒的答复之前，由于近卫与松冈未能就拟采取的战略达成一致意见，第二次近卫内阁宣布辞职。

第三次近卫内阁

1941 年 7 月 2 日的御前会议之后，松冈对会议的决定持有不同意见，在行动上也没有完全依照该项决定行事。

武藤和冈，作为陆军省军务局长和海军省军务局长，写出了追加某些建议以便继续维持与美国谈判的方案。近卫以松冈合作实施武藤-冈方案为条件，同意松冈继续留任外务大臣。松冈说，他并不反对这个方案，但同时他认为 1941 年 6 月 21 日赫尔对野村的声明是对日本的侮辱，因此他坚决反对。赫尔在这个声明中说，在开始谈判之前，美国政府必须等待日本政府就追求和平进程的愿望做出比迄今为止更加明确的表示。松冈希望在明白地拒绝赫尔声明之后再提交武藤-冈的反建议。近卫担心这样一来美国可能拒绝继续谈判，所以主张由松冈将武藤和冈起草的反建议和拒绝赫尔声明的训令一同发给野村，以便减少终止谈判的危险。松冈没有接受近卫的劝告，却按照他自己的意见发训令给野村，从而加速了内阁的危机。木户得知这种危机之后，为了执行 1941 年 7 月 2 日御前会议做出的决定，决心维护近卫内阁，并与皇室和天皇商量，如果近卫内阁总辞职，就敕令近卫再次组阁。木户提议要求松冈辞职，但近卫否决了这个提议，唯恐松冈及其党羽可能散布这是受到美国指使的流言，利用强迫他辞职一事来获取政治资本。1941 年 7 月 16 日，近卫内阁宣布总辞职。天皇命令木户召集由前总理大臣等出席的重臣会议，和枢密院议长一起协商推荐近卫的继任人。

1941年7月17日，木户和重臣们就近卫的辞职声明进行协商。若槻、阿部、冈田、林、米内和广田出席会议。大家的意见是近卫能够团结所有政治派别支持军部，会议一致同意向天皇推荐近卫。天皇召见近卫，向他下达了组建新内阁的敕令。7月18日，第三次近卫内阁成立。丰田任外务大臣，东条留任陆军大臣，平沼成为无任所大臣，铃木留任企划院总裁和无任所大臣。木村留任陆军次官。武藤和冈各留任原职。新外务大臣宣布，内阁更迭但政策不会改变。

占领法属印度支那南部

1941年7月19日，大岛将日本致法国维希政府最后通牒的备忘录送交给里宾特洛甫，并解释说，发出此最后通牒的目的是为了在法属印度支那获得军事基地，这是"向南方进击"的第一步，所谓"向南方进击"指的是进攻新加坡和荷属东印度。他请求德国政府劝告法国维希政府接受最后通牒并答应日本政府的要求。7月20日，丰田通知驻东京的德国大使，内阁更迭不会影响7月2日御前会议的决策。维希政府把最后通牒的各项条款报告德国之后，声明除屈服于暴力外没有其他选择，于是接受了日本的最后通牒并同意了日本的各项要求。根据协议，4万日军于7月24日乘船出发去占领法属印度支那南部，并在西贡附近建立八个航空基地，在西贡和金兰湾建设海军基地。7月28日正式协议获得通过，第二天签署了协议。东条、武藤、铃木和冈出席了7月28日的枢密院会议，并代表内阁对协议进行解释。东条表示协议是7月2日御前会议根据6月25日联络会议的决定所采纳的措施之一，内阁与参谋总长和军令部总长意见一致，他们为了依据内阁的战略决策采取适当的措施，几乎每天都在皇宫举行联络会议。

和美国继续会谈

野村大使在 1941 年 7 月 3 日和 7 月 19 日致外务大臣的电报中提醒说，如果开始南进，可能发生美国政府实行断绝日美邦交的危险。7 月 23 日，美国代理国务卿韦尔斯（Welles）先生询问野村向法国维希政府提出的要求究竟有何含义。野村解释说，日本需要确保原料的不间断供给并预防军事包围。韦尔斯在回答时表示，日本政府和美国政府现在所讨论的协定，较之占领法属印度支那，会给予日本更大得多的经济保障。他补充道，美国政府认为，这一占领预示着日本"正在采取最后步骤把在南洋地区进行扩张和征服的政策付诸实施"，并且他受命声明，国务卿看不到与日本大使进一步会谈的基础。第二天，美国国务院在报刊发表声明说，日本政府对法属印度支那过去所采取的和现在正在采取的行动清楚地显示出日本政府要凭借武力或武力威胁实行扩张目标的决心，日本占领法属印度支那没有明显的正当理由，其唯一目的就是为了获得军事基地，用于征服法属印度支那的邻近地区。

1941 年 7 月 24 日，美国总统向日本政府建议，将法属印度支那视为中立地区，给予日本充分的机会确保取得它所需要的食粮及其他原料，但这个建议遭到了拒绝。7 月 25 日，美国总统发布命令冻结日本和中国在美国的所有资产。日本对法属印度支那的行动被视为正在制造巨大的战争风险，这迫使受到威胁的国家采取行动以防本国安全整个被破坏。1941 年 7 月 26 日，日本外务大臣丰田解释说，日本对法属印度支那的行动对于处理中国事务是必要的。他还宣称，日本得到报告，有的国家企图对法属印度支那实施包围，这将对该地区构成威胁，而该地区对于解决中国事务是不可或缺的。但是本法庭没有得到任何关于企图包围法属印度支那的证据，也没有任何关于存在此类报告的证据。而证据确凿的是，日本入侵法属印度支那南部的目的是为了在进攻荷属东印度之前获得进攻新加坡的基地。这些基地对菲律宾也构成了威胁。当日本实际上进攻新加坡的时候,从西贡开出的军队和从法属印度支那南部起飞的飞机参加了进攻。英国和荷兰也分别在 7 月 26 日和 28 日发布了同样的冻结令。在美国政府发布冻结令之后,野村于 8 月 8 日询问美国国务院,两国政府的负责首脑是否有可能会晤讨论如何调整两国关系问题。美国国务卿在简单重述了他与野村之间非正式会谈中断的经过后说道,这个问题留待日本政府决定,看它能否找出一个沿着有可能调整彼此意见的方向重塑其政策的办法。

供应问题

1941 年 7 月底,大岛得知德国攻苏的进展逐渐放缓,这项情报使日本大本营深感忧虑,因为他们意识到,如果要同时对苏联和美英开战,日本储备的战争物资是不充分的。他们还担心,一旦日本进攻美国,苏联可能会通过把国内的军事基地提供给美国使用来援助美国。1941 年 8 月初,日本外务大臣和苏联大使讨论过这种可能性。

1941 年 7 月底,天皇召见海军军令部总长商谈日本对美政策问题。军令部总长永野报告天皇,他自己是反对三国同盟的,他认为在三国同盟存续期间,调整日美关系是不可能的。如果不能调整日美关系,在日本石油来源断绝情况下与美国作战,那么日本的石油储备量仅够一年半之用。因此在作战行动上必须先下手,这是日本的唯一选择。天皇问永野是否能够大获全胜。永野回答说,日本能否获胜也是难以预料的。

天皇就不得不发动一场孤注一掷的战争向木户表示了忧虑,但木户安慰天皇说,军令部总长的意见过于简单了。木户说日本并不是没有恢复日美友好关系的方法。但是他表示他将请求总理大臣慎重考虑军令部总长提出的问题。1941 年 8 月 2 日和 7 日,木户和近卫研究了这些问题。木户在他的日记中概括了海军方面所列举的反对攻击的论点。海军方面一直希望,如果战争延长,能从萨哈林岛和荷属东印度得到石油来补充石油储备。但是现在苏联有可能与美国联合,这就使得日本不可能从萨哈林岛获取石油。何况,这还取决于能够完好无损地占领荷属东印度的油田设施,取决于在苏联基地起飞的飞机巡察下,在潜艇密布的海域进行长距离的石油运输,这些都包含着极大的风险。陆军不同意海军的意见,坚持认为当时已经储备的石油足以保证胜利。近卫和木户都认为事态很严重,有必要使陆军和海军立即取得共识。

后续的日美会谈

1941 年 7 月 25 日美国发布冻结令之后,野村大使于 7 月 26 日建议,两国政府首脑应该会晤以调整日美关系。8 月 7 日,野村根据政府的命令重申了这一建议,并受到美国政府的欢迎。于是在 8 月 17 日,当日本陆军和海军首领深入研讨对美作战时应如何向日本海军供应石油问题时,美国总统对野村的建议给予了答复。他说,倘若日本政府能够根据赫尔所述原则的导向走上执行和平方针的道路,美国政府就会欣然恢复和日本的非正式会谈,并努力为两国政府首脑交换意见安排适当的时间和地点。总统谈到了会谈中断的背景情形,并且说在进行会晤准备之前,如果日本就其当前的态度和计划发表一个明确的声明,那将是大有助益的事。总统对野村进一步表示,除非有完全坦率的态度,否则将难以达到目的。如果日本采取以武力或武力威胁来推行军事统治政策的任何进一步措施,那么美国也就不得不立即采取措施来保卫美国及美国国民的权利、利益、安全和保障。

总力战研究所一直在研究和美国的谈判问题,并于 1941 年 8 月上半月提出了以下解决方案:"对于美国的建议,我们不应就日本的立场给以明确的表态,而应通过外交谈判采取拖延政策,以换取时间充实战争准备。"

1941 年 8 月 27 日,近卫致函美国总统,他表示,他相信两国关系的恶化主要是由于彼此之间缺乏了解,他希望直接和总统会晤,以便坦诚地交换意见。近卫建议,在为签署协定的正式谈判开始之前,他们二人先行会晤并从宏大立场出发讨论所有的重要问题。与此同时，还向美国总统提出了日本政府的一个声明。在声明中，日本政府表示，它欢迎关于交换意见的邀请，日本愿意和平，并以为太平洋地区的和平做出牺牲为荣。声明说，日本在法属印度支那的行动是为了加快解决中国事变，为了消除对太平洋和平的所有威胁，也是为了日本能够得到必需物资的公平供给。声明还说，日本并不想威胁其他国家，只要中国事变得到解决或东亚的公正和平得到确立，日本愿意立即从法属印度支那撤兵；日本在法属印度支那的行动，并不是为了准备对附近地区发动军事进攻。声明接着又说，日本政府愿意将讨论范围局限于与美国政府一向遵奉的基本原则相符合的建议案的范围，因为日本政府长期抱持的国策与那些基本原则是完全一致的。

　　日本关于法属印度支那的声明是虚假的。我们已经知道，1941年7月，日本在法属印度支那南部驻扎军队和占据军事基地的动机是为了获得一个攻击马来亚和荷属东印度的基地与出发地点。这与所谓的"中国事变"毫无关系。正如我们现在所知道的那样，日本的建议是在日本的对华要求得到满足之前，或在确立其东亚的"公正和平"之前，要保留这个基地以便进攻马来亚和荷属东印度，而这个基地对菲律宾及海上航线也是一种威胁。至于"公正和平"是否已经建立，唯有日本说了算，因为它没有提出任何其他标准。辩方认为，以这一声明为基础，日本等于同意实施赫尔先生所述的四项原则。纵然可以从这个声明中读出日本有辩方所说意思的明确表述，现在也已经证明，当时日本领导人根本没有打算遵守这种表述。

　　1941年9月3日，美国总统回复了近卫的信函和日本政府的声明。总统说，他对于近卫表示的希望太平洋和平以及日本政府关于其长期抱持的国策与美国政府一贯遵奉的原则相一致的声明，甚感欣慰。但是总统说他不能不注意到一些迹象，即日本某些方面的人士所支持的一些观念可能会妨碍近卫与总统之间沿着所述路线成功合作。因此，他认为，非常需要谨慎行事来确保所建议的会谈得到成功，为此应立即就双方想取得共识的根本问题举行预备商谈。关于这些根本问题，总统提请日本政府表明态度。

与此同时，日本的参谋本部从 8 月开始就一直主张立即中止会谈并开始敌对行为。近卫反对这种主张，不断地与陆军大臣和海军大臣等人谈话并努力批驳这种方针。

1941 年 9 月 5 日，近卫接到美国总统的信函之后，立即召开了内阁会议。东条反对近卫与美国总统会谈。东条在本法庭供述，他反对的理由是，因为美国总统表明了在所有实质性问题未取得共识之前，他不想与近卫会面。天皇向近卫询问了许多关于对美英作战时应采取什么战略的问题。近卫建议天皇召见陆军参谋总长和海军军令部总长来回答这些问题，木户对近卫的建议表示支持。

1941 年 9 月 6 日御前会议

1941 年 9 月 6 日，召开了御前会议，出席者有东条、铃木、武藤、冈等人。会议决定，日本应该南进，应该努力通过与美英谈判来达到日本的要求，但是如果这些要求到 10 月初还没有得到满足，就将做出开战决定。会议还就日本希望得到满足的要求做出了如下决定：

日本在与美（英）谈判中要达到的最低要求，以及与此相关的日本所能同意的限度。

第一项：日本在与美（英）谈判中要达到的最低要求。

（1）与中国事变有关的事项。

美英不得干预或妨碍帝国处理中国事变。

（a）不得妨碍帝国依据《日中基本条约》及《日满华共同宣言》解决中国事变的企图。

（b）封锁"缅甸公路"；美英两国不得给予蒋政权军事或经济

援助。

……

（2）与日本国防安全有关的事项。

美英不得在远东采取对日本国防构成威胁的军事行动。

（a）承认基于《日法协定》的日法之间的特殊关系。

（b）不得在泰国、荷属东印度、中国及苏联远东领土内获得军事权益。

（c）不得进一步增强在远东的现有军备。

（3）与获得日本所需物资有关的事项。

美英将与日本合作获得日本所需物资。

（a）与日本恢复通商，并由两国在西南太平洋的领地供给日本生存不可或缺的物资。

（b）对于日本与泰国和法属印度支那之间的经济合作予以友好协助。

第二项：日本所能同意的限度。

如果美国和英国同意日本在第一项中所提出的要求：

（1）日本以法属印度支那为基地，将不向除中国以外的任何邻近地区进行武力扩张。

（2）待远东建立了公正和平之后，日本将乐于自法属印度支那撤军。

（3）日本将乐于保证菲律宾的中立。

此决定的最恶劣之处在于它建议：应让日本来控制中国的经济以实现日本的利益，正如日本与中国傀儡政府间协议所规定的那样；美国和英国应撤销其对一直以来深受日本侵略之害的中国合法政府的所有军事和经济援助，而这些援助是这两个国家有权提供的。假如日本真的已透露这是它"在与美英谈判中要达到的最低要求"，那么可以毫不过分地说，这些谈判就不会继续进行下去。这个"最低要求"与赫尔先生所表述的四项原则根本不相容，而这些原则是赫尔在整个谈判期间始终坚持要遵守的。

继续进行战争准备

御前会议之后，参谋总长立即命令他的作战部长加强战争计划和战争准备。鉴于陆军省和参谋本部之间由来已久的行事惯例，陆军大臣东条、陆军次官木村、陆军省军务局长武藤及海军省军务局长冈必然知道并参与了这种准备过程。

为攻击珍珠港进行的训练和在中国沿海进行的针对马来亚、菲律宾、荷属东印度以及婆罗洲的登陆作战训练都即将完成。中国方面舰队司令长官岛田海军大将在9月1日被调任东京附近横须贺海军镇守府的司令长官并兼任海军将官会议的一员。为了制订详细的作战计划，从1941年9月2日到9月13日，在东京的海军大学校内，举行了最后的"沙盘推演"或海军参谋会议，许多海军高级将领出席会议。必须解决的问题有两个：第一个问题是制订用航空母舰攻击珍珠港的详细计划；第二个问题是确立占领马来亚、缅甸、荷属东印度、菲律宾，所罗门及太平洋中部诸岛的作战预定进度表。为这些问题所制定的解决方案构成了后来发布的联合舰队作战密令第一号的基础。

外务大臣丰田（其部下驻夏威夷总领事从事谍报活动）于9月24日安排制成了一套密码，以便传送关于在夏威夷水域活动的太平洋舰队的秘密报告。

日本国内的进攻准备继续在紧锣密鼓地进行着。东条全面考察了准备工作，并于9月11日向木户报告了考察情况。内阁通过了铃木的企划院和厚生省为增加军需品生产共同制订的"劳务动员计划"。陆军教育总监颁布了登陆作战和同盟军飞机识别培训指南。东条的陆军省绘制了针对新加坡和夏威夷的作战地图。内阁印刷局继续印刷占领区货币比索、美元、荷兰盾等，以便在菲律宾、马来亚及荷属东印度使用。

与美国的会谈继续进行

9月6日，即召开上述御前会议那天，尽管御前会议的决定在性质上完全相反，近卫却告诉美国大使，他完全赞成赫尔先生和美国总统提出的四项原则。第二天，野村大使在华盛顿向美国政府提出了日方的新建议草案，看起来好像是企图充当美国总统9月3日致近卫信函中所述的开始预备谈判的基础。新建议草案的主旨是日本"如无正当理由"不会再进一步对南方采取军事行动，日本将"用防护和自卫的概念"来解释其在《三国同盟条约》下的义务，不考虑其他轴心国政府的意见。美国应停止援助中国，帮助日本按照日方的条件与中国和平谈判，同意与日本合作取得和开发南方地区的自然资源，并中止在远东及西南太平洋地区的军事措施。日本此前拒绝从法属印度支那撤出军队。此建议草案再次肯定了日本遵守《三国同盟条约》的意图，因为日本拒绝或回避保证它不会依据该条约的条款进攻美国。接下来的谈判显示出日本的对华和平条件是以近卫原则为基础的，并规定中国承认日本对满洲的占领。所谓近卫原则就是日本凭借驻华日军强制性地在经济上统治中国。

要是美国接受这个建议，就可以使日本政府达到1940年10月3日决定的目的。丰田透露这正是日本政府的意图。1941年9月13日，丰田指示野村，日本政府不准备把美国的四原则"囫囵吞下"。美国政府认为，9月3日的建议草案并不能解决问题，并且与1941年8月28日近卫致美国总统的信函及日本政府的声明互相矛盾。

1941年9月25日，日本政府对驻东京的美国大使提出了一个全新的建议草案，并敦促美方及早回复。这个新草案在基本要点上并未显示出日本的态度有任何改变。9月25日桥本在《太阳大日本》上发表的文章中声称，与美英调整关系毫无希望，而日本政府应该采取的恰当行动已由《三国同盟条约》清晰表明，他的意思就是与德意共同采取直接的行动。内阁情报部总裁在《三国同盟条约》签订一周年纪念日发表演说，表示这个条约的真正意义已由缔约当日所发布的诏所阐明。他宣称,该条约明确承认了日本在建立"大东亚新秩序"中的领导地位,不管国际局势发生什么变化,不管日本面对什么困难,此条约构成日本外交政策基石的事实不会改变。

10月初很快到来,这是9月6日御前会议定下的做出开战决定的时间,但是陆军和海军仍在为海军现存的石油能否使其完成任务争论不休。东条已经对日美之间的外交谈判感到不耐烦,并坚持认为进攻不应延迟。陆军首领宣称,最迟在10月15日他们将发起进攻,不会再等待了。近卫和木户讨论了陆军和海军关于石油储藏量问题的意见分歧。近卫表示,只要存在这种分歧他就没有自信,如果陆军坚持要在10月15日开战,他除了考虑辞职别无选择。木户恳求他慎重行事,并邀铃木一起商量。

10月2日,赫尔先生将一件叙述全部谈判经过的文书交给野村。该文书最后说,美国政府一直努力表明,美国设想了一个全面方案,它要求将赫尔和美国总统阐述的各项原则统一适用于整个太平洋地区,但是日本政府表示了要用各种条件和例外来限制适用这些原则的意图。于是赫尔问道:"如果这种印象是正确的,那么日本政府是否还能认为在这种情势下,两国负责首脑的会晤对于推进我们共同考虑的远大目标会有所贡献呢?"

这种印象是正确的。如前所述,外务大臣丰田在9月13日告诉野村,日本不能接受四项原则。1941年10月8日,野村向丰田报告:美国方面坚持把四项原则作为调整两国关系的基础;他们一直觉得,如果近卫和总统要进行会谈,那么就必须要有一个确切的谅解,即那些原则将适用于太平洋问题;他们相信,只要在这个问题上存在分歧,那么讨论具体问题就是没有意义的。接到这个报告之后,木户和近卫一致认为达成协议的希望很小。木户建议,也许有必要重新考虑9月6日做出的决定,在日本准备得更充分之前,也许有必要推迟进攻。他说终结中国事变是首先要考虑的事情,他的意思是指在军事上打败中国。

开战决定——1941 年 10 月 12 日

10 月初,陆军大臣东条、参谋总长及其他陆军首领在和德国大使讨论这个问题时表示,他们缔结《三国同盟条约》的目的是为了实行南进并确立日本在东南亚的地位,而为了通过战胜英国来达到他们的目的,就必须牵制美国并排除苏联。1941 年 10 月 7 日,内阁书记官长与木户商量了对美谈判的问题。他报告说,东条领导下的陆军认为已没有与美国继续谈判的余地,但海军的意见却与此相反。他建议,近卫应该与东条商谈,努力促进其与海军加深理解,然后邀东条和海军大臣与近卫和外务大臣举行会商以确保陆军和海军之间的合作。

近卫和东条谈了一番,但东条坚持认为,在对美谈判上已无外交成功的希望,内阁应该下决心作战。1941 年 10 月 12 日,近卫邀请陆军大臣东条、海军大臣及川、外务大臣丰田、企划院总裁铃木到他的私邸开会,就战争还是和平问题作最后的商议。在会议之前,海军大臣派冈带话给近卫说,海军还没有做好对美开战的准备,但因在 9 月 6 日的御前会议上已赞成作战,所以不能够说不干。因此,他打算在即将举行的会议上把这个问题留给近卫拍板决定,并希望近卫会做出继续进行外交谈判的决定。

1941 年 10 月 12 日,近卫给会议做开场白称,现在终于到了阁员必须决定是战争还是和平的时候了,并建议他们重新研讨外交谈判成功的可能性。东条反驳道,纵然继续谈判也没有成功的希望。海军大臣建议,这个问题应该由总理大臣决定。东条声称,既然所有阁员都要对这个决定负责,就不应该让总理大臣一个人去做决定。东条还说,如果外交大臣保证继续谈判一定会成功,那么他同意重新考虑他的中止谈判的决心。外务大臣指出了日美达成共识的障碍,并称主要的障碍是日本在华驻军问题。东条强调,日本在这个问题上是不能让步的,而且由于日本在对华战争中所做的牺牲,政府必须坚持近卫原则得到完全实现。会议最后做出如下决定:① 日本不放弃 1940 年 9 月和 10 月间所通过的计划;② 必须尽快断定与美国的谈判能否在大本营规定的期限内取得成功;③ 在上项问题没有得到肯定的回答之前,不得停止进攻准备。

内阁书记官长把会议结果向木户做了汇报,第二天木户和铃木研讨了这次会议后,得到的结论是近卫应进一步努力去促进东条和海军大臣之间的谅解。当天夜晚,近卫召丰田向他报告日美谈判的整个经过。丰田说,在他个人看来,要想和美国达成协议,日本恐怕不得不从中国撤兵。第二天早晨,即 1941 年 10 月 14 日,在举行内阁会议之前,近卫召见东条并告诉他,根据他的调查,如果日本坚持在华驻兵,就不可能通过对美谈判来达到日本的目的,但是如果日本"舍名而取实",那么还有成功的些许希望。近卫想说服东条,使他放弃南进的计划而集中日本的力量去解决对华战争。近卫指出了日本及其盟友的明显弱点,并警告说,假如日本进攻美国,那就会成为一场真正的世界大战。东条回答说,日本在对华战争中的牺牲如此巨大,他不可能同意日军从中国撤离,即使他因此退出内阁也在所不惜。于是近卫要求东条在内阁会议中重述他的主张。东条在10 月 14 日的内阁会议上坚持了他的立场,此次内阁会议休会时未能做出决定。

武藤企图通过冈劝说海军大臣表明海军有无作战的准备,但武藤未能达到目的。1941 年 10 月 14 日深夜,东条派铃木通知近卫说,因为海军大臣未表明态度,所以无所作为;既然内阁不能贯彻落实 9 月 6 日御前会议的决定,除总辞职外别无他法。他要求近卫将此意通知木户。近卫即转令铃木通知木户,于是铃木在第二天早晨告诉了木户。就在当天,近卫往访木户并对木户说,由于他与东条的意见不一致,他不能再继续担任总理大臣。东条曾说,他不希望再和近卫商量问题,因为他可能控制不住自己的愤怒情绪。1941 年 10 月 16 日上午,近卫收集了各大臣的辞呈并加上他自己的辞呈之后,不顾木户的反对,在当天傍晚向天皇提出辞呈。

近卫的辞呈对当时的情势给予了生动的说明。他解释道,当他为了实行向南方扩张而组建第三次近卫内阁时,他坚信内阁的目标可以借着对美谈判而达成；虽然他的期望至今尚未实现，但他仍然相信"如果采用舍名取实的表面上让步的态度"，是可以通过谈判来实现这些目标的。近卫说，东条一直要求根据 9 月 6 日御前会议的决定在 10 月 15 日和美国开战，东条所持的理由是情势已经到了不采取这种办法就不能满足日方要求的地步。近卫宣称，他不能承担将国家投入一场结果不可预料的大战的责任。

1941 年 10 月 18 日东条出任总理大臣

为了内阁阁员之间的和衷共济，木户在最后一刻恳请东条说，在发动对美战争之前，国家有权利期望陆军和海军目标一致并互相合作。他说 9 月 6 日关于 10 月上半个月开战的决定也可能是错误的，应该对这个决定重新检讨以求获得一致意见。东条虽然同意木户的意见，但在木户能够采取下一步举措之前，近卫已经提出了内阁辞呈。

木户立即觐见天皇，并讨论近卫的继任人选。木户建议应任命东条或海军大臣继任。第二天早晨召开了重臣会议，若槻、冈田、林、广田、阿部和米内等人出席了会议。木户反对以东久迩宫亲王或宇垣为近卫的继任人，他推荐了东条。木户说最重要的问题是修改 9 月 6 日的决定并弥合陆军和海军之间的分歧。对于以东条为总理大臣的木户提议，广田是积极赞成者之一，没有人表示反对。木户向天皇呈交这个推荐时向天皇进言，要对东条和海军大臣两人颁发特别训令。觐见天皇之后，木户在候见室与东条和海军大臣一起讨论了此特别训令的内容。木户告诉他们，据他推测，天皇谈到了合作问题。他认为天皇的意思是希望在决定国策时必须更加广泛和深入地调研国内外的情势，进行认真研究而不要囿于 9 月 6 日的决定。然后木户交给他们每人一份书面训令，要求陆军和海军加强合作，特别要求海军大臣推进更加紧密的合作。

1941 年 10 月 18 日，东条晋升为大将，为了让他在担任总理大臣期间能兼任陆军大臣，允许他保留现役身份。在整个内阁任期内，他一直同时担任这两个职务。东条还曾兼任军需大臣和短期的文部大臣、内务大臣、外务大臣和商工大臣。岛田在东条内阁任期内一直担任海军大臣。1944年2月，东条除了他的许多职务以外，又接任了参谋总长，而岛田在担任海军大臣的同时接任了海军军令部总长。木村留任陆军次官，直到1943年3月11日转任军事参议官；1944年8月30日，他被任命为日本驻缅甸方面军司令官。武藤留任军务局长，直到1942年4月20日被任命为北苏门答腊帝国近卫师团师团长。佐藤仍留在军务局，后接替武藤担任军务局长。冈在整个东条内阁时期，留任海军省军务局长。东乡担任外务大臣直到1942年9月1日。贺屋担任大藏大臣直到1944年2月19日。铃木担任企划院总裁兼无任所大臣，一直到东条内阁辞职。星野在整个东条内阁任期内一直担任内阁书记官长。大岛继续任驻德国大使。重光留任驻英国大使，直到1941年12月16日被任命为驻中国傀儡中央政府大使，在此位置上任职到1943年4月20日，他被任命为东条内阁的外务大臣。土肥原留任航空总监，同时担任最高军事参议官；后来在1943年5月，他出任本土东部军司令官；1944年3月，他被任命为新加坡第七方面军司令官。畑、梅津和板垣指挥驻中国和朝鲜的日军。

东条领导下的战争准备

东条继续实施1940年9月和10月决定的计划。投降后接受侦讯时有人问他："你解释说（1941年）9月6日御前会议之后的政策是一方面进行和平谈判，另一方面进行战争准备；你是否继续执行了该政策？"东条回答："是的，我作为总理大臣负责此项工作。"

东条内阁组成之后，日本的国外谍报机关得到了改善和扩充，特别是在荷属东印度为夺取这些岛屿的采油设施做准备。1936年起就存在的国策研究会，开始制订计划并任命了一个"统治对策委员会"，以策划预期由日本政府占领的南方地区的统治方案。1941年10月，委员会向总理大臣东条提交了第一份报告。陆军省和拓务省采纳了这个计划。还绘制了入侵使用的地图。陆军和海军开始颁发联合作战的计划与规则,完成了组建南方军(其司令部后来将设在新加坡),并选定了南方军司令官。南方军的司令部最初设在了西贡。在广州附近受训进攻香港的军团正在为这次进攻作充分的准备。根据缴获的该军团士兵的日记记载,训练预期在 12 月上旬完成。

岛田和冈参与了制订攻击珍珠港的计划。这个计划曾在海军大学校讨论。联合舰队司令长官山本建议在美国太平洋舰队停泊在珍珠港时发动攻击。其他人则主张采用伺机而动的策略,这项策略是等到美国舰队试图在有日本防御工事的太平洋诸岛间前进时才开始进攻。山本以辞职相威胁,使他的计划获得了批准。1941 年 11 月 1 日,最后计划编制完成。这些计划规定攻击珍珠港、新加坡,以及美国、英国和荷兰的其他属地。

东条组阁之后,立即根据木户的建议开始行动,这就是天皇批准的"更加广泛和深入地调研国内外的情势"。在 10 月下半月内完成了调查事项表。这个表的标题是"关于实行国策纲要应再检讨的事项要目",表中包含以下题目:"欧洲战局的前景如何?""从战略角度看,对美英荷作战初期及延续数年后的前景如何?""假定今秋在南方地区发动战争,在北方将产生怎样的关联现象?""在对美英荷开战的情况下,我们可以说服德意给予我们何种程度的合作?""我们是否有可能将战争对手仅限于荷兰,或仅限于英国和荷兰?""通过继续和美国谈判,我们是否有可能在尽可能短的时间内达成 9 月 6 日御前会议所决定的最低要求?"

上述题目发至内阁各省局加以研究,并且在一系列的联络会议中,政府就这些事项和大本营进行了协商。正如东乡在华盛顿对野村所说的,"为了审议国策的根本方针",几乎每天都召开联络会议。东条、东乡、岛田、贺屋、铃木、星野、武藤和冈经常出席这些会议。星野曾作为"满洲国"傀儡政府的总务长官与东条合作并曾担任企划院总裁,因其对于经济计划具有长期经验,被东条选任为内阁书记官长,并由东条委托与东条所选任的企划院总裁铃木合作,集中力量从事此类活动。星野还担任了这些会议的干事。铃木则担任会议与内大臣木户之间的联络人。武藤以陆军省军务局长的身份,冈以海军省军务局长的身份,分别担任陆军省与参谋本部之间和海军省与军令部之间的联络人。

与美国重开谈判

东条选东乡担任外务大臣主要是为了和美国进行谈判。野村大使感觉不自在,希望有人接替自己的职务。10月23日,他在致东乡的信中说:"我确信我也应随前内阁的下台而去职。我知道国务卿知道我是一个很真诚的人,但是他也知道我对东京的影响力微乎其微,既然我已成了一个无用之人,我相信外务省对此也不会有异议。对我而言,继续自欺欺人实在是令人苦不堪言。"11月2日,东乡对野村说:"我们已经慎重审议了改善日美关系的根本方策,但是我们希望在11月5日上午的御前会议上达成最终决定,然后会将结果立即通知您。这是我国政府对改善外交关系所做的最后努力。如果谈判重开,情势的方方面面都需要我们立即做出决定。希望您严守秘密。"

11月4日,东乡再度致电野村。他说经过多次会议,他们终于能在内阁与军部一致意见的基础上,提出恢复日美谈判的反提案。但他又说,这将是谈判的最后努力,并且已决定押上国运孤注一掷,如果不能迅速达成协议,谈判将会破裂,两国之间的关系将濒于混乱。他宣称,日本正在做出最后的让步。他指示野村必须完全依据训令的内容进行交涉,因为已经没有任何个人解释的余地。接着他强调了野村所负使命的重要性,称野村处于一个关键的地位,内阁对野村的能力寄予厚望,相信他"能为日本的国运进展有所贡献"。他要求野村深刻认识到这一点,以沉着和决心继续履职。

东乡在11月4日致野村的一连串电报中,把已经决定的反提案向野村做了传达。他说这个反提案还有待预定于第二天上午召开的御前会议批准,但是一旦获得批准,他将通知野村,他希望野村得到批准通知后,立即将反提案提交给美方。这个反提案被称为"A 提案",它是以 9 月 25 日日本政府建议的修正案形式提出的,在东乡给野村的电报中被称为"最后通牒"。这个提案规定日本军队逐步撤离。首先是撤离法属印度支那,这将在与中国国民政府签订和约后实行。和约签订后日本将即刻从中国撤兵,和约中特别指定的地区除外,这些指定地区的撤兵行动将经过一段适当时期之后进行。关于日本在这些地区的驻军期限,东乡告诉野村:"如若美国当局询问关于'适当时期'的问题,可以含糊地用 25 年左右来回答。"关于《三国同盟条约》,提案重申了日本政府的决心,即日本政府不能给出日本不会按照条约规定攻击美国的保证,但日本政府将会独立于其他轴心国,对条约规定的日方义务做出自己的解释。关于通商方面的非歧视性问题,日本同意在该原则普遍适用于全世界的条件下适用该原则。东乡明确指出,在其他事项上也许可以与美国达成妥协,但是关于在华驻军问题,日本不可能做出任何让步。由于过去四年日本在中国付出了巨大牺牲,也由于日本国内的情势,日本在这一方面是不可能做出让步的。换句话说,日本要求美国容忍它对中国的侵略,并任由中国处于日本的奴役之下。另外"B 提案"也传送给了野村,如果"A 提案"不能达成共识,再提出"B 提案"。关于"B 提案"将在后面加以述说。

东乡在 11 月 4 日给野村的电报中说,鉴于严峻的谈判形势及野村的解职要求,他将派来栖大使作为特使去协助他谈判,但来栖不会带来新的训令。几天之后,东乡向德国大使透露,已经向来栖下达了关于日本政府坚定态度的训令,并且给了他一个不能超过的明确限期。也已经指示野村预先安排,以便来栖到达后可以立即会见美国总统。

针对在谈判进行期间可能泄露日本的战争准备和战略活动的新闻报道及言论,日本内阁出台了附加的新闻检查规则。

正如东乡告知野村的那样,1941 年 11 月 5 日召开了御前会议,东条、东乡、岛田、贺屋、铃木、武藤、冈和星野都出席了。会议决定了对美国、英国及荷兰所应采取的方针。会议决定重开日美谈判，并决定向美国政府提出二选一的"A 提案"或"B 提案"。这就是前一天传送给野村的反提案。会议还决定，如果在 11 月 25 日或之前美国仍未接受两项提案中的任何一项，日本政府就会通知德国和意大利政府其对美英开战的意向，同时请求德意两国参战并同意不得单独媾和。这个决定设想，如果美国政府同意接受日本两项提案中的任何一项，就利用美国政府获取与英国的协定。

11 月 5 日御前会议之后，东乡立即致电野村，告诉野村御前会议已批准这两个反提案，并要求野村根据日前训令中所述的意思开始谈判。一方面，签订任何协定的安排必须在 11 月 25 日之前完成，但另一方面，又指示野村要避免给对方以如下印象，即日方已规定达成协定的期限，或提案具有最后通牒的性质。

御前会议还决定，必须和泰国交涉准许日军通过泰国领土。日本将承诺尊重泰国的主权及领土完整。日本会考虑将缅甸或马来亚的一部分给予泰国，以此作为引诱泰国的香饵。关于荷属东印度，为了隐蔽日本的真实意图，谈判将围绕获得日本必需物资的问题来进行。在占领菲律宾后应使其独立，荷属东印度的一部分也应同样使其独立，其余部分则归日本保有。

会后东条立即往访木户，把上述各项决定、南方军的编制以及派来栖往华盛顿协助野村等决定都通知了木户。1941 年 11 月 5 日，东乡又致电野村，说已确定以 11 月 25 日为与美国签订协定的最后日期。

海军的攻击命令

11 月 3 日，日本联合舰队司令长官山本在东京拜访了海军军令部总长永野，对花了几个月时间拟就的联合舰队作战命令的最后草案表示同意。这个命令规定，用 10 月 4 日最初所计划的方法进攻新加坡并完成对荷属东印度的包围，以此来实行南进。此外，这个命令还规定要进攻菲律宾,这件事在数月前大岛就曾告诉里宾特洛甫,说是已在准备之中。向珍珠港发起歼灭美国太平洋舰队的袭击将掩护这些攻击行动。通过进攻香港和上海将把英美驱逐出中国,另外还包括其他一些随附的军事行动。命令写道:"帝国已预期对美国、英国及荷兰开战。当做出决定完成所有作战准备时,即下达命令确定开战大致日期(Y日)(原文如此)及宣布'第一开战准备'。"接着这个命令规定,Y日一俟宣布,各舰队和部队不必等待特别命令即应组织和完成作战准备,同时应按照各舰队和部队指挥官的命令进入指定集合地点,在随时可发起攻击的状态下待命。这个命令还规定:"开战时机(X日)将由大本营令下达。这个大本营令将会提前数日下达。X日00:00之后将进入开战状态。各部队按照预定计划开始作战。"11月5日御前会议结束后,海军军令部总长命令山本发出这个命令,命令就在当天发出了。

1941 年 11 月 7 日提出的"A 提案"

11月7日,野村大使向赫尔先生提出了"A提案"。11月10日野村宣读了一份备忘录,就提交给美国总统的这个提案做了说明,但是备忘录的措辞含混不清,模棱两可。在野村宣读备忘录的那一天,将要指挥航母特遣舰队袭击珍珠港的南云海军中将已命令他的特遣舰队开赴单冠湾(千岛择捉岛的单冠湾)集合。岛田说,南云中将命令特遣舰队的所有舰船在11月20日之前完成战斗准备,并遵照严格的保密规定开往集合地点。11月10日的联合舰队作战命令第三号确定12月8日为"X日"。就在这一天的00:00以后,将处于交战状态。

11月12日,赫尔先生对野村说,美国正在研究日本的提案,他希望在15日给以答复。

美国政府在谈判期间与英国、荷兰及中国政府保持着密切联系并达成以下谅解,如果日本政府同意赫尔先生和美国总统宣布的四项基本原则,在就远东及太平洋地区的各种具体问题达成任何协议之前,美国将征询那些国家的意见。温斯顿·丘吉尔首相 11 月 10 日在伦敦发表演说时宣称："我们不知道美国为维持太平洋和平所做的努力能否成功。但是，如果这些努力失败了，我愿借此机会表明，而且我也有义务这样表明，万一美国被卷入对日战争，那么英国将在一小时之内对日宣战。"第二天，英国大使拜访东乡以说明英国政府的立场。在这次会谈中，东乡对英国大使说，谈判已进入最后阶段，日本已提出了最后的提案，如果美国拒绝这个提案，就没有理由继续谈下去。

为了决定与进攻有关的各种问题，几乎每天都召开联络会议。11 月 11 日的联络会议做出了政策决定，即迅速击溃美、英、荷在远东的基地，确立日本自给自足，同时促使重庆政府早日投降。计划是与轴心国合作，集中力量对付英国，先将英国打垮，再使美国丧失继续作战的意志。日本的部队正在向指定位置运动。航空部队为了进攻新加坡正在向西贡集结。为进攻珍珠港组编的航母特遣舰队的舰船正在驶离日本的港口，开赴位于单冠湾的集合地点。

11 月 15 日，赫尔交给野村一份回复日方的备忘录，在这份备忘录中，美国政府含蓄地拒绝了野村 11 月 7 日提出的"最后通牒"或"A 提案"。赫尔指出，关于日本撤军的建议，既没有规定撤退的期限又没有规定从何地撤退，所以是不明确的、含糊的。他还说美国也不能够担保其他国家在通商上将普遍适用非歧视原则。这份备忘录没有得到任何答复。在前一天野村就告诉东乡说，美国政府决心采用除战争外一切可能的手段来阻止日本的进一步军事行动，无论是南进还是北进，而且他们不愿再犯类似慕尼黑那样的错误，与其在那一点上做出让步，他们宁愿毫不犹豫地作战。

东乡接到赫尔的备忘录后，开始为进攻作最后准备。他发电报给驻火奴鲁鲁的日本总领事，指示他说，鉴于局势极为严峻，应更加注意保密，但关于停泊在港口的船舶情况，每星期至少要报告两次。野村曾要求延缓限期，但东乡在 16 日做了如下回答："我已为完成这些谈判确定了截止日期,不会有任何变更。"他指示野村竭力在"A 提案"和"B 提案"的基础上解决问题,并要他尽最大努力立即解决问题。接着东乡将他的注意力转到和德国政府谈判一个协议,即当日本卷入对美战争时,不论战争的起因如何,日德双方均不得单独媾和。11 月 21 日达成了这个协议。

我们现在休庭 15 分钟。

(10:45 休庭,11:00 重新开庭如下。)

法庭执行官：远东国际军事法庭现在继续开庭。

庭长：我继续宣读本法庭的判决书。

1941 年 11 月 20 日提交的"B 提案"

1941 年 11 月 15 日,来栖特使抵达华盛顿,但在 11 月 20 日他和野村向赫尔先生提出替代性的"B 提案"之前,他并未提出过任何新提案。"B 提案"就是东乡在 11 月 4 日发送给野村的二选一提案,它在 11 月 5 日的御前会议上获得批准。东乡曾指示野村,只有在"A 提案"显然不能达成协议时才能提出"B 提案"。这个"B 提案"是一个全新的建议草案,而不是意在修正以前的提案。新提案完全没有涉及《三国同盟条约》、自中国撤军问题或通商中的非歧视原则。日本提出,将在美国政府接受这个提案时从法属印度支那南部撤兵,并且将在与蒋介石总司令谈判和平条约或者在达到了太平洋公正和平的时候,从法属印度支那北部撤兵。作为这些所谓让步的交换,日本要求美国同意不干扰与蒋介石的和谈,并同意向日本供应石油。这个提案还规定,双方同意合作以在荷属东印度获取和开采天然资源,并同意合作以把相互之间的通商关系恢复到冻结令颁布之前的状态。

鉴于美国情报机关截获并破译的日方电报中的情报,鉴于日本从法属印度支那南部撤出的军队将驻扎在一两天内就能调回的法属印度支那北部及海南岛这个事实,美国政府得出了"B 提案"毫无诚意的结论。日本建议要维持其在法属印度支那南部已攫取的地位,而这种地位威胁着南方各国及通商道路。美国政府认为，如果接受这个提案，就意味着容忍日本过去的侵略行为并认可日本将来可以不受限制地进行征服，还意味着放弃美国的原则和出卖中国。

11月22日早晨，赫尔召集英国、澳大利亚及荷兰的大使和公使开会，请他们对日方提案发表意见。会上一致认为，如果日本具有希望和平的诚意并打算坚持推行和平政策，他们对此是欢迎的，并愿协力恢复与日本的正常贸易关系，但是在华盛顿的日本大使的提案和声明似乎与在东京的日本领导人和新闻机构的表述相反。英国和荷兰代表同意征询本国政府意见并会将其意见转告赫尔先生。

1941年11月22日下午，赫尔会晤野村和来栖大使。他向他们通报了当日上午的会议情况，并预期在下星期一，即11月26日的会议中能作出决定。野村和来栖催促美国不必管英国和荷兰的意见而表明它自己的态度。赫尔回答说，有关国家都热切希望解决南太平洋的紧急问题，但从这点看来，最新的提案是不够充分的。11月22日东乡致电野村说，11月29日是缔结协定的最后日期，因为"那一天之后，形势将自动发展"。

11月26日，野村和来栖又会见了赫尔。赫尔向两大使指出，"B提案"和他在谈判初期所表明的美国誓必遵守的四项基本原则相违背，他告诉野村和来栖，美国政府认为采纳这些提案并不会对太平洋的持久和平有什么贡献。赫尔建议，应做出进一步努力，以便就这四项基本原则的实际应用达成协议。为此目的，他提出了一个新的建议草案，其要点是：规定在远东实施四项基本原则；为日本从中国撤军，并维持中国的领土完整，美、英、中、日、荷、泰及苏联应缔结一个多边协定。

草拟的协定规定，为确保太平洋的持久和平，日本和美国将发表如下宣言：

（1）两国都不觊觎他国领土。

（2）两国都不为侵略目的使用武力。

（3）两国都不干涉他国内政。

（4）两国都将用和平办法解决国际争端。

这些就是赫尔先生早在 1941 年 4 月 16 日就已经提出，美国政府始终坚持必须达成共识并付诸实践的四项总原则。在 1930 年之前，日本曾反复表示赞成这些原则，但是此后在行动上却一直违反这些原则。

国际通商方面的建议如下：

（1）对不同国家的国民不应有任何歧视。

（2）对国际贸易流通的过度限制措施应予废除。

（3）各国国民应享有不受歧视获取原料的机会。

（4）各国间的贸易协定应切实保护那些必须进口消费物品的国家人民的利益。

对于依赖国际贸易且是消费品进口大国的日本来说，这些原则是很难反对的，并且，确实在先前的谈判过程中已对其实质问题达成了共识。但是，将上述原则付诸实际适用就是另一码事了。日本对中国实行了多年的侵略战争，在战争期间，它夺取了满洲，占领了中国其他广大地域，支配了中国经济的很大部分并使其为日本的利益服务。现在，日本在法属印度支那获得了必要的基地，完成了一切的准备，正拟对南方各邻国开始一连串新的掠夺性进攻。日本希望这些进攻可以保护它过去的侵略战利品并获得更多它统治东亚、西太平洋及南太平洋所需的领土和物资。实际适用上述各项原则就意味着交出它过去的侵略果实并放弃它继续向南方侵略的计划。

谈判伊始，美国就一直坚持要承认它所提出的这些原则，并且赫尔反复强调把这些原则落实于行动的必要性。在谈判初期，日本回避明确宣告同意这些原则。大约在 1941 年 8 月，近卫经过了极大的困难才成功得到军部的同意，通知美国日本接受这四项原则。正像我们所知道的，这只是一种毫无诚意的姿态而已。日本的领导人根本不准备遵循这些原则，不准备交出过去掠夺来的东西，也不准备放弃将来可能掠夺到的东西。他们明知如此却来进行谈判，尽管美国一直告诫他们，实际适用这些原则是任何协定必不可少的因素。他们中的某些人显然希望凭借军事威胁和外交手腕相结合,致使美国放松遵循这些原则的要求,至少可以达到让日本保持在满洲及中国其他地方已取得的支配地位的程度。他们对于日本能否在对美国及西方各国的战争中取胜并无把握,因此,如果能使这些国家默认日本在满洲及中国其他地区已经获取的地位,他们愿意暂时放弃蓄谋已久的南进计划。他们中的另一些人则不相信西方各国会这么容易被欺骗,他们只是默许拖延谈判的时间,一直拖延到连比较乐观的人也认识到其他国家是不可能上当受骗的——这有助于国民的团结一致——并一直拖延到日本的战争准备全部完成。

赫尔在 11 月 26 日的照会中,详尽阐述了在这些原则被接受并付诸行动时将会采取的某些最重要的措施。这些措施包括:

（1）与远东具有利害关系的所有国家应缔结一个互不侵犯条约。

（2）所有这些国家在与法属印度支那的经济关系上应拒绝优惠待遇。

（3）日本应从中国和法属印度支那撤军。

（4）日本应撤销对中国傀儡政权的一切支持。

对上述原则所建议的实际适用使日本领导人面对了现实。他们过去从来没有准备要践行这些原则,当前也不打算践行这些原则。现在他们的战争准备已经完成。这天凌晨用于袭击珍珠港的舰队已经启航。他们一致决定发动战争,并决定操控外交文书的送达时间,以便在谈判破裂的警告到达美、英以前,日本军队能够在预先选择的地点对美英两国的军队发起攻击。

野村和来栖打电报给东乡说,他们已完全失败,颜面尽失。11 月 27 日,日本外务省指示来栖不要中止谈判。11 月 28 日,东乡打电报给野村和来栖说:"尽管两位大使做出了努力,但美方竟提出了最近那样一种建议（赫尔先生 11 月 26 日的提案）,使人颇感震惊和遗憾。我方不可能以他们的提案作为谈判的基础。如果提出帝国政府对这个美方提案的意见

（将在两三天内发出电报），形势将会发展到除了实际上中止谈判已经没有其他办法的地步。希望你们避免给美方留下谈判破裂的印象。对他们说你们正在等待日本政府的训令。"1941 年 11 月 29 日，日本外务省指示来栖和野村，要他们向美国国务院提出抗议，但应注意不可使其感觉谈判已经破裂。11 月 30 日，外务省又对在华盛顿的两位日本大使重申了这一警示。

木户在 11 月 19 日和天皇讨论了局势。他向天皇进言，如果仅仅因为谈判限期已满就开战的话，可能会对天皇产生不当的批评，因此天皇在批准开战之前，应命令总理大臣再召集一次有前总理大臣们参加的御前会议。后来在 11 月 26 日，木户和天皇商谈时，他们决定鉴于当时的局势，再召开一次研究战争问题的御前会议。于是在 11 月 29 日早晨，先召集重臣会议，为当天即将与天皇会面做准备。东条、铃木、岛田、东乡和木村出席了那天早晨的会议。东条解释了与美国的战争是难以避免的。稍事休息之后，重臣及东条与天皇会面，天皇听取了各人的意见。东条向天皇表明了政府的观点。讨论就以东条的战争不可避免的说法为基础进行下去。除广田和近卫外，平沼及其他重臣都满足于根据这个假定来进言。

1941 年 11 月 30 日的联络会议

11 月 30 日的联络会议是一次就进攻同盟国的最后细节取得一致意见的会议。东条、岛田、东乡、贺屋、铃木、武藤、冈和星野出席了这次会议。大家对攻击珍珠港的计划各抒己见。会议就致美国政府照会的形式和内容取得了共识，这个照会拒绝了赫尔先生 26 日提出的建议草案并意味着华盛顿谈判破裂。会议同意没有必要公开宣战。会议对递交照会的时间也进行了讨论。东条说，关于递交表示谈判破裂意思的照会与实际进攻珍珠港之间应有的间隔时间，有各种不同的主张。有些人认为必须间隔一个半小时，也有人建议间隔一小时或半小时等。全体同意不应当允许递交照会的时间损害此次进攻的突袭性质。武藤说，会议最后决定，关于递交照会与开始进攻之间的时间间隔留给海军军令部来确定,军令部将预测何时发起作战行动,然后把可以通知美国的时间告诉联络会议。

1941 年 12 月 1 日的御前会议

为了批准 11 月 30 日联络会议的各项决定,12 月 1 日召开了御前会议。出席这次会议的有东条、东乡、岛田、贺屋、铃木、星野、武藤、冈等人。会议由东条主持,他说明了召开此次会议的目的,然后各大臣及参谋总长、军令部总长围绕各自的职责进行了讨论。问题是对美英荷究竟是战争还是和平? 最后的决定是战争。这个决定的记录如下:"关于执行 11 月 5 日决定的帝国国策的对美谈判以失败告终。日本将对美英荷开战"。木户在他的日记中写道,"下午 2 时举行了御前会议,最后决定对美开战。下午 4:30,总理大臣来访,与我商议宣战诏书事宜。"第二天,即 12 月 2 日,大本营发布命令指定 12 月 8 日为 X 日,但是正如我们已经谈到的,1941 年 11 月 10 日的联合舰队作战命令第三号就已经确定了这个日期。

海军大将山本 1941 年 11 月 22 日从他在广岛湾的旗舰上,向当时在单冠湾集结的航母特遣舰队发出了命令。命令的意思是要特遣舰队在 11 月 26 日自单冠湾出发,向北纬 40 度西经 170 度的地点隐蔽前进,并于 12 月 3 日到达该地点。燃料的补充应在该地点尽速完成。11 月 26 日晨,航母特遣舰队从单冠湾出发驶向燃料补充地点。这支舰队除主力舰、驱逐舰及其他舰船外,还有日本的六艘大型航空母舰。南云海军中将发出了"攻击珍珠港"的简单命令。因为在 11 月 23 日,他已经发出了关于这次攻击的详细命令,所以不需要说更多的话了。

终止对美谈判

华盛顿的和平谈判仍在继续进行。1941 年 11 月 27 日下午 2:30,罗斯福总统、赫尔国务卿与野村和来栖两位大使举行了约一小时的会谈。在会谈后,来栖试图和东京外务省的某官员通电话。在通话中,来栖表现出对会话暗号似乎一无所知,但是对于东条内阁利用在华盛顿的谈判来掩饰其即将对太平洋地区同盟国属地发动进攻的各项计划,却显示了相当惊人的了解。对方告诉他攻击已迫在眉睫,要求他不惜一切代价继续谈判,纵然"预定的谈判截止日期已经过了",仍要保持着继续谈判的姿态。切勿使美国产生任何"不必要的怀疑"。

1941 年 12 月 7 日上午 10：00 左右(华盛顿时间 12 月 6 日晚上 8：00),东乡致野村和来栖的电报到达华盛顿,这份电报传来了将要递交给美国政府的照会,照会是对美国 11 月 26 日建议草案的答复,并暗示谈判已经破裂。这份电报是分成几部分拍发的。在某一部分东乡通知野村说："虽然向美方送达此照会的时间将在稍后另行电报通知,但在接到此照会电报后,应立即做好所有准备工作,以便一得到训令即刻就能将其送达美方。"

作为与日本政府达成和平解决的最后努力,罗斯福总统亲自致电日本天皇。这封电报是发给美国驻东京大使格鲁的,并指示他将其面递天皇。这封电报在中午到达东京。虽然当天下午日本官员已得知了电报的内容,但到了当晚 9：00 才将电报送给格鲁。格鲁在电文译出后,立即在 1941 年 12 月 8 日凌晨 0：15 往访外务大臣东乡,要求面见天皇送交这封电报。但东乡告诉格鲁说,他会把这封电报面呈天皇。格鲁是在凌晨 0：30 分(华盛顿时间 1941 年 12 月 7 日上午 10：30)告辞的。这时候两国已经进入战争状态,因为在前面已经提及的海军作战命令中,已规定了以 12 月 8 日 00：00(东京时间)为"进入开战状态"的时间。凌晨 1：25 开始攻击哥打巴鲁,凌晨 3：20(都是东京时间)开始攻击珍珠港。总统致天皇的电报为何延迟送达格鲁,本法庭没有得到任何令人满意的解释。至于这封电报可能会产生何种效果,由于这一原因不明的延迟而无从谈起了。

珍珠港

日本的航母特遣舰队按照预定的作战命令开始行动。在格鲁辞别东乡一小时之后，即1941年12月8日凌晨1:30（珍珠港时间12月7日早上6:00，华盛顿时间12月7日上午11:30），对珍珠港发动第一轮攻击的飞机在珍珠港以北约230英里的地点从航空母舰甲板上起飞了。在华盛顿的野村大使要求在1941年12月8日凌晨3:00（华盛顿时间12月7日下午1:00）与赫尔国务卿会面，但后来他又打电话要求将会晤时间延迟至1941年12月8日凌晨3:45（华盛顿时间12月7日下午1:45）。在野村会晤赫尔之前，1941年12月8日凌晨3:20（珍珠港时间12月7日早上7:50，华盛顿时间12月7日下午1:20），日本对珍珠港进行了第一次袭击。1941年12月8日凌晨4:05（华盛顿时间12月7日下午2:05），野村大使和来栖大使到达赫尔国务卿的办公室，这已经是珍珠港遭到第一次攻击的45分钟之后，而赫尔接见两位大使是在攻击开始的一小时之后了。日本大使表示，他接到的训令是要在1941年12月8日凌晨3:00（华盛顿时间12月7日下午1:00）面递这个照会，但他抱歉的是由于译电和誊写的困难被延迟了。国务卿问道，为什么要他们在华盛顿时间下午1时这个特定时间面交这个照会。大使回答说他不知道为什么，但他接到的训令就是如此。1941年12月8日（华盛顿时间12月7日），东乡确实向野村发出了以下指示："望大使在当地时间7日下午1:00向美国政府提交我们的答复。"清晨4:10至4:45（珍珠港时间早上8:40至9:15），水平轰炸机对珍珠港发起了第二波攻击，清晨4:45至5:15（珍珠港时间早上9:15至9:45），俯冲轰炸机发起了第三波攻击。

哥打巴鲁

格鲁在东京辞别东乡后45分钟，即在1941年12月8日凌晨1:25（哥打巴鲁时间12月7日深夜11:45，华盛顿时间12月7日上午11:25），在英属马来亚东岸的巴当和萨达克海岸的防卫部队报告说，在滨海中停泊有舰船。这个巴当海岸和萨达克海岸在瓜拉彼马特连接，在哥打巴鲁机场东北约一英里半的地方。据东条说，这些舰船是从法属印度

516

支那的西贡开出的。1941 年 12 月 8 日凌晨 1:40（哥打巴鲁时间 12 月 7 日午夜，华盛顿时间 12 月 7 日上午 11:40），这些舰船开始向海岸炮击。这时间是最初预定的来栖和野村持日方照会去面交赫尔的时间之前 1 小时 20 分钟，是两人实际抵达赫尔国务卿办公处的时间之前 2 小时 25 分钟。1941 年 12 月 8 日凌晨 2:05（哥打巴鲁时间 12 月 8 日半夜 12:25）左右，日军第一攻击部队在巴当海岸和萨达克海岸的交接处登陆。突破了第一道海岸防线后，日军开始对英属马来亚半岛实施第二阶段登陆作战。第二阶段是在宋卡和帕塔尼登陆，这些城镇位于英属马来亚和泰国国境正北方，因而是在泰国的境内。第二次登陆是在 1941 年 12 月 8 日凌晨 3:05（哥打巴鲁时间 12 月 8 日凌晨 1:25，华盛顿时间 12 月 7 日下午 1:05）开始的。空中侦察发现，日本舰船在宋卡和帕塔尼放下日军，宋卡的机场被日军的登陆部队占领。为了对哥打巴鲁进行侧面进攻，后来日军就在贝丹勿沙和高乌越过了马来亚和泰国国境线。

1941 年 12 月 8 日早上 6:10（新加坡时间 12 月 8 日清晨 4:30，华盛顿时间 12 月 7 日下午 4:10），日本飞机开始对英属马来亚的新加坡市进行空袭。据东条说，这些飞机是从法属印度支那的基地和海上的航空母舰上出动的。炸弹投在塞拉达和登加机场，也投了在新加坡市内。

菲律宾、威克岛和关岛

关岛在 1941 年 12 月 8 日上午 8:05（华盛顿时间 12 月 7 日下午 6:05）遭到第一波攻击。当时，八架日本轰炸机穿过云层，对海底电缆电报局及泛美航空公司场地附近投弹。

威克岛在 1941 年 12 月 8 日黎明（威克岛及华盛顿时间 12 月 7 日）开始遭到日本飞机的轰炸。

菲律宾在 1941 年 12 月 8 日早晨（华盛顿时间 12 月 7 日）也遭到了首次进攻。棉兰老岛的达沃市和吕宋岛上的克拉克机场遭到了日军的猛烈轰炸。

香港

香港在 1941 年 12 月 8 日上午 9:00(香港时间 12 月 8 日上午 8:00,华盛顿时间 12 月 7 日晚上 7:00)遭受第一次攻击。虽然还没有对英国宣战,但香港当局在 1941 年 12 月 8 日早上 5:45 左右就收到了东京电台播出的密码广播,警告日本国民,对英国和美国的战争已经迫在眉睫。这一警告使香港防卫当局对预期的攻击做了一定程度的准备。

上海

对上海的第三次侵犯是 12 月 8 日凌晨(华盛顿时间 12 月 7 日)开始的,当时日本巡察队穿过苏州河的外白渡桥,一边走还一边架设军用电话线。日军未遭遇任何抵抗,很容易地就接管了外滩。1941 年 12 月 8 日凌晨 4:00(上海时间 12 月 8 日凌晨 3:00,华盛顿时间 12 月 7 日下午 2:00),日军完全占领了上海。

1941 年 12 月 7 日在华盛顿递交的日本照会

1907 年关于战争开始的《海牙第三公约》第一条规定:"缔约各国承认,除非有预先的和明确无误的警告,彼此间不应开始敌对行动。警告的形式应是说明理由的宣战声明或是有条件宣战的最后通牒。"日本在与本审判有关的整个期间均应受该公约约束。根据本《宪章》的规定,凡违反国际法、条约、协定或保证而策划、准备、发动或实行战争的行为均被认定为犯罪。起诉书中的许多指控全部或部分基于这样一个观点,即对英美的攻击是在没有预先的和明确无误的警告,既没有说明理由的宣战声明也没有有条件宣战的最后通牒的情况下发动的。由于一些我们已经在其他地方讨论过的理由,我们认定没有必要处理这些指控。关于起诉书中指控为实行侵略战争及违反国际法、条约、协定或保证的战争之共谋罪的诉因,我们得出了以下结论:为实行侵略战争之共谋罪的指控已得到确立,这些行为已经构成最高程度的犯罪,因而没有必要再考虑起诉书中所称有关违反包括《海牙第三公约》在内的一系列条约、协定及保证的指控是否也已经得到确立。关于指控实行侵略战争及违反国际法、条约、协定和保证的战争的若干诉因,我们也得出了相似的结论。至于起诉书中指控因实行违反1907年《海牙第三公约》或其他条约的战争而犯下谋杀罪的诉因,我们已经认定,在其进程中发生这些杀戮的战争都是侵略战争。实行这些战争就是严重的犯罪,因为这些战争都伴随着无数杀戮和巨大苦难与惨状。如果对任何被告既认定犯下该重罪,同时又以"谋杀"名义定罪,并不能产生良好的效果。鉴于此,我们没有必要对1907年《海牙第三公约》所规定义务的确切范围表达结论性意见。毫无疑问,海牙公约规定了在开始敌对行为之前发出预先而明确之警告的义务,但它并没有规定从给予警告至开始敌对行为之间究竟应间隔多长时间。这是公约起草者所面临的处境,也是这个公约制定以来国际法律师们争论不休的问题。警告与敌对行为之间的时间间隔当然是一个重大问题。如果时间不足以使对方能将警告传达至驻扎在边远地区的军队,驻军没有时间采取防卫准备,那么他们就可能失去自卫的机会而被打垮。正是由于存在对公约义务确切范围的这个争议,使东乡得以在1941年11月30日的联络会议上报告说,关于义务上的警告时长有各种各样的意见,有人主张应为一个半小时,有人主张应为一个小时,有人主张应为半个小时。联络会议授权东乡、陆军参谋总长和海军军令部总长确定在华盛顿面递照会的时间,但附加了一条指令,即面递照会的时间不能对突袭的成功有所妨碍。总之,他们决定在敌对行为开始的很短时间之前才发出谈判破裂的通知,以确保被攻击地点的英美军队不能得到谈判已经破裂的警告。接受此任务的东乡及参谋总长和军令部总长的安排是:在华盛顿面递照会的时间应当为1941年12月7日下午1:00。对珍珠港的第一次袭击在下午1:20发动。要是一切都顺利的话,那么华盛顿会有20分钟的时间向珍珠港军队发出警告。但是,日本过于急切地希望确保这次攻击是突然袭击,因而完全没有为紧急情况留出时间。而由于日本大使馆译码和誊写照会超出了预估时间，所以实际上是在开始攻击后 45 分钟，两名日本大使才持照会到达华盛顿赫尔国务卿的办公室。至于在哥打巴鲁对英国的进攻，与在华盛顿面递照会的时间（下午 1:00）完全没有关系。所获证据并没有充分解释这一事实。对哥打巴鲁的进攻是在华盛顿时间上午 11:40 发动的，因此，即使驻华盛顿的日本大使馆能够按照东京的训令行事的话，这一进攻仍然会比面递照会的预定时间早 1 小时 20 分钟。

我们认为，宣告以上的事实判定是正确的，因为对这些事项已有大量的证据和辩论，不过主要还是为了引起对这个公约现有缺憾的注意。该公约允许做狭义解释，这就使那些寡廉鲜耻之徒企图一方面不违反狭义解释的义务，同时又确保他们的攻击达到突袭的目的。如果为突袭目的而把余裕时间减少到如此程度，一旦发生错误、意外或疏忽就会使警告传达延迟，很有可能在实际上不执行公约规定为义务的预先警告。东条说，日本内阁也考虑了这一点，他们设想预留的余裕时间越少，发生意外变故的可能性就越大。

正式宣战

12 月 8 日早上 7:30（东京时间），日本枢密院审查委员会在皇宫开会讨论对美、英、荷正式宣战的问题，而在此之前日本方面一直未考虑过这个问题。岛田宣布已经对珍珠港和哥打巴鲁实施进攻，并提出了前一天晚上在星野住宅起草的对美英宣战的议案。为回答审议该议案时有人提出的一个问题，东条提到华盛顿的和平谈判，他声称"那些谈判之所以仍在继续进行，仅仅是一种谋略"。东条在审议时还宣布，为了将来战略上的便利不对荷兰宣战，并且因为日本和泰国正在进行缔结"同盟条约"的谈判，也不对泰国宣战。会议通过了此议案，并决定把它提交给枢密院。1941 年 12 月 8 日上午 10:50，枢密院开会通过了此议案。1941 年 12 月 8 日上午 11:40 至 12:00（华盛顿时间 12 月 7 日晚上 10:40 至 11:00，伦敦时间 12 月 8 日凌晨 2：40 至 3：00），日本颁布了对美国和英国宣战的诏书。美英在遭受攻击之后，1941 年 12 月 9 日（伦敦和华盛顿时间 12 月 8 日），美利坚合众国和大不列颠及北爱尔兰联合王国对日本宣战。同日，荷兰、荷属东印度、澳大利亚、新西兰、南非、自由法国、加拿大和中国也对日本宣战。第二天，武藤和参谋本部作战部长谈话时表示，派遣来栖大使到美国，不过是为了掩盖导致开战的各事件的一种手段而已。

结论

接下来要考虑的问题是代表被告提出的辩护意见，即日本对法国的侵略行为、日本对荷兰和对英美的攻击是正当的自卫措施。该主张辩称，这些国家对日本经济采取了限制措施，日本为保卫日本国民的福利和繁荣，除战争以外别无他途。

这些国家对日本贸易采取限制措施完全具有正当的理由，之所以采取这种措施，是为了促使日本脱离它早已踏上并决心继续前行的侵略道路。在日本占领满洲及中国其他地方的大片国土之后，虽然存在《美日通商航海条约》，但是在华美国国民的权益早已不再为日本所尊重，因此，1939 年 7 月 26 日，美国通知终止这一条约。这样做的目的是尝试用别的手段致使日本尊重美国国民的权益。此后，由于日本攻击各国领土并损害各国利益的决心越来越明显，对出口到日本的物资逐步实施了禁运。禁运是希望敦促日本改变它决心遵从的侵略政策，并且可以使各国不再向日本供应会用于对其本国作战的物资。在有些情况下，例如禁止将石油从美国输往日本，采取禁运措施也是为了增加正在抵抗侵略者的那些国家所需的储备。上述辩解的确只不过是重复了日本准备发动侵略战争时的宣传而已。时至今日，我们实在没有耐心再听那些冗长的重复，因为已经有诸多文件证明，在对日本采取任何经济措施之前，日本牺牲邻国向北方、西方和南方扩张的决定早已做出并从未改变。证据清楚表明，与辩方主张相反，日本对法国的侵略行为和对英、美、荷发动的攻击，其动机是为了使反抗日本侵略的中国得不到任何援助，并且为了使日本获取南方邻国的领土。

本法庭认为，1940 年和 1941 年日本领导者计划在法属印度支那对法国实行侵略战争。他们决定，要求法国给予日本在法属印度支那的驻兵权和建立空军基地及海军基地的权利，并准备在要求得不到满足的情况下对法国行使武力。他们向法国提出要求时确实是以必要时使用武力达到目的相威胁的。由于当时所处的状态，法国被迫屈从于武力威胁而答应了这些要求。

本法庭还裁定，日本对法国实行了一场侵略战争。日本强迫法国接受的日军占领法属印度支那部分地区并没有保持和平状态。当战争局势，特别是当菲律宾的战局变得对日本不利时，日本最高军事参议院[1]于1945 年 2 月决定向法属印度支那总督提出以下两个要求：

（1）将所有法国军队和武装警察置于日本指挥之下。

（2）将所有军事行动需要的通信和交通手段置于日本管控之下。

1945 年 3 月 9 日，日本以采取军事行动相威胁，用最后通牒的形式向法属印度支那总督提出了上述要求。日本人只给了他两个小时做出拒绝或接受的回答。他拒绝了这些要求，于是日方开始用军事行动来强迫其执行。法军和武装警察对解除他们武装的企图进行了抵抗。在河内、西贡、金边、芽庄及靠近北部国境的地方都发生了战斗。以下是日方的官方记录："在北部边境地区，日军遭受相当大的损失。日军对偏远地方的法军支队及逃到山区的法军小部队进行镇压。不到一个月，除偏远地方外，治安已经恢复。"日本最高军事参议院此前决定，如果日方的要求遭到拒绝而采取军事行动来强制执行，也"不会认为两国处于战争状态"。本法庭裁定，当时日方的行动已构成对法兰西共和国实行侵略战争。

并且本法庭认为，日本在 1941 年 12 月 7 日对英、美、荷的进攻也是

1　原文为 the Supreme War Council，但根据后面第十章和日文版，名称应为 the Supreme Council for the Direction of War 之误，即最高战争指导会议。——译者注

侵略战争。这些无故发动的进攻，其动机是企图夺取这些国家的属地。尽管要全面定义"侵略战争"并非易事，但出于上述动机的军事进攻只能被定性为侵略战争。

被告律师辩称，鉴于荷兰主动向日本宣战，接下来的战争不能描述为日本的侵略战争。但事实是，日本长期计划获取在荷属东印度经济中的支配地位，先是通过谈判，如果谈判失败就使用武力获取。到1941年中期，荷兰不会接受日方要求的态势已经很明显。当时日本领导人制订了入侵和占领荷属东印度的计划，并完成了一切准备。虽然还没有发现对日本陆军发出的入侵荷属东印度的命令，但是1941年11月5日对日本海军发出的命令已经作为证据提出。这就是前面提到的联合舰队作战命令第一号。其中提到的预定敌国是美国、英国及荷兰。此命令说开战日期将由大本营令下达，自那一日的00:00起即处于交战状态，日军将按照计划开始作战。大本营令是11月10日发出的，其中决定以12月8日（东京时间，华盛顿时间12月7日）作为进入交战状态并按照计划开始作战的日期。命令称开始作战的第一阶段，南方军应歼灭菲律宾、英属马来亚和荷属东印度地区的敌方舰队。没有证据表明这个命令的上述具体内容被撤销或改变。在这种情况下我们对事实的认定是，宣布进入战争状态以及日本对荷兰实行侵略战争的命令在1941年12月7日凌晨已经生效。荷兰在充分得知对它的进攻已迫在眉睫的情况下，为了自卫于12月8日向日本宣战，从而正式承认了由日方已经开启的战争状态的存在，这一事实并不能把一场由日方发动的侵略战争改变成任何其他名目。实际上，日本在1942年1月11日日军登陆荷属东印度之后才对荷兰宣战。1941年12月1日的御前会议决定"日本将对美英荷开战"。尽管已决定对荷兰开战，尽管与荷兰作战的命令业已生效，但是在12月8日（东京时间）枢密院会议通过对美英正式宣战议案的时候，东条对枢密院声称，为了将来战略上的便利，将不对荷兰宣战。这样做的理由在证据中未获充分说明。本法庭倾向于以下看法：不对荷宣战是基于1940年10月决定的方针,即必须尽量减少留给荷方用来破坏油井的时间。然而,这与日本对荷兰发动侵略战争的事实没有任何关系。

泰国的地位很特殊。与日军进入泰国有关的证据极少。在1939年和1940年,当日本逼着法国,硬要充当法属印度支那和泰国之间边境争端的调停者时,日本领导人和泰国领导人之间显然已经串通好了。没有证据表明当时日本和泰国之间的串通和密谋在1941年12月之前有所改变。事实证明,日本领导人计划与泰国达成协定而使日军和平通过泰国进入马来亚。为了避免泄露即将进攻的情报,日本人直到对马来亚发动进攻的前一刻才开始与泰国商谈这样一个协定。1941年12月7日(华盛顿时间),日军在未遇抵抗的情况下通过了泰国领土。关于这一进军的情形,检方仅提出了以下证据:

(1)1941年12月8日上午10:00到11:00之间(东京时间)向日本枢密院提交的一份报告,称关于军队通过的协定正在谈判中。

(2)一则日语的广播通告,称12月8日下午(东京时间,华盛顿时间12月7日)日军已开始和平进入泰国,因为在下午12:30签订了协定,泰国为日军通过提供了便利。

(3)检方也提交了与以上相矛盾的陈述,称日军在12月8日凌晨3:05(东京时间)在泰国的宋卡和帕塔尼登陆。

1941年12月21日,泰国和日本缔结了同盟条约。为泰国作证的人,并没有人谴责日本的行为是侵略行为。从这些情形看来,我们没有理由断定日方是在违背泰国政府意愿的情况下进入泰国的,关于被告对泰国发动及实行侵略战争的指控也并未得到证实。

诉因31指控日本对英联邦实行了侵略战争。在1941年12月8日中午12:00左右(东京时间)发布的诏书说:"朕兹向美国及不列颠帝国宣战。"为进攻英国属地制订的许多计划里,在措辞方面很多地方都缺乏精确性。不加区别地使用"不列颠""大不列颠"和"英格兰"这类名词,显然表示着同样意义。毫无疑问,它们就是指"不列颠帝国"这名称所代表的实体。这个实体的正确名称是"英联邦"。如果我们比较一下已提到的联合舰队作战命令第一号的措辞,事情就很清楚了,日本用"不列颠帝国"来指更正确地称为"英联邦"的这个实体。命令规定:X日即1941年12月8日00:00(东京时间)之后将处于战争状态,日军从这时开始作战。命令还规定:在作战的第一阶段,"南洋军"将准备好对付澳大利亚地区的敌方舰队。后面又规定:"在战况许可的情况下,应迅速占领或摧毁下列地区:(a)新几内亚东部、新不列颠岛。"这些地区是在国际联盟委任统治制度下由澳大利亚联邦管理的。有待摧毁或占领的地区还包括"澳大利亚地区各战略要地"。此外,还要在"澳大利亚沿岸各重要地点"布设水雷。这里并没有准确地把澳大利亚联邦描述为联合舰队作战命令第一号所称的"大不列颠"的一部分,也没有准确地使用宣战诏书的措辞称其为"不列颠帝国"的一部分。它被适当地用来表示"英联邦"的组成部分。因此,显而易见,敌对行为将针对的实体,以及宣战书所针对的实体是"英联邦",所以,诉因31指控日本对英联邦实行侵略战争是有充分根据的。

起诉书的诉因30指控日本对菲律宾联邦实行了侵略战争。战争期间菲律宾群岛还不是一个完全的主权国家。就国际关系而言,菲律宾是美利坚合众国的一部分。日本对菲律宾人民实行了一场侵略战争,这是毫无疑问的。为了技术上的准确性,我们认为,对菲律宾人民的侵略是对美国实行的那场侵略战争的一部分。

第八章　普通战争罪（暴行）

在仔细检查和考虑全部证据后，我们认为，当前的判决书不可能详尽叙述所提交的海量口头和书面证据。关于暴行的规模和性质的完整陈述，必须去参阅庭审记录。

已向本法庭提出的有关暴行及其他普通战争罪的证据证实，自从对华战争一开始直至 1945 年 8 月日本投降，日本陆军和海军肆无忌惮地实施酷刑、杀害、强奸及其他最惨无人道、最野蛮的残酷行为。本法庭曾用好几个月的时间听取证人的口头或宣誓口供书形式的证词，这些证人对日本人在所有战区所犯暴行详细作证。暴行规模如此之大，在所有战区施暴的模式又如此之雷同，所以只可能得出一个结论，那就是这些暴行要么是由日本政府或政府官员及军队指挥官密令实施的，要么是由他们故意纵容的。

在讨论与这些暴行的责任问题有关的情形和被告的行为之前，有必要先检讨所指控的事实。在此过程中，有些情况下由于方便，我们将论及被告与所检讨的事件之间存在的关联。另一些情况下及一般说来，只要可行我们总是将与责任问题有关的情况放在后面处理。

1941 年 12 月太平洋战争开始时，日本政府确实建立了一个处理战俘和被拘禁平民的制度及机构。从表面上看，这个制度似乎是合适的；但是，那些旨在阻止非人道行为的战争规则，无论是基于惯例还是公约，自始至终遭到了公然蔑视。

把战俘残忍地枪毙、砍头、淹死,或用其他方法加以杀害;强迫包括伤病员在内的战俘进行长距离的死亡行军,行军条件连身强力壮的士兵也难以忍受,许多掉队者被看守枪杀或刺死;没有任何防护在热带的烈日下强迫劳动;由于完全没有住所和医药用品导致成千上万人病死;为了逼出情报或口供,或者因轻微过错就施以殴打和各种折磨;对于逃跑后再被抓住的俘虏及企图逃跑的俘虏未经审判即行杀害;被俘的飞行员未经审判即行杀害;甚至还吃人肉等等。这些事情都是本法庭已经证明的暴行中的一部分。

欧洲战场的战俘死亡人数和太平洋战场的战俘死亡人数之间的差异可以作为例子来证明暴行的程度及食品和医疗用品缺乏的结果。欧洲战场有 235 473 名美国和联合王国士兵被德军及意大利军队俘虏,其中有9 348 人即 4％在囚禁期间死亡。在太平洋战场,仅美国和联合王国军队有 132 134 名士兵被日本人俘虏,他们中有 35 756 人即 27％在囚禁期间死亡。

所谓战争法规不适用于对华战争的申辩

从奉天事变爆发至战争结束,日本历届政府都不承认在中国的敌对行为构成了战争。他们坚持称它为"事变"。以此为借口,日本军事当局坚持主张战争法规不适用于这一敌对行为。

日本军队领导人认为这是一场惩罚性的战争,中国人民不承认日本民族的优越性和领导地位,拒绝与日本合作,打这场战争的目的就是要惩罚中国人民。这些军队领导人企图使这场战争的结果非常残酷和野蛮,以摧毁中国人民的抵抗意志。

为切断对蒋介石总司令的援助在南方开展军事行动的过程中,1939年 7 月 24 日华中派遣军参谋长给陆军大臣板垣递交了一份形势预判报告。他在那份预判报告中说:"陆军航空部队应该对中国内地的战略地点实施攻击,目的是恐吓敌方军队和平民,使其产生厌战和不抵抗的倾向。

我们对内地的军事进攻的期望,与其说是直接造成敌军人员和设施的物质损失,不如说是使敌军及平民在精神上产生恐惧。我们将等着看到他们因极端恐惧而精神崩溃,终至激发反蒋和不抵抗运动。"

政府和陆军的发言人都时不时地表示战争的目的是为了促使中国人"深刻反省"其行事之错误,实际上意味着接受日本的统治。

1938 年 2 月,广田在贵族院会议中说:"虽然日本在用武力严惩中国国民政府的错误观念……但是只要有可能,日本一直在努力促使他们反省。"在这次演说中他还说:"由于他们怀着强烈的反日情绪,我们决定的政策是必须对他们进行必要的严惩。"

1939 年 1 月 21 日,平沼开始通过在议会发表演说来"提振全国的士气",他说:"当下我国朝野均聚力于中国事变,为此我们有一项不可改变的政策,前内阁获得了天皇对该政策的'圣断'。现任内阁当然会遵循同样的政策。我希望中国人能够理解日本的意图,与我们合作。对于那些不能理解日本意图的人,我们除了消灭他们没有其他选择。"

我们现在休庭到 13:30。

(12:00 休庭。)

下午庭审

休庭后,13:30 庭审人员到场。

法庭执行官: 远东国际军事法庭现在继续开庭。

庭长: 我继续宣读本法庭的判决书。

军事政策的制定

在讨论日军所犯暴行的性质和程度之前,有必要很简要地阐述一下本应控制这类行为的制度。

有权制定日军政策的人物是陆军大臣、海军大臣、陆军参谋总长、海军军令部总长、教育总监、元帅府的最高军事参议院、军事参议院。陆军大臣和海军大臣掌管军队的行政管理,教育总监对训练进行监管,参谋总长和军令部总长指导军队作战。两个军事参议院都是顾问机关。陆军享有特权。特权之一是指定陆军大臣继任人选的专属权利。通过行使这一权利,陆军能够延续坚持其提倡的各项政策。

在陆军省,军务局是政策的设计机构。军务局在与参谋本部、陆军省内其他各局及政府的其他相关部门协商之后,经常以陆军大臣签发的法规形式颁布日本陆军的政策。这个局负责制定与一般的战争行为,特别是与被拘禁平民及战俘待遇有关的政策,并颁布这方面的法规。对华战争期间的战俘管理也归军务局掌管。太平洋战争开打之前,被拘禁平民和战俘的管理一直由军务局掌管,那时候还专门设立了一个履行此职责的部门。被告中有三人曾担任过这个有权势的军务局的局长,他们是小矶、武藤和佐藤。小矶在对华战争初期,即 1930 年 1 月 8 日至 1932 年 2 月 29 日担任这个职务。武藤在太平洋战争爆发之前和之后在军务局工作,他从 1939 年 9 月 30 日成为军务局长,任此职一直到 1942 年 4 月 20 日。佐藤在太平洋战争开始之前就在军务局工作,他是在 1938 年 7 月 15 日被任命到军务局的;在武藤调往苏门答腊指挥军队时,佐藤担任了军务局长,任职从 1942 年 4 月 20 日直至 1944 年 12 月 14 日。

在海军省与此局对应的是海军军务局。海军军务局制定和颁布海军的法规,决定海军在海上、所占领岛屿及其他海军管辖区域打仗的指导方针,并管理在其权限内的战俘及被拘禁平民。在太平洋战争之前和太平洋战争期间,即 1940 年 10 月 15 日至 1944 年 7 月 31 日,被告冈担任海军军务局长。

在陆军省,陆军次官分管陆军省的事务,并负责协调陆军省内各局及其他机关。陆军次官接受战场指挥官的报告和建议,就陆军省管辖的事务向陆军大臣进言,并经常发布命令或指令。被告中有三人在太平洋战争之前担任陆军次官:小矶于 1932 年 2 月 29 日至 1932 年 8 月 8 日、梅津于 1936 年 3 月 23 日至 1938 年 5 月 30 日、东条于 1938 年 5 月 30 日至

1938 年 12 月 10 日担任陆军次官。木村在太平洋战争爆发之前和之后担任陆军次官,他于 1941 年 4 月 10 日被任命,担任这个职务至 1943 年 3 月 11 日。

最后,战场司令官对于他所指挥的军队当然负有维持军纪的责任,并有责任使他所指挥的军队遵守战争法规和惯例。

把对华战争的俘虏当土匪处理

国际联盟 1931 年 12 月 10 日决议设立了李顿调查团并要求实现事实上的停战。在日内瓦的日本代表接受此项决议时表示,他的接受是基于如下理解,即此决议不会妨碍日军在满洲对"土匪"采取行动。正是根据对决议的这项例外条件,日本军部继续在满洲对中国军队采取敌对行为。他们坚持认为,日本和中国之间不存在战争状态;日中之间的冲突只是"事变",因此不适用战争法规;那些抵抗日军的中国军队不是合法的战斗员,他们只是"土匪"。为了消灭在满洲的这些"土匪",他们开始了一系列残酷的围剿。

虽然中国军队的主力在 1931 年底撤退到了长城以内,但分散在各地的中国义勇军部队一直在坚持抵抗日军。关东军特务部列举了许多中国部队的名称,1932 年这些部队组成了义勇军的分队。这些义勇军活跃在奉天、海城及营口附近。1932 年 8 月,战斗在奉天附近打响。在 1932 年 8 月 8 日奉天战斗最激烈之日,陆军次官小矶被任命为关东军参谋长兼关东军特务部长。他担任该职务直到 1934 年 3 月 5 日为止。1932 年 9 月 16 日,日军在追击退却的中国义勇军时到达抚顺附近的平顶山、千金堡和李家沟。这些村镇的居民被指控藏匿义勇军即日方所谓的"土匪"。日军在各村镇命令居民沿沟渠集合,强迫他们跪下,然后用机枪将这些平民射杀,包括男人、妇女和儿童;没有被机枪射死的人立即被刺刀刺死。在这场屠杀中,2 700 多平民被杀死,日本关东军宣称,根据其消灭"土匪"的计划这些杀戮是正当的。其后不久,小矶向陆军次官呈送了《"满洲国"指导纲要》，他在此纲要中说："日中之间的民族斗争在我们的预期中。因此，在必须使用武力的情况下，我们切不可迟疑不决。"按照这个精神，为了报复城镇居民实际帮助或涉嫌帮助了中国军队，日军就会对他们实行屠杀，用日本人的话来说就是进行"膺惩"。这种行为在对华战争中从未停止，其中最恶劣的例证就是 1937 年 12 月对南京居民的屠杀。

因为日本政府把对华战争正式定名为"事变"，并把在满洲的中国士兵视为"土匪"，所以陆军拒绝给战斗中被俘虏的人以战俘地位和权利。武藤说 1938 年正式决定继续把对华战争称为"事变"，并继续以此为理由，拒绝将战争法规适用于中日之间的冲突。东条也对我们做了同样的陈述。

许多被捕的中国人都被拷打、屠杀，编进劳动队为日本陆军干活，或被编入军队，为日本在中国占领区成立的傀儡政府服役。拒绝在这些伪军中服役的俘虏，有些人就被送往日本以缓解日本军需产业中劳动力的不足。在本州西北海岸的秋田收容所中，被这样送去的 981 名中国人中，有 418 名死于饥饿、酷刑或疏忽。

卢沟桥事变后政策仍未改变

国际联盟和《九国公约》签署国的布鲁塞尔会议都未能阻止日本在 1937 年卢沟桥爆发敌对行为之后继续对中国实行所谓的"膺惩"战争。日本将对华战争作为"事变"处理的方针仍未改变。在 1937 年 11 月 19 日的内阁会议上，陆军大臣曾说只有当一个"事变"发展到需要宣战的程度时才适宜成立大本营，然而即便在大本营成立之后，在中国的战事中仍然没有做出任何新的努力来执行战争法规。虽然日本政府和作战机构已完全进入战时状态，对华战争依然被当作"事变"来处理，因此依然无视战争法规。

南京暴行

1937 年 12 月初，当松井指挥的华中派遣军接近南京市时，一百万居民中超过半数人逃离了南京城，中立国国民中除了少数人留在南京组织国际安全区外，其余的也都离开了。中国军队除了留下 5 万左右兵力保卫南京外，其余都撤退了。1937 年 12 月 12 日夜，当日军猛袭南门时，留下的 5 万名士兵大部分都从北门和西门逃出南京城。几乎所有的中国军人已全部从南京撤退，或已丢弃武器脱下军服到国际安全区寻求庇护，所以 1937 年 12 月 13 日早晨，当日军进入市内时，完全没有遭遇抵抗。日本兵涌入市内并且犯下了种种暴行。据一名目击证人说，日本兵完全没有约束，他们像一群肆意发泄的野蛮人来亵渎这座城市。目击证人们说道，南京城就像落到日军手中的猎物一样遭到啃噬，这座城市不像是在有组织的战斗中被占领，打了胜仗的日本陆军官兵还奖赏没有底线的暴行。他们或单独一人或二三人结伴在南京城到处游荡，杀人、强奸、抢劫、纵火。没有任何纪律约束。许多日军士兵喝得酩酊大醉。日军士兵在街上漫步，无缘无故地不加区别地杀戮中国男人、妇女和儿童，大街小巷到处横陈着被害者的尸体。据另一名证人说，中国人像兔子一样被猎杀，日军士兵只要看见某个人一动就立即射杀。在日军占领南京城的最初两三天内，在这些无缘无故不加区别的杀戮中，至少有 12 000 名非战斗员的中国男人、妇女和儿童被杀害。

同时还发生了许多强奸事件。不管是被强奸者还是想要保护她的家人，稍有抗拒就会被处死。全城上下，甚至大量年幼少女或老年妇女都被奸污了，在这类强奸中，还发生了许多变态和淫虐狂行为。事后许多妇女被施暴者杀害，遗体遭到损毁。占领后的第一个月，南京城内发生了大约 2 万起强奸案件。

日本士兵从老百姓那里掠夺他们想要的任何东西。据目睹者说，日本兵在街上拦住手无寸铁的平民，搜查他们的身体，如果搜不出值钱的东西,就把他们就地枪杀。无数住宅和商店被日军洗劫一空。被抢去的物资用卡车运走。日军抢劫店铺和仓库之后,经常放火烧毁这些店铺和仓库。南京最重要的商业街太平路,以及一个又一个市内商业区被纵火焚毁。日本士兵还无缘无故地烧毁平民住宅。几天之后这类放火就像按照一种规定模式进行,并继续了六个星期之久。全城约三分之一的房屋被焚毁。

男性平民遭到了有组织的大规模屠杀,这显然是得到指挥官的批准后进行的,其借口是中国士兵脱下了军服混在平民当中。中国平民被分成一组一组,双手反绑,押运到城墙外,然后在那里用机枪和刺刀成批屠杀。据目前所知,超过 20 万名处在服役年龄的中国男性以这种方式被杀戮。

德国政府从德国驻中国大使处得到报告说,"暴行和犯罪行为并非士兵个体所为,整支军队都参与了,也就是说,是日本陆军的残暴和犯罪行为"。在该报告的后文中,日本陆军被称为"兽性机器"。

南京城外中国人的遭遇和城里的中国人一样悲惨。实际上,同样状况发生于南京周围 200 里(约 66 英里)的范围内。居民为躲避日本兵而逃到乡间。他们在一些地方自发形成了难民营。日本人占领了许多这样的难民营,他们像对待南京居民一样对待这些难民。从南京逃出的平民中,超过 57 000 人被抓住和拘禁。他们遭受饥饿和酷刑,致使许多人死亡。许多未死的人又被机枪和刺刀杀死。

大批中国兵在城外放下武器投降,投降后 72 小时内,他们在长江岸边被机枪扫射,成批地被杀害。超过 3 万名战俘以这种方式被屠杀。这样被屠杀的战俘甚至连装装样子的审判都没有经过。

据后来估计,在日军占领后最初六个星期内,南京及其附近被屠杀的平民和战俘总数达 20 万人以上。这个数字并非出于夸张想象,而是来自殡葬行业协会和其他一些掩埋尸体的团体提供的事实。他们一共埋葬了超过了 155 000 具尸体。他们还报告说,尸体大多被反绑着两手。这些数字还没有把那些尸体被日军烧毁，或投入到长江，或以其他方法处置的被屠杀者计算在内。

日本大使馆官员随着陆军前锋部队一起进入南京城。12月14日，日本大使馆的一名官员通知南京安全区国际委员会说："日本陆军决心给南京以沉重的打击，但大使馆打算尝试缓和其行动。"大使馆官员还通知国际委员会的委员说，占领南京时，陆军指挥官只派出了17名宪兵维持市内秩序。当得知他们对陆军当局的投诉没有任何结果时，这些日本大使馆官员对外国传教士建议说，外国传教士应该尝试向日本本土披露实际情形，使日本政府迫于舆论不得不对日本陆军加以约束。

贝茨（Bates）博士作证说，南京失陷后两个半星期到三个星期中恐怖气氛达到顶点，在六个星期到七个星期中恐怖都是严重的。

安全区国际委员会干事斯迈思（Smythe）在最初六个星期中每天两次提出抗议。

12月17日之前一直留在后方地区的松井在17日那天举行了胜利入城式，12月18日举行了战死者的慰灵祭。慰灵祭之后他发表了一个声明，其中提道："本人对于遭受战祸的数百万江浙无辜民众深表同情。如今日本旭日军旗已经在南京上空高高飘扬，皇道的光辉正照耀着江南。东方复兴的曙光正在到来。此时此刻，我特别希望中国的四亿苍生反省当下的局势。"松井在南京市内停留了将近一个星期。

当时还是大佐的武藤于1937年11月10日加入了松井的幕僚，进攻南京时他和松井在一起，并参加了占领南京的入城式。武藤和松井都承认，南京失陷后，他们留在后方地区的司令部时听说过南京城中发生的暴行。松井承认，他听说过多个外国政府对这些暴行提出了抗议。但是并没有采取任何有效措施来纠正这种情况。根据目击证人向法庭提供的证据，12月19日当松井在南京时，南京城的商业区正火光熊熊。这个证人说，那一天仅主要商业街就发生了14起火灾。松井和武藤进城以后，好几个星期情况依然没有任何好转。

南京的外交使团成员、新闻记者和日本驻南京大使馆官员送出过一些关于在南京及南京周边地区所犯暴行的详细报告。1937年9月至1938年2月，日本派到中国的无任所公使伊藤述史在上海，他从在南京的日本大使馆、外交使团人员及新闻记者方面得到了关于日军行为的报告，并将这些报告的摘要送交日本外务大臣广田。广田把伊藤的报告以及驻中国的日本外交官员提交的其他许多关于南京暴行的情报，都转送给陆军省。当时梅津担任陆军次官。联络会议讨论了这些报告。总理大臣、陆军大臣、海军大臣、外务大臣广田、大藏大臣贺屋、参谋总长及军令部总长照例会出席这种会议。

关于暴行的新闻报道广泛传播。当时担任朝鲜总督的南承认他在报纸上看到过这类报道。由于这类负面报道以及在世界各国引起的舆论压力，日本政府召回了松井及其部下约80名军官，但是没有对他们中的任何一个采取任何惩处措施。1938年3月5日松井回到日本，被任命为内阁参议；1940年4月29日，由于对华战争中"功劳卓著"，日本政府还给他授勋。松井解释他被召回的原因时说，他由畑接替并不是因为他的部队在南京犯下了暴行，而是因为他的工作到南京后业已终结，于是希望从陆军退休。他始终没有受到惩处。

日本陆军的野蛮行为不能被辩解为一个顽强抵抗的城市终于投降后士兵们的暂时失控行为。占领南京后大规模的强奸、纵火和屠杀持续了至少六个星期，在松井和武藤入城之后至少持续了四个星期。

1938年2月5日，新任南京守备队司令官天谷少将，在南京的日本大使馆对外国的外交使团发表声明，批评那些外国人把关于日本人在南京所犯暴行的报告送往国外，并谴责他们煽动反日情绪。天谷声明反映了日本军部对在华外国人的态度，这些外国人对于日本毫无节制地对中国人民实行的"膺惩"战争的政策怀有敌意。

战争扩大到了广州和汉口

1937 年 11 月 12 日上海失守,松井开始向南京前进时,蒋介石总司令领导下的中国国民政府放弃了它的首都,迁都重庆,在汉口设立临时总指挥部,并继续抵抗。1937 年 12 月 13 日日军占领南京后,日本政府在北平设立了一个傀儡政府。

旨在对日占区居民进行"宣抚","使他们依赖皇军",以及迫使中国国民政府"反省"的政策在上海和南京被采用,并由松井在南京公布,这就显示它是一种既定方针。1937 年 12 月,驻扎在平汉铁路邢台县的由日本一个准尉指挥的宪兵队逮捕了 7 个平民,怀疑他们是中国的游击队员。日本宪兵队连续拷问他们三天,不给他们任何食物,然后把他们绑在树上用刺刀刺死。在此之前的 1937 年 10 月,这支军队的士兵也曾出现于河北省的东王家村,杀人、强奸及纵火,共杀害村民 24 人,烧毁了全村三分之二的房屋。河北省另一个叫王家坨的村子在 1938 年 1 月遭到一支日军部队的侵袭,40 多名村民被杀害。

上海周边地区的许多居民也和南京及华北其他地方的居民一样,遭到相同对待。上海战役结束后,有人亲眼看见在上海郊外的农舍灰烬旁边,有农民及其家人的遗体,他们的双手被反绑着,背后有刺入的刀伤。当松井的部队向南京进军,占领一个接一个的村庄时,他们洗劫住户,杀害平民,制造恐怖。1937 年 11 月,日军占领苏州,未能逃避日军的许多居民都被杀死。

1938 年 12 月 25 日,畑的部队进入汉口,占领了该城。第二天上午就有大量俘虏被屠杀。日本兵在海关码头上集合了几百名俘虏,接着他们每次挑出三四人为一组,强迫他们走到延伸至河水深处的跳板末端,推他们落水,再行枪杀。当日本人发现停泊在汉口江面上的美国炮舰在观察他们时,才停止进行,转而采取了另外的方法。日本人仍然像先前一样,每次挑选出几个人为一组,把他们推上汽艇,带到离岸很远的地方,再把他们推入江中开枪射杀。

在中国海南岛博文镇的屠杀是第三次近卫内阁时期发生的。1941年8月的"膺惩"作战中,日本海军某部队未遇抵抗就通过了博文镇。第二天,当部队的分遣队返回博文的时候,发现一具日本水兵的尸体,显然那个水兵已经死了好几天了。这个分遣队假设这个水兵是被博文镇的居民杀死的,于是放火焚毁了居民的住宅和镇上的教堂。他们杀了法国人传教士和24名本地居民,并焚烧了他们的尸体。这个事件很重要,因为这次屠杀报告的广泛传阅一定使得日本内阁阁员及其僚属得知了日军还在继续采用的交战方法。1941年10月14日,海南岛日本占领军的参谋长向陆军次官木村报告了这次事件的详情。木村立即将此报告送交陆军省有关各局传阅参考,并且还送交外务省。因此,这个报告在陆军内外广泛传阅。

在镇压反抗溥仪皇帝的傀儡政权的行动中,梅津在"满洲国"所辖部队某支队的所作所为表明,日本陆军仍然在用残忍的方式进行战争。1941年8月某日晚上,这个支队袭击了热河省的西土地村。他们占领了这个村庄,杀戮了300多个家庭的村民,还将全村焚烧成废墟。

甚至在占领广州和汉口之后很久,日军一面进一步向内地进攻,一面仍然在那里犯下大规模的暴行。1941年底,日军进入广东省惠阳城。他们肆意屠杀中国平民,不管男女老幼都用刺刀刺死。有一个目击证人被刺刀刺伤腹部幸存下来,他说日军屠杀了600余名中国平民。1944年7月,日军到达广东省台山县。他们犯下了纵火、抢劫、屠杀和许多其他暴行,致使559家店铺被焚毁,700多名中国平民被杀戮。

日军从汉口出发,南下向长沙进军。1941年9月,第六师团的日军强迫200多名中国战俘为他们抢劫大量大米、小麦及其他物资。当他们返回时,日军为了掩盖罪行,就用炮火将他们打死。日军占领长沙之后,他们在长沙到处任意杀人、强奸、纵火,并犯下其他种种残暴行为。接着日军南下到达广西的桂林和柳州。日军占领桂林期间,犯下了强奸和抢劫等各种各样的暴行。他们以设立工厂为名招募女工,这样招募来的妇女被日军强迫为娼。1945年7月撤离桂林之前,日军组建了放火班,将桂林整个商业区的建筑物付之一炬。

归国士兵谈他们犯下的暴行

占领汉口之后,从中国回国的日本士兵讲述了陆军在中国的恶行,并且炫耀他们从中国抢来的东西。归国士兵的这种行为成了极为普遍的现象,以至于板垣为首的陆军省为了避免招致国内的批评指责,向战区指挥官发布了特别命令,要求归国官兵回到日本后必须遵循适当的行为规范。这些特别命令由陆军省兵务局兵务课草拟,作为"绝密件"于1939年2月由板垣的陆军次官签发。这些命令由参谋次长通知在华的日本陆军各指挥官。这些密令详细谈到归国士兵必须纠正会引人厌恶的行为。命令中说士兵讲述他们对中国士兵和平民施暴的故事是令人反感的,并且引述了以下一些经常听人说起的故事:"某中队长非正式地对强奸做出以下训示:'为了避免引起麻烦,事毕之后要么付钱给她们,要么在隐蔽的地方把她们杀掉'";"如果对参战的军人个人进行调查,他们大概全都是杀人犯、抢劫犯或强奸犯";"在战斗期间我最喜欢的事情是抢劫。在前线的长官对抢劫行为睁一只眼闭一只眼,于是有些人就随心所欲地抢劫";"在某地我们抓了一家四口。我们把他们的女儿当娼妓似地玩弄了一番。但父母坚持要讨回女儿,所以我们把他们都杀了。我们还像以前一样玩弄他们的女儿,直到部队出发时我们才把她杀了";"在半年的战斗中,我学会的几乎唯一的事情就是强奸和盗抢";"我们的军队在战场上的抢劫是超出想象的";"有时候我们让中国军队的俘虏排成一行,然后为试验机枪的性能将他们全部射杀"。关于归国士兵携带回日本的掠夺品,有些指挥官给士兵发了盖有部队指挥官印鉴的许可证,批准士兵将掠夺品运回国内。这些命令还说:"归国官兵的不当言论不仅使流言四起,而且损害国民对皇军的信赖,破坏支持皇军民众的团结,等等。我再次命令必须更加严格地加以控制,从而赞颂功勋行为,弘扬皇军军威,并确保毫无遗憾地贯彻圣战目的实现。"

杀害被俘的飞行员

日本领导人担心在日本各城镇可能发生空战。日本军部反对批准1929年《日内瓦战俘公约》的理由之一是,如果批准了这个公约,那么敌机袭击日本的范围会成倍扩大,因为机组人员在完成任务后,可以在日本领土着陆而无生命危险,因为他们知道他们将得到战俘的待遇。

1942年4月18日,当杜立特(Doolittle)上校指挥的美国飞机轰炸了东京及其他城市时,日本被空袭的担忧终于变成了现实。这是日本第一次成为空袭的目标,用东条的话来说,这对于日本人是一个极大的"震动"。日本参谋总长杉山要求对轰炸日本的所有飞行员处以死刑。虽然在这次空袭前,日本政府的法律和条例中并无可处死刑的规定,但总理大臣东条为了能够将杜立特的飞行员处以死刑,竟命令发布一个可以追溯到空袭时生效的条例。东条后来承认,他把发布这个条例作为威慑手段以阻止将来的空袭。

1942年8月13日公布的条例适用于对日本、"满洲国"及日本作战区域"进行空袭,以及进入日军中国派遣军辖区的敌机飞行员"。于是,这部条例直接且追溯性地针对已被在华日本人俘获的美国飞行员。

犯罪行为如下:

(1)空袭普通人民。

(2)空袭非军事性质的私有财产。

(3)空袭非军事目标。

(4)进行"违反战时国际法"的空袭。

所规定的刑罚是死刑或十年及十年以上监禁。

上述被定义为犯罪的(1)、(2)和(3)中的行为正是日本人自己在中国普遍实行的。人们会记得1939年7月华中派遣军参谋长向陆军大臣板垣报告说,为了使中国人产生恐惧,已采取一项无差别轰炸的政策。第(4)项关于违反战争法,则是毫无必要的规定。任何违反战争法的行为都要受到惩处,当然,这种惩处必须经过适当的审判,并且仅限于国际法所允许的惩处范围以内。

在中国迫降的两架杜立特航空队飞机的机组人员被畑所指挥的日本占领军俘虏。日军将组成机组的 8 名人员当作普通罪犯对待,给他们上了手铐并捆绑起来。一架飞机的机组人员被送往上海,另一架飞机的机组人员被送往南京,在两地他们受到拷打和审问。1942 年 4 月 25 日,这些飞行员被送往东京,在进入东京宪兵本部之前他们一直被蒙住眼睛和上了手铐。在宪兵本部,日本人将他们单独监禁,每天把他们从房间里带出来拷打和审问。经过了 18 天的折磨,这些飞行员为了避免再受严刑拷打,最后在他们看不懂的日文口供上签了字。

1942 年 6 月 17 日,这些飞行员被送回上海关进监狱,忍饥挨饿,受到各种虐待。1942 年 7 月 28 日,陆军次官木村向当时的在华日军最高指挥官畑传达了东条的命令。东条的命令是要根据新的条例处罚这些飞行员。畑依照参谋总长的命令,指示对这些飞行员进行审判。在这次"审判"中,部分飞行员因为病得太重不能受审,指控事项未经翻译,他们也没有得到为自己辩护的机会。审判纯粹是一场拙劣的模仿表演。这次审判在 1942 年 8 月 20 日举行,所有飞行员都被判处死刑。东京审核时,根据东条的建议,5 个人的死刑判决被减为终身监禁,其余 3 人的死刑判决得到核准。1942 年 10 月 10 日,畑下令执行死刑,并将他的行动报告给参谋总长。死刑判决按照命令执行。

处死被日军俘虏的同盟国飞行员的政策就以这种方式开始了。不仅在日本本土,在以后整个太平洋战争时期,在任何日占区都如此办理。通常的做法是在杀害被俘飞行员之前,不给食物并施以酷刑。即使是例行公事的审判也常常被省略。如果在他们被杀害之前举行军事法庭审判,这种军事法庭审判也只是装装样子而已。

作为例证之一，我们试举 1945 年 7 月 18 日在大阪以违反上述条例被起诉的两名美国 B-29 飞行员的案件为例。审判前一名军官受指派调查了他们的案子，并建议判处死刑。中部军管区司令官和当时位于广岛的第二总军司令官畑认可了这个建议。调查官的建议经陆军指挥官认可后，被送呈陆军省以获得最后的批准；陆军省批准了死刑判决建议。审判时检察官向军事法庭宣读了调查官的报告和建议，以及畑大将和其他人的批准，他要求根据这些文件判处死刑。军事法庭对被告只问了几个例行问题就判处他们死刑。死刑在当天就执行了。

1945 年 5 月以前，11 名同盟国飞行员在东海军管区接受审判，在审判中他们的权利没有受到应有的保护，他们被判处死刑并被执行。然而，日本的宪兵司令官认为，这类程序不必要地延迟了对被俘同盟国飞行员的杀害，于是在 1945 年 6 月，他致信日本各军管区的宪兵司令官，对延迟处分被俘同盟国飞行员表示不满。他在信中表示，军事法庭不可能立即把他们处决，并建议军管区的宪兵队在获得军管区司令官批准后可省略军事法庭审判程序。东海军管区收到这封信函后，不经审判就将 27 名同盟国飞行员杀害了。在畑行使管理权的中部军管区，未经军事法庭审判或其他任何审判就杀害了 43 名同盟国的飞行员。在福冈，1945 年 6 月 20 日，未经审判杀害了 8 名同盟国飞行员，1945 年 8 月 12 日又以同样方式杀害了 8 人，三天以后即 1945 年 8 月 15 日，又杀害了第三批 8 人。因此，当宪兵司令官从东京发出上述有关程序的建议信后，在福冈共有 24 名同盟国飞行员未经审判遭到杀害。

在日本的东海、中部及西部军管区，杀害同盟国飞行员是由行刑队执行的；在包括东京在内的东部军管区，则使用了更加非人道的方法。在这个地区被俘的同盟国飞行员，在决定其是否违反上述条例而进行的所谓调查结果未出来之前，就一直被拘禁在东京宪兵司令部的看守所内。这种调查就是严刑拷打下的审问，以迫使被俘的飞行员承认可以依照条例把他们处死的事实。至少有 17 名飞行员由于拷问、饥饿及缺乏医疗而死在这个看守所里。这种酷刑的幸存者死得更惨。东京陆军刑务所是在代代木陆军练兵场的边上。这个刑务所是惩戒性的营房，用来监禁服刑的日本兵。刑务所的面积很小，四面围着约 12 英尺高的砖墙。刑务所的房子是木头建的，除了必要的走道和当中的院子以外，建筑物密集到差不多占据了砖墙内的全部地面。有一栋监房则由高约 7 英尺的木板间隔着。1945 年 4 月 25 日，5 名同盟国飞行员被关进这个监房；5 月 9 日，又关进了 29 人；5 月 10 日，那里又关进了 28 人。1945 年 5 月 25 日夜晚，东京遭到了猛烈的轰炸。那天晚上被监禁在这个监房的同盟国飞行员有 62 名。在刑务所的其他建筑物内，监禁着日本陆军因犯 464 人。刑务所的木质建筑物及其周围很易燃烧的住宅被燃烧弹击中起火。刑务所完全烧光了，62 名同盟国飞行员全部身亡。可是那 464 个日本人囚徒，还有那些监狱看守，没有任何一个陷于同样的命运，这就很能说明问题了。证据表明，同盟国飞行员所遭受的命运是被蓄意安排好的。

在占领地区杀害被俘飞行员的方法之一是由日本军官的佩刀斩首。在下列各地，都曾用这种方法杀害被俘的飞行员：马来亚的新加坡（1945 年 6 月至 7 月）、婆罗洲的三马林达（1945 年 1 月）、苏门答腊的巨港（1942 年 3 月）、爪哇的巴达维亚（1942 年 4 月）、西里伯斯的万鸦老（1945 年 6 月）、西里伯斯的托莫洪（1944 年 9 月）、西里伯斯的托利托利（1944 年 10 月）、西里伯斯的肯达里（1944 年 11 月，1945 年 1 月，1945 年 2 月）、塔劳群岛的贝奥（1945 年 3 月）、塔劳群岛的雷尼斯（1945 年 1 月）、西里伯斯的新江（1945 年 7 月）、安汶岛的卡拉拉（1944 年 8 月）、新几内亚（1944 年 10 月）、新不列颠的托塔比尔（1944 年 11 月）、波东岛（1943 年 12 月）、夸贾林岛（1942 年 10 月）和菲律宾的宿务市（1945 年 3 月）。

1944 年 12 月曾在中国汉口使用过另外一种杀害同盟国飞行员的办法。早些时候迫降并被俘的 3 名美国飞行员被游街示众，遭到民众的戏弄、殴打和折磨。当他们因殴打和折磨而奄奄一息时，又被浇上汽油，活活烧死。批准这一暴行的是日本陆军第三十四军司令官。

在新不列颠岛拉包尔被俘的一名同盟军飞行员的遭遇，进一步证明了日本人的残酷性。他被穿有钓鱼钩的绳索绑着，稍一动弹钓鱼钩就会刺入肉中。他最终死于营养不良和痢疾。

屠杀

在整个太平洋地区，屠杀战俘、被拘禁平民、病者和伤员、医院病人和医务人员，以及普通居民，都是很常见的事情。有时战俘和被拘禁平民在被抓后不久即遭到屠杀。

在婆罗洲巴厘巴板的屠杀是在如下情况下发生的：1942 年 1 月 20 日，日方命令两个荷兰军官战俘去巴厘巴板把一份最后通牒面交荷兰的指挥官，这个最后通牒要求把巴厘巴板完好无损地交给日方。如果不服从这个命令，就要杀死所有欧洲人。最后通牒是当着一名日本少将和其他 5 名日本军官的面，向负责把最后通牒送给巴厘巴板指挥官的荷兰军官宣读的。巴厘巴板的指挥官给日方的答复大意是说，巴厘巴板的指挥官已接到荷兰当局必须破坏巴厘巴板的命令，因此，他们必须执行命令。

当日军接近巴厘巴板时，油田被放了火。据一位目击证人向本法庭所提交的宣誓口供书中说，巴厘巴板有 80 到 100 个白人居民被屠杀了，他们是 1942 年 2 月 24 日用残酷方法被处死的，正像后面所描述的那样，他们被赶下海后用枪打死，在这之前已经有些人被军刀砍去手足杀死。

与此有关的是，本法庭收到了一份日期为 1940 年 10 月 4 日的外务省文件，它标着"机密"字样并包含一份《日本南方政策试行草案》。这份文件值得我们关注。关于荷属东印度，试行草案称：

"如果有任何重要自然资源遭到破坏，与该资源有关的全部人员以及十名政府官吏将作为责任者受到严惩。"

将荷属东印度的油田完好无损地接收过来，对日本来说具有生死攸关的重要性。石油问题是南进中的决定性因素，所以日本政府对战争发生时油田是否会被放火极为担忧。1941 年 3 月 29 日，松冈曾向里宾特

洛甫表明这一担忧,他说:

"如果有什么方法可以避免的话,他并不希望对荷属东印度采取行动,因为他担心一旦日军进攻这一地区,油田有可能被放火。那样一来,就要一两年后才能恢复生产。"

有鉴于此,并考虑到日本政府曾正式命令销毁所有对其不利的文件,那么这个外务省的草案就具有了特别的意义。按照日本外务省原高级官吏山本的说法,这个试行草案是由一个低级事务官草拟的,当被问到那为什么草案中计划的内容大部分都已实施了,山本讥讽地回答:"这些事务官是非常优秀的学生。"

综合这些事实来看,这一结果证明了一个推断,即 1940 年 10 月 4 日草案中所建议的计划被采纳为政府的政策。进一步证明这一推断的是在布洛拉也发生了对男子的屠杀,这显然与爪哇的炽布油田被破坏有关。这个地方的妇女没有被杀害,但她们都在指挥官在场的情况下被多次强奸。

这类屠杀在下列地点都发生过:中国香港(1941 年 12 月)、马来亚的怡保(1941 年 12 月)、马来亚的巴力苏隆和莫尔之间(1942 年 1 月)、马来亚的巴力苏隆(1942 年 1 月)、马来亚的卡通加(1942 年 1 月)、马来亚的亚历山大医院(1942 年 1 月)、马来亚的新加坡(1942 年 2 月至 3 月)、马来亚的潘姜(1942 年 2 月)、马来亚的莫尔(1942 年 2 月)、泰国的琼蓬角(1941 年 12 月)、婆罗洲的隆纳万(1942 年 8 月)、婆罗洲的打拉根(1942 年 1 月)、荷属东印度的邦加岛(1942 年 2 月)、苏门答腊的哥打拉查(1942 年 3 月)、爪哇的南望(1942 年 3 月)、爪哇的伦邦(1942 年 3 月)、爪哇的苏邦(1942 年 3 月)、爪哇的加达尔帕斯(1942 年 3 月)、爪哇的万隆(1942 年 3 月)、摩鹿加群岛安汶岛的拉哈(1942 年 2 月)、荷属帝汶的奥卡贝蒂(1942 年 2 月)、荷属帝汶的奥萨帕贝萨(1942 年 4 月)、葡属帝汶的塔图梅塔(1942 年 2 月)、英属新几内亚的米尔恩湾(1942 年 8 月)、英属新几内亚的布纳(1942 年 8 月)、新不列颠的托尔(1942 年 2 月)、塔拉瓦岛（1942年10月）、菲律宾的奥唐奈战俘营（1942年4月）和菲律宾马尼拉的圣克鲁斯（1942年4月）。在法属印度支那，对自由法国各种组织采取敌对行为时，也发生了同样方式的屠杀。战俘及被拘禁平民在以下地点遭到屠杀：谅山（1945年3月）、亭立（1945年3月）、他曲（1945年3月）、通（1945年3月）、新贵（1945年3月）、洛阿斯（1945年3月）、同登（1945年3月）、河江（1945年3月）和东京省（1945年3月）。

1945年8月9日在满洲的海拉尔屠杀了苏联公民。这是根据关东军司令官的要求实行的。被杀害者没受到任何指控，杀人的理由是他们可能对日军从事谍报活动或暗中破坏行为。

日军在占领土地和结束战斗之后，就任意进行屠杀，把屠杀当作使平民感觉恐怖并使其服从日本统治的一种手段。在下列地点对普通居民进行这种屠杀：缅甸的掸尼威（1945年）、缅甸的沙耶瓦底（1945年5月）、缅甸的安干（1945年5月）、缅甸的亚班（1945年6月）、缅甸的卡拉贡（1945年7月）、曼塔纳尼岛（1944年2月）、苏禄岛（1943年10月）、乌达尔岛（1944年初）、迪纳万岛（1944年7月）、婆罗洲的坤甸（1943年10月至1944年6月）、婆罗洲的山口洋（1944年8月）、爪哇的茂物（1943年）、爪哇（"郭"事件）（1943年7月至1944年3月）、葡属帝汶的劳滕（1943年1月）、莫阿岛（1944年9月）、塞马塔岛（1944年9月）、葡属帝汶的艾莱岛（1942年9月）、瑠鲁岛（1943年3月）、菲律宾的霍普韦尔（1943年12月）、菲律宾的阿拉米诺斯（1944年3月）、菲律宾的圣卡洛斯（1943年2月）、菲律宾的巴里奥安加德（1944年11月）、菲律宾的帕洛海滩（1943年7月）、菲律宾的蒂格巴万（1943年8月）、菲律宾的甲描育（1943年7月）、菲律宾的拉瑠－皮拉扬（1944年6月）、菲律宾的博戈（1944年10月）、菲律宾的巴里奥乌马戈斯（1944年10月）、菲律宾的利巴飞机场（1944年）、菲律宾的圣卡塔利娜（1944年8月）和菲律宾皮拉尔的锡蒂奥卡努凯（1944年12月）。占领期间，当战俘、被拘禁平民或被征召劳工由于饥饿、疾病或其他原因丧失工作能力时，当他们不再有用处，或者因其他缘故而成为日本占领军的负担时,他们就会被屠杀。这类屠杀曾在下列各地实行:暹罗的卡莫加劳动营(1944年2月)、缅甸的昔卜(1945年1月)、安达曼群岛的布莱尔港(1945年8月)、苏门答腊的哥打加乃(1943年5月)、苏门答腊的实武牙(1942年4月)、爪哇的琼邦(1942年4月)、安汶岛的安波那(1943年7月)、英属新几内亚的韦瓦克(1944年5月)、新几内亚的艾塔佩(1943年10月)、新几内亚的巴特(1944年6月)、新不列颠的拉包尔(1943年1月)、布干维尔(1944年8月)、威克岛(1943年10月),以及泰缅铁路工程沿线的多处劳动营(1943年至1944年)。有些屠杀的目的是为了阻止普通的犯规,例如,为了防止走私在海南岛劳动营的屠杀(1943年5月),为了防止违法使用收音机在法属印度支那西贡的屠杀(1943年12月),以及由于平民向战俘提供了食物、战俘接受了平民的食物而对安汶岛安波那平民和战俘的屠杀(1943年7月)。除了上述屠杀,还发生了其他屠杀和谋害事件,例如,在"新田"丸船上将美国战俘斩首(1941年12月),在新几内亚将两名美国战俘杀死(1944年10月),等等。关于后一事件,负有责任的日本军官说:"我询问是否可以给我一个美国战俘让我把他杀了。"日本第三十六师团的师团长立即批准了这个要求,并交给他两名战俘让他杀掉。日本人给战俘蒙上眼睛,捆绑起来,用刺刀从背后刺入,然后用铲子把头砍掉。

还有一些是由于预期到日军退却及同盟军进攻而进行的屠杀。虽然许多战俘被屠杀看起来是为了不让同盟军解放他们,但被屠杀的却不仅限于战俘。被拘禁平民及普通居民也在这种情况下遭到屠杀。这类屠杀发生在下列地点:中国的海拉尔(1945年8月)、尼科巴群岛的马六甲(1945年7月)、英属婆罗洲的山打根(1945年6月至7月)、英属婆罗洲的拉瑙(1945年8月)、英属婆罗洲的白拉奕(1945年6月)、英属婆罗洲的米里(1945年6月)、英属婆罗洲的拉布安(1945年6月)、葡属帝汶的拉鲁达(1945年9月)、巴拉岛(1943年1月)、大洋岛(1943年9月)、菲律宾的普林塞萨港(1944年12月)、菲律宾的伊里散地区(1945年4月)、菲律宾的卡兰巴(1945年2月)、菲律宾的邦古乐(1945年2月)、菲律宾的塔佩尔(1945年7月)和菲律宾的巴里奥丁威迪(1945年8月)。在菲律宾的八打雁省发生过很多次这类屠杀。屠杀的地点包括：巴里奥圣因德雷斯(1945年1月)、巴万(1945年2月)、圣托马斯(1945年2月)、利巴(1945年2月和3月)、塔阿尔(1945年2月)、塔纳万(1945年2月)、罗萨里奥(1945年3月)，等等。当马尼拉显然即将解放时，这类屠杀，以及强奸和纵火在全市各处进行。

关于在海上屠杀俘虏，我们还没有谈到，后面会提及。此外，关于"死亡行军"中发生的屠杀也没有谈到，这也将在以后叙述。除了上面已述的屠杀外，还发生了许多个别的杀害。其中有许多是以可怕的方法进行的；有许多是与强奸、抢劫、纵火罪行相关联的，更有一些除了为满足杀人犯的残酷本能外，显然别无其他目的可言。

有些屠杀还有必要作进一步叙述，特别是对军队医院里病人和医务人员的屠杀，这些医院有醒目的日内瓦公约标识，本应受该公约及一般战争法规保护。在香港屠杀时，日军进入了圣士提反书院的军队医院，用刺刀刺杀病床上的病人和伤员，强奸和杀害在那里值班的护士。在马来亚的柔佛西北部战役中(1942年1月)，运送伤病员的救护车队被日军士兵俘虏。医务人员和伤员被赶下救护车，遭到日军士兵的射击和刺杀，并用汽油浇在身上活活烧死。在马来亚的卡东加(1942年1月)，一个救护车队遭到日本机枪手射击。医务人员和伤员从救护车队被拉出来，捆绑在一起，从背后开枪射杀。1942年2月13日，马来亚新加坡的亚历山大医院被日军占领。日军士兵在医院的一楼走过，把那个楼层的所有人都用刺刀乱刺。他们闯入手术室，一名军人正上了麻醉药在施行手术中，日军士兵把病人、外科医生和麻醉师通通用刺刀刺死。然后他们上了二楼及其他地方，把病人和医护人员带出来全部屠杀了。1942年3月，日军士兵在爪哇的苏邦将一名护士及她所照管的病人从军队医院拉出来，然后和平民的妇女小孩一齐杀死了。这些无视战争法规赋予军队医院及其医护人员和伤病员待遇的屠杀使日军官兵对于战争法规的态度暴露无遗。

这些屠杀大部分都采取了类似的方法。先是将被害者捆绑起来,然后开枪射杀,或用刺刀刺杀,或用军刀斩首。在大多数情况下,是将被害者射杀后,再由日本士兵在负伤者当中巡视,把还没死的人用刺刀刺死。还有若干这样的例证,他们被集中在海边,背朝着海水,或者被集中在悬崖边上,再被杀害。

在某些地方,甚至还使用了更可怕的办法。在马尼拉的德国俱乐部和圣地亚哥炮台,将被害者集中在一个建筑物中,然后放火焚烧,那些企图从火焰中逃生的人遭到射杀或用刺刀刺死。

1945 年 2 月在马尼拉的德国俱乐部所犯暴行的证据表明,避难者躲进了俱乐部逃避炮击和轰炸。日本兵用易燃的障碍物围住了这个俱乐部,然后把汽油泼在障碍物上并点燃了它。因此,避难者被迫冲出燃烧着的障碍物试图逃出。他们中的大部分人都被等待着的日本兵用刺刀刺死或枪杀。有些妇女遭到强奸,抱在手中的幼儿被刺杀。妇女被强奸后,日本兵在她们头发上泼了汽油再点火焚烧。日本兵还割掉了有些妇女的乳房。

发生在马尼拉圣保罗学院的屠杀是以下述办法进行的:大约 250 人被关在一栋建筑物里面,门窗都被封住了。就这样被关在里面的时候,有人看见三盏吊灯都用灯火管制的黑纸包着,从包裹的黑纸里伸出几根绳线或电线延引到建筑物的外边。然后日本人将饼干、糖果、某种酒类摆在房子中间,并告诉被关在里面的人说,他们所在的地方是安全的,他们可以把给他们拿来的东西吃了。于是,这些人就走向摆着食物的地方,这时突然发生了三次爆炸。在包裹着的吊灯里预先装了炸药。许多人被炸倒在地上,人群陷入恐慌。在建筑物外面的日本人开始向建筑物内开机关枪,投手榴弹。爆炸将窗户和部分墙壁炸垮了,那些还能站起来的人努力想从这地方逃跑。他们中的许多人在企图逃出时被杀死了。

在菲律宾巴拉望岛的普林塞萨港湾岸上的某战俘集中营里,发生了一场针对美国人战俘的屠杀，这是一场预谋的、特别残酷的屠杀。在这个集中营内大约有150名战俘。俘虏他们的人对他们说，如果日本战胜了，他们会被送回美国，但如果日本战败了，他们就会被杀掉。在屠杀之前，美国的飞机曾对这个岛进行过几次空袭。在集中营内挖了一些防空壕，防空壕很浅，上面薄薄地铺了一层掩盖物。1944年12月14日下午2:00左右，战俘们接到命令进入这些防空壕。配备了步枪和机关枪的日本兵站在集中营的周围。当战俘全部走进壕内时，一桶一桶的汽油就朝他们泼去，接着又将点燃了的火把投进去。爆炸随之而来，负伤不太重的战俘挣扎着逃出来。这些人被预先布置在此的士兵用步枪和机枪射死，有些人则被刺刀刺死。150人中，只有5人从这个可怕的经历中幸存下来。他们跳进海里游泳，天黑后逃进丛林，最终加入了菲律宾游击队。

在安达曼岛的布莱尔港（1945年8月）使用了集体淹死的手段，将被拘禁平民押上船，运到海上，然后强迫他们跳进海里。在汉口所使用的淹死和开枪并用的方法，在哥打拉查（1942年3月）也使用了，将那里的荷兰战俘押上小帆船拖运到海中，向他们开枪射击并把他们扔进海里。在婆罗洲的打拉根（1942年1月），荷兰战俘被押上日本的轻型巡洋舰，运到一艘日本的驱逐舰曾遭到这些战俘炮击的地方，在那里将战俘砍头并扔进大海。

屠杀是遵照命令实行的

证据表明，这些屠杀中的大部分都是由军官下令实施的，有时候是由陆军和海军高级将领下令实施的。许多时候，在执行时军官们实际上在场监视、指挥或亲自动手杀戮。日军指示屠杀菲律宾人的命令已被缴获。马尼拉海军防卫队于1944年12月至1945年2月之间所发命令的卷宗也被缴获。其中有这个命令："一旦敌方入侵，在实施爆炸和焚烧的时候，须小心谨慎，不能出差错。杀死菲律宾人的时候，应尽可能将他们聚集在一起，以节省炸药和劳力。"被缴获的日本兵日记表明，这些日记的所有者曾接到屠杀的命令并遵照这些命令进行了屠杀。被缴获的陆军部队战斗报告和宪兵报告中有关于屠杀执行情况向上级的报告，并报告了屠杀时所使用的炸药数量和被杀者数目。来自日本国内及日本占领地许多战俘营的战俘作证说，日本看守、台湾看守和朝鲜看守对他们说，如果同盟军入侵该地，或如果日本战败，他们将被杀死。我们已经说起过将这种威胁付诸实行的例子。至少在一个战俘营中，发现了由上级下令杀死战俘的证据文件。在台湾某一战俘营缴获的日志中有一条记载显示，已发文答复基隆要塞地区司令部第十一宪兵队参谋长关于对战俘采取"非常手段"的询问书。关于实行这种"非常手段"时所应采取的方法详述如下："究竟是采取个别消灭还是成批消灭，或无论采用什么办法，究竟是用大规模轰炸、毒烟、毒药、溺死、斩首或其他什么办法，均应依照当时的情况来处置。在任何情况下，目标是无一逃脱、全部消灭，不留痕迹。"特别是"如果从战俘营脱逃者可能成为敌方作战力量时"，一律执行这种全部消灭的命令。

1945 年 3 月 11 日，陆军次官柴山下达了一个总体命令。命令说："在时局日益紧迫，战祸将波及帝国本土、满洲等地之际，战俘处置方式见此命令所附的要领。望遵照执行，不得有任何差错。"这里所说的附件要领是这样开始的："方针：尽最大努力避免让战俘落入敌方之手。为此目的，应实行将必要的战俘转移拘禁地点。"正在这时候开始的在婆罗洲山打根和拉瑙之间的"拉瑙死亡行军"（下面将会谈到），就是依照上述命令所指示的方针进行的。

死亡行军

日本陆军在把战俘从一地转移至另一地点去的时候并未遵守战争法规。战俘被迫在没有充足的食粮和饮水，也没有休息的情况下进行长距离行军。伤病员被迫和健康人一样行军。在这类行军途中掉队的战俘，就被殴打、折磨和杀害。我们已经接到许多这类行军的证据。

巴丹行军是一个显著的例证。1942 年 4 月 9 日，当金少将在巴丹率部投降时，曾由本间中将的参谋长保证，他的部下将获得人道的待遇。金少将保留了足够将他的部下从巴丹运往战俘营的卡车，未加破坏。在巴丹的美国士兵和菲律宾士兵一直食粮配给不足，伤病员很多。然而，当金少将要求使用卡车时却被禁止这样做。于是俘房们被迫冒着酷暑，沿着公路行走到邦板牙的圣费尔南多，这段路的距离有 120 公里即 75 英里。伤病员也强行军。倒在路旁和不能继续行走的人就被枪杀或刺死。其他人也从队伍中被拖出来，遭到殴打、折磨和杀害。行军持续了九天。每隔 5 公里，跟着行走的日本看守就和坐在美国卡车上的看守轮换一次。在最初五天中，战俘只领到很少甚至没有领到任何食物和水。后来所得到的水，也都是些偶然遇到的井水或水牛打滚坑的水。如果俘房们为了想喝水而集聚到井边时，日本兵就向他们开枪。射杀和刺杀俘房是经常发生的事。尸体就丢弃在公路两旁。村田是陆军大臣东条在 1942 年 2 月派到菲律宾担任本间中将文官顾问的，他曾坐汽车走过这公路，因为在公路上看见了那么多尸体，于是向本间中将询问了这一情况。村田作证说："我只是看见这些尸体，我并没有什么抱怨，我只是提了一些问题。"在圣费尔南多，为了将俘房运往奥唐奈战俘营，他们被塞进了铁路货车的车厢中。车厢地方狭小，他们必须站着才行，很多人由于疲劳和通风不良而死在了车厢里。从巴丹到奥唐奈战俘营的这次移动，究竟死了多少人并不清楚。证据表明，大约有 8 000 名美国人和菲律宾人死亡。在奥唐奈战俘营，证据显示从 1942 年 4 月至 12 月，死亡的美国人和菲律宾人超过27 500 人。

　　东条承认，1942 年他从许多不同的来源听说过这次行军。东条说，他获得的情报是战俘被迫在酷暑下长途行军并发生了许多死亡。东条还承认，曾接到美国政府对违法虐待这些俘房的抗议，并且在死亡行军发生后不久在陆军省各局长的双周会议上讨论过这件事，但是，他将这问题留给各局长酌处。东条说并未要求驻菲律宾的日军报告这一事件，而在本间中将 1943 年初到日本时，他甚至也没有和本间谈到这件事。东条说，

1943 年 5 月当他访问菲律宾时，第一次过问这个情况，当时是和本间中将的参谋长讨论的，参谋长向他报告了详情。东条对未采取措施防止再发生类似暴行做了如下解释："依照日本习惯，战地派遣军司令官在执行交给他的任务时，不必事事仰仗东京的命令，而是具有相当大的自主权。"这句话只能意味着，根据日本的交战方法，已预期会发生（或至少是许可）这类暴行，而日本政府并不关心如何防止这类暴行。

这类暴行在整个太平洋战争期间不断发生，有理由认为这是由于对本间中将在巴丹所作所为的宽容导致的。

其他强行军

1942 年 2 月，从荷属帝汶的港口行军到科庞战俘营时，饱受伤痛、饥饿、疟疾、痢疾之苦的战俘，被反绑着双手被迫行走了五天，沿途像一群牲口似地遭到日本和朝鲜看守的驱赶和殴打。1943 年和 1944 年，在英属新几内亚的韦瓦克、巴特和艾塔佩之间，印度俘虏也被迫进行了这样的行军。在这些行军中，生病的俘虏和落伍的俘虏都被开枪打死。有证据表明还存在其他类似的事件。上述事实表明，日本陆军和战俘管理部门在残酷状态下把俘虏从一个地方转移到另一个地方的时候采取了如出一辙的做法，即殴打和杀害掉队的人。

拉瑙行军属于另一类型。这些分批的行军始于 1945 年初，那时候日军担心同盟军正准备从古晋登陆，行军的目的是把俘虏转移走以防他们被解放。拉瑙村在婆罗洲山打根以西 100 多英里的丛林中，位于基纳巴卢山的东麓。从山打根到拉瑙的小道穿过茂密的丛林，道路太狭，车辆不能通行。最初 30 英里是沼泽地，到处是烂泥和水坑；后面 40 英里是有着多个陡峭小山头的高地；再有 20 英里是翻过一座山；最后 26 英里完全是上坡的山路。澳大利亚战俘沿着这条丛林小路进行一系列行军。俘虏们从山打根的战俘营出发之前，就已经饱受疟疾、痢疾、脚气病和营养不良之苦。测试俘虏能不能行军的办法是拷打和折磨倒在地上的人要他站起来，只要能站起来，就认为他能参加行军。俘虏们除了携带自己的一点食粮外，还被迫背负看守的食粮和弹药。40名战俘组成一组，行军中三天内被迫分食六条胡瓜来维持生命。行军落伍者被开枪打死或用刺刀刺死。这样的行军一直继续到1945年4月上半个月。在这条小路上，沿途都是死者的尸体。从山打根开始行军的俘虏，到达拉瑙的竟不到三分之一。走到拉瑙的那些俘虏又因饥饿和拷打而死去，有的则死于疾病或被杀害。在山打根的2 000多名战俘中只有6个人幸存下来，这6个人逃离了拉瑙战俘营才得以活命。在山打根，那些因为病重不能开始行军的人，不是病死就是被看守杀害了。

我们现在休庭15分钟。

（14：45休庭，15：00重新开庭如下。）

法庭执行官：远东国际军事法庭现在继续开庭。

庭长：我继续宣读本法庭的判决书。

泰缅铁路

日军在一个地区内长期实施暴行，对修筑泰缅铁路的战俘和当地劳工的虐待是一个显著例证。在施工前和施工期间，从在无法形容的艰苦条件下强行军200英里走向这个地区开始，俘虏们一直遭到各种各样的虐待、折磨和生活必需品的匮乏。结果在18个月的时间里，46 000名俘虏中死了16 000名。

日本大本营为了推进在缅甸和印度的战略计划，在1942年初研究过交通运输问题。当时最短而又便利的交通线就是通过泰国。于是决定将始于暹罗曼谷的铁路与始于缅甸毛淡棉的铁路连接起来，需要连接的距离约为250英里（400公里）。这样一来与在缅日军之间的交通就便捷了。

根据东条的建议，决定此项目使用战俘，于是向当时驻扎在马来亚的南方军发出命令，用最快的速度施工，务必在1943年11月完成。根据这些命令,从1942年8月开始,从新加坡地区送去了两批俘虏;第一批被叫做"A"队,是从海路送往班蓬的,第二批由"F"队和"H"队组成,是用火车运往班蓬的。从班蓬出发,他们被命令沿着预定的工程建设线路向各战俘营行军。

在"F"队和"H"队离开新加坡之前,负责战俘管理的日本将官对战俘说,因为新加坡的战俘营缺乏食粮和卫生状况差,使得那么多俘虏生病和营养不良,现在要把他们送往在山区的战俘休养营,那里的食粮条件较好。因此,他坚持要将包括病人在内的俘虏送往这种劳动营。俘虏们被塞进铁路货车车厢中,连躺下的地方都没有,只能盘腿坐在地上。他们还被告知不必携带烹饪用具,因为会发给他们新的。但是后来并没有发给他们新的烹饪用具。此外,给予俘虏的唯一食物只是稀薄的菜汤,在铁路旅程的最后24小时,竟没有发给任何食物或水。

四昼夜之后,俘虏们下了火车,他们被要求交出行李和他们带来的全部烹饪用具和全部药品及医疗器械。在接下来的两个半星期中,他们被迫徒步行军200英里。这样的行军即使对健康的士兵来说也会不堪重负,因为行军路线是穿过山区丛林中的崎岖小径。这次行军在雨季的大雨和泥泞中,经过了15次夜间行程才完成。由于俘虏的身体很衰弱,加之又必须搬运约2 000名因病不能行走的人,这次行军简直是超出了人类所能忍受的极限。有些生病的人和身体太弱走不动的人遭到看守的殴打和驱赶。

预定铁路工程沿线的战俘营设立在人迹罕至的原始森林中,完全没有房顶。卫生设备也几乎没有,既不给予医疗和药品,又不发给衣服,食粮配给也完全不够。此外俘虏们不停地受到驱赶并每天惨遭殴打,因此死亡人数和伤残人数日益增多。凡企图逃走者均被杀死。在"F"队和"H"队之后陆续从新加坡送出的其他各批战俘也受到了相同的待遇。

东条在本法庭作证时说,他接到过报告,说在这一建设工地上干活的战俘处境恶劣,他于1943年5月派遣战俘情报局长官前往调查。他承认,此次调查之后他采取的唯一措施是把一名虐待战俘的中队长交付军事法庭审判,并将铁道建设司令官撤职。但是,我们从其他证据发现,这个司令官被撤职的原因并不是虐待战俘。负责这个铁路建设项目的首任司令官是被同盟军空袭炸死的。第二任负责项目的司令官被调离了岗位,原因是他患病不能胜任,工程进度慢,达不到大本营的要求。建议更换第二任司令官的调查官并不是东条所说的那个战俘情报局长官,而是参谋本部中主管交通通信的第三部部长若松。他向参谋总长报告说工程进展缓慢,建议让马来亚的铁道部队司令官接替此项工程的负责人,并允许其将完成铁路的预定期限延长两个月。

鉴于该工程管理战俘的那些负责人对战争法规的普遍蔑视和他们对战俘惨无人道的虐待,仅仅把一个中队长交军事法庭审判,作为一种纠正手段就显得毫无意义且远远不够,这等于是纵容他们的行为。1943 年日本政府和日本大本营主要关注点之一就是这条铁路的建设必须按时完成,以便用这条铁路阻止正在缅甸挺进的同盟军。对于因日本和朝鲜看守不断的驱赶、殴打、折磨、杀害,战俘所处的不卫生的生活与工作条件,以及日本政府没有给予最低限度的生活必需品和医疗所导致的同盟军战俘的伤病和死亡的代价,没有任何人予以关心。

参加铁路建设工程的战俘没有适当住处,病人缺医少药,以及种种非人道的待遇,正是日本人对待战俘的典型方式。1943 年 11 月之前一直从事这个建设项目的证人怀尔德(Wild)上校对此做了描述。由于怀尔德上校懂日文,他充当了战俘与日本军官之间的联络官,他访问过许多关押俘虏的战俘营,对于战俘的待遇拥有第一手资料。以下是他的证言摘要,很形象地描述了实际情形:

问:在这些战俘营里,战俘的生活条件和待遇是否有实质性的差异?

答:没有任何差异。

问：请你举个例子加以说明。

答：当我在 1943 年 8 月 3 日进入松克雷战俘营的时候，一开始进了一个很大的收容约 700 人的竹棚。这是一个普通式样的棚子。中间是一条泥土的过道，两旁是用竹条编制的 12 英尺宽的睡觉平台。屋顶很简陋，是用稀疏的椰树叶盖的，下雨时到处都漏雨。没有墙，雨水从泥土的过道流过。棚舍的架子是用藤蔓捆扎的毛竹搭起来的。

在这个竹棚里住了 700 个病人。他们躺在棚舍内两边的竹榻上，每边纵向躺两个人。从棚舍的这头到那头，他们一个个紧挨着。他们都瘦骨嶙峋，身上几乎一丝不挂。在棚舍的中间，大约有 150 名热带溃疡病患者。得了这种溃疡病的人，从膝盖到脚踝的肉都会烂掉。棚子里弥漫着令人难以忍受的腐肉臭味。唯一可以得到的包扎物是用绑腿缠住香蕉树叶子，唯一的药品是热水。另外一个式样相似的竹棚建在稍高的山上，那里住着所谓的健康人。日本看守住在一个屋顶完备、建筑较好的棚舍里。

问：那里是否有寝具？

答：没有任何寝具。

问：下雨时他们用什么来遮雨？

答：在我们进入这些劳动营的最初几个星期里，我们住的棚子没有一个是有屋顶的。当时已进入雨季，在那几个星期的时间里，战俘们除了香蕉树叶子之外没有任何遮雨的东西。如果他们还有些体力，每人就会割两三片香蕉树叶子盖在自己身上遮雨。

问：后来是否收到过做屋顶的材料？

答：我担任战俘指挥官的下尼基战俘营得到了一卡车聂帕桐叶，这些桐叶只够用来覆盖住着最危重病人的那个竹棚的半个屋顶。尼基战俘营一直没有得到聂帕桐叶，但是我们得到了一些破烂漏雨的帆布。其余四个战俘营在几个星期之后都得到了聂帕桐叶，得以用正常需要量大约一半的桐叶覆盖所有的棚顶。当然，日本和朝鲜看守没有这个问题，他们住的地方总是有盖得很严实的屋顶。

问：在你从新加坡出发十个星期之后，即在1943年7月中旬左右，"F"队的总体情况怎样？

答：到那时为止，已经死了1 700人，7 000人中有700人出去干活。但是这700人，在我们英国军官看来，其中有350名本该躺着养病的。

如果不谈谈在当地招募的那些劳工的待遇，那么关于建筑这条铁路的叙述就是不完整的。

为了补充这项工程上战俘劳力的不足，于是征募了本地的缅甸人、泰米尔人、爪哇人、马来亚人和中国人，有时候凭藉各种各样的许诺，有时候就强征占领区的当地劳工。在这个铁路工程中，所使用的本地劳工总共约15万人。他们的待遇和生存状态要说的话，只有比上述情况更加恶劣。在建筑铁路期间，15万劳工中至少死了6万人。

我们在后面将相当详细地叙述同盟国对虐俘行为所提出的抗议，并且会谈到日本参谋本部和政府都知道这些暴行。但是，在此处有必要提一下我们收到的证据，该证据表明，日本陆军在铁路工程开工之前就被告知了工程将在极其艰苦的条件下进行，以及日本政府知道伤亡情况但未对这些条件加以改善。

1942年铁路工程开工之前，南方军司令部就知道战俘有罹患各种热带病的危险，并且经常获得关于死亡率的报告。1944年10月6日，南方军参谋长给战俘情报局长官的报告证明他们知道对战俘健康的危险，以及食物、住所和医疗用品匮乏的情况，以下是报告中的一段："出于战略的原因，完成本铁路工程是最紧迫的任务。由于这条铁路预定线路要穿过人迹罕至的原始丛林，营房、食物、给养和医疗用品都远远不够，与平常情况下战俘的条件差异极大。"

1943 年 7 月,当数千名战俘死去和因病不能劳动时,外务大臣重光在回答抗议时说,俘虏受到公平的待遇,病人全都得到了医治。但是,即使根据日本人的数据,就在重光的答复送出后一个月之内,仅在泰国就死了 2 909 名战俘。同一资料来源显示,死亡率逐月大幅上升,从 1942 年 11 月的 54 人增至 1943 年 8 月的 800 人。

1943 年夏,若松结束上述地区视察回到东京后,亲自向参谋总长杉山报告说,他看见了许多罹患脚气病和痢疾的病人,食物的质量也没有达标。

日方宣称很多死亡是由于同盟军妨碍了食物和药品的正常供应引起的。然而,正是以海运受阻为理由,1943 年 2 月下令将这个工程的竣工期限缩短四个月。接到这个命令后,指挥官就开始不顾一切地乱来了。他们对战俘说,人是无关紧要的,不管承受怎样的痛苦或死亡,铁路都必须建成,也就是说:"铁路建设不容迟缓,因为这条铁路是作战所需要的,必须在规定期限内不惜一切代价建成,丧失英国和澳大利亚战俘的生命也在所不惜。"

最后我们要提及战俘情报局收到的一份月度报告,日期为 1943 年 9 月 3 日,是泰国战俘营指挥官提交的。该报告说,在共计 40 314 人的战俘中,有 15 064 人罹患疾病。考虑到患脚气病和痢疾的病人被强迫继续劳动的惯例,如果把这些人也包括在内,病人的数量还会大得多。

酷刑和其他非人道待遇

在日军占领的地方,无论是在占领区抑或是在日本本土,都会对战俘及被拘禁平民实施酷刑。在整个太平洋战争期间,日本方面都放纵这种做法。在所有的地方,实施酷刑的方法都是相同的,这表明它在训练和执行上有统一的方针。在这些酷刑中有水刑、烙刑、电刑、压杠子、悬吊、跪钉板和毒打等。

日本宪兵队是最积极实施酷刑的部队。但其他陆军和海军部队也使用和宪兵队一样的方法。战俘营的看守也是用类似的方法。由宪兵队在占领区组织起来的当地警察也使用同样的酷刑。

我们将说明战俘营指挥官在履职之前在东京是如何受训的。我们还将说明这些战俘营指挥官受陆军省军务局战俘管理部的行政管控和监督，并要向该管理部提交月度报告。宪兵队隶属于陆军省。日本的宪兵训练所由陆军省维持和操办。所以说宪兵队和战俘营看守的行为反映了陆军省的政策，这是一个合理的推论。

为了说明酷刑的普遍性和所用方法的统一性，我们对这些方法作一个简要的概述。

所谓的"水刑"是经常使用的方法。受害者被捆绑起来或用其他方法缚牢使其躺卧，然后从口鼻向肺里和胃里强迫灌水直到他失去知觉。然后再施以压力，有时是站在受害者的腹部蹦跳，把水压出来。通常的做法是弄醒受害者之后再重复这个过程。有证据证明这种酷刑曾在以下各地使用：中国的上海、北平和南京，法属印度支那的河内和西贡，马来亚的新加坡，缅甸的斋托，泰国的春蓬，安达曼群岛的布莱尔港，婆罗洲的亚庇，苏门答腊的棉兰、丹戎加兰和巨港，爪哇的巴达维亚、万隆、泗水和茂物，西里伯斯的望加锡，葡属帝汶的奥苏和帝力，菲律宾的马尼拉、尼古拉斯斐尔德、帕洛海滩和杜马格特，台湾的屏东战俘营，以及日本的东京。

烙刑这种酷刑被广泛使用。这种酷刑通常是用燃着的香烟去烫受害者的身体，有时是用点着的蜡烛、烧红的烙铁、燃烧的油或滚烫的水。许多时候是将热力施加于身体的敏感部位，例如鼻子、耳朵、腹部、生殖器，以及妇女的乳房。我们已获有明确事例的证据，证明这种酷刑曾施用于以下各地：中国的汉口、北平、上海和诺门坎，法属印度支那的海防、河内、荣市和西贡，马来亚的新加坡、维多利亚角、怡保和吉隆坡，缅甸的斋托，泰国的春蓬，安达曼群岛的布莱尔港，尼科巴群岛的加格纳，婆罗洲的亚庇，苏门答腊的巨港和北干巴鲁，爪哇的巴达维亚、万隆和三宝垄，摩鹿加群岛的安波那，葡属帝汶的奥苏，所罗门群岛的布因，菲律宾群岛的马尼拉、伊洛伊洛市、帕洛、巴丹和杜马格特，以及日本的川崎。

电刑也很普遍。把电流通到受害者身体的某个部位以产生电击。电击点通常是身体的敏感部位，例如鼻子、耳朵、生殖器或乳房。证据表明在下列地方曾施行电刑：中国的北平和上海，法属印度支那的河内和美萩，马来亚的新加坡，泰国的春蓬，爪哇的万隆、茂物和三宝垄，以及菲律宾群岛的达沃。

所谓"压杠子"是经常使用的酷刑方式。把受害者两手反绑起来，强迫他跪下并把圆杠子夹在双膝的后面，圆杠子有时粗至直径三英寸。在大腿上施加压力时，膝关节就松开了，有时甚至跳到受害者的大腿上增加压力。这种酷刑的结果是使膝关节脱臼并引起剧痛。证据表明，在下列地方施行过这种酷刑：中国的上海和南京，缅甸的土瓦，安达曼群岛的布莱尔港，婆罗洲的山打根，苏门答腊的北干巴鲁，摩鹿加群岛的哈马黑拉岛，葡属帝汶的帝力，菲律宾群岛的马尼拉、尼古拉斯斐尔德和帕赛战俘营，以及日本的东京。

悬吊也是常用的酷刑。将受害者的手腕、手臂、腿或颈部吊住，使他身体悬空，有时还用这种方法使他窒息或关节脱臼。在悬吊的同时还常常加上鞭打。在下列地方使用过这种酷刑：中国的上海和南京，法属印度支那的河内，马来亚的新加坡、维多利亚角、怡保和吉隆坡，泰国的春蓬，缅甸的斋托，婆罗洲的山打根，苏门答腊的布拉斯塔吉，爪哇的万隆、泗水和茂物，摩鹿加群岛的安波那，葡属帝汶的帝力，菲律宾群岛的马尼拉、尼古拉斯斐尔德、帕洛、伊洛伊洛市和杜马格特，以及日本的东京和四日市。

跪钉板是另一种酷刑方式。多数情况下用正方形木料的棱角做刑具。受害者被迫跪在棱角上好几小时不准移动，一动就要遭到鞭打。我们已获得曾在下列地方使用这种方法的证据：法属印度支那的河内，马来亚的新加坡，安达曼群岛的布莱尔港，摩鹿加群岛的哈马黑拉岛，菲律宾群岛的达沃，以及日本的福冈和大牟田。

拔掉手指甲和脚指甲的方法也施行过。这种酷刑方式的实际例子出现在下列各地：中国的上海，西里伯斯的万鸦老，菲律宾的马尼拉、伊洛伊洛市，以及日本的山仁。

下列地方用地牢作为施行酷刑的场所：法属印度支那的河内，马来亚的新加坡和爪哇的万隆。

毒打是日本人最常用的酷刑。在所有的战俘和平民拘留营、监狱、宪兵队以及所有劳动营和所有劳动现场，以及在运输俘虏的监狱船上，日本人都经常实施毒打。在得到战俘营指挥官或其他军官的许可并且常常是在他们的指令下，看守们以任意打人为乐。战俘营会收到打人的特别工具其中有一种与棒球棒差不多粗的木棒。有时在看守的监督之下，一些俘虏被迫去打关在一起的其他俘虏。由于这种毒打，俘虏常常被打成内伤、骨折和撕裂伤。在很多情况下他们被打得失去知觉，把他们弄醒过来就是为了再施以新一轮的拷打。有证据证明，有时候俘虏被活活打死。

精神折磨是普遍使用的。这可以用杜立特飞行队队员遭到的虐待作为实例。在遭受了各式各样的其他酷刑之后，他们被一个个单独拉出来，蒙住眼睛行进一段相当的距离。受害者可以听见人声和脚步声，然后听到一个小队立定下枪的声音，就好像一支站成一排的行刑队一样。然后日本军官走到受害者面前说："我们是被授予旭日章的武士道骑士，我们在日落时刻是不行刑的，我们在旭日东升时行刑。"于是受害者被带回监房并且被告知，如果在日出之前不坦白就将被执行死刑。

1944 年 12 月 5 日，驻东京的瑞士公使馆将英国政府的抗议照会转送给外务大臣重光。抗议照会告知重光，缅甸日军林师团 1943 年 8 月 6 日颁发的《俘房审讯要领》已被缴获。抗议照会从这本小册子直接引用了以下内容："必须谨慎使用斥责、痛骂或拷问的方法，因为那些方法会导致得到虚假口供并被对方愚弄。一般应采取以下方法：

"（a）拷问，包括脚踢、殴打以及一切可以引起肉体痛苦的拷问。这种办法是最拙劣的方法，只在所有办法无效后才可使用。"（在缴获的小册子中,这段话打着特别标记。)"使用暴力拷问时,应改换审问的军官,如果新换的军官用同情的方法讯问,可能会得到好的结果。

"(b)威吓。① 暗示将会遭遇肉体痛苦,例如拷问、杀戮、饥饿、单独监禁、剥夺睡眠。② 暗示将会遭遇精神痛苦,例如不准寄信,不给他与其他战俘同样的待遇,在交换俘虏时把他留到最后,等等。"

抗议照会接着说:"联合王国政府已要求日本政府对上述内容予以关注。联合王国政府忆及,日本政府最近坚决否认日本帝国当局使用了酷刑。请参阅 1944 年 7 月 1 日重光致瑞士公使的信函。"我们没有得到任何证据可以证明日方曾采取措施来阻止对同盟国战俘实施酷刑的做法,相反,这种做法一直持续到日本投降,而且当投降时,日本政府还发出命令,帮助这些罪犯避免为自己的罪行受到正当处罚。除了下令销毁全部可资证明罪行的文件,1945 年 8 月 20 日陆军军务局战俘管理部的战俘营指挥官还发出下列命令:"凡虐待过战俘和被拘禁者的人员,或被他们怀有极端恶意的人员,可立即转职到其他单位或隐蔽其行踪以免不测。"这项命令发给了各地的战俘营,包括在台湾、朝鲜、满洲、华北、香港、婆罗洲、泰国、马来亚和爪哇的战俘营。

活体解剖和吃人肉

活体解剖是由日本军医对他们手中的俘虏所实施的暴行。也有不是军医的日本人肢解俘虏的案例。除了下述事例之外,还发现另外一些被肢解的俘虏尸体,情况表明这些人的四肢是在他们还活着的时候被割掉的。

有证据证明,在坎多克有一个被描述为"健康、未负伤"的战俘遭受如下对待:"这个士兵被绑在光机关办公室外面的一棵树上。一个日本军医和四个日本实习军医站在他的周围。他们首先拔掉他的指甲,然后剖开他的胸腔把心脏取出,这由那个军医做了实习演示。"

在缴获的一个日本军官的日记中记下了发生在瓜达卡纳尔的一个事

件。"9 月 26 日——发现和抓获了两个昨夜逃进丛林的俘虏,由警备中队看管他们。为了防止他们再次逃跑,用手枪向他们脚上开了几枪,可是很难打中。于是由山路军医对两人做了活体解剖并取出了他们的肝脏。这是我第一次看见人类的内脏。学到了不少知识。"

有证人宣誓证明了把一个活着的战俘肢解的案例,这件事发生在菲律宾的坎南该,但这次并不是由军医干的,而是由一名日本作战军官干的。证言说:"……一个 24 岁左右的年轻妇女(……),从她躲着的草丛里被抓获了。两个士兵按住这个妇女,这支巡逻队的指挥官扒掉了她的衣服,然后把她带到一个没有墙的聂帕桐叶盖的小棚子里……在那儿这个巡逻队指挥官用他的军刀割去她的乳房和子宫。当这个军官割她的乳房和子宫时,士兵们按住了她。最初那个姑娘还在大声尖叫。最后她悄无声息一动不动地躺在地上。然后日本兵放火烧了这个桐叶棚子。……"

据一个目击证人描述,在马尼拉,他的男佣被绑在柱子上,日本兵割掉了那个男佣的生殖器,再把割下的阴茎塞进男佣的嘴里。

日本兵手中的俘虏被肢解的其他事例还发生在婆罗洲的巴厘巴板。这次事件的目击证人说:"我看见一个穿着制服的政务专员和一个穿制服的警察巡官。一名日本军官开始和这个政务专员谈话。……我看见日本军官在谈话时打了政务专员的耳光,更用刀鞘去抽打他的身体来虐待他。……那个开始和(荷兰人)政务专员谈话的军官,拔出刀从两肘稍上处砍掉了他的双臂,再把两条腿从膝部砍断。然后把政务专员拖向椰子树,绑在树上,用刺刀把他刺死了。……在这之后,那个军官走到穿制服的巡官那儿,用脚踢他,用手和刀鞘殴打他。然后那个(日本)军官把巡官的双臂从肘部之下砍掉,把他的双腿从膝盖处砍断。我听见巡官又喊了一声'上帝保佑女王'。巡官被刀刺和脚踢弄得站立起来,是用他两条腿的残余部分站着,就这样被刺刀刺死了。"

到了太平洋战争的末期,日本的陆军和海军堕落到了吃人肉的地步,吃被他们非法杀害的同盟军俘虏身体的某些部分。日本陆军并非没有注意到这种做法，但是他们甚至没有提出反对意见。一个日本俘虏在接受侦讯时说："1944年12月10日，第十八军司令部发布命令允许士兵吃同盟国士兵的尸肉，但不准吃友军士兵的尸肉。"某少将被缴获的关于军规的备忘录证实了这一陈述。在这个备忘录中有这样一段话："虽然刑法典中尚无规定，但明知是人肉而吃它的人（敌人的肉除外），将以最严重的反人类罪判处死刑。"

有时候这种吃敌人肉被当作一场军官宿舍中的欢庆宴会。甚至少将军衔的陆海军军官也会参加。被杀俘虏的肉或用他们的肉做的汤就供应给士兵进餐时食用。证据表明，在有其他食物的时候也发生过吃人肉的事情。换句话说，在这种情况下，吃人肉这种可怕的惯例并非是由于迫不得已而是出于嗜好。

战俘船受到攻击

从海上移送战俘的时候，日本的惯常做法与从陆路移送时一样目无法纪和惨无人道。战俘被塞进卫生设备不全、通风不充分的货舱和煤舱中，得不到任何医疗服务。在漫长的航行中，他们被迫留在甲板下面的货舱里，仅靠着配给的少量食粮和水来维持生命。这种战俘船没有任何标志，所以会遭到同盟国攻击，致使成千上万名战俘死亡。

为了节省空间，日本人一般会采取下列办法：在空的煤舱和货舱里做了木制的铺位或临时夹层，每层间隔的距离是3英尺。在这种临时夹层上分配给每15个战俘的空间是6乘6平方英尺的区域。在整个航行期间，他们只好盘腿而坐。为了节省空间，甚至还取消了适当的卫生设备。提供的卫生设备是系着绳子的木桶或木箱，从甲板上用绳子把这些木桶和木箱下放到货舱或煤舱，装满之后再用同样的方法拉上去，并将当中的排泄物倒到船外。从这些容器滴落下来的污物使得环境更加不卫生。许多战俘在乘船时正患着痢疾，他们的排泄物从木板铺位的缝隙流到下铺的战俘身上。为了省掉厨房的空间，给俘房的是没有烹调的食物或者是在启航之前就已经做好的食品。由于同样原因，船上储存的水也是不充分的。使这种可怖的状态更加不堪的是，不准战俘到甲板上去。在整个太平洋战争期间都是用这种方法运输战俘。辩方称，这是因为日本拥有的船舶吨位不足，不得已才采取了这种方法。但这是狡辩，因为如果日本政府不能按照战争法规定的条件来移送俘虏，那么它就没有权利移送俘虏。

1942年8月，为了给泰缅铁路提供劳动力，把第一批英国战俘从新加坡运往毛淡棉时，就使用了这种运输方法。1942年1月，"新田"丸停靠威克岛，把1 235名美国战俘和被拘禁平民运往横滨和上海时，也使用了这种方法。这次也和其他地方的情形一样，战俘和被拘禁平民上船时遭到日本士兵的夹道殴打，被日本人拳打脚踢。正是与这次航行相关，使我们初次注意到当时在战俘船上实施的"战俘规则"。除其他规定外，有这样一些规则："违反下列命令的战俘，将立即处死：（a）不服从命令和指令者；（b）表现出敌意和反抗迹象者；……（d）未经许可说话和大声喧哗者；（e）没有命令而行走和移动者；……（i）没有命令而登梯者；……大日本帝国海军并无意将你们全部处死。遵守日本海军的所有规则并和日本合作建设'大东亚新秩序'者，将受到优待。"在有些航行中，战俘被塞进没有安装临时床板的煤舱中，只能站立在煤炭周围仅有的空间。在其他航行中，战俘被迫挤在堆放着易燃货物的货舱里。这种把战俘船塞满战俘的方法，不仅使俘虏遭受各种艰难和健康上的危险，而且当船只沉没时战俘几乎不可能逃生。

因为同盟国军队无法将日本的战俘船从其他船舶中区分出来，所以战俘船和其他日本船舶一样经常遭到同盟国军队的攻击。结果是许多船只被击沉，死了成千上万的同盟国战俘。当遭到同盟国军队攻击时，有时候为防止战俘脱逃就把舱门关严，并命令配备了步枪和机枪的日军士兵守在那里，一旦发现战俘砸开舱门从沉船中逃走就开枪打死。"里斯本"丸上就发生了这种事情，这艘船载运英国战俘从香港启航，于1942年10

月在航行途中被击沉。在其他事例中，船沉没后，对落在水中的俘虏开枪打死或用其他方法杀死。日本人在"鸭绿"丸上用的就是这种方法，这艘船载着美国战俘从马尼拉启航，于1944年12月在航行途中被击沉。当"范·韦尔威克"号1944年6月在马六甲海峡沉没时，也发生了同样的事件。1944年9月，当载着大批安波那战俘和征用的印尼劳工的"顺洋"丸在苏门答腊以东海上沉没时，又发生了这种情况。

在这些航行途中，许多战俘死于窒息、疾病和饥饿；幸存下来的那些人，也因航行途中的折磨而极端衰弱，以致到达目的地后就不能干活了。因为损毁了战俘的劳动能力，所以陆军省于1942年12月10日发布了"急件，陆亚密电第1504号"。这个密令指出："最近在运输战俘至日本本土时，由于旅途中常有不适当待遇，致使很多战俘患病或死亡，有相当一部分人因伤残不能继续胜任劳役。"接着下达训令，必须确保俘虏抵达目的地时保持能够劳动的状态。虽然发出了这个密令，可是海上运输俘虏的条件并没有实质性改善。1944年3月3日，东条属下的陆军次官富永对"有关部队"发出另一个命令，除其他内容外，他说道："关于战俘管理，向来所重视的是利用其劳动力。虽然这已经直接有助于增强我们的战力，但是一般战俘的健康状况很难令人满意。居高不下的战俘死亡率必须引起我们注意。鉴于最近敌方加强了宣传战的力度，如果当前的状况继续存在，我们将不可能料想世界舆论朝我们所希望的方向发展。此类事情将会妨碍我们开展道义战。不仅如此，从充分利用战俘来提升我方战力的观点来看，改善战俘的健康状态也是绝对必要的。必须补充的是，虽然在海上运输俘虏时必须努力利用船上的空间，但是在这个关键时刻，在对待战俘时必须彻底理解1942年'陆亚密电第1504号'的意旨。"内阁阁员及许多政府官员知道上述运输方法对俘虏会产生什么影响。他们所采取的改善措施是完全不够的，而且这些措施的目的就是为了保存俘虏的体力以便从事劳动用于进行战争，而不是为了保证遵守与战俘移送有关的战争法规。

潜艇战

1943 年和 1944 年，日本海军实行了非人道、不合法的海战。被鱼雷击中的舰船上幸存下来的乘客和船员遭到了杀害。

东条内阁授权大岛大使与德国外交部长商讨作战问题。虽然技术问题是由共同委员会直接商讨的，但大岛明确表达的意见是，政策问题必须在大岛与德国外交部长里宾特洛甫两人之间谈，这是最为重要的。1942年 1 月 3 日，大岛和希特勒进行了会谈。希特勒解释了他对同盟国舰船实行的潜艇战政策，他说虽然美国可能快速建造舰船，但美国的主要问题是缺乏船员，因为训练航海人员需要花费很长时间。希特勒说，他已命令潜水艇在对商船发射鱼雷后浮出水面扫射救生艇，这样，大部分海员因被鱼雷击中而丧生的消息将会广泛传播，使美国在招募新的海员时困难重重。大岛回答，他赞成希特勒所说明的政策，并且表示日本也会采用这种方法实行潜艇战。

1943 年 3 月 20 日，部署在特鲁克的第一潜艇部队指挥官发布了以下命令："为了集中火力攻击敌方舰船，所有潜艇必须协同行动，并全歼敌方舰船。不仅要将敌方舰船及其船载货物击沉，同时还应将敌方舰船的船员全部歼灭；如有可能，则捕获部分船员，并努力获得敌方的情报。"

日本的潜艇指挥官执行了这种非人道的海战命令。在 1943 年 12 月13 日至 1944 年 10 月 29 日这段时间里，日本潜艇发射鱼雷在印度洋击沉英国、美国和荷兰的八艘商船、在太平洋击沉一艘美国船只之后，这些潜艇就浮出水面，企图或实际上将船长带上潜艇，进而破坏救生船并杀死幸存者。

同盟国政府反复提出抗议，在抗议中陈述了船只被击沉的准确日期和位置，以及被鱼雷击中的船舶上乘客和船员所遭受的暴行详情。这些抗议始终没有得到令人满意的答复，船舶继续被击沉，对船上幸存者施加的暴行没有任何改变。

1944年3月9日，英国商船"比哈尔"号遭炮击沉没时，日本海军所采取的行动可以作为例证。115名幸存者被巡洋舰"利根"号收容。在当天晚些时候，"利根"号向旗舰"青叶"号报告了这次的击沉和俘获情况。"青叶"号立即向"利根"号发出信号，命令它把幸存者杀死。后来决定把幸存者中的15人交平民拘留营，其中包括两个妇女和一个中国人，把其余的100人杀掉。于是，"利根"舰舰长下令把这100名幸存者在"利根"舰上全部杀死。

屠杀美国船"琼·尼科利特"号的幸存者是日本海军所用方法的另一个例证。1944年7月，这艘船从澳大利亚驶往锡兰的途中，深夜在距离陆地600英里处被日本潜艇的鱼雷击中。这艘船上约有100人，其中约90个人被收容到了潜艇上。这艘船被击沉了，救生船也被炮火摧毁，但有些救生船没有完全沉没。幸存者都被反绑着双手。数名高级船员被带下去进入舱室，本法庭不知道他们的下落。当潜艇为搜索幸存者巡航时，日本人让其他幸存者都坐在前甲板上。这时候，有些人被波浪卷走了，其余的人遭到木棍或金属棍的殴打，手表和戒指一类的私有物品都被抢走了。然后叫他们一个一个地从两列日本士兵中间通过走到舰尾，当他们经过时，日本士兵对他们进行了殴打。然后将他们投入水中淹死。当还有俘虏没走完这个夹道殴打的行列时，潜艇就开始下潜，把余下的俘虏都留在了甲板上，他们就只能等死了。但是其中也有因游泳而得救的。这些人以及在他们帮助下继续浮在水面的战友第二天被飞机发现，于是这架飞机就将一艘救生船带到了他们漂浮的地点。就这样，有22人从这一可怕的经历中幸存下来，其中有些人还在本法庭就日本海军的非人道行为提出了证言。

对于俘虏及被拘禁平民的非法役使、饥饿和虐待

就在日本与同盟国达成共识，同意对战俘及被拘禁平民适用《日内瓦战俘公约》仅几周之后，1942年4月2日，陆军省军务局战俘管理部长上

村中将对日本的台湾军参谋长说，"现在正在推进利用战俘从事生产的计划"，并要求立即报告在台湾为此目的可供利用的战俘人数。

1942年5月6日，陆军次官把关于役使战俘的政策通知日本的台湾军参谋长。他说已做出如下决定："可以利用战俘来增加我方的生产，作为军事方面的劳工，白种人战俘将依次监禁在朝鲜、台湾及满洲。高级技术人员和高级军官（上校及以上）将和其他战俘一起监禁在台湾。那些不适合为我方增加生产所用者将被就地监禁在迅速设立的战俘营里。"1942年6月5日，上村中将向日本的台湾军参谋长发出如下指令："虽然1903年的条例禁止使用战俘军官及准尉从事劳役，但管控当局的政策是，鉴于不容许有人不劳而食的国情，他们希望这些军官及准尉从事劳役。切盼你部遵照此政策下达合适的命令。"这些训令也下发给了所有的陆军有关部队。这个指令源于日本内阁，因为1942年5月30日，总理大臣东条向一个辖有战俘营的师团长发出训令："我国目前的国情不容许任何人不劳而食。有鉴于此，在安排战俘时，我希望你们务必注意对他们加以利用。"1942年6月25日，东条向新任命的战俘营指挥官们发出训令。东条说："在日本，关于战俘我们具有自己的观念，那么在对待战俘的方式上自然也或多或少有别于欧美各国。在处理俘房时，你们当然应该遵守各种有关条例，以期处置得当……但同时你们又不得让他们不劳而食，连一天也不行。他们的劳动力和技术能力应该充分用于增加生产，并有助于我们必须竭尽全力推进的大东亚战争。"执行这些训令至少在一定程度上导致了伤病俘房及营养不良者不断遭到驱赶、殴打和推搡，以强迫他们在军事工程上劳作，直到他们死于疾病、营养不良和精疲力竭。1942年6月26日，东条向新任命的一批战俘营指挥官下达了这些训令，1942年7月7日，又向另一批战俘营指挥官下达了这些训令。

内阁对于东条使用战俘协助进行战争的计划是支持的，这从内务省警保局外事课发布的1942年9月号《外事月报》得到证明。这份月报表明，由于日本劳动力短缺，内阁企划院经陆军省军务局战俘管理部同意，于 1942 年 8 月 15 日召开了一次会议,会议决定,将战俘转移至日本并役使他们以缓解国家总动员计划范围内产业的劳力不足。据这份月报说,会议决定在矿业、码头装卸及国防土木建筑工程方面使用俘虏。会议就一项全面计划达成一致意见,即地方长官和厚生省合作,而陆军将负责对战俘及战俘的使用进行监管。星野、铃木和其他内阁阁员一起参与了这个决定。星野之所以被东条选任为内阁书记官长就是因为他具有长期从事经济计划的经验,东条已要求他与铃木合作,主要致力于经济计划工作,铃木是东条挑选的内阁企划院总裁。星野自 1941 年 10 月 18 日开始担任内阁书记官长,一直到 1944 年 7 月 19 日东条内阁垮台为止。铃木在 1939 年 5 月 30 日担任企划院参与;1941 年 4 月 4 日,当星野被免去内阁企划院总裁及无任所大臣时,铃木接替星野的职务,并在第三次近卫内阁及东条内阁中留任无任所大臣和企划院总裁,直至 1944 年 7 月 19 日东条内阁辞职。

对各民族所需食物和被服的考虑

1942 年初,日本政府承诺,向战俘及被拘禁平民供应食物和被服时,将考虑他们的民族习惯和种族风俗。但这事从未实行过。做出此承诺时,当时有效的各项规则要求给战俘及被拘禁平民提供食物和被服的战俘营指挥官应该依照陆军关于给养的《基本给养一览表》。这些战俘营指挥官有权决定提供给被监禁者的给养量,但指示他们只能在一览表规定的范围内做出决定。这些规则中,关于饮食一项的规定被解释为禁止战俘及被拘禁者获得充足的食物,即使在战俘营附近有其他食粮的情况下也是如此。甚至当被监禁者因营养不良而大批死亡的时候,也依然遵守这项规定。虽然管理俘虏的人不久就明白了由于战俘及被拘禁者具有不同的民族饮食习惯和风俗,他们靠着供给的食物是不可能生存的,但是《基本给养一览表》中所规定的食粮分量和种类,在战争期间除了减少定量以外,并无任何实质性的改变。1942 年 10 月 29 日,各战俘营指挥官接到命令，"考虑到日本国内重工业劳动者的大米和大麦的消费量"，作为军官或文职官员的战俘和被拘禁平民的配给量，应该减少至每日不超过420克。1944年1月更将米的配给量减少为每日最多390克。由于被监禁者开始罹患营养不良症，他们很容易患病，并且只要被迫干重活就很快感觉疲劳。尽管如此，战俘营指挥官仍然强制执行东条"不劳动者不得食"的训令，并进一步削减了食物配给量，有时候对于因病因伤不能干活的人，甚至一点食物也不给。

上述规则规定，战俘及被拘禁平民应该穿着他们原有的衣物，也就是说要穿他们被俘时或被拘禁时所穿的衣物。战俘营指挥官执行这项规定，结果许多战俘营中的被监禁者在战争结束前已经衣衫褴褛。事实上，该规则允许当俘虏及被拘禁者原来所穿的衣物不适合再穿时，战俘营指挥官可以借给他们一些衣物，但这种事例极为罕见。

医疗供给

根据规则，日本陆军和海军必须保有并储存足供一年使用的药品及医疗器械。这经常靠没收红十字会的医疗品来实行，但大部分医疗品却是为了日军士兵和战俘营看守而储存或使用的。很少将仓库中的药品和医疗器械供给战俘及被拘禁平民。日本投降时，发现了大量存放在战俘和平民拘留营内或附近的医疗品，而在这些拘留营里，战俘及被拘禁平民却因缺乏这类医疗品发生了高得惊人的死亡率。

担任东部军管区参谋官的铃木薰二曾在本法庭作证（东部军管区在本州岛，由土肥原及其他指挥官领导）。铃木承认，他曾准许在其军管区的战俘营指挥官和看守没收红十字会发给战俘的救济包裹。证据表明，这在日本本土及其海外属地和日本占领区的战俘营中是很常见的做法。铃木还承认，他知道军管区内战俘营看守殴打及用其他办法虐待俘虏的情况。

在所有战区，不给战俘和被拘禁平民充分的医疗品，甚至完全不给他们任何医疗品是很普遍的现象，这加剧了成千上万战俘和被拘禁平民的死亡。

居住场所

规则规定,应该使用陆军的建筑物、寺院及其他现有的建筑物作为拘禁战俘和平民的场所。规则还规定,当雇主使用战俘及被拘禁平民为战时生产时,应该为他们提供所需的居住场所。尽管有这种规定,可是所提供的居住场所经常是不足以遮蔽风雨的,或不卫生的,或者是既不能遮蔽风雨又不卫生的。在泰国的坎布里战俘营,日军的副官在 20 间左右的空棚屋中为患病的战俘开设了一家医院,这些棚屋是开拔不久的一支日本骑兵联队的马厩。太平洋诸岛及泰缅铁路沿线的大部分战俘营都是一些聂帕桐叶盖的泥地棚屋。通常这些战俘营是由将要住在那里的战俘自己盖的,在棚屋盖成之前,战俘就被迫在露天生活,经受日晒雨淋。但有时候战俘可以免去建筑之劳,住进聂帕桐叶盖的棚屋,那些棚屋是原来住在里面的人患传染病死亡而空出来的。这情况发生在泰缅铁路工程的 60 公里战俘营中,约 800 名澳大利亚战俘被安排住进不久前因霍乱而死的缅甸劳工住过的棚屋。在摩鹿加群岛的拉哈特,以前的一个爪哇人劳役营于 1944 年 8 月改为战俘营,当荷兰和英国战俘到达那里时,看见遍地都横陈着爪哇人的尸体。一次,陆军次官木村被告知,板垣正计划把朝鲜的三所神学院用于监禁 1 000 名英国战俘和 1 000 名美国战俘,于是他询问,计划用于监禁战俘的建筑物对这些战俘来说条件是否过于优越了。

劳役

日本政府的政策是让战俘及被拘禁平民从事直接与作战有关的工作。在作战地区,用他们来建造军用机场、公路、铁路、码头及其他军用工程,还让他们做装卸军用物资的搬运工。在日本的海外属地及日本国内,除了上述作业外,还强迫他们在矿山、军需和飞机工厂及其他与作战直接有关的项目工作。一般来说,监禁战俘及被拘禁平民的营地都被设置在作业场附近，从来不会顾及他们的安全，结果是不管在工作时间还是非工作时间，他们都要冒着遭到空袭的不必要危险。有证据表明，有时候为了防止同盟军轰炸军用设施或军工厂，日本人故意将战俘营安排在那些地方。

本地劳动力

日本在决定了将战俘及被拘禁平民直接用于助力战争的工作这项政策，并建立了实施这项政策的制度之后，它还通过从日本占领区本地人口中征用劳工来进一步补充人力资源的不足。日本人靠虚假的许诺加上暴力来完成劳工招募。劳工一旦被招募，就被送往拘留营加以监禁。这些被招募的劳工与战俘及被拘禁平民之间没有多少区别或没有任何区别。他们都被当作奴隶，他们的体力被利用到极限。因此，在本章中我们使用"被拘禁平民"这个词语时，是将这些被征用的劳工也包括在内的。而且，这些被征用的劳工对于在异常的、拥挤的生活状态下应该遵守的卫生原则一无所知，因而更容易死于不卫生的监禁条件和日本人的强迫劳役所引起的疾病，这一事实使他们的命运更加悲惨。

强迫战俘和被拘禁者签署宣誓书

为了减少看守战俘及被拘禁平民所需人数，陆军省于1943年初颁布了违反战争法则的规则，它规定："战俘被监禁之后，应立即令其进行不逃跑的宣誓。拒绝做此宣誓者将被认定为具有逃跑意图，须对其严加监视。"这种"严加监视"实际上意味着减少给养的单独监禁，或者对他们施以酷刑，直到他们做出所要求的宣誓。1942年8月在新加坡，拒绝宣誓的16 000名俘虏被赶到战俘营的院子中。为了强使他们签署宣誓书，他们被限制在那里，4天未给饮食，也不设置厕所，导致的结果实在太令人恶心不堪形容。在香港，拒绝在宣誓书上签名的一些战俘被囚禁在一所监狱内，没有食物并被迫整天跪着，只要动一下就会挨打。在山打根的战俘营中，和士兵一起拒绝签名的高级军官战俘立即被绑起来殴打。执行枪毙的行刑队都已排好了队,最后由于他的士兵答应签名才救了他的性命。在巴达维亚和爪哇战俘营里的战俘,不签署宣誓书就会一直被殴打并不给食物。在日本四国岛的善通寺战俘营,有41名战俘因拒绝宣誓,从1942年6月14日起一直被禁闭到9月23日,最后他们被威胁说,如果坚持拒绝宣誓就会被处死。正如前面所述,关于战俘的规则与我们前面所引用的其他规则一样,也适用于被拘禁平民。为了执行这种强迫做出的宣誓,该规则进一步规定:"违背誓言的宣誓者应处以死刑,或苦役,或终身监禁,或七年及七年以上的监禁。如上述人员执武器反抗,则须处以死刑。"该规则还规定:"凡违反其他誓言者,处十年或十年以下的监禁。"关于后一规定,该规则的其他条款做了如下说明:"战俘营指挥官在派遣战俘之前(即把战俘从战俘营送到工程队或劳役营之前),除了全面了解战俘的技能外,特别要对其性格、思想、以往经历等做全面的调查,努力防止其逃跑和发生意外骚乱,此外,他还应主持与其他重要事项有关的郑重宣誓。"朝鲜军司令官板垣在1942年9月4日的一封电报中向陆军大臣东条报告说,他打算迫使他所管辖的所有战俘参加劳动,包括军官及准尉;用他的话说:"不允许任何一个战俘不劳而食。"他说,他所颁布的规则之一是:"务必防范战俘从事破坏;如有必要可令其宣誓并制定严厉的处罚规则。"1942年9月1日,东条接到台湾军司令官的如下报告:"1942年8月31日,台湾战俘营拘押了从富集团转管的339名战俘,包括珀西瓦尔(Percival)中将、陆军或海军少将6名、准将27名、陆军或海军上校25名、陆军和海军中校及以下的军官130名、下级军官210名,以及文职官员6名。最初珀西瓦尔中将等人拒绝宣誓,但最后除三人外(一名准将、一名海军上校和一名海军机械中尉),其余均已签名。"

日本政府颁布并实施的这个规则体系旨在强迫战俘和被拘禁平民在威胁下宣誓不逃跑和不违反日本政府的其他规则和命令,它违反了一般战争法规。这个规则体系作为日本政府政策的组成部分,是无视和违反战争法规而设计、制定和维持的。

我们现在休庭到明天 9:30。

（16:00 休庭，至 1948 年 11 月 12 日星期五 9:30。）

1948 年 11 月 12 日，星期五

日本东京都旧陆军省大楼内远东国际军事法庭

休庭后，9:30 庭审人员到场

出庭人员：

法官席，所有成员就座。

检方人员，同前。

辩方人员，同前。

（英日、日英口译由远东国际军事法庭语言部负责。）

法庭执行官： 远东国际军事法庭现在继续开庭。

庭长： 除贺屋、白鸟和梅津由律师代表外，所有被告均出席。巢鸭监狱军医出具了以上三名被告今天因病不能出席审判的证明。这些证明将记录在案并归档。

我继续宣读本法庭的判决书。

过重和非法处罚

东条在给战俘及平民拘留营指挥官的训令中要求他们加强对部属的管控并严格对战俘的监督。他说："务必使他们服从严格的纪律。"1942 年 5 月 30 日，在对善通寺师团长的训示中又重复了这一命令，他说："务必在不违反人道原则的限度内，对战俘进行严格管理。务必注意不要受到人道主义错误观念的困扰，也不要因战俘长期监禁可能滋生对他们的

个人感情而动摇自己的意志。"

1929 年《日内瓦战俘公约》对战俘过错行为的处罚规定如下："禁止任何体罚、任何无日光场所的监禁，以及任何形式的残暴对待"，"禁止因个人行为而给予集体处罚"。该公约还包括对可能施加于战俘的惩罚的其他重要限制。所有这一切都是为了确保战俘得到人道待遇而制定的。限制之一是该公约有一条款涉及战俘脱逃及企图脱逃，它规定："脱逃的战俘在尚未回归本国军队或尚未离开俘获国军队所占领土而重被俘获时，应仅受纪律性处罚。战俘企图脱逃或脱逃完成后，协助其脱逃的同伴应仅因此受纪律性处罚。禁闭是可以对战俘采取的最严厉的纪律性处罚。每次处罚的期限不得超过 30 日。"在此，纪律性处罚和简易处罚是当作同义词使用的。此外还规定："战俘因在企图脱逃过程中犯下侵犯人身或财产罪行而送交法庭审判时，其企图脱逃行为，即使不是初犯，不得被视为加重处罚的理由。"

1934 年日本拒绝批准此公约，这一事实表明日本真正了解此公约。他们说，根据此公约，"对战俘不能像对日本士兵一样加以严罚，这将牵涉到修改日本陆海军惩罚令以使两者处于同等的地位，但这种修改从军纪的角度看是不利的"。拒绝批准公约的真正原因是日本军部希望避免做出将会妨碍他们虐待战俘政策的任何明确承诺。

在太平洋战争初期，日本政府在承诺对同盟军战俘及被拘禁平民适用公约规定之后，又制定了与这一承诺相反的法令和规则。1943 年日本政府公布了以下规则："如果战俘有不服从的行为，他应被处以监禁或禁闭，并可以附加其他为惩戒目的必要的措施。"根据这一规则，对战俘实施了体罚、酷刑和集体处罚。在所有战俘和平民拘留营所在的地区，最轻微的过失或者没有任何过失都经常会招致体罚。体罚形式中最轻微的是拳打脚踢受害者。失去知觉的受害者常常被泼冷水或用其他方法弄醒，苏醒后又开始新一轮的拷打。成千上万人死于这种处罚方式。有时候，受害者因饥饿和疾病而衰弱，以致加快了死亡。经常使用的其他残酷处罚方法还有下列各种：把受害人长时间暴露在热带的烈日下，不准戴帽子或其他遮阳物；用绑住手臂的方式把受害人吊起来，有时致使手臂脱臼；把受害人捆绑在让他饱受蚊虫叮咬的地方；把受害人囚禁在狭小的牢笼中多日不给食物；把受害人囚禁在没有食物、光线或新鲜空气的地牢里好几个星期；强迫受害人以痛苦的姿势长时间跪在有尖角的物体上。

为处罚个人行为，特别是当日本人不能发现谁是犯规者的时候，就经常直接违反战争规则进行集体处罚。集体处罚的常用方式是强迫涉事群体的全部人员保持一种很不自然的姿势，比如盘腿而坐，双手掌心向上放在膝上，或者跪着，并且连续数日白天保持这种姿势。此外，还使用其他集体处罚办法，例如，在马来亚的哈夫洛克路战俘营，日本兵用枪托击打战俘，强迫他们赤脚在碎玻璃上跑圈。1943年3月9日，日军颁布了一项法令，规定对某些违犯行为处以死刑、终身监禁、或十年及十年以上的监禁。此法令的显著特点是如果发生对该法令的任何违犯，导致违犯行为的任何集体行动的所谓"首领"将被处以死刑或其他严厉刑罚，对于牵涉到的所有其他人员，处以同样或稍轻的刑罚。根据这项法令，对于从任何方面看来都不过是个人的行为，却经常向战俘和被拘禁平民施以集体处罚。这项法令还规定"对反抗或不服从监督、看守或押送者命令的战俘"处以死刑；又规定"对私下或公开侮辱监督、看守或押送者的战俘"处以五年监禁。这只是日本政府通过变更关于战俘的法令违反其就《日内瓦战俘公约》所做承诺的一例，这类例子还有不少。

太平洋战争期间，日本违反上述承诺，修订了日本关于战俘的规则，以允许脱逃的战俘受到与日本陆军逃兵一样的处罚。1943年3月9日的法令包含如下规定："对一起行动以便逃跑的团伙首领，应处以死刑，或苦役，或终身监禁，或十年及十年以上的监禁。对牵涉到的其他人应处以死刑，或苦役，或终身监禁，或一年及一年以上的监禁。"这项规定与战俘被迫做出不逃跑宣誓的规定一起，构成了各战俘营中实施的有关俘虏脱逃的规则。这些规则直接违反了国际法，而且正如我们前面已经指出的，违反了日本已承诺适用的《日内瓦战俘公约》。根据这些规则，所有企图脱逃或脱逃后又被捕获的战俘都被处以死刑，几乎无一例外。此外，根据这些规则，对于协助俘虏脱逃的同伴也加以处罚，且常常是处以死刑。在有些战俘营，战俘被分成若干小组，如果小组中有一人企图逃跑或逃跑成功，通常的做法是杀死该小组的全部成员。在许多情况下，连形式上的审判都省略了。有证据表明，在以下战俘营中企图脱逃者被处以死刑：中国辽宁省的奉天（1943 年 7 月）、中国的香港（1943 年 7 月）、马来亚的新加坡（1942 年 3 月）、缅甸的丹老（1942 年）、婆罗洲的打拉根（1942 年和 1945 年）、婆罗洲的坤甸（1942 年 6 月）、婆罗洲的马辰（1942 年 7 月）、婆罗洲的三马林达（1945 年 1 月）、苏门答腊的巨港（1942 年 3 月）、爪哇的贾蒂南戈尔（1942 年 3 月）、爪哇的万隆（1942 年 4 月）、爪哇的巴达维亚（1942 年 4 月）、爪哇的苏卡博埃米（1942 年 5 月）、爪哇的日惹（1942 年 5 月）、爪哇的芝马墟（1942 年 5 月）、西里伯斯的望加锡（1942 年 9 月）、摩鹿加群岛的安波那（1942 年 11 月和 1945 年 4 月）、荷属帝汶的奥萨帕贝萨（1942 年 2 月）、菲律宾的甲万那端（1942 年 6 月）、日本的本山（1942 年 11 月）、日本的福冈（1944 年 5 月）、威克岛（1943 年 10 月），以及婆罗洲的拉瑙（1945 年 8 月）。

侮辱俘虏

日本对同盟军战俘采取了暴力、侮辱和令其公开蒙羞的方针，以使亚洲其他民族感觉到日本民族的优越性。

1942 年 3 月 4 日，陆军次官木村接到了由板垣担任司令官的朝鲜军参谋长的电报，内容如下："我们希望您把美英战俘各 1 000 名拘禁在朝鲜，因为这对扫除朝鲜人崇拜美英的观念及确立日本必胜的信念颇为有效，也因为总督和朝鲜军的强烈愿望。我们恳请您对此事予以特别考虑。"当时的朝鲜总督是南次郎。1942 年 3 月 5 日，木村答复，将把 1 000 名左右白种人战俘送至朝鲜的釜山。1942 年 3 月 23 日，板垣向陆军大臣东条报告了把战俘用于心理宣传的计划,他说:"将美英战俘拘禁在朝鲜,目的在于使朝鲜人认识到日本帝国的真实实力,同时扫除大部分朝鲜人内心深处存在的崇拜欧美的观念,对于心理宣传工作将大有助益。"板垣接着说,第一个战俘营将建立在朝鲜的京城一个被废弃的元岩村制丝仓库;他原来想把战俘拘禁在釜山神学院的计划已经放弃,因为木村认为那些建筑物对于战俘来说过于优越。在其计划要点中,板垣表示,为了实现他在电报开始部分所表明的目的,在朝鲜的主要城市,特别是民众心理状态不佳的地方,将使用战俘从事各种工作;战俘营的设施将被减至最低限度,战俘的拘禁、监督及看守方式都是为了完美无缺地达到把战俘送至朝鲜监禁的目的。

1942 年 4 月 2 日,台湾军参谋长向战俘情报局报告说,他计划使用俘虏,不仅仅是为了增加军需生产的劳动力,也是为了"将其当作教育和指导的材料"。

因此,以违反战争法的方式利用战俘进行亲日宣传的计划得以实施。1942 年 5 月 6 日,陆军次官通知台湾军参谋长:"白种人战俘将相继在朝鲜、台湾和满洲监禁。"他又补充道:"计划指定由朝鲜人和台湾人组成的特殊部队来担任管控和戒备工作。"通过允许朝鲜人和台湾人参与侮辱同盟军战俘和煽动民众好奇心的计划,将会取得预期的心理效果。

1942 年 5 月 16 日,陆军次官木村通知司令部设在新加坡的南方军司令官,要他将新加坡的白种人战俘在 5 月至 8 月间移交给台湾军和朝鲜军。

移交的白种人战俘被送往朝鲜。在马来亚战役中被俘的 1 000 名左右俘虏到达了朝鲜,他们在京城、釜山和仁川的街上徒步行进,从 12 万名朝鲜人和 5.7 万名日本人面前排队走过。这些俘虏由于事先一直营养不良、受到虐待和忽视,所以他们的健康状态会使看见他们的人对他们产生蔑视心理。板垣的参谋长向木村报告说,他认为这次日本展示优越感的行动取得了巨大成功,他引用朝鲜人围观者的话说:"看他们那种萎靡不振的样子,难怪要被日军打败了。"他还引用了另一个朝鲜人围观者的议论:"当我看见朝鲜的年轻人作为皇军的成员来看守这些俘虏,我激动得流泪!"板垣的参谋长在报告结尾说:"总之,这在扫除朝鲜人崇拜美英思想和使他们彻底认识时局方面,似乎收到了极大的效果。"

在缅甸的毛淡棉这类偏远的地方,也效仿了让俘虏游街的做法。1944 年 2 月,日军强迫 25 名同盟军俘虏在毛淡棉市的街道上排队行走。他们瘦骨嶙峋、疲惫不堪,被迫扛着用缅甸语写的告示,谎称他们是最近在阿拉干前线被俘的。押着他们游街的日本军官把这些战俘当作嘲弄和侮蔑的对象。

制度

太平洋战争爆发后,日本仅仅在名义上对战争法规的执行以及战俘和被拘禁平民的管理做了某些改变;他们并没有确保执行战争法规。正如在对华战争中日本所表现的那样,在太平洋战争开始以来,日本政府对于执行战争法规的态度并没有真正改变。虽然对政府机构和办事程序做了若干变更,但并没有真正着力执行战争法规。实际上,正如关于企图脱逃的规则所显示的那样,日本做出的改变是强行推进对战争法规的严重违反。对华战争期间,日本政府不曾设立一个专门机构来管理战俘和被拘禁平民,也不曾按照海牙公约和日内瓦公约的要求设立战俘情报局。武藤说:"对于被俘获的中国人是否应该当作战俘处理是一个大问题,1938 年最终决定不把被俘获的中国人视为战俘,因为同中国的冲突虽说事实上是战争,但官方称谓是'事变'。"东条说,这讲的是事实;在太平洋战争中,自敌对行为开始之后,他认为日本必须遵守海牙公约和日内瓦公约;根据这一理由,他推动成立了战俘情报局。东条的这一说法,即他认为在进行太平洋战争时日本须遵守海牙公约和日内瓦公约的论述,必须与 1943 年 8 月 18 日枢密院审查委员会一次会议中他所说的话对照起来解读。在那次会议上东条说:"国际法应该从根据我们自己的见解实行战争的观点来解释。"日本政府关于处理战俘及被拘禁平民的方针就是基于这种观念来制定的。

日本同意适用 1929 年日内瓦公约

1941 年 12 月 18 日,美国国务卿指示美国驻瑞士公使馆,请求瑞士政府告知日本政府:美国政府意图遵守 1929 年 7 月 27 日签署的《日内瓦战俘公约》和《日内瓦红十字公约》,并意图将《日内瓦战俘公约》的规定延伸适用于美国所拘禁的任何敌国平民,希望日本政府以对等方式适用上述公约的各项规定;美国政府恳请日本政府就此问题表明意向。1941 年 12 月 27 日,这一征询函由瑞士公使传递给日本外务大臣东乡。

英国政府和加拿大、澳大利亚、新西兰各自治领政府也在 1942 年 1 月 3 日经由驻东京的阿根廷大使发出征询函。在该征询函中,这些政府声明将对日本遵守 1929 年《日内瓦战俘公约》条款,并询问日本政府是否愿意发表同样的声明。

1942 年 1 月 5 日,阿根廷大使又代表英国、加拿大、澳大利亚和新西兰向日方递交了另一份照会,建议在适用该公约关于供给战俘衣食的第 11 条和第 12 条时,当事国双方都要考虑战俘本国和本民族的习惯。

接到这些征询函后,东乡向陆军省、海军省、内务省和拓务省征求意见。当时,东条是总理大臣兼陆军大臣,武藤是陆军省军务局长,佐藤在军务局充任武藤的副手,木村是陆军次官,岛田是海军大臣,冈是海军省军务局长,星野是内阁书记官长。

东乡担心生活在同盟国家的日本人的安全,因此希望对上述征询函做出赞同的回答,并据此指示条约局。东乡指出日本对其权力下的战俘及被拘禁平民的处理,将会影响居住在敌国的数十万日本人的命运。陆军省同意东乡的意见。1942 年 1 月 23 日,木村对东乡说:"由于《日内瓦战俘公约》没有得到天皇的批准,我们很难声明遵守这个公约。但是比较稳妥的方法是昭告天下,我们不反对在战俘待遇方面按照公约办理。关于供给战俘食物及衣服方面,我们不反对适当考虑战俘本国或本民族的习惯。"

1942年1月29日,东乡对美英的征询函做出答复。他给予美国政府的照会内容如下:"作为1929年7月27日《日内瓦红十字公约》的签署国,日本将严格遵守该公约。日本帝国政府尚未批准1929年7月27日关于战俘待遇的公约。因此,帝国政府不受后一份公约的约束。但是,帝国政府将'在细节上做必要修改后'对于在日本权力下的美国人战俘适用该公约之规定。"同日,致英国、加拿大、澳大利亚和新西兰政府的照会内容如下:"帝国政府尚未批准1929年7月27日关于战俘待遇的公约,因此,帝国政府不受该公约的任何约束,但是,它将'在细节上做必要修改后',对于在日本权力下的英国、加拿大、澳大利亚和新西兰的战俘适用该公约的规定。在向战俘提供食物及衣服时,帝国政府愿意在对等条件下考虑战俘之本国和本民族的方式与习惯。"日本对其他的同盟国家也给予了同样的承诺。

由于陆军省不同意将这类规定扩大至被拘禁平民,1942年1月27日,东乡委派他的次官就被拘禁的非战斗员平民适用战俘公约的问题商询陆军省。会议之后,陆军省进一步默认了东乡保护在同盟国家的日本国民的计划。1942年2月6日,木村告知东乡:"1929年《日内瓦战俘公约》对日本没有任何约束力。但是,陆军省不反对在适当的范围内对被拘禁的非战斗员适用该公约的规定,然而条件是不得违背任何人的意愿强迫其从事劳役。"

1942年2月13日,东乡通知美国政府:"帝国政府将在战争持续期间,在对等条件下于适当范围内对敌国的被拘禁平民适用1929年7月27日战俘待遇公约的规定,条件是不得在他们不同意的情况下强迫他们从事劳役。"

美国注意到东乡在1942年1月29日致英联邦国家照会中所做的承诺,即日本在向战俘提供衣服和食物时将顾及战俘本国及本民族的习惯,于是就这个问题又发出了另一份征询函。该征询函的日期是 1942 年 2 月 20 日，其中表示美国政府会依照日内瓦公约第 11 条和第 12 条，就战俘和被拘禁平民受相同的规定约束，并因此期望日本政府同样遵照这些规定对待战俘及被拘禁平民。1942 年 3 月 2 日，东乡对此征询函答复如下："帝国政府在分配食物及衣服方面，有意考虑日本权力下的美国人战俘及被拘禁平民的本民族和本国的习惯。"

这些保证的换文构成了对日本政府及其他交战国政府具有约束力的庄严协议，即按照 1929 年 7 月 27 日《日内瓦战俘公约》的要求向战俘和被拘禁平民提供食物及衣服时，将适用这个公约的规定，并且不得强迫被拘禁者从事劳役。这项协议规定，双方应根据对等的精神来适用该公约，也就是说，双方应平等地、互相以同样方式、回应对方的做法来履行公约义务。被此协议接受的唯一例外是根据"在细节上做必要修改后"的保留条款有正当理由做出的破例行为。此协议不允许以其与日本国内法相抵触为由来设立例外，这一点在意义上是明明白白的，东乡的以下证言也表明了这一点："因此，美国和英国的征询函是按照正常程序由负责此类事务的外务省条约局提交给陆军省的，因为陆军省有权决定这个问题。外务省得到的答复是我们应该答应'在细节上做必要修改后'适用《日内瓦战俘公约》条款，因此，我们才这样答复了提出征询的政府。

"虽然检方似乎认为，日本做出了上述答复，就受到了该公约的约束，其程度就好像日本批准了该公约一样，但我当时认为（现在仍然认为）我们只在情势许可的情况下才负有适用该公约的义务。而且我认为，'在细节上做必要修改后'的意思是在没有重大妨碍的情况下适用该公约；我还认为（尽管这只是我个人的想法），公约的要求如果与国内法规定发生抵触，那么公约应当优先。"当年召集内阁其他各省开会讨论如何答复同盟国家征询函的条约局长也证实了这件事。

虽然达成协议时，东条内阁成员想使同盟国家按照我们上面所解释的那样去理解这项协议，但是他们并没有遵守这项协议。相反，日方只把协议当作一个工具，以确保可能成为战俘或被同盟国家拘禁的日本人得到优待。当东乡征询陆军次官木村该如何答复同盟国家的征询函时，木村回答说，"比较稳妥的方法是昭告天下"日本将遵守战俘公约，但是他在说这句话之前还说了，由于《日内瓦战俘公约》没有得到天皇的批准，因此政府很难声明遵守该公约。随后的几届日本政府并没有履行这个公约，因为尽管内阁诸大臣认为他们对同盟国家的这些保证是一种为战俘及被拘禁者的利益承担新的附加义务的承诺，但是他们从未向管理战俘及被拘禁者的军官发出履行这些新承诺的新的命令或训示，也没有设立任何履行这些承诺的制度。他们没有努力执行与同盟国家的协议，却极力掩盖他们不履行协议的行为，其掩盖方法包括不允许别人进入战俘及被拘禁平民的拘留营，限制战俘及被拘禁平民可发信件的长短、内容和数目，压制有关这些战俘及被拘禁平民的一切报道，以及对他们收到的有关战俘和被拘禁者待遇问题的抗议和征询函置之不理或给予欺骗的答复。

本判决书的较早部分已经提及与战俘和被拘禁平民待遇有关的各种公约，以及在这方面的交战国义务。无论对日本政府有关"在细节上做必要修改后"遵守《日内瓦战俘公约》的保证或承诺持什么观点，都不能动摇一个事实，即根据所有文明国家都承认的有关战争的习惯法规则，对所有的战俘及被拘禁平民都必须给予人道的待遇。本判决书本部分所列举的日军施行的极不人道的待遇是特别应受指责的，并且是犯罪行为。一个犯了这类违反人道行为的人不能以本人或本国政府不受某一特定公约的约束为借口而逃避惩罚。法的一般原则是独立于上述公约而存在的。公约仅仅是再确认先于公约存在的法，并为适用目的而制定了详细的条款。

至于日本人承诺的"在细节上做必要修改后"遵守该公约的效力问题，我们无必要叙述[1]，因为在辩护的任何阶段从来没有人提到，甚至没有人暗示这个措辞使日军的暴行及其他极不人道行为具有合法性，也没有人

1　英文原句不够完整，现根据日文版补足 there is no need for us to relate，即我们无必要叙述。——译者注

主张这个措辞能使已经得到证实的掠夺、抢劫、纵火具有合法性。关于这些行为，举证的被告们大多不过是说他们对提诉各事件完全不知情而已。

对这个条件的任何解释，如果是企图表明暴行具有合法性，那就等于主张只要加入"在细节上做必要修改后"一语，就可以允许日军在遵守规定了以人道待遇为基本原则的公约的伪装下，犯下极其野蛮的暴行而不受到惩罚。这种主张是不可能被接受的。

虐待俘虏是一个方针

日本政府签署并批准了1907年的海牙第四公约《陆战法规和惯例公约》，它规定给予战俘人道待遇，并谴责战争中的背信和非人道行为。日本政府没有批准也不实行其1929年在日内瓦签署的《日内瓦战俘公约》，原因可以从日本士兵的基本训练中找到。远在起诉书所涵盖时期的很久之前，日本青年所受的教育就是"为天皇而死无上光荣"，我们发现这是荒木在演说中和宣传电影中一再重复的一条训示。另一句被教导的训示则是向敌人投降是一种耻辱。

这两条训示结合起来的效果就是日本军人被灌输了蔑视投降的同盟国军人的精神，这种精神表现在他们无视战争法规对俘虏的虐待上。在这种精神的影响下，他们在勇敢战斗后不得已而投降的军人与不战而降的军人之间画了等号。在任何情况下投降的敌方军人都被视为是可耻的，只有靠俘获者的宽容才有资格活着。

他们认为，如果批准和实施1929年《日内瓦战俘公约》，就将牵涉到放弃军部的上述观点。1929年在日内瓦，日本的全权代表在这个公约上签了字，但在1934年出现是否批准公约的问题时，日本陆军和海军都请求不要批准，那时候他们已取得了足够的政治力量阻止批准此公约。他们列举了拒绝批准的一些理由——此公约施加在日本身上的义务是单方面的，它使日本承担了新的、附加的义务，日本批准此公约没有任何好处，因为日本军人绝对不会向敌人投降。

在这里指出东条给战俘营指挥官的训令是意味深长的,东条说:"在日本,关于战俘我们具有自己的观念,那么在对待战俘的方式上自然也或多或少有别于欧美各国。"

日本的目的是保护日本国民

1941 年 12 月 12 日由外务省传达给陆军省的日内瓦国际红十字会的征询函促成了设立战俘情报局的决定。国际红十字会打电报给日本外务省说,鉴于战争已经扩大到太平洋这一事实,红十字国际委员会通告,交战各国可以自由利用中央战俘局的机能,并询问日本政府是否愿意通过日内瓦的中央战俘局来交换战俘情报表,并且在可能的情况下也包括被拘禁平民的情报。陆军省官员经数次会议后,陆军次官木村于 1941 年 12 月 28 日通知外务大臣东乡,陆军省愿意交换情报,但"这并不是宣告我们准备在实际上适用"1929 年《日内瓦战俘公约》的规定,而只是"为方便传递情报而利用他们"。到 1942 年 1 月 12 日,国际红十字会已经收到了日本和美国的答复,表示他们愿意进行情报交换。

战俘情报局的设立

1941 年 12 月 27 日,根据敕令设立了战俘情报局。该局负责调查下列问题:战俘的拘留、转移、假释、交换、脱逃、住院及死亡。此外,该局还负责维护所有战俘的记录,处理关于战俘的通信,以及搜集与战俘状况有关的情报。敕令规定该局设长官一人,事务官四人。这个战俘情报局受陆军大臣的监督和管控,是隶属陆军省军务局的一个部门,它在不同时期曾受武藤和佐藤的管控与监督。战俘情报局的所有人员都由陆军大臣推荐后任命。东条任命了上村中将为该局第一任长官。

战俘管理部的设立

1942 年 3 月 31 日,日本颁布了《关于战俘待遇的规定》,设立了战俘管理部,该部隶属于陆军省军务局,由东条以陆军大臣身份监督和管控。东条通过军务局长武藤对该局进行管控和监督。根据上述规定,该部设一名部长及其他人员,经陆军大臣推荐而任命。东条任命上村中将为第一任部长,因此,战俘情报局和战俘管理部就归一人主持。正如木村所说,战俘情报局不过是一个为了获取情报利用 1929 年《日内瓦战俘公约》的规定设立的情报和档案办事处,它并不具有管控或监督战俘及被拘禁平民的权力。另一方面,战俘管理部却被赋予"统辖战区内与战俘和被拘禁平民待遇相关之一切事务"的权力。

军务局保持管控权

在太平洋战争期间,日本为执行战争法规设立了战俘制度,而先由武藤、后由佐藤主管的陆军省军务局保持着对这个制度的管控权。虽然设立战俘情报局的敕令规定"在其所管辖的事务范围内,战俘情报局长官可以要求陆军和海军的任何有关部队提供情报",但上村中将及在他之后的该局长官发出所有征询函及其他通信都必须通过军务局长办公室。没有军务局长的同意,他们无权采取任何行动。

根据东条所说,所有关于战俘及被拘禁平民的命令和指示都是由陆军大臣发出的。他还说,这些命令和指示都是先经过军务局长与参谋本部及其他有关政府机关会商,然后再由军务局起草的。

正如我们马上将要讨论的,陆军大臣和陆军次官召开并出席陆军省所有局长参加的双周会议,这些双周会议东条和木村大多都出席了。木村在 1941 年 4 月 10 日至 1943 年 3 月 11 日任陆军次官。关于战俘和被拘禁平民的事务就在这些会议中商讨,东条和木村经常出席。这种会议制定命令和规章,并将其传达至与战俘和被拘禁平民的待遇有关的所有政府机关。

拘留营及其管理

战俘拘留营是由敕令和陆军省 1941 年 12 月 23 日颁布的规则授权

的。该规则规定,战俘营由军司令官或卫戍部队司令官在陆军大臣全面监督下实施管理。但正如我们已经表述的,并非所有战俘营都归陆军管辖;在海军管辖的地区,战俘营就由具有相应军阶和权限的海军军官管理。

平民拘留营是由陆军省 1943 年 11 月 7 日颁布的规则授权的。该规则规定:"当军司令官,包括与军司令官地位相当的人员,在前线已经拘留敌国国民或中立国国民时,他应尽快设立军队拘留营。设立军拘留营的军司令官应对该拘留营进行管理。"

颁布的一般规则对被拘禁平民的管理做出了规定,这些规定与管理战俘的规定大同小异。除了有些特殊规定仅适用于被拘禁平民,凡适用于战俘的规定也都适用于被拘禁平民。该规则还规定:"设立军拘留营的军司令官应对该拘留营进行管理。"

下列被告在太平洋战争期间作为陆军部队司令官管理过拘留营,他们是:土肥原(日本东部军管区司令官、新加坡第七方面军司令官)、畑(在中国的全日本派遣军总司令官、日本本州中部和西部军管区司令官)、板垣(朝鲜军司令官、新加坡第七方面军司令官)、木村(缅甸军司令官)、武藤(北苏门答腊日本军司令官)、佐藤(法属印度支那日本军司令官)和梅津(满洲关东军司令官)。

这个规则规定:"军司令官或卫戍部队司令官,在必要时可以委派部下协管战俘或平民拘留营。根据上项规定被委派的人员应接受司令官的监督和指挥。"为管理战俘及平民拘留营,特别监督者或拘留营指挥官被挑选出来在东京接受培训;经过精心而又详细的教程之后,培训以总理大臣东条本人的训示宣告完成,然后这些拘留营指挥官从日本被派往设有战俘及平民拘留营的各个地方,在陆军和海军司令官的指挥下负责战俘营的管理。规则要求这些战俘营指挥官每月向陆军省军务局战俘管理部提交报告。陆军省的局长双周会议会讨论这些报告,通常陆军大臣和陆军次官会出席双周会议。这些报告载有与战俘营里因营养不良及其他原因造成的高死亡率有关的统计数字。东条供称，他对这一项内容特别注意。战俘营指挥官的月报摘要在战俘情报局办公室存档，该局和战俘管理部在同一个人领导之下。

海军参与了这个制度

根据预想，海军应将它捕获的战俘和拘禁的平民都移交给陆军，由陆军拘禁和管理，但海军在许多情况下并没有如此执行，或者会在拖延很长一段时间后才执行。此外，在有些地区，海军行使占领地区的行政管辖权。例如，海军占领了婆罗洲、西里伯斯、摩鹿加、帝汶等岛屿，以及穿过巴厘岛的一线以东的其他岛屿。海军还占领了威克岛等另外一些岛屿。在海军占领的这些地区，战俘及被拘禁平民由海军大臣管理，在这些地区执行战争法规是岛田及冈领导下的海军的责任。

这个制度在日本本土的实施

被拘禁在日本的战俘和被拘禁在其他地区的战俘一样，也是由陆军省管理的，但据说由于日本的警察属内务省管辖，所以人们认为由内务省来管理与被拘禁在日本本土的平民相关的所有事项是合适的。值得注意的是，1941年10月18日至1942年2月17日，以及1942年11月25日至1943年1月6日，东条兼任内务大臣。东条说："内务省有一个专门处理被拘禁平民的下属机构，但我不知道那个机构的名称。"

为了国防及军事管理的目的，日本被分成八个军管区。每个军管区驻扎一个军，军司令官是该军管区的军事行政官，也负责对该军管区内的所有战俘营进行管理。东部军管区包括东京—横滨地区，归第十二方面军管辖。1943年5月1日至1944年3月22日，以及1945年8月25日至1945年9月2日投降，土肥原指挥该军并管理该军管区。（日本的）中国军管区包括广岛地区及本州岛西端在内，由第二总军驻守。1945年4月7日至1945年9月2日投降，畑担任第二总军司令官。

这个制度在台湾、朝鲜和萨哈林的实施

在非作战行动地区的日本海外属地,如台湾、朝鲜和萨哈林,被拘禁平民归拓务省管理,但是在这些属地内的战俘,和其他地区的战俘一样,也由陆军省管理。拓务省是根据 1929 年 6 月 10 日的敕令设立的。该敕令规定,拓务省负责管理与朝鲜总督府、台湾总督府、关东州厅及南洋厅有关的所有事务。为了对日本政府进行重要的战时改组,拓务省于 1943 年撤销,其职能分别转由内务省和大东亚省行使。1941 年 10 月 18 日至 1941 年 12 月 2 日,东乡担任拓务大臣。

这个制度在占领地的实施

大东亚省是根据 1942 年 11 月 1 日的敕令设立的。该敕令规定:"大东亚大臣管理有关大东亚地区(在下文中该地区被定义为不包括日本本土、朝鲜、台湾和萨哈林)各种政治事务之执行,纯粹的外交事务除外。大东亚大臣统理与关东局及南洋厅相关的事务。大东亚省设下列四局:总务局、满洲事务局、中国事务局、南方事务局。"设置大东亚省是为了统辖除朝鲜、台湾和萨哈林以外已被或可能被日本武力占领的所有地区。敕令还规定:"为了拓展与陆军和海军的合作,大东亚省将处理与大东亚地区范围内占领区的行政有关的事务。"首任大臣是青木,他的继任者为重光。重光在 1944 年 7 月 20 日接替青木领导该省,直到 1945 年 4 月 7 日由东乡接任。东乡担任此职至 1945 年 8 月 16 日。

在占领地实施这个制度的被告

梅津于 1939 年 9 月 7 日出任关东军司令官,任此职位直至 1944 年 7 月 18 日。梅津是"满洲国"事实上的统治者,应对在满洲的战俘及被拘禁平民的待遇负直接责任。畑于 1941 年 3 月 1 日至 1944 年 11 月 22 日担任日本的中国派遣军总司令官。木村于 1943 年 3 月 11 日辞去陆军次

官一职,于1944年8月30日被任命为日本驻缅甸方面军司令官,担任此职直至日本投降。木村在缅甸任职期间,把他担任陆军次官时协助制定的各项政策付之实行。他首先把司令部设在仰光。当时,在该地区的昔卜、莫索昆保护林、兴实达、安干墓地、沙耶瓦底,以及在仰光的宪兵队刑务所都发生了暴行。1945年4月底,木村将司令部移至毛淡棉。此后,在毛淡棉及其附近就发生了暴行。距离木村司令部约10英里之遥有一个叫卡拉贡的村庄,1945年7月7日,木村麾下的战地军官下令屠杀了该村的全体村民。木村抵达之后,毛淡棉发生了屠杀;宪兵队变得对缅甸人更加不人道,土瓦战俘营的被拘禁者得不到食物,还要遭到殴打。

武藤于1942年3月20日至4月12日视察了南方地区,他访问了台湾、西贡、曼谷、仰光、新加坡、巨港、爪哇、马尼拉等地。返回东京后,他在1942年4月20日被任命为近卫师团长,驻扎在北苏门答腊。在1944年10月12日调往菲律宾群岛之前,他是北苏门答腊的日本军司令官,司令部设在棉兰。在这个司令官任上,他把他在东京担任陆军省军务局长时所提倡的各项政策付之实行。在他的部队占领下的北苏门答腊,犯下了最可耻的战争暴行。战俘和被拘禁平民遭受了饥饿、忽视、酷刑、杀害以及其他方法的虐待,平民遭到了屠杀。战争法规被无视。1944年10月12日武藤转任山下大将指挥下驻菲律宾第十四方面军的参谋长之后,进一步表现出对战争法规的蔑视。为就任山下大将的参谋长之职,武藤于1944年10月20日晚抵达菲律宾的麦金利堡。他担任此职直至1945年9月日本投降。在他担任参谋长期间,山下和武藤指挥下的军队对菲律宾的平民实施了一系列屠杀、酷刑和其他暴行,包括八打雁大屠杀和在马尼拉的大屠杀及其他暴行。这些暴行的特征和模式与8年前武藤作为松井部下在南京时的情况如出一辙。在这一时期,战俘及被拘禁平民遭受了饥饿、酷刑和杀害。

土肥原于1944年3月22日起指挥驻新加坡的第七方面军,一直到1945年4月7日改任陆军教育总监后才由板垣接替。在他担任司令官期间,战俘被当作普通罪犯对待,遭到了饥饿、酷刑及其他方法的虐待。

板垣担任驻新加坡的第七方面军司令官之后,在该军管辖之下战俘的境况没有任何改善。在他担任司令官的 1945 年 6 月和 7 月间,至少有17 名同盟军飞行员从欧南路刑务所的监房中被提出来杀害了。

同盟国的抗议

太平洋战争期间,同盟国及保护国对于违反战争法规所提出的正式或非正式的抗议和警告都遭到了忽视,即便得到了回复,也是一概否认有违法行为,或者做出虚假的解释。

关于在东京所采取的程序,我们得到的说明如下:同盟国及保护国提出的正式抗议,按例是送交外务省。然后,由外务省把这些抗议的副本转送日本政府各有关省局。关于陆军省和战俘情报局所管辖事项的所有抗议,首先是送交陆军省秘书处,再由秘书处转发给军务局的军务课。1939 年 9 月 30 日至 1942 年 4 月 20 日,武藤是军务局长。佐藤从 1938年 7 月 15 日起担任军务课课长,直至 1942 年接替武藤成为军务局长。佐藤担任军务局长至 1944 年 12 月 14 日。军务课会同军务局战俘管理部或战俘情报局等相关各课对抗议函进行讨论,然后再将抗议函提交陆军省的局长双周会议讨论,陆军大臣和陆军次官经常出席这种会议。双周会议会决定对抗议函是否做出回复或做出何种性质的回复。兼任战俘情报局长官的战俘管理部长也参加这些讨论,并在一些重要问题上直接接受陆军大臣和陆军次官的命令。他会把抗议及答复的副本交战俘情报局存档。即使是向陆军大臣或战俘情报局所提出的抗议,也是照此办理。

除正式的抗议外,同盟国的广播电台还定期进行无线电广播,详细列举日军所犯的暴行及其他违反战争法规的行为,并警告日本政府要对这些违法行为负责。日本外务省监听这些广播,并把广播内容分发给所有相关省局和官员。内大臣木户在 1942 年 3 月 19 日[1]的日记中写道："宫内大臣来我的办公室，谈到艾登在议会中关于皇军在香港暴行的演说，我们交换了意见。"

正式提出的抗议太多了，在此不能详细叙述。总之，可以说这些抗议与我们已经提及的违反战争法规及许多其他暴行有关。每一次抗议都陈述了具体而详细的事实可供充分调查。即使是无线电广播提出的抗议和警告也可以说是这样的。

在此，我们仅仅作为例证，谈一谈其中的某些抗议和警告。早在 1942 年 2 月 14 日，美国政府就经由瑞士政府提出了一个照会，指出美国政府已接到报告，菲律宾占领区的日本当局正在以极其严苛的规章制度虐待和羞辱美国平民，美国政府希望获得保证：立即采取措施纠正这种情况，并给予在菲律宾的美国人适当待遇，这种待遇应与在美国领土内的日本国民所获得的待遇相似。1942 年 2 月 24 日，外务大臣东乡答复："日本当局给予在菲律宾的美国国民的条件要比 1929 年日内瓦公约预期的条件更好。"这种陈述是虚假的。他否认美国国民遭受了不良待遇，还说"美国政府的忧虑是根据来源不明的报道，且未举出确切的事实，因此是毫无根据的"。

1942 年 12 月 12 日，美国政府再次正式提出抗议。抗议中说美国政府获知日本政府对美国平民和战俘施行了严重的虐待，违反了日本政府所做的将 1929 年《日内瓦战俘公约》规定适用于美国战俘，并在可能范围内也适用于被拘禁平民的承诺。美国政府指出，显然日本没有履行它的诺言，某些日本官员和机构不仅变本加厉地虐待美国战俘和被拘禁平民，而且不向他们供给生活必需品，已经违反了日内瓦公约的原则。接着，美国政府提出强烈抗议，表示美国政府希望立刻对美国战俘及被拘禁平民所遭受的这种不人道、不文明的待遇进行调查，希望立即惩处对上述行为

1　原文为 19 March 1942，但 1942 年 3 月 19 日木户日记无此记载，日期有误，应为 1942 年 3 月 13 日的木户日记。——译者注

负有责任者,并希望得到保证停止对战俘及被拘禁平民的虐待。为了证明这些抗议,举出了具体例证并指出其日期及其他事实。但直到 1943 年 5 月 28 日本才答复这个抗议,那天外务大臣重光回应说目前正在调查中,等到调查结果出来后,他将"在适当时候"通报。

其间,1943 年 4 月 5 日,美国政府就杜立特航空队飞行员被虐待事件又提出了抗议。美国政府警告说:"美国政府再次严正警告日本政府,为任何其他违背有关美国战俘之承诺的事项[1],或者为违反文明国家普遍接受和践行的战争法规施加于美国战俘的任何其他野蛮犯罪行为,当正在进行的军事行动无可阻挡、无可避免地结束时,美国政府将对这类不文明、不人道行为负有责任的日本政府官员处以他们应得的惩罚。"

1944 年 4 月 24 日,外务大臣重光终于对美国于 1942 年 12 月 12 日提出的抗议做出了回答。在此之前,美国政府还向重光提出了许多具体的抗议。在这个回答中,重光说他在 1943 年 5 月 28 日照会中提及的调查已经完成,并已接到了调查报告。他指责美国政府"歪曲和夸大事实",并拒绝接受抗议;他冗长地列举了所谓的调查中披露的他宣称为事实的内容。美国政府于 1945 年 3 月 1 日发出照会对这种指责进行了回复,照会内容如下:"美国政府不能接受日本政府怀疑其抗议真实性的陈述。美国政府对日本当局在日本和日本占领区给予美国国民的待遇提出的抗议,是建立在文件证据之上的,不是日本政府能以这种信口雌黄的方式来否认的。日本政府 1944 年 4 月 24 日答复中所包含的陈述,与美国政府所知道的事实真相相去甚远,因此,唯一的结论是日本政府甘愿被地方官员所捏造的报告误导,并没有对美国政府 1942 年 12 月 12 日照会中所抗议的事实进行独立调查。因此,美国政府认为日本政府的答复不能令人满意,并将继续要求日本政府做出交代。"

---

1 英文原句不够完整,现根据 1946 年 12 月 13 日庭审记录补足 that for any other violations of its undertakings as regards American prisoners of war,即为任何其他违背有关美国战俘之承诺的事项。——译者注

处理英国抗议的方式和处理美国政府抗议的方式相同。现在就以关于仰光刑务所战俘待遇问题的抗议和答复作为一例。1942年7月8日，英国政府向外务大臣东乡提出抗议。抗议指出，在东京出版的《日本时报与广知报》(*Japan Times and Advertiser*)刊登有一张照片，显示英国战俘在公众看戏似的眼光注视下打扫仰光的街道。1942年8月1日，英国再次提出抗议。1942年9月15日，英国政府进一步抗议说，关押在仰光刑务所的战俘没有得到充足的食物配给，他们被迫睡在监房的地上，没有任何寝具，他们的靴子已被没收。东条在1942年9月1日至同月17日兼任外务大臣，在此期间收到的一封照会引起了他的注意。1943年2月9日，接替东条担任外务大臣的谷正之答复说："有关当局进行彻查后已经表明，尊函所述事实从未发生过。"

英国政府就在缅甸及暹罗的英国战俘待遇提出的抗议也得到了同样处理。1944年7月4日，英国政府在向重光提出的照会中抗议说，从日本当局印制的明信片获知，约有两万名英国战俘在未经任何通知的情况下已转移至毛淡棉附近。该照会还就战俘所处的恶劣条件和所受的虐待提出抗议。1944年8月26日，重光答复说："1944年7月4日在缅甸的大部分英国和同盟国战俘，都是属于泰国和马来亚战俘营的，是暂时被转移到了缅甸。"1944年10月3日，重光回复了英国政府关于在缅甸和暹罗服劳役的战俘健康问题提出的进一步抗议。重光在回复中说："帝国政府极为注意战俘的健康和卫生，并采取特别措施，例如每个月对所有战俘营都进行健康检查，使疾病在早期即能获得治疗。"接着他详细叙述了泰缅铁路战俘接受他所宣称的医疗援助情况。他所说的完全是谎言，因为战俘并没有得到医治，却因脚气病、霍乱、疟疾及其他热带疾病死去了成千上万人。1944年9月12日"洛阳"丸在南中国海被鱼雷击沉时更暴露了真相。这艘没有标志的日本监狱船装载了1 300名战俘。日本人救起了幸存的日本人，却故意不管战俘的死活。后来约有100名幸存的澳大利亚和英国战俘得到拯救，并被带到了澳大利亚和英国。人们从这些战俘口中得知,1942年初新加坡和爪哇所有可以干活的战俘都被转移到缅甸和泰国去修筑泰缅铁路。我们已经叙述过他们转移时和铁路建设过程中的惨状。英国政府1944年12月4日的照会把这些从获救俘房口中获知的事实通知了重光,并再次重申其抗议。接替重光担任外务大臣的东乡,最终不得不在1945年5月15日对这些抗议做出了迟到的答复。他说"日军卫生机关虽然协同努力,但仍未能阻止消化系统等疾病的蔓延",对此他表示遗憾。他否认在缅日军犯下的暴行,同时对我们前面所说的关于英国俘房在毛淡棉列队游街的抗议采取了惯常的日本式答复,说这种事情"从未发生过"。

除了对这些正式抗议采取视而不见的态度以外,通过无线电广播提出的许多抗议和警告,虽然照例由日本外务省记录下来分送给内阁各省,但都被置之不理。1944年1月24日,英国广播公司播送了美国政府关于巴丹行军详细情形和结果的报告,日本外务省记录了这次广播。1944年1月29日,加利福尼亚州旧金山KWID广播电台播送了白宫秘书斯蒂芬·厄尔利(Stephen Early)披露的消息,即日方不允许美国政府运送食物和供给品给美国和菲律宾的战俘。厄尔利说:"现在已到了把这些经仔细调查并证据确凿的事实报告公之于众的时候了,因为我们不能指望再给日本人手中的美国战俘运送救济品。"日本外务省记录了这个广播。1944年1月29日,KWID广播电台又广播了美国国务卿科德尔·赫尔和英国外交部长安东尼·艾登的声明。赫尔先生谈到落入日本人之手的战俘待遇时说:"根据关于残忍和非人道行为的报告,施加于美国和菲律宾战俘的残虐行为惨绝人寰,只有把世界上最歹毒的妖魔鬼怪和最嗜血的魑魅魍魉加在一起,才能描述那些人的行为。"

向本法庭提出的证据表明,这样激烈的言辞是完全合理的。艾登先生在下院说,日本对于英国抗议的答复是不能令人满意的。艾登说,日本人不仅正在违反国际法,而且正在违反所有人类的和文明的行为准则。他警告日本政府,在未来的岁月里,我们不会忘记日军在这场战争中所犯的暴行记录。赫尔先生在他的声明结尾说，美国政府正在尽可能地搜集所有与日方虐待战俘有关的事实，并打算严惩负有责任的日本当局。1944年10月22日，麦克阿瑟将军的总司令部向驻新加坡的日本第七方面军司令官发出警告，这个司令官管辖着菲律宾群岛和太平洋地区的很大一部分。麦克阿瑟将军警告说，对任何不给战俘及被拘禁平民适当待遇的行为，他都会让敌方指挥官负直接的责任。他又说，尽管在菲律宾投降的美国人和菲律宾人相信，他们会享有战争法规赋予战俘的有尊严、名誉和安全的待遇，但我们已经掌握的证据无可辩驳地表明，他们遭受了违反军人荣誉最神圣准则的羞辱甚至残忍的对待。日本外务省对这些广播全都做了记录，并广泛分发给日本内阁各省。

默许和隐瞒对战俘及被拘禁平民的虐待

日本政府默许虐待战俘及被拘禁平民，因为日本政府对虐待战俘及被拘禁平民的人疏于处罚，或者对违法行为仅予以微不足道的处罚。日本政府还企图隐瞒它对于战俘及被拘禁平民的虐待和杀害，其方法是禁止保护国代表访问战俘营，对获准访问者施加限制，拒绝向保护国提供战俘及被拘禁平民的完整名册，压制与战俘及被拘禁平民有关的新闻报道，并且当日本投降时，下令销毁一切显示罪行的文件。

以下是对虐待战俘者处以不充分判决的实例。对于毒打战俘的处罚，仅是训诫、禁闭数日，或加几天班而已。一个对战俘行使酷刑的看守受到训诫。一个经常对战俘施以私刑的看守也只受到训诫。数名看守被判定曾对战俘施以私刑，但他们受到的最严厉处罚只是免职。东京陆军监狱遭到空袭时62名同盟国飞行员被活活烧死，对此负有责任的军官受到的处罚仅仅是一次训诫。这些例子证明，陆军省知道存在虐待战俘的行为。施加如此轻微的处罚意味着对虐俘行为的默许。

日本政府通过拒绝同盟国指定的保护国代表访问战俘营，竭力隐瞒对战俘及被拘禁平民的虐待。早在1942年2月12日，驻日本的瑞士公使就在提交给外务大臣东乡的照会中说："我荣幸地通知阁下，如果保护国代表要求访问暂时被扣留、拘禁或已经假释的日本国民，美国政府愿意提供便利。如果阁下愿意为本公使馆对被拘禁者的访问提供某种程度的便利，我将对阁下深表感谢。"1942 年 2 月 17 日，瑞士公使向外务大臣东乡提交了另一份照会说："美国政府已经通知在美国保护日本人利益的西班牙大使，可以访问战俘营以及拘禁平民的场所。美国政府请求，依照《日内瓦战俘公约》，尽快准许在日本及日本军队占领区的瑞士国代表访问羁押美国公民的战俘营及拘禁平民的场所。"1942 年 3 月和 6 月，他还向东乡提交了其他照会，重申了那些请求。1942 年 6 月，瑞士公使又请求准许访问被扣留的英国及其自治领的战俘及被拘禁平民。对于这些请求，东乡一直到 1942 年 7 月 30 日才在照会中做了如下答复："我愿通知阁下，帝国政府在原则上拒绝承认菲律宾群岛、香港、马来亚和荷属东印度各占领区的利益代表，因此不能准许阁下的代表访问上述地方的美国战俘及被拘禁平民；但是在中国被占领地区，以上海为限，有关当局可以考虑给予这种许可。"美国政府和英国政府立即提出抗议，并重申他们的要求。瑞士公使和继东乡后担任外务大臣的谷正之之间的往返通信表明，拒绝批准访问被羁押在日本占领区及日本海外属地的战俘和平民的政策得以延续。但是，瑞士公使依然强烈要求得到许可。1943 年 4 月 22 日，已成为外务大臣的重光把一份口述备忘录送交瑞士公使，他在备忘录中说："正如外务大臣在 1942 年 7 月 20 日 [1] 致瑞士公使照会中所述，帝国政府不允许访问日本占领区的战俘和平民拘留营。"虽然瑞士公使此前从外务大臣东乡处获悉，保护国的代表将被允许访问上海的拘留营，但是，东乡对瑞士公使提到的所谓"有关当局"拒绝批准，在东京的东条内阁也没有给予许可的意思，因此对上海拘留营的访问并未实行。瑞士公使在 1943 年 5 月 12 日的照会中将此事通知了重光。由于瑞士政府坚持并反

1　原文为 20 July 1942，其中的 20 系 30 之误，实为 1942 年 7 月 30 日。——译者注

复请求批准访问战俘及被拘禁平民，作为回应，在日本的为数很少的几个经过挑选准备好供参访的拘留营获得批准接受访问。1943年6月2日，瑞士公使向重光请求访问在日本的其他拘留营以及日本占领区的拘留营，并且询问对业已访问过的日本拘留营能否进行第二次访问。1943年7月23日，外务大臣重光答复如下："关于占领区战俘营一事，如果到了能够给予许可的时候，当立即通知阁下；关于尚未访问的在日本本土的战俘营，在适当时机当逐步准许访问。至于对已经访问过的战俘营进行定期访问，不能预先批准；但如希望进行一次访问，一俟收到此类申请即当酌情加以考虑。"然而，日本当局并没有考虑这类申请；1944年2月12日，瑞士公使就1943年8月至1944年2月之间提出的访问拘留营请求均未获答复一事向重光投诉。1944年3月30日致重光的照会中重申了这一投诉，瑞士公使在这份照会中说："阁下知道，本公使对于自己作为在日本的外国利益之代表所开展的活动感到不满。所得到的结果与所付出的努力很不相称。此事本公使可以用具体方式来看待，它显示为两方面的统计数据：本公使的工作，以及本国政府根据委托我们代表其利益的各国政府要求而提出的请求。此时此刻，本公使愿意仅就访问战俘营的请求说几句。回顾两年多来本公使提出的请求，从1942年2月1日至1944年3月15日，本公使已经以书面形式介入了134次。这134份照会只得到了外务省24次答复。而这些答复，大部分要么是否定的，要么只是把有关当局的决定转达给本公使。本公使在过去的9个月中间仅仅收到了3次答复。"直到1944年11月13日，瑞士公使才从重光领导的外务省得到通知，准许访问日本占领区的战俘和被拘禁平民的时机业已来临，但访问仅限于马尼拉、昭南和曼谷。1944年11月17日，重光在通知驻日本的瑞士公使的照会中说，在不妨碍军事行动，且互相对等的条件下，允许访问占领区的战俘营。1945年1月13日，瑞士公使在照会中询问重光何时可以开始这些访问。直到1945年4月7日，接替重光担任外务大臣的东乡才对访问占领区拘留营的许多紧急请求给以答复。东乡在答复中说，日本"将毫不延迟地"为贵方在泰国的访问做准备。在整个战争期间，日方总是使用种种借口不允许自由地进行访问。

在为数很少的准许保护国代表访问战俘营的场合，战俘营事先为访问做了准备，并对访问过程严密监视。东条内阁在太平洋战争初期颁布的规则规定，当准许与战俘会见时，对于会见的时间、地点以及谈话范围应加以限制，而且会见时应有看守在场。虽然保护国多次对这些规则提出反对，但这些规则依然在实行。1943 年 4 月 22 日，重光在致瑞士公使的照会中说："帝国政府不允许保护国代表在没有看守在场的情况下与战俘会见。"瑞士公使对此提出抗议，重光在 1943 年 6 月 24 日答复说："外务省紧急通知瑞士公使馆，本国的细则第 13 条规定，会见战俘时须有一名看守在场。符合该条规定的我方对战俘的待遇不可能变更。"1943 年春，在访问了日本的山本战俘营之后，该战俘营一名敢于抱怨战俘劳动条件的年长俘虏遭到了酷刑。他被迫在一名日本看守面前跪了 5 个小时之久。当再次访问这个战俘营时，这名年长的俘虏被监禁起来了，虽然代表要求与他会面，但没有得到允许。

由于拒绝把所拘留的战俘和平民的名册交给保护国，日本进一步隐瞒了战俘及被拘禁平民的命运。拒绝提交名册的一个例子是在威克岛被占领之后拘留的战俘及平民的情形。1942 年 5 月 27 日，瑞士公使请求东乡把在威克岛捕获的战俘及被拘禁平民的姓名和现在住所情况告诉他。1942 年 10 月 6 日，瑞士公使通知时任外务大臣谷正之，美国政府尚未接获威克岛被占领时在岛上约 400 名美国平民的情况报告。1943 年 4 月 8 日仍未收到名册，于是瑞士公使通知外务大臣谷，美国政府强烈要求提供约 400 名美国人的姓名和住址。1943 年 4 月 19 日，外务大臣谷答复说：所有可以提供的信息都已经提供了。1943 年 8 月 21 日，瑞士公使交给新任外务大臣重光一份 432 名美国平民的名册，日军占领威克岛时这些人应该都在岛上的，但是在日本提交给国际红十字委员会的名册中并没有这些人，因此要求提供与那些平民有关的信息。1945 年 5 月 15 日，瑞士公使通知此时的外务大臣东乡，关于请求提供威克岛其余 432 名平民信息一事，仍未接到任何答复。这个信息一直到日本投降之后才得到。事实上这些不幸的人们之中，有 98 名在 1943 年 10 月被日本海军杀害了。

（已发布的草稿称他们全部都被杀害了，而实际上是 98 人被杀害。在此应予以更正。）

日本人对新闻报道和邮件实行了特别检查，毫无疑问这是为了防止泄露虐待战俘的情况。1943 年 12 月 20 日，由东条担任陆军大臣的陆军省报道部颁布了新闻检查规则，该规则除其他内容外规定如下："应注意避免歪曲我方公正态度的报道，以免给敌人以恶意宣传的资料，并累及我方被拘禁的同胞。因此，禁止包括以下类别的照片、图片等在内的报道：给人以优待俘虏或虐待俘虏印象的；涉及战俘营内的设施、给养、卫生条件，及与生活条件相关其他事项之具体信息的；含有战俘营所在地名称信息的，下列地点除外"，接着列举了东京、朝鲜、婆罗洲等 12 个地名。对准许俘虏发出信件的限制几乎达到了禁止的程度。在某些战俘营，例如新加坡战俘营，看守对战俘说，除非报告战俘营条件良好，否则他们的明信片就不会被寄出去。这好像是普遍的做法。

当日本将被迫投降的情势变得明显，就开始有组织地着力烧毁或以其他方式销毁虐待战俘及被拘禁平民的所有文件及其他证据。1945 年 8 月 14 日，日本陆军大臣向所有的军司令部下达命令，要立即烧毁机密文件。同日，宪兵司令官向各宪兵队总部发出训令，详细叙述高效率烧毁大批文件的方法。1945 年 8 月 20 日，陆军省军务局战俘管理部所辖的战俘营指挥官，向台湾军参谋长发出了一封供传阅的电报，电报中说："一旦落入敌手会对我们不利的文件，应像机密文件一样阅毕销毁。"这封电报也发给了朝鲜军、关东军、华北方面军以及香港、奉天、婆罗洲、泰国、马来亚和爪哇等地。在这封电报中，战俘营指挥官说："凡虐待过战俘和被拘禁者的人员，或被他们怀有极端恶意的人员，可立即转职到其他单位或隐蔽其行踪以免不测。"

我们现在休庭到 13：30。

（11：00 休庭。）

下午庭审

休庭后，13：30 庭审人员到场。

法庭执行官：远东国际军事法庭现在继续开庭。

庭长：我继续宣读本法庭的判决书。

C 篇

第九章　对起诉书各诉因的认定

　　起诉书的诉因1是指控全体被告与其他人一起参加了一个共同计划或共谋的制定或执行。该共同计划的目的据称是日本要取得对东亚、太平洋和印度洋，以及该地区之内或与该地区相邻的所有国家和岛屿在陆海军、政治及经济上的支配地位，为达到此目的，日本将单独或联合具有相似目的的其他国家，对任何一个或多个可能反对此目的的国家实行一场或多场侵略战争。

　　毫无疑问，在被指控参与了共谋的那些被告中，有些人的言辞与上述宏大表述相一致。但是在我们看来，没有证据表明这些言辞并不只是个人野心的宣示。例如，我们不认为这些共谋者真的企图获得对南北美洲的支配地位。当共谋者的各种愿望被具体化为一个共同计划时，我们认为，他们决定日本应当控制的地区限于东亚、西太平洋、西南太平洋、印度洋，以及这两大洋中的某些岛屿。因此，我们在处理诉因1时，假定其指控以上述目的为限。

　　我们首先必须考虑的是具有上述目的之共谋是否已被证明确有其事。

　　早在1928年之前，原来的被告之一，现因精神状态而被本法庭免除审判的大川，就公开主张日本应以武力相威胁，必要时则使用武力把日本的领土扩大到亚洲大陆。他还主张日本应争取控制西伯利亚东部及南洋诸岛。他预言，他所倡导的道路必然导致东方和西方之间发生一场战争，在这场战争中日本将是东方的斗士。他所倡导的计划得到了日本参谋本部的鼓励和帮助。在这个计划中所述的目的，实质上就是我们已经定义的共谋目的。在审查本案事实的过程中，我们注意到这些共谋者在许多后续言论中谈到了这个共谋的目的。他们的言论在所有重要方面与大川的早期宣言并无任何区别。

1927年至1929年，田中义一担任总理大臣时，一伙军人和大川以及其他文职支持者一起倡导大川的政策，即日本必须使用武力对外扩张。此时共谋就已经存在了。而这种共谋持续存在到1945年日本失败时为止。在田中担任总理大臣时，最紧迫的问题是日本究竟应按照田中及其内阁阁员所希望的那样，采用和平渗透方式从满洲开始来扩大其在亚洲大陆的影响力，还是应该像共谋者所主张的，必要时使用武力来达到扩张之目的。关键是共谋者需要获得国民的支持并控制国民。两派之间的长期斗争由此开始，一派是主张通过武力达到目的的共谋者，另一派是那些政客以及后来的官僚，他们主张用和平的手段进行扩张，或至少是更谨慎地选择行使武力的时机。当共谋者控制了日本政府机关，并为了发动旨在实现共谋目的的侵略战争对国民精神和物质资源进行准备和严格控制时，这场斗争达到了顶点。共谋者为了压倒对手，使用了完全违反宪法、有时是极端残酷的手段。他们通过宣传和劝诱，把许多人拉到自己这一边，但是共谋者的策略还包括不经内阁批准或蔑视内阁的否决，在国外采取军事行动，暗杀反对派的领导人，阴谋以武力推翻不与他们合作的内阁，甚至占据首都并举行企图推翻政府的兵变，共谋者通过这些手段最终控制了日本的政治组织。

当共谋者感觉他们已有足够强大的力量压倒国内的反对派，以及后来他们终于压倒了所有反对势力的时候，共谋者实施了为达到日本统治远东这一终极目标所必需的一系列攻击。1931年，他们发动了对中国的侵略战争，占领了满洲和热河。到1934年，他们已经开始入侵华北，在华北驻兵，并建立了为其目的服务的傀儡政府。自1937年起，他们对中国持续进行了大规模的侵略战争，侵略并占领了大片中国领土，按照上述模式成立了傀儡政府，并且利用中国的经济和天然资源以满足日本的军事和民用需要。

与此同时，他们长期做着发动对苏侵略战争的计划和准备。他们的意图是一俟有合适的机会，就占领苏联的远东领土。他们也早就意识到，对东亚的利用，以及对西太平洋和西南太平洋岛屿的企图，将使他们与要保护自己的权益和领土免受威胁的美国、英国、法国和荷兰等国家产生冲突。因此他们也计划和准备与这些国家开战。

共谋者促成了日本与德国和意大利结盟。德意两国的政策和他们自己的政策一样，也是侵略性的，他们希望从德意两国获得外交和军事领域的支持，因为日本在中国的侵略行动使它在国际联盟遭到了谴责，在世界论坛上陷于没有朋友的境地。

他们攻击苏联的企图，由于种种原因一再推迟，这些原因包括：

（1）日本陷入的对华战争意外地消耗了大量军事资源。

（2）1939年德国与苏联缔结的《德苏互不侵犯条约》暂时使苏联避免了在西部边境遭受攻击的威胁，这使它在日本发动进攻的情况下可以投入大部分兵力来保卫东部的领土。

接着，1940年德国在欧洲大陆获得了巨大的军事成功。一时间，英国、法国及荷兰已无力充分保护自己在远东的权益和领土。美国的军事准备尚处在初级阶段。在共谋者看来，似乎不会有更好的时机让他们实现部分目标了，这就是使日本控制西南亚，以及西太平洋、西南太平洋和印度洋诸岛屿。在与美国旷日持久的谈判中，他们拒绝放弃在侵华战争中所攫取的任何实质性成果，然后在1941年12月7日，共谋者发动了对美国和英联邦的侵略战争。他们此前已经发出命令，宣布自1941年12月7日00:00起，日本与荷兰之间处于战争状态。他们还早已将军队强行驻扎在法属印度支那，把那里当作进攻菲律宾、马来亚和荷属东印度的出发地，因为他们威胁法属印度支那：如果驻军要求被拒绝就采取军事行动。荷兰意识到战争状态已经存在，并且远东领土面临迫在眉睫的入侵威胁（这是共谋者长期策划而现在即将实行的），于是为了自卫而对日本宣战。

这些为实行侵略战争而制定的意义深远的计划，以及为这些侵略战争所做的长期而又复杂的准备及其实行，并不是一个人的工作。这是为了达到一个共同目的、遵循一个共同计划而行动的许多领导人的工作。这个共同目的是通过准备并实行侵略战争来确保日本的支配地位，这是一种犯罪性质的目的。的确无法设想还有什么比共谋实行侵略战争或实行侵略战争更严重的罪行了，因为这种共谋威胁了全世界各民族的安全，而实行这种战争则破坏了这种安全。这样一个共谋的可能结果及其付之实行的必然结果将使无数的人遭遇死亡和痛苦。

本法庭认为没有必要考虑是否存在一个违反诉因1所附详细说明的条约、协定及保证而实行战争的共谋。实行侵略战争的共谋就已经是最高程度的犯罪行为了。

本法庭认定，诉因1所主张的实行侵略战争的犯罪共谋（以前面提到的目的为限），其存在已经被证实。

关于全体被告或这些被告中的任何一人是否参与了这一共谋的问题，将会在我们处理个人案情的时候予以考虑。

此共谋存在和执行的时间跨度有许多年。并非所有的共谋者都是从最初起就参与其中的，而参与者中有一些人在事情尚未结束之前就已经不再积极参与共谋的执行了。在任何时候参与此犯罪共谋的所有人，或者在任何时候明知有罪而参与其执行的所有人，对于诉因1所包含的指控都是有罪的。

鉴于我们对诉因1的认定，对诉因2和诉因3已无处理的必要，诉因2和诉因3所指控制定或执行的共谋，其目的与我们已获证实的诉因1项下之共谋目的相比，范围有限；诉因4亦无处理的必要，它指控的是与诉因1相同的共谋，只不过内容更具体。

诉因 5 指控的共谋比诉因 1 的范围更加广泛，目的也更加宏大。我们认为，虽然某些共谋者显然希望达到这些宏大的目的，但是，没有足够的证据使我们有理由认定诉因 5 所指控的共谋已得到证实。

根据本判决书前述部分所列举的理由，我们认为没有必要对诉因 6 至诉因 26，以及诉因 37 至诉因 53 做出任何宣告。因此，余下的只有诉因 27 至诉因 36，以及诉因 54 和诉因 55 了，我们现在对这些诉因做出我们的认定。

诉因 27 至诉因 36 指控的罪行是对那些诉因所列各国实行侵略战争和违反国际法、条约、协定及保证的战争。

我们在刚刚结束的事实陈述中已经认定，除菲律宾联邦（诉因 30）和泰王国（诉因 34）以外，日本对其他那些国家都发动了侵略战争。关于菲律宾，正像我们一直以来表明的那样，它在战争期间并不是一个完全的主权国家，就国际关系而言，它是美国的一部分。再者，我们说过，在菲律宾发生了侵略战争这一事实是毋庸置疑的，但是为了技术上的准确性，我们认为在菲律宾的侵略战争是对美国实行的侵略战争的一部分。

诉因 28 指控对中华民国发动了侵略战争，其时间跨度较诉因 27 指控的时间跨度短。我们主张，既然诉因 27 所包含的更完整指控已经被证实，我们对诉因 28 将不做任何宣告。

既然侵略战争已被证实，就没有必要考虑这些战争是否也违反国际法或违反条约、协定和保证。综上所述，本法庭认定，诉因 27、29、31、32、33、35 和 36 所主张的实行侵略战争已被证实。

诉因 54 指控命令、授权并准许犯普通战争罪。诉因 55 指控未采取适当步骤以确保遵守及防止违反与战俘及被拘禁平民有关的公约和战争法规。我们认定，存在着这两项诉因所指控罪行均被证实的案情。

由于上述认定，我们打算只考虑对个人被告有关以下诉因的指控：诉因 1、27、29、31、32、33、35、36、54 和 55。

第十章　判　决

本法庭现在对各被告的案件宣布判决。

《宪章》第 17 条要求判决给出其所依据的理由。这些理由在我们刚刚宣读完毕的事实陈述及认定宣告中已经阐明了。其中本法庭详细审查了每一名被告与案内事项有关的活动。因此，本法庭不打算在即将宣读的判决中重复作为判决基础的许多特别的认定。关于每一名被告，本法庭将只以一般性措辞给出法庭认定的理由，而这种一般性的理由，是以前面已经提及的特别陈述和认定为基础的。

荒木贞夫

被告荒木贞夫被指控犯有诉因 1 所述的共谋实行侵略战争和违反国际法、条约、协定及保证的战争之罪行。他也被指控犯有诉因 27、29、31、32、33、35 和 36 项下的实行这类战争的罪行。就诉因 54 和 55 所述罪行，他被指控对在中国所犯的战争罪负有责任。在所有重要时期，他都是陆军高级军官。他在 1927 年成为中将，在 1933 年晋升为大将。在整个时期中，他都是陆军统治层的重要人物。

他积极提倡对内进行政治统治、对外从事军事侵略的陆军政策。他实际上是并且被公认是陆军运动的重要领导人之一。作为好几个内阁的阁员，他推行了准备侵略战争的陆军政策，其方式是激发日本青年的好战精神，为备战动员日本的物质资源，以及通过演讲和新闻管制煽动日本国民为战争做好准备。不论他是否担任政府官职，他都帮助制定并极力倡导牺牲邻国利益以实现日本富足的陆军政策。他不仅同意并积极支持日本陆军在满洲和热河所采取的政策，使该地区在政治上脱离中国，成立由日本控制的政府，并将其经济置于日本的支配之下。本法庭认定，他是诉因1所述共谋的领导人之一，并裁决他在该诉因项下有罪。

在满洲发动对中华民国的侵略战争之后，荒木于1931年12月就任陆军大臣。他担任此职一直到1934年1月。在这段时间，他在制定和实施用于满洲和热河的军事和政治政策方面发挥了重要作用。他竭尽全力支持为占领中国的那一部分领土所采取的一系列军事步骤。1938年5月至1939年8月，荒木担任文部大臣，他以文部大臣的身份赞成并协助在中国其他部分的军事行动。我们已经认定对华战争自1931年以后是一场侵略战争，并且我们认定此被告参与了这场战争的实行。因此，我们裁决他在诉因27项下有罪。

没有证据证明他积极参加了诉因29、31、32、33、35和36所提到的战争，因此，对于这些指控，我们裁决他无罪。至于战争罪，没有证据证明他对这种罪行负有责任，因此我们裁决他在诉因54和55项下无罪。

土肥原贤二

被告土肥原贤二被指控犯有诉因1、27、29、31、32、33、35、36、54和55所述罪行。

在本案所审理的这段时间，一开始土肥原是一名日本陆军大佐，1941年4月晋升为将官军衔。在满洲事变之前，他已在中国住了约18年，被视为陆军中的中国通。他与在满洲进行的对华侵略战争的发动和进展，以及嗣后受日本支配的"满洲国"的成立，都有密切关系。当日本军部派的侵略政策在中国其他地区推行时，土肥原通过政治谋略、武力威胁和武力行使，在其发展过程中发挥了重要作用。

在制订、准备和执行将东亚及东南亚置于日本支配之下的计划时，土肥原和军部派的其他领导人保持着密切的联合行动。

当他对中国的特殊知识以及搞阴谋诡计的能力不再被需要时,他就成为一名战地将官来实现他参与共谋的目的。他不仅参加了对中国实行侵略战争,也参加了对苏联以及 1941 年至 1945 年期间日本对各国实行的侵略战争(法国除外)。在 1938 年和 1939 年对苏联的战争期间,土肥原是对哈桑湖战役具有最高指挥权的参谋本部的中将。他所指挥的陆军部队参加了诺门坎战役。

至于对法兰西共和国实行战争(诉因 33),那是 1945 年 2 月最高战争指导会议决定的。被告没有参与该决定,证据也不能确定他参加了那场战争的实行。

就诉因 1 所指控的共谋实行侵略战争,与诉因 27、29、31、32、35 和 36 所指控的实行侵略战争,我们判定他有罪。关于诉因 33,裁决他无罪。

1944 年 4 月至 1945 年 4 月,土肥原担任第七方面军司令官。他的管辖范围包括马来亚、苏门答腊、爪哇,并且有一时期还包括婆罗洲。关于他对他所管辖地区保护战俘免遭杀害及酷刑应负责任的范围,证据是互相冲突的。但至少他对于供给战俘食物和医药品负有责任。在这些供给方面,俘虏受到严重虐待的证据很确凿。俘虏在挨饿,由于营养不良和食物匮乏引起疾病造成了令人震惊的高死亡率。这种状态仅在战俘中发生,俘获他们的人却从未遇到这种情况。辩方主张由于在这些地区日本战局恶化、交通断绝,因而不可能对俘虏维持更好的补给。但证据显示,食物和医药品是可以取得的,原本能够用来缓解俘虏的恶劣状态。这些供给是根据土肥原应负责任的一项政策才被阻止的。根据对事实的认定,土肥原的罪行应归于诉因 54,而不是诉因 55。因此,他被判定在诉因 54 项下有罪。我们对诉因 55 不做裁决。

桥本欣五郎

桥本被起诉犯有诉因 1、27、29、31、32、54 和 55 所述罪行。

他是陆军军官,很早就参加了共谋。从那时起,他用尽他所掌控的所有手段促成共谋目的的实现。在所有共谋者中,没有一个像他那样观点极端,也没有一个在表达自己观点时像他那样露骨。在起始阶段,他倡导以武力占领满洲的方式进行扩张。随着时间推移,他更是倡导用武力对付日本的所有邻国,以达到共谋者的目的。

他是军事独裁政体的狂热拥护者。他极为憎恶各政党,因为它们在日本政治体制中发挥了某种作用并反对共谋者决心实现的征服计划。他在许多行动中扮演主谋的角色,共谋者通过这些行动最终镇压了日本民主分子的反对并取得了对政府的控制权。如果没有这种控制权,他们的侵略计划就不可能实现。例如,他是 1931 年 3 月和 10 月阴谋计划的主谋者之一,那些计划的目的是推翻当时的内阁,组建支持共谋者的内阁取而代之。他也参与了 1932 年 5 月的阴谋计划,那个计划的目的和结果是暗杀拥护民主、反对共谋者政策的总理大臣犬养。他的出版物以及他所创立或支持的社团活动,主要目标是破坏民主,建立一个更便于用战争来实现日本扩张的政治体制。

他在策划奉天事变以便为陆军占领满洲制造口实方面发挥了某种作用。他声称自己在占领满洲和日本退出国联的事件中有某些功劳。

在共谋初期的几年过后,他主要是作为一个宣传者来参与共谋的执行。他是一名多产的政治评论家,他通过以下方式为共谋的成功做出贡献:激发日本国民对于占领邻国领土的欲望,煽动日本为获得邻国领土而进行战争的舆论,倡导与热衷相似扩张计划的德意缔结同盟,谴责约束日本对外扩张计划的各种条约,狂热支持对日本大肆扩军的鼓吹,以使日本能够凭借武力或武力威胁来达到这些目的。

他在共谋的制定中是一名主谋,并对共谋的执行做出了巨大贡献。

关于诉因 27,他最初密谋以武力占领满洲,然后又在策划为占领满洲制造口实的奉天事变中发挥了一定作用。因此,他完全知晓对华战争是一场侵略战争,他作为发动对华战争的共谋者之一,运用他所掌握的权力竭力使其成功。有一段时期,他实际上是战地军事指挥官。他由此实行了一场诉因 27 所指控的对中国的侵略战争。

没有证据证明桥本与诉因 29、31、32、54 和 55 所述罪行有直接联系。本法庭就这些诉因裁决他无罪。

本法庭判定桥本在诉因 1 和诉因 27 项下有罪。

畑俊六

畑被指控犯有诉因 1、27、29、31、32、35、36、54 和 55 所述罪行。

1939 年 8 月阿部内阁成立时,畑出任陆军大臣,在此职位上直到 1940 年 7 月米内内阁垮台为止。虽然担任阁员不满一年,但是他对各项侵略计划的制订和执行却有实质性贡献。他以陆军大臣的身份,对政府的政策产生了重要影响。对华战争增强了烈度,汪精卫政府在南京成立,控制法属印度支那的计划得到推进,与荷兰关于荷属东印度事项的谈判也开始了。

畑赞成日本统治东亚及南方各地区。例如,为实现此目的,他赞成取消政党,由大政翼赞会取而代之。他与陆军当局其他高层合作和协商,促成了米内内阁的垮台,以此为和德国建立完全同盟及为日本成为一个实质上的极权主义国家铺平了道路。

此后,他自 1941 年 3 月起担任中国派遣军总司令官,在 1944 年 11 月之前继续对中国实行战争。

作为日本陆军现役军人最高地位之一的陆军教育总监,他继续对中国及西方各国实行战争。

哈桑湖敌对行动发生时,畑正在华中;诺门坎事件时他是天皇的侍从武官长,在该事件结束之前一个多星期,他担任了陆军大臣。本法庭认为他并未参与这两场战争的实行。

战争罪

1938 年以及 1941 年至 1944 年,畑在中国担任派遣军司令官时,他指挥的军队,大规模并在很长的时间跨度内犯下了暴行。要么是畑明知其事但不采取任何措施防止此类事情的发生,要么是他漠不关心也没有未雨绸缪去了解要给予战俘及平民人道待遇的命令是否得到遵守。无论是哪一种情况,他都违背了自己的职责,正如诉因 55 所指控的那样。

本法庭判定,畑在诉因 1、27、29、31、32 和 55 项下有罪。关于诉因 35、36 和 54 所述罪行,判定他无罪。

平沼骐一郎

平沼被起诉犯有诉因 1、27、29、31、32、33、35、36、54 和 55 所述罪行。他即使不是从一开始也是不久之后就参加了这个共谋。他是枢密院顾问官,1936 年起任枢密院议长,直至 1939 年成为总理大臣。之后,他在第二次近卫内阁和第三次近卫内阁中相继担任无任所大臣和内务大臣。

在枢密院任职期间,他支持了向该院提出的有关实施军国主义者侵略计划的种种措施。担任总理大臣和大臣时,他继续支持这类计划。

1941 年 10 月 17 日至 1945 年 4 月 19 日,被告是重臣之一。在 1941 年 11 月 29 日围绕对西方各国和平还是战争问题向天皇进言的那次重臣会议上,被告同意战争不可避免的意见,并建议针对长期战争的可能性加强舆论宣传。

在 1945 年 4 月 5 日举行的重臣会议上,被告强烈反对有关媾和的任何提议,主张日本应该作战到底。

在起诉书涉及的全部时间内,平沼不仅支持日本在必要时使用武力来统治东亚和南洋的政策,并且是这个共谋的领导人之一,也是推进这项政策的积极参加者。在实施这项政策的过程中,他实行了对中国、美国、英联邦和荷兰的战争,以及 1939 年对苏联的战争。

本法庭判定,被告平沼在诉因 1、27、29、31、32 和 36 项下有罪。

没有证据证明他与诉因 33、35、54 和 55 所述罪行有直接关联。因此,就这些罪行,我们裁决他无罪。

广田弘毅

广田被起诉犯有诉因 1、27、29、31、32、33、35、54 和 55 所述罪行。

广田 1933 年起担任外务大臣，一直到他 1936 年 3 月担任总理大臣时为止。1937 年 2 月他的内阁垮台后，他赋闲 4 个月未担任公职。他在第一次近卫内阁中又一次担任了外务大臣，一直到 1938 年 5 月。从那时候起，他与公共事务的关系仅限于不时地出席重臣会议，就总理大臣的任命及提交该会议的其他重要问题发表意见。

1933 年至 1938 年，当广田担任这些高级职务时，日本在满洲获得的利益得到了进一步巩固并转变成日本的优势地位，同时日本正在对华北的政治和经济生活进行"指导"，以便使华北从中国其他地区分离出去，为日本支配中国的政治和经济生活做准备。1936 年，广田内阁拟订并通过了向东亚和南方地区扩张的国策。这个具有深远影响的政策最终导致 1941 年日本与西方各国之间的战争。也是在 1936 年，日本的对苏侵略政策得到重申和推进，在《反共产国际协定》的签订中达到高潮。

1937 年 7 月 7 日对华战争再起，从那时候起，贯穿广田整个任期，在华军事作战得到了广田内阁的全力支持。1938 年初，日本阐明了真实的对华政策，竭尽全力去征服中国、推翻中国国民政府，并扶植一个由日本主导的政府取代它。

1938 年初，通过了动员人力资源、产业潜能和天然资源的计划和法令。这一计划几乎未做任何实质性修改，就成为以后若干年继续对华战争及推行进一步侵略战争的准备工作的基础。广田完全了解并支持所有这些计划与活动。

在他任职期间，广田显然是一个非常能干的人物和强有力的领导人，对于军部和各届内阁所采纳及执行的侵略计划，他有时是设计者，有时是支持者。

辩护律师在为广田所做的最后辩护中恳请本法庭考虑，广田一直提倡和平及用和平手段或通过外交谈判来解决争端。广田忠实于他的外交职业素养，一直提倡首先通过外交渠道来解决争端，这是事实。但显而易见，他在那样做的时候，从来不愿意放弃日本牺牲邻国已经获得或预期可以获得的利益。如果不能通过外交谈判来满足日本的要求，他总是赞成使用武力。因此，本法庭不能接受辩方在这一点上提出的为被告开脱罪责的辩护理由。

因此，本法庭认定，广田至少从1933年起参加了实行侵略战争的共同计划或共谋。作为外务大臣，他还参加了对华战争的实行。

关于诉因29、31和32，1941年广田作为重臣之一的态度及建议与他反对向西方各国开战的立场是一致的。1938年之后他未担任公职，在这些诉因中所述战争的指导方面没有发挥作用。本法庭裁决，提供的证据不能证明他犯有这些诉因所述罪行。

至于诉因33和35，没有证据证明广田参加了或支持了在哈桑湖的军事行动，或者1945年在法属印度支那的军事行动。

关于战争罪，没有证据证明广田曾命令、授权或准许犯下诉因54所指称的罪行。

关于诉因55，他与这类犯罪有关联的唯一证据涉及1937年12月和1938年1月至2月发生在南京的暴行。日军进入南京城后，作为外务大臣，他立即接到了关于这些暴行的报告。根据辩方的证据，他认为这些报告是可信的，这个问题提交给了陆军省。陆军省保证将停止这种暴行。得到这种保证之后，至少在一个月中仍继续收到关于暴行的报告。本法庭认为，广田的失职在于他没有在内阁会议上主张立即采取措施制止暴行，也没有采取任何其他可能的措施来制止暴行。他明明知道陆军省的保证没有实施，并且每天都在发生成百上千起杀人、强奸妇女和其他暴行，他却满足于听信这些保证。他的不作为达到了犯罪性疏忽的程度。

本法庭裁决广田在诉因1、27和55项下有罪。关于诉因29、31、32、33、35和54，本法庭裁决他无罪。

星野直树

星野被指控犯有诉因 1、27、29、31、32、33、35、54 和 55 所述罪行。

被告星野在 1932 年赴满洲前，一直受雇于日本大藏省。他由日本政府派往满洲担任"满洲国"财政部和"满洲国"总务厅的高级官吏。到 1936 年，他已成为"满洲国"财政部次长和"满洲国"国务院总务厅长。这些职位使他能够对"满洲国"的经济施加重大影响，实际上他确实运用这种影响力使"满洲国"的工商业发展处于日本的支配之下。他与"满洲国"事实上的统治者关东军司令官紧密合作进行活动。虽然名义上不是，但实际上他是关东军的一名官员，其经济政策的目标是使"满洲国"的资源服务于日本的军事目的。

虽然名义上他是"满洲国"政府的官员，时间长达 8 年，但在 1940 年他被召回日本担任无任所大臣和企划院总裁。当时日本为继续其在中国实行的侵略战争并考虑对在东亚有属地的其他国家实行侵略战争，正在采取特别步骤装备自己，而星野以他的职位正是这些步骤中的领导人。

他于 1941 年 4 月退出内阁，从那时候起，他与备战有关的官方职能有所减少，但并没有完全结束。

被告东条于 1941 年 10 月出任总理大臣时，星野成为内阁书记官长，不久又担任了企划院参与。从此，他与已经决定并即将于 1941 年 12 月实行的日本进攻各国的所有侵略战争准备工作有了密切的关系。

1932 年至 1941 年整个时期中，他是起诉书诉因 1 所述共谋中的一个活跃分子，他因此被裁决在该诉因项下有罪。

他不仅共谋实行侵略战争，而且在他陆续担任的各种公职职位上，直接参加了实行诉因 27、29、31 和 32 所述的侵略战争，因而他也被认定在所有这些诉因项下有罪。

没有证据证明他参加了诉因 33 和 35 所指控的战争，我们判定他就这两项无罪。

没有证据证明他与诉因 54 和 55 所述罪行有关,判定他就这两项也无罪。

板垣征四郎

被告被指控犯有诉因 1、27、29、31、32、33、35、36、54 和 55 所述罪行。

1931 年板垣是关东军参谋部的一名大佐,他参加了当时以武力占领满洲为直接目的的共谋。他为支持这个目标到处煽风点火,协助制造了作为军事行动口实的奉天事变,压制了若干防止那场军事行动的企图,还批准并领导了那场军事行动。

此后,他在推进虚假的满洲独立运动以及导致"满洲国"傀儡国家成立的阴谋中,都发挥了主要作用。

1934 年 12 月他担任了关东军参谋副长,此后他积极参与成立内蒙古和华北的傀儡政权。他希望将日本的军事占领扩大至外蒙古,以对苏联领土构成威胁。为了给日本侵略华北找借口,他和其他人一起杜撰了"反共"一词。

1937 年 7 月卢沟桥战斗发生时,他从日本被派往中国,作为师团长参加了战斗。他赞成扩大在中国的侵略区域。

1938 年 5 月他出任近卫内阁的陆军大臣。在他的领导下,对中国的进攻增强并扩大了。他参加了一些重要的内阁会议,在这些会议上做出推翻中国国民政府而代之以傀儡政权的决定。此后,他对导致汪精卫傀儡政权建立的前期安排负有主要责任。他还参加了为日本利益开发中国被占领地区的工作。

作为平沼内阁的陆军大臣,他还要对进行对华战争和扩大日本军备负责。在内阁中,他是日德意无限制军事同盟的强有力的提倡者。

作为陆军大臣,在哈桑湖对苏联行使武力一事上,他试图运用计谋获得天皇的同意。此后在五大臣会议中,他获得了使用武力的授权。诺门坎战役期间,他依然是陆军大臣。

他是日本在东亚和南洋宣称所谓"新秩序"的强有力的支持者。他认识到建立新秩序的企图必然导致与苏联、法国及英国发生战争,因为它们要保护在这些地区的属地。

1939年9月至1941年7月,他作为中国派遣军参谋长实施了对华战争。

1941年7月至1945年4月,他是朝鲜军司令官。

1945年4月至日本投降之日,他是司令部设在新加坡的第七方面军司令官。他所指挥的军队防守爪哇、苏门答腊、马来亚、安达曼和尼科巴群岛,以及婆罗洲。

他参加了对中国、美国、英联邦、荷兰及苏联实行侵略战争的共谋,同时,他在明知这些战争是侵略战争的情况下,在实行这些战争中发挥了积极而重要的作用。

本法庭裁决板垣在诉因1、27、29、31、32、35和36项下有罪。关于诉因33所述罪行,本法庭裁决他无罪。

战争罪

1945年4月至投降,板垣指挥下的地区包括爪哇、苏门答腊、马来亚、安达曼和尼科巴群岛,以及婆罗洲。在这一时期,成千上万名战俘及被拘禁者被羁押在这些地区的拘留营中。

根据他的证言,这些拘留营,除在新加坡的以外,并不在他直接指挥之下,但他负责给这些战俘营供给食物、药品及医疗设施。

在这一时期,这些拘留营的恶劣状态非言语所能形容。食物、药品及医疗设施的供应远远不够。营养缺乏症到处蔓延,其结果是每天都有很多人死亡。到投降日还幸存的人都处于悲惨的状态。日本投降后有人到拘留营视察时,未发现看守中有这种状态。

板垣为战俘及被拘禁者所受到的这种骇人听闻的残暴待遇辩解说,同盟国对日本船舶的轰炸使这些地区的补给物资运输异常困难,他已经用手中所有的物资尽力而为了。但是,日本投降后,板垣军队让新加坡、婆罗洲、爪哇和苏门答腊的拘留营使用那里的食物和药品供给。为板垣所做的辩护及所提出的证据是这样解释的：日本预料到这将是一场长期的战争，因而储存了补给品。这等于说板垣对战俘及被拘禁者的极不人道的待遇在当时的情形下具有正当理由。本法庭断然拒绝这种辩护。板垣对成千上万的战俘和被拘禁者负有供应补给的责任，如果他发现自己不能维持他们未来的生活，根据战争法规他有责任将手中所存的补给品加以分配，同时报告他的上级预做安排，必要时应就未来向战俘和被拘禁者提供帮助事宜与同盟国取得联系。由于他所采取的政策，他应对他有责任提供充足给养的成千上万人的死亡和苦难负责。

本法庭认定板垣在诉因 54 项下有罪。与土肥原的案情相同，本法庭对诉因 55 不做裁决。

贺屋兴宣

被告贺屋被指控犯有诉因 1、27、29、31、32、54 和 55 所述罪行。

贺屋是文官。

1936 年他被任命为对满事务局参与，1937 年 2 月任大藏次官。1937 年 6 月他被任命为第一次近卫内阁的大藏大臣，担任此职至 1938 年 5 月。1938 年 7 月成为大藏省顾问。1939 年 7 月被任命为兴亚院[1]成员，同年 8 月又被任命为华北开发株式会社总裁，担任此职直至 1941 年 10 月成为东条内阁的大藏大臣为止。1944 年 2 月，他辞去大藏大臣职务后，再次担任了大藏省顾问。

在这些职位上，他参加了日本各项侵略政策的制定，并参加了为执行这些政策在财政、经济和产业上的准备工作。

贯穿这一期间，特别是作为第一次近卫内阁和东条内阁的大藏大臣，以及作为华北开发株式会社总裁，他积极从事对中国及对西方各国的侵

1　原文为 Asia Development Committee，其中的 Committee 系 Board 之误，实为兴亚院。——译者注

略战争的准备与实施。他是诉因 1 所述共谋的积极参加者,本法庭裁决他在该诉因项下有罪。

贺屋在他所担任的各种职位上,在起诉书诉因 27、29、31 和 32 所指称的实行侵略战争中发挥了主要作用。因此,他被判定在这些诉因项下有罪。

没有证据显示贺屋对战争罪负有责任,因此,关于诉因 54 和 55,判定他无罪。

木户幸一

被告木户幸一被指控犯有诉因 1、27、29、31、32、33、35、36、54 和 55 所述罪行。

1930 年至 1936 年,木户是一名宫中职员,担任内大臣的秘书官长。在此期间,他知道在满洲的军事和政治企图的真实性质。但这时候他与军部及其支持者已经发起的共谋没有关系。

1937 年,木户以文部大臣的身份参加第一次近卫内阁,并做过一段时间厚生大臣。1939 年平沼成为总理大臣时,木户作为内务大臣继续留任内阁阁员,直至 1939 年 8 月。1937 年至 1939 年期间,木户采纳了共谋者的意见,并全心全意地为他们的政策而努力。对华战争进入第二阶段后,木户热衷于推进那场战争,甚至反对参谋本部欲与中国妥协以求迅速结束战争的努力。他迫切希望在军事上和政治上完全统治中国。

木户不仅支持对华共谋者的计划,作为文部大臣,他还致力于培育日本强烈的好战精神。

从 1939 年 8 月到他成为内大臣的 1940 年 6 月,木户积极地与近卫一起构想出一个方案,即用一个以近卫为总裁、以木户为副总裁的单一政党取代现存的多个政党。这种一党制被指望将赋予日本一种极权制度,以此来消除对共谋者计划的政治抵制。

作为内大臣,木户处于一个特别有利的地位来推进共谋。他的主要职责是向天皇进言。他密切关注政治事件，并且和这些事件中最主要的相关者在政治上和私交上都保持亲密关系。他的职位是一个有很大影响力的职位。他不仅对天皇施加这种影响力，而且通过政治阴谋来运用他的影响力，以达到促进该共谋的目的。他赞同涉及统治中国和整个东亚以及南方各地区的那些目标。

随着对西方各国开战时间日益临近，因海军内部对于获得全胜持有怀疑，木户也表现出了某种程度的疑虑。即使在这种心怯的状态之下，木户仍然决心推进对华侵略战争，而且他仍然同意参与计划中的对英国、荷兰，如有必要对美国的战争，尽管信心有所降低。当海军的疑虑克服后，木户的疑虑似乎也消除了。于是他又开始去实现该共谋的全部目的。东条一贯主张立即对西方各国开战，他能出任总理大臣一职，木户发挥了主要作用。木户又用其他方法，利用其职位来支持这样一场战争，或者故意避免采取有可能防止这场战争的行动。无论在最后时刻还是在可能会更加有效的初期，他都没有向天皇进言采取反对战争的态度。

检方没有提供证据证明木户在诉因 33、35 和 36 所称的战争中有罪。

关于战争罪，日军在南京犯下各种暴行时，木户是内阁阁员。没有充分证据证明他对未能防止这一暴行负有责任。在 1941 年对西方各国开战及以后时期，木户担任的职位使他不能对当时所犯暴行负有责任。

木户被判定在诉因 1、27、29、31 和 32 项下有罪，在诉因 33、35、36、54 和 55 项下无罪。

木村兵太郎

木村被起诉犯有诉因 1、27、29、31、32、54 和 55 所述罪行。

木村是一名陆军军官，在本案所审理的大部分时期中，他在陆军省从事行政事务，最后在 1941 年 4 月担任了陆军次官。后来，他又被任命为企划院和总力战研究所的参与。1943 年 3 月他被免去陆军次官的职务，1944 年 8 月他出任缅甸方面军司令官，他担任此职至 1945 年日本投降。

木村担任陆军次官期间，几乎每天与陆军大臣及其他大臣、次官和局长接触。他所担任的职位使他可以了解到，并且他确实被充分告知了与美国进行重大谈判期间政府的所有决定和措施。他完全知道为太平洋战争和在华敌对行动所做的计划和准备。自始至终，他与陆军大臣及内阁其他各省通力合作，并基于他的丰富经验不时为他们出谋划策，对侵略计划予以全力支持。

虽然他不是一个领导人，但是他参加了政策的制定和发展，有的由他本人发起，有的由参谋本部或其他机关提议而得到他的赞成与支持。因此，他在实行侵略战争的共谋中是一个重要的合作者或同犯。

木村不仅是共谋者之一，而且1939年和1940年作为师团长，接着作为关东军参谋长，后来作为陆军次官，他在对华战争和太平洋战争中发挥了重大作用。尽管完全知道太平洋战争的非法性，他仍于1944年8月接任了缅甸方面军的司令官，在此职位上直至投降。

他是违反战争法规的积极参与者，因为他批准了在许多场合使用俘虏从事战争法规所禁止的工作，以及在导致成千上万名俘虏遭受苦难和死亡的条件下工作。后者的一个例证就是在泰缅铁路建设中使用俘虏，这些命令都是经由木村批准并传达下去的。

此外，木村明明知道日军在所有战区都犯下了大规模的暴行，1944年8月他接任了缅甸方面军的指挥，从他抵达仰光司令部那天起，以及后来司令部迁移至毛淡棉时，暴行继续以毫不减弱的规模在发生。他从未采取任何惩戒措施或其他步骤去防止他所指挥的军队实施暴行。

木村的辩护律师主张，在他抵达缅甸之后，他命令所属部队要以适当的军人风度行事，不要虐待俘虏。鉴于虐俘的性质和范围，在许多情况下都是在距他的司令部数英里以内大规模进行的，本法庭认定木村玩忽职守，未尽到执行战争法规的义务。一个军司令官在这种情况下的职责并不是只要发布例行命令就算履行完毕了，即使他确实发布过这类命令。

他的职责是采取会防止以后犯战争罪的措施和发布这样的命令，并亲自证实这些命令的确得到了执行。他没有这样做。因此，他故意漠视自己的法律职责，未采取适当步骤防止违反战争法规。

本法庭判定木村在诉因1、27、29、31、32、54和55项下有罪。

小矶国昭

小矶被指控犯有诉因1、27、29、31、32、36、54和55所述罪行。

他在1931年参加了共谋，是"三月事件"的领导人之一。"三月事件"的目的是推翻滨口内阁并使赞成占领满洲的内阁上台。其后，自1932年8月他被任命为关东军参谋长起，他在日本对外扩张计划的形成中发挥了领导作用。

1932年8月至1934年3月，他在关东军参谋长的职位上，拟定或同意了由陆军省向政府提交的有关"满洲国"政治与经济组织的提案和计划，其根据是被日本政府所采纳的共谋者的方针。他的辩护律师主张，他仅仅是以参谋长的身份将提案和计划送往东京，这个行动并不意味着他个人的同意。鉴于他知道日本的侵略计划，本法庭不能接受这种抗辩。他为推进这些计划而在政治和经济问题上发表意见，这已经超出了作为一个参谋长通常的职责范围。

他任参谋长期间，还发生了军事入侵热河和在满洲战火重燃的事件。

后来作为平沼内阁和米内内阁的拓务大臣，小矶支持和参加了指导对华战争、占领法属印度支那的起始阶段，以及旨在取得荷属东印度的让步和最终对其经济支配而进行的谈判。

同时，他倡导了日本"全方位"扩张的计划。

1944年7月，小矶从朝鲜总督的职位上被召回，出任总理大臣。作为总理大臣，他促进并指导了对西方各国实行战争。1945年4月，当日本战败已经变得明显之时，他辞去总理大臣之职以让位于铃木内阁。

没有证据证明他在诺门坎敌对行为中发挥了任何组织或指导作用。

战争罪

小矶在 1944 年出任总理大臣时，日军在各战区犯下的暴行和其他战争罪已经臭名昭著，因而一个处于小矶地位的人绝无不详知之理，无论是由于日军的恶名远播还是来自各政府部门间的通报。从以下事实来看，这是毫无疑问的。1944 年 10 月，在小矶参加的最高战争指导会议上，外务大臣报告说，根据敌方的最近消息，据报道日本对战俘的待遇"大有改善的余地"。外务大臣又说，从日本的国际声誉和将来国际关系的观点来看，这是一个重要问题。他要求向有关当局发出指令，以便能对这个问题做充分的讨论。此后，小矶继续担任了 6 个月的总理大臣，在这段时间里，日本对战俘及被拘禁平民的待遇没有任何改善。这就相当于故意玩忽职守。

本法庭判定小矶在诉因 1、27、29、31、32 和 55 项下有罪。关于诉因 36 和 54 所述罪行，判定他无罪。

松井石根

被告松井被指控犯有诉因 1、27、29、31、32、35、36、54 和 55 所述罪行。

松井是日本陆军的高级军官，1933 年晋升为大将。他在陆军中具有丰富的经历，其中包括在关东军及参谋本部服务。虽然他与构想和实施共谋的那些人之间的关系密切，会使人联想到他一定知道共谋者的目的和政策，但向法庭出示的证据不足以使我们有理由裁决他是共谋者。

1937 年和 1938 年他在中国担任的军事职务本身不能被视为实行侵略战争。要证明给他在诉因 27 项下定罪合理，检方有义务提供证据证明一个推断，即松井知道那场战争的犯罪性质。但是这一点检方并没有做到。

1935 年松井被列入退役名单，但在 1937 年又被召回现役指挥上海派遣军。接着他被任命为包括上海派遣军和第十军在内的华中方面军司令官。他率领的这些军队,于1937年12月13日占领了南京城。

中国军队在南京陷落之前就撤退了,因此日军所占领的是一个不设防的都市。接着发生的是日本陆军长时期连续不断地对无助的市民犯下的最令人恐怖的暴行。日本军人进行了大规模屠杀、个别杀害、强奸、劫掠及纵火。尽管日本籍的证人否认暴行的规模,但是不同国籍的、其责任心毋庸置疑的中立证人出具了压倒性的相反证言。这种毫无节制的犯罪从1937年12月13日占领南京城开始,到1938年2月初才刚刚停止。在这六七个星期中,成千上万名妇女被强奸,10万以上的平民被屠杀,无数的财产被偷盗和焚毁。12月17日,当这些恐怖事件达到最高潮时,松井举行了入城式,并在南京城内停留了5至7天。根据他自己的观察和幕僚的报告,他一定知道发生了什么事情。他自己承认宪兵队和领事馆人员向他报告了他的军队有某种程度的不当行为。在南京的日本外交代表每天收到关于此类暴行的报告,他们又将这些事向东京报告。本法庭确信松井知道正在发生的暴行。他没有采取任何措施,或没有采取任何有效的措施来减少这些恐怖行为。占领南京城之前,他确实下达了严明军纪的命令,后来又下达了大意相同的进一步命令。正如我们现在所知,也正如他当时肯定知道的那样,这些命令并没有产生任何效果。他的律师为他辩护说那时候他病了。他的疾病既没有妨碍他指挥作战行动,也没有阻止他在这些暴行发生之时访问南京城达数日之久。他是对这些暴行负有责任的那个军的指挥官。他知道这些暴行。他既有义务也有权力控制他自己的军队和保护不幸的南京市民。他必须为玩忽职守而承担刑事责任。

本法庭判定被告松井在诉因55项下有罪,在诉因1、27、29、31、32、35、36和54项下无罪。

南次郎

南被指控犯有诉因1、27、29、31、32、54和55所述罪行。

1931 年,南是陆军大将,同年 4 月至 12 月,他担任陆军大臣。早在奉天事变之前,他就与鼓吹军国主义、日本扩张和满洲是"日本的生命线"的共谋者有关系。他事前就被告知可能会发生这个事件。他接到命令要阻止其发生。但他没有采取充分措施阻止其发生。当事件发生时,他说陆军的行动是"正当的自卫"。内阁立即决定事件不得扩大,南也同意把内阁的政策付诸实施,但作战地区日趋扩大,南未使用充足手段抑制陆军。在内阁中,他支持陆军采取的步骤。他早就主张,如果国际联盟反对日本在中国所实施的行动,日本就应该退出这个组织。内阁决定不应占领满洲和施行军政。南知道陆军正在采取步骤把这两件事付诸实施,但是他没有做出任何举动予以制止。他未采取措施控制陆军以支持总理大臣和外务大臣,致使内阁垮台。其后,他鼓吹日本应接管满洲和蒙古的防务。他早就倡导必须在满洲成立一个新国家。

1934 年 12 月至 1936 年 3 月,他是关东军司令官,他完成了征服满洲并协助开发利用中国这一地区为日本所用。他对在军事行动威胁下建立华北和内蒙古的傀儡政权负有责任。

对于利用满洲以充当进攻苏联的基地,以及有关攻击苏联的计划,他负有部分责任。

1936 年他出任朝鲜总督,1938 年他支持对华作战并把这场战争称为"圣战",以及支持推翻中国国民政府。

本法庭判定南在诉因 1 和 27 项下有罪。关于诉因 29、31、32、54 和55 所述罪行,判定他无罪。

武藤章

被告被起诉犯有诉因 1、27、29、31、32、33、36、54 和 55 所述罪行。

他是军人,在担任陆军省军务局长这一重要职务之前,他未曾被任命过与制定高层政策有关的职务。此外,没有证据证明他任军务局长之前,曾单独或与他人一起试图去影响高层政策的制定。

他成为军务局长之后参加了共谋。1939 年 9 月至 1942 年 4 月,除了军务局长一职,他还兼任了许多其他职务。在这一时期,共谋者策划、准备和实行侵略战争的活动达到了最高峰。在所有这些活动中,他都发挥了主要作用。

他出任军务局长时,诺门坎战役已结束,因此他与这场战争的实行没有关系。

1945 年 3 月,当日本进攻法属印度支那时,他是驻菲律宾的参谋长。因此,他与这场战争的实行也没有关系。

本法庭判定武藤在诉因 1、27、29、31 和 32 项下有罪。关于诉因 33 和 36 所述罪行,判定他无罪。

战争罪

1937 年 11 月至 1938 年 7 月,武藤是松井的参谋军官。在南京及其附近由松井部队犯下的骇人听闻的暴行就发生在这个时期。我们毫不怀疑武藤知道部队在长达数周的时期中一直在犯下这些暴行,正如松井知道这些事情一样。他的上级没有采取适当步骤来制止这类行为。我们认为,武藤处于下属的地位,不能采取制止这些暴行的措施。对于这一恐怖事件,武藤没有责任。

1942 年 4 月至 1944 年 10 月,武藤在北苏门答腊指挥近卫第二师团。在这一时期,在他的军队所占领的地区发生了广泛的暴行。对此,武藤是责任者之一。战俘及被拘禁平民遭到饥饿、忽视、酷刑和杀害,平民被屠杀。

1944 年 10 月在菲律宾,武藤成为山下的参谋长。他担任此职一直到日本投降为止。这时他的地位与所称"南京暴行"时的地位完全不同了。他已经居于可以左右政策的地位。在他担任参谋长职务期间,日军不断对平民实施屠杀、酷刑以及其他暴行。战俘及被拘禁平民遭到了饥饿、酷刑和杀害。关于这严重违反战争法规的行为,武藤是责任者之一。我们拒绝接受说他不知道发生这些暴行的辩护。这是令人完全难以置信的。本法庭判定武藤在诉因 54 和 55 项下有罪。

冈敬纯

冈被指控犯有起诉书中诉因 1、27、29、31、32、54 和 55 所述罪行。

冈是日本海军军官。1940 年 10 月他晋级为海军少将,并出任海军省军务局长。

1940 年 10 月至 1944 年 7 月,冈在担任军务局长期间是共谋的积极分子之一。在此职务上,他是"联络会议"有势力的成员之一,日本的大政方针大部分是在联络会议上决定的。他参加了对中国及西方各国实行侵略战争政策的制定和执行。

战争罪

若干证据表明,冈知道或者应该知道海军军人正在犯下针对战俘的战争罪,因为他领导的海军省军务局与战俘的福利问题有关,但是,这些证据还没有达到在刑事案件中定罪的证据标准。

本法庭判定,冈在诉因 54 和 55 项下无罪,在诉因 1、27、29、31 和 32 项下有罪。

大岛浩

大岛被起诉犯有诉因 1、27、29、31、32、54 和 55 所述罪行。

大岛是陆军军官,在本案所审理的时期中服务于外交领域。他最初是日本驻柏林大使馆的陆军武官,后来晋升为大使。从 1939 年起一年左右,他没有担任外交职务,然后又以大使身份返回柏林,担任这个职务直至日本投降。

大岛相信希特勒政权会取得成功,从他第一次被派往柏林工作开始,他就竭尽全力来推进日本军部的计划。有时他越过大使,直接和外交部长里宾特洛甫交涉,努力促使日本和德国缔结全面军事同盟。在他被任命为大使之后,他继续努力使日本接受这样一个条约,即日本与德国及意大利结盟对抗西方各国,从而为执行广田政策开辟道路。在推进军部派的侵略政策时,他一再奉行与他的上级、日本外务大臣的政策相对立的政策,并无视外务大臣的政策。

《苏德互不侵犯条约》暂时阻碍了他的计划。于是他回到了东京,通过在报刊上发表文章并与德国大使亲密合作,来支持主战派。

大岛是主要的共谋者之一,并一贯支持和促进主要共谋的目的。

他没有参加对华战争和太平洋战争的指导工作,也从未担任过任何与战俘义务或责任有关的职务。

为大岛所做的特别辩护是,关于他在德国的各种活动,他受到外交豁免权的保护,应免于起诉。外交特权并不意味着豁免法律责任,仅可免除大使受驻在国法院审判。无论如何,这种豁免权与在一个具有管辖权的法庭中起诉的违反国际法的罪行无关。本法庭拒绝接受这一特别辩护。

本法庭裁决大岛在诉因 1 项下有罪。关于诉因 27、29、31、32、54 和 55 所述罪行,判定他无罪。

佐藤贤了

被告佐藤贤了被指控犯有诉因 1、27、29、31、32、54 和 55 所述罪行。

佐藤 1937 年任职军务局局员时,晋升为中佐。同年他被任命为企划厅的调查官。此后,除了军务局的职责之外,他还兼任了其他职责,不仅在企划厅担任过事务官,还在其他或多或少与日本对华战争以及预期对其他国家的战争相关的机关中担任过职务。

1938 年 2 月,近卫内阁向议会提出了《国家总动员法》。佐藤被指定担任"说明者",在议会中发表了一个支持此法案的演讲。

1941 年 2 月,佐藤被任命为军务局军务课课长。1941 年 10 月晋级为陆军少将。1942 年 4 月,他担任了军务局长,这是日本陆军中一个相当重要的职位。在 1944 年之前他一直担任此职。同时他还兼任与政府其他部门有关的各种职务,充当陆军省与这些部门业务上的联络工作。

因此，直到 1941 年佐藤担任的职务才使他能够左右政策的制定，没有证据证明在此之前他曾密谋对政策制定施加影响。关键问题是那时候他是否已经知道日本的意图是犯罪的，因为在这之后，他尽自己所能推进这些意图的发展和实施。

佐藤 1938 年 8 月的演讲使我们对这个问题不再有任何怀疑。他阐述了陆军在对华战争上的观点。他表现出对于从未向中国透露过的详细条件极为熟悉，日本就是准备根据这些条件去解决对华战争的。这些条件从表面上看就很明显地包括：推翻中国的合法政府；承认"满洲国"傀儡政权，其大部分资源已为日本利益加以开发；根据日本利益重组中国经济；在中国驻扎日本军队以确保这些非法获利不会丢失。他说华北将完全置于日本的控制之下，华北资源将为国防而开发，也就是为帮助日本的军事准备而开发。他预言日本将对苏联作战，不过他说日本将等到扩大军备和生产后再选择开战时机。

这次演说显示，佐藤并不相信日本的在华军事行动是出于保护日本在华合法权益的愿望，像辩方要我们相信的那样。恰恰相反，他知道日本进攻中国的动机是为了夺取邻国的财富。我们认为佐藤既然知道这类犯罪，那么他显然从 1941 年开始就是共谋者之一。

此后，在政府的重要岗位上以及作为一名军级指挥官，他实行了诉因 27、29、31 和 32 所指控的侵略战争。

战争罪

毫无疑问，佐藤对于为数众多的针对日军行为的抗议是知晓的，因为这些抗议送交他所主管的局，并在陆军省双周局长会议中讨论。东条主持这些会议，并决定关于这些抗议是否应采取行动。佐藤作为东条的部下，不能违背他长官的决定而主动采取预防行动。

本法庭判定佐藤在诉因 1、27、29、31 和 32 项下有罪。他在诉因 54 和 55 项下无罪。

重光葵

被告重光被指控犯有诉因 1、27、29、31、32、33、35、54 和 55 所述罪行。

关于诉因 1,他被指控在下述任职期间犯有罪行:1931 年和 1932 年担任驻中国公使期间,担任对满事务局参与期间,1936 年至 1938 年担任驻苏联大使期间,1938 年至 1941 年担任驻英国大使期间,以及 1942 年和 1943 年担任驻中国大使期间。没有证据证明他担任对满事务局参与时,在制定政策上发挥了作用。至于其余的时段,我们认定重光作为公使和大使,并未超过这些职务的正当职能。在上述这些年份,他不是共谋者之一。实际上,他曾反复向外务省进言,反对共谋者的政策。

到 1943 年他担任外务大臣时,共谋者实行某些侵略战争的政策早已确定并正在执行的过程中。此后,这个侵略政策既未进一步制定,也没有发展。

本法庭判定,关于诉因 1 所述罪行,重光无罪。

1943 年日本正在太平洋作战。他完全明白就日本而言,那是一场侵略战争,因为他知道引起这场战争的共谋者的政策,实际上又常常进言不应将这些政策付诸实行。尽管如此,这时候他还是在实行这场战争中发挥了主要作用,直到 1945 年 4 月 13 日辞职为止。

本法庭裁决重光在诉因 27、29、31、32 和 33 项下有罪。关于诉因 35 所述罪行,重光无罪。

战争罪

1943 年 4 月至 1945 年 4 月重光担任外务大臣期间,保护国把所收到的同盟国一次又一次的抗议传递给日本外务省。这些严正抗议是由责任机关送交保护国的,许多情况下还附有很详细的具体事实。抗议的事项如下:① 俘虏的非人道待遇;② 除少数例外,拒绝保护国的代表视察所有的俘虏拘留营;③ 拒绝保护国的代表在没有日本见证人在场的情况下与俘虏会见；④ 不提供关于俘虏姓名及拘留地点的信息。这些抗议首先由外务省加以处理，必要时转送内阁其他省，并要求提供相关资料，以便外务大臣就这些抗议做出答复。

无论谁读了日本外务省和保护国之间长期往返的文书之后，都不可能不怀疑，日本军部不向外务省提交对这些抗议的合理答复是出于邪恶的理由，或者至少这些问题应当由其他机关独立进行调查，而不应由其行为正受到抗议的军部来主管。接连不断的抗议函都得不到回答，或者是迟延数月之后才答复却又不说明迟延的理由。保护国一封又一封的催促函被置之不理。即使对抗议函做出了回应，也是毫无例外地否认存在任何值得抗议的理由。

由可靠人士提出并附有当时情形及细节的每一份抗议全都被说成完全无理由，这是非常不可能的事情。加之军部不允许视察拘留营，不允许保护国代表在没有日本见证人在场的情况下与俘虏会见，而且拒不提供他们手中俘虏的详细信息，这一切使人产生怀疑，他们一定有刻意隐瞒的事情。

当我们认定重光所了解的这些情况使他怀疑战俘没有得到他们应得的待遇时，我们并非对他有欠公正。实际上，有一位证人也为他做了大意如此的证言。在此情况下，重光没有采取适当步骤去调查这一问题，尽管他身为一名内阁阁员，对战俘的福利负有领导责任。为免除他自己的责任（这责任他怀疑自己没有尽到），他本来应该施加压力促进这一问题的解决，必要时甚至应该辞职。

没有证据证明重光曾命令、授权或准许犯下战争罪或违反人道罪。关于诉因 54 所述罪行，本法庭裁决重光无罪。

本法庭裁决重光在诉因 55 项下有罪。

在减轻量刑方面，我们考虑了以下因素：重光没有以任何方式卷入共谋的形成；在 1943 年 4 月担任外务大臣之前，他没有参与实行侵略战争，而他成为外务大臣时日本已经深深陷入了一场将对它的未来产生致命影响的战争之中；关于战争罪问题，他在外务大臣任上时，军部已完全控制了日本，任何日本人如果要谴责他们都需要极大的决心。

岛田繁太郎

被告被指控犯有诉因 1、27、29、31、32、54 和 55 所述罪行。

1941 年 10 月以前，岛田除履行他海军军官应有的职务行为之外别无其他作用，所以在那时之前并没有参与共谋。

1941 年 10 月，岛田是一名具有海军大臣候选资格的海军高级军官。他出任了东条内阁的海军大臣，并担任此职至 1944 年 8 月。1944 年 2 月至 8 月这 6 个月中，他还兼任海军军令部总长一职。

自东条内阁组阁起，直至 1941 年 12 月 7 日西方各国遭到日本攻击，在计划并实施攻击的过程中，他参加了共谋者做出的所有决定。他举出下列原因作为采取这一行动方针的理由：西方发布的冻结令正在扼杀日本并将逐渐削弱日本的战斗力，日本已经陷入经济和军事上的"包围"，美国在谈判中采取了不同情和不妥协的态度，以及同盟国对中国的援助引起了日本的恶感。但是，这个辩护略去了一个事实，即他决心以战斗保护的利益是日本在多年侵略战争中获得的利益。本法庭已充分审视了这一辩护理由，并拒绝接受。

宣战之后，在实行战争的过程中，他发挥了主要作用。

本法庭裁决岛田在诉因 1、27、29、31 和 32 项下有罪。

战争罪

太平洋诸岛上的日本海军官兵对俘虏和被鱼雷击中舰船上的幸存者实施了最可耻的屠杀和杀戮。直接责任人包括海军将官及以下军阶的军人。

但是，现有证据不足以证明岛田对于这些事项负有责任，即不足以证明他命令、授权或准许犯下上述战争罪，或者他知晓这些犯罪正在发生却没有采取适当步骤去阻止其将来再次发生。

本法庭判定岛田在诉因 54 和 55 项下无罪。

白鸟敏夫

被告被起诉犯有诉因 1、27、29、31 和 32 所述罪行。

他于 1914 年进入了日本的外交界。他最初跻身显赫地位是升任外务省情报部长,1930 年 10 月至 1933 年 6 月,他一直担任此职。在这个职位上,他在全世界的新闻媒体面前为日本占领满洲辩护。他无疑是受命这样做的,但无论在当时还是之后,被告的活动特征表明他并不满足于完成本职工作。他很早就开始发表关于政策的意见,这种意见引起了上层人士的注意。他也在早期鼓吹日本应退出国联。他赞成在满洲成立一个傀儡政权。从那时候起,他已经开始支持共谋的目的,这种支持他持续多年并竭尽全力不曾改变。

1933 年 6 月至 1937 年 4 月,他担任驻瑞典公使。当时他所写的若干信件已表现出他此时的观点。他认为,必须在俄国变得过于强大而不能攻击之前把俄国的势力从远东驱逐出去,如有必要就使用武力。此外,他还认为,必须把被认为将危害日本利益的外国势力驱逐出中国,日本的外交官应该支持军国主义者的政策。他表现出自己是侵略战争全心全意的信奉者。

回到日本后,他发表文章倡导日本组建极权主义政府,并拥护日本、德国和意大利实行扩张主义政策。

当日本、德国和意大利之间的同盟谈判开始之后,他在 1938 年 9 月被任命为驻罗马大使。在这些谈判中,他与时任驻柏林大使的被告大岛合作,支持坚持缔结日德意三国全面军事同盟的共谋者。他甚至拒绝接受外务大臣的训令,后者希望仅仅缔结一个较为有限的同盟。他和大岛还威胁说,如果共谋者的愿望得不到满足,他们就提出辞职。

当日本拖延时间过长而德国与苏联缔结了互不侵犯条约时,谈判破裂了,因为日本舆论普遍把德苏条约视为违反《反共产国际协定》的行为。

白鸟返回日本，在日本他进行宣传，其目的是期望谅解德国的行动，并为与德意签署全面军事同盟铺平道路，因为他仍然认为这一同盟是支持日本扩张主义目标所必需的。他利用各种宣传机会，曾经倡导共谋者的所有目标，包括：日本应该进攻中国，日本应该进攻苏联，日本应该与德意结盟，日本应该对西方国家采取果断行动，日本应该建立"新秩序"，日本应该抓住欧战所给予它的机会向南方进军，日本应该进攻新加坡，等等。1940年8月至1941年7月他担任外务省顾问期间，这种宣传从未停止。

1941年4月他患病，同年7月辞去外务省顾问的职务。此后，在各种事件中他没有发挥重要作用。本法庭裁决白鸟在诉因1项下有罪。

他从未担任过可以合理认定他实行侵略战争的职位。本法庭裁决白鸟在诉因27、29、31和32项下无罪。

铃木贞一

铃木贞一被指控犯有起诉书中诉因1、27、29、31、32、35、36、54和55所述罪行。

铃木是一名军人。他于1932年以陆军中佐及陆军军务局局员的身份成为共谋的积极分子之一。1932年5月总理大臣犬养被暗杀之后，他说，如果新内阁仍在政党指导下来组织，将会发生相似的暴力行为，他赞成组织联合政府。其目的是成立一个支持共谋者对华计划的政府。

当他在军务局服务时，他主张苏联是日本的绝对敌人，并协助为发动侵苏战争所做的准备工作。

没有证据证明铃木参加了在哈桑湖实行对苏战争，也没有证据证明他参加了在诺门坎实行了对苏联或蒙古人民共和国的战争。

1937年11月，铃木晋升为陆军少将。他是兴亚院的组织者之一，并且是兴亚院政治及行政部门的领导人。在此职位上他积极推进了对日本在华占领区的开发利用。

当第二次近卫内阁组成以完成日本的军部统治及实施南进时，铃木出任无任所大臣并兼任总力战研究所的参与。近卫以铃木代替星野为企划院总裁。在1944年7月19日东条内阁垮台之前，铃木一直担任此职。

铃木以企划院总裁及无任所大臣的地位，经常出席联络会议，联络会议实际上是日本的政策制定机关。铃木出席了大部分重要会议，这些会议决定了对同盟国发动和实行侵略战争。在各次会议中，他积极支持共谋。

没有证据证明被告应对实施暴行承担责任。

本法庭裁决铃木在诉因1、27、29、31和32项下有罪，在诉因35、36、54和55项下无罪。

东乡茂德

被告东乡被起诉犯有诉因1、27、29、31、32、36、54和55所述罪行。

东乡与被指控罪行的主要关联在于，从1941年10月至1942年9月辞职，他是东条内阁的外务大臣，以后又于1945年在铃木内阁中担任外务大臣。从他辞职到再次出任外务大臣之间的这段时间里，他没有在公共生活中发挥作用。

从他首次被任命之日起到太平洋战争爆发，他参加了那场战争的策划和准备。他出席了内阁会议和其他会议，并同意那些会议做出的所有决定。

作为外务大臣，他在战争爆发之前与美国的谈判中扮演了领导的角色，并参与了主战派的计划。关于在那些谈判中所使用的欺骗手段，前面已经提及。

太平洋战争爆发之后，他与其他阁僚合作，指导太平洋战争及实行对华战争。

除了和其他被告的辩词一样，认为他的行为源于日本遭到包围和经济上的扼杀（这一点已在别处提及），东乡为自己特别申辩，他之所以参加东条内阁是因为他得到保证，会做出一切努力使日美之间的谈判获得成功。他还说，从他就任之日起，就反对陆军并成功地获得了陆军的让步，从而使谈判得以继续进行。但是，当谈判破裂，战争变得不可避免时，他并未以辞职来抗议，而是继续留任并支持了这场战争。他说，除了这样做法，其他都是卑怯的行为。然而他以后的行动却使这种申辩完全归于无效。1942 年 9 月，在一次处理被占领国问题引发的内阁分歧中他辞了职。我们判断他的行为和诚意时，要在一件事与另一件事上给予相同的考量。

没有证据证明东乡犯有诉因 36 所指控的犯罪行为。他与该诉因有关的唯一作用是签署了确定满洲和外蒙古边境的苏日战后协定。

战争罪

东乡在 1942 年辞职以前，看上去似乎已努力遵守战争法则。他把向他提出的抗议交付调查，在若干事例上有一些补救措施被采取了。当他辞职时，日军所犯暴行还没有达到如此恶名昭彰的程度，因而不宜推断他业已知晓。

1945 年春，当他再次担任外务大臣时，抗议已堆积如山，他把这些抗议函转交给了有关当局。本法庭认为，在与战争罪有关的问题上，没有充分证据证明东乡玩忽职守。

本法庭判定东乡在诉因 1、27、29、31 和 32 项下有罪。关于诉因 36、54 和 55 所述罪行，判定他无罪。

东条英机

被告被指控犯有诉因 1、27、29、31、32、33、36、54 和 55 所述罪行。

东条在 1937 年 6 月担任了关东军参谋长，自此之后，几乎在所有的共谋者活动中，他都以一个主谋者的身份与他们互相勾结。

他策划并准备进攻苏联；他建议对中国实施进一步打击，以使日军对苏联发起计划中的进攻时没有后顾之忧；他帮助把满洲组织起来作为进攻苏联的基地；此后不管在什么时候，他从未放弃一俟时机成熟立即对苏联发起进攻的意图。

1938年5月，他从战区被调回日本担任陆军次官。除了这个职务外，他还担任了许多职务，所以在为战争而动员日本国民以及经济的几乎所有方面，他都发挥了重要作用。在这一时期，他反对与中国妥协以实现和平的建议。

1940年7月，他出任陆军大臣，此后，他的经历主要就是共谋者策划和实行对日本邻国的侵略战争所采取的一系列步骤的经历，因为在制订这类计划以及实行这些战争时，他都是主谋者之一。他胜任、坚定而持久地倡导并推进了共谋的目的。

1941年10月，他成为总理大臣，担任此职至1944年7月。

作为陆军大臣和总理大臣，他一贯支持的政策就是征服中国国民政府，为日本利益开发中国资源，以及为巩固日本对华战争的成果在中国驻军。

在1941年12月7日对西方各国开战之前举行的谈判中，他的态度很坚定，那就是日本必须确保的条件是让日本保有对华侵略的成果，以及使日本确立对东亚和南方地区的统治。他倾注全部力量支持这一政策。在获取开战决定的过程中，他发挥了领导作用，其重要性无论怎样高估也不会过分。他对日本发动对邻邦的罪恶进攻负有主要责任。

在本法庭审判中，他厚颜无耻地辩称，所有这些攻击都是合法的自卫措施。我们已充分论述了这种申辩。这种申辩是毫无根据的。

关于诉因36，没有证据证明东条担任过会使他对该诉因所指控的1939年战争负责的任何公职。

本法庭判定东条在诉因1、27、29、31、32和33项下有罪，在诉因36项下无罪。

战争罪

东条是陆军省的首脑，陆军省负责照管战区的战俘及被拘禁平民，并负责给他们提供宿舍、食物、药品及医疗设施。东条又是内务省的首脑，内务省对在日本国内的被拘禁平民负有相似的责任。总之，他是负责照管战俘及被拘禁平民的政府首脑。

东条很了解战俘及被拘禁者所受的野蛮待遇。他没有采取适当步骤处罚违犯者及防止将来发生类似的违犯行为。他对巴丹死亡行军的态度清楚地表明了他对待这些俘虏的态度。1942年他对这次行军的条件已有所了解，并得悉这些条件导致了许多俘虏死亡。但他没有要求提交这次事件的调查报告。1943年他在菲律宾对这次行军做了一次漫不经心的调查，但未采取任何措施。没有任何人受到处罚。据他解释说，战地的日本陆军指挥官在执行任务时，不用根据东京所发的具体命令行事。这样，日本的政府首脑明知故犯地拒绝履行赋予政府的遵守战争法规的职责。

再举一个显著的例证，他建议在为战略目的而修建的泰缅铁路工程中应该使用战俘。他未对俘虏的食宿以及在酷暑中生病的俘虏做任何适当安排。他得知这项建设工程中使用俘虏的恶劣条件后，派了一名军官去调查。我们知道，那个调查官在铁路沿线的许多战俘营里一定发现了许多可怕的情况。然而，作为这次调查结果所采取的唯一措施仅仅是审判了一名虐待俘虏的中队长而已。没有采取任何措施去改变这种状况。战俘继续死于营养缺乏症和饥饿，直至这项建设工程结束。

东条主持的会议多次讨论过与战俘营中因营养不良和其他原因所产生的高死亡率有关的统计数据。当东条内阁于1944年垮台时，战俘们骇人听闻的生活条件，以及俘虏因缺乏食品和药品所产生的庞大死亡数字，就是确凿的证据，证明东条未采取任何适当步骤照看俘虏。

我们已经阐述过日本陆军对于中国战俘的态度。由于日本政府不承认这个"事变"是一场战争，日军主张战争法则不适用于对华战斗，被俘获的中国人没有资格享有战俘的身份和权利。东条明知这种令人震惊的态度，却未加以反对。

他对战俘不劳动者不得食的训令负有责任。我们毫无疑义地认定，由于他反复主张实行此训令，在很大程度上导致了伤病战俘被迫工作，以及由此引起的痛苦和死亡。

我们已充分说明，日本采取了许多措施防止外部世界得知虐俘行为。东条对这些措施负有责任。

本法庭裁决东条在诉因 54 项下有罪。对于诉因 55 所述罪行，我们不做裁决。

梅津美治郎

被告梅津被指控犯有诉因 1、27、29、31、32、36、54 和 55 所述罪行。

梅津是一名陆军军官。他在 1934 年至 1936 年指挥华北日军期间，继续对华北各省进行侵略。他成立了亲日的地方政权，并以武力相威胁，强迫中国人签署了 1935 年 6 月的《何梅协定》。此协定一度使中国合法政府的权力受到限制。

1936 年 3 月至 1938 年 5 月，梅津担任陆军次官。在这期间，1936 年的国策计划及 1937 年的重要产业计划出笼。这些是陆军的计划，并成为太平洋战争的主要原因之一。

1937 年 1 月，陆军大将宇垣接到组建新内阁的敕令，梅津在陆军拒绝同意宇垣为广田的继任者这件事上发挥了重要作用。由于这种反对，宇垣未能组建内阁。

1937 年 7 月，在卢沟桥重新爆发对华战斗时，被告知晓并赞成共谋者进行战争的计划。梅津是内阁企划厅的成员，同时又是很多其他厅局和委员会的一员，这些机构都为共谋者侵略计划的制订以及这些计划实施的必要准备发挥了重要作用。

1937 年 12 月，东条作为关东军参谋长，向梅津提交了准备进攻苏联的计划，后来又提交了增强关东军的计划，以及在内蒙古建立军事设施的计划。东条说，这些军事设施无论就对苏战争的准备而言还是与对华战争相关，都是至关重要的。

1939 年至 1944 年，梅津任关东军司令官期间，他继续操控"满洲国"的经济，使其服务于日本的利益。他还制订了占领苏联领土的计划，并制定了在被占领的苏联地区成立军政府的计划。他派遣军官到南方占领区去调研那里的军政府情况，目的是将所获信息运用于苏联领土。

证据确凿，被告是共谋者之一。

关于诉因 36，诺门坎战役开始于他指挥关东军之前。在战斗结束前数日，他才成为司令官。

1944 年 7 月至投降，梅津是参谋总长。因此，他在实行对华战争和对西方各国的战争中发挥了主要作用。

战争罪

没有充分的证据证明梅津对实施暴行负有责任。

本法庭判定梅津在诉因 1、27、29、31 和 32 项下有罪。他在诉因 36、54 和 55 项下无罪。

根据《宪章》，我已宣读的判决书是本法庭的判决书。

印度法官对多数判决持有异议，并已经向法庭提交了他对异议原因所做的声明。

法国法官和荷兰法官仅对多数判决的部分内容持有异议，并已经向法庭提交了他们对异议原因所做的声明。

菲律宾法官已经向法庭提交了与多数法官判决并存的个别意见书。

一般而言，我和多数法官对事实的观点一致，但在没有记录任何异议的情况下，我已向法庭提交了一份简要的声明，阐述了本人维护《宪章》和本法庭管辖权的理由，以及影响我做出量刑决定的某些总体的考量。

这些文件将是整个记录的一部分，可供盟军最高司令官、辩护律师和其他相关人士查阅。辩护律师申请当庭宣读这些个别意见书，但是本法庭此前已经慎重考虑过这个问题，决定这些文件将不在庭上宣读。

本法庭维持这个决定。

被告将被带离被告席,然后按照他们的姓名出现在起诉书标题上的顺序逐个回到法庭听取宣判。

有三名被告因病重不能出席今天的审判,在对出席的被告宣判之后,将对他们进行缺席宣判。

为使出席的被告按上述顺序听取判决,我们现在休庭 15 分钟。

(15:30 休庭,15:55 重新开庭如下。)

法庭执行官:远东国际军事法庭现在继续开庭。

庭长:根据《宪章》第 15 条 h 款,远东国际军事法庭现在对按照起诉书被定罪的被告宣布判决。

被告**荒木贞夫**,根据你已被定罪的起诉书诉因,远东国际军事法庭判处你无期徒刑。

被告**土肥原贤二**,根据你已被定罪的起诉书诉因,远东国际军事法庭判处你绞死刑。

被告**桥本欣五郎**,根据你已被定罪的起诉书诉因,远东国际军事法庭判处你无期徒刑。

被告**畑俊六**,根据你已被定罪的起诉书诉因,远东国际军事法庭判处你无期徒刑。

被告**平沼骐一郎**,根据你已被定罪的起诉书诉因,远东国际军事法庭判处你无期徒刑。

被告**广田弘毅**,根据你已被定罪的起诉书诉因,远东国际军事法庭判处你绞死刑。

被告**星野直树**,根据你已被定罪的起诉书诉因,远东国际军事法庭判处你无期徒刑。

被告**板垣征四郎**,根据你已被定罪的起诉书诉因,远东国际军事法庭判处你绞死刑。

被告**木户幸一**,根据你已被定罪的起诉书诉因,远东国际军事法庭判处你无期徒刑。

被告**木村兵太郎**，根据你已被定罪的起诉书诉因，远东国际军事法庭判处你绞死刑。

被告**小矶国昭**，根据你已被定罪的起诉书诉因，远东国际军事法庭判处你无期徒刑。

被告**松井石根**，根据你已被定罪的起诉书诉因，远东国际军事法庭判处你绞死刑。

被告**南次郎**，根据你已被定罪的起诉书诉因，远东国际军事法庭判处你无期徒刑。

被告**武藤章**，根据你已被定罪的起诉书诉因，远东国际军事法庭判处你绞死刑。

被告**冈敬纯**，根据你已被定罪的起诉书诉因，远东国际军事法庭判处你无期徒刑。

被告**大岛浩**，根据你已被定罪的起诉书诉因，远东国际军事法庭判处你无期徒刑。

被告**佐藤贤了**，根据你已被定罪的起诉书诉因，远东国际军事法庭判处你无期徒刑。

被告**重光葵**，根据你已被定罪的起诉书诉因，远东国际军事法庭判处你七年有期徒刑，自到庭答复控罪之日起算。

被告**岛田繁太郎**，根据你已被定罪的起诉书诉因，远东国际军事法庭判处你无期徒刑。

被告**铃木贞一**，根据你已被定罪的起诉书诉因，远东国际军事法庭判处你无期徒刑。

被告**东乡茂德**，根据你已被定罪的起诉书诉因，远东国际军事法庭判处你二十年有期徒刑，自到庭答复控罪之日起算。

被告**东条英机**，根据你已被定罪的起诉书诉因，远东国际军事法庭判处你绞死刑。

被告贺屋兴宣、白鸟敏夫、梅津美治郎，根据他们已被定罪的起诉书诉因，本法庭判处他们三人无期徒刑。

本法庭现在闭庭。

（1948 年 11 月 12 日 16：12，法庭闭庭。）